MW01618476

Wir, die Jugend

Foreign Language Programs

GERMAN

- **Neue Freunde**
  Level 1
- **Wir, die Jugend**
  Level 2
- **Unsere Welt**
  Level 3

Wir, die Jugend

HBJ HARCOURT BRACE JOVANOVICH, PUBLISHERS
Orlando San Diego Chicago Dallas

For permission to reprint copyrighted material, grateful acknowledgment is made to the following sources:

Sanford J. Greenburger Associates, Inc., on behalf of Rowohlt Taschenbuch Verlag: From *Jugend vom Umtausch ausgeschlossen: Eine Generation stellt sich vor,* edited by Jugendwerk der Deutschen Shell. Copyright © 1984 by Rowohlt Taschenbuch Verlag GmbH, Reinbek bei Hamburg. From *Ich bin 13: Eine Schülerin erzählt* by Heike Hornschuh. Copyright © 1974 by Rowohlt Taschenbuch Verlag GmbH, Reinbek bei Hamburg.

Scala: "Ich, der König von Xanadu" from *Jugend scala* Magazine, September 1983. Copyright © 1983 by Frankfurter Societäts-Druckerei GmbH.

PHOTO CREDITS: Key: (t) top, (b) bottom, (l) left, (r) right, (c) center

COVER: HBJ Photo/Peter Menzel. All photos by George Winkler/HBJ Photo except page xii, HBJ Photo/Colmar von der Goltz; 2 (bl) HRW Photo by John Langford; 3 (tr), HBJ Photo/Peter Menzel; 5 (tl) HRW Photo by John Langford; 9, third from (t), HBJ Photo/Colmar von der Goltz; 42 (tl) HRW Photo by John Langford; 58 (b) Ann Chwatsky/Leo de Wys, Inc.; 94, 95, 99 (tr) inset, 107, 108, 110, 122, 123 (c), 146 (tl), (c), (bl), (br), 147, 148, 149, HBJ Photos/Colmar von der Goltz; 196 (br) HRW Photo by John Langford; 225 (bl), German Information Center, (bc), (br), SIPA/Art Resource, (tr), Wide World; 237 (br), 248, 256 HRW Photo by John Langford; 270 (t), Copyright © vy Universal City Studios, Inc. Courtesy of MCA Publishing Rights, a Division of MCA Inc. (ct), Photo Edit, (cb), © Warner Bros. Pictures Distributing Corp., (bl), © Twentieth Century-Fox Film Corp., (br), Buzz Soard; 285 Archiv für Kunst und Geschichte, Berlin; 286–292, HBJ Photos/Colmar von der Goltz; 305 (c), Taubenberger, Fotex/Journalism Services; 306 (tr), S. Kanno/FPG, (bl), Lufthansa Airline; 308 (l), SEF/Art Resource; (2 3, 4) German Information Center, (5, 6) Giraudon/Art Resource; 309 Archiv für Kunst und Geschichte, Berlin; 314 (br), 331 (2), Lufthansa Airline; 337, Brown Brothers; 345 (r), Winnie Klotz/Metropolitan Opera Association; 346 (t), Laemmerer/Bavaria-Verlag; 383 (t), 386, HBJ Photos/Colmar von der Goltz; 395, HBJ Photos/Paul Quirico.

ART CREDITS: All four-color art by Eduard Böhm; Mechanical art, HBJ/Art

Printed in the United States of America
ISBN 0–15–383550–8

Writer
George Winkler

Contributing Writers
Margrit Meinel Diehl
Dorothea Bruschke

Editorial Advisors

Ellen N. Benson
Northwestern High School
Hyattsville, MD

Inge D. Halpert
Columbia University
New York, NY

Charles R. Hancock
Ohio State University
Columbus, OH

William Jassey
Norwalk Board of Education
Norwalk, CT

Ilonka Schmidt Mackey
Université Laval
Québec, Canada

William F. Mackey
Université Laval
Québec, Canada

Consultants and Reviewers

Wolfgang M. Baur
Loyola High School
Los Angeles, CA

Dorothea Bruschke
Parkway School District
Chesterfield, MO

Edeltraut Ehrlich
Markgräfler Gymnasium
Müllheim, FRG

Eileen Johannsen
Nicolet High School
Glendale, WI

Gisela Schwab
Ramapo High School
Franklin Lakes, NJ

Field-Test Teachers

Rose Aeppl
Gulf High School
New Port Richey, FL

Judy Herman
Kingwood High School
Kingwood, TX

Carolyn Oliver
Briggs High School
Columbus, OH

ACKNOWLEDGMENTS

We wish to express our thanks to the students pictured in this textbook and to the parents who allowed us to photograph these young people in their homes and in other places. We also thank the teachers and the families who helped us find these young people; the school administrators who allowed us to photograph the students in their schools; and the merchants who permitted us to photograph the students in their stores and other places of business.

YOUNG PEOPLE
Ingrid Anderson, Alexander Arsan, Christof Augenstein, Andrea Aussmann, Nadja Balawi, Maria Baptista, Renate Bechmann, Martin Beckmann, Sandra Beinvogl, Jochen Bitta, Jutta Bolanz, Matthias Bolanz, Michael Böse, Bernhard Braun, Matthias Braun, Alexandra Breisky, Christoph Breisky, Daniela Broghammer, Regina Brugger, Sandra Brumann, Inga Burkhalter, Iris Burkhalter, Nicole Burzlatt, Elisabeth Dan, Margit Dastl, Basette Durenne, Peter Durst, Thomas Ebertz, Natalie Fiedler, Desirée Fless, Susanne Geertz, Frank Gerlach, Michael Gipp, Nicolas Golubvic, Uzman Güven, Anja Hauswirth, Karoline Hohl, Hermann Holst, Thomas Huber, Aslan Hughes, Jan

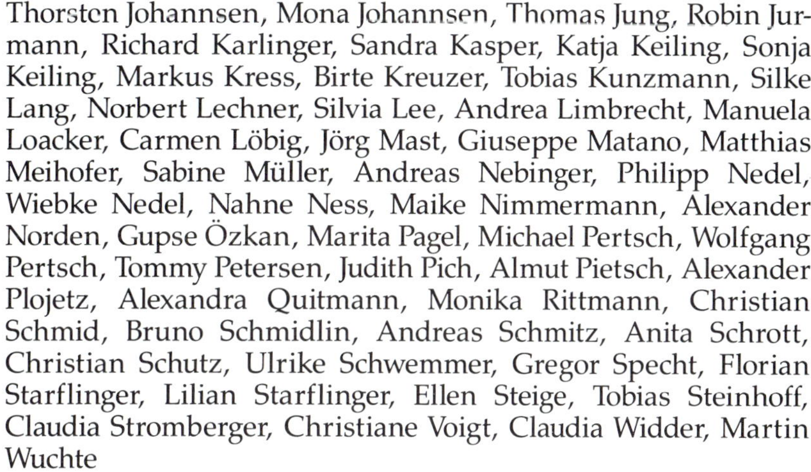

Thorsten Johannsen, Mona Johannsen, Thomas Jung, Robin Jurmann, Richard Karlinger, Sandra Kasper, Katja Keiling, Sonja Keiling, Markus Kress, Birte Kreuzer, Tobias Kunzmann, Silke Lang, Norbert Lechner, Silvia Lee, Andrea Limbrecht, Manuela Loacker, Carmen Löbig, Jörg Mast, Giuseppe Matano, Matthias Meihofer, Sabine Müller, Andreas Nebinger, Philipp Nedel, Wiebke Nedel, Nahne Ness, Maike Nimmermann, Alexander Norden, Gupse Özkan, Marita Pagel, Michael Pertsch, Wolfgang Pertsch, Tommy Petersen, Judith Pich, Almut Pietsch, Alexander Plojetz, Alexandra Quitmann, Monika Rittmann, Christian Schmid, Bruno Schmidlin, Andreas Schmitz, Anita Schrott, Christian Schutz, Ulrike Schwemmer, Gregor Specht, Florian Starflinger, Lilian Starflinger, Ellen Steige, Tobias Steinhoff, Claudia Stromberger, Christiane Voigt, Claudia Widder, Martin Wuchte

TEACHERS AND FAMILIES

Fritz and Marianne Brunner, Dornbirn; Burkhart and Edeltraut Ehrlich, Müllheim; Ernst and Christine Hofer, Wien; Hartmut and Sabine Nedel, Neuss; Karl-Uwe and Renate Sperling, Niebüll; Marianne Sperling, München

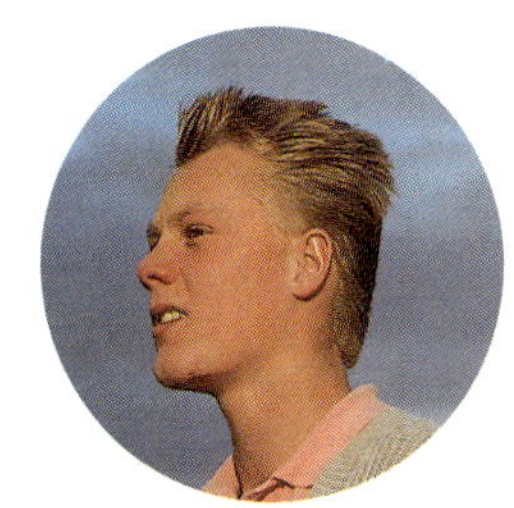

CONTENTS

COMMUNICATIVE FUNCTIONS	GRAMMAR	CULTURE
Getting acquainted with the topic Reading for global comprehension and cultural awareness		When and where Germans spend their vacations
Socializing • Complimenting, affirming, and reassuring **Attitudes and opinions** • Making assumptions **Exchanging information** • Reporting hearsay • Reporting past events	The conversational past The simple past of **haben** and **sein**	Types of vacations enjoyed by the people in German-speaking countries
Exchanging information • Telling about your vacation; inviting someone to guess **Feelings and emotions** • Asking how s.o. liked s.th. • Expressing surprise • Expressing enthusiasm; responding	The preposition **mit** and the dative case First- and second-person pronouns, dative case The dative case with the prepositions **in, an, auf** The indefinite article, dative case	Map of Germany Popular vacation spots
Attitudes and opinions • Talking about goals • Making excuses	The verb **müssen,** present tense	Importance of making good grades
Recombining communicative functions, grammar, and vocabulary		Young people on vacation send postcards to friends and family
Reading for practice and pleasure		Role of vacation for young people and adults

BASIC MATERIAL

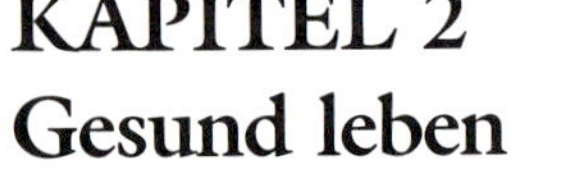

KAPITEL 2
Gesund leben 50

COMMUNICATIVE FUNCTIONS	GRAMMAR	CULTURE
Getting acquainted with the topic Reading for global comprehension and cultural awareness		How to stay fit
Exchanging information • Asking friends how they keep fit • Asking for information **Attitudes and opinions** • Making and contradicting false assumptions • Saying what you may or may not do	The verb **sich fithalten,** present tense The verb **dürfen,** present tense	Ongoing interest in physical fitness New awareness of proper diet
Exchanging information • Talking about meals; asking for more; saying there is no more **Socializing** • Expressing regret; responding • Wishing someone a pleasant meal and saying "the same to you"	The dative case (summary)	The German workday, meals, and typical foods eaten at the various meals
Socializing • Inquiring about someone's health • Saying how you feel • Talking about pain • Expressing get-well wishes **Persuading** • Giving advice	The verb **sich wohlfühlen,** present tense The verb **sich etwas brechen**	
Recombining communicative functions, grammar, and vocabulary		Foods 14–16-year-olds like to eat most and least
Reading for practice and pleasure		Leading a healthy life What young Germans eat as snacks

COMMUNICATIVE FUNCTIONS	GRAMMAR	CULTURE
Getting acquainted with the topic Reading for global comprehension and cultural awareness		Topography and where people live
Exchanging information • Talking about where you live **Feelings and emotions** • Asking about preferences **Attitudes and opinions** • Eliciting agreement and contradicting	The preposition **seit** in time phrases Comparative forms of adjectives	Where people live Guest workers in Germany
Attitudes and opinions • Expressing definite need • Stating opinions **Feelings and emotions** • Expressing admiration **Exchanging information** • Saying where you're from	Adjective endings following **ein, kein,** and the possessives	Types of houses and apartments
Exchanging information • Describing your room **Feelings and emotions** • Expressing happiness about something	The verb **sich freuen** Describing location: the prepositions **an, auf, in, über, unter, hinter, vor, neben,** and **zwischen**	Inside German homes
Recombining communicative functions, grammar, and vocabulary		America through the eyes of a German student
Reading for practice and pleasure		Flowers in Germany
Reviewing communicative functions, grammar, and vocabulary		Vacations for young people — often a learning experience abroad

ZWEITER TEIL

BASIC MATERIAL

COMMUNICATIVE FUNCTIONS	GRAMMAR	CULTURE
Getting acquainted with the topic Reading for global comprehension and cultural awareness		Pocket money for young people and how they spend it
Exchanging information • Talking about your allowance **Persuading** • Making suggestions	The impersonal pronoun **man** Verbs used with reflexive pronouns in the dative case	Allowance and jobs How young people spend their money Expectations of parents
Persuading • Urging someone to do something; offering advice		Difficulties teenage students encounter when looking for a job Types of jobs available to them
Attitudes and opinions • Saying how something looks on someone and how it fits	Adjectives after **der, die, das** and **dieser**-words	Clothing sizes in Germany Young people and fashion
Recombining communicative functions, grammar, and vocabulary		Concerns of young people about money and fashion
Reading for practice and pleasure		A story about new-found friendship

KAPITEL 6
Konflikte, Wünsche und Idole 194

BASIC MATERIAL

COMMUNICATIVE FUNCTIONS	GRAMMAR	CULTURE
Getting acquainted with the topic Reading for global comprehension and cultural awareness		After-school activities
Attitudes and opinions • Expressing agreement and disagreement; agreeing with reservations; contradicting **Socializing** • Arranging a date	Verbs with the dative case The dative case after the prepositions **aus, bei, mit, nach, von, zu,** and **seit** Verbs used as nouns	Clubs and associations for young people
Exchanging information • Talking about interests **Feelings and emotions** • Expressing anticipation • Praising and criticizing	Reflexive verbs, accusative case Reflexive verbs, dative case	Television in Germany Excerpts from a TV schedule
Attitudes and opinions • Stating opinions **Exchanging information** • Expressing future time	Comparatives used before nouns The verb **gehören,** present tense The future tense using **werden**	Driving in Germany—getting a license, buying a car, passing inspection
Recombining communicative functions, grammar, and vocabulary		A questionnaire about interests, TV, and cars
Reading for practice and pleasure		A young student talks about her life and hopes for the future
Reviewing communicative functions, grammar, and vocabulary		Young people compare their lives and talk about their problems

DRITTER TEIL

BASIC MATERIAL

COMMUNICATIVE FUNCTIONS	GRAMMAR	CULTURE
Getting acquainted with the topic Reading for global comprehension and cultural awareness		Youth hostels in Germany
Attitudes and opinions • Making suggestions **Feelings and emotions** • Expressing preference • Apologizing/responding **Socializing** • Asking s.o. to be quiet **Exchanging information** • Repeating what you've said • Saying when s.th. took place	Expressing direction: the prepositions **nach, an,** and **in** Ordinal numbers Using the names of cities as adjectives	Planning of a class trip The city of Frankfurt
Feelings and emotions • Expressing amazement, annoyance, disappointment **Exchanging information** • Saying what appears to be true	The forms of **hätte** Direction: **in** and **zu** Direction/location (summary) Uses of **ein**	Staying in a youth hostel Store hours and shopping in a German city
Feelings and emotions • Expressing confusion **Exchanging information** • Giving directions **Attitudes and opinions** • Reproaching someone		City map of Frankfurt What German cities offer to visitors to help them get around
Recombining communicative functions, grammar, and vocabulary		Itinerary of a class trip
Reading for practice and pleasure		Some early history of Germany; the founding of Frankfurt

KAPITEL 10
Ein besonderer Tag: Omas Geburtstag 340

BASIC MATERIAL

COMMUNICATIVE FUNCTIONS	GRAMMAR	CULTURE
Getting acquainted with the topic Reading for global comprehension and cultural awareness		Theater ad and restaurant ads
Attitudes and opinions • Deciding how to celebrate a special occasion • Expressing wishes	The **würde**-forms	Popularity of classical music Excerpt from schedule of cultural events in Munich
Attitudes and opinions • Asking about someone's wishes		Restaurants in Germany: the **Stammtisch** Restaurant ads
Socializing • Reading a menu, making choices, and recommending dishes • Ordering in a restaurant • Proposing a toast	Words that modify adjectives Unpreceded adjectives	Customs observed when eating in a restaurant in Germany Menu from a German restaurant
Recombining communicative functions, grammar, and vocabulary		Impressions of a young American about life and culture in Germany
Reading for practice and pleasure		Story about a grandmother and her family

COMMUNICATIVE FUNCTIONS	GRAMMAR	CULTURE
Getting acquainted with the topic Reading for global comprehension and cultural awareness		Role of computers and robots
Attitudes and opinions • Expressing unfulfillable wishes **Exchanging information** • Saying what's being done	The **könnte-**forms The passive voice, present tense	Interest in computers
Feelings and emotions • Criticizing **Exchanging information** • Saying what has to be done	**müssen** and the infinitive (passive)	Everyday activities in a German household
Attitudes and opinions • Expressing probability • Expressing improbability and conviction		Computer clubs, computers as hobby
Recombining communicative functions, grammar, and vocabulary		Ideas and opinions about the future
Reading for practice and pleasure		A boy creates an imaginary kingdom with his computer
Reviewing communicative functions, grammar, and vocabulary		What's "in" and what's "out" with young people

FOR REFERENCE

MAPS

Landeskunde 1 

Münchner Schüler vom Wirtschaftsgymnasium in ernsthafter Diskussion

Wir, die Jugend

Wir lieben das Leben — unsere Eltern, Geschwister und Freunde. Wir sind gern mit ihnen zusammen. Wir unterhalten uns, lachen, und wir diskutieren über alles Mögliche. Oder wir kommen zusammen und suchen Rat, sprechen über unsere Probleme und suchen Lösungen für unsere Konflikte.

Die Schule ist heute früher aus. Niebüller Realschüler in der Stadt

Spass beim Fischen

In der Pause. Müllheimer Gymnasiasten sprechen über Schule und Lehrer

Katja, die Klassensprecherin

Im Kreis der Familie — oft beim Mittag- oder Abendessen — diskutieren wir über unsere Probleme oder unsere Pläne für die Zukunft

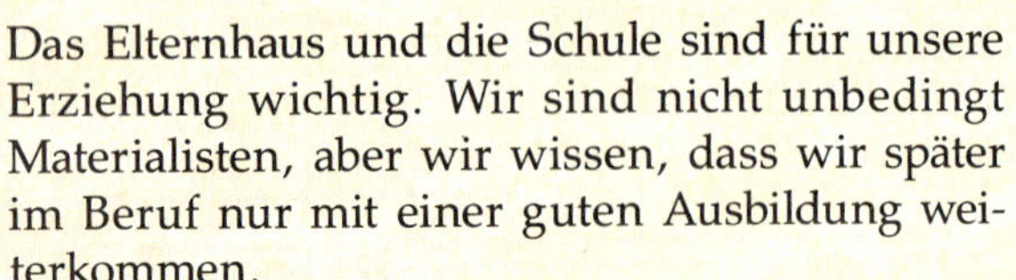

Das Elternhaus und die Schule sind für unsere Erziehung wichtig. Wir sind nicht unbedingt Materialisten, aber wir wissen, dass wir später im Beruf nur mit einer guten Ausbildung weiterkommen.

Unsere Lehrer sind auch gute Gesprächspartner

Schulprobleme, die alle angehen, besprechen wir in Klassensprecherkonferenzen

Ein Freund, ein guter Gesprächspartner

Und wer hilft uns bei den Hausaufgaben? Die Mutter

Wir haben es gut. Wir sind immer schnell beisammen, wenn wir uns treffen wollen — mit dem Rad, dem Bus, mit der U-Bahn oder der Strassenbahn. Wir können also schnell mal nach den Hausaufgaben einen Stadtbummel machen oder zusammen ins Kino gehen.

In der Stadt trifft man sich in der Nähe von einem U-Bahnhof, wohin es jeder nicht so weit hat

Man wartet, bis der nächste Film anfängt

Man fährt gemeinsam mit der Strassenbahn in die Stadt

In Kleinstädten kann man schnell mit dem Rad seine Freunde besuchen

Oder man macht einen kleinen Stadtbummel und sieht sich an, was es am Kiosk zu kaufen gibt

Sport ist auch für uns wichtig, aber nicht unbedingt Leistungssport. Wir machen Sport, weil wir Freude daran haben. Wir wollen dabei Spass haben und uns erholen.

Wir fahren zum Beispiel gern Rad. Radfahren ist ideal, auch in der Stadt, denn überall gibt es Radwege

Basketball nach der Schule kann erholsam sein für Körper und Geist,

auch Reiten

Windsurfing

oder Rudern

Übung macht den Meister! — Margit übt täglich auf ihrer Gitarre

Wir lieben Musik, und wir hören gern „live" Konzerte der berühmten Sänger und Gruppen aus dem In- und Ausland. Wir hören auch gern klassische Musik oder bekannte Melodien aus Opern und Operetten. Viele von uns spielen selbst in einer Band, und manche von uns verdienen sich ihr Taschengeld mit Musik.

Eine Gruppe von jungen Akkordeonspielern in Bissingen

Strassenmusiker sieht man in allen grösseren Städten. Viele verdienen sich damit ein kleines Taschengeld

Eine Musikgruppe in Neuss, die schon ab und zu am Wochenende in der Öffentlichkeit spielt

Viele von uns gehen in Vereine, wo wir unsere Interessen in einer Gruppe weiterentwickeln können. Im Verein finden wir eine Möglichkeit, unser Talent als Mitglied einer Gruppe an die Öffentlichkeit zu bringen.

Eine Strassentheatergruppe in Frankfurt

Junge Musiker in einem Musikverein im Schwarzwald

Eine Trachtengruppe in Prien, Oberbayern

Junge Leute in einer Laienspielgruppe führen den „Rattenfänger von Hameln“ auf

Oft fangen die Kinder ganz jung in einer Gruppe an. Hier — junge Darsteller in der „Landshuter Hochzeit“

Unser Leben ist aber nicht nur Spiel, Spass und Vergnügen. Neben der Schule haben wir auch andere Verpflichtungen: manche von uns müssen zu Hause mithelfen, und viele von uns haben kleine Jobs, die nicht zu viel Zeit brauchen, aber doch unsere Kasse aufbessern.

Ein junger Verkäufer in einem Stand auf dem Oktoberfest

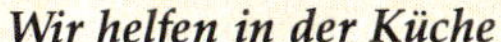

Wir helfen in der Küche

Wir helfen im Garten, giessen die Blumen, jäten, mähen den Rasen, oder wir malen unser Zimmer aus

Und wir haben kleine Jobs, wie zum Beispiel Zeitungen austragen

Viele von uns verbringen auch einen Teil der Freizeit damit, anderen Menschen zu helfen. Viele arbeiten als freiwillige Helfer in Altenheimen oder beim Roten Kreuz, und viele von uns Jungen dienen dem ganzen Land als Soldat in der Bundeswehr.

Viele machen aktiv in Umweltprogrammen mit

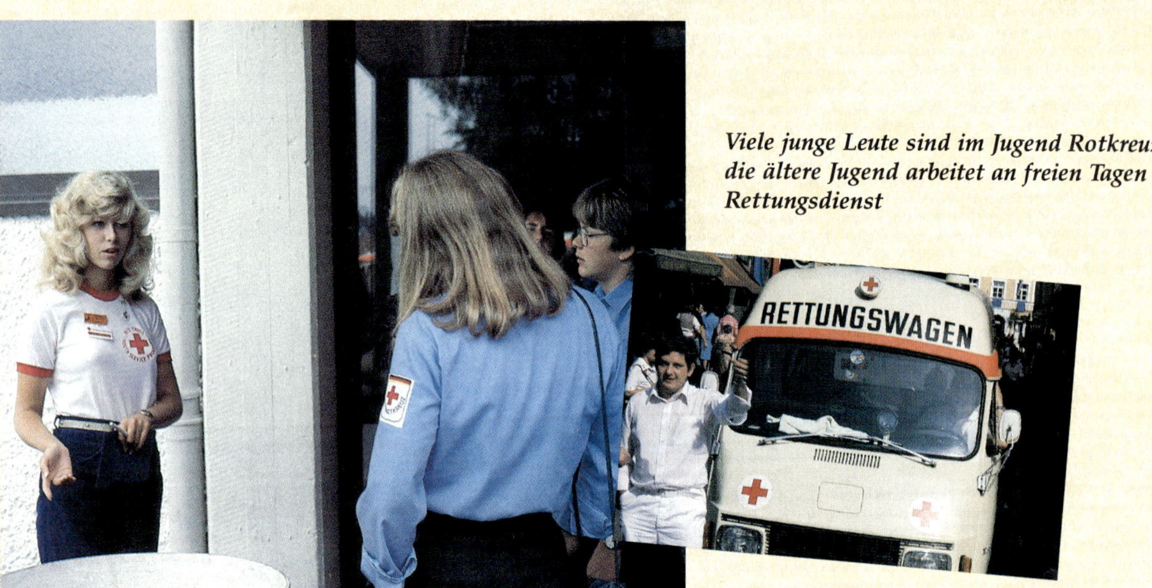

Viele junge Leute sind im Jugend Rotkreuz; die ältere Jugend arbeitet an freien Tagen im Rettungsdienst

Manche gehen in Altenheime und lesen alten Leuten vor— oder älteren Verwandten

Und die meisten Jungen dienen dem Vaterland 18 Monate in der Bundeswehr

KAPITEL **1**

Ein neues Schuljahr beginnt

After a long summer vacation, the first day of school is always exciting. Students are looking forward to seeing their classmates again. They compliment each other on new clothes or a new hairdo; they swap stories about their vacation experiences—the things they did, the places they visited; they wonder what the new school year will bring; and they tell about some of their resolutions for the new school year.

In this unit you will:

ERSTER KONTAKT	get acquainted with the topic
SECTION A	compliment someone; make and respond to assumptions; discuss hearsay; report past events
SECTION B	invite someone to guess where you've been; ask how someone liked something and respond
SECTION C	talk about goals for the new school year and make excuses for poor class performance
TRY YOUR SKILLS	use what you've learned
ZUM LESEN	read for practice and pleasure

Urlaub 

Sommerzeit ist Reisezeit! In diesem Jahr waren fast 50% der Deutschen unterwegs, um irgendwo Urlaub zu machen. Die meisten Urlauber fahren mit dem Auto. Und wohin reisen sie? Was sind ihre Reiseziele?

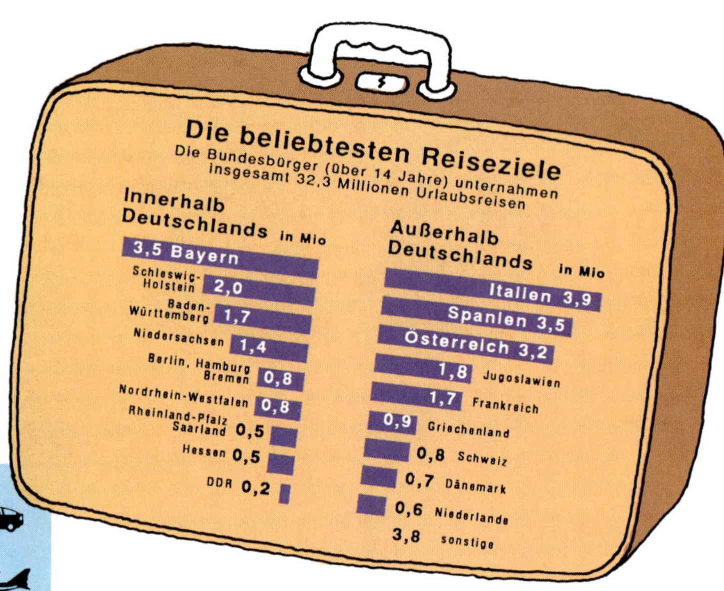

Wie sind sie gefahren?

Beliebte Verkehrsmittel

22,0 Millionen (64%) mit dem Auto
6,4 Millionen (18%) mit der Bahn
3,6 Millionen (12%) mit dem Flugzeug
2,1 Millionen (6%) mit dem Bus

Ferientermine der allgemein- und berufsbildenden Schulen in der Bundesrepublik

Land	Ostern	Pfingsten	Sommer	Herbst	Weihnachten
Baden-Württemberg[1])	24.3.– 4.4.	20.5.–23.5.	10.7.–25.8.	27.10.–30.10.	22.12.–10.1.
Bayern[2])	24.3.– 5.4.	20.5.–31.5.	31.7.–15.9.	–	22.12.–10.1.
Berlin	15.3.– 5.4.	17.5.–20.5.	3.7.–16.8.	25.10.– 1.11.	22.12.– 6.1.
Bremen	24.3.–12.4.	20.5.	3.7.–16.8.	13.10.–18.10.	22.12.– 3.1.
Hamburg	10.3.–31.3.	20.5.–24.5.	30.6.– 9.8.	6.10.–18.10.	22.12.– 3.1.
Hessen	24.3.–12.4.	17.5.–20.5.	26.6.– 6.8.	6.10.–17.10.	22.12.–10.1.
Niedersachsen	22.3.–12.4.	17.5.–20.5.	3.7.–13.8.	8.10.–18.10.	20.12.– 6.1.
Nordrhein-Westfalen	15.3.– 5.4.	17.5.–20.5.	24.7.– 6.9.	25.10.–31.10.	22.12.– 7.1.
Rheinland-Pfalz	24.3.–12.4.	20.5.	20.6.– 1.8.	20.10.–25.10.	22.12.– 6.1.
Saarland[3])	17.3.– 7.4.	–	16.6.– 2.8.	6.10.–18.10.	22.12.– 5.1.
Schleswig-Holstein	24.3.– 9.4.	–	26.6.– 6.8.	6.10.–18.10.	22.12.– 7.1.

[1]) Reformationstag: 31. 10. [2]) Rosenmontag: 10. 2. [3]) Fastnacht: 10./11. 2.

Fragen

1. Wie reisen die Deutschen in den Urlaub?
2. Fliegen ist teuer. Wie zeigt sich das?
3. Wohin fahren die Deutschen gern?
4. Machen sie Inlands- oder Auslandsreisen?
5. Warum reisen viele in den Süden?

gstferien-Ideen für die Jugend

g im Jugend-
Insel Pag/Ju-
bis 21jährige.
ramm – 6 Ta-
aining. Unter-
ett-Caravans.
1 Woche inkl.
ning und Be-

rnten – Haus
- bis 15jähri-
Kajak, Reiten

6. – 1 Woche
", Betreuung,
r. DM 438,-
hau – Haus
0- bis 13jähri-
d Reiten.
6. – 1 Woche
etr. DM 379,-
Miesbach, für
e. Mit täglich

4 Std. Training nach einer ganz speziellen, vom DTB anerkannten Lehrmethode, erfolgreich auch im Schulsport.
Termin: 7.–13. 6. – **6 Tage** VP, Tennistraining, Betr. (SF) **DM 598,-**
Achtung! **Wer jetzt persönlich** bei Sport-Scheck Jugendreisen **bucht, bekommt eine lustige** Pinnwand – solange Vorrat reicht!

Mit der Familie in den Tennis-Urlaub!

Unsere Tennis-Schulwochen sind die Fortsetzung der Tennis-Trainingswochen, aber mit einem spezifischen Urlaubs-Angebot. Zu Baden und Erholung gibt's das maßgeschneiderte Tennis-Programm: Kurse mit tägl. 2 Std. Training (DM 195,-), Einzeltrainer-Stunden (5er-Block DM 245,-) und Platzmiete (10 Std. DM 110,-).

Griechenland

★ **Korinth/Kalamaki Beach-Hotel,** ein 3-Sterne-Haus direkt am Meer. Neues Camp, 4 Sandplätze. **31. 5.–25. 10.:**
1 Woche Flug/HP ab **DM 945,-**

Mallorca

★ **Cala Ratjada** – 3 Camp.-Hotels, z. B. **Appartements „Lago Playa"**, direkt am Tennis-Center (9 Sandplätze) nahe des Strandes. **28. 6.–13. 9.:**
1 Woche Flug/ÜF ab **DM 712,-**

Insel Losinj

★ Tennis
Jugoslawi
Neue Fe

plätze – 100 m zum Strand) mit viel Unterhaltung. **20. 6.–22. 8.:**
1 Woche Flug/HP ab **DM 708,-**

Formentera

★ **Ferienclub „Punta Prima"** auf einer Anhöhe oberhalb des Strandes. Tennis-Programm (6 Hartplätze), Windsurfen, Wasserski, Animation! **7. 5.–22. 10.:**
1 Woche Flug/HP ab **DM 957,-**

Comino/Malta

★ **Die Bade- und Sport-Insel! Hotel Comino,** direkt am Camp (4 Sandplätze). Tennis-Programm, Surfen, Wasserski, Tauchen (Kurse), Segeln

Gardasee

★ **Tremosine/Gardasee** – unser Schulwochen-Camp mit 9 Sandplätzen und 2 Hotels zur Wahl. Surfkurse. **20. 6.–5. 9.:**
1 Woche mit HP ab **DM 272,-**

Kajak- und Kanadier-Kurse in/bei München

● **Kajak-Grundkurs** an der Floßlände Münch.-Thalkirchen. **3 Abende – 7., 11., 18. 5.** (18.15–20.45 Uhr). Kurs **DM 65,-**/Boot DM 60,-.
● **Kajak-Flußwanderkurs / Starnberger See. 3 Abende – 19., 26. 5. und 2. 6.** (18.15–20.20 Uhr) Kurs **DM 65,-**.

Top-Griechenland-Urlaub: Ferienclub Porto Hydra

Der besondere Griechenland-Urlaub für Familien wie sportlich Aktive: **Ferienclub „Porto Hydra"**, direkt an einem langen Sandstrand gelegen. Hier ist was los! **Sport:** Tennis- und Windsurfkurse (Brettverleih), Wasserski, Segeln und Reiten. Unterhaltungs-Programm durch geschulte Animateure. **1 Woche** Flug/HP ab **DM 951,-**. Die weiteren Griechenland-Flugziele: **Korinth**/Kalamaki Beach, **Poros/Galatas**, die Inseln **Aegina, Mykonos, Tinos, Andros** und ...

★ **Preisgünstige CAMPING...**

Sprachferien

Welcome Bienvenue Hi!

– the 'iSi' way

in England, Frankreich, Malta
Italien, Spanien und den USA
Informiert Euch! Fordert die Broschüren an!

ISI Sprachreisen
Seestraße 414c, CH-8038 Zürich
für Deutschland:
ESI Hauptstr. 116c,
5483 Bad Neuenahr, Tel.: 02641/2331

Bitte senden Sie mir die Broschüren für
☐ Schülersprachreisen in den Oster- und Sommerferien, mit viel Spaß und erlebnisreicher Freizeit
☐ internationale Sprachkurse für junge Leute ab 16 Jahren, ganzjährig, von 2 bis 50 Wochen Dauer

Name: ______
Straße: ______
PLZ/Ort: ______

Ferienaufenthalte

Geländespiele, Stallarbeiten, Volleyball, Faulenzen, Quiz, Basteln, Baden, Tischtennis, Spielen, Lagerfeuer, Würstlgrillen, Tanzen, Nachtwanderung, Diskutieren, Ausflüge, Geisterstunde, Fußball, Bergwandern, Singen

Mach mit!

Das Stadtjugendamt bietet Münchner Mädchen und Buben von 8 bis 14 Jahren die Möglichkeit, zwei oder drei Wochen der Sommerferien in Landhäusern und auf Bauernhöfen zu verbringen.

Fragen

1. Was kann man im Urlaub oder in den Ferien alles lernen?
2. Für wen sind die Ferienaufenthalte?
3. Die Deutschen machen gern Sport, sogar in den Ferien! Was können sie da tun?
4. Camping ist sehr populär. Woran kannst du das erkennen?

Gruppen–Projekt

Nehmt einen Atlas und sucht die Lieblingsferienländer der Deutschen auf der Karte!

SECTION A

complimenting, affirming, and reassuring; making and responding to assumptions; reporting and responding to hearsay; reporting past events

Viele Leute fahren in den Ferien weg, viele bleiben zu Hause. — Wie waren deine Ferien? Was hast du gemacht?

A1 Vor der Schule

Die Sommerferien sind vorbei, und die Schüler kommen zur Schule zurück. Sie stehen in kleinen Gruppen herum und erzählen, was sie in den Ferien gemacht haben.

TOBIAS Da kommt die Katja! Die sieht aber schick aus, nicht?
PATRICK Mensch, das ist nicht die Katja! Die Katja hat doch langes Haar!
TOBIAS Klar, das ist sie. — Hallo, Katja! Wie geht's?
KATJA Prima!
PATRICK Du siehst auch prima aus, so braungebrannt — und dein Haarschnitt ist ganz anders. Sehr schick!
KATJA Nicht zu kurz?
TOBIAS Nein. Überhaupt nicht!
KATJA Ehrlich?
TOBIAS Ehrlich. Ich mag deinen Haarschnitt. Kurz ist jetzt modern.

Patrick

KATJA Was habt ihr denn in den Ferien gemacht?
PATRICK Ja, ich bin in Italien gewesen, mit meinen Eltern. Zwei Wochen lang. Und dann hab' ich eben viel Tennis gespielt.
KATJA Und du, Tobi?
TOBIAS Meine Ferien waren nicht so interessant. Ich hab' meinem Vater geholfen, im Geschäft gearbeitet, und das war stinklangweilig. Aber dann war ich zwei Wochen lang in England, mit meinen Eltern, bei Brighton am Meer. Da bin ich viel geschwommen, und ich hab' viel gelesen, meistens Zeitungen und so — ich muss mein Englisch verbessern. Aber am meisten hab' ich gefaulenzt.

PATRICK	Und du warst bestimmt auch irgendwo am Strand, Katja, oder? Im Ausland, vielleicht?
KATJA	Nö. Ich war drei Wochen in einem Ferienlager, in Oberbayern.
TOBIAS	Wirklich? Wie war's?
KATJA	Spitze! Wir sind viel gewandert, wir haben Ausflüge gemacht, viel Volleyball gespielt . . . es hat Spass gemacht.
TOBIAS	Wie war das Wetter?
KATJA	Soso. Es hat ab und zu geregnet. — Wisst ihr denn, wen wir dieses Jahr in Englisch haben?
PATRICK	Hoffentlich die Brandt! Die ist gut. Mein Bruder hatte sie letztes Jahr.
TOBIAS	Ich hab' gehört, die ist krank.
KATJA	Ist sie auch. Dann haben wir bestimmt den Springer — und der soll streng sein!
PATRICK	Ruhe, Kinder! Da kommt er ja!

A2 Übung • Stimmt! Stimmt nicht!

1. Tobias und Patrick haben Katja lange nicht gesehen.
2. Die Katja sieht ganz anders aus.
3. Sie hat einen neuen Haarschnitt.
4. Die Jungen finden Katjas Haarschnitt nicht schön.
5. Katja ist braungebrannt; die Jungen finden das gut.
6. Die Jungen waren mit ihren Eltern im Ausland.
7. Die Katja war auch im Ausland, aber allein.
8. Die drei Schüler hoffen, dass die Brandt ihre Englischlehrerin ist.
9. Sie hoffen, dass der Springer ihr Mathelehrer ist.

A3 Übung • Diskussion in der Klasse

Am ersten Schultag fragt Frau Mülbert, die Klassenlehrerin, ihre Schüler, was sie in den Ferien gemacht haben. — Welche von den Wörtern passen am besten?

LEHRERIN Katja, du bist so schön braungebrannt. Wo bist du denn in den Ferien . . . ?
KATJA Ich . . . in einem Ferienlager. Das war Spitze!
LEHRERIN Was habt ihr da alles . . . ?
KATJA Wir haben Tagesausflüge . . . , wir haben Volleyball . . . , wir sind im Pool . . . und wir sind viel . . .
LEHRERIN Und du, Tobias, wo . . . du?
TOBIAS Ich . . . in England. Und ich habe . . . , meinem Vater im Geschäft . . .
LEHRERIN Und du, Patrick? Wo bist du denn . . . ? Du bist auch so braun!
PATRICK Ich . . . in Italien. Das Wetter . . . herrlich. Es hat nie . . .
LEHRERIN Ja, das . . . bestimmt schöne Ferien. — So, jetzt aber an die Arbeit!

gearbeitet
geholfen
gemacht
geregnet
geschwommen
gespielt
gewandert
gewesen
war
waren
warst

A4 WIE SAGT MAN DAS?

Complimenting, affirming, and reassuring

complimenting	Dein Haarschnitt ist sehr schick.	*Your haircut is very stylish.*
affirming	Nicht zu kurz?	*Not too short?*
answering	Nein.	*No.*
expressing doubt	Ehrlich? Wirklich?	*Honestly?* *Really?*
reassuring	Ehrlich! Ja, wirklich.	*Honestly.* *Yes, really.*

A5 Übung • Ein Kompliment

Dein Freund macht dir ein Kompliment. Du möchtest sicher sein, dass er auch meint, was er sagt.

A: Dein Haarschnitt ist toll!
B: Nicht zu lang?
A: Nein. Überhaupt nicht!
B: Ehrlich? [oder] Wirklich nicht?
A: Ehrlich. [oder] Nein, wirklich nicht.

1. Die Musik ist prima!
2. Du siehst gut aus, so braungebrannt.
3. Dein T-Shirt ist sehr schick!
4. Dein Bruder ist sehr nett.
5. Dein Zimmer ist sehr hübsch.
6. Euer Haus ist so gemütlich!
7. Euer Auto ist super, ein BMW!

nicht zu . . . ?

laut / schmalzig
dunkel
gross
frech
gross / klein
alt / modern
klein

A6 WIE SAGT MAN DAS?

Making assumptions and responding to assumptions

making assumptions	Du warst bestimmt wieder im Ausland. Dann haben wir bestimmt den Springer.	*You must have been abroad again.* *We're sure to have Springer.*
answering yes	Ja, das stimmt. Ja, du hast recht.	*Yes, that's true.* *Yes, you're right.*
answering no	Nein, stimmt nicht. Nein. Überhaupt nicht.	*No, that's not true.* *No. Not at all.*

A7 Übung • Ist das so?

Deine Klassenkameraden sagen, was sie glauben. Haben sie recht?

A: Du warst bestimmt in England!
B: Ja, du hast recht. [oder] Nein, das stimmt nicht.

1. Deine Ferien waren bestimmt interessant.
2. Du hast bestimmt wieder gearbeitet.
3. Du warst bestimmt wieder irgendwo am Strand.
4. Du hast bestimmt viel gefaulenzt.
5. Du hast bestimmt viel Sport gemacht.
6. Du hast bestimmt dein Deutsch verbessert.
7. Du bist bestimmt oft im Kino gewesen.
8. Du warst bestimmt wieder im einem Ferienlager.

Faulenzen auf dem Kölner Domplatz

A8 WIE SAGT MAN DAS?

Reporting hearsay and responding to hearsay

reporting hearsay	Der Springer soll sehr streng sein. Die Brandt soll krank sein.	*They say Springer is very strict.* *I heard Brandt is sick.*
responding to hearsay	Wirklich? Das habe ich nicht gehört. Ist sie (er) auch.	*Really?* *I haven't heard that.* *That's true. She (he) is.*

NOTE: When talking about teachers among themselves, German students usually use the definite article **der** or **die** instead of **Herr** or **Frau.** It is not disrespectful.

A 9 Übung • Und was weisst du?

Du hast das gehört, aber du weisst es nicht ganz genau.

A: Ist der Lehrer sehr streng?
B: Ja, er soll sehr streng sein.

1. Ist die Brandt gut in Englisch?
2. Ist Englisch beim Springer schwer?
3. Sieht die Katja sehr schick aus?
4. Ist ihr Haarschnitt jetzt ganz anders?
5. Spricht der Tobias jetzt gut Englisch?
6. Regnet es dort viel?

A 10 WIE SAGT MAN DAS?
Reporting past events

Past events can be reported by using the **Perfekt,** *conversational past,* of verbs. With the verbs **haben** and **sein,** the **Imperfekt,** *simple past,* is often used.

Ich bin in Italien gewesen.	*I was in Italy.*
Ich habe viel Tennis gespielt.	*I played a lot of tennis.*
Ich habe meinem Vater geholfen.	*I helped my father.*
Ich war am Meer.	*I was at the ocean.*
Ich hatte keine Zeit.	*I had no time.*

A 11 Übung • Was hast du alles gemacht? Erzähl mal!

A: Was hast du alles in den Ferien gemacht?
B: Ich habe . . . / Ich bin . . .

Ich habe . . .

Freunde besucht	☐	viel gelesen	☐
gefaulenzt	☐	zu Hause geholfen	☐
Ausflüge gemacht	☐	Tennis gespielt	☐
eine Party gegeben	☐	viel Filme gesehen	☐
gearbeitet	☐		

Ich bin . . .

in . . . gewesen	☐	viel gewandert	☐
im Kino / Konzert gewesen	☐	zu Hause geblieben	☐
nach . . . gefahren	☐	in einem Ferienlager gewesen	☐
einkaufen gegangen	☐	viel geschwommen	☐

A 12 ERKLÄRUNG
The Conversational Past

1. You already know how to use the **Perfekt,** *conversational past tense:* you use the present tense of either **haben** or **sein** with the past participle of the main verb.

Ich **habe** viel Tennis **gespielt.**
Er **ist** in Italian **gewesen.**

2. The following is a list of past participles of verbs that you have used in this lesson and in the last three lessons of ***Neue Freunde.*** As you look at these forms, note how the past participles differ. Can you determine a pattern? What do you observe?

hat besucht	hat geschenkt	ist geblieben
hat gearbeitet	hat gespielt	ist gefahren
hat gefaulenzt	hat gegeben	ist gegangen
hat gekauft	hat gegessen	ist gewandert
hat gemacht	hat gelesen	ist gewesen
hat gehabt	hat gesehen	ist geschwommen
hat geholfen	hat geregnet	
hat gehört	hat getrunken	

3. To express past time, you can also use the **Imperfekt.** Here are the forms of **haben** and **sein.**

ich	**hatte**	wir	**hatten**	ich	**war**	wir	**waren**
du	**hattest**	ihr	**hattet**	du	**warst**	ihr	**wart**
er, sie, es	**hatte**	sie, Sie	**hatten**	er, sie, es	**war**	sie, Sie	**waren**

You can say:
Ich **bin** in England **gewesen.** [or] Ich **war** in England.
Wir **haben** die Brandt **gehabt.** [or] Wir **hatten** die Brandt.

A 13 Übung • Sag, was du in den Ferien gemacht hast!

A: Was hast du in den Ferien gemacht?
B: Ich . . .

in Italien sein
Tennis spielen
meinem Vater helfen
viel schwimmen
viel lesen
faulenzen
viel wandern
am Strand sein
Volleyball spielen
Tagesausflüge machen
Verwandte besuchen
zu Hause bleiben
viel Musik hören
eine Party geben
nach England fahren

A 14 Übung • Aus Patricks Taschenkalender

Was hat Patrick in dieser Woche alles gemacht? Erzähle!

Er hat am Sonntag von 6 bis 7 Tennis gespielt. Um . . .

JULI

17 SONNTAG	6–7 8^{30} 18^{00}	Tennis spielen segeln / Starnberger See Kino mit Claudia
18 MONTAG	11–13 14^{00} 20^{00}	Stadtbummel Hans besuchen Rockkonzert / Rainbirds
19 DIENSTAG		
20 MITTWOCH	6–7 16^{00}	Tennis Grosseltern besuchen
21 DONNERSTAG	8–10^{00} 10–12^{00}	Schwimmbad einkaufen gehen
22 FREITAG	6–7 20^{00}	Tennis Party bei Claudia
23 SAMSTAG	8^{00} 22^{30}	Zug nach Salzburg zurück in München

A 15 Übung • Rollenspiel

Ein Schüler übernimmt die Rolle von Patrick. Du fragst ihn, was er an jedem Tag gemacht hat.

A 16 Übung • Hör gut zu!

Ist das jetzt, oder war das vorher?

	1	2	3	4	5	6	7	8	9	10
jetzt										
vorher										

A 17 Schreibübung

Schreib in deinen Taschenkalender, was du in der letzten Woche alles gemacht hast!

A 18 Übung • Partnerarbeit

1. Dein Partner fragt dich, was du an jedem Tag gemacht hast. Du antwortest. Dann fragst du deinen Partner.
2. Du kennst deinen Partner und weisst, was er oder sie gewöhnlich macht. Du sagst:
   Du hast am Sonntag bestimmt wieder Tennis gespielt.
   Nein, ich . . .
3. Du hast von einem Freund gehört, was dein Partner gemacht hat. Stimmt das?
   Ich hab' gehört, dass du am Sonntag (Tennis gespielt hast).
   Überhaupt nicht! Ich . . .

A 19 Ein wenig Landeskunde

Die Deutschen, die Österreicher und die Schweizer reisen gern. Ein Urlaub zu Hause ist kein Urlaub! Je weiter man von zu Hause wegreist, desto interessanter ist der Urlaub.

Viele Urlauber verreisen aber nicht nur, um sich zu erholen; der Aktiv-Urlaub ist heute sehr beliebt. Man reist nach Nepal, um dort die Berge zu besteigen; man fliegt im Sommer nach Südamerika, um dort Ski zu laufen; man fliegt in die Karibik, um dort zu segeln und zu tauchen; man macht einen Tennisurlaub auf Mallorca, oder man geht auf eine Foto-Safari in Kenia.

Viele Deutsche verbringen ihren Urlaub auch in den Vereinigten Staaten. Man hört Deutsch in den Nationalparks, in den Erholungszentren von Kalifornien, Arizona und Florida, in Grossstädten wie New York, San Francisco, Chicago und New Orleans, aber auch auf kleinen „ranches" in Wyoming oder in den Dakotas. Die Deutschen lieben fremde Länder, die wilde Natur, tolle Grossstädte, denn sie meinen, zu Hause ist alles kleiner, enger und geordneter als anderswo.

reporting about your vacation; inviting someone to guess where you have been; expressing surprise; asking how someone liked something and responding enthusiastically or sympathetically

Es gibt viele interessante Gegenden und Orte, die man in den Ferien besuchen kann. — Bist du in den Ferien weggewesen? Wie hat es dir gefallen?

B1 Wo habt ihr Ferien gemacht?

Die Julia ist mit ihren Eltern quer durch die Bundesrepublik gereist. Sie berichtet darüber.

Was ich in den Ferien gemacht habe? — Ja, ich bin mit den Eltern drei Wochen lang durch Deutschland gereist, mit dem Auto. Wir haben so viel gesehen. Wir sind zuerst in den Bergen gewesen, in Oberstdorf — das ist in den Allgäuer Alpen. Dann waren wir am Bodensee, in Meersburg, dann im Schwarzwald und auch am Rhein. Da haben wir eine Rheinfahrt von Bingen nach Koblenz gemacht. Ja, und dann waren wir in der Lüneburger Heide. Dort haben wir meine Tante Ilse besucht, in Soltau. Mit ihr waren wir noch eine Woche an der Nordsee, auf der Insel Sylt. Dort hat's mir am besten gefallen: das Wasser, die Luft und der Strand! Einfach Spitze! Ja, es war eine schöne Reise!

Auf der Insel Sylt

Camping am Rhein, vor der Lorelei

Im Schwarzwald

Julias Reiseroute durch die Bundesrepublik

Soltau in der Lüneburger Heide

Am Bodensee, auf der Insel Mainau

St. Ulrich in Tirol

B 2 Übung • Stimmt! Stimmt nicht!

1. Die Ferienreise hat Julia gut gefallen.
2. Sie hat sehr viel gesehen.
3. Sie ist mit ihren Eltern gereist.
4. Sie ist von Norden nach Süden durch die Bundesrepublik gefahren.
5. Sie war auch im Ausland.
6. Sie war in den Bergen und auch am Meer.
7. Julia ist gern am Strand.
8. Sie hat auch Verwandte besucht.

Döhle in der Lüneburger Heide

B 3 Übung • Rollenspiel

1. Übernimm die Rolle von Julia und erzähle, wo du in den Ferien warst!

A: Was hast du denn in den Ferien gemacht?
B: Ich bin . . . gewesen.
A: War's schön?
B: Einfach Spitze!

2. Dein Freund/deine Freundin will jetzt genau wissen, wo du warst.

A: Wo bist du gewesen?
B: Ich war (in den Alpen).
A: Ja, und wo denn?
B: (In Oberstdorf.)
A: Es soll dort sehr schön sein.
B: Ist es auch!

in den Bergen
in Oberbayern
in den Allgäuer Alpen
in Oberstdorf
in der Lüneburger Heide
am Meer
am Bodensee
am Rhein
auf Sylt
an der Nordsee
im Schwarzwald

B 4 Übung • Wo ist Julia gewesen?

Schau auf die Landkarte auf Seite 22 und sag, wo Julia überall gewesen ist!

B5 Übung • Was habt ihr gemacht? Und wo?

Im Schwarzwald, da sind wir viel gewandert.

wo?	was?
am Bodensee	schwimmen
am Rhein	wandern
an der Nordsee	Ausflüge machen
auf der Insel Sylt	Verwandte besuchen
im Schwarzwald	faulenzen
in der Lüneburger Heide	Tennis/Volleyball spielen
in den Alpen	Bootsfahrten machen
in den Bergen	Rheinfahrt machen

B6 Übung • Ferien in Deutschland

Du warst in den Ferien in Deutschland. Dein Partner fragt dich, wo du warst, was du gemacht hast und wie es war.

B7 ERKLÄRUNG
The Definite Article, Dative Case; The Preposition mit

1. In this unit you have been using phrases such as **mit dem Bus, mit der Bahn,** and **mit meiner Tante.** The dative case forms **dem, der** and **meiner** look familiar—you have used them as indirect objects in sentences such as **Ich schenke meinem Bruder eine Uhr.**

2. The preposition **mit** is always followed by dative case forms.

   Wie kommst du in die Schule? Mit **dem** Bus. *By bus.*

   Mit wem fährst du weg? { Mit **den** Eltern. *With my parents.* / Mit **dem** Vater. *With my father.* / Mit **der** Mutter. *With my mother.* }

   Note that German often uses the definite article, not the possessive, when referring to immediate family members.

3. The following are the dative case forms of the definite article and the possessives, using **sein** as a model for all the possessives.

		Dative Case		
Masculine	Wir fahren mit	**dem** Bus	**dem** Vater	**seinem** Vater
Feminine		**der** Bahn	**der** Mutter	**seiner** Mutter
Neuter		**dem** Auto	**dem** Kind	**seinem** Kind
Plural			**den** Eltern	**seinen** Eltern

4. The dative case of the interrogative pronoun is **wem.**

   Mit **wem** fährst du weg? *With whom are you going?*

B8 Übung • Und du? Wie steht's mit dir?

1. Mit wem hast du Ferien gemacht?
2. Wie seid ihr gefahren? Mit dem Bus?
3. Mit wem fährst du am liebsten weg?
4. Wie fährst du am liebsten? Mit dem Auto?

Im Schwarzwald

B9 Übung • Wo und mit wem?

Sag, wo du warst, mit wem und was du gemacht hast!

A: Wo warst du denn in den Ferien?
B: Am Bodensee.
A: Allein?
B: Nein, mit den Eltern.
A: Wie war's? Was hast du dort den ganzen Tag gemacht?
B: Ich habe . . . / ich bin . . .

wo?	mit wem?	was?
auf Sylt	meine Freunde	Volleyball/Tennis spielen
in den Bergen	die Eltern	viel wandern
am Meer	meine Verwandten	ein Rockkonzert hören
in München	mein Bruder	Ausflüge machen
in der Lüneburger Heide	meine Schwester	nur faulenzen
an der Nordsee	meine Familie	Verwandte besuchen
in Koblenz	die Klasse	Bootsfahrten machen
im Schwarzwald	meine Mitschüler	schwimmen gehen
am Bodensee		Glockenspiel sehen

Freibad in Oberbayern
Die österreichischen Alpen, mit dem Grossglockner
Am Bodensee

B10 Schreibübung

Stell dir vor, du warst in den Sommerferien in Deutschland! Schreib einen kurzen Bericht über deine Ferien! — Wo warst du? Mit wem? Was habt ihr alles gemacht?

B11 UND WO SEID IHR DENN GEWESEN? 

Frau Mülbert, die Klassenlehrerin, fragt ihre Schüler, wo sie in den Ferien gewesen sind und was sie alles gemacht haben.

Ja, wo warst du denn, Günter?
An der Nordsee, auf der Insel Föhr. In einem Ferienlager.
Da gibt's Ferienlager? Na, sowas! Das hab' ich nicht gewusst. War's schön?
Ja, soso. Das Wetter war meistens schlecht.
Da hast du Pech gehabt.

Günter

Und du, Renate, wo warst du in den Ferien?
Ich war im Gebirge, in Tirol.
Wie hat's dir gefallen?
Prima!
Das freut mich! Nach Österreich fahr' ich auch immer gern.

Rolf

Und du, Rolf? Du warst bestimmt wieder surfen!
Ja, am Starnberger See, in Tutzing.
Und?
Es war prima.

Und du, Daniela? Was hast du gemacht?
Ich war zwei Wochen zu Hause, und dann war ich mit meinen Eltern drei Wochen in Italien, in Rimini.
Hm, am Strand! Deshalb bist du auch so schön braun. Hat's dir gefallen?
Und wie!
Gut! Das freut mich.

Wie war denn bei euch das Wetter? Hier bei uns war es doch miserabel!

An der Nordsee war es oft kühl, und es hat viel geregnet. Das Wetter war miserabel.
Da habt ihr Pech gehabt!

Renate

Bei uns in Tirol war es immer sonnig und warm. Das Wetter war einfach herrlich!
Da habt ihr Glück gehabt!

So, und wer von euch war denn ganz weit weg?
Ich!
Ja, wo denn, Sebastian?
Raten Sie mal, Frau Mülbert!
Du, das ist jetzt nicht schwer: in den Vereinigten Staaten.
Richtig!
Und wie war's?
Super! Phantastisch!
Nun, erzähl mal etwas! Was hast du denn alles gesehen?

Ja, ich bin zuerst nach New York geflogen. Dort hab' ich eine Tante und einen Onkel — und auch einen Vetter. Mit dem war ich immer den ganzen Tag unterwegs. Er hat mir die Stadt gezeigt. Wir waren auf dem Empire-State-Gebäude, auf der Freiheitsstatue, im UNO-Gebäude bei den Vereinten Nationen — ja, und am Wochenende waren wir meistens am Strand, am Jones Beach auf Long Island. Und dann habe ich mit meinen Verwandten eine Reise durch Amerika gemacht. Wir sind zuerst nach Denver geflogen. Dort hat mein Onkel ein Auto gemietet. Wir waren dann in den Rocky Mountains, in Utah und am Lake Tahoe in Nevada. Und dann sind wir nach Kalifornien gefahren, nach San Francisco, und von da nach Arizona. Natürlich haben wir den Grand Canyon besucht. Von Phoenix aus sind wir zurück nach New York geflogen.
Toll! Was für eine interessante Reise!

B12 Übung • Stimmt! Stimmt nicht!

1. Die Deutschen reisen gern nach Italien.
2. In Italien ist es meistens sonnig und warm.
3. Tirol liegt in der Schweiz.
4. An der Nordsee ist es oft kühl, und es regnet viel.
5. Föhr ist eine Insel in der Nordsee.
6. Amerika ist nicht sehr weit für die Deutschen.
7. Sie können dorthin mit dem Auto fahren.
8. Die Deutschen wollen in Amerika nur New York und Denver sehen.
9. New York, San Francisco, die Rocky Mountains und der Grand Canyon sind besonders populär.
10. Es ist praktisch für die Deutschen, wenn sie Verwandte oder Freunde in den Vereinigten Staaten haben.
11. Das UN-Gebäude ist in San Francisco.

B13 Übung • Sebastians Amerikareise

Erzähle Sebastians Amerikareise! — Sebastian ist zuerst . . .

B 14 WIE SAGT MAN DAS?
Inviting someone to guess and expressing surprise

inviting someone to guess	Rate mal, wo ich war! Weisst du, wo ich war?	*Guess where I was!* *Do you know where I was?*
expressing surprise	Na, sowas! Das hab' ich nicht gewusst.	*Well, well!* *I didn't know that.*

B 15 Übung • Rate mal!

1. A: Rate mal, wo ich war!
   B: Du warst bestimmt wieder am Strand.
   A: Stimmt! [oder]
   Stimmt nicht. Ich . . .

2. A: Was hast du denn gemacht?
   B: Ich habe/bin . . .
   A: Na, sowas!

B 16 WIE SAGT MAN DAS?
Asking how someone liked something; expressing enthusiasm; responding enthusiastically or sympathetically

asking how someone liked something	Wie war's? Hat's dir gefallen? Wie hat es dir (in New York) gefallen?	*How was it?* *Did you like it?* *How did you like it (in New York)?*
expressing enthusiasm	Einfach herrlich! Gut. Und wie! Es hat mir gut gefallen.	*Simply wonderful.* *Very well. And how!* *I liked it very much.*
responding enthusiastically	Das freut mich. Was für ein Glück! Da hast du Glück gehabt.	*I'm happy to hear that.* *What luck!* *You were lucky.*
responding sympathetically	Schade! Was für ein Pech! Da hast du Pech gehabt.	*Too bad.* *What bad luck!* *You weren't very lucky.*

B 17 Übung • Wie hat es dir gefallen?

Deine Freunde haben viel gesehen. Du fragst sie, wie es ihnen gefallen hat.

A: Ich war in New York.
B: Wie hat es dir gefallen?

A: Es war super! [oder] Es war so heiss!
B: Das freut mich. [oder] Schade!

1. Ich war in Kalifornien.
2. Ich war im Grand Canyon.
3. Ich war in San Francisco.
4. Ich war auf dem Empire State Gebäude.
5. Ich war in den Rocky Mountains.
6. Ich war im Yellowstone Park.
7. Ich war in Houston, Texas.
8. Ich war am Michigansee.

B 18 ERKLÄRUNG
First- and Second-Person Pronouns, Dative Case

You already know the third-person dative pronouns **ihm, ihr,** and **ihnen.** Here are the first- and second-person pronouns. With the verb **gefallen,** you always use dative case forms.

		Dative	
1st Person	Es hat	**mir**	gut gefallen.
	Es hat	**uns**	gut gefallen.
2nd Person	Wie hat es	**dir**	gefallen?
	Wie hat es	**euch**	gefallen?
	Wie hat es	**Ihnen**	gefallen?

B 19 Übung • Wie hat es allen gefallen?

Du fragst diese Leute, wie es ihnen gefallen hat. Sie sagen, wie es war, und du antwortest.

Dein Freund war in New York.
A: Hat es dir gefallen?
B: Ja. Es war phantastisch!
A: Das freut mich.

1. Deine Freunde waren in Florida.
2. Dein Lehrer war im Grand Canyon.
3. Dein Bruder war in San Francisco.
4. Deine Lehrerin war in Deutschland.
5. Zwei Klassenkameraden waren in Tirol.
6. Dein Freund war in einem Ferienlager.
7. Dein Vetter war auf dem Empire State Gebäude.
8. Deine Eltern waren auf der Insel Sylt.

B 20 ERKLÄRUNG
The Dative Case with the Prepositions in, an, *and* auf

In answer to a question beginning with **wo,** the prepositions **in, an,** and **auf** are used to indicate location.

1. The preposition **in** means "in" (a particular place).
   a. The preposition **in** can be followed by the name of a city or town, a state, or a country.

	in	
Wo warst du?	Ich war in Oberstdorf.	*(town)*
	Ich war in Bayern.	*(state)*
	Ich war in Italien.	*(country)*

b. When the name of the country is used with an article, the noun phrase is in the dative case.

	in + *Dative Case*
Wo warst du?	Ich war in der Schweiz. Ich war in der DDR. Ich war in den Vereinigten Staaten.

c. The preposition **in** is followed by dative case forms with other locations (areas, buildings). Note that **im** is a contraction of **in** + **dem.**

	in + *Dative Case*	
Wo warst du?	Ich war im Schwarzwald. im Gebirge in den Bergen in den Rocky Mountains	 in der Stadt im UN-Gebäude

2. The preposition **an** means "at" (a particular place). The preposition **an** is followed by dative case forms when indicating location. Note that **am** is a contraction of **an** + **dem.**

	an + *Dative Case*		
Wo warst du?	Ich war an der Nordsee. am Meer am Bodensee am Lake Tahoe am Atlantik	an der Ostsee am Rhein am Starnberger See am Michigansee am Pazifik	*(all bodies of water)*

3. The preposition **auf** means "on" when referring to islands or "on top of" when referring to buildings. The preposition **auf** is followed by dative case forms when indicating location.

	auf + *Dative Case*	
Wo warst du?	Ich war auf (der Insel) Föhr. auf (der Insel) Sylt.	*(islands)*
	Ich war auf dem Empire State Gebäude. auf der Freiheitsstatue.	*(buildings)*

B21 Übung • Wirklich? 

Du glaubst, du weisst, wo dein Freund war. Stimmt's?

A: Du warst bestimmt wieder (am Bodensee)!
B: Stimmt nicht! Ich war (in der DDR).
A: Na, sowas!

wo?

Lüneburger Heide
Freiheitsstatue
Alpen
Nordsee
Vereinigte Staaten
Italien
DDR
Schwarzwald
Meer
Starnberger See
Sylt
Bodensee
Rocky Mountains
New York
Empire State Gebäude
Kalifornien
Texas
Österreich
Schweiz

B 22 Übung • Und du? Wie steht's mit dir?

Erzähle deinem Partner, wo du warst, mit wem du gefahren bist und was du alles gemacht hast!

B 23 Übung • Wann und wo? 

A: Am Sonntag war ich in den Bergen.
B: Wie hat's dir gefallen?
A: Super!

wann?

am Sonntag | am Wochenende | am 4. Juli | im Frühjahr | im Mai | in den Sommerferien | zu Weihnachten

B 24 ERKLÄRUNG

The Indefinite Article, Dative Case

1. To refer to location in general, the indefinite article is used.
   Ich war auf **einer** Insel.
   Wir machen Camping an **einem** Fluss.
2. The dative case forms of the indefinite articles are as follows:

	Dative Case	
Masculine	**einem**	Sie war an **einem** Fluss.
Feminine	**einer**	Ich war auf **einer** Insel.
Neuter	**einem**	Wir waren in **einem** Konzert.
Plural	—	An Flüsse**n** ist es immer schön.

B 25 Übung • Dort war ich! 

Dein Freund rät, wo du warst.

A: Du warst bestimmt wieder an einem See!
B: Stimmt! Ich war am Bodensee.
A: Toll! [oder] Dort war ich auch schon mal.

See / Bodensee
Insel / Sylt
Strand / Jones Beach
Museum / Nationalmuseum
Kirche / Frauenkirche
Park / Yellowstone

B 26 Übung • Wo warst du? Was hast du gemacht? 

Sag, wo du warst und was du dort gemacht hast!

A: Wo bist du denn gewesen?
B: In einem Ferienlager. Ich habe Volleyball gespielt.
A: . . .

1. Strand in Italien; viel schwimmen
2. Sportveranstaltung; ein Fussballspiel sehen
3. Rockkonzert; den Falco hören
4. Restaurant; dort gut essen
5. Imbiss-Stube; eine Fanta trinken
6. Geschenkladen; ein Geschenk kaufen

In Münster, Westfalen

B 27 Übung • Wo liegt . . .?

Schau auf eine Karte von den Vereinigten Staaten und sag, wo folgende Städte liegen!

in *(state, area)*

1. Wo liegt Denver?
2. Wo liegt Aspen?
3. Wo liegt Yellowstone?

am *(body of water)*

1. Wo liegen New York und San Francisco?
2. Wo liegt Chicago? Und Cleveland?
3. Wo liegt Galveston?

im Yellowstone National Park
am Atlantik am Pazifik
am St. Lorenz-Strom
in den Rocky Mountains
am Golf von Mexiko
am Michigansee **am Eriesee**
in Colorado

B 28 Übung • Weisst du, wo diese Städte liegen?

Schau auf die Karte auf Seite 22 und sag, wo diese Städte liegen!

1. Wo liegt Kiel?
2. Wo liegt Bonn?
3. Wo liegt Oberstdorf?
4. Wo liegt Koblenz?
5. Wo liegt Hamburg?
6. Wo liegt Frankfurt?

B 29 Übung • Hör gut zu!

Passt die Antwort, oder passt sie nicht?

	1	2	3	4	5	6
passt						
passt nicht						

B 30 Schreibübung

1. Welche Präpositionen und Artikel passen? Schreib die Sätze ab!
   1. Freiburg liegt ____ Schwarzwald. 2. Garmisch liegt ____ ____ Alpen. 3. Cuxhaven liegt ____ ____ Nordsee. 4. Köln liegt ____ Rhein. 5. Zürich liegt ____ ____ Schweiz. 6. Kiel liegt ____ ____ Ostsee. 7. Saarbrücken liegt ____ Saarland. 8. Berchtesgaden liegt ____ ____ Alpen. 9. Leipzig liegt ____ ____ DDR. 10. Orlando liegt ____ ____ Vereinigten Staaten, ____ Florida. 11. Chicago liegt ____ Michigansee. 12. San Francisco liegt ____ Pazifik. 13. Aspen liegt ____ ____ Rocky Mountains.
2. Schreib einen Bericht über deine Ferien! Schreib, wo du warst, wie du gereist bist, mit wem, was du alles gesehen und gemacht hast, wie es dir gefallen hat und wie das Wetter war!

B 31 Übung • Klassendiskussion

Schaut auf eine Karte von Nordamerika und erzählt, wo ihr in den Ferien wart und was ihr dort gemacht habt!

SECTION C

talking about goals for the new school year and making excuses for poor class performance

Ein neues Schuljahr beginnt. — Was sind deine Vorsätze für dieses Schuljahr?

C1 Vorsätze fürs neue Schuljahr

Die Schüler sprechen über ihre guten Vorsätze fürs neue Schuljahr.

Tobias

Hoffentlich hab' ich in England etwas gelernt. Ich muss in Englisch eine Drei kriegen, sonst bleibe ich sitzen! — Warum ist Englisch in der Schule so langweilig?

Patrick

Ich hab' Mathe nicht gern, aber ich muss unbedingt besser werden. Hoffentlich geht das! Ich bin in Mathe wirklich eine absolute Niete. Ich muss mehr arbeiten, besser aufpassen und eben so lange lernen, bis ich alles verstehe.

Julia

Ich muss in Deutsch besser werden. Aber ich kann machen, was ich will — ich glaube, mein Deutschlehrer mag mich nicht. Aber ich find' ihn auch nicht besonders toll.

Renate

In Physik bin ich sehr schwach. Ich habe eine Vier minus. Was soll ich nur tun? Ich verstehe überhaupt nichts! — Unser Physiklehrer erklärt auch alles so schlecht. Aber das ist keine Ausrede!

C2 Übung • Welche Wörter passen?

Ausrede — erklärt — kann — mag — Niete — schwach — sitzen — überhaupt — werden

1. Wenn ich nicht eine Drei habe, bleibe ich ____ .
2. Ich muss in Mathe unbedingt besser ____ .
3. In Mathe bin ich wirklich eine absolute ____ .
4. Ich ____ machen, was ich will, aber mein Deutschlehrer ____ mich nicht.
5. In Physik bin ich sehr ____ .
6. Ich verstehe ____ nichts.
7. Unser Lehrer ____ alles so schlecht.
8. Das ist keine ____ !

C3 Übung • Beantworte die Fragen!

1. Wer sind diese Schüler?
2. Was für Vorsätze haben sie?
3. Welche Fächer sind schwer für sie?
4. Was für Noten haben sie wahrscheinlich im letzten Jahr gehabt?

C4 Schreibübung

Schreib alle Ausreden auf, die die vier Schüler haben!

TOBIAS: . . . JULIA: . . .
PATRICK: . . . RENATE: . . .

C5 Schreibübung • Was sind deine Ausreden?

Mach eine Liste von Ausreden, die du schon oft gehört hast! Nimm die Ausreden von den vier Schülern und deine eigenen! Hier sind noch ein paar Ausreden:

Ehrlich, ich hab' die Hausaufgaben gemacht! Sie liegen zu Hause auf dem Tisch!

Unser Hund hat meine Hausaufgaben gefressen!

Ich habe keine Zeit zum Lernen. Ich habe einen Job.
Mein Freund ist auch schlecht in . . .
Der Lehrer ist zu streng.
Meine Familie hilft mir nicht.
Ich verstehe alles, aber ich kann es nicht erklären.
. . . macht keinen Spass.
Ich brauche das Fach nicht.
Die Klasse ist zu laut. Ich kann nicht hören, was der Lehrer sagt.
. . . interessiert mich nicht.

Ich hatte furchtbare Bauchschmerzen und musste ins Bett.

Ich konnte die Hausaufgaben nicht machen; die Lampe in meinem Zimmer war kaputt.

C6 Übung • Beantworte die Fragen!

1. Welche Ausreden findest du gut?
2. Welche findest du blöd?
3. Welche Ausreden hast du auch schon benutzt?
4. Was sagst du, wenn du deine Hausaufgaben nicht hast?
5. Hast du eine Spezialausrede? Welche?

C7 WIE SAGT MAN DAS?
Making excuses for poor class performance

Ich bin in Mathe eine absolute Niete.	*I'm hopeless in math.*
Ich kann machen, was ich will . . .	*No matter what I do . . .*
Der Lehrer mag mich nicht.	*The teacher doesn't like me.*
Ich verstehe überhaupt nichts.	*I don't understand a thing.*
Der Lehrer erklärt alles schlecht.	*The teacher doesn't explain well.*

C8 Übung • Was passt zusammen?

Welche Hoffnungen hast du für das neue Schuljahr?

1. Hoffentlich hat mir	a. der Lehrer mich.
2. Hoffentlich bekomme	b. ich in Physik besser.
3. Hoffentlich mag	c. der Lehrer alles gut.
4. Hoffentlich sind	d. das Schuljahr besser.
5. Hoffentlich erklärt	e. die Lehrer nicht so streng.
6. Hoffentlich werde	f. die Zeit in England geholfen.
7. Hoffentlich verstehe	g. ich nicht sitzen.
8. Hoffentlich bleibe	h. Mathe nicht so schwer.
9. Hoffentlich ist	i. ich eine Drei.
10. Hoffentlich geht	j. ich alles.

C9 ERKLÄRUNG
The Verb müssen, *Present Tense*

The verb **müssen,** *to have to, must,* expresses necessity. **Müssen** has the following forms in the present tense. How are the forms similar to the forms of the verbs **können** and **wollen?** Can you observe some parallels?

ich **muss**	wir **müssen**
du **musst**	ihr **müsst**
er, sie, es **muss**	sie, Sie **müssen**

Müssen, like **können** and **wollen,** is often used with the infinitive of another verb at the end of the sentence.

Ich **muss** eine Eins **kriegen.** *I must get an A.*

C10 Übung • Was musst du tun?

Was sind deine Vorsätze? Was musst du tun?

1. A: Was für Vorsätze hast du?
   B: Ich muss in Englisch besser werden.
   A: Ja, ich auch!
2. A: Und ihr beiden? Was für Vorsätze habt ihr?
   B: Ich . . .
   C: Und ich . . .
   A: Viel Glück!

Vorsätze

in Englisch besser werden
Deutsch lernen
eine Eins bekommen
eine Zwei in Mathe kriegen
einfach mehr arbeiten
immer meine Hausaufgaben machen
besser aufpassen

C11 Übung • Rollenspiel

Du hast eine schlechte Note bekommen. Du gehst nach Hause, und du hast viele Ausreden. Deine Eltern glauben dir aber nicht. Was sagst du? Was sagen deine Eltern? Spiel diese Szene vor der Klasse!

C12 Schreibübung

Du hast eine schlechte Note bekommen. Du möchtest mit deinen Eltern nicht darüber sprechen, und du schreibst deshalb einen Zettel mit vielen Ausreden.

Liebe Eltern!
Ich habe wieder eine Fünf in Mathe bekommen.

C13 Ein wenig Landeskunde

Die meisten Schüler haben gute Vorsätze fürs neue Schuljahr, besonders wenn das alte Schuljahr nicht so besonders gut war. Die Vier oder die Fünf im letzen Zeugnis muss weg! Der letzte Sommeraufenthalt im Ausland wird bestimmt die Noten im Fremdsprachenunterricht verbessern, und die Nachhilfestunden in den Sommerferien werden hoffentlich in den andern Fächern helfen. Und jetzt, im neuen Schuljahr, versucht jeder, im Unterricht mitzukommen, immer die Hausaufgaben zu machen, gleich zu fragen, wenn man etwas nicht versteht und — nur gute Noten zu schreiben!

Jeder Schüler, ganz gleich ob Hauptschüler, Realschüler oder Gymnasiast braucht gute Noten, um ein Schulabschlusszeugnis zu bekommen — das braucht jeder, um mit dem Beruf oder Studium weiterzukommen.

C14 Übung • Patrick muss heute viel tun!

1. Patricks Taschenkalender ist voll. Sag, was er heute alles tun muss!
   Um 7 Uhr 30 muss er in die Schule gehen.

Montag September 22 39. Woche	265 – 100 39. Woche	
	7 30	in die Schule gehen
	8 50	mit Deutschlehrer sprechen
	10 10	Zahnarzt anrufen
	12 30	zum Supermarkt gehen
	13 00	bei Oma zum Essen
	14 00	nach Hause / Hausaufgaben
	15 30	Tickets für Konzert kaufen
	16 00	Volleyballtraining
	18 00	zu Hause sein / mit Vater zu
		Onkel Fritz fahren
	20 00	für Deutschtest lernen

2. Jetzt bist du Patrick. Du sagst, was du alles tun musst.
   Um 7 Uhr 30 muss ich in die Schule gehen.
3. Deine Mutter sagt dir und deinem Bruder, was ihr tun müsst.
   Um 7 Uhr 30 müsst ihr in die Schule gehen.

C15 Übung • Hör gut zu!

Ist das ein Vorsatz oder eine Ausrede?

	1	2	3	4	5	6	7	8	9	10
Vorsatz										
Ausrede										

C16 Schreibübung • Deine Vorsätze

Schreib deine guten Vorsätze auf, die du für dieses Schuljahr hast!

TRY YOUR SKILLS

using what you've learned

1 Postkarten von überall!

Julia und Sebastian haben an ihre Freunde viele Postkarten geschrieben. Hier sind vier.

Grüße aus Tirol

Helgoland

auf Sylt, den 14. August

Lieber Willfried,
Wir sind schon zwei Wochen unterwegs, und wir haben schon so viel gesehen. Jetzt sind wir auf Sylt – hier ist es super! Gestern bin ich geschwommen und hab' mit meinem Vater Tennis gespielt; heute faulenze ich. In der Lüneburger Heide war es auch sehr schön, aber leider hat es dort ab und zu geregnet. Wir waren auch am Rhein, im Schwarzwald und in den Alpen, in Oberstdorf.
Bis bald! Viele Grüsse Julia

Nr. 2106 Münchener Bildkunstverlag August Lengauer, München 19

San Francisco, den

Liebe Daniela!
Grüsse aus San Francisco! Hier ist es prima — eine tolle Stadt, direkt am Pazifik! Gestern waren wir in Nevada, am Lake Tahoe. New York hat mir am besten gefallen. Ich war im UN-Gebäude, auf dem Empire State Building, aber am schönsten war es auf Long Island, am Jones Beach. Dieser Sand und dieses Wasser — so warm! Phantastisch!
Herzlichst Sebastian

2 Schreibübung

1. Schreib beide Karten noch einmal! Man kann sie so schlecht lesen.
2. Schreib jetzt eine Karte, so wie Sebastian sie geschrieben hat! Aber du warst in Washington, D.C., auf dem Washington Monument, im Weissen Haus und im Smithsonian Museum. Letzte Woche warst du in New York, und du schreibst, was du dort alles gesehen hast.
3. Schreib eine Karte aus einer Gegend in den Vereinigten Staaten, die du allein oder mit deinen Eltern besucht hast!

3 Leseübung • Aus Postkarten

Patricks Eltern haben viele Postkarten bekommen, von Freunden und Verwandten.

4 Übung • Wo waren sie alle?

1. Wo war Julia?
2. Wo ist Onkel Heinz gewesen?
3. Was sagt Walter über die Schweiz?
4. Wo war Tante Irmi?
5. Und wo war die Oma?
6. Und wo ist Sebastian gewesen?

5 Übung • Wo kann man was tun?

1. Wo kann man segeln?
2. Wo kann man schön wandern?
3. Wo kann man Bergtouren machen?
4. Wo kann man gut Englisch lernen?
5. Wo kann man die Stadt New York von oben sehen?
6. Wo kann man in Colorado Schi laufen?
7. Wo kann man schön braun werden?
8. Wo kann man im Meer schwimmen?

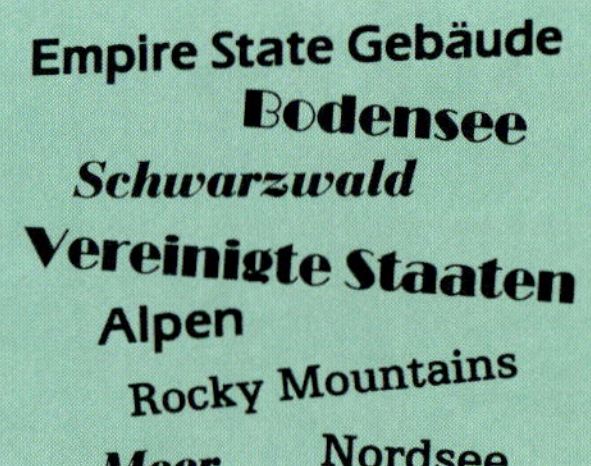

6 Übung • Eine Blitztour durch Deutschland

Du erzählst jetzt von deiner Blitztour durch Deutschland. Gebrauche diese Verben: sein, fahren, sehen, besuchen!

3. Mai	Hamburg
4. Mai	Lüneburger Heide
5. Mai	Ruhrgebiet
6. Mai	Schwarzwald
7. Mai	Bodensee
8. Mai	Alpen
9. Mai	München u. nach Hause

Hamburger Hafen

Im Schwarzwald

Schloss Mespelbrunn
im Spessart

7 Übung • Deine Meinung, bitte!

A: New York soll im Sommer sehr heiss sein.
B: Ja, das stimmt!

1. Das Empire State Gebäude soll nicht so gross sein.
2. Der Jones Beach soll am Wochenende sehr voll sein.
3. Die Freiheitsstatue soll über 200 Jahre alt sein.
4. Der Flug von New York nach Denver soll acht Stunden lang sein.
5. Der Lake Tahoe soll in Utah sein.

8 Übung • Was ist deine Antwort?

Verschiedene Leute sprechen mit dir. Gib eine passende Antwort!

1. (ein Freund)	Der Peter ist krank. Er kann nicht zu deiner Party kommen.
2. (dein Lehrer)	Du hast eine Eins (eine Vier) in deinem Test.
3. (eine Klassenkameradin)	Wir hatten tolles Wetter in Tirol.
4. (dein Sportlehrer)	Es regnet noch. Der Fussballplatz ist zu nass; wir können heute nicht spielen.
5. (deine Mutter)	Wir schenken dir ein Rad zum Geburtstag.
6. (dein Vater)	Diesen Sommer verbringen wir unseren Urlaub in (Kalifornien).
7. (ein Klassenkamerad)	Mein Portemonnaie ist weg. Da waren 30 Dollar drin.
8. (deine Lehrerin)	Heute gebe ich euch keine Hausaufgaben auf.

9 Übung • Partnerarbeit

Je zwei Schüler bereiten ein kleines Gespräch vor. Es soll nicht länger als 30 Sekunden sein. Vergesst nicht, euch gegenseitig zu antworten!

Du fragst deinen Partner:
1. wo er/sie in den Ferien gewesen ist.
2. was er/sie dort gemacht hat.
3. wie es ihm/ihr gefallen hat.

Und jetzt frag deinen Lehrer oder deine Lehrerin!

10 Übung • Eine Quiz-Show

Wie gut kennt ihr schon Deutschland? Seht euch die Karte auf Seite 22 gut an! Jeder von euch muss jetzt eine kleines Kärtchen schreiben, wie zum Beispiel:

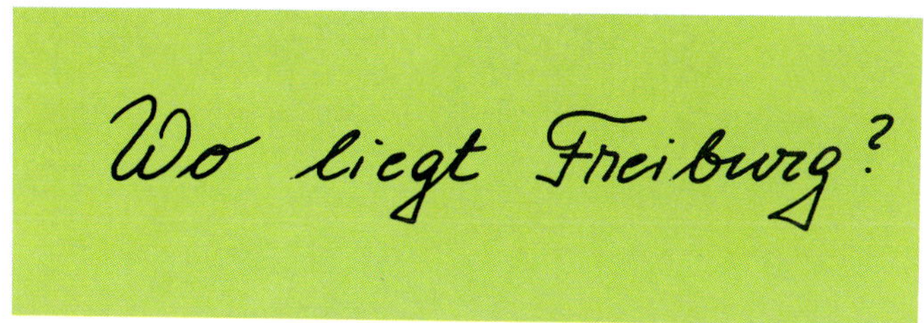

(Schreibt die Antwort auf die Rückseite!) Ihr habt dann zwei Teams. Einer von euch ist der Quiz-Master. Er hat alle Karten in der Hand und stellt die Fragen. Ihr antwortet — ganz schnell! Das Team, das die meisten Fragen beantworten kann, gewinnt das Spiel.

11 Übung • Wie war's?

Deine Freunde haben viele Fragen. Du sagst, wie alles war.

A: Wie war denn das Ferienlager?
B: Das war Spitze! [oder] Das war blöd.
A: Das freut mich! [oder] Schade.

1. Wie waren die Ferien?
2. Wie war denn deine Italienreise?
3. Wie war der Ausflug?
4. Wie hat dir die Rheinfahrt gefallen?
5. Wie war das Wetter?
6. Wie hat dir die Insel Sylt gefallen?
7. Wie war der Strand?
8. Wie war das Meer?

12 Übung • Ratespiel: Wo war ich?

Deine Klassenkameraden müssen raten, wo du in den Ferien warst. Sie stellen Fragen wie: Bist du geflogen oder mit dem Bus gefahren? Bist du dort geschwommen? Warst du in einer Grossstadt? In den Bergen? — Du beantwortest alle Fragen. (Wie lange dauert es, bis deine Freunde deinen Ferienort erraten?)

13 Schreibübung

Schreib deinen Ferienkalender für eine typische Ferienwoche! Erzähle dann der Klasse, was du alles gemacht hast!

AUSSPRACHEÜBUNGEN 

A. Sounds that are difficult to produce

Pronounce these words after your teacher or after the recording.

1. The sound [l]
   lang, langweilig, letzt, Luft; Alpen, ehrlich, helfen,
   Italien, hoffentlich; Insel, Tirol, Allgäu
2. The diphthongs [ai], [au], [ɔi]
   bei, einfach, meistens, Rhein, Heide, reisen,
   braun, auf, überhaupt
   Allgäu, Gebäude
3. The **ich**-sound
   ehrlich, hoffentlich, herrlich, Pech, langweilig, richtig
4. The sound [R]
   raten, reisen, Rhein, Tirol; krank, Strand, streng

B. Letters that have a different sound value in German

Read these words, or read them after the recording.

1. Final **-g** is pronounced [k], as in *dock.*
   Tag, Berg, weg, Ausflug, unterwegs
2. Final **-d** is pronounced [t], as in *bet.*
   Kind, Strand, Ausland, irgendwo
3. The letter **z** is pronounced [ts], as in *hits.*
   zuerst, kurz, letzt
4. The letters **-er** in final position sound like the final vowel sound in the word *sofa.*
   über, Kinder, Wasser, Allgäuer, Ferienlager, überhaupt

C. Words where interference from English is likely

The following words are cognates. Pay attention to how they are pronounced in German.

Italien, Statue, surfen, minus

WAS KANNST DU SCHON?

Let's review some important points that you have learned in this unit.

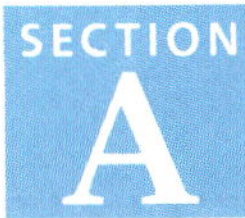

Can you talk about where you went and what you did on your vacation?
Name five places that you visited, either in Germany or at home.

Name five activities that you did during your vacation.

Can you make an assumption and respond to one?
Assume that your friend went to three different places.

Assume that your friend did three different activities.

Respond to these assumptions.
1. Du hast bestimmt wieder Fussball gespielt.
2. Du warst bestimmt wieder in Deutschland.

Can you report hearsay?
Tell a friend the following things you heard.
1. The math teacher is sick.
2. Your friend Bob is going to fly to Germany.

Can you invite someone to guess?
Ask your friend to guess where you were and what you did.

Can you express surprise and enthusiasm?
Respond with surprise to these statements.
1. Ich war in der Schweiz.
2. Ich hab' gestern Volleyball gespielt.

Respond with enthusiasm to the following:
1. Wie waren deine Ferien?
2. Ich hatte prima Wetter.

Can you ask someone how he or she liked something?
Ask these people how they liked where they were.
1. Deine Kusine war in Österreich.
2. Deine Klassenkameraden waren in New York.
3. Dein Lehrer ist an der Nordsee gewesen.

Can you make excuses for bad class performance?
Make three excuses for your bad performance in class.

Can you name goals for the new school year?
Name two goals you have for this school year.

WORTSCHATZ

SECTION A

anders *different*
arbeiten *to work*
der **Ausflug, ⸚e** *little trip;* einen Ausflug machen *to take a trip*
das **Ausland** *foreign country;* im Ausland *abroad*
bei *near*
bestimmt *surely, definitely*
braungebrannt *tanned*
eben *just*
ehrlich *really, honestly*
die **Ferien:** in den Ferien *on (your) vacation*
das **Ferienlager, -** *camp*
ganz *completely*
das **Geschäft, -e** *business;* im Geschäft *in (his) place of business, at work*
das **Haar, -e** *hair*
der **Haarschnitt, -e** *haircut*
helfen (i) *to help*
hoffentlich *I hope, let's hope*
irgendwo *somewhere*
Italien *Italy*
ja: da kommt er ja! *here he comes!*
das **Kind, -er** *child*
krank *sick*
kurz *short*
lang *long;* zwei Wochen lang *for two weeks*
letzt: letztes Jahr *last year*
das **Meer, -e** *ocean, sea;* am Meer *at (on) the ocean*
meisten: am meisten *mostly, most of all*
müssen *must, to have to*
Oberbayern *Upper Bavaria*
oder? *isn't that so?*
so: und so *and so on*
stinklangweilig *really boring*
der **Strand, ⸚e** *beach;* am Strand *at the beach*
streng *strict*
überhaupt nicht *not at all*
verbessern *to improve*
vor: *before;* vor der Schule *before school*
wandern *to hike*
war: wie war's? *how was it?*

SECTION B

die **Allgäuer Alpen** (pl) *Allgäu region of the Bavarian Alps*
am: am Bodensee *at (on) Lake Constance*
an: an der Nordsee *at (on) the North Sea*
auf: auf der Insel Sylt *on the island of Sylt*
bei: bei euch *where you are;* bei uns *where we are*
der **Berg, -e** *mountain*
best-: am besten *best of all*
der **Bodensee** *Lake Constance*
braun *tan*
deshalb *therefore, that's why*
einfach *simple, simply;* einfach Spitze! *simply terrific*
der **Fluss, ⸚e** *river*
ganz *whole, entire, all; quite, rather;* den ganzen Tag *all day long;* ganz weit weg *really far away*
das **Gebäude, -** *building*
das **Gebirge** *mountains*
gefallen: es hat mir gefallen *I liked it;* wie hat's dir gefallen? *how did you like it?*
das **Glück** *luck;* Glück haben *to be lucky, to be in luck*
die **Heide:** in der Lüneburger Heide *on the heath of Lüneburg*
herrlich *beautiful, wonderful*
im: im Schwarzwald *in the Black Forest*
die **Insel, -n** *island*
die **Klassenlehrerin, -nen** *homeroom teacher*
die **Luft** *air*
mieten *to rent*
na: na, sowas! *well, well*
die **Nordsee** *the North Sea*
nun *well, well then*
das **Pech** *bad luck;* Pech haben *to be unlucky*
raten *to guess*
reisen *to travel*
der **Rhein** *the Rhine*
die **Rheinfahrt** *trip on the Rhine*
richtig *right, correct*
schön: schön braun *nice and tan*
der **Schwarzwald** *the Black Forest*
der **See, -n** *lake*
die **Statue, -n** *statue;* auf der Freiheitsstatue *on the Statue of Liberty*
surfen *to surf*
der **Tag, -e** *day*
Tirol *Tyrol*
unterwegs *going around, on the go*
die **Vereinigten Staaten** (pl) *the United States*
die **Vereinten Nationen** (pl) *the United Nations*
von: von . . . aus *from . . .*
war: war's schön? *was it nice? did you have a nice time?*
das **Wasser** *water*
weg *away*
wer: wer von euch? *which one of you?*
zuerst *(at) first, first of all*

SECTION C

aufpassen (sep) *to pay attention*
die **Ausrede, -n** *excuse*
besser *better*
bis *until*
erklären *to explain*
fürs = für das *for the*
gehen: hoffentlich geht das *I hope it's possible*
kriegen *to get*
lange: so lange *as long as (it takes)*
lernen *to learn; to study*
machen: ich kann machen, was ich will *no matter what I do*
minus *minus*
neu *new*
die **Niete** *nothing, zero;* ich bin in Mathe eine absolute Niete *I'm no good at math*
der **Physiklehrer, -** *physics teacher*
die **Schule:** in der Schule *in school*
das **Schuljahr, -e** *school year*
schwach *weak*
sitzenbleiben (sep) *to be held back (in school)*
sonst *otherwise*
überhaupt nichts *nothing at all, not a thing*
unbedingt *absolutely, by all means*
der **Vorsatz, ⸚e** *resolution*
werden: ich muss besser werden *I have to get better*

ZUM LESEN

Urlaub oder Ferien — was sagt man?

Wer macht Urlaub°? Wer macht Ferien? Sind Urlaub und Ferien dasselbe? Ja und nein. Paßt auf, das ist ganz einfach!

Urlaub

Urlaub ist für Leute, die arbeiten und Geld verdienen. Sie sagen: Wir haben Urlaub. Wir machen Urlaub. Wir fahren in den Urlaub. Wir sind auf Urlaub.

Die meisten Deutschen bekommen sechs Wochen Urlaub im Jahr, dreißig Arbeitstage, also sechs ganze Wochen! Außerdem° bekommen viele Leute „Urlaubsgeld". Oft ist das ein ganzes Monatsgehalt! Das ist dann das dreizehnte Gehalt° oder sogar° das vierzehnte, denn oft bekommen sie auch „Weihnachtsgeld". Ist das nicht wunderbar, ein Jahr mit zwölf Monaten, aber dreizehn oder vierzehn Monatsgehältern?

Das Wort „Urlaub" existiert im Plural, aber man benutzt° es fast° nur im Singular: der Urlaub. Wir wünschen unseren Bekannten° „einen schönen Urlaub!" und fragen: „Wohin fahren Sie im Urlaub? Wo waren Sie im Urlaub? Wo haben Sie letztes Jahr Ihren Urlaub verbracht?"

Wie man weiß, haben die Deutschen zusammengesetzte° Hauptwörter° gern. Mit dem Hauptwort „Urlaub" kann man viele zusammengesetzte Hauptwörter machen wie zum Beispiel:

eine Urlaubsreise
schöne Urlaubstage
gutes Urlaubswetter
unsere Urlaubspläne
die Urlaubszeit

oder man kann fragen: Was für ein Urlaub ist das? Das ist

ein Sommerurlaub
ein Kurzurlaub
ein Wochenendurlaub
ein Tennisurlaub
ein Auslandsurlaub
ein Schiurlaub
ein Traumurlaub°

---

der Urlaub *vacation* **außerdem** *in addition* **das Gehalt** *pay* **sogar** *even* **benutzen** *to use* **fast** *almost* **der Bekannte** *acquaintance* **zusammengesetzt** *compound* **das Hauptwort** *noun* **der Traum** *dream*

Wer Urlaub macht, ist ein Urlauber. Deutsche Urlauber gibt es überall, besonders aber in Südeuropa, in Spanien, Südfrankreich, Italien, Jugoslawien und Griechenland. Warum gerade da°? Nun, die deutschen Urlauber sind sonnenhungrig. Sie wollen schönes, warmes, sonniges Urlaubswetter, und sie wollen braun werden. „Du bist so braungebrannt!" ist ein großes Kompliment. Das heißt: „Du siehst so gut aus. Du siehst gesund° aus." Viele Leute glauben noch immer, dass es gesund ist, in der Sonne zu liegen und braun zu werden. Sehr dumm! Aber von diesen Leuten profitieren auch die Vereinigten Staaten. Ein Urlaub in Florida oder in Kalifornien ist sehr populär, weil es da meistens warm und sonnig ist — richtiges Urlaubswetter! Ja, und der Traumurlaub für die Deutschen ist natürlich — Hawaii!

Ferien

Ferien sind für Kinder, Schüler und Studenten[1], also für junge Leute, die noch nicht arbeiten und noch keinen Beruf haben. Sie sagen: Wir haben Ferien. Wir machen Ferien. Wir fahren in die Ferien.

Die deutschen Schüler bekommen zwölf oder dreizehn Wochen Ferien im Jahr, genau wie die amerikanischen Schüler. Aber in der Bundesrepublik, in der DDR, in Österreich und in der Schweiz sind die Ferien anders verteilt als° in den Vereinigten Staaten.

Osterferien°	2 Wochen
Pfingstferien°	1 Woche
Sommerferien	6 Wochen
Herbstferien	1 Woche
Weihnachtsferien	2 Wochen
	12 Wochen

Die Sommerferien sind die „großen" Ferien. Fast alle Schüler, auch aus weniger° reichen Familien, machen eine Reise. Wenn die Eltern nicht so viel Geld haben, dann hilft meistens

[1] German makes the distinction between **Schüler** and **Student. Ein Schüler** is a pupil in grade school or in high school; **ein Student** is a student at a college or university.

warum gerade da? *why there especially?* **gesund** *healthy* **anders verteilt als** *divided up differently than* **die Osterferien** *Easter vacation* **die Pfingstferien** *Whitsuntide vacation (Whitsuntide, or Pentecost, is a festival of the Christian church)* **weniger** *less* die Stadt oder eine Organisation mit den Kosten für das Ferienlager. Besonders Stadtkinder müssen einmal im Jahr auf ein paar Wochen „raus aus der Stadt" und aufs Land oder in die Natur. Die Kinder wohnen dann auf einem Bauernhof°, oder sie bleiben in einem Ferienlager. Diese liegen in den Bergen, am Meer, an Seen oder im Wald. Dort machen die Kinder viel Sport, lange Wanderungen und Ausflüge, und sie essen gesund.

Das Wort „Ferien" existiert nur im Plural: die Ferien. Wir wünschen unseren Freunden: „Schöne Ferien!" und fragen sie: „Wohin fahrt ihr in den Ferien?"

Natürlich gibt es auch viele zusammengesetzte Hauptwörter mit dem Wort „Ferien":

die Ferienreise
die Ferienzeit
die Ferientage
der Ferienort°
der Ferienklub
das Ferienlager

Ihr kennt jetzt schon die Zusammensetzungen wie Osterferien, Pfingstferien, Herbstferien, Weihnachtsferien, usw.° Schüler haben Schulferien, Studenten haben Semesterferien. Aber was sind „Sprachferien"?

Wer Urlaub macht, ist ein Urlauber. Wer Ferien macht ist ein ??? Dafür gibt es im Deutschen kein Wort.

Wichtig° ist, daß man Urlaub oder Ferien macht. Die Freizeit und der Urlaub bzw.° die Ferien gehören zum Leben wie° Essen, Trinken, Kleidung° und Wohnen. Wenn die Deutschen ihren Lohn° oder ihr Gehalt bekommen, so stecken sie gleich einen Teil° in die „Urlaubskasse". Schon im September beginnt man, auf die nächste große Reise zu sparen.° Das Urlaubsgeld von der Firma hilft natürlich sehr. Aber auch ohne° extra Urlaubsgeld fahren die Deutschen in den Urlaub. Ja, Urlaub muß sein!

der Bauernhof *farm* **der Ort** *town, village* **usw.** = **und so weiter** *and so forth* **wichtig** *important* **bzw.** = **beziehungsweise** *or as the case may be* **gehören zum Leben wie** *are a part of life just as* **die Kleidung** *clothing* **der Lohn** *wage* **der Teil** *part* **sparen** *to save* **ohne** *without*

LESEHILFE
Learning to Read

The **Zum Lesen** sections in this textbook are intended for information and enjoyment; they will also expand your reading comprehension ability. You will find that you are able to read and understand many things you would not be able to say yet. As you go through this textbook, the reading sections will offer **Lesehilfen,** strategies to help you develop your reading comprehension skills. Perhaps the most important thing to remember is not to look up every single word that seems unfamiliar to you. To do so interrupts the reading process and prevents you from intelligently guessing the meaning of words from context. Here is how you should read each new selection:

1. First read the entire selection to find out what it is all about.
2. Read the text again, this time trying to guess the meaning of words that you don't know. Sometimes other words in the sentences will help you, or you might know a related word. For example, if you know that **die Arbeit** means *work,* you can guess that **arbeiten** means *to work.* The reading selection in this **Zum Lesen** section has many compound words. If you know the meaning of **Urlaub,** for example, you can guess the meaning of **Urlaubswetter** and **Sommerurlaub.**
3. Finally, read the selection a third time. By now, many passages that you didn't understand on first reading will be clear to you. If there are any words left that you still don't understand or if you would like to know the meaning of a word more precisely, look those words up in the glossary at the bottom of the page or in the German-English vocabulary at the back of this textbook.

Zum Nachdenken und Diskutieren

1. Wie findest du die Idee vom Urlaubsgeld?
2. Was macht den Urlaub so attraktiv für die Deutschen?
3. Warum glaubst du, gibt es so viele zusammengesetzte Hauptwörter mit „Urlaub"? An welche Wörter denkst du?
4. Wie findest du die Idee von einem Schuljahr mit fünf verschiedenen Ferien, eine Woche lang bis sechs Wochen lang? Was sind Vorteile? Was sind Nachteile?
5. Stell dir vor, du bist ein deutscher Schüler oder eine deutsche Schülerin! Du denkst an die großen Ferien, die bald beginnen. Was kommt dir alles in den Sinn?
6. Warum glaubst du, daß die Deutschen so gern braungebrannt aus dem Urlaub zurückkommen? Was denken dann Freunde und Bekannte?
7. Manche Leute meinen: „Oh, die Deutschen leben um zu arbeiten." Stimmt das? — Was meinst du dazu?
8. Wer hat in deiner Familie Urlaub? Wer hat Ferien?
9. In den Vereinigten Staaten kann nicht jeder immer im Urlaub wegfahren. Was machst du in den Ferien? Was machen deine Freunde und Verwandten?

KAPITEL 2

Gesund leben

How do German teenagers keep fit? Do they exercise or just sit around? Do they eat properly? Are some allergic to certain foods? What are some typical meals in a German home? What do young people do when they don't feel well or when they hurt themselves? Let's find out!

In this unit you will:

ERSTER KONTAKT	get acquainted with the topic
SECTION A	ask friends how they keep fit; make and contradict assumptions; say what you may do
SECTION B	talk about meals; ask for more, say there is no more; express regret and respond
SECTION C	inquire about someone's health; say how you feel; talk about pain; give advice
TRY YOUR SKILLS	use what you've learned
ZUM LESEN	read for practice and pleasure

Alles für die Gesundheit 

Jung sein ist gesund sein! Stimmt dieser Slogan? Nicht unbedingt. Das wissen die jungen Menschen heutzutage, und sie versuchen, ein gesundes Leben zu führen. Zu einem gesunden Leben gehören drei Dinge:

1. Regelmässige Bewegung, das kann Laufen, Wandern, Radfahren, Schwimmen oder Joggen sein.
2. Eine gesunde Ernährung, das heisst vor allem frische Produkte, die alle Nährstoffe enthalten, die der Körper braucht.
3. Regelmässige Ruhepausen und Schlaf; kurze Pausen am Tag — Lesen, Musik hören — und in der Nacht acht Stunden Schlaf.

Und wie steht's mit dem Rauchen? Das gehört natürlich nicht zu einem gesunden Leben!

Fragen

1. Welche Dinge gehören zu einem gesunden Leben?
2. Wie bekommen wir Bewegung? Welches Fitness-Training ist einfach und gesund?
3. Ist Nikotin gesund oder schädlich?
4. Was sollen wir essen? Was ist gut für die Gesundheit?
5. Die Kneipp-Kur ist eine Kaltwasserkur. Was machen die Leute bei dieser Kur? Was meinst du?

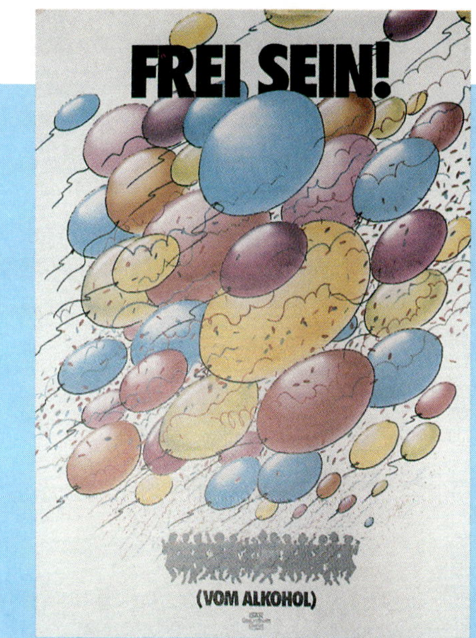

Wie oft machen die Deutschen Sport?
(eine Umfrage an alle)

32% machen regelmässig Sport
22% nur gelegentlich
13% selten
33% nie

Mitglieder in Sportvereinen

Jungen und Mädchen, 15–19 Jahre

Sportart	Jungen	Mädchen	gesamt
Basketball	18 547	11 694	30 241
Handball	88 971	63 412	152 383
Leichtathletik	60 806	40 405	121 212
Reiten	16 066	70 887	86 953
Schwimmen	40 058	37 363	77 421
Skisport	49 174	39 224	88 398
Tennis	125 287	102 144	227 431
Tischtennis	91 598	38 659	130 293
Turnen	105 692	227 584	333 276

Quelle: Statistisches Jahrbuch

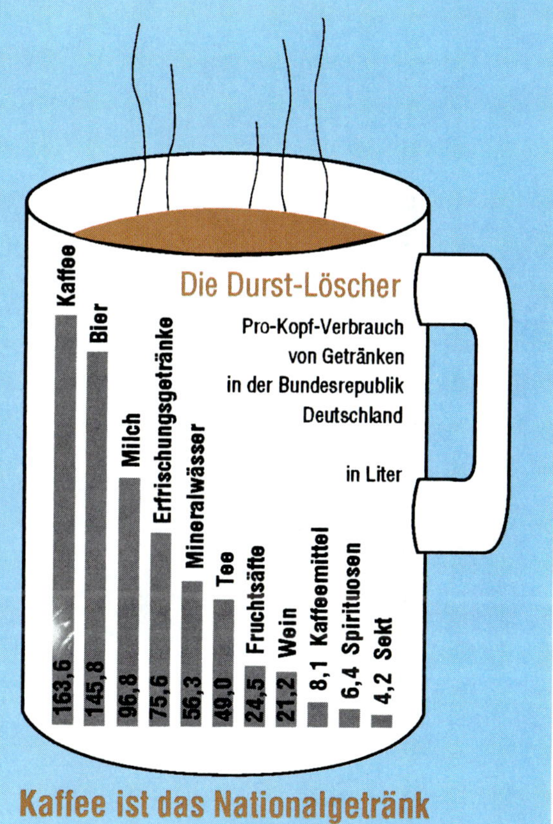

Fragen

1. Wieviel Prozent der Deutschen machen regelmässig Sport? Und die andern?
2. Welches Getränk ist das Nationalgetränk der Deutschen?
3. An welcher Stelle steht Milch? An erster, zweiter, dritter Stelle?
4. Welche Getränke sind die Durst-Löscher? Welche sind gesund? Welche sind ungesund?
5. Was meinst du, ist Turnen ein populärer Sport in Deutschland?

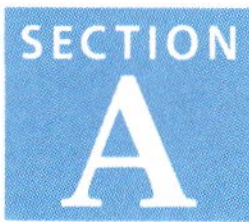

asking friends how they keep fit; making and contradicting assumptions; saying what you may do

Gesund leben heisst: sich fithalten und gesund essen. — Lebst du gesund? Wie hältst du dich fit? Isst du richtig?

A1 Gesund leben — sich fithalten und gesunde Ernährung

Wie leben die jungen Deutschen? Leben sie gesund oder ungesund? Halten sie sich fit? Haben sie regelmässige Bewegung, oder sitzen sie nur herum? Essen sie vernünftig? Schlafen sie genug? Rauchen sie? Trinken sie Alkohol?

Fragen wir zuerst einmal unsere Freunde am Markgräfler Gymnasium in Müllheim!

Die Karin turnt. Sie macht Jazzgymnastik, jede Woche eine Stunde

INTERVIEWER Wie haltet ihr euch fit?
KARIN Ich mache Gymnastik, Jazzgymnastik.
INTERVIEWER Und was ist das?
KARIN Gymnastik mit Musik.
INTERVIEWER Und wie oft machst du das?
KARIN Einmal in der Woche, immer donnerstags.

DANIELE Ich jogge, so oft es geht. Nicht jeden Tag, aber bestimmt dreimal in der Woche — das macht Spass!

Die Daniele spielt auch Tennis, gewöhnlich morgens oder abends

KURT Für mich ist Tanzen der beste Sport. Ich habe einen Tanzkurs mitgemacht, und jetzt gehe ich ein- oder zweimal im Monat tanzen.

UWE Mein Lieblingssport ist Volleyball. Ich bin in einer Mannschaft. Wir trainieren zweimal in der Woche, und am Wochenende haben wir Spiele gegen andere Teams.

Wie hält sich der Flori fit?

FLORI Ich mache Fussballtraining mit Achtjährigen. Ich bin ihr Trainer. Das macht Spass und hält mich fit.

Der Flori hat am Freitag nachmittag Fussballtraining

A2 Übung • Was passt zusammen?

1. Jazzgymnastik ist Gymnastik
2. Tanzen ist für mich
3. Mein Lieblingssport ist
4. Wir trainieren zweimal
5. Und wie hältst du dich
6. Ich mache Fussballtraining
7. Ich sitze nie

a. der beste Sport.
b. fit?
c. herum.
d. in der Woche.
e. mit Achtjährigen.
f. mit Musik.
g. Volleyball.

A3 Übung • Wie hältst du dich fit?

A: Wie hältst du dich fit?
B: Ich . . .
A: Du, das ist prima!

A4 Übung • Und du? Wie steht's mit dir?

A: Was machst du? Wie hältst du dich fit?
B: Ich . . .
A: Und wie oft machst du das?
B: . . .

wie oft?

so oft ich kann — einmal im Monat — jeden Tag — einmal in der Woche — jede Woche — zweimal in der Woche — am Wochenende — so oft es geht

A5 ERKLÄRUNG
The Verb sich fithalten, *Present Tense*

1. The verb **sich fithalten,** *to keep (oneself) fit,* is a reflexive verb in German. A reflexive verb requires a reflexive pronoun. With the verb **sich fithalten,** the reflexive pronoun is in the accusative case. — Look at the chart. Are the accusative reflexive pronouns the same as the accusative personal pronouns? What differences do you observe?

Ich halte mich fit. *I keep myself fit.*

	Reflexive Pronoun Accusative Case	
ich halte	**mich**	fit
du hältst	**dich**	
er, sie, man hält	**sich**	
wir halten	**uns**	
ihr haltet	**euch**	
sie, Sie halten	**sich**	

2. In questions, the reflexive pronoun follows the subject pronoun.

Wie hältst du **dich** fit, Karin?
Wie haltet ihr **euch** fit?
Wie halten Sie **sich** fit, Herr Sperling?

3. Note the position of the reflexive pronoun in the command form.

Halt **dich** fit! Haltet **euch** fit! Halten Sie **sich** fit!

4. Now compare the command forms with the forms in the chart above. What do you observe?

A 6 Übung • Wie halten sich diese Leute fit? Frag sie mal!

1. Wie hält sich dein Lehrer fit? Frag ihn mal!
2. Wie hält sich dein Klassenkamerad fit? Frag ihn mal!
3. Wie halten sich deine Klassenkameraden fit? Frag sie mal!
4. Und wie hältst du dich fit?

A 7 Übung • Und was hast du gestern gemacht? 

A: Hast du gestern Sport gemacht?
B: Ja, ich . . .
A: Und wie lange hast du . . . ?
B: Ungefähr eine Stunde.
A: Das finde ich prima!

habe gejoggt
habe geturnt
habe Jazzgymnastik gemacht
habe Volleyball gespielt
habe Fussball trainiert
bin geschwommen

A 8 Übung • Was machst du lieber? 

A: Was machst du lieber, Volleyball oder Turnen?
B: Ich turne lieber.
A: Ich auch. [oder]
Ich nicht. Ich spiele lieber Volleyball.

joggen
turnen
segeln
Gymnastik (machen)
Volleyball (spielen)
schwimmen
Tennis (spielen)
Fussball (spielen)

A 9 Schreibübung

Michaela und Bernd sprechen über ihr Fitness-Training, aber das Gespräch ist ganz durcheinandergekommen. Kannst du es richtigstellen? Michaela fängt an:

MICHAELA Bernd, du siehst prima aus!
BERND . . .

Und Tennis?
Ich spiele Volleyball, auch dreimal in der Woche.
Was machst du?
Ich spiele dreimal in der Woche.
Meinst du? Ja, ich halte mich fit.
Jeden Tag?
Und du, Michaela, was machst du?
Ich jogge und spiele Tennis.
Ja, ich jogge jeden Tag.

A 10 Übung • Jetzt bist du dran!

1. Wie hältst du dich fit?
2. Wie oft machst du Sport? Erzähle!

A 11 Übung • Wie oft und wann?

A: Wie oft schwimmst du?
B: Zweimal in der Woche.
A: Und wann?
B: Montags und donnerstags.
A: Prima, ich auch. Trainieren wir mal zusammen!

wann?

montags	**dienstags**	**mittwochs**
donnerstags	**freitags**	**samstags**
	sonntags	
am Morgen	**morgens**	**am Nachmittag**
nachmittags	**am Abend**	**abends**
	am Freitag nachmittag	
vor der Schule		**nach der Schule**

A 12 Übung • Floris Mannschaft

Der Flori erzählt:

Ich bin der Trainer von einer Fussballmannschaft. Die Spieler sind erst . . . Jahre alt. Wir trainieren immer dienstags und . . . , und samstags haben wir . . . . Dieses Jahr ist die . . . sehr gut. Wir haben bis jetzt . . . gewonnen und . . . verloren.

A 13 Übung • Jetzt bist du dran!

An den amerikanischen High Schools gibt es mehrere Schulmannschaften. Wie ist es an deiner Schule?

1. Wie heissen eure Schulmannschaften?
2. Wie heissen eure Trainer?
3. Was sind eure Schulfarben?
4. Welcher Mannschaftssport ist dein Lieblingssport?
5. Spielst du in dieser Mannschaft, oder bist du nur Zuschauer?
6. Wie oft trainiert die Mannschaft? Wann? Wie lange?
7. Wie oft sind Spiele? Gehst du zu den Spielen? Mit wem gehst du?
8. Wie gut ist deine Mannschaft dieses Jahr?
9. Was macht ihr nach einem Spiel?

A 14 Übung • Umfrage: Lebst du gesund?

Frag deine Klassenkameraden!

1. Hältst du dich . . . ?
2. Lebst du . . . . ?
3. Hast du . . . . ?
4. Sitzt du . . . . ?
5. Isst du . . . . ?
6. Schläfst du . . . . . . ?
7. Trinkst du . . . . ?
8. Machst du . . . . ?
9. Joggst du . . . . ?
10. Trainierst du . . . . . ?
11. Spielst du . . . . ?
12. Fährst du . . . . ?

nur herum   Rad
vernünftig
einmal in der Woche
Tennis/Volleyball
Sport/Gymnastik
fit   jeden Tag
gesund oder ungesund
regelmässige Bewegung
Alkohol   genug

A 15 Schreibübung

Schreib einen kurzen Aufsatz, wie du dich fithältst!

acht Stunden schlafen · nicht rauchen · s. fithalten · regelmässige Bewegung haben · viel Obst und Gemüse essen · radfahren · keinen Alkohol trinken · nicht herumsitzen

A 16 KARIN LEBT GESUND 

INTERVIEWER Kann ich dich noch etwas fragen?
KARIN Ja, natürlich!
INTERVIEWER Du hast schon gesagt, wie du dich fithältst: du machst Sport. — Machst du auch eine Diät?
KARIN Nein, eigentlich nicht. Aber ich esse vernünftig — nichts, was für die Gesundheit schädlich ist. Kalorien zähle ich nicht, aber ich passe schon auf.
INTERVIEWER Dann isst du bestimmt keine Spaghetti.
KARIN Doch! Spaghetti esse ich gern. Die sind gesund und machen nicht dick.

Ich esse viel Obst und Gemüse, wenig Süssigkeiten.

Die Karin macht ihr Müsli

Schokolade darf ich überhaupt nicht essen. Ich bin allergisch gegen Schokolade.

INTERVIEWER Was isst du denn so alles?
KARIN Alles, was gesund ist: viel Obst, Gemüse, Fisch und so.
INTERVIEWER Und wie steht's mit Fleisch?
KARIN Fleisch esse ich auch. Es muss aber mager sein!
INTERVIEWER Gibt es etwas, was du nicht isst oder nicht essen darfst?
KARIN Ja, Schokolade.
INTERVIEWER Zu viele Kalorien?
KARIN Nein, ich bin allergisch gegen Schokolade.
INTERVIEWER So, vielen Dank für das Interview.
KARIN Bitte sehr! Gern geschehen!

Was mögen die Jungen und Mädchen?

A 17 Übung • Was passt zusammen?

1. Kann ich dich
2. Du hast schon gesagt,
3. Ich esse alles,
4. Dann isst du bestimmt
5. Doch, Spaghetti
6. Ich esse Obst, Fisch,
7. Und wie steht's
8. Gibt es etwas, was
9. Ich bin allergisch

a. du nicht isst?
b. gegen Schokolade.
c. Gemüse und so.
d. keine Spaghetti.
e. machen nicht dick.
f. mit Fleisch?
g. noch etwas fragen?
h. was für die Gesundheit gut ist.
i. wie du dich fithältst.

A 18 Übung • Und du? Wie steht's mit dir?

Erzähle, was du alles isst, was du nicht essen darfst und warum nicht!

A19 WIE SAGT MAN DAS?
Asking for information; responding with yes or no

asking for information	Kann ich dich etwas fragen? Isst du Fleisch? Wie steht's mit Fisch?	*Can I ask you something?* *Do you eat meat?* *How about fish?*
saying yes	Ja, natürlich!	*Yes, of course!*
saying no	Nein, überhaupt nicht! Eigentlich nicht.	*No, not at all.* *Actually, I don't.*

A20 Übung • Wie steht's mit deinem Freund? 

Frag deinen Freund, was er alles isst!

A: Isst du Fleisch?
B: Ja, natürlich!
A: Und wie steht's mit Fisch?
B: Nein, Fisch ess' ich überhaupt nicht. [oder]
Ja, Fisch esse ich auch gern.

Fleisch Gemüse Fisch Obst
Spaghetti Reis
Hamburger Hähnchen
Tomaten Gurken
Käse Wurst
Äpfel Bananen
Bratwurst Kartoffelsalat

A21 Übung • Bist du allergisch? 

Frag deinen Freund, ob er gegen etwas allergisch ist!

A: Gibt es etwas, was du nicht isst?
B: Ja, Fisch.
A: Und warum?
B: Ich bin allergisch gegen Fisch.
A: Oh, das ist schade. Ich esse Fisch sehr gern.

A22 Übung • Was isst du? Was trinkst du?

Dein Freund Herbert und du, ihr esst oft zusammen: in der Schulcafeteria, in einer Imbiss-Stube, bei dir zu Hause oder bei ihm zu Hause. Was esst ihr alles?

In der Cafeteria: Ich habe einen Bärenhunger.
Hm, was soll ich essen? — Ich esse . . . mit . . . und . . . — Und du?

A23 WIE SAGT MAN DAS?
Making assumptions and contradicting false assumptions

making assumptions	Du isst bestimmt keine Spaghetti! Dann isst du bestimmt kein Obst!	*I'm sure you don't eat spaghetti.* *Then I bet you don't eat fruit.*
contradicting	Doch! Doch, ich esse viel Obst.	*Oh yes, I do.* *On the contrary, I eat a lot of fruit.*

A 24 Übung • Was magst du? Was magst du nicht?

Wie gut kennst du deinen Freund? Was mag er? Was mag er nicht?

A: Du isst bestimmt keine Spaghetti!
B: Doch! Ich esse gern Spaghetti.
A: Ich auch. Und was magst du nicht?
B: Ich mag keinen Fisch.

der	die	das	die
keinen	**keine**	**kein**	**keine**
Fisch	Wurst	Fleisch	Nudeln
Reis	Bratwurst	Huhn	Spaghetti
Salat	Suppe	Hähnchen	Hamburger
Kuchen	Butter	Obst	Kartoffeln
Pudding	Milch	Gemüse	Tomaten
Käse	Buttermilch	Brot	Gurken
Joghurt	Cola	Kompott	Äpfel
Saft	Fanta	Eis	Bananen
Kaffee		Mineralwasser	

A 25 Übung • Warum isst du das nicht?

Jetzt fragst du deine Freunde, ob es etwas gibt, was sie nicht essen oder trinken. Sie sagen dir, was das ist und warum.

A: Gibt es etwas, was du nicht isst?
B: Ja, Pudding.
A: Warum nicht?
B: Pudding macht dick!

Warum du etwas nicht isst oder trinkst:

macht dick
schmeckt mir nicht
hat zu viele Kalorien
ich bin allergisch gegen
ich mag das nicht
zu viel Zucker
nicht gut für die Gesundheit

A 26 WIE SAGT MAN DAS?
Saying what you may or may not do

saying what you may do	Ich darf alles essen.	*I can eat anything.*
saying what you may not do	Ich darf keinen Pudding essen. Ich darf nicht joggen.	*I can't eat pudding.* *I'm not allowed to jog.*

A 27 Übung • Das darf ich nicht 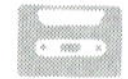

Sag, was du nicht essen, trinken oder tun darfst!

A: Ich darf keinen Kaffee trinken.
B: Ich auch nicht. Leider, ich mag Kaffee gern.

A 28 ERKLÄRUNG
The Verb dürfen, *Present Tense*

The verb **dürfen,** *to be allowed* or *permitted to,* has the following forms in the present tense. How are the forms similar to the forms of the verbs **können, müssen,** and **wollen?** Can you observe some parallels in form and usage?

ich **darf**	wir **dürfen**
du **darfst**	ihr **dürft**
er, sie, es **darf**	sie, Sie **dürfen**

A 29 Übung • Was darfst du essen und trinken?

1. A: Darfst du Fleisch essen?
   B: Ja, natürlich. Du nicht?
   A: Doch! [oder] Nein, ich bin allergisch gegen Fleisch.
2. A: Darfst du Fleisch essen?
   B: Nein, Fleisch darf ich nicht essen. Ich bin allergisch gegen Fleisch.
   A: Das ist aber schade! Ich esse Fleisch gern.

Fleisch
Eier
Milch
Fisch
Äpfel
Joghurt
Kaffee
Käse

A 30 Übung • Darfst du das?

Du siehst, dass ein Freund von dir etwas macht, was er nicht tun soll. Du sagst etwas, aber er reagiert nicht sehr freundlich.

DU	Du rauchst? Darfst du das?
FREUND	Dumme Frage, natürlich darf ich das nicht!
DU	Also?
FREUND	Also, was? Du bist doch nicht mein Vater (meine Mutter)! Oder?

Kaffee trinken
Bier trinken
Schokolade essen
Auto fahren
rauchen
Freunde einladen

A 31 Übung • Wir kombinieren Wörter 

Was für Suppe magst du?

Kartoffel-	Fisch-
Reis-	Gemüse-
Nudel-	Tomaten-
Fleisch-	Hühner-

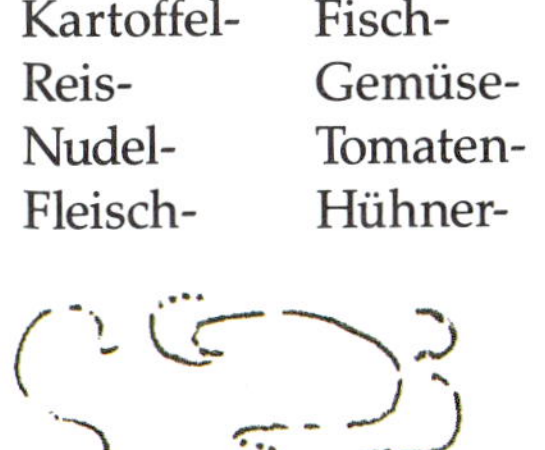

Was für Salat isst du gern?

Was für Saft trinkst du gern?

Apfel-
Orangen-
Tomaten-

A32 Übung • Hör gut zu!

Logisch oder nicht logisch?

	1	2	3	4	5	6
logisch						
nicht logisch						

A33 Schreibübungen

1. Mach eine Liste von Schulregeln! — Beispiel: Wir dürfen nicht . . . !
2. Schreib etwas über dich! Was isst und trinkst du gern und nicht gern? Was darfst du nicht essen oder trinken? Warum nicht?

A34 Ein wenig Landeskunde

Die Ausdrücke „fit", „(die) Fitness" und „sich fithalten" sind neu in der deutschen Sprache. Sie beziehen sich auf das organisierte Training, den Körper fitzumachen oder fitzuhalten. Aber auch bevor es diese Ausdrücke gab, waren die meisten Leute nicht inaktiv. Die Generationen vor dem Zweiten Weltkrieg (1939—1945) haben körperlich mehr gearbeitet als die heutige Generation. Sie hatten damals keine Fernseher, und die meisten hatten auch keine Autos — sie mussten viel zu Fuss gehen oder mit dem Rad fahren.

Das Interesse der meisten Leute, etwas für den Körper zu tun, war damals genau so gross wie heute. Die Deutschen sind schon immer gern spazierengegangen und in der Natur gewandert. Und organisierte Turnvereine gibt es in Deutschland schon seit dem Anfang des 19. Jahrhunderts!

Nur in der Ernährung hat sich viel geändert. Der moderne Deutsche isst gesünder als seine Eltern: weniger Fett, dafür mehr Obst und Gemüse. Viele Leute kaufen heute auch in Reformhäusern ein, wo man Nahrungsmittel kaufen kann, die keine künstlichen Stoffe enthalten.

SECTION **B**

talking about meals; asking for more, saying there is no more; expressing regret, responding

Es ist wichtig, gesunde Mahlzeiten zu essen. — Was isst du zum Frühstück? Zu Mittag? Zum Abendessen?

B1 Frühstück bei Nedels 

Peter Seber, der junge Amerikaner aus New York, ist mit dem Essen bei den Nedels sehr zufrieden.

PETER Mensch, Wiebke, du hast noch nicht gefrühstückt?
WIEBKE Samstags schlaf' ich immer lange.
PETER Was isst du denn da?
WIEBKE Müsli.
PETER Müsli? Was ist denn das? — Kann ich mal probieren? — Hm, das schmeckt gut.
WIEBKE Was hast du denn zum Frühstück gehabt?
PETER Zuerst Orangensaft, dann Frühstücksflocken, ein Ei, Toastbrot mit Butter und Marmelade und Milch. Wie bei uns zu Hause in Amerika!

Was gibt es bei den Nedels gewöhnlich zum Frühstück? Brot oder Brötchen, . . .

FRAU NEDEL Möchtest du Kaffee oder Tee?
PETER Kaffee, bitte!
FRAU NEDEL Mit Sahne?
PETER Ja, bitte. Mit Sahne und Zucker.

FRAU NEDEL Und du, Wiebke, willst du auch Kaffee?
WIEBKE Nein, lieber Tee, Tee mit Zitrone.
FRAU NEDEL Ist das genug?
WIEBKE Ja, danke! Das reicht.

B 2 Übung • Fragen

1. Warum hat Wiebke so spät gefrühstückt?
2. Was hat Peter probiert?
3. Wie hat es ihm geschmeckt?
4. Was hat Peter alles gegessen und getrunken?

B 3 Übung • Fragen an Peter

Frau Nedel fragt den Peter.

A: Hast du . . .?
B: Ja, prima! [oder]
Nein, ich habe . . . [oder]
Nein, noch nicht.

gut geschlafen
(Kaffee) bekommen
gut gegessen
schon gefrühstückt
(das Müsli) probiert

B 4 Übung • Was willst du lieber?

A: Willst du Kaffee?
B: Nein, lieber Milch.
A: Ist das genug?
B: Ja, danke! Das reicht.

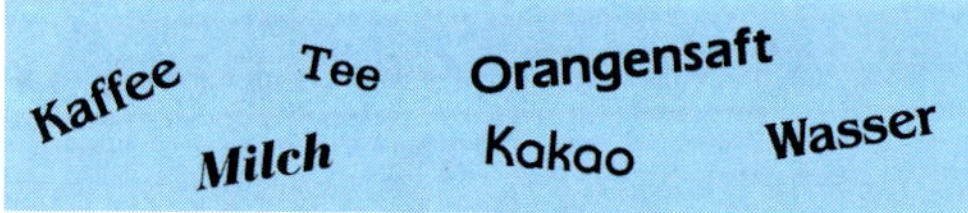

B 5 Übung • Wie trinkst du deinen Kaffee?

A: Möchtest du Kaffee?
B: Ja, gern.
A: Nimmst du Zucker?
B: Ja, bitte! [oder]
Nein, danke!

Kaffee / Zucker
Tee / Zitrone
Kaffee / Sahne
Tee / Honig
Kaffee / Milch
Tee / Sahne

B 6 Übung • Was isst du gewöhnlich?

A: Was isst du gewöhnlich zum Frühstück?
B: Ich esse gewöhnlich . . .
A: Und was trinkst du?
B: . . .

Brot
Brötchen
Toastbrot
Kuchen
Frühstücksflocken
mit:
Butter
Margarine
Marmelade
Honig
Wurst
Käse
Quark
Joghurt

Milch
Saft
Tee
Kaffee
Kakao
mit:
Sahne
Zucker
Zitrone
Milch
Honig

B7 Übung • Was hast du heute gegessen?

A: Was hast du heute zum Frühstück gegessen?
B: . . .

B8 Übung • Was isst du am liebsten?

A: Was isst du am liebsten zum Frühstück?
B: . . .
A: Ich auch. [oder] Ich esse am liebsten . . .

B9 Übung • Der Peter frühstückt

Der Peter frühstückt. Du fragst, wie es schmeckt und sagst, du möchtest es mal probieren.

Der Peter isst Käse.
DU: Wie schmeckt der Käse? Kann ich ihn mal probieren?

1. er isst Müsli
2. er isst Wurst
3. er isst Toastbrot
4. er isst Frühstücksflocken
5. er isst Brot
6. er trinkt Kakao
7. er trinkt Kaffee
8. er trinkt Orangensaft
9. er trinkt Tee
10. er trinkt Buttermilch

der	die	das	die
keinen	**keine**	**kein**	**keine**
Käse	Butter	Toastbrot	Frühstücksflocken
Honig	Wurst	Brötchen	Brötchen
Kakao	Marmelade	Müsli	Eier
Kaffee	Milch	Ei	
Tee	Sahne	Wasser	
Orangen-saft	Zitrone		
Zucker			

B10 Übung • Nein, danke! 

Dein Freund möchte nichts.

A: Möchtest du Marmelade?
B: Nein, danke! Ich esse keine Marmelade.

1. Möchtest du Honig?
2. Möchtest du Wurst?
3. Möchtest du Eier?
4. Möchtest du Butter?
5. Möchtest du Kakao?
6. Möchtest du Buttermilch?
7. Möchtest du Kaffee?
8. Möchtest du Tee?

B11 Übung • Bitte! Danke! Bitte!

Du sitzt mit deiner Familie am Frühstückstisch. Du möchtest verschiedene Sachen haben. Du bist höflich.

A: Den Quark, bitte!
B: Bitte schön!
A: Danke!
B: Bitte!

B12 WAS GIBT'S DENN ZUM MITTAGESSEN? 

In deutschsprachigen Ländern isst man gewöhnlich die Hauptmahlzeit zu Mittag. Eine Vorspeise oder eine Suppe vielleicht, ein Hauptgericht mit Beilagen und manchmal auch eine Nachspeise.

PETER: Hmm! Es riecht gut! Was gibt's denn heute zum Mittagessen?
FRAU NEDEL: Hier, schau mal!
PETER: Was ist denn das?
FRAU NEDEL: Das sind Rouladen*. Und es gibt Kartoffeln und Rotkohl dazu.
PETER: Lecker!

FRAU NEDEL: Wie schmeckt es dir, Peter?
PETER: Hmhm! Prima! Es schmeckt mir ausgezeichnet.
FRAU NEDEL: Möchtest du noch eine Roulade?
PETER: Ja, gern! Und können Sie mir bitte noch etwas Rotkohl geben?
FRAU NEDEL: Du, es tut mir leid, der Rotkohl ist alle.
PETER: Macht nichts! Dann nehme ich noch etwas Salat. Darf ich?
FRAU NEDEL: Ja, natürlich!

Was gibt es bei den Nedels gewöhnlich zum Mittagessen?

* **Rouladen** are thin slices of round steak spread with mustard, chopped onions, pickles, and a slice of bacon. The slices are rolled up, browned and cooked like a pot roast.

B13 Übung • Beantworte die Fragen!

1. Warum kommt Peter in die Küche?
2. Was fragt er?
3. Wie heisst das Fleischgericht?
4. Und was gibt's dazu?
5. Wie schmeckt es dem Peter?
6. Wie viele Rouladen isst er?
7. Warum bekommt er keinen Rotkohl mehr?
8. Was meinst du wohl, wie der Rotkohl schmeckt?
9. Was gibt es bei den Nedels gewöhnlich zum Mittagessen?

   Zuerst . . .
   und dann . . . mit . . . und . . .
   Und als Nachspeise . . . oder . . .

B14 Übung • Klassenprojekt

Frau Nedel plant das Mittagessen für die ganze Woche, von Montag bis Sonntag. Ihr helft ihr, denn Frau Nedel möchte gern kochen, was euch schmeckt. Hier sind die Bedingungen:

1. Jedes Mittagessen muss gesund sein und alle Nährstoffe haben.
2. Es muss jeden Tag ein anderes Hauptgericht geben: Fleisch, Huhn oder Fisch.
3. Es muss immer Gemüse und Salat geben.
4. Die Familie möchte immer eine Nachspeise haben.
5. Suppe gibt es nur zwei- bis dreimal in der Woche.

Gute Ideen für Menüs findet ihr auf den Seiten 60 und 68 in dieser Lektion.

Wochenplan fürs Mittagessen

	Vorspeisen	Hauptgericht	Nachspeisen
Montag			
Dienstag			
Mittwoch			
usw.			

B15 Übung • Und du? Wie steht's mit dir?

1. Isst du in der Schule ein warmes Mittagessen? Was gibt es bei euch alles? Was isst du gern und nicht gern?
2. In den USA gibt es meistens abends ein warmes Essen. Was gibt es abends bei euch zu Hause?
3. Was ist deine Lieblingsspeise?
4. Was hast du diese Woche schon zum Abendessen gehabt? (am Montag? am . . .?)
5. Wer geht bei euch einkaufen? Wie oft und wann kauft ihr ein? Wo kauft ihr ein?

B16 WIE SAGT MAN DAS?

Talking about meals; asking for more and saying there is no more

asking what there is for lunch	Was gibt's denn heute zum Mittagessen?	*What's for lunch today?*
asking what there is to go with it	Was gibt es dazu?	*What else is there?*
asking for more	Können Sie mir bitte noch etwas Rotkohl geben? Darf ich noch etwas Reis haben?	*Could you give me some more red cabbage, please?* *May I have some more rice?*
saying there is no more	Der Reis ist alle.	*The rice is all gone.*

B17 Übung • Was gibt's denn zum Mittagessen?

A: Was gibt's denn zum Mittagessen?
B: Es gibt . . .
A: Und was gibt es dazu?
B: Es gibt (Reis) dazu. Magst du Reis?
A: Und wie!

Fleisch	Gemüse	Huhn	Rotkohl
Rouladen	Pudding	Bratwurst	Apfelmus
Nudeln	Obst	Reis	Kompott
Spaghetti	Fisch	Kartoffeln	Salat
		Pizza	

B18 Übung • Möchtest du noch etwas?

A: Möchtest du noch . . . ?
B: Nein, danke! Aber darf ich noch etwas . . . haben?
A: Es tut mir leid, (der Reis) ist alle.
B: Das macht nichts!

B19 WIE SAGT MAN DAS?

Expressing regret and responding

expressing regret	Es tut mir leid, der Rotkohl ist alle.	*I'm sorry, the red cabbage is all gone.*
responding	Macht nichts! Schade!	*It doesn't matter.* *Too bad!*

B20 Übung • Wie schmeckt's dir?

A: Wie schmeckt dir der Reis?
B: Er schmeckt mir ausgezeichnet! Kann ich noch etwas haben?
A: Du, es tut mir leid. Ich habe keinen Reis mehr.
B: Macht nichts! Dann nehme ich noch . . .

der	die	das	die
keinen	**keine**	**kein**	**keine**
Fisch	Suppe	Fleisch	Nudeln
Reis	Sosse	Huhn	Kartoffeln
Salat		Gemüse	Äpfel
Rotkohl		Obst	Kirschen
		Kompott	Trauben
		Apfelmus	Rouladen

B21 ERKLÄRUNG
The Dative Case (Summary)

1. You have been using dative case forms
   - to signal the indirect object: Sie kauft **ihrer Freundin** ein Geschenk.
   - after the preposition **mit**: Er fährt mit **den Eltern** nach England.
   - after the prepositions **in, an, auf** to indicate location: Wir waren an **der Nordsee.**

2. Dative case forms are also always used with certain verbs, such as:

gefallen:	Wie hat es **dem Sebastian** in New York gefallen? Auf der Insel Föhr hat es **mir** gut gefallen.
gehen:	Wie geht es **deiner Oma?** Danke, es geht **ihr** gut.
helfen:	Ich hab' **meinem Vater** geholfen. Moment mal, ich helfe **dir.**
leid tun:	Das tut **mir** sehr leid. Es tut **meiner Schwester** auch leid.
schmecken:	Das Müsli schmeckt **dem Peter** gut. Wie schmeckt **dir** der Fisch?

B22 Ein wenig Landeskunde

In den deutschsprachigen Gebieten ist auch heute noch das Mittagessen die Hauptmahlzeit. In Dörfern, in kleineren Städten und in den äusseren Stadtteilen von Grossstädten schliessen die meisten Geschäfte zwischen 13 und 15 Uhr. Die meisten Schüler kommen auch kurz nach 13 Uhr nach Hause, und da gibt es in vielen Familien noch ein gemeinsames Mittagessen während der Woche. Grosse Geschäfte, Banken und Betriebe haben ihre eigenen Kantinen, wo die Angestellten — oft für wenig Geld — eine gesunde, warme Mittagsmahlzeit essen können.

Die meisten Arbeitenden machen im Laufe des Vormittags eine offizielle Frühstückspause, denn der Arbeitstag beginnt für viele schon vor acht Uhr.

Und am Nachmittag machen viele Leute eine Kaffeepause. Am Arbeitsplatz ist das nur eine kurze Pause. Aber sonst stehen für diese Pause viele Cafés bereit, die ihren Kunden ausser Kaffee auch eine Vielzahl von wunderschönen (und kalorienreichen) Kuchen und Torten anbieten.

B23 Übung • Wie schmeckt es?

Du sitzt mit deinen Klassenkameraden und deinem Deutschlehrer in der Schulcafeteria. Du möchtest wissen, wie es allen schmeckt. Du fragst zuerst einen Klassenkameraden, dann deinen Deutschlehrer und zuletzt zwei Klassenkameraden.

A: Wie schmeckt (dir) der Reis?
B: Er schmeckt (mir) prima. Und wie schmeckt er . . . ?
A: Er schmeckt . . . auch gut.

Fisch Fleisch Rouladen
Huhn Sosse Kartoffeln
Reis Nudeln Spaghetti
Salat Gemüse Pizza

B24 Übung • Kann ich noch etwas haben?

Du möchtest noch etwas. Frag zuerst einen Klassenkameraden und dann deinen Lehrer!

A: (Kannst du) mir bitte (die Kartoffeln) geben?
B: Tut mir leid. (Die Kartoffeln sind) alle.
A: Schade! (Sie haben) mir so gut geschmeckt.

B25 DAS ABENDESSEN IST EINFACH

Bei den Nedels gibt es:

B 26 Übung • Hast du alles verstanden?

1. Wie ist das Abendessen in Deutschland?
2. Was gibt es bei den Nedels zum Abendessen?
3. Was gibt es bei euch zu Hause?

B 27 WIE SAGT MAN DAS?

Wishing someone a pleasant meal and saying "the same to you"

wishing someone a a pleasant meal	*Mahlzeit! Guten Appetit!*
saying "the same to you"	*Danke, gleichfalls!*

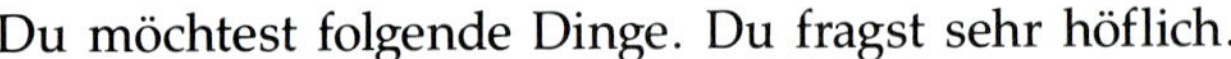

B28 Übung • Du fragst höflich

Du möchtest folgende Dinge. Du fragst sehr höflich.

A: Mahlzeit! Guten Appetit!
B: Danke, gleichfalls!
A: Kannst du mir bitte mal die Butter geben?
B: Bitte schön!
A: Danke schön!

der, den	die	das	die
Schinken Käse Quark Pfeffer Senf	Wurst Butter Magarine	Brot Salz	Brötchen Gurken

B29 Übung • Du bittest ganz kurz

A: Den Senf, bitte!
B: Bitte!
A: Danke!

B30 Übung • Was willst du draufhaben?

A: Kannst du mir bitte noch eine Scheibe Brot geben?
B: Hier, bitte! Was willst du denn draufhaben? Wurst?
A: Nein, keine Wurst. Ich probiere mal den Quark.

B31 Übung • Hör gut zu!

Was essen die Deutschen? Über welche Mahlzeit sprechen sie?

	1	2	3	4	5	6	7	8
Frühstück								
Mittagessen								
Abendessen								

B32 Schreibübungen

1. Schreib auf, was man in Deutschland zum Frühstück, Mittagessen und Abendessen isst und trinkt!
2. Du bist bei den Nedels zu Besuch. Frau Nedel fragt dich, was du gern zum Frühstück möchtest, und du sagst es ihr. Schreib das Gespräch auf!

inquiring about someone's health; saying how you feel; talking about pain; giving advice

Auch wenn man gesund lebt und vernünftig isst, wird man ab und zu krank.

C1 Krank sein ist nicht schön

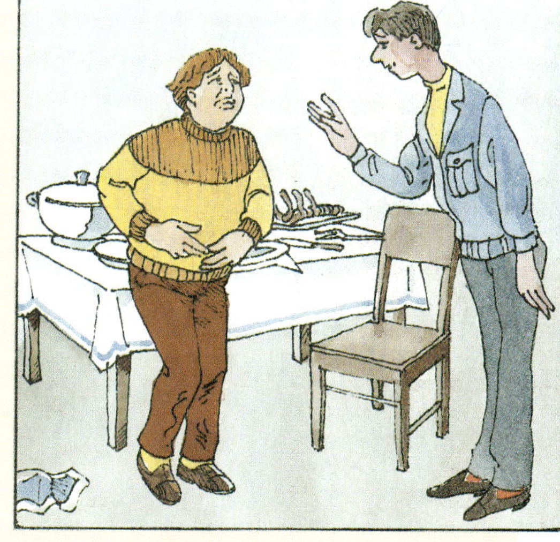

BERND Mensch, Uwe, du siehst so blass aus! Was ist denn los mit dir?
UWE Du, ich fühl mich nicht wohl. Mir ist schlecht.
BERND Hast du Schmerzen? Wo tut's denn weh?
UWE Mir tut der Bauch weh, hier rechts!
BERND Das kann der Blinddarm sein.
UWE Unsinn!
BERND Du gehst am besten gleich zum Arzt!
UWE Du spinnst . . . Aua! . . . Zum Arzt?
BERND Du, ich bring' dich hin. Aber sofort!

Jutta hat Glück gehabt: sie hat sich den Fuss nur verstaucht

JUTTA Aua! Au, tut das weh!
KRISTIN Warte! Ich helf' dir.
JUTTA Lieber nicht. Ich glaube, ich hab' mir den Fuss gebrochen — oder vielleicht nur verstaucht.
KRISTIN Glaubst du? Dann ruf' ich am besten gleich den Rettungswagen an.

Der Julia tut der Zahn weh

MUTTER Was ist denn los, Julia?
JULIA Mensch, ich hab' Zahnschmerzen. Kann ich eine Schmerztablette haben?
MUTTER Okay. Aber du musst unbedingt gleich zum Zahnarzt gehen. Ich ruf' ihn sofort an und mach' einen Termin aus.

Wo tut's denn weh?

Das kann das Wetter sein. Das ist bestimmt eine Allergie.

Das kann Muskelkater sein. Das kann eine Erkältung sein.

Was hast du dir gebrochen?
Was hast du dir verstaucht?
Ich hab' mir . . . gebrochen.

C2 Übung • Was passt zusammen?

1. Uwe, du siehst so
2. Was ist
3. Ich fühl' mich
4. Wo tut's denn
5. Das kann der Blinddarm
6. Du gehst am besten
7. Ich glaube, ich hab' mir
8. Ich ruf' sofort

a. blass aus!
b. den Fuss gebrochen.
c. den Rettungswagen an.
d. gleich zum Arzt!
e. los mit dir?
f. nicht wohl.
g. sein.
h. weh?

C3 Übung • Und du? Wie steht's mit dir?

A: Was tut dir weh?
B: Mir tut . . . weh.
A: Dann gehst du am besten gleich zum Arzt.
B: Okay. [oder] Meinst du?

der	die	das
Kopf	Schulter	Bein
Hals	Hand	Knie
Arm	Nase	Ohr
Bauch		
Fuss		
Daumen		
Zahn		

C4 Übung • Nicht so schlimm!

A: Hast du dir . . . gebrochen?
B: Nein, nur verstaucht.
A: Da hast du aber Glück gehabt!
B: Ja, wirklich! Gott sei Dank!

C5 Übung • Was kann das wohl sein?

A: Was ist los? Hast du Schmerzen?
B: Mir tut (die Schulter) weh. Was kann das bloss sein?
A: Du, das kann . . . sein.

ein Muskelkater
eine Allergie
der Blinddarm
das Wetter
eine Erkältung

C6 WIE SAGT MAN DAS?

Inquiring about someone's health; saying how you feel; expressing get-well wishes

inquiring about someone's health	Wie fühlst du dich? Wie geht's dir? Ist dir nicht gut?	*How do you feel?* *How are you?* *Do you feel sick?*
saying how you feel	Ich fühle mich wohl. Ich fühle mich nicht wohl. Mir ist schlecht.	*I feel well.* *I don't feel well.* *I feel sick.*
expressing get-well wishes	Gute Besserung!	*I hope you feel better.*

C7 Übung • Wie fühlst du dich?

A: Du, Jutta, wie fühlst du dich?
B: Ich fühl' mich . . .
A: Gut. [oder] Oh, das tut mir leid.

+ +	**sehr gut**	**prima**	
+	**gut**	**wohl**	
√	**so lala**		
–	**nicht gut**	**nicht wohl**	**schlecht**
– –	**miserabel**		

C8 ERKLÄRUNG

The Verb sich wohlfühlen, *Present Tense*

1. The verb **sich wohlfühlen,** *to feel well,* is a reflexive verb, like **sich fithalten.** It also has a separable prefix. The reflexive pronoun is in the accusative case.

ich fühle	**mich**	wohl	wir fühlen	**uns**	wohl
du fühlst	**dich**		ihr fühlt	**euch**	
er, sie, es fühlt	**sich**		sie, Sie fühlen	**sich**	

2. In questions, the reflexive pronoun follows the subject pronoun.

Fühlst du <u>dich</u> nicht wohl?
Fühlt ihr <u>euch</u> nicht wohl?
Fühlen Sie <u>sich</u> nicht wohl?

C9 Übung • Was passt zusammen?

Wie viele Sätze kannst du machen?

ich	fühlen	dich	wohl
er	fühle	euch	nicht wohl
wir	fühlst	sich	so lala
ihr	fühlt	mich	miserabel
du		uns	schlecht
Frau Meier			nicht so gut
Julia			prima
die Kinder			

C10 Übung • Jetzt fragst du deine Mitschüler und deine Lehrer

Wie fühlen sich deine Klassenkameraden? Frag sie mal! Du fragst zuerst einen und dann zwei Klassenkameraden. Dann fragst du deinen Lehrer oder deine Lehrerin!

C11 WIE SAGT MAN DAS?
Talking about pain; giving advice

talking about pain	Tut's weh? Hast du Schmerzen? Wo tut's denn weh? Wo hast du Schmerzen? Was tut dir weh? Mir tut der Bauch weh.* Ich habe Kopfschmerzen.	*Does it hurt?* *Are you in pain?* *Where does it hurt?* *Where is the pain?* *What hurts?* *My stomach hurts.* *I have a headache.*
giving advice	Du gehst am besten gleich zum Arzt! Du musst unbedingt zum Arzt gehen.	*You'd better go to the doctor right away.* *You really must go to the doctor.*

* Note the use of the definite article with the verb **s. wehtun.**
Mir tut **der** Bauch weh. *My stomach hurts.*

C12 Übung • Wo tut's denn weh? 

A: Was tut dir denn weh?
B: Mir tut der Bauch weh.
A: Dann musst du unbedingt zum Arzt gehen!
B: Wirklich?

Kopf Hals Arm
Bauch
Daumen Fuss Zahn
Schulter Hand
Bein Knie Ohr

C13 Übung • Hast du dir etwas gebrochen?

A: Was hast du dir gebrochen?
B: Ich hab' mir das Bein gebrochen.
A: Hast du Schmerzen?
B: Und wie!
A: Ich rufe am besten gleich den Rettungswagen an!

C14 ERKLÄRUNG
The Verb sich etwas brechen

The verb **sich etwas brechen,** *to break (a bone),* is also a reflexive verb; however, it is used with reflexive pronouns in the dative case. — Look at the chart. Are the dative reflexive pronouns the same as the dative personal pronouns? What differences do you observe?

	Reflexive Pronoun Dative Case	
ich habe	**mir**	
du hast	**dir**	
er, sie, es hat	**sich**	das Bein gebrochen*
wir haben	**uns**	
ihr habt	**euch**	
sie, Sie haben	**sich**	

* Note the use of the definite article with the verb **s. etwas brechen.**
Ich habe **mir** das Bein gebrochen. *I broke my leg.*

C15 Übung • Das ist schlimm!

Alle haben sich etwas gebrochen.

A: Was hat sich der Lehrer gebrochen?
B: Er hat sich den Fuss gebrochen.

1. der Lehrer
2. deine Tante
3. dein Freund
4. du
5. deine Lehrerin
6. du
7. der Sebastian
8. die Kinder

C16 Übung • Eine kranke Familie

Wie geht es allen? Was haben sie?

A: Wie geht es (deiner Schwester)?
B: Nicht so gut. Ihr tut heute der Kopf weh.
A: Das kann das Wetter sein.

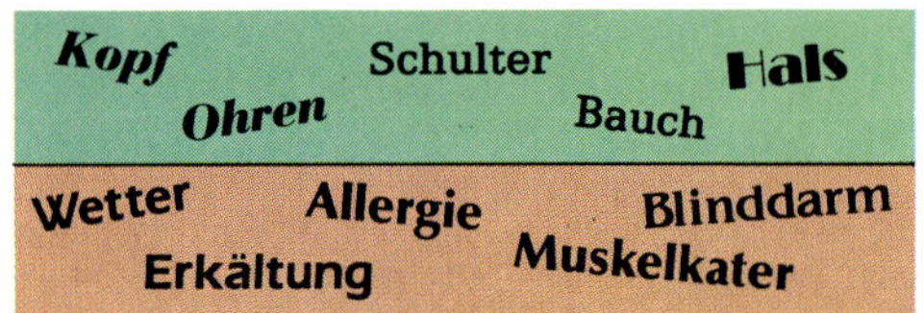

C17 Übung • Wir kombinieren Wörter

Was tut dir weh? Was hast du?
Mir tut der Zahn weh. Ich habe Zahnschmerzen.

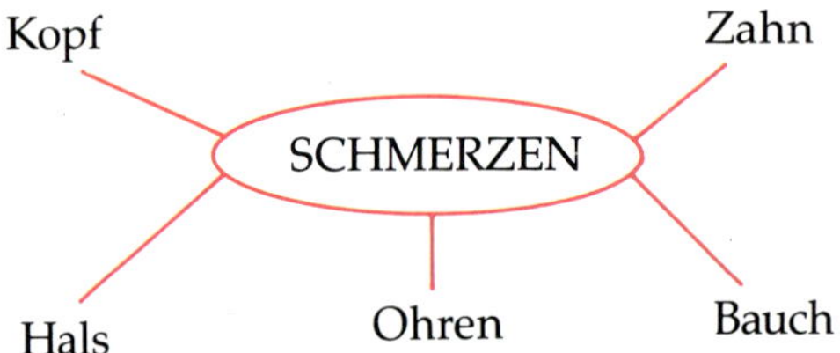

C18 Übung • Hör gut zu! 

Was ist mit diesen Leuten los?

C19 Schreibübungen

1. Schreib diese Sätze ab und setz die fehlenden Wörter ein!

1. Fühlst du ___ nicht wohl? — Nein, es geht ___ nicht gut. ___ ist schlecht. Ich fühle ___ miserabel.
2. Wie geht's ___ Bruder? — Es geht ___ nicht gut. Er hat ___ das Bein gebrochen. Und heute tut ___ der Kopf weh. Aber das kann das Wetter sein.
3. Frau Schneider, wie geht es ___ Kindern? — Es geht ___ prima. Der Peter hatte ___ den Arm gebrochen, aber jetzt geht es ___ wieder gut.
4. Patrick, Tobias, was ist los mit ___? Fühlt ihr ___ nicht wohl? — Wir haben ___ beim Fussballspielen wehgetan. Ich hab' ___ die Hand verstaucht, und der Tobi hat ___ den Fuss gebrochen.

2. Dein Krankheits-Tagebuch. Schreib in dein Tagebuch, wann du krank warst und was du gehabt hast!

TRY YOUR SKILLS using what you've learned

1 Eine Umfrage

Was essen die 14—16jährigen am liebsten?

Ich esse Gemüse am liebsten, nur Spargel kann ich nicht leiden.
Petra, 15 Jahre

Was ich am liebsten esse? — Schokoladenpudding mit Vanillesosse!
Katrin, 15 Jahre

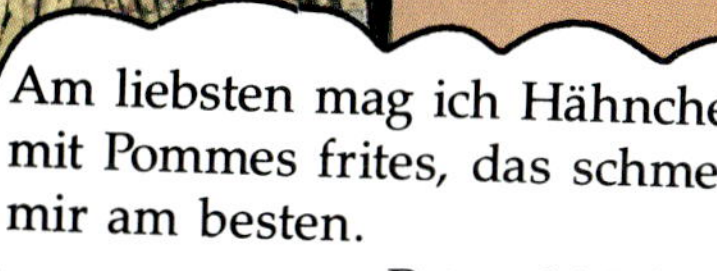

Am liebsten mag ich Hähnchen mit Pommes frites, das schmeckt mir am besten.
Peter, 16 Jahre

Spaghetti sind super! Mit Tomatensosse, Pilzen und Parmesankäse.
Uwe, 16 Jahre

Ich esse Obst am liebsten, besonders Bananen und Orangen. Die vielen Vitamine!
Inge, 15 Jahre

Ich esse Fleisch gern, nur keine Innereien, wie Leber oder Lunge.
Christian, 16 Jahre

Alles, was süss ist, mag ich nicht: Pudding, Eis, Kuchen. Ich mag alles, was sauer ist. Man sagt immer, sauer macht lustig — und das bin ich!
Andrea, 16 Jahre

Oben steht bei mir Pizza, eine Pizza ganz bunt. Mit Tomaten, Käse, Wurst, Paprika und Pilzen. Absolute Spitze!
Jörg, 15 Jahre

Ich esse Gemüse gern, nur Spinat mag ich nicht.
Ulf, 15 Jahre

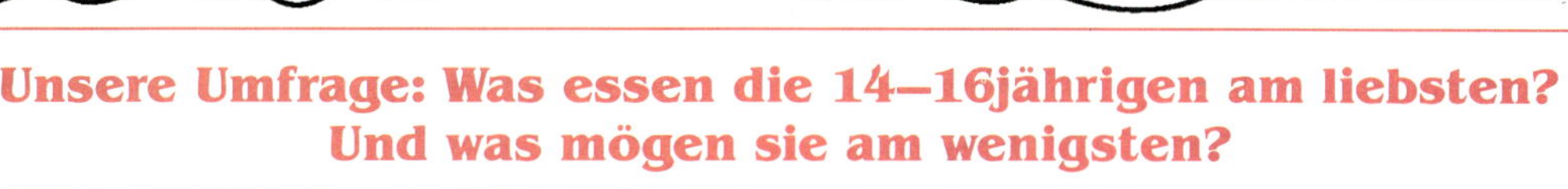

Unsere Umfrage: Was essen die 14–16jährigen am liebsten? Und was mögen sie am wenigsten?

Was mögen sie am liebsten?		Was mögen sie am wenigsten?	
1. Pommes frites	6. Hähnchen	1. Leber	6. Fisch
2. Spaghetti	7. Pudding	2. Knoblauch	7. Nieren
3. Pizza	8. Fleisch	3. Hirn	8. Bohnen, Erbsen
4. Hamburger	9. Gemüse	4. Kohl	9. Buttermilch
5. Eis, Schokolade	10. Knödel	5. Lamm	10. Brot

2 Schreibübung • Und du? Wie steht's mit dir?

Was magst du am liebsten? Am wenigsten? Schreib deine Liste!

Was ich am liebsten mag.	Was ich am wenigsten mag.
1. . . . **2.**	**1.** . . . **2.**

3 Übung • Klassenprojekt

Mach eine Umfrage in deiner Klasse! Du sollst herausfinden, was deine Klassenkameraden am liebsten essen und was sie nicht mögen. Vergleiche dein Resultat mit der Tabelle auf Seite 81!

4 Übung • Partnerarbeit

1. Such dir einen Partner! Du interviewst deinen Partner oder deine Partnerin, und er oder sie interviewt dich. Frag,
   - **a.** was er/sie gewöhnlich isst
   - **b.** was er/sie besonders gern isst
   - **c.** was er/sie nicht mag (und warum nicht)
   - **d.** was er/sie nicht essen darf
2. Jetzt interviewst du deinen Lehrer oder deine Lehrerin!

5 Übung • Alle sind gegen etwas allergisch

Peter darf keine Schokolade essen.
Er ist allergisch gegen Schokolade.

1. Peter
2. ich
3. mein Bruder
4. meine Lehrerin
5. meine Eltern
6. wir
7. du
8. ich

6 Schreibübung

Schreib eine Liste von Nahrungsmitteln, die du nicht isst oder nicht essen darfst. Gib Gründe dafür!

Was ich nicht esse:
Fisch; ich esse Fisch nicht gern. [oder]
Fisch schmeckt mir nicht.

Was ich nicht essen darf:
Pudding; ich bin allergisch gegen Milch.

7 Übung • Eine gute Antwort, bitte!

1. Was gibt es bei euch gewöhnlich zum Abendessen?
2. Ist das alles? Was gibt es dazu?
3. Was gibt es als Nachspeise?
4. Was schmeckt dir am besten?

8 Übung • Was fragst du? Was sagst du?

1. Dein Vater wünscht dir einen guten Appetit.
2. Du möchtest das Salz.
3. Deine Mutter reicht dir das Salz.
4. Du möchtest noch mehr Kartoffeln.
5. Deine Mutter sagt, die Kartoffeln sind alle.
6. Es gibt noch Rouladen, und du möchtest noch eine.

9 Schreibübungen

1. Mach eine Liste mit deinen Lieblingsgerichten! Schreib auf, was du an jedem Tag in der Woche am liebsten zum Mittag- oder Abendessen haben möchtest!
2. Deine Eltern verreisen. Deine Tante kommt und kocht für dich und deine Schwester. Du schreibst für sie auf, was ihr gern mögt und was ihr nicht mögt. Schreibe ganze Sätze und gebrauche Wörter wie gern, besonders gern, am liebsten.

10 Übung • Deine Antwort, bitte! 

1. Mensch, du siehst so blass aus! Was ist los mit dir?
2. Sag, wo tut's denn weh?
3. Hast du dir wehgetan?
4. Wie fühlst du dich heute?
5. Hast du Schmerzen?
6. Warum gehst du zum Zahnarzt?

11 Übung • Was fragst du? 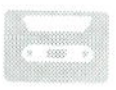

1. Dein Bruder sieht miserabel aus.
2. Ihr spielt Fussball. Ein Spieler fällt hin. Er hält sich das Bein und ruft: „Aua, das tut weh!"
3. Dein Klassenkamerad sagt, dass er furchtbare Bauchschmerzen hat.
4. Deine Schwester hat Zahnschmerzen.

12 Übung • Rollenspiel zu viert

Such dir drei Partner, und übe mit ihnen die folgende Szene ein!

Du bist in deiner Klasse. Du fühlst dich nicht wohl, dir ist ganz schlecht. Deine Lehrerin schickt dich zur Schulkrankenschwester. Sie fragt, wo es dir wehtut. Sie glaubt, dass es der Blinddarm ist. Sie ruft sofort deine Mutter an und sagt ihr, was los ist. Deine Mutter sagt, dass die Schwester gleich den Rettungswagen anrufen soll.

13 Übung • Deine Meinung, bitte!

Du bist kein Gesundheitsmuffel, und du sagst, was du denkst. Was ist deine Antwort, wenn du so etwas hörst wie:

1. Ich finde Fitnesstraining blöd. Ich jogge einmal im Monat, und das genügt.
2. Ich esse alles, nur keinen Fisch und kein Gemüse.
3. Spaghetti esse ich überhaupt nicht. Spaghetti machen dick!
4. Ich esse lieber Fleisch als Fisch. Fleisch ist gesünder als Fisch oder Huhn.
5. Zum Nachtisch esse ich Pudding lieber als Obst. Obst mag ich überhaupt nicht.
6. Kannst du mir bitte mal das Salz geben? Da ist viel zu wenig Salz in der Suppe.
7. Ich hab' schon seit zwei Wochen Halsschmerzen. Das ist bestimmt nur eine Erkältung — nein, zum Arzt gehe ich nicht!

14 Übung • Klassenprojekt

Macht ein grosses Poster mit einem von diesen Themen:

Gesund essen!

Halte dich fit!

15 Übung • Gute Vorsätze

Dieser Mann lebt ungesund. Jetzt möchte er seinen Lebensstil ändern und gesund leben. Schreib seine Liste von Vorsätzen!

16 Übung • Interview mit Peter Seber

1. Peter Seber, der junge Amerikaner, ist wieder zu Hause. Seine Klassenkameraden möchten wissen, wie sich die jungen Deutschen fithalten und was sie gewöhnlich essen.
   a. Interview den Peter!
   b. Übernimm die Rolle von Peter und erzähle!
2. Du besuchst jetzt eine deutsche Familie. Sie wollen wissen, wie sich die Amerikaner fithalten und was sie zu den Mahlzeiten essen.

17 Schreibübungen

1. Schreib einen Aufsatz mit dem Thema: „Wie ich mich fithalte"! Erwähne in deinem Aufsatz folgende Punkte: **1.** wie du dich fithältst **2.** was du machst und wie oft **3.** was du isst und was du nicht isst, um fit zu bleiben **4.** was du machst, wenn du dich nicht wohlfühlst oder wenn du dir wehgetan hast.
2. Schreib das Interview mit Peter auf!

AUSSPRACHEÜBUNGEN

A. Sounds that are difficult to produce

Pronounce these words after your teacher or after the recording.

1. The **ach**-sound
   doch, noch, machen, Nachspeise, Bauch, rauchen, verstauchen
2. The **ich**-sound
   brechen, eigentlich, schädlich, gleichfalls, reichen, riechen, vernünftig, Honig, Süssigkeiten
3. The sound /ü/
   Süssigkeiten, überhaupt, Frühstück, Müsli, Füsse, fühlen, Hühner, dürfen, vernünftig
4. The sound /R/
   rauchen, regelmässig, Reis, reichen, Rotkohl, Rettungswagen, Kartoffel, Gurke, Arzt, sofort, Brötchen, Frühstück, Traube, Zitrone, zufrieden, brechen, bringen, Kalorie, verstauchen, Schmerzen
5. Final **-er** /ʌ/
   Hühner, mager, Pfeffer, Finger, Muskelkater, Schulter, Interview, überhaupt

B. Letters that have a different sound value in German

Read these words, or read them after the recording.

1. The letter **j** is pronounced /y/, as in *young*.
   jung, achtjährig
2. The letter **g** in the ending **-ing** is pronounced /ŋ/, as in the final sound in *young*.
   Bewegung, Ernährung, Besserung, Erkältung
3. The letter **s** in initial position or at the beginning of a syllable is pronounced /z/, as in *zebra*.
   so, sofort, Saft, Salat, Sahne, Salz, Sosse, gesund
4. The letter **z** is pronounced /ts/, as in *hits*.
   zählen, Zitrone, zufrieden, zum, Mahlzeit, tanzen, dazu, Salz, Arzt, Schmerz, Zahnschmerzen
5. Practice pronouncing these two words:
   Knie, Quark

C. Words where interference from English is likely

The following words are cognates. Pay attention to how they are pronounced in German.

allergisch, Allergie, Banane, Diät, joggen, Kalorie, Schokolade, Amerika, Appetit, Kakao, Orangensaft, Finger, Gymnasium, Pudding, Nudel, Salat, Spaghetti, Marmelade, Tee, Toastbrot, Magarine, Zitrone, Hand

WAS KANNST DU SCHON?

Let's review some important points that you have learned in this unit.

Can you talk about how you keep fit?
Ask your friend how he or she keeps fit.
Name three activities that show how you keep fit, and say when and how often you do these.

Can you make assumptions and contradict a false assumption?
You assume that your friend doesn't eat three different foods. What do you say?

Respond to these questions and assumptions:

1. Isst du Spaghetti?
2. Du isst bestimmt keine Spaghetti!
3. Isst du Obst?
4. Du isst bestimmt kein Obst!

Can you say what you may or may not eat and why?
Name three foods that you cannot eat and tell why.

Can you say what there is for breakfast and lunch?
Say what there is for a German breakfast and a typical lunch.

Can you ask for more of a particular food?
Ask a friend and then your teacher if you could have some more

1. ham **2.** apple sauce **3.** fruit

Can you express regret that there is no more of something?
Say you're sorry, but the potatoes and the meat are all gone.

Can you be polite at the dinner table?
Wish everyone at the table a pleasant meal and respond when they wish you one.

Ask someone to please pass the salt.

Can you inquire about someone's health?
Your classmate is sick. Ask how he or she feels and wish him or her a speedy recovery.

Can you say how you feel?
Say that you don't feel well, your head hurts, you have a stomachache, and you have a sore throat. Then say what it might be.

Can you talk about pain and give advice?
Your friend fell and hurt himself. Ask at least three questions to find out what's the matter, and suggest what he should do.

Can you say you broke or sprained something?
Report the following things:

1. your sister broke her arm **2.** you sprained your foot

WORTSCHATZ

SECTION A

der **Abend, -e** *evening*
der **Alkohol** *alcohol*
allergisch sein gegen *to be allergic to*
am: am Abend *in the evening*
der **Apfel, ¨** *apple*
die **Banane, -n** *banana*
die **Bewegung** *exercise*
die **Diät:** eine Diät machen *to be on, go on a diet*
dick *fat;* dick machen *to be fattening*
doch! *yes! on the contrary!*
dürfen *to be permitted, allowed to*
eigentlich *actually*
die **Ernährung** *food, nutrition*
der **Fisch, -e** *fish*
s. **fithalten (ä)**(sep) *to keep fit*
gesund *healthy*
die **Gesundheit** *health*
herumsitzen (sep) *to sit around*
das **Huhn, ¨er** *chicken*
joggen *to jog*
jung *young*
die **Kalorie, -n** *calorie*
die **Kartoffel, -n** *potato*
das **Kompott** *stewed fruit*
leben *to live*
mager *lean*
die **Mannschaft, -en** *team*
der **Morgen, -** *morning*
morgens *in the morning*
der **Nachmittag, -e** *afternoon*
noch etwas *something else*
die **Nudel, -n** *noodle*
der **Pudding** *pudding*
rauchen *to smoke*
regelmässig *regular*
der **Reis** *rice*
der **Saft, ¨e** *juice*
der **Salat, -e** *salad*
schädlich *harmful*
schlafen (ä) *to sleep*
die **Schokolade** *chocolate*
die **Spaghetti** (pl) *spaghetti*
stehen: wie steht's mit . . . ? *how about . . . ?*
die **Stunde, -n** *hour*
die **Süssigkeiten** (pl) *sweets*
das **Tanzen** *dancing*
der **Tanzkurs, -e** einen Tanzkurs mitmachen *to take dancing lessons*
trainieren *to practice, train*
turnen *to do gymnastics*
ungesund *unhealthy*
vernünftig *sensible*
wenig *little, few*
zählen *to count*

SECTION B

das **Abendessen, -** *supper*
alle sein *to be all gone*
das **Apfelmus** *applesauce*
bei: wie bei uns zu Hause *just like we do at home*
belegt: belegte Brote (pl) *open-faced sandwiches*
das **Brötchen, -** *roll*
dazu: was gibt es dazu? *what are we having with it?*
draufhaben (sep): was willst du draufhaben? *what do you want on it?*
das **Essen, -** *meal, food*
das **Frühstück** *breakfast*
frühstücken *to eat breakfast*
die **Frühstücksflocken** (pl) *cereal*
das **Gericht, -e** *dish*
gleichfalls *the same to you*
die **Gurke, -n** *pickle*
Haus: zu Hause *(at) home*
der **Honig** *honey*
der **Kakao** *cocoa*
leid: es tut mir leid *I'm sorry*
machen: macht nichts *it doesn't matter*
die **Mahlzeit, -en** *meal;* Mahlzeit! *enjoy your meal!*
die **Margarine** *margarine*
die **Marmelade, -n** *jam*
das **Mittagessen, -** *lunch*
das **Müsli** *Swiss cereal*
die **Nachspeise, -n** *dessert*
noch: noch etwas Rotkohl *some more red cabbage*
ohne *without*
der **Orangensaft** *orange juice*
der **Pfeffer** *pepper*
der **Quark** *type of soft cheese*
reichen: das reicht *that's enough*
riechen *to smell*
der **Rotkohl** *red cabbage*
die **Roulade, -n** see fn p. 68
die **Sahne** *cream*
das **Salz** *salt*
die **Scheibe, -n** *slice:* eine Scheibe Brot *a slice of bread*
der **Schinken** *ham*
die **Sosse, -n** *sauce, gravy*
der **Tee** *tea*
das **Toastbrot, -e** *toast*
die **Traube, -n** *grape*
die **Zitrone, -n** *lemon*
zufrieden *satisfied*
zum: zum Abendessen *for supper*

SECTION C

die **Allergie, -n** *allergy*
der **Arm, -e** *arm*
der **Arzt, ¨e** *doctor*
aua! *ouch*
der **Bauch, ¨e** *stomach*
das **Bein, -e** *leg*
die **Besserung:** gute Besserung *I hope you feel better soon*
besten: du gehst am besten gleich zum Arzt *you'd better go right to the doctor*
blass *pale*
der **Blinddarm** *appendix*
s. **brechen (i)** *to break (a bone)*
der **Daumen, -** *thumb*
die **Erkältung, -en** *cold*
der **Finger, -** *finger*
der **Fuss, ¨e** *foot*
gehen: wie geht es dir? *how are you? how are you feeling?*
der **Hals, ¨e** *throat*
die **Hand, ¨e** *hand*
hinbringen (sep) *to bring somewhere*
das **Knie, -** *knee*
der **Kopf, ¨e** *head*
der **Muskelkater** *sore muscles*
die **Nase, -n** *nose*
das **Ohr, -en** *ear*
schlecht: mir ist schlecht *I feel sick*
der **Schmerz, -en** *pain*
die **Schmerztablette, -n** *pain reliever*
die **Schulter, -n** *shoulder*
sofort *right away*
der **Termin, -e** einen Termin ausmachen (sep) *to make an appointment*
s. **verstauchen** *to sprain*
warten *to wait*
(s.) **wehtun** (sep) *to hurt o.s.;* tut's weh? *does it hurt?*
s. **wohlfühlen** (sep) *to feel well*
der **Zahn, ¨e** *tooth*
der **Zahnarzt, ¨e** *dentist*
die **Zahnschmerzen** (pl) *toothache*

ZUM LESEN

Gesund leben

Wer gesund leben will, der braucht drei Dinge: regelmäßige Bewegung, richtige Ernährung und die nötige° Entspannung.° Dazu braucht man nicht viel Geld und nicht viel Zeit. Wichtig° ist nur, daß man diese drei Regeln regelmäßig beachtet,° nicht nur am Wochenende oder im Urlaub. Was sagt die moderne Medizin dazu?

Bewegung

Wer sich nicht bewegt wird schlapp und krank, das wissen wir. Aber wie sollen wir uns bewegen? Was ist besser: ein täglicher Spaziergang° von fünfzehn Minuten oder eine Stunde am Sonntag auf dem Trimm-dich-Pfad° im Wald? Eine halbe Stunde Schwimmen zwei- oder dreimal in der Woche oder tägliche Gymnastik? Jeden Tag zwanzig Minuten Radfahren oder täglich Gewichte heben°? Die Antwort: Spazierengehen, Schwimmen und Radfahren sind gesünder als die anderen Sportarten, besonders, wenn man sie täglich oder jeden zweiten Tag macht. Warum? Spazierengehen, Schwimmen, Radfahren, wie auch Wandern, Schilanglauf°, Jogging und Aerobics gehören zu° den Sportarten, die den ganzen Kreislauf anregen° und den Puls erhöhen°. Bei diesen Sportarten machen wir grosse, dynamische Bewegungen. Wir aktivieren die großen Muskelgruppen an den Beinen und Armen. Wir verlängern unsere Ausdauer° und kommen nicht so leicht „aus der Puste"°. Wir wissen, daß Bewegung gut für uns ist. Aber was tun die Deutschen? Wie oft machen sie Ausdauertraining mit Wandern, Laufen°, Radfahren?

32% häufig°
22% gelegentlich°
13% selten
33% nie

nötig *necessary* **die Entspannung** *relaxation* **wichtig** *important* **beachten** *to observe, follow* **der Spaziergang** *walk* **der Trimm-dich-Pfad** *fitness trail* **Gewichte heben** *to lift weights* **der Schilanglauf** *cross-country skiing* **gehören zu** *to belong to* **den Kreislauf anregen** *to stimulate circulation* **den Puls erhöhen** *to increase the pulse rate* **die Ausdauer** *endurance* **aus der Puste** *out of breath* **das Laufen** *vigorous walking* **häufig** *often* **gelegentlich** *occasionally*

Ernährung

Wer sich nicht richtig ernährt, wird zu dick oder zu dünn und kann sogar° krank werden. Wie sollen wir uns ernähren? In Europa gibt es, genau wie in Amerika, dazu viele Meinungen. Aber alle stimmen hier zu°:

1. Eine Vollwert-Küche ist gut. Was bedeutet das, eine Vollwert-Küche? Nun, man nimmt alles möglichst° so, wie es die Natur uns gibt, vollwertig, d.h.° ungeschält° mit allen Nährstoffen. Man ißt Vollkornbrot° und Hülsenfrüchte°, wie Erbsen° oder Bohnen°. Wichtig ist viel frisches Obst und frisches Gemüse, auch Nüsse, Körner und Trockenobst°. Man ißt weniger° Fleisch, besonders weniger rotes

Fleisch. Und wenn man Fleisch ißt, dann mageres Fleisch. Vorsicht° auch mit Eiern! Fisch und Huhn dagegen sind gesund, aber keine großen Portionen und nicht in Fett

gebacken. Man trinkt Obstsäfte und Kräutertee°, auch Milch ist erlaubt°, aber in Form von Magermilch°, und man ißt Magerquark und Magerkäse.

Und soviel empfehlen° Ernährungswissenschaftler° dem Durchschnittsbürger°, um fit zu bleiben: 2 200 Kalorien am Tag, davon: 55% in Kohlehydraten, 30% in Fett und 15% in Eiweiß. Was sollen wir da essen?

300 g	Brot (möglichst Vollkornbrot)
250 g	Kartoffeln oder 60 g Reis oder Teigwaren
500 g	Gemüse oder Obst
35 g	Margarine oder Pflanzenöl
140 g	Käse, Wurst oder Fleisch
300 ml	Magermilch

2. Es ist gut, weniger Zucker zu essen. Zucker hat viele Kalorien, und außerdem° sind die Kalorien „leer"°, d.h. sie haben keinen Nährwert. Für die Deutschen, die Schweizer und

---

sogar *even* **zustimmen** *to agree* **möglichst** *as much as possible* **d.h.** = **das heißt** *that means* **ungeschält** *unpeeled* **das Vollkornbrot** *whole grain bread* **die Hülsenfrucht** *legume* **die Erbsen** (pl) *peas* **die Bohnen** (pl) *beans* **das Trockenobst** *dried fruit* **weniger** *less* **Vorsicht!** *careful* **der Kräutertee** *herb tea* **erlaubt** *allowed* **die Magermilch** *lowfat milk* **empfehlen** *to recommend* **der Ernährungswissenschaftler** *nutritionist* **der Durchschnittsbürger** *average citizen*

die Österreicher ist es besonders schwer, weniger Zucker zu essen, denn Zucker ist in großen Mengen in Torten und Kuchen, im Gebäck und in Süßigkeiten enthalten. Wie kann man in Deutschland leben, ohne am Nachmittag zum Kaffee ein oder zwei Stück Kuchen oder Torte zu essen? Wie kann man in der Schweiz leben, ohne die wunderbare Schweizer Schokolade zu kosten? Wie kann man in Österreich wohnen, ohne Linzertorte, Sachertorte* und die vielen verschiedenen Süßigkeiten zu genießen°? Restaurants, Cafés, Konditoreien und Bäckereien nehmen zum Süßen gewöhnlich Zucker. Zu Hause kann man statt° Zucker Süßstoff° benutzen. Das hilft, Kalorien zu sparen. Viele Fertigprodukte wie Puddingpulver, Marmelade und Sprudelwasser enthalten auch Süßstoff statt Zucker. Mann muß nur die Liste der Zutaten° lesen. Noch essen die Deutschen viel zu viel Zucker: am Tag etwa 100 Gramm pro Person.

3. Zu viel Salz ist auch nicht gesund. Salz hat keine Kalorien, aber es beeinflußt° unseren Kreislauf und erhöht den Blutdruck°. Der Mensch braucht nur 5 Gramm Salz am Tag, aber die meisten Menschen bekommen viel mehr Salz als sie brauchen. In der Bundesrepublik sind es im Durchschnitt 15 Gramm, in den USA wahrscheinlich noch mehr. Wenn wir an Salz denken, denken wir oft nur an das Salz, das wir beim Kochen oder am Tisch° benutzen. Wir denken nicht an das viele Salz, das schon in der Wurst, im Speck°, in Dosengemüsen° und Dosensuppen enthalten ist.

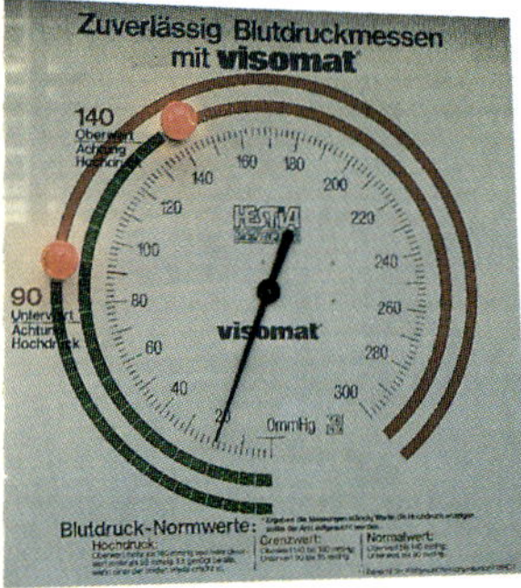

Entspannung

Wer immer unter Streß ist und sich nicht entspannen kann, wird krank, seelisch° oder körperlich°, das wissen wir. Aber wie sollen wir uns entspannen? Was können wir machen, um unser Leben wieder in die Balance zu bringen und den Streß zu ver-

*A **Linzertorte** is a single-layered cake filled with raspberry jam and covered with latticed strips of dough made from butter, sugar, flour, almonds, spices, and lemon peel. A **Sachertorte** is a very rich chocolate cake, filled or coated with apricot jam and iced with bittersweet chocolate. It was created by the master pastry chef Franz Sacher in 1832 and is a specialty of the Hotel Sacher in Vienna.

außerdem *besides, in addition* **leer** *empty* **genießen** *to enjoy* **statt** *instead of* **der Süßstoff** *artificial sweetener* **die Zutaten** (pl) *ingredients* **beeinflussen** *to affect* **der Blutdruck** *blood pressure* **am Tisch** *at the table* **der Speck** *bacon* **das Dosengemüse** *canned vegetables* **seelish** *mentally, emotionally* **körperlich** *physically* gessen°, den es in der Schule, im Beruf und in der Familie gibt? Jeder hat da seine eigene Methode. Diese Methoden fallen in sechs große Gruppen:

1. Hobbys: Hobbys entspannen, weil wir das, was wir tun, gern tun und uns auf etwas anderes konzentrieren als bei der Arbeit. Beliebte Hobbys zur Entspannung sind Gartenarbeit, Basteln°, Lesen, Handarbeiten, Kochen.

2. Sport: Ausdauersportarten wie Schwimmen, Laufen und Radfahren sind sehr entspannend, für Körper° und Geist°, und dazu sind sie auch das beste Fitnesstraining. Über diese Freizeitsaktivitäten gibt es interessante Statistiken:

Sportart	*häufig*	*oder*	*gelegentlich*
Schwimmen	53%		30%
Radfahren	43%		15%
Wandern	35%		25%
Kegeln	8%		2%
Gymnastik/Aerobics	70%		20%
Joggen	5%		1%

3. Spazierengehen: Spazierengehen ist besonders gut, weil man an der frischen Luft ist und sich bewegt. Für Leute, die in der Stadt wohnen, ist es entspannend, in einem Park oder auf ruhigen Strassen mit vielen Bäumen° und möglichst wenig Autos spazierenzugehen.

4. Musik: Musik machen und Musik anhören ist sehr entspannend, denn Musik ist harmonisierend. Wer ein Instrument spielt, muß sich konzentrieren. Wer Musik anhört, achtet auf die Melodie, die Instrumente, den Text. Musik verbindet die Menschen, bringt Stimmung° und Unterhaltung°, und die Menschen vergessen so ihre Sorgen°.

5. Tanzen: Tanzen ist ideal gegen den Streß, weil es Musik und Bewegung verbindet. Der Körper bewegt sich, und die Gedanken° sind bei der Musik. Tanz macht locker°, man fühlt sich leicht, folgt dem Rhythmus. Was es auch ist, ob Volkstanz oder Jazztanz, traditionelles Tanzen — Walzer, Foxtrott, Tango — oder Aerobics zu Musik, Tanzen entspannt.

6. Fernsehen°: Fernsehen ist vielleicht die populärste Art, sich zu entspannen. Es ist ja auch so einfach und bequem°: man dreht den Fernseher an, wählt ein Programm aus, sucht sich einen guten Platz — und schon ist man in einer anderen Welt°! Aber Vorsicht: Fernsehen kann wohl unterhalten — aber entspannt es auch den Körper? Im Gegenteil°. Das lange Sitzen, oft stundenlang in derselben Position, tut nicht gut und kann sogar zu Streß führen.

---

vergessen *to forget* **Basteln** *doing crafts* **der Körper** *body* **der Geist** *mind* **der Baum** *tree* **die Stimmung** *good spirits* **die Unterhaltung** *entertainment* **die Sorgen** (pl) *troubles, worries* **der Gedanke** *thought* **locker** *loose, relaxed* **das Fernsehen** *television* **bequem** *comfortable* **die Welt** *world* **im Gegenteil** *just the opposite*

LESEHILFE
Word Order/Recognizing Related Words

One of the initial difficulties in reading German is the fact that word order is so different. An example of this is the word order in clauses beginning with words such as **weil, wenn,** and **dass.** To read German fluently, you must learn to store all the information in your memory until you get to the end of the clause. Here you will find the verb, which establishes the meaning of the entire clause. As you are reading and storing the information, you should try to anticipate the verb that might logically appear at the end. **Schwimmen und Radfahren ist gesund, besonders, wenn man es täglich oder jeden zweiten Tag . . .** Can you supply the verb that would logically complete this clause? The verb is **macht.** Clauses of this kind occur more often in written than in spoken German. As you learn to recognize them and read them with ease, you will greatly expand your reading comprehension ability.

Now take a closer look at the vocabulary in this reading selection. You will find that there are quite a few words with the root **-nähr-.** These are words having to do with nutrition. If you recognize a root, you will be able to figure out the meaning of a word. How many words can you find in the reading selection that have this particular root? What do they mean?

You will also find many verbs and nouns here that are related. For example, the infinitive of a verb may be changed to a noun by capitalizing it. If you know that **wandern** means *to hike,* you can figure out that **das Wandern** means *hiking.* How many examples of verbs turned into nouns can you find in the reading selection?

Fragen zum Inhalt

1. Welche drei Dinge braucht man, um gesund zu leben?
2. Wie oft muß man diese Dinge machen?
3. Welche Sportarten sind gesünder als andere? Warum?
4. Wie oft soll man sie machen?
5. Wieviel Deutsche machen häufig Ausdauertraining?
6. Welche drei Regeln soll man beachten, um sich richtig zu ernähren?
7. Was soll man bei einer Vollwert-Küche essen? Was soll man nicht essen? Gib einige Beispiele!
8. Wieviel Kalorien am Tag empfehlen Ernährungswissenschaftler? Wie sind diese Kalorien aufgeteilt?
9. Warum soll man weniger Zucker essen?
10. Welches Essen enthält Zucker in großen Mengen?
11. Wieviel Zucker essen die Deutschen am Tag ungefähr?
12. Warum soll man nicht zu viel Salz essen?
13. Wieviel Salz braucht der Mensch am Tag? Wieviel bekommt man in Deutschland? In den USA?
14. Warum muß man sich entspannen?
15. Was sind sechs Methoden dazu? Sag etwas über jede!

Und du? Wie steht's mit dir?

1. Bekommst du genug Bewegung? Was machst du alles? Wann und wo machst du das?
2. Prüfe, was du so alles am Tag isst! Isst du vernünftig? Wie könntest du „besser" essen?
3. Wie entspannst du dich? Was machst du alles? Was möchtest du vielleicht noch machen?

Was essen die Schüler in der Pause?

Und du? 

Klaus, 13
In der Pause ess' ich immer gern ein Wurstbrot oder ein Käsebrot. Gewöhnlich gibt mir meine Mutter auch Obst mit, eine Banane oder eine Orange vielleicht. Ich mag auch gern etwas Süßes, am liebsten Gummibären.

Steffi, 15
Ich nehm' mir von zu Hause eine Semmel mit, mit Käse oder Schinken. Ich ess' auch gern Trauben oder einen Apfel, aber ich muss vorsichtig sein mit Äpfeln, denn ich trage eine Spange. Manchmal ess' ich auch ein paar Kekse.

Ulrike, 15
Normalerweise ess' ich Obst, aber ab und zu kauf' ich mir eine Tafel Schokolade oder eine Tüte Kartoffelchips. Und ich trinke gern Milch oder Saft.

Gerd, 16
Schon vor der Pause habe ich einen Bärenhunger. Dann kauf' ich mir einen Hamburger und dazu Pommes frites mit viel Ketchup. Etwas Süßes muss auch sein—Bonbons, Schokonüsse und so.

KAPITEL 3

Haus und Heim

Moving can be exciting: a new apartment, a new house, maybe some new furniture. Moving can also mean changes: leaving a familiar neighborhood, friends, school, and classmates.

In this unit you'll meet the Gutmanns who are moving from an apartment in Frankfurt to a new house in the suburbs.

In this unit, you will:

ERSTER KONTAKT	get acquainted with the topic
SECTION A	talk about where you live; ask about preferences; elicit agreement and contradict
SECTION B	express your needs and wants in a place to live; state opinions; express admiration
SECTION C	describe your room; express happiness about something
TRY YOUR SKILLS	use what you've learned
ZUM LESEN	read for practice and pleasure

Wo wohnen die Deutschen? 

Die Bundesrepublik Deutschland ist so gross wie der Staat Oregon in den Vereinigten Staaten und hat 61 Millionen Einwohner. Die USA haben 230 Millionen Einwohner. Könnt ihr euch das vorstellen? Über ein Viertel aller Einwohner der USA im Staate Oregon! Was heisst das für das Wohnen in Deutschland? Können die Leute nebeneinander wohnen, oder müssen sie übereinander wohnen? Was meint ihr?

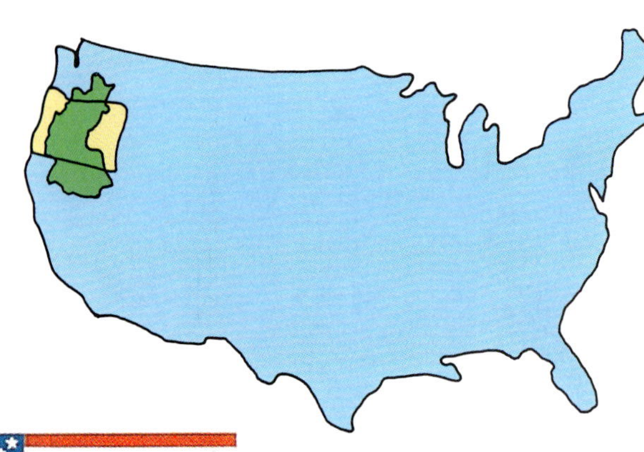

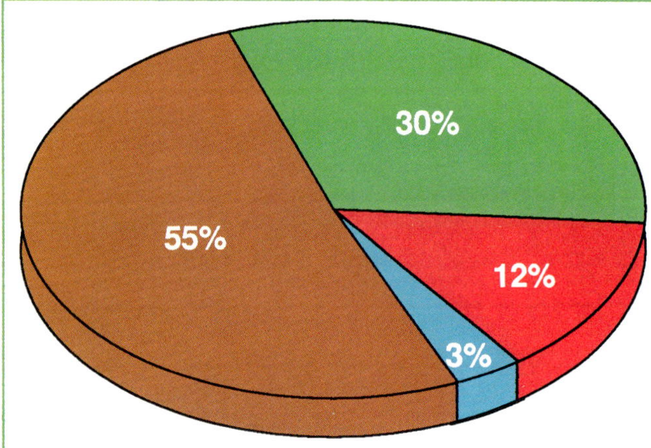

Ein grünes Land

Die Bundesrepublik ist dicht besiedelt, aber trotzdem ist sie ein weitgehend grünes Land. Nur zwölf Prozent der Fläche ist bebaut!

Landwirtschaftliche Fläche	55%
Wald	30%
Gewässer und Ödland	3%
Siedlungsfläche	12%
6,0% Gebäude, Gärten, usw.	
4,9% Strassen, Wege, usw.	
1,1% sonstiges	

Fragen

1. Wo wohnen mehr Menschen pro Quadratmeter, in Oregon oder in der Bundesrepublik Deutschland?
2. Vergleiche die beiden Staaten!
3. Warum kann man sagen, dass die Bundesrepublik Deutschland ein grünes Land ist?
4. Woraus besteht die Siedlungsfläche der Bundesrepublik?

Wo wohnen sie?

Über ein Drittel der Bevölkerung der Bundesrepublik wohnt in den circa 70 Städten, die mehr als 100 000 Einwohner haben.

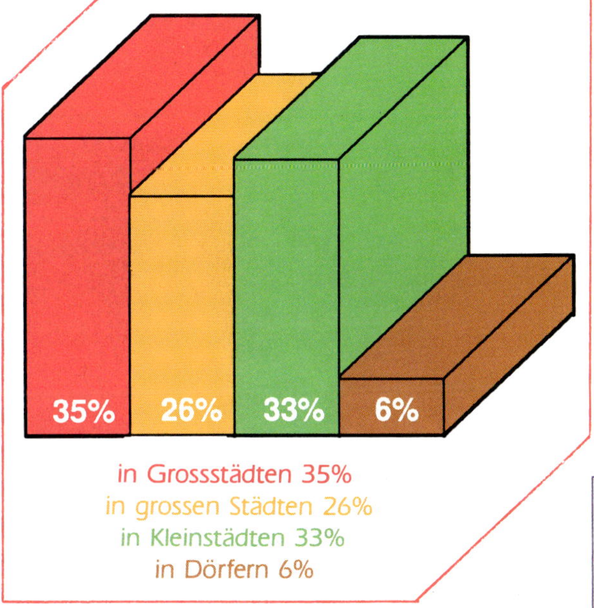

60% in einer Wohnung
20% in einem Reihenhaus
20% in einem Einfamilienhaus

Ausländer — woher?

Circa 7,5 Prozent oder 4,6 Millionen der Bevölkerung sind Ausländer. Die meisten sind in den Jahren zwischen 1967 und 1974 eingewandert. Fast die Hälfte sind länger als 10 Jahre in der Bundesrepublik.

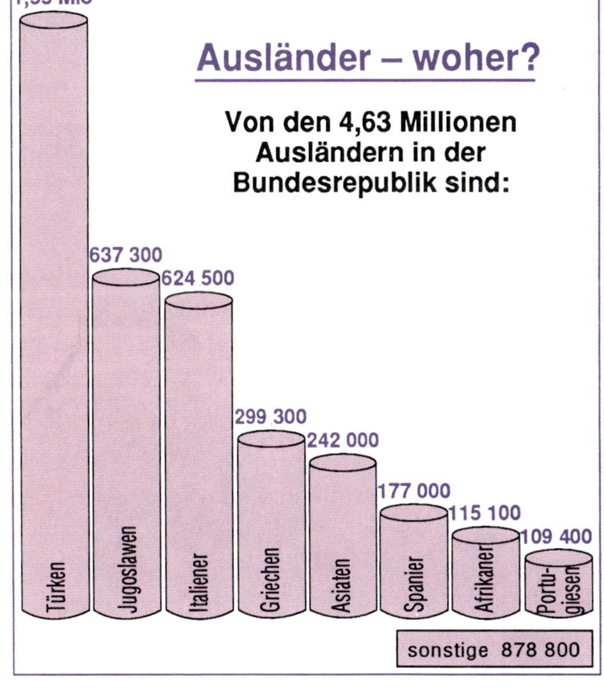

Fragen

1. Ungefähr wieviel Städte haben mehr als 100 000 Einwohner?
2. Wohnen die meisten Deutschen in einer Wohnung oder in einem eigenen Haus?
3. Wie gross ist die Bevölkerung der Bundesrepublik?—Wieviel Prozent davon sind Ausländer?
4. Woher kommen die meisten Ausländer?
5. Aus welch anderen Ländern kommen Ausländer nach Deutschland?

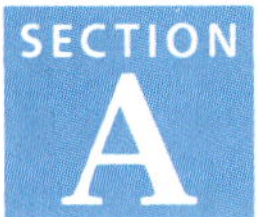

talking about where you live; asking about preferences; eliciting agreement and contradicting

Was sagen einige junge Leute über ihren Wohnort? Sind sie dort zufrieden, oder möchten sie lieber woanders wohnen? — Bist du dort zufrieden, wo du wohnst?

A1 Wo wohnen diese jungen Leute?

Vier junge Leute, Andreas, Reyhan, Frank und Bettina, erzählen euch etwas über sich selbst, wer sie sind, wie gross ihre Familien sind, und wo und wie sie wohnen.

Wie heisst du? — Ich heisse Andreas Weigel. Ich bin sechzehn Jahre alt und wohne in einer Grossstadt, in Bremen. *Direkt in der Stadt?* — Nein, am Stadtrand, in einem Vorort, in Lilienthal. *Was machen deine Eltern?* — Mein Vater arbeitet für die Stadt, und meine Mutter arbeitet zu Hause, sie ist Hausfrau. Wir wohnen in einem Reihenhaus. Das Haus gehört uns nicht, wir haben es gemietet. *Bist du zufrieden, wo du wohnst, oder möchtest du lieber in der Stadt wohnen?* — Ach, nein! Die Luft ist hier besser als in der Stadt, viel sauberer. Die Häuser sind billiger, es ist ruhiger, und wir haben mehr Platz als in der Stadt. Wir sind nämlich eine grosse Familie: ich habe drei Geschwister. Ja, und die Stadt ist ja nicht weit; mit dem Bus sind wir schnell drinnen.

Mein Name ist Reyhan Güven. Ich bin siebzehn, und ich wohne in München. *In der Stadt?* — Ja, mitten in der Stadt, in der Landwehrstrasse. *Du bist Deutsche, ja?* — Nein, ich bin Türkin, aber ich bin hier in München geboren. Meine Eltern sind aus der Türkei, sie sind aber schon seit 25 Jahren in Deutschland. *Sprichst du auch Türkisch?* — Ja, mit meinen Eltern. Aber lesen und schreiben kann ich nicht so gut. *Du wohnst also hier in der Stadt?* — Ja, wir haben eine Wohnung in einem Mietshaus. *Habt ihr eine schöne Wohnung?* — Ja, es geht. Wir haben eine kleine Küche, ein grosses Wohnzimmer, zwei Schlafzimmer. Ich teile ein Zimmer mit meiner Schwester. *Wohnst du gern hier in der Stadt?* — Eigentlich schon. Alles ist in der Nähe, die Geschäfte und so. Auch die Schule. Das sind Vorteile. Aber die Stadt hat auch Nachteile: der Verkehr ist stärker, der Lärm ist grösser und die Luft ist schmutziger. Ja, manchmal möchte ich schon auf dem Lande wohnen, in einer schönen Umgebung, in der Natur, auf einem Bauernhof!

Ich heisse Frank Gutmann. Ich bin siebzehn Jahre alt. Ich bin in Frankfurt geboren, und ich wohne hier mit meinen Eltern in einer neuen Siedlung. Sie heisst „Am Bügel". Wir wohnen in einem Hochhaus, im achten Stock[1]. Unsere Wohnung ist nicht so gross, aber wir haben alles, was wir brauchen: zwei Schlafzimmer, ein grosses Wohnzimmer mit einer Essecke, Küche, Badezimmer, Diele. Auch einen schönen Balkon haben wir: der geht nach Süden. *Bist du hier zufrieden?* — Doch! Ich möchte mein eigenes Zimmer, aber sonst hab' ich alles. *Möchtest du nicht lieber in einer Kleinstadt wohnen oder auf dem Land?* — Ja, meine Eltern möchten umziehen. Mein Vater möchte sein eigenes Haus haben. *Und was sagst du dazu?* — Ja, was soll ich sagen? Ich habe hier meine Freunde, meine Schule . . . und ich will nicht unbedingt Rasen mähen!

Ich heisse Bettina Avancini. Ich bin sechzehn Jahre alt und wohne in Salzburg. *Du hast einen italienischen Namen. Bist du aus Italien?* — Ich? Ach wo! Ich bin Österreicherin, hier geboren, eine echte Salzburgerin. Meine Vorfahren sind wohl aus Italien. *Wohnst du direkt in Salzburg?* Ja, in der Stadt — das heisst am Stadtrand. Wir haben dort ein kleines Haus, sehr schön! Wir haben einen tollen Blick auf die Festung[2]. *Na, prima! Wie gross ist denn deine Familie?* — Wir sind fünf Personen: mein Vater, er ist Ingenieur, meine Mutter, sie ist Lehrerin, und meine beiden Geschwister. *Sind sie älter als du?* — Meine Schwester ist älter, sie ist schon 19, und mein Bruder ist jünger, er ist erst 14. *Und du verträgst dich mit ihnen?* — Meistens! *Du wohnst also gern hier in Salzburg?* — Und wie! Ich möchte gar nicht fort von hier. Salzburg ist eine wunderschöne Stadt, eine internationale Stadt, eine Kulturstadt . . . und wir sind so schnell in den Bergen zum Schilaufen; ich bin nämlich eine begeisterte Schiläuferin! Nein, ich möchte gar nicht woanders wohnen als in Salzburg!

---

[1] Frank actually lives on the ninth floor, since in Germany the ground floor (**Erdgeschoss**) is not numbered. The numbering begins with what we call the second floor.

[2] Bettina is referring to the **Festung Hohensalzburg,** a fortress built in the eleventh century that overlooks the city of Salzburg.

A2 Schreibübung • Ein Fragebogen

Was weisst du alles über diese vier jungen Leute? Nimm ein Blatt Papier, mach deinen eigenen Fragebogen, und schreibe alles auf, was du über diese jungen Leute gelesen hast!

1. Vor- und Nachname
2. Alter
3. Wohnort
4. nähere Beschreibung
5. Eltern / Geschwister
6. Haus oder Wohnung
7. kurze Beschreibung
8. Vorteile
9. Nachteile
10. Sonstiges

	Andreas	Reyhan	Frank	Bettina
1. Vor- und Nachname				
2. Alter				

A3 Übung • Über welchen Schüler möchtest du sprechen?

Du hast deinen Fragebogen ausgefüllt. Jetzt berichtest du deiner Klasse, was du geschrieben hast. Über welchen Schüler möchtest du sprechen?

A4 Übung • Rollenspiel

Jetzt übernimmst du die Rolle von einem dieser Schüler. Ein Schüler fragt, und du erzählst:

1. Wer bist du? Wie alt bist du?
2. Wo wohnst du?
3. Wohnst du mitten in der Stadt?
4. Was machen deine Eltern?
5. Hast du Geschwister? Wie alt?
6. Was für ein Haus/eine Wohnung habt ihr? Erzähle etwas darüber!
7. Bist du zufrieden, wo du wohnst, oder möchtest du lieber woanders wohnen? Wo und warum?

Wo?

in . . . in einer Gross-/Kleinstadt
am Stadtrand
in einem Vorort
in einer Siedlung
mitten in der Stadt
auf dem Land

in einem Haus
in einer Wohnung
in einem Hochhaus
in einem Reihenhaus
in einem Einfamilienhaus
in einem Mietshaus
auf einem Bauernhof

	Stadt	Land
Vorteile	mehr zu tun Geschäfte in der Nähe mehr los interessanter Theater/Museen	Wohnungen/Häuser billiger die Umgebung schöner mehr Platz in der Natur sein die Luft sauberer
Nachteile	Wohnungen/Häuser teurer der Lärm grösser mehr Verkehr die Luft schmutziger weniger Platz	nicht so viel zu tun der Schulweg weiter nicht so viele Geschäfte Rasen mähen zu weit weg von Klassenkameraden

A5 WIE SAGT MAN DAS?
Talking about preferences

Wo möchtest du lieber wohnen, auf dem Land oder in der Stadt?	*Where would you rather live, in the country or in the city?*
Ich möchte lieber auf dem Land wohnen als in der Stadt.	*I'd rather live in the country than in the city.*

A6 Übung • Wo möchtest du lieber wohnen und warum?

A: Wo möchtest du lieber wohnen? Am Meer oder in den Bergen?
B: . . .
A: Und warum?
B: . . . — Und wo möchtest du lieber wohnen?

Wo kann man auch wohnen?

auf dem Land
in der Stadt
am Meer
am Strand
an einem See
auf einer Insel
an einem Fluss
in den Bergen
am Stadtrand
in einem Vorort

A7 Übung • Was habt ihr?

Beschreibe deine Wohnung oder dein Haus oder eine Wohnung oder ein Haus, wo du gerne wohnen möchtest.

Wir haben eine Wohnung in (einem Mietshaus). Wir haben eine kleine Küche, ein . . .

[oder]

Ich möchte ein Haus (auf dem Land). Ich möchte ein . . .

Wo?	Was?
in einem Mietshaus	eine kleine Küche
in einem Hochhaus	ein grosses Wohnzimmer
in der Stadt	zwei, drei Schlafzimmer
auf dem Land	ein grosses Badezimmer
in einem Dorf	einen schönen Balkon
in einem Vorort	eine Diele
in einer Siedlung	mein eigenes Zimmer
in einer Kleinstadt	teile das Zimmer mit . . .
in einer Grossstadt	

A8 ERKLÄRUNG
The Preposition seit *in Time Phrases*

The preposition **seit** and a time phrase indicates for how long something begun in the past has been going on. The preposition **seit** is always followed by dative case forms.

Sie wohnen schon **seit** 25 Jahre**n** in Deutschland.
They have been living in Germany for 25 years.

seit	ein**em** Tag ein**er** Woche ein**em** Monat ein**em** Jahr	seit	zwei Tage**n** drei Woche**n** vier Monate**n** zehn Jahre**n**

A9 Übung • Und du? Wie steht's mit dir?

1. Seit wann gehst du auf diese Schule?
2. Seit wann lernst du schon Deutsch?
3. Seit wann spielst du (Fussball)?
4. Seit wann wohnt deine Familie hier?
5. Seit wann kennst du deinen besten Freund oder deine beste Freundin?

A10 ERKLÄRUNG
Comparative Forms of Adjectives

1. Words such as *larger, cleaner,* and *more beautiful* are called comparatives. Many of these have the ending *-er.* In German, all comparatives have the ending **-er.**

Positive	*Comparative*
Die Luft ist schmutzig.	Die Luft ist schmutzig**er**.
Die Wohnung ist teuer.	Die Wohnung ist teur**er**.
Die Umgebung ist schön.	Die Umgebung ist schön**er**.

2. Most one-syllable comparative forms have an umlaut.

Positive	*Comparative*
alt	älter
gross	grösser
jung	jünger

3. There are some one-syllable comparatives without an umlaut.

laut	laut**er**	toll	toll**er**	blond	blond**er**

4. As in English, some comparative forms are completely different from the positive form.

gern	**lieber**
gut	**besser**
viel	**mehr**

5. To compare two things that are equal, the words **so . . . wie** are used.

Andreas ist	**so** alt **wie**	Bettina.

6. To compare two things that are not equal, the comparative form and the word **als** are used.

Frank ist	**älter als**	Andreas.

A 11 Übung • Dein bester Freund 

Sprich über deinen besten Freund!

A: Ist er/sie so alt wie du?
B: Nein, er/sie ist älter.

so nett?	so lustig?	so schlank?
so gross?	so freundlich?	so gut in Mathe?

A 12 Übung • Wir vergleichen 

Andreas ist 16, Frank ist 17.
Andreas ist jünger als Frank.

1. Frank ist schon 17, Bettina erst 16.
2. Andreas ist 16, und Bettina ist auch 16.
3. Der Lärm auf dem Land ist gross. Und in der Stadt?
4. Die Luft in der Kleinstadt ist gut. Und auf dem Land?
5. Der Verkehr in der Kleinstadt ist stark. Und in der Grossstadt?
6. Auf dem Land gibt es viel zu tun. Und in der Stadt?
7. Auf dem Land sind die Häuser teuer. Und in der Stadt?

Michelstadt im Odenwald

A 13 Übung • Und du?

1. Bist du älter oder jünger als deine Geschwister?
2. Ist dein Opa jünger als deine Oma?
3. Wo möchtest du lieber wohnen, auf dem Land oder in der Stadt?
4. Wo ist die Luft besser, auf dem Land oder in der Stadt?
5. Wo ist der Lärm grösser, auf dem Land oder in der Stadt?
6. Wo ist mehr Verkehr, in einer Kleinstadt oder in einer Grossstadt?
7. Wo sind die Häuser teurer, am Stadtrand oder mitten in der Stadt?
8. Wo ist es schöner, in der Stadt oder auf dem Land?

A 14 WIE SAGT MAN DAS?

Eliciting agreement; contradicting

eliciting agreement	Du bist Deutsche, ja? Du bist aus Italien, nicht?	*You're German, right?* *You're from Italy, aren't you?*
contradicting	Ach, wo! Nein, ich bin Türkin.	*Oh, go on!* *No, I'm Turkish.*

A 15 Übung • Du bist Deutsche, ja?

A: Du bist Deutsche, ja?
B: Nein, ich bin . . . [oder]
Ach wo! Ich bin . . .

Nationalitäten

der Mann	die Frau
Amerikaner	Amerikanerin
Deutscher	Deutsche
Engländer	Engländerin
Franzose	Französin
Italiener	Italienerin
Österreicher	Österreicherin
Schweizer	Schweizerin
Spanier	Spanierin
Türke	Türkin

A 16 Übung • Woher sind deine Eltern?

A: Du bist Deutscher, ja?
B: Nein, Amerikaner. Ich bin in den Vereinigten Staaten geboren.
A: Und deine Eltern?
B: Auch. [oder]
Mein Vater ist aus . . .
Meine Mutter ist aus . . .

aus den Vereinigten Staaten

aus Deutschland

aus der DDR

aus Österreich

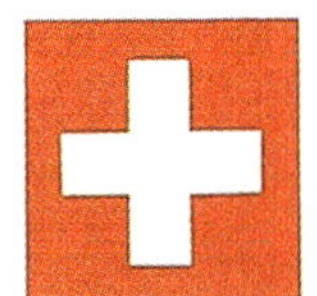

aus der Schweiz

aus der Türkei

aus Frankreich

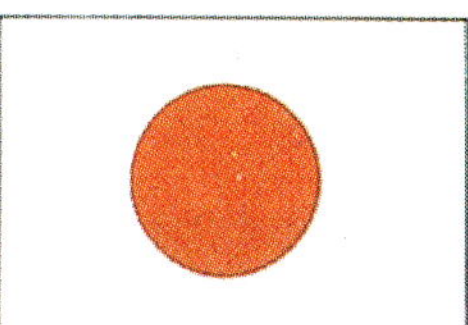

aus Japan

aus Mexiko

aus Korea

aus Italien

aus Spanien

aus Kanada

aus England

aus Vietnam

aus Griechenland

aus Irland

A17 Übung • Was sprichst du?

A: Sprichst du auch Türkisch?
B: Ja, mit meinen Eltern; sie sind aus der Türkei.
A: Das hab' ich nicht gewusst. Meine Eltern sind aus . . .

1. französisch / Vater
2. italienisch / Tante
3. spanisch / Grosseltern
4. deutsch / Mutter
5. türkisch / Onkel
6. griechisch / Grosseltern

wir sprechen:

Deutsch
Englisch
Französisch
Italienisch
Spanisch
Türkisch
Griechisch

A18 Übung • Hör gut zu!

Ist das ein Vorteil oder ein Nachteil?

	1	2	3	4	5	6
Vorteil						
Nachteil						

A19 Übung • Und du?

Gib so viel Auskunft über dich, wie du kannst!

1. Wo wohnst du?
2. Wie lange wohnst du schon dort?
3. Habt ihr eine Wohnung oder ein Haus?
4. Gehört sie/es euch?
5. Ist eure Wohnung/euer Haus gross? — Erzähle, welche Zimmer ihr habt!
6. Bist du zufrieden, wo du wohnst, oder möchtest du woanders wohnen?
7. Warum möchtest du lieber woanders wohnen oder warum nicht?
8. Wie gross ist deine Familie? Hast du Geschwister?
9. Woher kommen deine Eltern oder Grosseltern?
10. Sprichst du eine andere Sprache als Englisch? Mit wem?
11. Kennst du jemanden, der eine andere Muttersprache hat als Englisch? Woher kommt er/sie?

A20 Schreibübungen

1. Such dir einen Partner! Stell ihm die Fragen in A19 und mach dir dabei Notizen! Dann schreib einen Bericht über deinen Partner!
2. Schreib einen Bericht über dich selbst!

A21 Ein wenig Landeskunde 

In der Bundesrepublik Deutschland wohnen heute rund 4,5 Millionen Ausländer. Die meisten sind erst in den Jahren 1967—1974 eingewandert. Zu dieser Zeit gab es nämlich in der Bundesrepublik mehr Arbeitsplätze als Arbeiter.

Die meisten „Gastarbeiter" kamen aus der Türkei, aus Jugoslawien, Italien und Griechenland. Über 50 Prozent aller Gastarbeiter sind schon länger als zehn Jahre in der Bundesrepublik.

Die Kinder der Gastarbeiter sind Ausländer, auch wenn sie in der Bundesrepublik geboren sind. Aber sie gehen in deutsche Schulen, und sie sprechen so gut Deutsch wie ihre deutschen Klassenkameraden. In manchen grossen Städten gibt es heute in den Schulklassen mehr Kinder von Ausländern als Kinder von Deutschen!

expressing needs and wants in a place to live; stating opinions; expressing admiration; saying where you're from

Was tun die meisten Leute, wenn sie sich eine neue Wohnung oder ein neues Haus suchen? — Bist du mit deinen Eltern schon einmal umgezogen? Wie habt ihr eure Wohnung oder euer Haus gefunden?

B1 Die Gutmanns suchen ein Haus 

Die Gutmanns mieten eine Wohnung in einem Hochhaus. Es steht in einer Siedlung am Stadtrand von Frankfurt. Martin Gutmann, 45 Jahre, ist Computerspezialist. Er verdient gut. Seine Frau Helga, 42 Jahre, arbeitet in einem Reisebüro. Sie verdient auch gut. Schon seit zehn Jahren sparen die Gutmanns auf ihren Traum: auf ein eigenes Haus. Jetzt haben sie genug Geld — sie können ein Haus suchen. Ein bescheidenes Haus, nicht über 300 000 Mark. Und was sagen ihre Söhne dazu? Stefan, 15 Jahre, und Frank, 17 Jahre, sind gar nicht so begeistert. Sie wohnen gern in diesem Hochhaus; sie haben ihre Freunde hier, ihre Schulkameraden . . .

HERR G. Ja, sagt mal, was sollen wir uns kaufen? Ein kleines Einfamilienhaus oder ein Reihenhaus?

FRAU G. Aber du weisst ja, ich möchte unbedingt ein schönes Einfamilienhaus, einen grossen Garten . . .

FRANK Mir ist's gleich! Ich muss nur unbedingt ein eigenes Zimmer haben, ein grosses — ich brauche mehr Platz.

STEFAN Ich auch!

HERR G.	Ihr bekommt euer eigenes Zimmer auch in einem Reihenhaus — wir kaufen nichts, was nicht drei Schlafzimmer hat.
FRAU G.	Vier sind noch besser. Dann haben wir gleich ein Gästezimmer.
STEFAN	Wir brauchen auch unbedingt eine grosse Garage für unsere Räder.
HERR G.	Für eure Räder? Für mein Auto!
STEFAN	Und wir brauchen einen grossen Swimmingpool . . .
FRANK	Und eine Sauna!
HERR G.	Ihr spinnt wohl alle! Das ist Luxus, und so ein Haus ist viel zu teuer.
FRAU G.	Ja, natürlich. Du hast recht. Aber einen schönen Blumengarten darf ich mir ja wünschen.
HERR G.	Den bekommst du bestimmt! Nun, schreiben wir doch mal alles auf eine Liste, was wir unbedingt brauchen und was wir gerne haben möchten. Dann sehen wir, wie teuer das alles ist. Ja?

Wir brauchen:	Wir möchten, wenn es geht:
ein schönes Haus	einen gemütlichen Partykeller
drei grosse Schlafzimmer	ein viertes Schlafzimmer
ein modernes Badezi.	ein kleines Esszimmer
eine praktische Küche	ein zweites Badezimmer
ein sonniges Wohnzimmer	einen kleinen Hobbyraum
einen hübschen Garten	einen grossen Swimmingpool
eine grosse Garage	eine Sauna
eine sonnige Terrasse	

B2 Übung • Was brauchen die Gutmanns?

1. Erzähle, was die Gutmanns unbedingt brauchen!
2. Was möchten sie noch alles haben, wenn es geht?

B3 Übung • Stimmt! Stimmt nicht!

1. Frau Gutmann möchte ein Reihenhaus kaufen.
2. Herr und Frau Gutmann arbeiten.
3. Sie sparen schon seit zehn Jahren auf ein eigenes Haus.
4. Herr Gutmann sagt, er möchte ein grosses, teures Haus kaufen.
5. Jeder Sohn will sein eigenes Zimmer.
6. Frau Gutmann will einen grossen Garten.
7. Die Söhne brauchen unbedingt eine Garage für ihre Räder.

B4 WIE SAGT MAN DAS?

Expressing definite need

Sie will unbedingt einen schönen Garten.	*She definitely wants a nice garden.*
Ich muss unbedingt ein eigenes Zimmer haben.	*I have to have a room of my own.*
Wir brauchen unbedingt eine grosse Garage.	*We definitely need a big garage.*

B5 Übung • Wir brauchen unbedingt . . . !

1. A: Wir brauchen unbedingt einen grossen Garten!
   B: Den bekommt ihr bestimmt!
   A: Prima!
2. A: Ich möchte gern ein viertes Schlafzimmer.
   B: Was? Ein viertes Schlafzimmer? Das ist Luxus — dafür haben wir kein Geld.
   A: Schade!

einen	eine	ein	—
-en	-e	-es	-e
Hobbyraum Partykeller Swimmingpool Garten	Küche Sauna Terrasse Garage Wiese	Haus Zimmer Schlafzimmer Badezimmer	Zimmer

gross schön klein gemütlich praktisch
modern zwei drei zweit- viert- dritt-

B6 Übung • Dein Traumhaus

Wie soll dein Traumhaus aussehen? Beschreibe es für deine Klassenkameraden!

Mein Traumhaus ist ein . . .
Es hat . . .

B7 Schreibübung

Schreib einen Aufsatz mit dem Thema: „Mein Traumhaus"!
Hast du ein Bild von deinem Traumhaus?

B8 HÄUSER ZU VERKAUFEN 

Im Immobilienteil der Frankfurter Allgemeinen Zeitung ist ein grosses Angebot an Häusern. Frank hat den ganzen Teil gelesen und drei Anzeigen angekreuzt.

FRANK Schau mal, Vati! Hier sind drei Angebote. Lies mal! Was meinst du?

HERR G. Das Einfamilienhaus in Bischofsheim klingt nicht schlecht. Der Preis stimmt. Nur ist das Haus fünf Kilometer vom Bahnhof entfernt; das ist zu weit.

FRAU G. Ein herrliches Grundstück! Rufen wir doch mal an!

FRANK Schau, das Reihenhaus ist nur fünf Minuten von der S-Bahn entfernt, und es hat vier Schlafzimmer!

IMMOBILIEN - ANGEBOTE

EFH in Bischofsheim, 3 Schlafzi., Wohnzi. m. Küche, Bad, Keller, herrliches Grundstück, nur 5 km zum Bhf., DM 240 000. Tel.: 26589

RHH, Baujahr '68, 4 Schlafzi., Terr., Bad, WC, kl. Garten, Gar., 5 Min. zur S-Bahn. DM 380 000. Tel.: 30426

Haus, Bauernhaus, 80 J. alt, gr. Gart., 3 Schlafz., Kü., Wohnz. m. Balkon, gr. Diele, preiswert, DM 360 000. Tel.: 43857

HERR G. Es ist aber zu teuer!

FRAU G. Was sagst du zum Bauernhaus? Ein grosser Garten . . .

HERR G. Du, das ist zu alt! Da ist bestimmt viel kaputt — und es ist auch viel zu teuer.

FRAU G. Wisst ihr was? — Setzen wir doch selbst eine Anzeige in die Zeitung!

HERR G. Eine tolle Idee!

FRANK Ja, die Mutti hat doch immer gute Ideen.

Hier ist Gutmanns Anzeige:

HÄUSER GESUCHT

Mod. EFH m. Gart. im westlichen Vorort gesucht, 3–4 Schlafzi., Wohnzi., Kü., Bad, Keller, Gar., gross. Gart., Bus od. S-Bahn i. der Nähe. Nicht über 300 000. Angebote, Postfach 255, Frft. a. M.

B9 Leseübung

Lies die drei Anzeigen und auch die, die Gutmanns in die Zeitung gesetzt haben! Kannst du alle Abkürzungen lesen?

B10 Schreibübung

Schreib jede Abkürzung aus! Zi. = Zimmer

B 11 WIE SAGT MAN DAS?

Stating opinons

Das Haus ist zu teuer.	*The house is too expensive.*
Ich finde es zu teuer.	*I think it's too expensive.*
Es kostet zu viel.	*It costs too much.*

B 12 Übung • Was meinst du?

A: Dieses Haus hat nur drei Schlafzimmer, aber es kostet 500 000 Mark.
B: Das ist zu teuer.

1. Dieses Haus hat acht Schlafzimmer.
2. Dieses Haus hat keinen Keller und nur zwei Schlafzimmer.
3. Dieses Haus ist schon hundert Jahre alt.
4. Die Geschäfte sind 5 km weit entfernt.
5. Der Bahnhof ist 10 km entfernt.

zu + Adjektiv	
zu teuer	zu alt
zu gross	zu klein
zu weit vom Bahnhof	
zu weit von den Geschäften	

B 13 Übung • Deine Meinung

Beschreibe jedes Haus! In welchem Haus möchtest du wohnen? Warum?

B 14 Schreibübung

1. Beschreibe zwei von diesen vier Häusern!
2. Welches Haus gefällt dir am besten? Warum?
3. Du suchst dein Traumhaus und setzt eine Anzeige in die Zeitung. Was steht in deiner Anzeige?

B 15 WIE SAGT MAN DAS?
Expressing admiration

Das ist ein schönes Haus!	*That's a beautiful house!*
Was für ein schöner Garten!	*What a beautiful garden!*

B 16 Übung • Was sagst du dazu? 

A: Ist das Haus nicht schön?
B: Wirklich! Das ist ein schönes Haus!

ein	eine	ein	—
-er	-e	-es	-e
Garten Keller	Küche Terrasse Garage Diele	Haus Wohnzimmer Bad	Zimmer Blumen

1. Ist der Garten nicht gross?
2. Ist das Wohnzimmer nicht gemütlich?
3. Sind die Zimmer nicht hell?
4. Ist die Küche nicht praktisch?
5. Ist der Keller nicht toll?
6. Ist das Bad nicht modern?
7. Sind die Blumen nicht hübsch?
8. Ist die Terrasse nicht sonnig?

B 17 Übung • Ein schönes Haus! 

A: Das Wohnzimmer ist so gross!
B: Ja, was für ein grosses Wohnzimmer!

1. Die Küche ist so nett!
2. Die Zimmer sind so hell!
3. Das Bad ist so modern!
4. Die Garage ist so gross!
5. Der Garten ist so hübsch!
6. Die Terrasse ist so sonnig!
7. Das Haus ist so schön!
8. Das Wohnzimmer ist so gemütlich!

B 18 ERKLÄRUNG
Adjective Endings Following ein, kein, *and the Possessives*

1. Adjectives that follow **ein, kein,** and all the possessives (**mein, dein, sein,** etc.) have these endings in the nominative and accusative:

Masculine	*Nominative*	Das ist	ein gross**er**	Garten.
	Accusative	Ich möchte	einen gross**en**	Garten.
Feminine	*Nominative*	Das ist	eine gross**e**	Küche.
	Accusative	Ich möchte		
Neuter	*Nominative*	Das ist	ein gross**es**	Bad.
	Accusative	Ich möchte		
Plural	*Nominative*	Das sind	gross**e**	Zimmer.
	Accusative	Ich möchte	keine gross**en**	

2. In the dative case, the adjective ending is **-en.**

		Dative		
Masculine	Sie wohnen in	einem	klein**en**	Vorort.
Feminine		einer	klein**en**	Wohnung.
Neuter		einem	klein**en**	Haus.
Plural			klein**en**	Siedlungen.

3. When more than one adjective is used to describe a noun, both adjectives have the same ending.

Das ist aber ein schön**er**, gross**er** Garten.
Ich möchte eine klein**e**, gemütlich**e** Küche.
Sie wohnt in einer schön**en**, alt**en** Wohnung.

B 19 Übung • Was möchtest du? 

A: Was für ein grosser Garten!
B: Ja, und ich möchte einen grossen Garten!

1. Was für ein modernes Haus!
2. Was für eine kleine Wohnung!
3. Was für ein helles Badezimmer!
4. Was für grosse Zimmer!
5. Was für ein gemütlicher Hobbyraum!
6. Was für eine sonnige Terrasse!
7. Was für ein hübscher Garten!
8. Was für eine nette Essecke!

B 20 Übung • Was für ein . . . !

„Toll" ist ein beliebtes Wort. Für viele Teenager ist alles „toll".

A: Diese Stadt! — Was meinst du?
B: Das ist eine tolle Stadt!

1. Dieser Verkehr! — Was meinst du?
2. Diese Geschäfte! — Was meinst du?
3. Dieses Hochhaus! — Was meinst du?
4. Dieser Swimmingpool! — Was meinst du?
5. Dieses Auto! — Was meinst du?
6. Dieser Lärm! — Was meinst du?
7. Diese Schule! — Was meinst du?
8. Diese Idee! — Was meinst du?

B 21 Übung • Ja, das ist . . . !

Du hast die gleiche Meinung wie dein Freund.

A: Ist diese Idee nicht phantastisch?
B: Ja, das ist eine phantastische Idee!

1. Ist die Anzeige nicht interessant?
2. Ist der Preis nicht gut?
3. Ist das Grundstück nicht herrlich?
4. Ist die Familie nicht nett?
5. Ist der Lärm nicht furchtbar?
6. Ist die Stadt nicht schmutzig?
7. Ist der Garten nicht wunderschön?
8. Ist das Dorf nicht hübsch?

B 22 Übung • Woher sind deine Verwandten?

A: Mein Vater ist aus Italien.
B: Was?! Ich habe auch einen italienischen Vater.

1. Meine Mutter ist aus Deutschland.
2. Mein Onkel ist aus England.
3. Meine Tante ist aus Frankreich.
4. Mein Opa ist aus Griechenland.
5. Meine Oma ist aus Spanien.
6. Meine Kusine ist aus Italien.

Österreich

Korea

Österreich

B 23 Übung • Wo wohnst du?

Sag, wo du wohnst! Jeder wohnt woanders.

A: Wo wohnst du?
B: In einer kleinen Stadt.

1. gross / Dorf
2. neu / Siedlung
3. alt / Haus
4. klein / Reihenhaus
5. nett / Wohnung
6. schön / Vorort

USA

B24 WIE SAGT MAN DAS?

Saying where you're from

Ich bin Salzburgerin.	*I'm from Salzburg.*
Ich bin eine echte Salzburgerin.	*I'm a real Salzburger.*

B25 Übung • Bist du wirklich aus . . .?

Die Bettina soll aus Salzburg sein. Frag sie mal!

DU Bettina, bist du wirklich aus Salzburg?

BETTINA Klar! Ich bin eine echte Salzburgerin.

die Stadt	er ist:	sie ist:
Salzburg	Salzburger	Salzburgerin
Wien	Wiener	Wienerin
Berlin	Berliner	Berlinerin
Hamburg	Hamburger	Hamburgerin
Frankfurt	Frankfurter	Frankfurterin
München	Münchner	Münchnerin
Basel	Basler	Baslerin
New York	New Yorker	New Yorkerin

1. Die Karla soll aus Berlin sein.
2. Der Michael soll aus München sein.
3. Die Margit soll aus Wien sein.
4. Der Frank soll aus Frankfurt sein.
5. Der Herr Müller soll aus Hamburg sein.
6. Die Frau Meier soll aus Basel sein.
7. Der Thomas soll aus New York sein.

B26 Übung • Mit wem? 

Sag, mit wem du gern korrespondieren möchtest!

A: Mit wem möchtest du gern korrespondieren?
B: Mit (einer netten Salzburgerin)!
A: Und du?
B: Mit . . . !

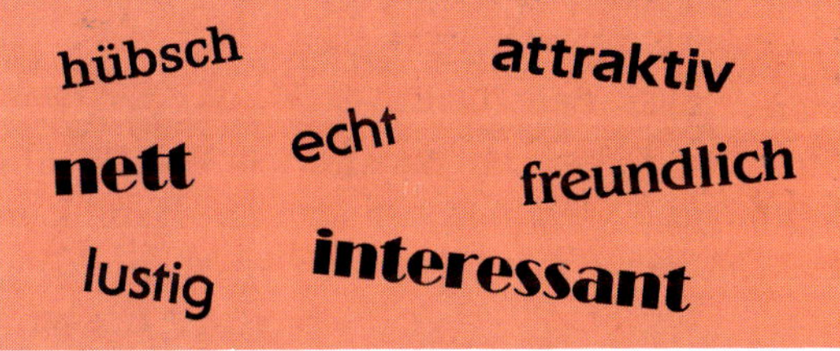

B27 Leseübung • Wir bilden Wörter!

Lies die folgende Liste und sag, wie aus dem Verb „schwimmen" ein „Schwimmer" und eine „Schwimmerin" werden! Was ändert sich?

was man tut	er ist:	sie ist:
schwimmen	Schwimmer	Schwimmerin
Tennis spielen	Tennisspieler	Tennisspielerin
kegeln	Kegler	Keglerin
turnen	Turner	Turnerin
Schi laufen	Schiläufer	Schiläuferin
surfen	Surfer	Surferin

B 28 Übung • Du hast richtig gehört

Dein Freund hat etwas gehört, und du sagst, dass es wirklich so ist.

A: Ich habe gehört, der Peter schwimmt gut.
B: Ja, er ist wirklich ein guter Schwimmer.

1. Ich habe gehört, die Bettina läuft begeistert Schi.
2. Ich habe gehört, der Flori spielt ausgezeichnet Tennis.
3. Ich habe gehört, die Margit turnt gut.
4. Ich habe gehört, der Herr Müller sammelt begeistert Briefmarken.
5. Ich habe gehört, die Frau Meier kegelt gut.
6. Ich habe gehört, der Sebastian surft toll.

B 29 Übung • Hör gut zu!

Für welches Angebot interessieren sich diese Leute?

EFH, Neubau, bei Offenback, 25 Minuten nach Frankfurt, Split-Level, ganz modern, Hobby- und Spielraum, hübscher Garten, gr. Garage, DM 465 000.—	**3-Zi.-Wohnung,** Neubau, Westlage, Belkon, Stadtmitte, Theater-Nähe, zum 15. April zu vermieten DM 1 500.—	**Bauernhaus im Odenwald,** grosses Grundstück, Stall für Tierre, 6 Zi., 2 Badezi., Küche mit Essecke, alle Schulen in der Nähe, 10 Minuten vom Bahnh. DM 300 000.—	**Reiheneckhaus,** Sachsenhausen, zentrale Lage, ruhig, Keller, Kl. Garten, Terrasse, 3 Schlafzi., moderne Küche, im U-Bahn Bereich, DM 400 000.—

B 30 Ein wenig Landeskunde

Der Traum vieler Deutschen ist, ein eigenes Haus zu haben. Es kann klein sein, dafür muss es aber einen Garten haben, mit vielen Blumen, Sträuchern und Bäumen.

Häuser sind aber sehr teuer. Viele Frauen arbeiten deshalb, und man spart, bis man genügend Geld hat, um sich ein Haus kaufen zu können.

Viele Deutsche haben heute ihren Wunschtraum erreicht: das kleine Häuschen ausserhalb der Stadt. Aber die Stadt ist nie zu weit entfernt. Sie können ihr Auto zu Hause am Bahnhof parken und mit der S-Bahn schnell, preiswert und immer pünktlich in die Stadt zur Arbeit fahren.

B 31 Schreibübung

Schreib einen Aufsatz über deinen Wohnort!

describing your room; expressing happiness about something

Nach dem Umzug in eine neue Wohnung oder in ein neues Haus gibt es viel zu berichten: Verwandte und Freunde möchten wissen, wie der Umzug war, wie das neue Heim aussieht und wie es einem dort gefällt. — Hast du schon mal einen Umzug mitgemacht? Hast du darüber berichtet?

C1 Frank schreibt an seine Grosseltern 

Liebe Oma, lieber Opa!

Vielen Dank für Euren Brief und besonders für die 300 Mark! Das ist ein tolles Geschenk! Ich kann das Geld gut gebrauchen; ich muss nämlich noch einige Sachen für mein neues Zimmer kaufen.

Die Mutti hat Euch ja schon alles am Telefon erzählt, von unserm Umzug und so. Das war die totale Hektik! Ich kann nur sagen, dass wir alle in diesem Haus sehr glücklich sind. Die Mutti ist froh, dass sie jetzt einen schönen, grossen Garten hat. Der Vati freut sich, dass er einen eigenen Hobbyraum für seinen Computer hat. Und Stefan und ich, wir finden es toll, dass wir endlich mehr Platz haben. Ihr wisst ja, unser altes Zimmer war sehr klein.

Mein neues Zimmer ist ein Eckzimmer mit zwei grossen Fenstern. Es ist jetzt schon sehr schön eingerichtet. Wollt ihr eine Beschreibung? Also gut! Rechts und links neben der Tür stehen meine beiden Bücherregale. Rechts in der Ecke steht ein Sofa. Vor dem einen Fenster steht mein Schreibtisch und ein Stuhl. In der andern Ecke steht mein altes Bett, neben dem Bett der Nachttisch. Auf dem Nachttisch ist jetzt eine nagelneue Nachttischlampe! Vor dem andern Fenster, da stehen ein kleiner Tisch und zwei Stühle. In der Ecke, da hab' ich jetzt einen neuen Sessel und hinter dem Sessel eine neue Stehlampe. (Vati hat mir eine neue Kommode mit Spiegel gekauft, einen schönen, weichen Sessel, eine Nachttischlampe, eine Stehlampe und unter dem Tisch liegt jetzt auch ein neuer Teppich. Prima!) Ja, und an der andern Seite, zwischen den Kommoden, steht mein alter Kleiderschrank. Und an der Wand hängen schon meine Lieblingsbilder und Poster.

Hier ist eine Skizze von meinem Zimmer!

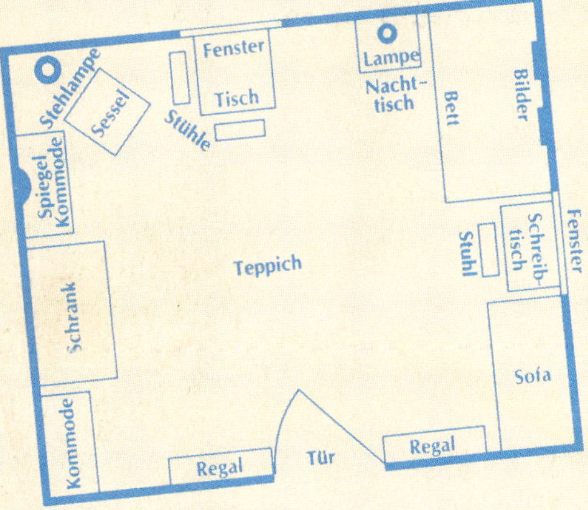

Schade, dass Ihr uns erst nach Eurem Urlaub besuchen könnt. Ihr kommt dann aber gleich, und ganz bestimmt. Ihr schlaft im neuen Gästezimmer! Ich freue mich, dass es Euch wieder gutgeht und dass Ihr jetzt doch noch nach Südtirol fahren könnt. Schickt uns eine Karte!

Viele liebe Grüsse und bis bald

Euer

Frank

PS Der Brief ist zwei Tage älter! Ich habe auf die Fotos gewartet. Was sagt ihr zum Haus und zu meinem Zimmer? Toll, was!? Gefallen Euch die neuen Möbel?

C2 Übung • Hast du alles verstanden?

1. Warum schreibt Frank an seine Grosseltern?
2. Warum sind alle Gutmanns so glücklich in ihrem neuen Haus?
3. Warum ist Franks Zimmer jetzt so hell?
4. Warum kommen die Grosseltern jetzt nicht zu Besuch?
5. Warum hat Frank den Brief nicht sofort geschickt?

C3 Lese- und Schreibübungen

1. Lies Franks Brief noch einmal und schreib auf eine Liste alle Möbel, die in Franks Zimmer stehen!
2. Jetzt schreibst du auf ein zweites Stück Papier, wo alle Möbel stehen! Du kannst dabei auch auf Franks Skizze schauen!

C4 WIE SAGT MAN DAS?
Expressing happiness about something

Die Mutti ist glücklich, dass sie einen Garten hat.	*Mom is happy that she has a garden.*
Ich bin froh, dass ich mehr Platz habe.	*I'm glad that I have more space.*
Vati freut sich, dass er einen Hobbyraum hat.	*Dad is happy that he has a hobby room.*

C5 Übung • Bist du glücklich, wo du wohnst?

A: Ich bin glücklich, dass ich auf dem Land wohne.
B: Wirklich? — Ich wohne lieber in der Stadt!

in . . .
in einer Gross- /Kleinstadt
in einem Vorort
in einer Siedlung
mitten in der Stadt
am Stadtrand
auf dem Land

C6 Übung • Worüber bist du froh?

A: Ich bin froh, dass ich jetzt mehr Platz habe.
B: Ja, und ich bin froh, dass ich . . .

mehr Platz
einen Hobbyraum
mein eigenes Zimmer
neue Möbel
ein (schönes) Zimmer

C7 ERKLÄRUNG
The Verb sich freuen, *Present Tense*

1. The verb **sich freuen,** *to be happy,* is a reflexive verb and has these forms in the present tense.

ich freue **mich**	wir freuen **uns**
du freust **dich**	ihr freut **euch**
er, sie freut **sich**	sie, Sie freuen **sich**

2. This verb and the expressions **glücklich sein** and **froh sein** are often used with **dass,** *that.* Note that the verb in the **dass**-clause is in last position.

Ich freue mich, **dass** ich jetzt mehr Platz **habe.**
Vati ist froh, **dass** er einen Hobbyraum **hat.**

C8 Übung • Worüber freuen sich alle?

Alle Gutmanns freuen sich über etwas. Was ist das?

Herr Gutmann hat jetzt ein eigenes Haus.
Herr Gutmann freut sich, dass er jetzt ein eigenes Haus hat.

1. Frau Gutmann hat jetzt vier Schlafzimmer.
2. Frank hat jetzt ein Eckzimmer.
3. Stefan hat jetzt auch ein schönes Zimmer.
4. Herr Gutmann hat jetzt einen Hobbyraum.
5. Frau Gutmann hat jetzt einen grossen Garten.
6. Frank hat jetzt einen neuen Sessel.
7. Stefan hat jetzt mehr Platz.
8. Herr Gutmann hat jetzt eine Garage fürs Auto.

C9 Übung • Ist alles neu?

A: Ist dieser Tisch neu?
B: Ja, das ist ein neuer Tisch.
A: Er ist schön!

1. dieses Sofa
2. dieser Sessel
3. dieses Bücherregal
4. dieser Teppich
5. dieses Bett
6. diese Lampe
7. dieser Schrank
8. dieses Bild
9. dieser Stuhl
10. diese Möbel

ein -er / einen -en	eine -e	ein -es	— -e
Tisch	Kommode	Bücherregal	Möbel
Schreibtisch	Lampe	Bett	
Schrank	Stehlampe	Sofa	
Stuhl		Bild	
Sessel			
Spiegel			
Teppich			

C10 Übung • Du dankst deinem Vater

Du dankst deinem Vater für die neuen Möbel, und er freut sich.

DU Vielen Dank für den Schreibtisch!
VATER Du, ich freue mich, dass du jetzt einen neuen Schreibtisch hast.
DU Ich auch. Wirklich!

C11 ERKLÄRUNG

Describing Location: The Prepositions an, auf, in, über, unter, hinter, vor, neben, *and* zwischen

1. These nine prepositions are commonly used to describe where something is located. When these prepositions indicate location, they are used with dative case forms.

Wo?	*Preposition + Dative Case*
Wo ist die Siedlung?	**am** Stadtrand
Wo hängt das Poster?	**an der** Wand
Wo wohnen die Gutmanns?	**auf dem** Lande
Wo steht die Lampe?	**auf dem** Nachttisch
Wo haben Gutmanns gewohnt?	**in der** Stadt **in einem** Hochhaus
Wo hängt der Spiegel?	**über der** Kommode
Wo stehen die Schuhe?	**unter dem** Tisch
Wo hängt das Bild?	**hinter der** Tür
Wo steht der Schreibtisch?	**vor dem** Fenster
Wo steht der Nachttisch?	**neben dem** Bett
Wo steht der Schrank?	**zwischen den** Kommoden

2. The following prepositions have contractions:

an	+	dem	=	**am**	am Stadtrand
in	+	dem	=	**im**	im Zimmer
unter	+	dem	=	**unterm**	unterm Bett
hinter	+	dem	=	**hinterm**	hinterm Sessel
vor	+	dem	=	**vorm**	vorm Fenster

C12 Übung • Wo ist denn alles?

Dein Freund fragt dich, wie du dein Zimmer eingerichtet hast.

A: Wo steht denn jetzt dein Bett? (in / Ecke)
B: In der Ecke.

1. Wo steht denn jetzt dein Schreibtisch? (vor / Fenster)
2. Wo steht denn jetzt deine Kommode? (neben / Tür)
3. Wo steht denn jetzt dein Schrank? (zwischen / Regale)
4. Wo steht denn jetzt die Stehlampe? (hinter / Sessel)
5. Wo steht denn jetzt der Sessel? (vor / Stehlampe)
6. Wo hängt denn jetzt das Bild? (über / Bett)
7. Wo liegt jetzt der Teppich? (unter / Tisch)
8. Wo hängen jetzt deine Sachen? (in / Schrank)

Frank schreibt an seine Grosseltern

C13 Übung • Franks Zimmer sieht ganz ordentlich aus

Beschreibe Franks Zimmer, so gut du kannst! Sag, wo alles ist!

C14 Übung • Und du?

1. Hast du dein eigenes Zimmer, oder teilst du es? Mit wem?
2. Wie ist dein Zimmer eingerichtet? Nenne alle Möbel, die in deinem Zimmer stehen! Was hast du alles?
3. Sag, wo alles steht oder hängt!

C15 Übung • Hör gut zu!

Worüber sprechen die Leute?

Haus	Schlafzimmer	Garten	Garage	Keller	Umgebung

C16 Schreibübung

Mach eine Skizze von deinem Zimmer oder von deinem Traumzimmer! Dann beschreibe dieses Zimmer — was du hast, und wo alles steht oder hängt!

C17 Ein wenig Landeskunde

Gibt es so etwas wie eine typisch deutsche Wohnung? — Ja und nein. Wie eine Wohnung aussieht, wie sie eingerichtet ist, hängt vom Geschmack und vom Einkommen der Leute ab.

Es gibt aber doch einige Dinge, die man vielleicht als „typisch" deutsch charakterisieren kann. Küchen sind sehr gemütlich eingerichtet. Die Küche ist oft der Raum, wo die Familie isst und sich aufhält. In der Küche findet man deshalb oft eine Essecke, einen Tisch mit einer hübschen Eckbank, Fenster mit weissen Gardinen und breiten Fensterbrettern, auf denen viele Blumentöpfe stehen. Der Kühlschrank ist gewöhnlich nicht sehr gross: viele Leute gehen noch täglich einkaufen — und die Getränke werden oft nicht im Kühlschrank, sondern im Keller aufbewahrt.

In den Schlafzimmern steht meist ein Kleiderschrank. In die eine Hälfte hängt man Kleider und Anzüge, in der andern werden Handtücher und Bettwäsche aufbewahrt. Und auf den meisten Betten sieht man noch ein dickes Federbett.

Die Schränke im Wohnzimmer sind oft aus massivem Holz, die Couch und die Stühle sind gut gepolstert. An den grossen Fenstern hängen weisse Stores und gemusterte Gardinen, und auf den breiten Fensterbrettern stehen viele Zimmerpflanzen.

TRY YOUR SKILLS

using what you've learned

1 Sebastian schreibt an einen Freund 

Hier ist ein Teil eines Briefes, den der Sebastian an einen Freund geschrieben hat. Wie ihr wisst, war der Sebastian bei Verwandten in New York.

Meine Verwandten wohnen nicht direkt in der Stadt, in Manhattan: sie wohnen in einem Stadtteil, und der heisst Queens. Sie haben hier ihr eigenes Haus, ein schönes Einfamilienhaus in einer ruhigen Strasse. Mein Vetter, der George, möchte lieber in Manhattan wohnen, aber dort sind die Häuser und auch die Wohnungen viel zu teuer. Hier in Queens ist es viel ruhiger, und die Luft ist auch sauberer als in Manhattan.

Mein Onkel — er ist schon ein echter Ami — arbeitet in Manhattan und fährt jeden Tag mit der U-Bahn in die Stadt. Er ist Architekt und hat ein tolles Büro in einem Hochhaus an der Third Avenue, im dreissigsten Stock! Manhattan ist aber ein sehr schöner Stadtteil, und ich möchte später gern einmal ein paar Monate hier wohnen. Alles ist in der Nähe: grosse Geschäfte, tolle Museen und Theater.

Aber in Queens ist es auch schön, und das Haus von meinen Verwandten gefällt mir gut. Es ist ein „Ranchhaus". Es hat eine ganz moderne Küche, ein gemütliches Wohnzimmer (mit vielen Bildern von Deutschland), ein grosses und zwei kleine Schlafzimmer, und im Keller ist ein grosser Hobbyraum, wo ich mit meinem Vetter Tischtennis spielen kann.

Ich schlafe im Gästezimmer, und das ist sehr schön eingerichtet. Da ist ein grosses Bett, eine alte Kommode, ein Nachttisch natürlich — und weisst du, wohin man hier sein Zeug hineinhängt? In einen kleinen Raum mit Tür, den die Amerikaner „closet" nennen! Die Amerikaner haben nämlich keine Kleiderschränke!

Übermorgen fliegen wir nach Denver . . . .

2 Übung • Stimmt! Stimmt nicht!

1. Die Verwandten von Sebastian wohnen direkt in Manhattan.
2. Sie haben dort ein Reihenhaus.
3. Sebastians Vetter, der George, möchte lieber in Queens wohnen.
4. In Queens ist die Luft sauberer, und die Häuser sind billiger.
5. Sebastians Onkel arbeitet in einem Hochhaus in Manhattan.
6. Er fährt jeden Tag mit der Strassenbahn in die Stadt.
7. Sebastian möchte gern mal längere Zeit in Manhattan wohnen.
8. Das Haus von Sebastians Onkel hat einen tollen Hobbyraum.
9. Amerikanische Schlafzimmer haben oft keine Kleiderschränke.

3 Übung • Umfrage

Denk an einen Ort, wo du lieber wohnen möchtest als dort, wo du gerade wohnst! Frag fünf Klassenkameraden, wo sie lieber wohnen möchten und frag sie, warum sie dort lieber wohnen möchten! Mach dir Notizen!

4 Schreibübung • Fragebogen

Entwirf einen Fragebogen wie diesen und füll ihn aus mit den Antworten, die du bekommen hast!

Name	wohnt lieber	Vorteile / Nachteile
Peter	am Meer . . .	ruhiger, Luft sauber

5 Übung • Bericht an die Klasse

Erzähle deiner Klasse, was du mit deiner Umfrage herausgefunden hast!

6 Übung • Was weisst du über diese Leute?

Sag, woher diese berühmten Leute kommen und welche Nationalität sie haben oder hatten!

1. Goethe
2. Mozart
3. Louis Pasteur
4. Richard Strauss
5. Margaret Thatcher
6. Barbara Walters
7. Shakespeare
8. Kolumbus

7 Übung • Rate mal!

Könnt ihr Leute aus andern Ländern erkennen?

Such Bilder in Zeitungen und Zeitschriften, Bilder von Leuten aus anderen Ländern! Zeig die Bilder deinen Klassenkameraden! Sie müssen raten, woher diese Personen sind.

Die ist bestimmt eine Türkin! Spricht er Deutsch?

Ein Schweizer, was? *Eine Italienerin?*

Aus Frankreich?

8 Übung • Deine Familie, deine Freunde

Erzähl mal etwas über deine Familie und deine Freunde!

> Mein Vater ist ein begeisterter Tennisspieler.
> Meine Mutter . . .

9 Übung • Was ist für dich wichtig?

Stell dir vor, du kannst dir jetzt schon deine eigene Wohnung oder sogar dein eigenes Haus aussuchen! — Was möchtest du unbedingt haben?

10 Übung • Was brauchst du unbedingt?

1. Was brauchst du unbedingt für die Schule?
2. Für eine tolle Party?
3. Zum Anziehen?
4. Für deine Freunde oder Familie als Geschenke?

11 Übung • Du freust dich

Sag, worüber du dich freust!

> Du hast in Deutsch eine gute Note bekommen.
> Ich freue mich, dass ich in Deutsch eine gute Note bekommen habe.

1. Deine Fussballmannschaft hat gewonnen.
2. Du hast heute keine Hausaufgaben.
3. Du hast ein neues Rad bekommen.
4. . . .

12 Übung • Wir vergleichen

Vergleiche diese Paare! Was kannst du alles sagen?

1. die Bundesrepublik — die USA
2. ein Haus auf dem Land — eine Wohnung in der Stadt
3. deutsche Autos — amerikanische Autos
4. . . .

13 Schreibübung • Umfrage in der Klasse

Diese Übung macht ihr am besten zusammen. Entwerft einen Fragebogen und schreibt auf, was für euch wichtig ist, wenn ihr euch eine Wohnung oder sogar ein Haus kaufen könntet!

was?	wie viele Schüler?
einen grossen Garten eine . . .	8 Schüler

14 Übung • Bericht an die Klasse

Berichtet eurer Klasse das Ergebnis eurer Umfrage!

15 Übung • Ein schönes Zimmer

Ihr habt bestimmt Zeitschriften zu Hause, in denen schöne Häuser, Wohnungen und Zimmer abgebildet sind. Such dir etwas aus, worüber du in der Klasse sprechen möchtest, und bereite einen kurzen Klassenbericht vor!

AUSSPRACHEÜBUNGEN 

A. Sounds that are difficult to produce

Pronounce these words after your teacher or after the recording.

1. The **ich**-sound
   echt, nämlich, gleich, Bücherregal, eingerichtet, glücklich, Teppich, weich, billig, schmutzig
2. The **ach**-sound
   ach, Sache, Nachteil, Nachttisch, doch, Hochhaus, gebrauchen
3. The sound /ü/
   über, Bücher, früher, Stühle, Tür, Reisebüro, jünger, Türkei, türkisch, Grundstück, wünschen, glücklich
4. The sound /ö/
   gehören, grösser, Österreicherin, wunderschön, Söhne, Möbel
5. The sound /R/
   Frau, freuen, Preis, preiswert, Traum, Brief, gebrauchen, gross, Grundstück, schreiben, Schrank, Rad, Reisebüro, Reihenhaus, geboren, gehören, sparen

B. Letters that have a different sound value in German

Read these words, or read them after the recording.

1. The letter **l** is pronounced /l/, as in *lily.*
   als, also, alt, billig, Diele, italienisch, Land, Nachteil, Platz, Schilaufen, teilen, Lärm, Luft
2. The letter **z** is pronounced /ts/, as in *hits.*
   Badezimmer, dazu, schmutzig, umziehen, Anzeige, ganz, Umzug, zwischen
3. The letter **v** is pronounced /f/, as in *fifty.*
   Verkehr, Vorfahre, Vorteil, verdienen, verkaufen, viert, vor
4. The letter **d** in final position is pronounced /t/, as in *hit.*
   Land, Stadtrand, Grundstück, Rad, Wand, bald, Bild
5. The letter **s** before a **t** or a **p** is pronounced / ʃ /, as in *she.*
   stark, Stadtrand, Stock, stimmen, stehen, Stehlampe, Stuhl; sparen, spinnen, Spiegel

C. Words where interference from English is likely

The following words are cognates. Pay attention to the way they are pronounced in German.

Ingenieur, Natur, Person, Türkei, Computer, Sauna, Sofa, Telefon

WAS KANNST DU SCHON?

Let's review some important points that you have learned in this unit.

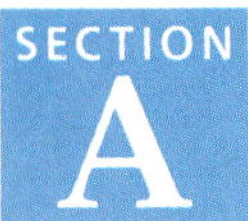

Can you ask someone where he or she prefers to live?
Ask your friend where he or she would rather live:
1. in the country or in the city?
2. by the ocean or at a lake?
3. on an island or in the mountains?

Can you mention some advantages and disadvantages to living in the city?
Mention two advantages and two disadvantages of living in the city.

Can you make comparisons?
Make a statement about the following:
1. Paul ist 14 Jahre alt, Robert 16
2. Auto A kostet 8000 Mark, Auto B auch

Can you ask someone about his or her nationality?
You assume the nationality of the following people. Ask them if you're correct.
1. girl (Turkish?) 2. man (Swiss?) 3. woman (French?)

Can you talk about what kind of house you would like?
Say that you definitely need the following:
1. Zimmer/eigen 2. Küche/gross 3. Garten/schön

Can you express your opinion about a house?
Say that the house is:
1. too expensive 2. too old 3. too far away from the station

Can you express admiration?
Express admiration. Use **was für ein**.
1. Das Haus ist schön. 2. Die Küche ist modern. 3. Der Garten ist gross.

Can you say where you are from?
Say that you are a native of the following cities. Use **echt**.
1. Hamburg 2. Berlin 3. Munich 4. Vienna 5. New York

Can you express happiness?
Say that you are happy that you live:
1. in the city
2. in the country
3. by the ocean
4. in the mountains

Can you say that someone is happy about something?
Say that these people are happy that they have the following:
1. Peter, that he has his own room now
2. Peter and Sabine, that they live in the center of the city

Can you describe your room?
Name five pieces of furniture and describe where each one is located.

WORTSCHATZ

SECTION A

ach wo! *oh, go on!*
als *than*
also *then, so, therefore*
alt (älter) *old*
das **Badezimmer, -** *bathroom*
der **Balkon, -e** *balcony*
der **Bauernhof, ¨-e** *farm*
begeistert *enthusiastic, avid*
beide *both; two*
billig *cheap, inexpensive*
dazu: was sagst du dazu? *what do you say about it?*
die **Diele, -n** *entrance hall*
echt *real, authentic*
eigen *own*
erst *only, just*
die **Essecke, -n** *breakfast nook*
fort *away*
gar: gar nicht *not at all*
geboren sein *to be born*
gehen: es geht *it's okay*
gehören (dat) *to belong to*
das **Geschäft, -e** *store*
gross (grösser) *great, large*
die **Hausfrau, -en** *housewife*
das **Hochhaus, ¨-er** *high-rise*
der **Ingenieur, -e** *engineer*
italienisch *Italian*
jung (jünger) *young*
die **Kleinstadt, ¨-e** *town*
das **Land ¨-er** *country;* auf dem Land *in the country*
der **Lärm** *noise*
das **Mietshaus, ¨-er** *apartment house*
mitten in *in the middle of*
der **Nachteil, -e** *disadvantage*
die **Nähe:** in der Nähe *close by*
nämlich *by the way, I should mention*
die **Natur** *nature*
die **Österreicherin, -nen** *Austrian (person, f)*
der **Platz** *space, room*
das **Reihenhaus, ¨-er** *row house*
ruhig *quiet*
sauber *clean*
die **Schiläuferin, -nen** *skier (f)*
schmutzig *dirty*
seit *since;* sie sind seit 25 Jahren hier *they have been here for 25 years*
die **Siedlung, -en** *housing development*
der **Stadtrand** *edge of the city*
stark (stärker) *heavy*
der **Stock, Stockwerke** *floor, story;* im achten Stock *on the ninth floor*
teilen mit *to share with*
die **Türkei** *Turkey*
die **Türkin, -nen** *Turkish person (f)*
türkisch *Turkish*
die **Umgebung** *surroundings*
umziehen (sep) *to move*
der **Verkehr** *traffic*
der **Vorfahre, -n** *ancestor*
der **Vorteil, -e** *advantage*
woanders *somewhere else*
wohl *probably*
wunderschön *beautiful*

SECTION B

die **Anzeige, -n** *ad*
der **Bahnhof, ¨-e** *train station*
das **Bauernhaus, ¨-er** *farmhouse*
bescheiden *modest*
der **Computer, -** *computer*
dritt- *third*
das **Einfamilienhaus, ¨-er** *single-family home*
entfernt von *away from*
die **Frau, -en** *wife*
gleich *at the same time*
das **Grundstück, -e** *property*
der **Hobbyraum, ¨-e** *hobby room*
kaputt *broken, in disrepair*
klingen *to sound*
der **Luxus** *luxury*
die **Minute, -n** *minute*
praktisch *practical*
der **Preis, -e** *price*
preiswert *reasonable*
das **Rad, ¨-er** *bicycle*
das **Reisebüro, -s** *travel bureau*
sagen: sagt mal *tell me*
die **Sauna, -s** *sauna*
so: so ein Haus *a house like that*
der **Sohn, ¨-e** *son*
sparen auf (acc) *to save for*
der **Swimmingpool, -s** *swimming pool*
die **Terrasse, -n** *terrace*
der **Traum, ¨-e** *dream*
über *over*
verdienen *to earn*
verkaufen *to sell*
viert- *fourth*
s. **wünschen** (dat) *to wish for*
zweit- *second*

SECTION C

ander- *other*
bald: bis bald *see you soon*
die **Beschreibung** *description*
das **Bett, -en** *bed*
das **Bild, -er** *picture*
der **Brief, -e** *letter*
das **Bücherregal, -e** *bookcase*
die **Ecke, -n** *corner*
das **Eckzimmer, -** *corner room*
eingerichtet sein *to be fixed up, furnished*
einige *several*
das **Foto, -s** *picture*
das **Fenster, -** *window*
s. **freuen** *to be happy*
früher *before, earlier*
gebrauchen *to use*
glücklich *happy*
hängen *to be hanging*
hinter *behind*
der **Kleiderschrank, ¨-e** *wardrobe*
die **Kommode, -n** *dresser*
liegen *to lie*
die **Möbel** (pl) *furniture*
der **Nachttisch, -e** *night table*
die **Nachttischlampe, -n** *night-table lamp*
nagelneu *brand-new*
neben *next to*
die **Sache, -n** *thing*
schicken *to send*
der **Schreibtisch, -e** *desk*
die **Seite, -n** *side*
der **Sessel, -** *easy chair*
das **Sofa,- s** *sofa*
der **Spiegel, -** *mirror*
stehen *to stand*
die **Stehlampe, -n** *floor lamp*
der **Stuhl, ¨-e** *chair*
der **Teppich, -e** *rug*
der **Tisch, -e** *table*
die **Tür, -en** *door*
der **Umzug, ¨-e** *move*
unter *under*
vor *in front of*
die **Wand, ¨-e** *wall*
warten auf (acc) *to wait for*
was: toll, was?! *great, isn't it?!*
weich *soft*
zwischen *between*

ZUM LESEN

Blumen überall

Die Deutschen lieben Blumen. Das weiß jeder, der einmal in Deutschland war. Überall sieht man Blumen, auf Straßen und Plätzen, in Anlagen° und Parks, in Privatgärten und auf Balkons. Und überall gibt es Blumen zu kaufen: in Blumengeschäften, an Blumenständen auf der Straße, auf dem Wochenmarkt und in den Großstädten sogar in Automaten.

„Blumen gehören zum Leben" sagen die Deutschen, und sie meinen das wirklich! Sie kaufen frische Blumen, so wie sie frisches Gemüse und Obst kaufen. Am besten kauft man Blumen auf dem Markt. Da gibt es Stände nur für Blumen. Auf dem Markt sind Blumen viel billiger als in Blumengeschäften. Man kauft dort Schnittblumen° im fertigen° Strauß oder einzeln.

Viele Wohnungen haben auch ein großes Blumenfenster, d.h. ein großes Fenster mit einem breiten° Fensterbrett°. Darauf kann man mehrere Töpfe° mit Blumen oder anderen Zimmerpflanzen stellen. Am Fenster bekommen die Pflanzen viel Licht und Wärme, und sie wachsen gut.

Blumen sind ein passendes° Geschenk für jede Gelegenheit. Für das Blumenschenken gibt es bestimmte Regeln und ein richtiges Ritual. Eine Regel ist, daß man einem Mädchen oder einer Frau nur rote Rosen schenkt, wenn man in sie verliebt ist°. Drei rote Rosen, fünf rote Rosen, das geht noch; aber zwölf rote Rosen, Vorsicht°! Das bedeutet große Liebe!

Eine andere Regel ist, daß man das Papier, in das der Blumenstrauß eingewickelt ist, noch vor der Haustür entfernt, bevor man klingelt. Der Empfänger soll gleich sehen, was für Blumen er bekommt.

Woher kommt es nun, daß Blumen bei den Deutschen so beliebt sind? Es gibt da

---

die Anlage *park, public grounds* **die Schnittblumen** (pl) *cut flowers* **fertig** *ready-made* **breit** *wide* **das Fensterbrett** *windowsill*
der Topf *pot* **passend** *fitting* **verliebt sein** *to be in love* **Vorsicht!** *careful! watch out!*

verschiedene° Gründe°. Der wichtigste Grund ist wohl die Naturliebe der Deutschen. Die Menschen sind gern draußen in der Natur, im Garten, im Park, im Wald, in den Bergen, am Wasser. Am Wochenende und in den Ferien machen die Leute Ausflüge und Wanderungen, oder sie fahren zum Camping. Wenn sie nicht so viel Zeit haben, machen sie Spaziergänge° in der Stadt, einen Stadtbummel. Oder sie setzen sich in ein Straßencafé, nur um in der frischen Luft zu sein. Familien, die einen Balkon oder eine Terrasse haben, „wohnen" oft da draußen in der Natur. Eine Vase mit frischen Blumen bringt ein Stückchen Natur ins Haus. Man denkt an den Frühling oder den Sommer, auch wenn der „Frühling" aus Holland importiert ist.

Ein anderer Grund für die Liebe der Deutschen zu Blumen ist wohl das Klima in Deutschland. In vielen Gegenden° ist es oft kühl und bewölkt, und es regnet oft. Wenn

---

verschieden *various* **der Grund** *reason* **der Spaziergang** *walk* **die Gegend** *area* dann draußen der Himmel so grau ist, dann bringen ein paar Blumen die Sonne ins Haus!

Ein dritter Grund für die Beliebtheit von frischen Blumen ist wahrscheinlich° die Art und Weise°, wie und wo die Leute wohnen, d.h. die Wohnverhältnisse. Die meisten Deutschen wohnen in der Stadt und haben eine Wohnung in einem Mietshaus. Heute versuchen viele Städte, grüne Anlagen oder kleine Parks zu schaffen°. Man hat große Kästen° und Schalen° mit Blumen auf den Straßen, besonders in den Fußgängerzonen und auf kleinen Verkehrsinseln° mitten auf der Straße! Und dann gibt es natürlich Blumenkästen vor vielen Fenstern und auf vielen Balkons.

Deutsche Hotels, Gasthäuser, Restaurants, Tankstellen° schmücken oft ihre Grundstücke mit Blumenkästen und Blumenschalen. „Laßt Blumen sprechen", heißt ein beliebtes Motto. „Das muß ein gemütliches Gasthaus sein! So schöne Blumen an den Fenstern!" sagen die Leute. Oder: „Du, schau mal! Ein nettes Restaurant! So schöne Blumen vor der Tür!" Oder: „Was für ein hübsches Café! So viele Blumenkästen auf der Terrasse! Komm, da gehen wir rein!"

Ist das Essen in einem Gasthaus mit Blumen vor der Tür wirklich besser gekocht? Ist der Kuchen da wirklich besser gebacken? Nicht unbedingt. Die Gäste fühlen, daß man etwas Besonderes für sie tut, denn Blumen sind nicht nur schön, sie machen auch viel Arbeit. Das weiß jeder, der mit Blumen zu tun hat. In Deutschland aber sagt man: „Diese Arbeit lohnt sich°!"

---

wahrscheinlich *probably* **die Art und Weise** *the way* **schaffen** *to create* **der Kasten** *box* **die Schale** *bowl* **die Verkehrsinsel** *traffic island* **die Tankstelle** *gas station* **sich lohnen** *to be worthwhile*

LESEHILFE
Compound Words

Deducing the meaning of new words is an important reading skill to develop. German has many compound nouns. Often a new noun may seem unfamiliar to you, but if you look more closely, you may realize you recognize part of it and can therefore figure out the meaning. Although in English some compound nouns are written as one word *(football, airport)*, others are written as two or more *(potato salad, record player)*, and still others are hyphenated *(make-believe, mother-in-law)*, German compound nouns are almost always written as one word. The gender is always that of the last noun in the compound.

1. In this reading selection there are many compound nouns formed with **Blume.** Here is a list. Can you guess the meaning of each one?

der Blumenstrauss	der Blumenkasten	das Blumengeschäft
die Blumenvase	die Blumenschale	der Blumenmarkt
der Blumentopf	das Blumenbeet	der Blumenstand
das Blumenfenster	der Blumengarten	die Blumenfrau
Schnittblumen	Topfblumen	

2. You will notice that sometimes a letter or letters are added or omitted in a compound noun.

der Blumenstrauss	die Blume	*flower*	+	der Strauss	*bouquet*
die Schultasche	die Schule	*school*	+	die Tasche	*bag*

3. There are also word combinations consisting of a verb stem and a noun.

das Wohnzimmer	wohn (en)	*to live*	+	das Zimmer	*room*
die Tankstelle	tank (en)	*to gas up*	+	die Stelle	*place, spot*

4. And sometimes the first part of a compound noun is an adjective.

der Privatgarten	privat	*private*	+	der Garten	*garden*
die Grossstadt	gross	*big*	+	die Stadt	*city*

Read the selection **„Blumen überall"** once more and pick out all the compound nouns. What words make up each compound? What do these smaller words mean? What do the compounds mean?

Fragen zum Inhalt

1. Wo sieht man Blumen überall in Deutschland?
2. Was sind einige Regeln für das Blumenschenken?
3. Warum sind Blumen bei den Deutschen wohl so beliebt?

Zum Nachdenken und Diskutieren

1. Was ist ein beliebtes Motto bei den Deutschen? Was bedeutet dieses Motto? Gibt es ein ähnliches Motto auf Englisch?
2. Wie steht es mit der Liebe zu Blumen in den Vereinigten Staaten? Wie ist es bei dir zu Hause?

KAPITEL 4

Deutsche Schüler im Ausland

Wiederholungskapitel

1

Ferien für junge Leute

Aktiv-Ferien

Ferien auf IBIZA

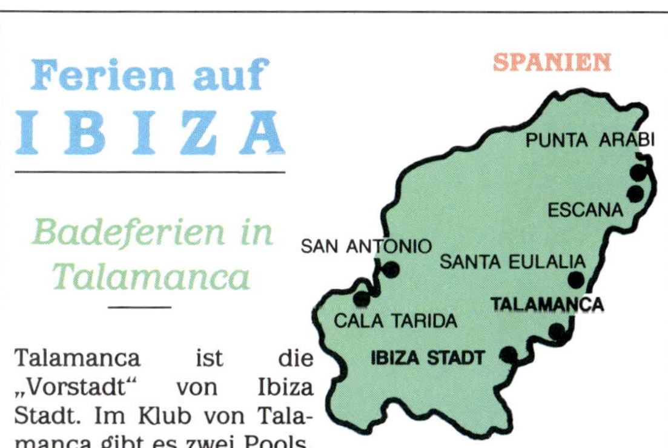

Badeferien in Talamanca

Talamanca ist die „Vorstadt" von Ibiza Stadt. Im Klub von Talamanca gibt es zwei Pools, Tennisplätze (Preis pro Std. DM 10,—); hier können Sie Volleyball spielen, Minigolf üben, Boccia versuchen, Rad fahren, Fussball spielen, Wasserball gewinnen. Sie können auch Segeln lernen (ca. DM 170,—); Windsurfen (Brettmiete ca. DM 12,— pro Std.) und Wasserskilaufen (pro Runde ca. DM 8,—). Schwimmen dürfen Sie natürlich auch — am Strand gibt es Süsswasserduschen und Umkleidekabinen.

Sie wohnen in Studios mit einem kombinierten Wohn-/Schlafzimmer, eingerichtet mit einem grossen Bett, einer Kochnische, Bad/WC und Balkon oder Terrasse.

Kommen Sie nach Talamanca!

Preise pro Person	Wochen		
	1	2	3
Einzelzi. Dusche, WC	542	707	872
Einzelzi. Bad, WC	572	767	902
Einzelzi. Dusche, WC, Balk.	587	797	942

Sprachreisen

AMERIKANISCHE FAMILIEN LADEN DEUTSCHE SCHÜLER EIN

In diesem USA-Programm können junge Leute das Leben und die Menschen in der „Neuen Welt" kennenlernen. Man ist drei oder vier Wochen lang Gast bei einer Familie in den USA. Man ist ganz in das Familienleben integriert: man macht alles mit, was die Gastfamilie unternimmt, z.B. Ausflüge, Picknicks, Partys. Man lernt neue Menschen kennen, und man lernt die englische Sprache. Dieses Lernen macht Spass.

Hier z.B. ist ein dreiwöchiges New-York-Programm:

1. Woche: Welcome evening party — Einladung zu McDonalds zum Essen — Ausflüge nach New York City: Vereinte Nationen, Empire State Building *2. Woche:* Ausflug nach Princeton/NJ und Besichtigung der Universität; Ganztagstour nach New York: Staten Island, Freiheitsstatue und Hafen, Wall Street mit Börse, Chinatown und World Trade Center

3. Woche: Besichtigung des Bell Telephone Switching Center in Freehold; Ganztagstour nach New York: Metropolitan Museum of Art, Stadtbummel durch die Fifth Avenue, Besichtigung der St. Patrick's Cathedral

SPRACHREISEN IN DIE USA

Wer kann mitmachen? Jugendliche ab 14 bis zu maximal 21 Jahren. Man muss Schüler, Auszubildender oder Student sein. Mindestens 3 Jahre englische Sprachkenntnisse. Kosten: 3 Wochen New York incl. Flugkosten DM 2 835, —.

Sport und Spass

Vorarlberg / Österreich
Mellau
Tennis Hotel
Kanisfluh * * * *

Mellau

Mitten im Bregenzer Wald, eingebettet zwischen blumenreichen Wiesen und dunklen Wäldern.

Unterbringung

Das Hotel liegt direkt im Ort. Komfortable Zimmer, Dusche oder Bad, WC, Telefon, TV, viele Zi. mit Balkon. Gemütliches Hotelrestaurant, Bauernstube. Wenn gewünscht, Vollwertkost als Menü; Garten mit Grill.

Fitness/Sport

Fitnessklub mit Sauna, Dampfbad, Kraftraum, Minigolf, Tischtennis, Fahrradverleih

Ferienwochen für Anfänger

1 Woche, Sonntag—Freitag Halbpension, Benützung des Fitnessklubs u. Tenniskurs in Gruppen von 3—5 Personen.

Termine: 21. 6.—26. 6.
28. 6.— 3. 7.
27. 9.— 2. 10.

Erwachsene DM 540,00
Kinder von 6–14 DM 365,00

2 Übung • Fragen

1. Was für Sportmöglichkeiten bietet ein Ferienaufenthalt auf der Insel Ibiza?
2. Wie teuer ist dort eine Ferienwoche? Was bekommt man alles dafür?
3. Was ist das Sprachreisen-Programm in den USA?
4. Was macht das Programm attraktiv?
5. Was können deutsche Schüler zum Beispiel in New York sehen?
6. Wer darf in diesem Programm mitmachen? Was für Kenntnisse muss man haben?
7. Was macht die Tennisferien in Mellau so attraktiv?
8. Beschreibe das Tennis Hotel Kanisfluh! Was bietet es alles an?

3 Übung • Rollenspiel zu zweit: Was soll ich tun?

Stell dir vor, du hast einen deutschen Brieffreund! Er hat die Wahl, Tennisferien in Österreich, Aktiv-Ferien auf Ibiza oder eine Sprachreise nach Amerika zu machen. Er bittet dich um Rat, denn du bist schon viel gereist. Was rätst du ihm?

4 Übung • Rollenspiel zu dritt: Wohin in die Ferien?

Such dir einen Partner und eine Partnerin! Einer von euch übernimmt die Rolle eines deutschen Schülers oder einer deutschen Schülerin, die anderen übernehmen die Rollen von Vater und Mutter. Du hast die drei Ferienangebote gelesen und sprichst mit deinen „Eltern" darüber. Ihr müsst euch einigen, was ihr machen wollt. Hier sind drei Diskussionsmöglichkeiten:

a. Du möchtest dein Englisch verbessern, aber deine Eltern wollen für die drei Wochen in Amerika nicht so viel Geld ausgeben.
b. Dein Vater ist ein Aktivsportler und möchte lieber nach Ibiza.
c. Deine Mutter liebt die Berge. Sie ist eine begeisterte Tennisspielerin, und sie möchte lieber nach Österreich.

5 Übung • Klassenbericht: Tolle Ferien!

Stell dir vor, du hast eine von den drei Ferienreisen mitgemacht und du berichtest deiner Klasse darüber! Erzähle, wie deine Ferien waren und was du alles gemacht und gesehen hast! Deine Klassenkameraden stellen viele Fragen.

6 Schreibübung • Ferienbericht an deine Grosseltern

Deine Grosseltern haben dir für deine Ferienreise etwas Geld gegeben, und du schreibst ihnen jetzt einen netten Brief und erzählst ihnen, wie deine Ferien waren.

Liebe Großeltern!
Vielen Dank für ...

7 Leseübung • Ferienorte in Franken

In Franken gibt es viele schöne Ferienorte. Was gibt es in diesen Orten? Was kann man dort tun?

Ferienort	Information				Unterkunft					Freizeit / Sport							Unterhaltung					Gesundheitsdienst		
	Tourist Information	Reisebüro	Bahnstation	Busstation	Hotel	Gasthof / Pension	Ferien auf dem Lande	Jugendherberge	Campingplatz	Wanderwege	Swimmingpool	Reiten	Tennis	Minigolf	Kegeln	Wasserski	Tanzen	Theater	Kino	Konzert	Musikveranstaltung	Ärzte	Apotheke	Zahnarzt
Eisenheim				•	•	•				•		•				•								
Gerolzhofen	•	•	•	•	•	•	•		•	•			•	•			•		•		•	•	•	•
Hammelburg	•	•	•	•	•	•	•			•		•	•				•	•	•		•	•	•	•
Iphofen	•				•	•				•	•	•	•	•	•		•				•	•	•	•
Ochsenfurt	•	•	•	•	•	•	•	•		•	•		•		•	•	•		•	•		•	•	•
Rödelsee				•		•				•														

8 Übung • Gruppenarbeit: Stimmt das?

Einer von euch sagt etwas über einen Ferienort, und der andere sagt, ob das stimmt.

A: In Eisenheim soll es keine Bahnstation geben.
B: Stimmt! In Eisenheim gibt es keine Bahnstation; aber es gibt eine Busstation.
A: Dann fahren wir mit dem Bus!

1. In Hammelburg kann man Tennis spielen.
2. In Rödelsee kann man sehr schön wandern.
3. In Gerolzhofen kann man auch schwimmen.
4. . . .

Iphofen, Franken

9 Übung • Rollenspiel zu zweit: Urlaub in Franken, aber wo?

Such dir einen Partner! Einer von euch muss die Rolle von Vater oder Mutter übernehmen. — Deine Eltern wollen dieses Jahr ihren Urlaub in Deutschland verbringen, in einer schönen Gegend in Franken. Diskutiert über die Vorteile und Nachteile, die jeder Ort zu bieten hat! Sag am Ende der Diskussion, wohin ihr fahren wollt und warum!

10 Übung • Rollenspiel zu zweit: Wie waren die Ferien?

Stell dir vor, du warst mit deinen Eltern in einem Ferienort in Franken! Deine Nachbarin will wissen, wie der Urlaub war. Wie seid ihr dorthin gefahren? Wo habt ihr gewohnt? Was habt ihr dort gemacht? Wie hat es euch gefallen? Erzähle über deinen Ferienaufenthalt!

11 Schreibübung

Schreib einen kurzen Bericht mit dem Thema: „Unsere Ferien in (Iphofen)".

12 Übung • Komplimente machen

Du bist von deinen Ferien zurückgekommen, und deine Freunde machen dir Komplimente oder danken dir. Was sagen sie? Was antwortest du?

1. Du trägst ein tolles T-Shirt, das du in Florida gekauft hast.
2. Du bist ganz braungebrannt.
3. Du hast einen schicken Haarschnitt.
4. Dein Englisch ist ausgezeichnet; du machst fast keine Fehler mehr.
5. Du hast deinen Freunden süsse Orangen aus Spanien mitgebracht.
6. Du siehst sehr fit aus.
7. Du bringst ein Poster von New York mit für das Klassenzimmer.

13 Übung • Wirklich? 

Dein Klassenkamerad sagt dir etwas, was er gehört hat. Stimmt das?

KLASSENKAMERAD Ibiza soll sehr teuer sein.
DU Das stimmt! Das hab' ich auch gehört. [oder]
Stimmt nicht! Das ist überhaupt nicht wahr! Ich war auf Ibiza.

1. Das Wasser im Mittelmeer soll sehr schmutzig sein.
2. Die Hotels auf Ibiza sollen immer voll sein.
3. Die Sprachreisen nach Amerika sollen sehr teuer sein.
4. Die amerikanischen Gastfamilien sprechen nur Englisch mit den deutschen Schülern.
5. New York City soll im Sommer sehr heiss sein.
6. In Deutschland soll es viele Fitnessklubs geben.
7. Die Ferienorte in Franken haben keine Wanderwege.
8. Bei Sprachreisen in die USA geht man jeden Tag in die Schule.

14 Übung • Super-Ferien!

Nach den Ferien in Deutschland (in Franken) kommst du in die Schule zurück. Deine Klassenkameraden fragen dich, wie deine Ferien waren, und du erzählst ihnen davon.

1. wo du gewesen bist
2. mit wem
3. wie ihr gereist seid
4. was du dort gemacht hast
5. wie das Wetter war
6. wie es dir gefallen hat
7. was du dort gewöhnlich gegessen hast
8. was dir besonders gut geschmeckt hat

15 Schreibübung

Schreib einen Aufsatz mit dem Thema „Meine Ferien in Deutschland". Verwende in deinem Aufsatz die Antworten, die du in Übung 14 gegeben hast.

16 Übung • Deine guten Vorsätze

Zu Anfang des Schuljahres hast du viele gute Vorsätze gehabt. Hast du jetzt noch die gleichen Vorsätze oder hast du neue? Sag, welche Vorsätze du jetzt hast!

Ich muss in Deutsch unbedingt (eine Eins bekommen).

17 Übung • Fitness auch in den Ferien

In den Ferien, wie zu anderen Zeiten, hält man sich gern fit. Sag, wie sich diese Leute fithalten!

A: Wie hält sich der Heiko fit?
B: Der Heiko? Er spielt Fussball. Er ist ein begeisterter Fussballspieler.

1. Heiko
2. Wiebke
3. Christine
4. ihr
5. Jens
6. die Kinder
7. Margit
8. Bernd
9. du
10. meine Geschwister

18 Übung • Und du? Wie ist es bei dir?

Viele Leute wollen sich einen Ferienort aussuchen, der Sportmöglichkeiten und gesunde Kost anbietet. Möchtest du das auch? Erzähle, wie du dich in den Ferien fithältst, was du isst und was du nicht isst und was du sonst tust oder nicht tust, um gesund zu bleiben!

19 Schreibübung

Schreib einen Aufsatz mit dem Thema: „Was ich tue, um mich fitzuhalten".

20 Übung • Rollenspiel zu zweit: Was essen wir?

Du bist mit einer Freundin in einem Restaurant in Frankfurt. Ihr lest die Speisekarte. Leider gibt es viele Speisen, die du nicht essen darfst oder nicht essen möchtest. Die Speisen haben zu viele Kalorien, du bist allergisch dagegen, oder du isst sie einfach nicht gern. Es dauert lange, bis du etwas findest, was du essen darfst und essen willst. Deine Freundin ist sehr nett und hilft dir beim Aussuchen.

21 Übung • Deine Mahlzeiten

Deine Eltern fahren weg. Du und dein jüngerer Bruder, ihr bleibt zu Hause. Du musst die Mahlzeiten planen, einkaufen gehen und das Essen zubereiten. Mach eine Liste von allem, was du brauchst! Was esst und trinkt ihr zum Frühstück, zum Mittagessen und zum Abendessen?

22 Übung • Rollenspiel: Essen und Trinken

Such dir einen Partner! Sprecht über Essen und Trinken (was ihr gern und nicht gern esst, was eure Lieblingsspeisen sind, was ihr hasst, was ihr nicht essen dürft)!

23 Übung • Rollenspiel zu dritt: Bei Tisch

Such dir zwei Partner! Zwei von euch übernehmen die Rollen von Vater und Mutter. Situation: Ihr sitzt am Tisch und esst ein richtiges deutsches Mittagessen: Suppe, Fleisch mit Sosse, Kartoffeln, Gemüse, und so weiter. Dir schmeckt alles so gut, und du möchtest von allem mehr. Von manchen Speisen gibt es noch etwas, andere sind alle. — (Ihr seid eine sehr höfliche Familie!)

24 Schreibübung

Wer hat die Situation in Übung 23 am besten gespielt? — Schreib jetzt deinen eigenen Dialog!

25 Übung • Rollenspiel: Was tut dir weh?

Auch auf Reisen passiert es ab und zu mal, dass man krank wird. Such dir einen Partner! — Frag ihn, wie es ihm geht! Er sagt, er fühlt sich nicht wohl. Du fragst, was ihm wehtut. Er sagt, dass er starke Bauchschmerzen hat. Du sagst ihm, er soll den Arzt anrufen und einen Termin ausmachen. Er will, dass du für ihn den Arzt anrufst.

26 Übung • Wo steht alles?

Hier ist ein Plan für eine kleine Ferienwohnung. Zeichne den gleichen Plan auf ein Blatt Papier! Dann richtest du die Wohnung ein. Du hast diese Möbel und Sachen:

1 Bett	1 Sofa	1 Kleiderschrank	4 Bilder
1 Nachttisch	1 Tisch	1 Stehlampe	viele Bücher
1 Schreibtisch	4 Stühle	1 Spiegel	
3 Teppiche	2 Bücherregale	1 Radio	
3 Sessel	1 Kommode	1 Kassetten-Recorder	

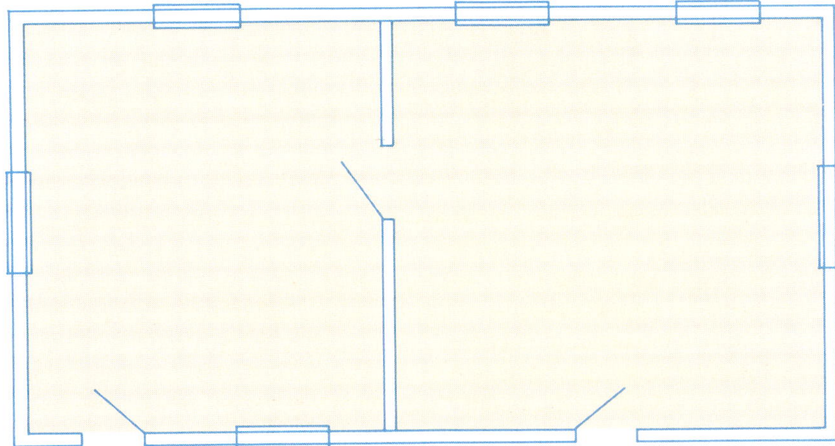

Sag jetzt, wo die Möbel und die Sachen sind!

Das Bett steht im . . . (vor/neben/zwischen, usw.)

27 Übung • Rollenspiel: Woher kommt die Post?

Du hast in den Ferien viele Leute kennengelernt. Jetzt bekommst du von überall her Post. Deine Mutter ist neugierig und fragt dich, wer geschrieben hat, wo du diese Leute kennengelernt hast, wie alt sie sind, woher sie sind, was sie machen, und so weiter.

28 Schreibübung • Ein Superhaus!

Schreib einen Dialog! Du bist Häusermakler (eine Person, die für eine Provision Häuser kauft und verkauft). Du hast ein grosses Haus zu verkaufen. Drei interessierte Kunden kommen zu dir ins Büro und wollen alles über das Haus wissen. Du beschreibst das Haus sehr positiv mit Adjektiven wie: sonnig, gross, hübsch, modern, toll, herrlich, gemütlich, preiswert.

IMMOBILIEN - ANGEBOTE

4 Schlafzi., 2 Badezi., Wohnzi., Esszi., Kü., Partykeller, gr. Diele, Terrasse, Garage, Garten. Am Stadtrand, in d. Nähe von Bus u. S-Bahn.

29 Übung • Wir vergleichen

Was kannst du alles sagen?

1.

2.

3. DM 10 000.--

DM 50 000.--

4.
Hamburg 1,6 Millionen
München 1,3 Millionen
Berlin 1,9 Millionen

30 Übung • Rollenspiel: Beim Häusermakler

Verschiedene Leute suchen eine Wohnung oder ein Haus. Du arbeitest bei einem Häusermakler und versuchst, ihnen zu helfen. Was brauchen die Leute? Wollen sie mieten oder kaufen? Was können sie pro Monat zahlen? — Du rätst ihnen.

a. Die Bauers, eine Familie mit vier Kindern. Ein Kind ist behindert, es soll viel schwimmen. Frau Bauer liebt Blumen, und Herr Bauer bastelt gern (er macht Möbel: Tische, Stühle). Die Grossmutter lebt bei der Familie. Herr Bauer hat ein gutes Einkommen. Die Bauers haben einen grossen Kombiwagen.

b. Ein junger Mann; er geht gern aus, und er gibt gern Partys. Er hasst Haus- und Gartenarbeit. Er hat ein sehr gutes Einkommen; er fährt einen Porsche.

c. Die Grünerts, ein junges Paar, beide Musiker. Sie haben ein Kind (ein Jahr alt). Sie haben zwei kleine Hunde. Herr und Frau Grünert lieben Hauspflanzen. Kein Auto. Mittleres Einkommen.

d. Zwei Studenten. Sie brauchen wenig Platz, und sie essen oft nicht zu Hause. Beide haben ein Stipendium und wenig Geld.

31 Übung • Etwas über mich!

Erzähle, wo und wie du wohnst. — Hier sind einige Wörter, die dir dabei helfen.

Haus? Wohnung?	*auf dem Land?*
in der Stadt?	Vorteile/Nachteile?
wieviel Zimmer?	an einem See?
gross? klein?	sonnig?

32 Schreibübung

Schreib einen Aufsatz mit dem Thema: „Ich wohne gern in . . . "!

Landeskunde 2 

Landleben: Die Starflingers

Eine kühle Allee, Staufen im Schwarzwald

Die Liebe der Deutschen zur Natur ist gross. Wenn auch die meisten Deutschen in grösseren Städten wohnen, so ist doch der Weg in die freie Natur nie zu weit entfernt. Viele von ihnen fahren sogar nach der Arbeit, am späten Nachmittag, ins Grüne — vielleicht um zu baden oder im Garten eines Gasthauses das Abendessen zu geniessen. Am Wochenende oder im Urlaub sind die Strassen aufs Land hinaus überfüllt. Alles fährt hinaus in die Natur, in kleine Orte und Dörfer, wo man sich vom Stress der Stadt leicht erholen kann.

Typischer Bauernhof, Holzhausen, Obb.

Im Garten von Kloster Reutberg, mit Blick auf die Voralpen

Bebenhausen im Naturpark Schönbuch

Am Starnberger See, Obb.

Beliebte Orte für Erholungssuchende liegen an Flüssen und Seen, am Meer entlang, in bewaldeten Gegenden oder irgendwo im Gebirge.

Blick auf Wasserburg am Inn

Segelboote auf dem Chiemsee

Luftkurort Niebüll in Schleswig-Holstein

In der Nähe von Kitzbühel in Österreich

Nonne mit Blumenstrauss im Allgäu

Alles, was man braucht, ist in der Nähe

In einem kleinen Ort liegen die Geschäfte, und alles, was man zum Leben braucht, dicht beisammen. Einkaufen oder Ausgehen ist einfach, man spart viel Zeit. Man kann mit dem Rad zur Schule fahren. Und das Landleben beginnt fast vor der Tür.

Mit dem Rad zur Schule

Typischer Haubarg in Küstennähe in Nordfriesland

Himmlische Ruhe auf den Almen Österreichs

Alter Bauernhof im Emmental, Schweiz

Emmerting bei Burghausen ist ein kleines Dorf. Hier besitzt die Familie Starflinger einen alten Bauernhof. Dieser Hof, von den Starflingers völlig renoviert, stammt aus dem 18. Jahrhundert. Der Hof steht heute unter Denkmalschutz.

Burghausen an der Salzach, direkt an der österreichischen Grenze

Ausserhalb Burghausens

Starflingers Bauernhof

Ihre dänische Dogge

Familie Starflinger in der Wohnstube

Die Starflingers wohnen auf ihrem Bauernhof in Emmerting, arbeiten aber in Burghausen, wo auch Tochter Lilly (17) und Sohn Flori (18) aufs Gymnasium gehen. Herr Starflinger ist Arzt, Frau Starflinger ist Tierärztin.

Es ist Zeit, zur Arbeit zu fahren

Ab und zu essen die Starflingers zu Mittag in einem zwischen Schule und Praxis gelegenen Restaurant

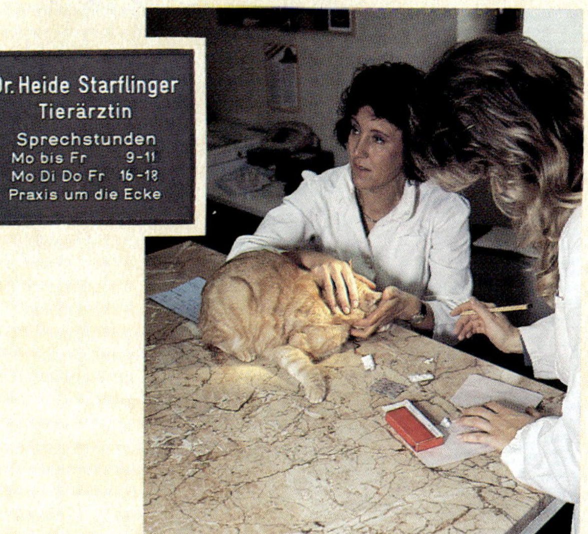

Dr. Heide Starflinger in ihrer Praxis

Gewöhnlich trifft sich die Familie zwischen 13 und 14 Uhr zu Hause zum gemeinsamen „Küchenbüffet"

Beim Spaziergang mit ihren Hunden in der Umgebung

Lilly und ihr Rottweiler Benno

Beim Frühstück vor der Schule

Lilly in der Küche

Lilly hat sich noch nicht entschieden, was sie werden will. Sie lernt fleissig, damit sie gute Noten bekommt. Mit Jazztanzen beim Theater hält sie sich fit.

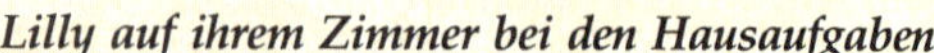

Lilly auf ihrem Zimmer bei den Hausaufgaben

Lilly und Flori fahren mit einem roten VW zur Schule

Lilly mit Klassenkameraden vor dem Aventinus Gymnasium

Lilly hilft ihrer Mutter beim Einkaufen

Beim Bügeln

Lillys Hobbys sind Lesen

Musik — von klassischer Musik bis Rock

Ihr grosses Hobby jedoch ist Reiten

Flori am Schreibtisch

Flori am Schreibtisch

Beim Billardspielen mit Kleinfelicitas; im Hintergrund sein schwarzer Vespa-Roller

Flori macht nächstes Jahr das Abitur. Er möchte dann Medizin studieren, wie seine Eltern. Zum Medizinstudium braucht man ganz besonders gute Noten. Flori verbringt also jetzt die meiste Zeit beim Lernen, und er hat wenig Zeit für seine Hobbys.

Beim Klavierspielen

Beim Gewichtheben

ZWEITER TEIL

KAPITEL 5

Taschengeld, Jobs und schicke Sachen

Are German high school students expected to work? Do they get an allowance? How much? Do they do odd jobs to supplement their allowance? How do they spend their allowance and the money they've earned?

In this unit you will:

ERSTER KONTAKT	get acquainted with the topic
SECTION A	talk about an allowance; make suggestions
SECTION B	urge someone to do something; offer advice
SECTION C	say how something looks on someone and how it fits
TRY YOUR SKILLS	use what you've learned
ZUM LESEN	read for practice and pleasure

getting acquainted with the topic

Geld verdienen, Geld ausgeben

Deutsche Kinder und Jugendliche bekommen jeden Monat mehr als 600 Millionen Mark in die Hände. Neun von zehn Kindern bekommen regelmässig Taschengeld. Durch kleine Jobs für Eltern und Verwandte und durch gute Noten verdoppeln sie ihr Einkommen.

1.

Was sagen die Kinder und Jugendlichen? (Angaben in Prozent)			
	7—10 Jahre	11—14 Jahre	15—18 Jahre
Viele Freunde bekommen mehr Taschengeld als ich	57	61	45
Wenn ich unartig bin, gibt es oft kein Taschengeld	43	28	5
Für gute Noten in der Schule bekomme ich extra Geld	83	76	41
Ich muss meinen Eltern sagen, was ich mit dem Taschengeld mache	37	18	10
Mein Taschengeld reicht nie aus	41	46	44
Ich finde, alle Kinder sollen gleich viel Taschengeld bekommen	67	49	35

2.

Wieviel Taschengeld bekommen die Jugendlichen pro Monat?	
Alter	Jungen und Mädchen
14 Jahre	DM 15.00—20.00
15 Jahre	DM 20.00—30.00
16 Jahre	DM 30.00—40.00
17 Jahre	DM 40.00—50.00
18 Jahre	DM 50.00—60.00
19 Jahre	DM 50.00 +

3.

Kinder zwischen 7 und 18 Jahren bekommen monatlich Taschengeld in Höhe von	325 Millionen Mark
31% der Kinder sind mit ihrem Taschengeld nicht zufrieden. Sie verdienen nebenbei oder bekommen extra Geld von Eltern und Verwandten	289 Millionen Mark
zusammen	614 Millionen Mark
Die Kinder sparen	158 Millionen Mark
Sie geben aus	456 Millionen Mark

Fragen

1. Was bekommen deutsche Kinder und Jugendliche von ihren Eltern?
2. Wieviel Taschengeld bekommt ein 16jähriger?
3. Geben die Kinder und Jugendlichen das ganze Geld aus?
4. Wieviel Prozent der 7—10jährigen bekommt Geld für gute Noten?

1.

Beliebte Jobs
als Babysitter arbeiten
als Bademeister arbeiten
als Gärtner arbeiten
als Hilfskraft arbeiten
Eis verkaufen
Rasen mähen
Zeitungen austragen

2.

Was kaufst du dir von deinem Taschengeld oft oder manchmal? (Angaben in Prozent)

	7—10 Jahre	11—14 Jahre	15—18 Jahre
Süssigkeiten, Essen	79	58	28
Bücher, Comics	41	52	49
Kino, Disko	7	37	68
Kassetten, LPs	11	36	51
Kosmetik	10	14	25
Spielsachen	45	10	0

3.

Wieviel Geld hast du im Monat, das du frei ausgeben kannst? Alle Einnahmen: Taschengeld, Jobs, usw. (Angaben in Prozent)

	7—10 Jahre	11—14 Jahre	15—18 Jahre
5—10 DM	31	6	2
10—20 DM	39	23	5
20—30 DM	11	23	7
30—50 DM	7	27	16
50—100 DM	2	16	24
100—150 DM	0	2	19

4.

Was machen die Jungen und Mädchen mit dem Taschengeld? (Umfrage an 16jährige Jungen und Mädchen)

Jungen		Mädchen	
für: Kino und Konzerte	35%	Bekleidung	40%
Essen und Trinken	25%	Kino, Konzerte	20%
Bücher, Zeitschriften	15%	Essen, Trinken	15%
Kassetten, LPs, Video	15%	Kassetten, LPs, Video	15%
Bekleidung	10%	Bücher, Zeitschriften	10%

Fragen

1. Was machen die Jugendlichen, um extra Geld zu verdienen?
2. Wieviel Prozent der 15—18jährigen kann 50—100 Mark im Monat frei ausgeben?
3. Wofür geben die 15—18jährigen das meiste Taschengeld aus?
4. Wofür geben die 16jährigen Mädchen das meiste Taschengeld aus?

talking about an allowance; making suggestions

Viele junge Leute verdienen sich Geld oder bekommen Taschengeld. — Wie sieht's bei dir aus? Verdienst du schon Geld oder bekommst du Taschengeld? Oder beides?

A1 Das liebe Taschengeld

Unsere Freunde aus dem Gymnasium Niebüll erzählen euch jetzt etwas über ihr Taschengeld.

INTERVIEWER Nun, sagt mal, bekommt ihr Taschengeld? Wieviel? Und was macht ihr damit?

JENS Also, ich bekomme vierzig Mark im Monat. Alle zwei Wochen zwanzig Mark.

INTERVIEWER Nicht schlecht!

JENS Ja, ich finde, mit vierzig Mark hab' ich genug. Das Geld hab' ich für mich; meine Eltern zahlen für Schulsachen und für meine Jeans und so.

BIRTE Mir geht's genauso. Ich krieg' dreissig Mark im Monat, und meine Eltern zahlen für alles, was ich brauche.

Lars, Birte, Jörg, und Jens

Mona

INTERVIEWER Und wie sieht's bei dir aus?

MONA Ich krieg' kein Taschengeld mehr, ich jobbe.

INTERVIEWER Und du, Jörg?

JÖRG Tja, ich bekomm' zwanzig Mark, und das ist nicht genug. Ich jobbe jetzt nebenbei — ich trag' Zeitungen aus.

INTERVIEWER Und was verdienst du?

JÖRG Acht Mark die Stunde.

INTERVIEWER Na, das ist doch gut!

LARS Ich bekomm' auch vierzig Mark, wie der Jens, aber das ist nicht genug.

INTERVIEWER Und warum jobbst du nicht nebenbei?

LARS Ich bin noch nicht sechzehn.

INTERVIEWER Ach so, du bist noch nicht sechzehn. — Nun, was macht ihr mit eurem Taschengeld?

JÖRG Ja, ich geh' gern ins Kino oder so — manchmal in ein Rockkonzert, und da sind gleich dreissig Mark weg für eine Karte.

BIRTE Und ich kauf' mir gern etwas zum Anziehen — eine Safarihose oder so, und Sie wissen ja, solche Sachen sind teuer.

INTERVIEWER Könnt ihr mit eurem Taschengeld machen, was ihr wollt, oder . . . ?

LARS Na ja, manchmal sagt meine Mutter: „Musst du denn schon wieder so viel Geld für so ein Rockkonzert ausgeben?"

MONA Ich finde es deshalb nicht schlecht, wenn man selbst etwas verdient. Dann kann man sagen: das ist mein Geld, damit kann ich machen, was ich will.

BIRTE Ja, da hat die Mona ganz recht!

JÖRG Das mein' ich auch.

Was machen viele Schüler nebenbei?

Ich trag' Zeitungen aus.

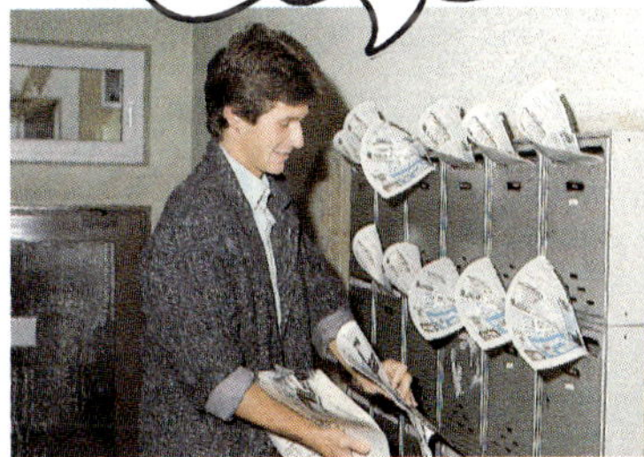

Ich helfe im Haushalt: ich wasche ab, ich trockne ab und ich staubsauge.

Ich helf' meinen Eltern in der Landwirtschaft.

Ich helf' im Garten: ich mähe den Rasen und so.

A2 Übung • Unsere Niebüller Freunde

Sprich über Jens, Birte, Mona, Jörg und Lars. Frag, ob sie Taschengeld bekommen und wieviel, ob sie jobben und was sie mit dem Geld machen!

A3 Übung • Wieviel Geld bekommst du? Und wie oft?

A: Wieviel Geld bekommst du?
B: Ich bekomme dreissig Mark im Monat.
A: Das ist doch gut! [oder] Das ist nicht viel.
B: Ja, das ist genug. [oder] Das ist nicht genug.

wieviel?

20,00 15,00 3,00
30,00 10,00 40,00
50,00

wie oft?

im Monat — in der Woche — alle zwei Wochen

A4 Übung • Hast du das Geld für dich?

A: Hast du das Geld für dich?
B: Ja, meine Eltern zahlen für meine Schulsachen.
A: Das finde ich richtig.

wer?

Eltern — Opa — Vater — Oma — Grosseltern — Mutter

für was?

Schulsachen — Jeans und T-Shirts — Bücher — Computerspiele — Sportsachen — Karten fürs Kino/Rockkonzert — alles, was ich brauche — Hefte

A5 Übung • Hast du einen Job?

A: Jobbst du nebenbei?
B: Ja, ich (trage Zeitungen aus).
A: Und was verdienst du?
B: (Acht) Mark die Stunde.
A: Nicht schlecht!

als Babysitter arbeiten — Eltern helfen — für die Oma einkaufen gehen — im Garten helfen — im Haushalt helfen — in der Landwirtschaft helfen — den Rasen mähen — in einem Geschäft arbeiten — als Bademeister arbeiten — in einer Imbiss-Stube arbeiten

A6 Übung • Kleine Jobs

Sag, was du gestern gemacht hast!

A: Sag, was hast du gestern gemacht?
B: Ich habe . . . [oder] Ich bin . . .

Zeitungen	den Rasen	*abgewaschen*	gejobbt
als Babysitter	ins Kino	ausgetragen	*gemäht*
im Haushalt	Geld	gearbeitet	gewaschen
im Garten	den Wagen	*gegangen (ist)*	staubgesaugt
meinen Eltern	im Wohnzimmer	geholfen	*verdient*

A7 Übung • Und du? Wie steht's mit dir?

1. Bekommst du Taschengeld?
2. Wieviel Taschengeld bekommst du?
3. Kannst du das Geld so ausgeben, wie du willst?
4. Was machst du mit deinem Taschengeld?
5. Jobbst du nebenbei?
6. Was machst du?
7. Wo arbeitest du?
8. Wie oft? Wie viele Stunden?
9. Gefällt dir die Arbeit?
10. Was verdienst du?
11. Was machst du mit dem Geld?

A8 Übung • Mix-Match

Wieviel Sätze kannst du machen?

Den Rasen mähen,		was ich bekomme.
40 Mark im Monat,		was ich brauche.
Einige Sachen,		was ich haben will.
Im Haushalt helfen,		was ich kaufe.
Fünf Mark die Stunde,	das ist alles,	was ich machen kann.
Einen guten Job,		was ich machen muss.
Zeitungen austragen,		was ich möchte.
Nebenbei jobben,		was ich verdiene.

A9 Übung • Das ist mein Geld! 

Dein älterer Bruder oder deine ältere Schwester kritisiert dich, wie du dein Geld ausgibst, wie du deine Freizeit verbringst und so weiter. Du lässt dich aber nicht kritisieren!

A: Musst du denn so teure Konzertkarten kaufen?
B: Das ist mein Geld. Ich kann damit machen, was ich will.

1. Musst du denn so teure Kassetten kaufen?
2. Musst du denn die ganzen Ferien zu Hause herumsitzen?
3 Musst du denn am Abend immer mit deinem Computer spielen?
4. Musst du denn deine Jeans immer so schmutzig machen?
5. Musst du denn diesem Jungen das Fahrrad geben?

A 10 ERKLÄRUNG
The Impersonal Pronoun man

The impersonal pronoun **man** is used together with the **er/sie**-form of a verb when you want to express something in more general terms. It is used the way *one, people* (in general), and *you* (in general) are used in English. Like **er, sie,** and **es, man** is a subject pronoun.

Es ist nicht schlecht, wenn man selbst etwas verdient.
It's not bad to earn a little yourself.
Dann kann man sagen: das ist mein Geld.
Then you can say, that's my money.

A 11 Übung • Was macht man, wenn . . . ?

Was macht man, wenn man nicht genug Taschengeld bekommt?
—Man jobbt nebenbei.

Was macht man, wenn . . .
1. man gute Noten haben will?
2. man Ferien hat?
3. man gesund leben will?
4. man sehr krank ist?

A 12 Übung • Was weisst du über deutsche Sitten?

Was sagt man in Deutschland gewöhnlich?

Was sagt man, wenn man jemanden sieht, den man kennt?
Man sagt: „Guten Tag!"

Was sagt man, wenn . . .
1. man weggeht und Abschied nimmt?
2. man am Tisch sitzt und zu essen beginnt?
3. man einen Blumenstrauss bekommt?
4. man jemanden zu einer Party einlädt?
5. man jemanden sieht, der Ferien gemacht hat?
6. man jemandem zum Geburtstag gratuliert?

A 13 Ein wenig Landeskunde

Jungen und Mädchen, die noch zur Schule gehen, bekommen von ihren Eltern Taschengeld. Unsere 16jährigen Freunde bekommen 30 bis 40 Mark im Monat. Manche bekommen etwas mehr, sie müssen sich dafür aber kleinere Sachen selbst kaufen, wie Hefte oder Kulis.

Die meisten Eltern erwarten nicht, dass ihre Kinder jobben, um sich nebenbei Geld zu verdienen. Sie erwarten nur, dass die Kinder zu Hause ein wenig mithelfen: ihre Zimmer sauberhalten, ab und zu einkaufen gehen oder in der Küche helfen.

Gute Noten in der Schule, das ist das Wichtigste für Schüler und Eltern. Wer dauernd schlechte Noten bekommt, bleibt sitzen. Und man darf nur einmal pro Klassenstufe sitzenbleiben! Beim zweiten Mal muss man die Schule verlassen, und die Pläne für die Zukunft können sich dadurch ändern.

A 14 KANN ICH ZWANZIG MARK HABEN?

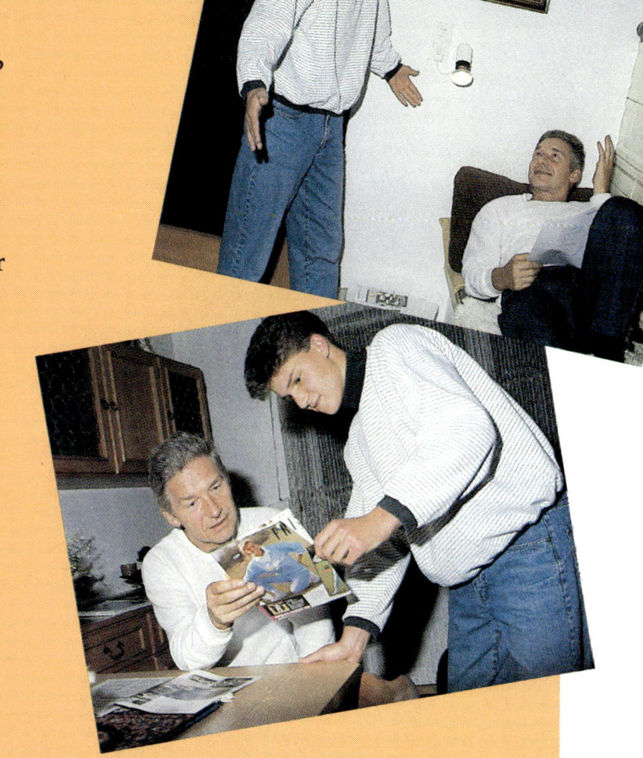

HEIKO Du, Vati!
VATER Hm?
HEIKO Vati, hörst du zu?
VATER Ja doch! Was gibt's denn?
HEIKO Kannst du mir bitte zwanzig Mark geben?
VATER Was? Schon wieder? Ich hab' dir erst vorgestern dein Taschengeld gegeben.
HEIKO Du, das ist schon lange her.
VATER Hast du dir wieder etwas aus deinem Hobbymagazin bestellt?
HEIKO Ach wo! Ich hab' mir einen Tennisschläger gekauft.
VATER Soso, einen Tennisschläger!
HEIKO Komm, Vati, sei nicht knickrig!
VATER Was? Ich knickrig? — Warum fragst du denn nicht mal deine Mutter?
HEIKO Hab' ich schon.
VATER Und was hat sie gesagt?
HEIKO Frag deinen Vater!
VATER Na, gut! Aber dafür kannst du mir den Wagen waschen.
HEIKO Mach ich, Vati! Prima! Danke dir!

(vier Tage später)

HEIKO Du, Vati, der Wagen ist schon wieder schmutzig!
VATER Mensch, Heiko, sag bloss nicht, dass du schon wieder Geld brauchst!
HEIKO Ich will mir einen Jogging-Anzug kaufen, und der ist nicht billig.
VATER Du kannst in der Turnhose joggen.
HEIKO Kannst du mir wenigstens das Geld leihen? Ich geb's dir wieder zurück.

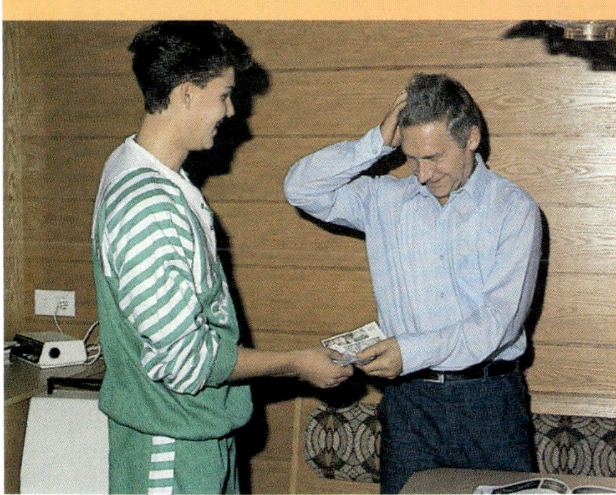

VATER Wieviel brauchst du denn?
HEIKO Achtzig Mark!
VATER Was? — Du glaubst wohl . . . — Also gut, hier sind achtzig Mark. Aber die möchte ich wiederhaben!
HEIKO Ganz bestimmt! Danke, Vati!

(eine Woche später)

HEIKO Du, Vati, hier hast du deine achtzig Mark zurück.
VATER Das darf doch nicht wahr sein!
HEIKO Der Opa hat mir achtzig Mark geschenkt — das ist doch prima, nicht?
VATER Das kann man wohl sagen.
HEIKO Du, kann ich davon fünfzig Mark wiederhaben?
VATER Was sagst du? — Nein, jetzt ist aber Schluss!
HEIKO Du, ich möchte dir zum Geburtstag ein Geschenk kaufen!

A 15 Übung • Habt ihr alles gut verstanden?

1. Was möchte Heiko von seinem Vater haben?
2. Was hat Heiko mit dem Taschengeld gemacht?
3. Warum fragt Heiko nicht seine Mutter?
4. Was muss Heiko für das Geld tun?
5. Warum sagt Heiko vier Tage später: „Du, Vati, der Wagen ist schon wieder schmutzig!"?
6. Warum braucht er schon wieder Geld?
7. Soll ihm der Vater das Geld schenken oder nur leihen?
8. Was passiert eine Woche später?
9. Wer hat dem Heiko das Geld gegeben?
10. Warum will Heiko seinem Vater nur dreissig Mark zurückgeben?

A 16 Übung • Lies die Dialoge noch einmal!

1. Heiko möchte Geld. Was sagt er zu seinem Vater?
2. Wie reagiert der Vater? Was sagt er?
3. Heiko versucht, seinen Vater zu überreden. Wie macht er das?
4. Der Vater lässt sich nicht überreden. Was sagt er?
5. Dann stimmt er doch zu. Was sagt er?
6. Heiko gibt die 80 Mark zurück. Wie reagiert der Vater? Was sagt er?
7. Heiko will wieder Geld haben. Ist der Vater einverstanden?

A 17 Übung • Was machst du mit deinem Taschengeld? 

Sag, was du dir mit deinem Taschengeld kaufst!

A: Was machst du mit deinem Taschengeld?
B: Ich kaufe mir . . . — Und du?
A: Ich kaufe mir . . .

Zeitschriften — Bücher — etwas zum Lesen — etwas zum Anziehen — Comicshefte — Musikkassetten — ein T-Shirt — Karten für ein Rockkonzert — Platten — etwas zum Essen — Geschenke — Schulsachen — Kinokarten

A 18 ERKLÄRUNG
Verbs Used with Reflexive Pronouns in the Dative Case

1. You already know reflexive verbs that are used with the reflexive pronoun in the dative case, such as **sich wehtun** and **sich etwas brechen.**

Ich habe **mir** wehgetan.	*I hurt myself.*
Hast du **dir** den Arm gebrochen?	*Did you break your arm?*

2. There are verbs in German, such as **bestellen, kaufen, anhören,** and **ansehen,** that can also be used reflexively, with a reflexive pronoun in the dative case. When used reflexively, these verbs express the idea of doing something for yourself or doing something in your own interest.

Wir bestellen etwas zum Essen.	*We're ordering something to eat.*
Wir bestellen **uns** etwas zum Essen.	*We're ordering ourselves something to eat.*
Ich kaufe etwas zum Anziehen.	*I'm buying something to wear.*
Ich kaufe **mir** etwas zum Anziehen.	*I'm buying myself something to wear.*

3. The verbs **anhören** and **ansehen** are usually used with a dative reflexive pronoun.

Was hörst du **dir** an?	*What are you listening to?*
Ich höre **mir** eine Kassette an.	*I'm listening to a cassette.*
Was hast du **dir** angesehen?	*What did you see?*
Ich habe **mir** einen Film angesehen.	*I saw a movie.*

A 19 Übung • Was haben sich deine Klassenkameraden gekauft?

Frag deine Klassenkameraden, was sie sich für ihr Geld gekauft haben!

A: Du, Peter, was hast du dir denn für dein Geld gekauft?
B: Ich hab' mir (einen schönen Pulli) gekauft. — Und du?
A: Ich hab' mir . . .

einen -en	eine -e	ein -es	— -e
Kalender Pulli Mantel Taschen- rechner	Armbanduhr Halskette Krawatte Platte Kamera	Radio Portemonnaie Armband Hemd Halstuch	Schuhe Bücher Platten Hemden
klein schön toll schick neu teuer weiss grün			

A 20 Übung • Jetzt fragst du zwei Klassenkameraden!

Frag zwei Klassenkameraden, was sie sich gekauft haben!

A: Was habt ihr euch diesen Monat für euer Geld gekauft?

A 21 Übung • Weisst du es noch?

Was haben sich deine Klassenkameraden gekauft? Wer hat sich was gekauft?

Der Peter hat sich einen schönen Pulli gekauft.
Die Jessica hat sich . . .

A22 WIE SAGT MAN DAS?
Making suggestions

Here's how you make suggestions using reflexive verbs. Notice how the dative reflexive verbs are used in the command form.

Kaufen wir uns etwas zum Essen!	*Let's buy something to eat.*
Hört euch eine Kassette an!	*Listen to a cassette.*
Sehen Sie sich diesen Film an!	*You should see that movie.*

A23 Übung • Was machen wir da? 

Was für Vorschläge kannst du in diesen Situationen machen?

1. Im Restaurant:
   A: Also, was sollen wir uns bestellen?
   B: Bestellen wir uns eine Pizza und Salat!
   A: Pizza mag ich nicht. Ich bestell' mir . . .

2. Zu Hause, vor der Stereoanlage:
   A: Also, was sollen wir uns anhören?
   B: . . .
   A: . . .

3. Zu Hause, in der Küche:
   A: Also, was sollen wir uns zu essen machen?
   B: . . .

4. In einem Kaufhaus:
   A: Also, was sollen wir uns kaufen?
   B: . . .

A 24 Übung • Deine Freunde fragen dich um Rat

Deine Freunde möchten wissen, was sie tun sollen. Du gibst ihnen guten Rat.

A: Was sollen wir uns kaufen?
B: Kauft euch doch . . . !

1. Was sollen wir uns ansehen?
2. Was sollen wir uns bestellen?
3. Was sollen wir uns anhören?
4. Was für eine Kassette sollen wir uns kaufen?
5. Was für einen Film sollen wir uns ansehen?
6. Was für eine Pizza sollen wir uns bestellen?

A 25 Übung • Euer Besuch fragt dich um Rat

Deine Eltern haben Besuch aus Deutschland. Herr Moosbach fragt dich, und du antwortest.

1. Welche Stadt soll ich mir ansehen?
2. Was soll ich mir in (New York) ansehen?
3. Ich möchte auch einen guten amerikanischen Film sehen.
4. Ich möchte mir in einer Imbiss-Stube etwas bestellen, was typisch für (New York) ist.
5. Ich möchte mir ein paar schöne Souvenirs kaufen.

A 26 Übung • Partnerarbeit/Klassenarbeit

Such dir einen Partner! Ihr beiden entwerft jetzt einen Fragebogen, der euch folgende Information geben soll: Wieviel Taschengeld eure Klassenkameraden bekommen, was sie dafür zu Hause tun müssen, was sie sich dafür kaufen, ob sie nebenbei jobben, was sie tun, was sie verdienen und wo sie arbeiten. Macht dann eine Umfrage in eurer Klasse und lest eure Ergebnisse der Klasse vor!

A 27 Übung • Hör gut zu!

		Wieviel Taschengeld?	Was für ein Job?	Was tun sie mit dem Geld?
1.	Lisa			
2.	Klaus			
3.	Hans			

A 28 Schreibübung

Schreib jetzt etwas über dich selbst! Bekommst du Taschengeld? Wieviel? Was musst du dafür tun? Jobbst du nebenbei? Was machst du? Was verdienst du? Wo arbeitest du? Was machst du mit deinem Geld?

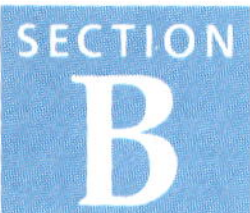

SECTION B urging someone to do something; offering advice

Was für Jobs haben junge Leute? Wie finden sie Jobs? — Hast du einen Job? Wie hast du ihn gefunden? Wieviel verdienst du?

B1 Claudia ist immer pleite

Claudia und ihre Freundin Sabine machen einen Stadtbummel. Sie gehen an vielen Geschäften vorbei. Claudia sieht so viele Sachen, die sie gern möchte — aber, wie immer, hat sie kein Geld.

CLAUDIA Eine tolle Bluse! Die gefällt mir. Schick, was? Und das T-Shirt, schau mal!

SABINE Kauf dir doch die Bluse! Die ist gar nicht so teuer, und die steht dir bestimmt gut.

CLAUDIA Ich bin pleite. Ich hab' keinen Pfennig mehr, und Taschengeld gibt's erst wieder am Wochenende.

SABINE Ich kann dir auch nichts leihen. Ich hab' bloss noch acht Mark in der Tasche.

CLAUDIA Kein Geld! Keine müde Mark!

SABINE Du musst sparen, Claudia!

CLAUDIA Ich versuch's immer, aber es ist unmöglich. Was soll ich bloss tun? Was rätst du mir?

SABINE Kannst du nicht irgendwo jobben und dir ein paar Mark verdienen?

CLAUDIA Eine gute Idee! Vielleicht darf ich es jetzt. Meine Noten in der Schule sind jetzt nämlich wieder besser. Ich frag' mal die Eltern.

B2 Übung • Hast du alles verstanden?

1. Was machen Claudia und Sabine?
2. Was möchte die Claudia gern haben? Warum?
3. Warum kauft sie nicht, was sie haben möchte?
4. Warum leiht Sabine ihr kein Geld?
5. Was kann Claudia nicht? Hat sie's schon versucht?
6. Was für eine Idee hat Sabine? Was sagt sie?
7. Warum glaubt Claudia, dass sie jetzt jobben darf?

B3 Übung • Fragen zum Überlegen

1. Claudia möchte wissen, ob Sabine die Bluse schick findet. Wie fragt sie?
2. Sabine meint, Claudia soll sich die Bluse kaufen. Wie sagt sie das ihrer Freundin?
3. Wie sagt Claudia, dass sie kein Geld hat?
4. Glaubt Sabine, dass Claudia sich von ihr Geld leihen möchte? Was sagt sie?
5. Was rät Sabine der Claudia? Was soll Claudia tun? Wie sagt sie das?
6. Sabine hat eine gute Idee. Was rät sie ihrer Freundin?
7. Ist es jetzt möglich, dass Claudia vielleicht jobben kann? Was meint sie?

B4 Übung • Und du? Wie steht's mit dir?

1. Mit wem gehst du am liebsten durch die Geschäfte?
2. Was siehst du dir gern in den Geschäften an?
3. Was kaufst du dir mit deinem Geld?
4. Wer leiht dir Geld, wenn du pleite bist?
5. Was sagst du, wenn sich jemand von dir Geld leihen will?

B5 WIE SAGT MAN DAS?

Urging someone to do something; offering advice

urging someone to do something	Kauf dir doch die Bluse!	*Go ahead and buy the blouse.*
offering advice	Du musst sparen! Kannst du nicht irgendwo jobben?	*You have to save!* *Can't you get a job someplace?*

B6 Übung • Kauf dir doch . . . !

Sabine rät ihrer Freundin Claudia, was sie tun soll.

A: Eine tolle Bluse, nicht? Die gefällt mir.
B: Kauf dir doch die Bluse! Sie ist gar nicht so teuer.
A: Ich kann nicht, ich bin pleite.

ein toller Mantel
ein tolles T-Shirt
eine tolle Mütze
ein tolles Hemd
ein toller Pulli
eine tolle Hose
tolle Jeans

B7 Übung • Du musst . . . !

Deine Geschwister und Freunde haben kein Geld, und du sagst ihnen, dass sie sparen müssen.

A: (Ich hab') kein Geld, (ich bin) pleite.
B: (Du musst) sparen!
A: (Ich versuch') es immer, aber es ist unmöglich!

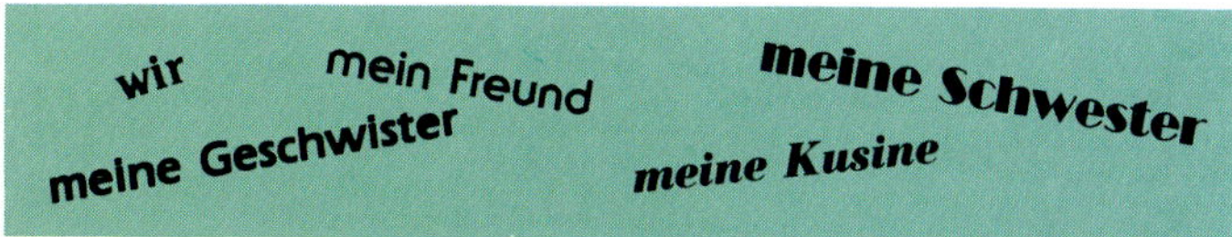

B8 Übung • Partnerarbeit

Rate deinem Partner, was er tun soll!

A: Ich habe kein Geld, ich bin pleite.
B: Du musst (sparen)!

Ich . . .

1. Ich habe immer Hunger.
2. Ich fühle mich nicht wohl.
3. Ich sitze zu viel herum.
4. Ich kann so schlecht sehen.
5. Ich kann nicht so zur Party gehen.
6. Ich brauche Geld für die Ferien.
7. Ich kann einfach nichts sparen.

Du musst . . . !

es versuchen
dich fithalten
irgendwo jobben
mehr essen
dir eine Brille kaufen
dir etwas zum Anziehen kaufen
zum Arzt gehen

B9 Übung • Kannst du . . . ?

Was kannst du deinem Freund raten?

A: Ich brauche einen Job.
B: Kannst du nicht (Zeitungen austragen)?

1. Heute ist überhaupt nichts los.
2. Ich weiss nicht, ob meine Mutter zu Hause ist.
3. Ich habe kein Geld.
4. Ich glaube, ich habe mir den Fuss verstaucht.
5. Ich sitze zuviel herum.
6. Ich muss ein Geschenk für den Vater haben.
7. Ich muss mehr Freizeit haben.
8. Ich hab' keinen Pfennig mehr!

Kannst du nicht . . . ?

anrufen
ein Buch lesen
etwas verdienen
in die Stadt fahren
Sport machen
weniger jobben
Zeitungen austragen
zum Arzt gehen

B10 Übung • Und du? Wie steht's mit dir?

Was sagen deine Eltern in diesen Situationen?

Du telefonierst zu viel. —Du musst nicht so viel telefonieren!

1. Du hilfst zu wenig im Haushalt.
2. Du schläfst nicht genug.
3. Du bist immer pleite.
4. Du gehst zu viel aus.
5. Deine Noten sind schlecht.

B11 Schreibübung

Nenne drei Sachen, die du machen musst! Schreib sie auf! Dann schreib auf, was deine Eltern sagen, wenn du das nicht machst!

B12 CLAUDIA SUCHT EINEN JOB

Claudia möchte nebenbei ein bisschen jobben. Sie hat sich eine Zeitung gekauft, und sie und ihre Freundin Sabine lesen die Stellenangebote.

SABINE Möchtest du nicht in einer Imbiss-Stube arbeiten?
CLAUDIA Unmöglich! Ich hasse den Geruch von Würstchen und Hamburgern.
SABINE Oder da, schau mal! Ein Job in einer Eisdiele. Du magst doch Eis!
CLAUDIA Geht nicht! Ich bin noch nicht sechzehn.
SABINE Und in der Gärtnerei? Du liebst doch die Natur!
CLAUDIA Ja, aber die Arbeit ist zu schmutzig.
SABINE Du bist aber wählerisch! — Na, hier ist etwas Tolles für dich: die suchen einen Babysitter.
CLAUDIA Nie! Du spinnst wohl! Ich passe lieber auf Hunde auf als auf Kinder!
SABINE Dann gib doch selbst eine Anzeige auf: „Suche einen Job als Hundesitter"!
CLAUDIA Prima Idee! Ich liebe Tiere.

STELLENANGEBOTE	
Mädchen und Jungen als Hilfskraft zum Abräumen in unserer Imbiss-Stube, abends zwischen 18 u. 22 Uhr. Gute Bezahlung. Ruf: 13750	**Jugendliche** zw. 16 u. 18 für Arbeit in unserer Gärtnerei gesucht. Bewerber müssen kräftig sein — Arbeit teilweise schmutzig. ☎ Tel: 73428
Suchen **Schüler und Schülerinnen** ab 16 Jahre als Verkäufer für unsere Eisdiele. Am Wochenende und bei gutem Wetter. Tel: 64932	**Junges Mädchen** als Babysitter für zwei Abende in der Woche. Muss kinderlieb und geduldig sein. Ruf: 97356

STELLENGESUCHE
Mädchen, fast 16 J., sehr tierlieb, sucht Job als Hundesitter an Wochenenden u. auf längere Zeit. Ruf: 8463

Was für Jobs gibt es noch für Jungen und Mädchen?

Wer Gartenarbeit gern macht, der kann für Nachbarn den Rasen mähen.

Wer in der Schule gut ist, der kann Nachhilfestunden geben.

Wer gesund und kräftig ist, der kann in einem Supermarkt arbeiten.

Wer achtzehn ist und gut schwimmen kann, der kann als Bademeister arbeiten.

B13 Übung • Stimmt! Stimmt nicht!

1. Die Claudia kann Eis verkaufen.
2. Sie möchte in einer Imbiss-Stube arbeiten.
3. Am liebsten möchte sie etwas mit Tieren zu tun haben.
4. Als Babysitter möchte sie auch gern arbeiten.
5. Sie möchte nicht in einer Gärtnerei arbeiten.

B14 Übung • Welche Telefonnummer?

Deine Freunde lesen die Stellenangebote. Welche Telefonnummer müssen sie wählen?

1. Sie wollen als Babysitter arbeiten.
2. Sie wollen in der Gärtnerei arbeiten.
3. Sie wollen in der Eisdiele arbeiten.
4. Sie wollen in der Imbiss-Stube arbeiten.

B15 Schreibübung

Es gibt viele Jobs für Jugendliche. Lies B12 noch einmal und schreibe alle Jobs auf einen Zettel. Es müssen neun sein!

B16 Übung • Was machen diese Schüler wohl?

Jemand sagt, was verschiedene Schüler gern tun. Als was arbeiten sie wohl?

A: Die Sabine hat Kinder gern.
B: Dann arbeitet sie wohl als Babysitter.

1. Der Flori isst gern Eis.
2. Die Jutta liebt die Natur.
3. Die Tanja hat Hunde gern.
4. Der Jörg mag Würstchen und Hamburger.
5. Der Stefan ist schon achtzehn und kann gut schwimmen.

Hilfskraft in einer Imbiss-Stube — Gärtner, -in — Bademeister, -in
Hundesitter — Babysitter — Eis-Verkäufer, -in

B17 Übung • Wer kann was tun? 

Wer gern Eis isst, der kann in einer Eisdiele arbeiten.

1. Wer den Geruch von Würstchen liebt, . . .
2. Wer die Natur liebt, . . .
3. Wer gesund und kräftig ist, . . .
4. Wer gut in der Schule ist, . . .
5. Wer einen Rasenmäher hat, . . .
6. Wer gern Rad fährt, . . .

in einer Imbiss-Stube arbeiten
in einer Eisdiele arbeiten
in einer Gärtnerei arbeiten
in einem Supermarkt arbeiten
Nachhilfestunden geben
für . . . den Rasen mähen
Zeitungen austragen

B18 Übung • Was passt zusammen?

1. Wer in Sprachen gut ist, der . . .
2. Wer sehr sportlich ist, der . . .
3. Wer in der Schule gut lernt, der . . .
4. Wer richtig isst und sich viel bewegt, der . . .
5. Wer gesund und kräftig ist, der . . .
6. Wer immer etwas Geld spart, der . . .
7. Wer 18 Jahre alt ist, der . . .
8. Wer das Abitur hat, der . . .

a. bleibt gesund.
b. ist nie pleite.
c. kann Nachhilfestunden geben.
d. kann viele Jobs finden.
e. darf Auto fahren.
f. kann auf die Universität.
g. kann für eine Mannschaft spielen.
h. kann einen Job im Ausland finden.

B19 Übung • Was machst du?

Deine Tante hat gehört, dass du viele Jobs hast. Sie ist sehr interessiert daran und fragt dich. Was kannst du ihr alles sagen?

TANTE Was, du bist (Verkäufer)? Wo arbeitest du denn? DU . . .
Und was (verkaufst) du?
Wieviel verdienst du?
Und du hilfst auch zu Hause. Was machst du alles?
Du gibst auch Nachhilfestunden. In welchen Fächern?

B20 Ein wenig Landeskunde

In Deutschland ist es nicht so einfach, einen kleinen Job zu finden. Für die meisten Jobs sind 16jährige Schüler nicht qualifiziert. In Deutschland steht kein Schüler im Supermarkt hinter der Kasse. „Verkaufen" muss man lernen, Verkäufer ist ein Beruf!

Für viele Jobs muss man heute auch Auto fahren können. Einen Führerschein bekommt man in der Bundesrepublik aber erst mit 18 Jahren.

Die meisten Jobs, die Schüler in diesem Alter finden können, sind Jobs in der Familie oder bei Verwandten, und das sind Jobs, die man nicht erlernen muss.

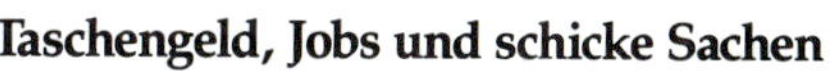

B21 Übung • Da musst du sehr geduldig sein! 

Für jeden Job braucht man bestimmte Qualifikationen. Was sind die Qualifikationen für diese Jobs? Was meinst du?

A: Ich arbeite als Verkäuferin in einem Kaufhaus.
B: Wirklich? Da musst du aber sehr geduldig sein!

1. Ich bin Nachhilfelehrer für Physik.
2. Ich jobbe als Hundesitter für Freunde.
3. Ich habe einen Job als Gärtner.
4. Ich arbeite als Musiker in einer Band.
5. Ich bin Fussballtrainer für unsere Schulmannschaft.
6. Ich arbeite als Babysitter für drei Familien.
7. Ich bin Verkäufer in einer Eisdiele.
8. Ich habe einen Job als Hilfskraft in einer Imbiss-Stube.

geduldig
gesund
intelligent
kinderlieb
kräftig
musikalisch
naturlieb
sportlich
tierlieb

B22 Übung • Bist du mit deinem Job zufrieden?

Stell dir vor, du hast einen Job! Was für Vorteile und Nachteile hat er?

A: Bist du mit deinem Job zufrieden? Gefällt dir die Arbeit?
B: Ja und nein. Die Arbeit ist nicht schlecht, aber ich habe keine Freizeit mehr.

Vorteile	Nachteile
gute Arbeit	keine Freizeit mehr haben
sich jetzt etwas kaufen können	sehr schmutzige Arbeit
jetzt endlich Geld haben	sehr schwere Arbeit
nette Leute kennenlernen	jeden Samstag arbeiten müssen
viel lernen	schlechte Arbeitszeit
gute Bezahlung	immer müde sein
	zu viel zu tun haben

B23 Übung • Hör gut zu! 

Ist das ein Vorteil oder ein Nachteil?

	Ex	1	2	3	4	5	6	7	8
Vorteil	✓								
Nachteil									

B24 Schreibübung

Schreib einen kleinen Aufsatz! Welchen Job machst du nebenbei? Beschreibe kurz, was du machst, wo, wie oft, wie es dir gefällt! Welche Vorteile oder Nachteile hat dieser Job?

saying how something looks on someone and how it fits

Viele Jungen und Mädchen kaufen sich mit ihrem Geld etwas zum Anziehen. — Was kaufst du dir mit deinem Geld?

C1

Schicke Sachen für Dich!

Für den Urlaub! Für die Schule! Für die Arbeit! Für den Stadtbummel!

IDEAL FÜR DEN URLAUB!

Ein leichter Parka zum Wandern, Strandlaufen, Radfahren

Aus Baumwolle, gefüttert, in Beige, Rot und Blau. Gr. S—XL, ca. 169 DM.

Bluse ab 49,95 DM

DIE NEUEN CITY-PULLIS

Tragen Sie bunt! Bunt ist „in".

Rock ab 69,90 DM

Dieser sportliche Pulli mit Kragen ist aus einer Chemiefaser-Wollmischung. Gr. 36—46, ab 79,90 DM;

Diese tollen Creationen sind cityschick! Echte Hits!

Nicht nur für die Stadt, auch für die Schule und die Ferien!

Diese sportlichen Piloten-Hemden bekommen Sie in Weiss und Grau, Gr. 32—42, schon ab 12,50 DM

Bequem! Praktisch! Preiswert!

Hose aus Baumwolle, Gr. 34—42, ca. 89 DM

C2 Übung • Deine Meinung, bitte!

1. Welche Sachen findest du schick?
2. Welche Sachen sind für die Ferien? Für die Schule? Für den Stadtbummel? Für den Job?
3. Was möchtest du dir kaufen?
4. Was willst du dir nicht kaufen? Warum nicht?
5. Was für Sachen trägst du lieber? Sachen aus Wolle? Baumwolle? Synthetik?
6. Weisst du, welche Grösse du brauchst?

C3 Lese- und Schreibübung

Lies die Reklame noch einmal! Schreib alle Adjektive auf eine Liste! — Dann schreib alle Wörter auf, die aus dem Englischen kommen! Was bemerkst du?

C4 Übung • Wie findest du die Sachen?

Sag, wie du diese Sachen findest!

A: Wie findest du diesen Parka?
B: Ich finde ihn schick! Und du?
A: Ich auch. Der gefällt mir gut.
[oder]
B: Hässlich! Und du?
A: Er gefällt mir auch nicht.

Schick! Todschick! Praktisch!
Einfach toll! Elegant! Modisch!

Blöd! Furchtbar!
Unmöglich! Hässlich!

der	die	das
Parka	Hose	Hemd
Badeanzug	Bluse	T-Shirt
Rock	Mütze	Halstuch
Mantel	Krawatte	Sweatshirt
Jogging-Anzug	Turnhose	Kleid
Trenchcoat		
Blazer		

C5 Übung • Welche Grösse haben Sie?

Du bist in einem deutschen Bekleidungsgeschäft.

A: Ich möchte (diese Bluse).
B: Welche Grösse haben Sie?
A: Ich weiss nicht. In Amerika hab' ich Grösse 10.
B: Das ist Grösse 38 in Deutschland.

1. Hemd / 14
2. Mantel / 12
3. Anzug / 34
4. Schuhe / 8
5. Kleid / 10
6. Pulli / M

Damengrössen

	USA	BRD
Blusen, Pullover	10	38
	12	40
	14	42
	16	44
Kleider, Mäntel	8	38
	10	40
	12	42
	14	44
Schuhe	5	36
	6	37
	7	38
	8	39
	9	40
	10	41

Herrengrössen

	USA	BRD
Hemden	14	36
	15	38
	16	40
	17	42
Pullover	S	36-38
	M	39
	L	40-41
	XL	42-44
Anzüge	34	44
	36	46
	40	50
	44	54
	46	56
Schuhe	7, 7 1/2	40
	8	41
	8 1/2	42
	9, 9 1/2	43
	10, 10 1/2	44

C6 Ein wenig Landeskunde

In Deutschland werden die Grössen anders bezeichnet als in den Vereinigten Staaten. In den obigen Tabellen sind einige Grössen-Bezeichnungen für euch. Es gibt auch Zwischengrössen für Leute, die stärker gebaut sind. Es ist aber immer besser, alles anzuprobieren, bevor man es kauft. Kleidungsstücke, die aus den USA kommen, haben amerikanische Grössen-Bezeichnungen. Es gibt also Jeans für euch in Grössen 24, 26, 28, 30, 32, 34, usw. Und Hemden und Parkas aus den USA haben auch die Grössen-Bezeichnungen S, M, L und XL.

C7 Übung • Mir gefällt es auch

Claudia und Sabine bewundern alles!

SABINE Mir gefällt dieser blaue Pulli.
CLAUDIA Mir auch. Aber der rote gefällt mir noch besser.

* * *

CLAUDIA Diese braunen Schuhe sind sehr preiswert.
SABINE Ja, und sehr schick!

Üb die beiden Dialoge mit diesen Wörtern!

In diesen Farben:

- rot
- weiss
- blau
- grün
- gelb
- braun
- grau
- schwarz
- hellblau
- dunkelblau

der, dieser	die, diese	das, dieses	die, diese	
-e	-e	-e	-en	
Mantel	Hose	Sweatshirt	Schuhe	Röcke
Parka	Bluse	T-Shirt	Badeanzüge	Hosen
Jogging-Anzug	Mütze	Hemd	Hemden	Pullis
Pulli	Krawatte	Halstuch	Blusen	Parkas
Rock	Jacke	Kleid	Halstücher	Shorts
Badeanzug	Turnhose		Mäntel	Socken
Trenchcoat	Badehose		Trainingsschuhe	Jeans
Blazer				

C8 Übung • Schicke Sachen!

Du gehst mit einem Freund einkaufen. Ihr könnt nichts kaufen, alles ist zu teuer.

A: Was kostet (die grüne Bluse)?
B: Ich glaube, 89 Mark.
A: Zu teuer für mich.
B: Für mich auch!

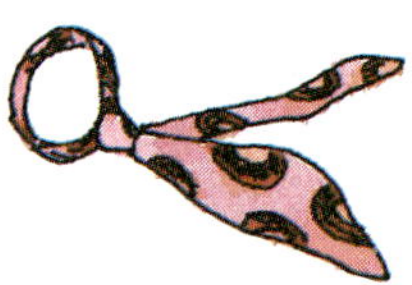
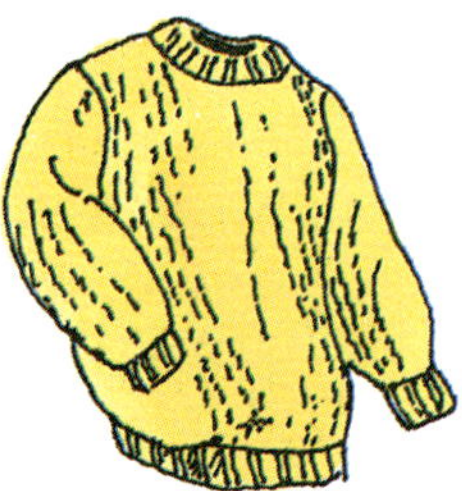

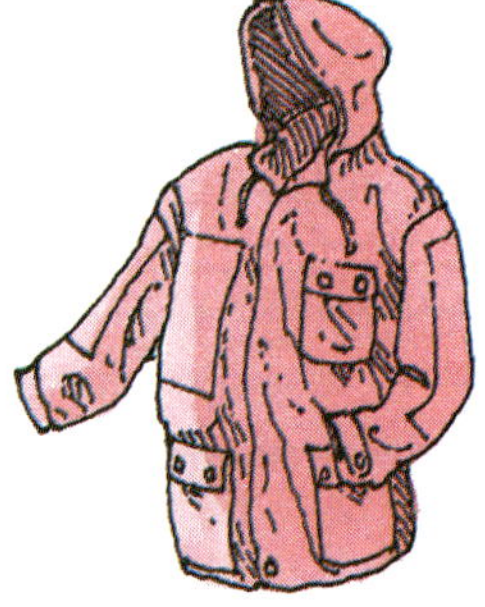

C 9 Übung • Wie gefällt euch alles? 

A: Wie gefällt dir dieser graue Jogging-Anzug?
B: Ich finde ihn schick. Prima für die Ferien.
A: Auch für die Schule.
B: Meinst du?
A: Warum nicht? Ist doch modern!

für die Schule **für die Freizeit**
für die Arbeit **für die Ferien**
für den Beruf **für den Urlaub**
für den Sport **für den Strand**
für den Sommer/Winter/Herbst/Frühling
für das ganze Jahr **für die heissen Tage**

1. Turnhose / weiss
2. Shorts / blau
3. Badeanzug / grün
4. Halstuch / bunt
5. Parka / gelb
6. Hemd / dunkel
7. Rock / kurz
8. Blazer / leicht
9. Kleid / schwarz

C 10 Übung • Was kaufst du dir?

SABINE Ich kauf' mir diesen blauen Pulli!
CLAUDIA Hast du denn genug Geld dafür?
SABINE Natürlich! Ich hab' doch gespart.

Was kaufst du dir?	den, diesen	die, diese	das, dieses	die, diese
	-en	-e	-e	-en

den blauen Pulli?

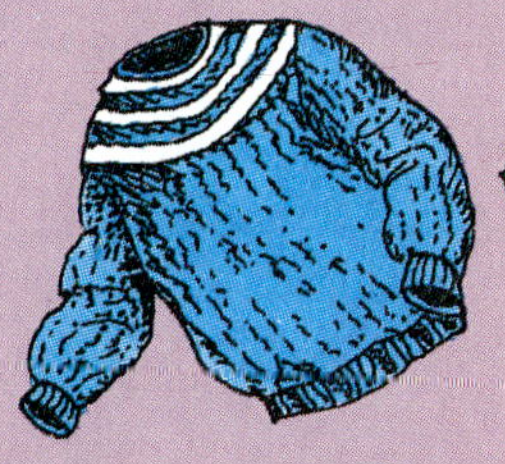

diese grüne Hose?

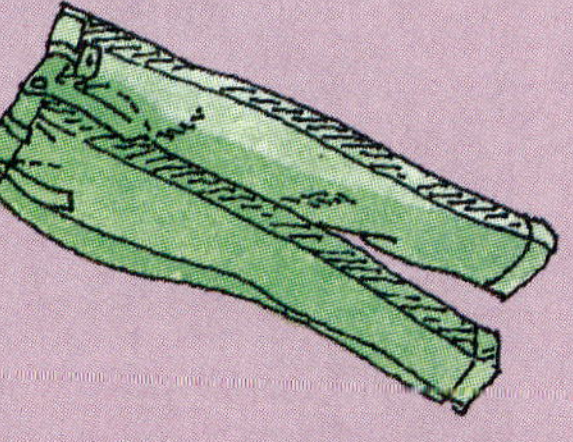

das gelbe Hemd?

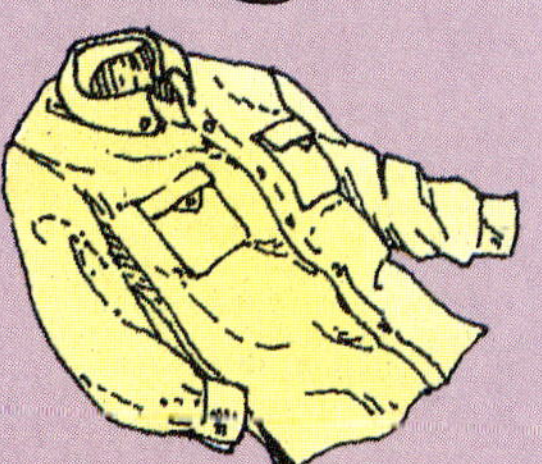

diese braunen Schuhe?

1. rot / Badeanzug
2. schwarz / Hose
3. grau / Schuhe
4. gelb / T-Shirt
5. braun / Rock
6. weiss / Mütze
7. blau / Parka
8. grün / Krawatte
9. grau / Jogging-Anzug
10. weiss / Trainingsschuhe

C11 Übung • Welche Farbe nimmst du?

CLAUDIA Welches T-Shirt kaufst du dir?
SABINE Ich glaube, dieses blaue.
CLAUDIA Ja, das blaue gefällt mir auch!

1. Badeanzug / grün
2. Hemd / weiss
3. Schuhe / schwarz
4. Parka / rot
5. Mütze / blau
6. Pulli / gelb
7. Jogging-Anzug / blau
8. Halstuch / bunt
9. Krawatte / rot
10. Mantel / braun
11. Jeans / weiss
12. Socken / blau

C12 ERKLÄRUNG

Adjectives after der, die, das, *and* dieser-*Words*

1. Adjectives that follow the definite article **(der, die, das)** or a **dieser**-word **(dieser, jeder, welcher)** end in either **-e** or **-en,** as shown in the following chart.

Masculine	*Nominative*	Was gefällt dir?	**Der** rot[e] Pulli.
	Accusative	Was kaufst du?	**Den** rot[en] Pulli.
Feminine	*Nominative*	Was gefällt dir?	**Die** rot[e] Jacke.
	Accusative	Was kaufst du?	
Neuter	*Nominative*	Was gefällt dir?	**Das** rot[e] Hemd.
	Accusative	Was kaufst du?	
Plural	*Nominative*	Was gefällt dir?	**Die** rot[en] Schuhe.
	Accusative	Was kaufst du?	

2. In the dative case all adjectives following a definite article or a dieser-word end in **-en.**

Das ist der Jörg mit
- **dem** grün**en** Pulli.
- **der** blau**en** Jacke.
- **dem** gelb**en** Hemd.
- **den** braun**en** Schuhen.

3. In a noun phrase with an adjective, the noun can be omitted if it is understood. The adjective ending is the same as if the noun were there.

Nimmst du die rot**e** Jacke?
Nein, die blau**e.**

C13 Übung • Vor dem Schaufenster

Du stehst mit deinem Freund/deiner Freundin vor einem grossen Schaufenster, in dem hübsche, sportliche Sachen ausgestellt sind. Was sagt ihr?

1. A: Du, schau mal, der rote Parka! Der gefällt mir.
   B: Ja, aber mir gefällt . . . besser.
2. A: Ich mag den roten Parka.
   B: Ja, der rote Parka gefällt mir auch.
3. A: Kauf dir doch diesen roten Parka!
   B: Ich möchte schon, aber er ist zu teuer.

C14 DER PARKA STEHT DIR GUT!

Sabine hat sich schicke Sachen gekauft.

SABINE	Schau, was ich mir gekauft habe!
CLAUDIA	Einen Parka! Du, der ist sehr schick. Er steht dir gut.
SABINE	Ehrlich?
CLAUDIA	Ehrlich! — Oh, und was für eine schicke Hose! Woher hast du denn das Geld für so tolle Sachen?
SABINE	Ich hab's mir verdient.
CLAUDIA	Das find' ich gut!
SABINE	Was meinst du, ist der Parka nicht zu weit?
CLAUDIA	Nein, nicht zu weit, nicht zu eng. Er passt dir gut. — Darf ich ihn mal anprobieren?
SABINE	Klar! Hier, zieh ihn mal an!

Was für ein schicker Parka!

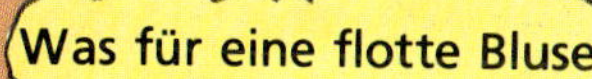

C15 Übung • Tolle Sachen!

A: Was für ein toller Parka!
B: Gefällt er dir?
A: Und wie! Er steht dir gut.
B: Ehrlich?
A: Ehrlich.

was für ein	was für eine	was für ein	was für
-er	-e	-es	-e

1. Jacke / preiswert
2. Pulli / todschick
3. Hemd / sportlich
4. Hose / modisch
5. Jogging-Anzug / bequem
6. Mantel / elegant
7. T-Shirt / lustig
8. Bluse / fesch

C16 WIE SAGT MAN DAS?
Saying how something looks on someone and how it fits

saying how it looks	Wie steht mir dieser Pulli? Der Pulli steht dir gut! Dieser Pulli steht dir nicht.	*How does this sweater look on me?* *The sweater looks good on you.* *This sweater doesn't look good on you.*
saying how it fits	Wie passt mir diese Jacke? Sie passt dir ausgezeichnet. Sie passt dir nicht.	*How does this jacket fit me?* *It fits you perfectly.* *It doesn't fit you.*

C17 Übung • In einer Boutique

Wenn junge Leute in einer Boutique oder in irgendeinem anderen Geschäft einkaufen, sagen die Verkäufer natürlich „Sie" zu ihnen.

VERKÄUFERIN Wie gefällt Ihnen der Mantel?
KUNDE Hm, ganz gut.
VERKÄUFERIN Probieren Sie ihn doch mal an! Der Mantel steht Ihnen gut.
KUNDE Hm . . .
VERKÄUFERIN Und er passt Ihnen auch gut. Das ist Ihre Grösse.
KUNDE Das stimmt! Aber er ist doch etwas zu kurz.

Du probierst viele Sachen an:

1. eine Jacke
2. eine Hose
3. einen Parka
4. ein Sweatshirt
5. eine Bluse
6. ein Kleid
7. einen Rock
8. Jeans

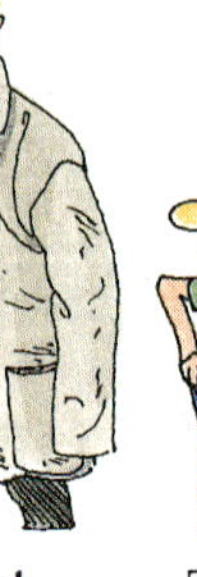
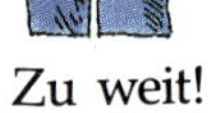
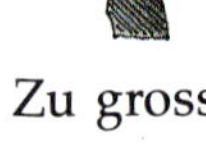

C18 Übung • Aus welchem Material?

A: Ist dieser Parka aus Synthetik?
B: Ich glaube, aus Baumwolle.
A: Gut, ich trage Baumwolle gern. [oder]
Hm, Baumwolle mag ich nicht gern.

Aus welchem Material?

Wolle Baumwolle Seide Leinen Synthetik

C19 Ein wenig Landeskunde

Die deutschen Jungen und Mädchen sind im allgemeinen gut angezogen. Sie wissen, was „in" ist, und sie ziehen sich gern fesche Sachen an — Sachen, die modisch sind.

Die Jungen und Mädchen haben Kleidung für die Schule und Kleidung für Freizeit und Sport. Besonders beim Sport legt man Wert auf die richtige Kleidung: man wandert in bequemen Wanderhosen, man reitet in Reithosen und nicht in Jeans, und man spielt Tennis in Weiss!

An Sonn- und Feiertagen sind die Jungen und Mädchen besonders nett angezogen; sie tragen ihre Sonntagskleidung. In vielen Gegenden der Bundesrepublik — und auch in den andern deutschsprachigen Ländern — trägt man heute auch Tracht. Trachtenkostüme sind „in", und da macht die Jugend auch mit.

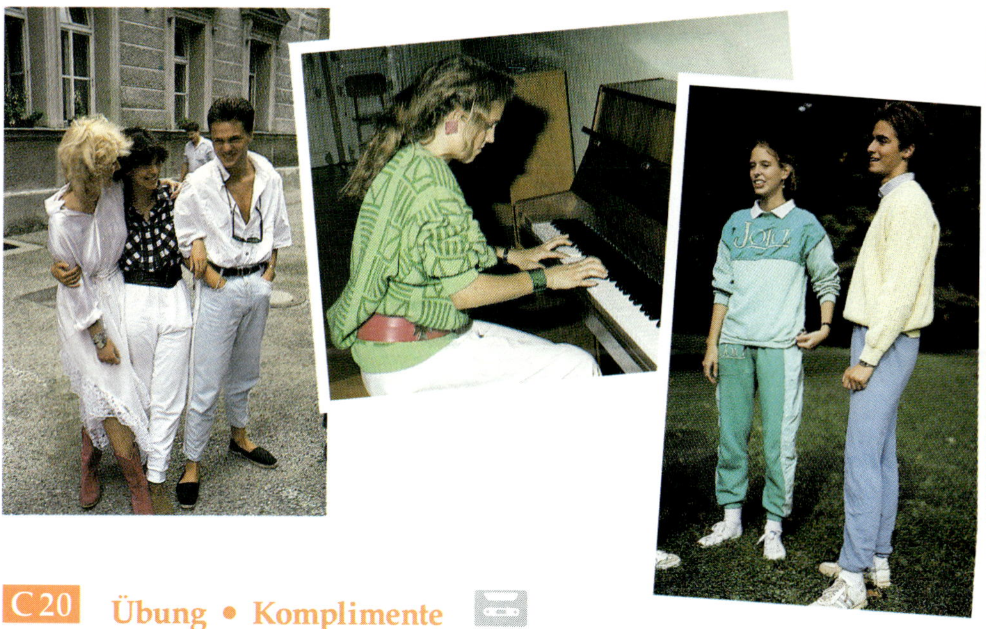

C20 Übung • Komplimente

Mach jedem ein Kompliment!

Deine Schwester Heidi trägt einen neuen Mantel.
DU Heidi, der neue Mantel steht dir gut!

1. Herr Meier, dein Lehrer, trägt einen neuen Anzug.
2. Deine Mutti trägt einen neuen Rock.
3. Dein Opa trägt ein neues Hemd.
4. Deine Oma trägt einen neuen Regenmantel.
5. Frau Sperling, deine Lehrerin, trägt eine neue Jacke.
6. Zwei Klassenkameraden tragen das gleiche T-Shirt.

C21 Übung • Alles passt gut 

A: Das ist ein toller Anzug!
B: Ja, ideal für den Sommer.
A: Wirklich! Ein idealer Sommeranzug.
B: Und er passt dir gut!

1. fesch / Hemd
2. leicht / Jacke
3. schick / Pulli
4. elegant / Mantel
5. leicht / Schuhe
6. schick / Bluse
7. hell / Kleid
8. flott / Hose

C22 Übung • Hör gut zu!

Rät man dir zum Kauf oder nicht?

	1	2	3	4	5
ja					
nein					

C23 Schreibübungen

1. Du machst einen Einkaufsbummel mit einem Freund oder einer Freundin. Ihr sprecht über:
   a. was ihr schön und nicht schön findet
   b. das Material
   c. die Farben und die Preise
   Schreib das Gespräch auf!
2. Schreib ein Verkaufsgespräch, das in einem Geschäft stattfindet! Du sprichst mit dem Verkäufer über deine Grösse. Du probierst etwas an. Es gefällt dir sehr gut, und du kaufst es.
3. Schreib ein Verkaufsgespräch, das in einer Boutique stattfindet! Der Verkäufer will dir etwas verkaufen, was dir aber gar nicht so gut gefällt.
4. Du hast dir neue Schuhe gekauft, und du zeigst sie zu Hause deiner Mutter und deinen Geschwistern. Die Schuhe gefallen deiner Mutter nicht.

C24 Übung • Klassenprojekt

Schneide Bilder von Kleidungsstücken aus einer Zeitschrift aus und klebe sie auf ein Blatt Papier! Schreib dann deine eigenen Reklametexte!

TRY YOUR SKILLS

using what you've learned

Die folgenden Artikel sind Leserbriefe aus Zeitschriften für deutsche Jungen und Mädchen.

1

Sprecht Euch aus!

Nicht genug Taschengeld

Ich bekomme von meinen Eltern keinen Pfennig Taschengeld, obwohl sie gut verdienen und es ihnen gutgeht. Ich muss auch jede freie Minute im Geschäft von meinem Vater helfen. Ich habe kein Geld, und ich möchte mir gern Sachen kaufen, die sich ein normaler Junge in meinem Alter kauft.

Ich verstehe mich gut mit meinen Eltern, und sie kaufen mir auch viel. Ich kann sie aber nicht dazu bringen, mir Taschengeld zu geben. Mein Vater meint, ich bekomme alles, was ich brauche, und deshalb brauche ich kein Taschengeld.

Boris, 15

Ich arbeite jetzt in den Sommerferien bei meinem Onkel und meiner Tante. Sie haben einen grossen Imbiss-Stand, und das Geschäft geht gut. Ich arbeite jeden Nachmittag, von Dienstag bis Samstag, und ich verdiene 80 Mark in der Woche.

Mein Problem: jetzt wollen mir die Eltern kein Taschengeld geben, weil ich selbst Geld verdiene. Ich brauche aber das Geld. Ich spare jede Mark, denn ich möchte einen Sprachkurs in Frankreich mitmachen. Der kostet über 500 Mark! Und ich brauche noch etwas Neues zum Anziehen, bevor ich fahren kann.

Claudia, 16

Für oder gegen Mode?

Unser Artikel MODE — AKTUELL hat bei unsern jungen Leserinnen heftige Kritik ausgelöst. Hier sind zwei typische Kommentare:

DAFÜR

Mode ist für mich wichtig. Ich trage gern Kleider und Schmuck, die modisch sind und nicht nur mir, sondern auch meinen Freunden und auch andern Leuten gefallen. In Kleidung, die „in" ist, fühle ich mich wohl.

Daniela, 15

Ich halte nichts von Typen, die immer modisch gekleidet sind, nur weil das gerade „in" ist. Ich kaufe mir Sachen, die bequem sind und die mir gut stehen, auch wenn sie nicht gerade in Mode sind. Mit der Mode mitmachen halte ich für Unsinn.

Paula, 16

DAGEGEN

Zwei junge Leserinnen haben uns geschrieben, weil sie mit unserer letzten IN- und OUT-Liste nicht zufrieden waren.

Wir lesen regelmässig Eure Zeitschrift, und wir finden die meisten Artikel gut und up-to-date. Aber Eure letzte IN- und OUT-Liste stimmt überhaupt nicht! Wir haben uns sofort hingesetzt und unsere eigene IN- und OUT-Liste geschrieben.

IN	OUT
Jeans	Hosenträger
Blond	Parkas
Goldarmbänder	Kostüme
Petticoats	Kopftücher
Garfield	Prince

Monika und Andrea, beide 16

2 Übung • Beantworte die Fragen!

1. Was ist Boris' Problem?
2. Haben seine Eltern genug Geld, um ihm Taschengeld zu geben?
3. Hat Boris persönliche Probleme mit seinen Eltern?
4. Warum bekommt er kein Taschengeld?
5. Bei wem jobbt die Claudia?
6. Was ist ihr Problem?
7. Warum braucht die Claudia das Taschengeld, das ihr die Eltern jetzt nicht geben wollen?

3 Schreibübung

Du bist der Redakteur *(editor)* oder die Redakteurin für Leserbriefe dieser Jugendzeitschrift, und du beantwortest die Leserbriefe. Schreib jetzt zwei Antworten, eine an Boris, die andere an Claudia. Hier sind ein paar Ideen für deine Antwort:

Lieber . . . Liebe . . .
Ich finde es . . . sprich mit . . .
es ist nicht schön, dass . . .

4 Übung • Und du? Wie ist es bei dir?

1. Hast du Probleme mit deinem Taschengeld? Wenn ja, welche?
2. Machst du bei der Mode mit? — Ist deine Meinung mehr wie Danielas oder wie Paulas?
3. Lies die IN- und OUT-Liste dieser Jugendzeitschrift! Was steht bei dir auf der IN-Liste? Was steht auf der OUT-Liste? — Was hältst du von diesen beiden Listen?

Blue Jeans
Rucksäcke
Riesenbrillen
Rauchen
Cord
Disco-Sound
Russen-Look
Bikinis

Perlenketten
Blazer
Ballonröcke
Naturschmuck
Parfüm für Jungen
Engtanzen
Carmen-Look
weiße Jeans
Mokassins

5 Übung • Rollenspiel

Such dir einen Partner! Einer von euch ist entweder der Vater oder die Mutter. Situation: Du brauchst Geld, du möchtest dir etwas kaufen. Du fragst, aber deine Eltern sagen nein. Du hast gerade Taschengeld bekommen, und du hilfst nicht im Haus. Du sagst, was du für sie machen willst. Du bekommst das Geld.

6 Übung • Vorteile / Nachteile

Bei dieser Übung macht die ganze Klasse mit. Hier sind einige Jobs aufgelistet, und ihr sprecht über die Vorteile und die Nachteile von jedem Job. Einer von euch schreibt die Antworten an die Tafel.

Jobs	
Imbiss-Stube	Supermarkt
Eisdiele	Gärtnerei
Babysitter	Bademeister
Zeitungen austragen	Rasen mähen

Vorteile	Nachteile
gute Bezahlung	schmutzige Arbeit

7 Schreibübung • Stellengesuch

Schreib ein Stellengesuch für einen Job, den du gern haben möchtest! Schreib etwas „Gutes" über dich, denn du musst dich „verkaufen"! (Claudia sagt von sich, sie ist „sehr tierlieb".) Schreib auch, wann du arbeiten kannst und wie oft, und wie man dich erreichen kann!

8 Übung • Am Telefon: Das Stellenangebot klingt gut!

Du hast Stellenangebote gelesen. Das Angebot als Verkäufer/in in der Eisdiele klingt gut. (Siehe Seite 169!) Du möchtest mehr über diesen Job wissen, und du rufst das Geschäft an. Welche Information gibt man dir übers Telefon? — Spiel die Szene mit deinem Partner!

A: Guten Tag! Ich heisse . . . Ich habe das Stellenangebot gelesen und interessiere mich für den Job. Ist die Stelle noch frei?
B: . . .
A: Für wie viele Stunden am Tag ist das?
B: . . .
A: Von wann bis wann?
B: . . .
A: Und was verdiene ich da die Stunde?
B: . . .
A: Und wie heisst die Eisdiele, bitte?
B: . . .
A: Und wie ist die Adresse?
B: . . .
A: Danke! Darf ich vorbeikommen und mich vorstellen?
B: . . .
A: Ja, gut! Bis später! Auf Wiedersehen!

9 Schreibübung • Die Sabine als Babysitter

Die Sabine möchte mehr über den Job als Babysitter wissen. Sie ruft an. Hier habt ihr die Antworten. Was hat sie bloss gefragt? Schreib ihre Fragen auf!

1. . . .
   Am Montag und am Samstag.
2. . . .
   Der Junge ist vier und das Mädchen sieben.
3. . . .
   Unsere Wohnung ist in der Sonnenstrasse.
4. . . .
   Mit dem Bus Nummer 20.
5. . . .
   Vier Mark die Stunde.
6. . . .
   Bis 23 Uhr, nicht länger.

10 Übung • Schicke Sachen!

11 Übung • Beschreibe diese Leute!

Sag, wie diese Leute angezogen sind!

12 Übung • Rollenspiel

Such dir einen Partner! Du machst mit deinem Partner einen Stadtbummel. Ihr seht euch Schaufenster an. Du siehst etwas, was du unbedingt kaufen willst, aber du bist pleite. Du möchtest dir das Geld leihen, aber dein Partner ist auch pleite. Dein Partner rät dir, dass du sparen sollst. Du findest das unmöglich. Er/sie rät dir zu jobben.

AUSSPRACHEÜBUNGEN 

A. Sounds that are difficult to produce

Pronounce these words after your teacher or after the recording.

1. The sounds /ü/ and /ö/
   long: dafür, Frühling; Grösse, unmöglich, zuhören
   short: zurück, gefüttert, Würstchen
2. The sounds /ç/ and /x/
   bisschen, solch, unmöglich, sportlich, leicht,
   knickrig, kräftig, lässig; Nachbar, Geruch, gesucht
3. The sound /R/
   abtrocknen, austragen, anprobieren, knickrig, Beruf, Rock,
   Rasen, zuhören, abräumen, Geruch
4. The sound /ʌ/, as in **für** (**r** after a long vowel)
   wahr, Nachbar, her, mehr, Tier, tierlieb,
   Urlaub, dafür

B. Letters that have a different sound value in German

Read these words, or read them after the recording.

1. The letter **z** is pronounced /ts/ as in *hits.*
   zahlen, zuhören, zurückgeben, Anziehen, Bezahlung, Badeanzug
2. Final **b, d, g** is pronounced /p/, /t/, /k/.
   ob, abtrocknen, abwaschen, abräumen, selbst, staubsaugen, Urlaub,
   kinderlieb; Landwirtschaft, Taschengeld, Kleid; Badeanzug
3. **-ng** is pronounced /ŋ/.
   eng, Frühling, Bezahlung
4. **w** is pronounced /v/, as in *viper.*
   Wagen, Wahr, waschen, wieder, wenigsten, weit, wohl, teilweise,
   abwaschen, Landwirtschaft, wählerisch, Würstchen, Wolle
5. **-er** is pronounced /ʌ/, as in the final vowel sound in *sofa.*
   über, wieder, kinderlieb, Bewerber, Tennisschläger, Bademeister, Babysitter,
   Blazer
6. **j** is pronounced /y/, as in *yes.*
   Jacke, but: Job, jobben, joggen, Jeans

C. Words where interference from English is likely

The following words are cognates. Pay attention to how they are pronounced in German.

Job, jobben, Jogging, Babysitter, Blazer, Parka, Trenchcoat, elegant, ideal

WAS KANNST DU SCHON?

Let's review some important points that you have learned in this unit.

Can you talk about how you get your spending money?
Say how much allowance you get and how often.

Name four jobs young people do to earn pocket money.

Can you use *man* to express something in general terms?
Make these statements more general using **man.**

1. Es ist nicht schlecht, wenn ich selbst etwas verdiene.
2. Wenn ich Geld brauche, kann ich jobben.

Can you make suggestions using dative reflexive verbs?
Make the following suggestions to one friend, to two friends, and to your teacher:

1. they should see this movie
2. they should buy this book

Can you urge someone to do something and can you offer advice?
Urge your sister to save money.

Suggest to your friend that he or she get a job.

Can you name some ways young people earn money?
Name four jobs young people can work at. Name a necessary qualification for each one.

Can you talk about advantages and disadvantages of certain jobs?
Pick a job and name two advantages and two disadvantages of working at that job.

Can you describe articles of clothing and express what you like and don't like?
Name five articles of clothing and mention the material of which each one is made.

Say you like the following items:

1. this blue jacket
2. this red coat
3. the colorful shirt
4. these stylish shoes

Can you say how something looks on someone and how it fits?
Your friend is trying on five articles of clothing. Admire each one and comment on how each item looks and fits.

WORTSCHATZ

SECTION A

abtrocknen (sep) *to dry the dishes*
abwaschen (ä) (sep) *to wash the dishes*
alle: alle zwei Wochen *every two weeks*
als *as;* als Babysitter arbeiten *to work as a babysitter*
(s.) **anhören** (dat) (sep) *to listen to*
Anziehen: etwas zum Anziehen *something to wear*
ausgeben (i) (sep) *to spend (money)*
austragen (ä) (sep): Zeitungen austragen *to deliver newspapers*
der **Babysitter, -** *babysitter*
(s.) **bestellen** (dat) *to order*
bestimmt: ganz bestimmt *definitely, for sure*
bloss: sag bloss nicht *just don't tell me*
dafür *for that*
damit *with it*
davon *from it, from that*
genauso: mir geht's genauso *it's the same with me*
der **Haushalt:** im Haushalt helfen *to help with the housework*
her: das ist schon lange her *that was a long time ago*
die **Landwirtschaft:** in der Landwirtschaft helfen *to help on the farm*
die **Jeans** (pl) *jeans*
jobben *to do odd jobs, work*
der **Jogging-Anzug, ⸚e** *sweat suit*
die **Karte, -n** *ticket*
knickrig *stingy*
leihen *to lend*
mähen *to mow*
mehr: kein . . . mehr *not any more, not another*
nebenbei *on the side*
der **Rasen, -** *lawn*
der **Schluss:** jetzt ist aber Schluss! *now I've had enough!*
sei: sei nicht knickrig! *don't be stingy!*
selbst *oneself (myself, yourself, etc.)*
solche *such*
soso *well, well*
staubsaugen *to vacuum*
die **Stunde:** 8 Mark die Stunde *8 marks an hour*
das **Taschengeld** *allowance*
der **Tennisschläger, -** *tennis racquet*
die **Turnhose, -n** *gym shorts*
über *about*
vorgestern *day before yesterday*
der **Wagen, -** *car*
wahr: *true;* das darf nicht wahr sein! *it can't be true!*
waschen (ä) *to wash*
wenigstens *at least*
wieder: schon wieder *again so soon*
wiederhaben (sep) *to have back*
wohl: das kann man wohl sagen *you can say that again;* du glaubst wohl *you must think*
zahlen *to pay*
zuhören (sep) *to listen*
zurückgeben (i) (sep) *to give back*

SECTION B

ab *from, starting at*
die **Arbeit, -en** *work*
aufpassen auf (acc) (sep) *to watch out for, take care of*
der **Bademeister, -** *lifeguard*
bei: bei gutem Wetter *when the weather is good*
die **Bezahlung** *pay*
bisschen: ein bisschen *a little*
bloss *only, just*
die **Eisdiele, -n** *ice cream parlor*
fast *almost*
die **Gärtnerei, -en** *nursery*
geduldig *patient*
gefallen (ä) *to like*
der **Geruch, ⸚e** *smell*
die **Hilfskraft, ⸚e** *helper*
der **Hundesitter, -** *dogsitter*
der **Job, -s** *job*
kinderlieb *fond of children*
kräftig *strong*
lieben *to love*
müde *tired,* keine müde Mark! *not a lousy penny!*
der **Nachbar, -n** *neighbor*
die **Nachhilfestunde, -n** *tutoring;* Nachhilfestunden geben *to tutor*
paar: ein paar *a few*
pleite sein *to be broke*
raten (ä) *to advise*
stehen: es steht dir gut *it looks good on you*
das **Stellenangebot, -e** *want-ad*
teilweise *partly, to some extent*
das **Tier, -e** *animal*
tierlieb *fond of animals*
unmöglich *impossible*
vorbeigehen an (dat) (sep) *to go past*
wählerisch *choosy*
das **Würstchen, -** *hot dog, sausage*

SECTION C

anprobieren (sep) *to try on*
(s.) **anziehen** (sep) *to put on*
aus *out of, made of*
der **Badeanzug, ⸚e** *bathing suit*
die **Badehose, -n** *bathing trunks*
die **Baumwolle** *cotton*
bequem *comfortable*
der **Beruf, -e** *work, career*
der **Blazer, -** *blazer*
bunt *colorful*
elegant *elegant*
eng *tight, small*
fesch *stylish, smart*
flott *smart, sharp, chic*
der **Frühling, -e** *spring*
gefüttert *lined*
die **Grösse, -n** *size*
ideal *ideal*
die **Jacke, -n** *jacket*
das **Kleid, -er** *dress*
lässig *casual*
leicht *light*
die **Mode, -n** *style, fashion*
modisch *stylish, fashionable*
passen *to fit*
der **Parka, -s** *parka*
der **Rock, ⸚e** *skirt*
die **Socken** (pl) *socks*
sportlich *sporty*
tragen (ä) *to wear*
die **Trainingsschuhe** (pl) *sneakers*
der **Trenchcoat, -s** *trench coat*
der **Urlaub** *vacation*
weit *wide, big*
die **Wolle** *wool*

ZUM LESEN

Mercedes oder Flugzeug?

Thomas steht vor dem Spiegel°. Es ist sieben Uhr morgens. Heute ist der erste Schultag nach den Sommerferien. Das Spiegelbild gefällt Thomas gar nicht. Da ist ein großer Junge. Zu dünn, Schultern zu schmal. Lange Arme, zu große Hände, zu große Füße. Die Hose stimmt auch nicht. Die Jeans sind bestimmt ein paar Zentimeter zu kurz. „Ich bin wieder gewachsen°", denkt Thomas, „und jetzt muß ich mit dieser Hose in die Schule."

Schon im Mai hatte die Mutter gesagt: „In den nächsten Monaten können wir nichts kaufen. Ihr müßt die alten Sachen tragen." Thomas weiß, warum. Sein Vater hat das Geschäft vergrößert. Das war ein großes Risiko. Und leider ist es jetzt ein Fiasko. Das Geld ist echt knapp° für die Familie.

Natürlich ist die Familie diesen Sommer nicht in den Urlaub gefahren. „Nächstes Jahr bestimmt wieder", hat der Vater gesagt. Thomas hat in den Ferien hier und da gearbeitet. Ferienjobs sind nicht leicht zu finden. Er hat bei den Nachbarn Fenster geputzt° und Rasen gemäht. Bei einer alten, fast blinden Frau hat er die Wohnung geputzt und manchmal hat er ihr vorgelesen°. Das Geld hat er gespart. Er will sich ein Rad kaufen.

„Vielleicht hätte ich mir lieber Klamotten° kaufen sollen°", denkt Thomas jetzt. Er steht noch immer vor dem Spiegel. Da ist ein anderes Bild in seinem Kopf. Es ist ein Bild vom ersten Schultag. Da sind die Klassenkameraden mit ihren schönen, neuen Sachen und mit ihren Geschichten° von tollen Ferienreisen: Frankreich, Mallorca, Spanien, Nordsee. Und dann die Frage: „Wo warst du denn, Thomas?" Bestimmt müssen sie in Deutsch auch noch einen Aufsatz schreiben: „Meine Sommerferien".

„Thomas!", ruft die Mutter. „Thomas, wenn du nicht sofort gehst, kommst du zu spät in die Schule!" Thomas nimmt die Schultasche und geht.

Vor der Schule stehen die Schüler in kleinen Gruppen herum. Schon von weitem erkennt° Thomas die Daniela in einer Gruppe von Klassenkameraden. Sie sieht toll aus. Braungebrannt, neuer Haarschnitt, neue Garderobe°. Der Sebastian zeigt ihr gerade sein neues Moped, und der Torsten erzählt von Mittelmeerinseln°. Thomas geht nicht zu der Gruppe hin. Ganz schnell geht er in die Schule.

---

der Spiegel *mirror* **wachsen** *to grow* **echt knapp** *really tight, limited* **putzen** *to clean* **vorlesen** *to read to* **die Klamotten** (pl) *clothes* **hätte kaufen sollen** *should have bought* **die Geschichte** *story* **erkennen** *to recognize* **die Garderobe** *wardrobe* **das Mittelmeer** *Mediterranean*

Die erste Stunde ist Mathe. Herr Dörfler, der Mathelehrer, gibt nie Zeit für Feriengeschwätz°. Gott sei Dank! „Klassenzeit ist Arbeitszeit", ist sein Motto. „Dieses Jahr müßt ihr alle hart arbeiten", sagt er. Thomas ist heute dankbar für Herrn Dörflers Leidenschaft° für Mathematik.

Die zweite Stunde ist Deutsch bei Fräulein Weiland. Sie ist ziemlich jung. Die Schüler nennen Sie ‚Hippie'. Fräulein Weiland hat langes, glattes° Haar, bis über die Schultern. Am liebsten trägt sie weite, indische Röcke. Im Urlaub war sie in Griechenland. Sie erzählt der Klasse von den weißen Inseln und dem tiefblauen Meer. Dann soll die Klasse erzählen. Der dicke Markus ist gar nicht zu halten. Alle müssen von dem neuen Mercedes 500 hören, den sein Vater vor dem Urlaub gekauft hat. Damit war die Familie in Spanien an der Costa del Sol. Er zeigt der Klasse seine neue Lederjacke.

„Angeber°, du blöder Angeber", denkt Thomas. Er nimmt ein Stück Papier und einen Kuli aus der Schultasche. Jetzt erzählt der Matthias von Sylt an der Nordsee . . . Thomas malt° Mercedessterne auf das weiße Papier, viele Mercedessterne. Aber plötzlich° horcht Thomas auf°. Eine unbekannte° Stimme° spricht jetzt. Er schaut auf. Richtig, das muß ein neuer Schüler sein. Er ist ziemlich klein für sein Alter. Fräulein Weiland hat gerade nach seinem Namen gefragt. Er heißt Till, Till Braner. Und dann erzählt Till eine phantastische Geschichte von seiner Ferienreise. Till hat einen reichen° Onkel. Der hat sein eigenes Flugzeug, eine Sechssitzer Cessna. Damit sind Onkel Carlos und sein Neffe nach Südamerika geflogen, nach Rio. Der Onkel hat dort eine Villa am Meer. Dann sind der Onkel und Till den Amazonas hinaufgeflogen. Plötzlich war etwas am Flugzeugmotor kaputt, und sie sind mitten im Urwald° notgelandet°. Indianer haben das Flugzeug umringt . . . Die Klasse hört fasziniert zu. Markus und sein Mercedes 500 sind nichts gegen einen Onkel Carlos und eine Cessna!

„Entschuldige, Till", sagt Fräulein Weiland jetzt, „ich muß leider deine interessante Geschichte unterbrechen. Wir haben nur noch zehn Minuten Zeit. Wir müssen mit dem Unterricht beginnen." Die Klasse mault. Fräulein Weiland erklärt die Lernziele für den Deutschunterricht im neuen Schuljahr.

Der erste Schultag geht weiter mit Physik, Geschichte und Sport. Thomas ist ungewöhnlich still heute. Die Klassenkameraden merken° es nicht. Sie sind erfüllt von sich° und von den Ferien.

In kleinen Grüppchen verlassen° die Schüler das Gebäude. Thomas geht heute allein nach Hause. Er wohnt in der Mattenbergsiedlung in einem Reihenhaus. Als er in die Seebergstraße einbiegt, hört er Schritte° hinter sich. Es ist der neue Schüler, der Flugzeugtourist.

„Du bist doch in meiner Klasse? Wohnst du auch hier? Ich bin der Thomas."

---

das Geschwätz *chit-chat* **die Leidenschaft** *passion* **glatt** *straight* **der Angeber** *braggart, show-off* **malen** *to draw* **plötzlich** *suddenly* **aufhorchen** *to perk one's ears and listen* **unbekannt** *unfamiliar* **die Stimme** *voice* **reich** *rich* **der Urwald** *jungle* **notlanden** *to make an emergency landing* **merken** *to notice* **sie sind erfüllt von sich** *they are full of themselves* **verlassen** *to leave* **der Schritt** *step*

„Grüß dich, Thomas, ich wohne gleich hier, Seebergstraße 35."

„Ehrlich? Ich wohne Nummer 57. Du wohnst doch noch nicht lange da? Ich hab' dich noch nie hier gesehen."

„Erst eine Woche. Wir sind gerade aus Leipzig gekommen."

„Leipzig? Dann bist du ja aus der DDR! Haben die euch denn rausgelassen°?"

Till ist eine Weile still. Dann sagt er ganz leise°: „Mein Vater ist gestorben°, an Krebs°. Da hat meine Mutter die Ausreiseerlaubnis* bekommen. Wir wohnen hier bei meiner Oma." Thomas weiß nicht, was er sagen soll. Er ist eine Weile still, dann fragt er schnell: „Und dein Onkel Carlos?" Tills Gesicht° wird wieder ganz hell. Er strahlt°. Die Augen, die Nase, der Mund strahlen. Dann fängt er an zu lachen. So ein Lachen ist ansteckend°. Thomas grinst, und dann lacht er laut mit.

„Meinst du, die Klasse hat die Geschichte geglaubt?"

„Bestimmt, ich war total beeindruckt°."

„Mensch, Thomas, ich hab doch alles erfunden°, weil der Markus so angegeben hat."

Thomas versteht genau das ‚warum.' Zwei Außenseiter machen schon eine Gruppe, denkt er. Plötzlich ist dieser miese° erste Schultag voller neuer Möglichkeiten°!

„Prima, daß wir den gleichen Schulweg haben", sagt der Flugzeugtourist.

Ellen Benson

Fragen zum Inhalt

1. Wie sieht Thomas aus?
2. Was hat er in den Ferien gemacht? Warum ist die Familie dieses Jahr nicht in den Urlaub gefahren?
3. Warum freut sich Thomas nicht auf die Schule?
4. Was machen die Schüler bei Herrn Dörfler?
5. Beschreibe Fräulein Weiland! Was machen die Schüler in ihrer Stunde?
6. Wer ist Markus? Wie sieht er aus? Was erzählt er? Was meint Thomas, wenn er das alles hört? Wie nennt er den Markus?
7. Wie heisst der neue Schüler? Was erzählt er über seine Ferien?
8. Wie lernt Thomas den neuen Schüler kennen? Woher kommt Till? Wieso ist er jetzt in der Bundesrepublik? Findet Thomas, dass Till ein Angeber ist? Mag er den Till? Warum wohl?

---

* Citizens of the German Democratic Republic cannot leave to relocate in another country without official permission. Such permission is given only in special cases.

---

rauslassen *to let out* **leise** *softly* **sterben** *to die* **an Krebs** *of cancer* **das Gesicht** *face* **strahlen** *to beam* **ansteckend** *contagious* **beeindruckt sein** *to be impressed* **erfinden** *to invent* **mies** *miserable, lousy* **die Möglichkeit** *possibility*

LESEHILFE
Reading in Meaningful Groups of Words

When reading German, it is very helpful to read in meaningful groups rather than isolated words. For example, read prepositional phrases together: **im neuen Schuljahr, nach den Sommerferien;** read verb phrases: **den Rasen mähen, Fenster waschen;** and read entire noun phrases: **ein guter Schüler, sein neues Moped.** Read the following sentence, pausing at each slash:

Da sind die Klassenkameraden / mit ihren schönen, neuen Sachen / und mit ihren Geschichten / von tollen Ferienreisen./

Now copy some sentences from the story and put slashes between meaningful groups of words.

Cognates and Foreign Words

Cognates are words that are related, words derived from a common original form. Both English and German are Germanic languages, and it is not surprising, therefore, that there are many German and English words that are cognates.

There are words that are spelled the same in both languages and that mean the same, such as **Arm** — *arm,* **Hand** — *hand,* **Finger** — *finger.* And there are many more words that are not spelled the same anymore but do retain the same meaning, words such as **Schiff** — *ship,* **Tag** — *day,* **Buch** — *book,* and the like.

In both languages there are also many words that have their origin in another language, such as Latin or Greek. Such words are sometimes called foreign words, or **Fremdwörter.** The language of medicine, physics, and mathematics is full of such words: **Doktor** — *doctor,* **Hospital** — *hospital,* **Museum** — *museum,* **Rhythmus** — *rhythm,* **Astrologe** — *astrologer.* And German now has many words from English, such as **Hobby, City, Manager** — to mention only a few.

In your readings of German you will meet many such words. A word of caution, however: not every such word means what you think it should. Often, meanings of words do change over the years. The word **Gymnasium,** for example, refers to a type of high school in German; in English, it has retained its original Greek meaning: a place where people engage in sports.

Make a list of all the cognates and foreign words you can find in this reading selection.

Zum Nachdenken und Diskutieren

1. Hast du schon einmal eine Geschichte erfunden, weil du über das, was eigentlich passiert ist, nicht sprechen wolltest? — Erfinde jetzt eine tolle Lügengeschichte!
2. Thomas hat in den Ferien Geld verdient; er spart auf ein Rad. Vielleicht hätte er doch lieber neue Kleider kaufen sollen, die ihm passen. Was meinst du? Was würdest du machen?
3. Was ist ein Angeber? Warum sind Angeber nicht sehr beliebt?

KAPITEL 6

Konflikte, Wünsche und Idole

Most young people have plans for school and work and ideas about what they would like to be. And most young people have dreams about what the world and their own lives will be like in the future. But they also have problems. They often discuss their problems, plans, and dreams with friends, parents, and teachers.

In this unit you will:

ERSTER KONTAKT	get acquainted with the topic
SECTION A	discuss family conflicts; give reasons; ask for permission; threaten with consequences
SECTION B	talk about school and career plans; express certainty, uncertainty, and probability
SECTION C	talk about wishes and dreams for the future
TRY YOUR SKILLS	use what you've learned
ZUM LESEN	read for practice and pleasure

Wünsche der Jugend

Andere Menschen sind für uns interessant. Durch Fragen und Gespräche können wir herausfinden, wie sie denken und was sie fühlen, was für Probleme sie haben und wie sie mit diesen Problemen fertigwerden.

Im Leben anderer Menschen spiegelt sich oft unser eigenes Leben wider, besonders, wenn es das Leben von Gleichaltrigen ist. Da kann man dann gut Vergleiche anstellen: Wie ist es bei dir? Hast du auch solche Probleme? Und wie löst du diese Probleme? Kennst du auch solche Konflikte? Wie schaffst du diese Konflikte aus deiner Welt? Sind das auch deine Wünsche? Wie erfüllst du deine Wünsche? Sind deine Ideale ähnlich? Wie erreichst du deine Ideale?

Eine Frage an unsere Freunde:

Hast du jemand, mit dem du über deine Probleme sprechen kannst?

WIEBKE Ja, meine Mutter. Sie ist tolerant, ich kann mit ihr über alles reden. Sie hat immer Zeit für mich und für meine Probleme. Sie ist wie eine Freundin für mich.

Gesprächspartner für Probleme

	15—17jährige Mädchen	15—17jährige Jungen
Eltern	19%	27%
Mutter	28%	21%
Vater	4%	9%
Freund	29%	37%
Freundin	62%	33%
Freunde	8%	15%

Fragen

1. Warum sind andere Menschen für uns interessant?
2. Was für Vergleiche können wir machen?
3. Mit wem sprechen die Mädchen am liebsten über ihre Probleme? Die Jungen?
4. Wer ist ein besserer Gesprächspartner für Jungen und Mädchen, die Mutter oder der Vater?
5. Wer sind öfter die Gesprächspartner, die Eltern oder die Gleichaltrigen?

Konflikte zwischen Eltern und Jugendlichen

Jungen		Mädchen	
zu spät nach Hause kommen	62%	Haarschnitt	60%
Zimmer sauberhalten	45%	zu wenig im Haushalt helfen	50%
Musik zu laut	40%	zu spät nach Hause kommen	30%
schlechte Noten in der Schule	25%	schlechte Noten	10%
zu viel fernsehen	20%	zu wenig Taschengeld	10%

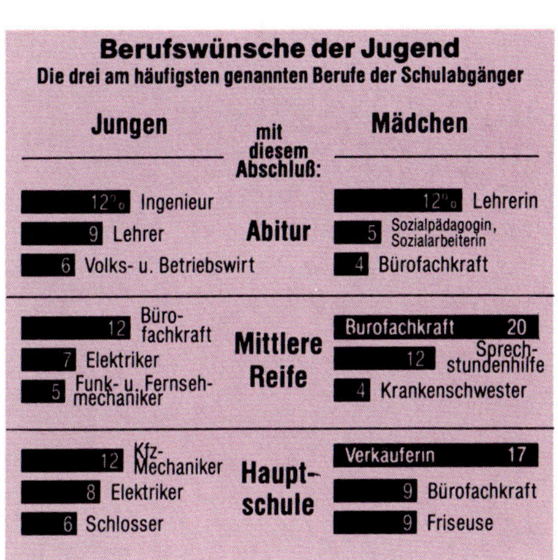

Zukunft „Wenn du an deine Zukunft denkst, welche Ziele hast du da?"

	Jugendliche insgesamt	Altersgruppen 12 Jahre	16 Jahre	Jungen	Mädchen
Einen sicheren Arbeitsplatz	70	61	81	73	67
Ein gutes Einkommen	64	54	77	67	60
Gesund leben	48	45	53	46	52
Liebe	42	29	53	34	51
Anderen Menschen helfen	40	39	41	32	49
Ein Haus haben	33	34	34	36	30
Politisch aktiv sein	6	4	8	7	5

Fragen

1. Was führt oft zu Konflikten zwischen Eltern und Kindern?
2. Was wollen die meisten Mädchen und Jungen werden?
3. Für welche Berufe braucht man das Abitur?
4. Was möchten die jungen Leute haben, wenn sie an ihre Zukunft denken? — Was ist sehr wichtig für sie? Was ist nicht so wichtig?

SECTION A

discussing family conflicts; giving reasons; asking for permission; threatening with consequences

Was für Probleme haben junge Leute? Mit wem sprechen sie darüber? Gibt es ab und zu Krach zu Hause? — Wie sieht es bei dir aus? Gibt es bei dir manchmal Krach?

A1 Auch die Jugend hat Probleme

Ihr habt in euerm Deutschkurs schon viele deutsche Schüler kennengelernt, und ihr habt viel über sie gehört: wie sie heissen, wo sie wohnen, welche Fächer und Noten sie in der Schule haben, wie sie ihre Freizeit und ihre Ferien verbringen, was sie sich kaufen, wie sie sich fithalten, wie sie Partys feiern und vieles mehr.

In dieser Lektion wollen wir einmal hören, was für Probleme unsere Freunde haben und mit wem sie darüber sprechen können.

Natalie, Flori, Monika und Andrea

Flori und drei Mädchen der List-Schule in München sprechen über ihre Probleme. Die List-Schule ist eine Wirtschafts-Realschule. Die Mädchen gehen in die 10. Klasse.

FLORI Wie steht's denn bei euch zu Hause? Ihr habt doch bestimmt auch Probleme, oder?

ANDREA Ich habe eigentlich wenig Probleme mit meinen Eltern. Nur wenn ich mal zu spät nach Hause komme, dann gibt's Krach.

NATALIE Bei mir auch! — Wie lange darfst du denn am Abend wegbleiben?

ANDREA In der Woche bis um zehn.

MONIKA Ich auch.

ANDREA Ja, und am Wochenende bis Mitternacht. Dann wollen die Eltern aber wissen, wo ich bin und mit wem ich ausgehe.

FLORI Meine Eltern sind geschieden, und ich wohne jetzt bei meiner Mutter. Sie verlangt halt viel, und da gibt es ab und zu Krach mit ihr.

MONIKA Worüber?

FLORI Ja, ich soll halt mehr zu Hause helfen, mein Zimmer aufräumen und sauberhalten, ja . . . und was denn noch? Ach ja, ich soll nicht so viel fernsehen, ja, und meine Mutter mag halt meinen Haarschnitt nicht.

NATALIE Deine Haare sind aber auch zu lang! Das ist überhaupt nicht mehr „in".
FLORI Mir gefällt's aber!
ANDREA Wie ist es denn bei dir, Natalie? Du bist so brav, du hast bestimmt nie Krach mit deinen Eltern!
NATALIE Doch! Manchmal. Meine Eltern wollen zum Beispiel wissen, was ich mit meinem Taschengeld mache.
MONIKA Warum? Mit dem Taschengeld kann man doch machen, was man will, oder?
NATALIE Ja schon, aber ich soll das Geld eben nicht für Rockkonzerte und Musikkassetten und so ausgeben.

Meine Mutter schimpft, wenn ich die Musik zu laut spiele.

FLORI Das ist aber bei mir auch so. Und dann schimpft meine Mutter, wenn ich die Musik zu laut spiele. Sie sagt, sie kann den Krach nicht leiden.
ANDREA Meine Eltern schimpfen dann auch . . .
MONIKA Meine Eltern mögen manchmal meine Freunde nicht so besonders.
ANDREA Du meinst jetzt den Benno?
MONIKA Ja, den.
NATALIE Und warum mögen sie ihn nicht?
MONIKA Sie mögen nicht, wie er sich anzieht, und sie finden seine Frisur verrückt. Dass er sich die Haare färbt und dass er raucht, finden sie unmöglich.
FLORI Darfst du rauchen?
MONIKA Natürlich nicht!

A2 Übung • Welche Konflikte kann es geben?

Welche Konflikte gibt es bei diesen vier Schülern?

FLORI: er soll ANDREA: sie soll MONIKA: sie soll NATALIE: sie soll	nicht so spät nach Hause kommen sein Zimmer aufräumen, sauberhalten mehr zu Hause helfen nicht so viel fernsehen das Taschengeld nicht für Rockmusik ausgeben die Musik nicht zu laut spielen nicht so faul sein
ihre Eltern wollen	wissen, wo sie am Abend ist wissen, mit wem sie ausgeht wissen, was sie mit dem Taschengeld macht
seine Mutter mag ihre Eltern mögen	seinen Haarschnitt/seine Frisur nicht ihre Freunde nicht nicht, wie der Freund aussieht nicht, dass der Freund raucht nicht, wie sich der Freund anzieht nicht, dass sich der Freund die Haare färbt

A3 Übung • Und du? Wie steht's mit dir? 

A: Hast du manchmal zu Hause Probleme?
B: Ja und nein —
A: Was darfst du, und was darfst du nicht?
B: . . .

Ich darf . . .	Ich darf nicht . . .
bis 11 Uhr abends wegbleiben	zu spät nach Hause kommen
kaufen, was ich will	so viel fernsehen
fernsehen, so lange ich will	die Musik zu laut spielen
besuchen, wen ich will	anziehen, was ich will
meine Haare tragen, wie ich will	rauchen
mein Zimmer einrichten, wie ich will	alles essen, was ich will
einladen, wen ich will	so lange schlafen, wie ich will
anziehen, was ich will	reisen, wohin ich will
ausgehen, wann ich will	so lange telefonieren, wie ich will
nach Hause kommen, wann ich will	so viel faulenzen, wie ich will

A4 WIE SAGT MAN DAS?
Asking for reasons and giving reasons

asking for reasons	Wann gibt's bei dir zu Hause Krach?	*When is there friction at home?*
	Worüber schimpfen deine Eltern?	*What do your parents complain about?*
	Was können sie nicht leiden?	*What can't they stand?*
giving reasons	Es gibt Krach, wenn meine Noten schlecht sind.	*There's trouble when my grades are bad.*
	Sie schimpfen, weil ich mein Zimmer nicht aufräume.	*They get mad because I don't clean up my room.*
	Sie können es nicht leiden, wenn ich faul bin.	*They can't stand it when I'm lazy.*

A5 ERKLÄRUNG
Word Order in **wenn**-*clauses and* **weil**-*clauses*

1. In clauses introduced by **wenn** and **weil,** the inflected verb form (the form that shows person and number) is always in last position. The main clause and the subordinate clause are always separated by a comma.
   Es gibt Krach, **wenn** meine Noten schlecht **sind.**
   Die Eltern schimpfen, **weil** meine Noten schlecht **sind.**

2. Verbs with separable prefixes are spelled as one word in **wenn-** and **weil-**clauses.
   Es gibt Krach, **wenn** ich zu viel **fernsehe.**
   Die Eltern schimpfen, **weil** ich mein Zimmer nicht **aufräume.**

3. In the conversational past, the auxiliary verb (**haben** or **sein**) is in last position.
   Es hat Krach gegeben, **weil** ich mein Zimmer nicht aufgeräumt **habe.**
   Meine Eltern haben geschimpft, **weil** ich zu spät nach Hause gekommen **bin.**

A6 Übung • Und du? Wie ist es bei dir?

Ein Freund fragt dich, wie es bei dir ist. Du erzählst es ihm.

FREUND Gibt es bei dir manchmal Krach?
DU Ja, es gibt Krach, wenn meine Noten schlecht sind.

1. du bist faul
2. du kommst zu spät nach Hause
3. du telefonierst zu lange
4. du siehst zu viel fern
5. du räumst dein Zimmer nicht auf
6. du bleibst zu lange weg

A7 Übung • Wie ist es bei dir?

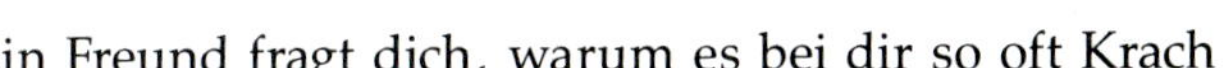

Ein Freund fragt dich, warum es bei dir so oft Krach gibt.

FREUND Warum gibt es bei dir so oft Krach?
DU Es gibt so oft Krach, weil ich schlechte Noten habe.

1. du spielst die Musik zu laut
2. du schläfst zu lange
3. du isst nicht richtig
4. du lädst zu viele Freunde ein
5. du gehst jedes Wochenende aus
6. du ziehst verrückte Sachen an

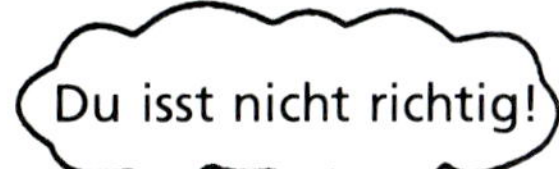

A8 Übung • Es hat Krach gegeben

Sag, warum es bei dir zu Hause Krach gegeben hat!
Es hat bei mir Krach gegeben, weil ich . . . [oder]
Meine Eltern haben geschimpft, weil ich . . .

gespielt habe	gekommen bin	aufgeräumt habe
nicht saubergehalten habe	ferngesehen habe	ausgegeben habe
geblieben bin	angezogen habe	

A9 Schreibübungen

1. Schreib auf, wie es bei dir zu Hause ist! Schreib jedesmal mindestens fünf Sätze! Du darfst auch Krach oder Probleme „erfinden."
   1. Es gibt Krach, wenn ich . . .
   2. . . .

   1. Ich habe manchmal zu Hause Probleme, weil ich . . .
   2. . . .
2. Schreib auf, warum deine Eltern geschimpft haben! Gebrauche das Perfekt! Schreib so viele Sätze, wie du kannst!
   Meine Eltern haben geschimpft, weil . . .
3. Jetzt schreib, warum du manchmal Krach mit deinen Geschwistern oder Freunden hast!
   1. Mein Bruder kann es nicht leiden, wenn ich seine Kassetten nehme.
   2. . . .

A 10 ERKLÄRUNG
Clauses Introduced by dass or an Interrogative

Clauses beginning with **dass** or an interrogative have the inflected verb form in last position.

Meine Eltern wissen, **dass** ich kein Taschengeld **habe.**
Sie wissen immer, **wann** ich abends nach Hause **komme.**
Sie wollen, **dass** ich mein Zimmer **aufräume.**
Sie mögen nicht, **wie** mein Freund **aussieht.**

A 11 Übung • Und wie ist es bei dir? 

Sag, was deine Eltern nicht mögen!

Meine Eltern mögen nicht, . . .

dass ich . . .	**wie . . .**
zu spät nach Hause kommen	mein Freund/meine Freundin aussehen
Freunde einladen	sich anziehen
Zimmer nicht aufräumen	sprechen
schlechte Noten haben	essen
allein wegfahren	sich die Haare färben
so viel fernsehen	meine Freizeit verbringen

A 12 Schreibübung

Deine Eltern freuen sich über dich. Schreib so viele Sätze, wie du kannst!

Meine Eltern freuen sich, dass ich . . .

eine Fremdsprache lernen	immer zu Hause helfen	nette Freunde haben
gute Noten bekommen	sich fithalten	etwas Geld verdienen
mein Geld sparen	gesund essen	über meine Probleme sprechen

A 13 Übung • Darfst du das? 

Frag deine Klassenkameraden, ob ihre Eltern streng sind, was sie dürfen und was sie nicht dürfen!

1. A: Sind deine Eltern streng?
B: Nein, sie sind sehr tolerant.
A: Darfst du _____, _____ du willst?
B: Ja, natürlich. Du nicht?
A: Nein, ich nicht. [oder]
Doch, ich auch!

essen / was
Ferien machen / wo
machen / was
ausgehen / wohin
einladen / wen
schenken / was

2. A: Sind deine Eltern streng?
B: Ja, sehr streng.
A: Darfst du nicht _____, _____ du willst?
B: Nein, absolut nicht!
A: Ich eigentlich auch nicht.

so lange schlafen / wie
sagen / was
Partys haben / wann
so viel Krach machen / wie
anziehen / was

A 14 Übung • Dein Bruder darf alles!

Dein älterer Bruder darf alles. Du beschwerst dich bei deinen Eltern.

A: Der (Frank) darf alles, und ich darf nichts!
B: Ja, wirklich? Was darf er denn?
A: Er darf . . .
B: Ja, er ist auch viel älter als du!

A 15 Übung • Was findest du gut? Was nicht? 

Dein Freund sagt dir, was er tut oder tun möchte. Was findest du gut? Was nicht?

FREUND Ich gehe um acht Uhr nach Hause.
DU Ich finde es (nicht) gut, dass du um acht Uhr nach Hause gehst.

1. Ich spiele morgen Tennis.
2. Ich lerne jetzt für den Test.
3. Ich sehe den ganzen Tag fern.
4. Ich habe am Samstag eine Party.
5. Ich lade alle Klassenkameraden ein.
6. Ich suche einen Job.
7. Ich möchte nebenbei Geld verdienen.
8. Ich möchte lieber in der Stadt arbeiten.

A 16 WIE SAGT MAN DAS?
Talking about someone or something

talking about someone	Über wen sprichst du? *Who are you talking about?* Über wen schimpfst du? *Who are you complaining about?*	Über meinen Freund. *About my friend.* Über meine Klassenkameraden. *About my classmates.*
talking about something	Über was sprichst du? *What are you talking about?* Über was schimpfst du? *What are you complaining about?*	Über meine Probleme. *About my problems.* Über meine Arbeit. *About my work.*

A 17 Übung • Über wen sprichst du denn? 

Dein Partner will wissen, über wen du sprichst.

A: Über wen sprichst du schon wieder?
B: Über meinen Freund.
A: Ach so!

über + Akkusativ

Freund	Freundin	Freunde
Klassenkamerad	Klassenkameradin	Klassenkameraden
Lehrer	Lehrerin	Lehrer
Vater	Mutter	Eltern

A18 Übung • Über was sprichst du?

Sag, über was du sprichst!

A: Über was sprichst du denn?
B: Über meine Arbeit.

über + Akkusativ

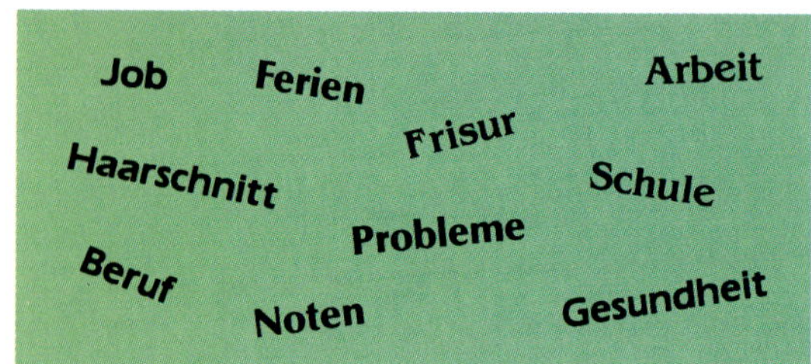

A19 ERKLÄRUNG
Verbs with the Preposition über

1. There are some verbs that are often used together with the preposition **über.**

   schimpfen über — *to be angry about*
   sprechen über — *to speak about*

2. In such verb phrases, the preposition **über** is followed by accusative case forms.

		Accusative	
Persons	Über Ich spreche über	**wen** **meinen** Freund.	sprichst du?
Things	Über Er schimpft über	**was*** **seinen** Job.	schimpft er?

*In more formal German, the word **worüber** is used instead of **über was.**
Worüber schimpft er?

3. When referring to somebody or something previously mentioned, you use:
   a. the personal pronouns for persons
   b. **darüber, da(r)** and the preposition **über,** for things

Persons	Spricht er über	**seinen Freund?**	Ja, er spricht	**über ihn.**
Things	Spricht er über	**seinen Job?**	Ja, er spricht	**darüber.**

A20 Übung • Über wen sprichst du?

Du hast nicht ganz verstanden, über wen dein Freund spricht, und du fragst ihn.

A: Über wen sprichst du?
B: Über meinen Lehrer.
A: Ach so, über ihn!

Personen

Lehrer	**Lehrerin**	**Lehrer**
Freund	Freundin	Freunde
Vetter	***Kusine***	***Geschwister***

A 21 Übung • Worüber schimpfen deine Eltern manchmal?

Sag, worüber deine Eltern manchmal schimpfen!

A: Worüber (über was) schimpfen deine Eltern manchmal?
B: Über meinen Haarschnitt.
A: Ja, meine Eltern schimpfen auch darüber.

Sachen

Job, Arbeit, Kleidung, Haarschnitt, Frisur, Noten, Musik, Schule, Probleme

A 22 Übung • Was weisst du?

Weisst du etwas über diese Personen oder Sachen?

1. A: Was weisst du über diesen Jungen?
   B: Ich weiss wenig/nichts über (ihn).
   A: Schade!
2. A: Was weisst du über diesen (Job)?
   B: Ich weiss wenig/nichts darüber.
   A: Schade!

Personen und Sachen

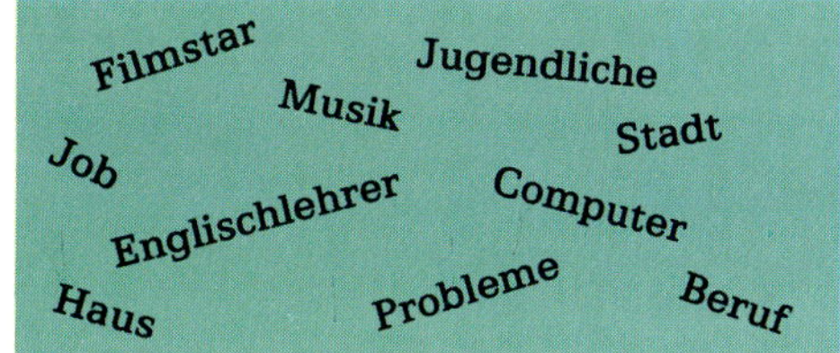

A 23 Übung • Hör gut zu!

Über diese Themen gibt es in vielen Familien Konflikte. Worüber sprechen die Eltern?

	Fernsehen		Noten		Freunde
	Geld		Aussehen		Helfen

A 24 Übung • Worüber sprecht ihr?

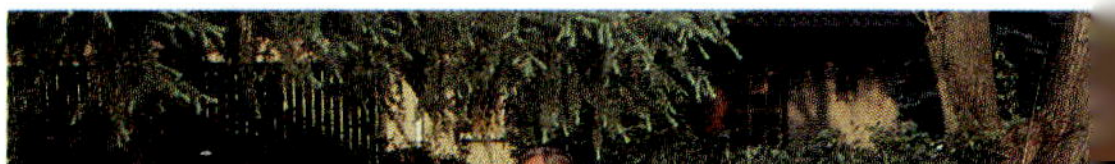

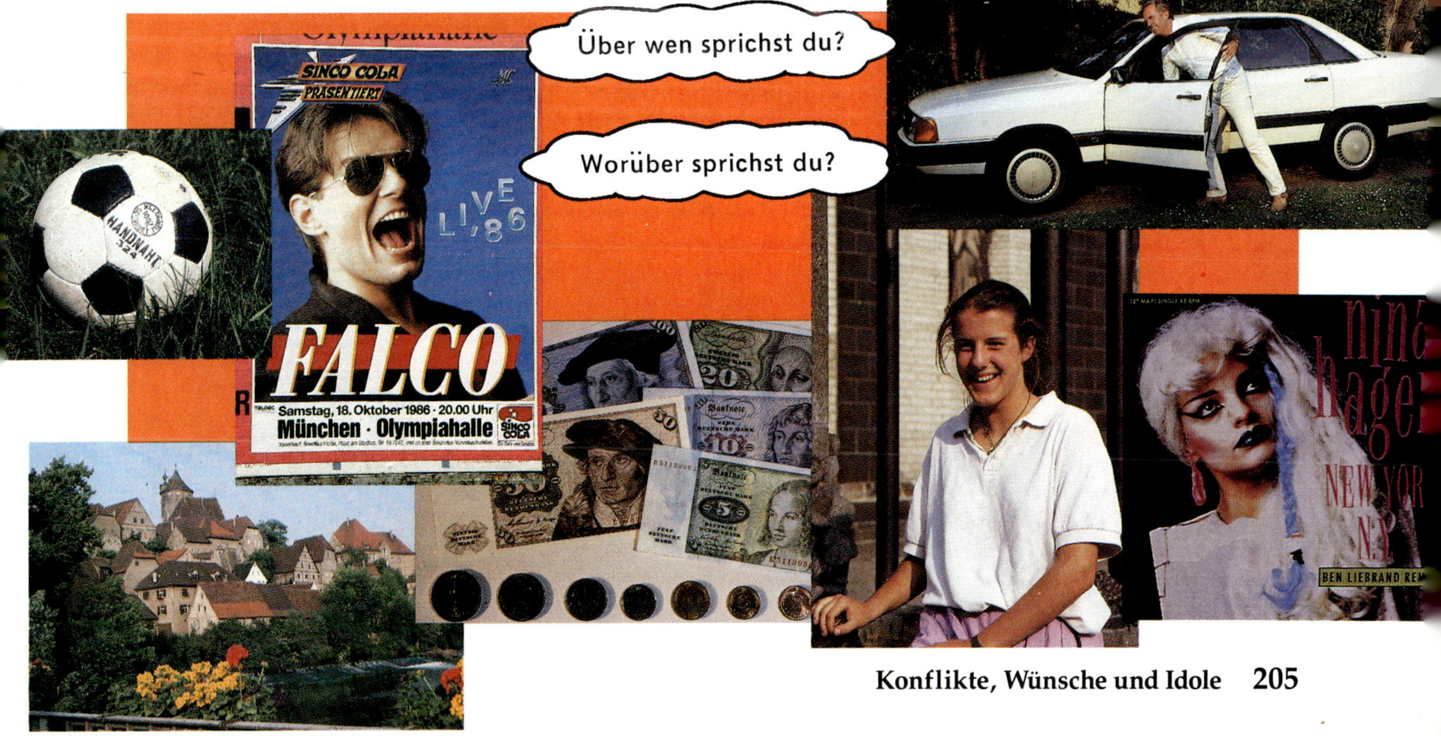

Über wen sprichst du?

Worüber sprichst du?

A 25 KATRIN MÖCHTE EINE FETE HABEN 

KATRIN Du, Vati?
VATER Ja?
KATRIN Du, ich möchte gern mal wieder eine richtige Fete haben. Geht das?
VATER Nein, das ist unmöglich! Schau dir mal den Hobbykeller an! Was für eine Unordnung! Ich kann ihn jetzt nicht aufräumen. Ich habe keine Zeit.
KATRIN Ich räume ihn auf, wenn du willst. Das dauert nicht lange!
VATER Du? Lieber nicht! Sonst finde ich den ganzen Kram wieder in meiner Garage.
KATRIN Bestimmt nicht! Die Tanja will mir helfen. Du kennst ja die Tanja, sie ist ordentlich. Komm, Vati! Sei nicht so! Darf ich? Sei lieb!

VATER Meinetwegen! — Übrigens, warum brauchst du denn den Hobbykeller? Du kannst doch im Garten feiern.
KATRIN Will ich ja auch. Am Nachmittag. Aber am Abend möchten wir Musik hören und tanzen. Und du kennst ja die Nachbarn: nach neun Uhr stört sie die Musik.
VATER Ja, das stimmt! — Was machst du denn für deine Freunde zum Essen?
KATRIN Ich darf doch grillen, oder? Würste, Hamburger und so?
VATER Selbstverständlich! Ich hab' nichts dagegen.
KATRIN Kannst du mir helfen?
VATER Ja, klar!
KATRIN Dann darf ich also meine Clique einladen?
VATER Geht in Ordnung!
KATRIN Du bist lieb! Kuss!

A 26 Übung • Beantworte die Fragen!

1. Was möchte Katrin tun? Wie fragt sie ihren Vater?
2. Ist ihr Vater sofort einverstanden? Wie sagt er nein, wie sagt er ja?
3. Warum hat er zuerst etwas gegen Katrins Idee? Was für Gründe hat er?
4. Wie überredet Katrin ihren Vater?
5. Was will Katrin alles auf ihrer Party tun?

A 27 Übung • Was passt zusammen?

1. Katrin möchte	a. den Keller nicht aufräumen.
2. Ihr Vater sagt zuerst, das	b. ihre Clique einladen darf.
3. Er hat keine Zeit und kann	c. im Garten feiern.
4. Die Tanja will helfen, und	d. im Hobbykeller.
5. Am Nachmittag will Katrin	e. ist unmöglich.
6. Am Abend feiert sie	f. gern mal wieder eine Fete.
7. Musik nach neun Uhr	g. nichts dagegen.
8. Zum Essen möchte Katrin	h. stört die Nachbarn.
9. Der Vater hilft Katrin. Er hat	i. sie ist ordentlich.
10. Katrin freut sich, dass sie	j. Würste und Hamburger grillen.

A 28 Ein wenig Landeskunde

Das späte Frühjahr und die warmen Sommermonate sind eine ideale Zeit für Partys. Die Schüler laden ihre Klassenkameraden und andere Freunde zu kleinen Feten ein, besonders zu Gartenfesten, wo man grillen kann. Oft bringen manche Schüler etwas zum Essen mit, wie zum Beispiel Kuchen und Salate. Die Eltern haben solche Feste gern und feiern mit. Sie wissen, wo ihre Kinder sind, und sie lernen die Freunde ihrer Kinder besser kennen.

A 29 WIE SAGT MAN DAS?

Asking for permission, refusing permission, and giving permission

asking for permission	Darf ich (eine Fete) haben? Darf ich? Geht das? Hast du was dagegen?	*May I have (a party)?* *May I?* *Is that all right? Can I?* *Do you mind?*
refusing permission	Das geht nicht. Das ist unmöglich. Lieber nicht!	*That's not possible.* *That's impossible.* *I'd rather you didn't.*
giving permission	Ich habe nichts dagegen. Meinetwegen! Selbstverständlich! Geht in Ordnung!	*I don't mind.* *It's okay with me.* *Of course!* *All right.*

A 30 Übung • Darf ich oder darf ich nicht?

Du bittest deinen Vater. Gibt er dir die Erlaubnis?

1. A: Darf ich mal wieder (eine Fete haben)?
   B: Selbstverständlich! [oder] Lieber nicht!

Du willst:

eine Fete haben	eine Party machen
Freunde einladen	etwas grillen
ins Kino gehen	in ein Rockkonzert gehen
am Wochenende segeln	nach München fahren

2. A: Ich möchte mal wieder (eine Fete haben). Hast du was dagegen?
   B: Du, das geht nicht!
   A: Warum nicht?
   B: . . .

Gründe, warum nicht:

zu laut	zu teuer	schlechte Noten
Hausaufgaben machen		die Nachbarn stören
kein Platz im Haus		zu viel Arbeit

A 31 WIE SAGT MAN DAS?
Threatening with consequences

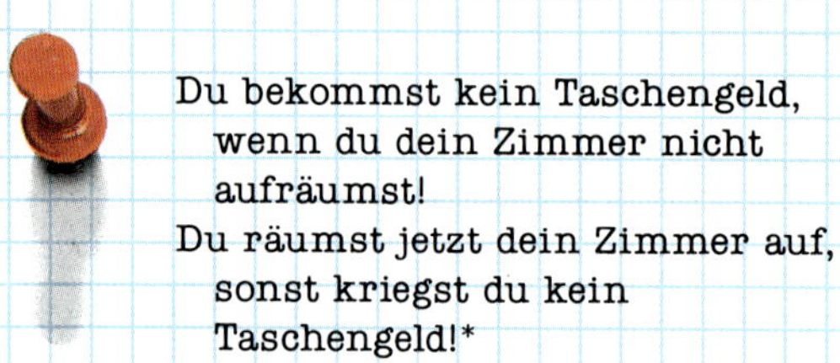

Du bekommst kein Taschengeld, wenn du dein Zimmer nicht aufräumst!	*You won't get your allowance if you don't clean up your room.*
Du räumst jetzt dein Zimmer auf, sonst kriegst du kein Taschengeld!*	*Clean up your room now, or else you don't get your allowance.*

*Note: A clause introduced by **sonst** requires verb-first word order.

A 32 Übung • Was sagt dein Vater? 

Dein Vater sagt: Du bekommst kein Taschengeld, wenn du nicht hilfst!

was passiert,	wenn du . . . ?
kein Taschengeld bekommen	nicht zu Hause helfen
nicht ausgehen dürfen	nicht um 22 Uhr zu Hause sein
keine Fete haben dürfen	den Partykeller nicht aufräumen
nicht im Garten feiern dürfen	die Nachbarn stören
nicht grillen dürfen	nicht billig einkaufen
keine Freunde einladen dürfen	immer Krach machen
nicht tanzen dürfen	die Musik zu laut spielen

A 33 Übung • Was musst du tun? 

Du erzählst deinem Freund:
Ich muss mein Zimmer aufräumen, sonst bekomme ich kein Taschengeld.

was du tun musst	sonst . . .
mein Zimmer aufräumen	kein Taschengeld bekommen
zu Hause helfen	keine Fete haben dürfen
um 22 Uhr zu Hause sein	nicht ins Konzert gehen dürfen
sich fithalten	dick werden
gesund essen	krank werden
sich warm anziehen	eine Erkältung bekommen
drei Mahlzeiten essen	nicht arbeiten können

A 34 Übung • Was passt zusammen? 

Was für Folgen hat es, wenn du das nicht tust?

Ich darf nicht . . .	sonst . . .
die Musik zu laut spielen	die Nachbarn schimpfen
zu spät nach Hause kommen	(es) Krach geben
zu viel am Abend essen	nicht schlafen können
schlechte Noten bekommen	nicht fernsehen dürfen
zu Hause herumsitzen	helfen müssen
unordentlich sein	die Eltern schimpfen
viel Geld ausgeben	nicht in die Ferien fahren können

A 35 Schreibübung • Aufsatz

Schreib einen Aufsatz mit dem Thema: „Bei mir zu Hause"! Schreib, was du zu Hause tun musst, was deine Eltern verlangen, worüber sie manchmal schimpfen, worüber sie sich freuen und wann oder warum es ab und zu Krach gibt!

talking about school and career plans; expressing certainty, uncertainty and probability

Was möchten die Jungen und Mädchen einmal werden? Wissen sie es ganz genau? — Weisst du schon, was du werden möchtest?

B1 Schule, Beruf und Zukunft

Wir haben viele Jugendliche gefragt, was sie einmal werden möchten, wenn sie mit der Schule fertig sind, und was für Pläne und Träume sie für die Zukunft haben.

Hier gibt es nun grosse Unterschiede zwischen Jugendlichen an einem Gymnasium oder an einer Realschule und Schülern, die eine Hauptschule besuchen oder besucht haben und vielleicht schon einen Beruf erlernen.

Ich werde wahrscheinlich Ärztin. Meine Mutter ist Ärztin und mein Vater Ingenieur. Ich habe Menschen gern, und für mich ist Ärztin der ideale Beruf. Ich bin aber nicht sicher, dass ich es schaffe. Ich gehe aufs Gymnasium, bin in der 10. Klasse, und meine Noten sind bis jetzt ganz gut: ich habe einen Durchschnitt von 1,5. Aber ich habe noch drei Jahre Schule vor mir, und da kann sich noch vieles ändern. Aber ich möchte auf jeden Fall studieren, wenn nicht Medizin, dann eben etwas anderes.

Sabine, 16

Ich weiss schon, was ich werde: Kraftfahrzeug-Mechaniker. Ich habe die Hauptschule fertig gemacht, und jetzt hab' ich eine Lehrstelle bei BMW. Ich finde, Kfz.-Mechaniker ist ein Beruf mit Zukunft: es gibt immer mehr Autos und . . . ja, der Verdienst ist gut. Mein Vater sagt immer, lern was, dann hast du später mal einen sicheren Arbeitsplatz und ein gutes Einkommen! Das ist wichtig! Mein Vater muss es ja wissen: dem geht's gut. Er ist Elektriker, hat sein eigenes Geschäft, und ein eigenes Haus haben meine Eltern auch.

Johannes, 16

Ich weiss noch nicht genau, was ich werden will. Ich hab' jetzt noch ein Jahr auf der Realschule und mache nächstes Jahr die Mittlere Reife. Ich such' mir dann eine Stelle im Büro, oder ich arbeite bei meinem Vater im Geschäft. Aber nach der Schule muss ich wahrscheinlich zuerst einmal zur Bundeswehr, für achtzehn Monate, und vielleicht bleib' ich sogar beim Bund, wenn es mir gefällt. Das ist ein sicherer Arbeitsplatz.

Florian, 16

Ich weiss noch nicht, was ich werden will. Wahrscheinlich muss ich zuerst zum Bund.

B2 Übung • Hast du alles verstanden?

1. Warum möchte Sabine einmal Medizin studieren?
2. Warum ist sie nicht ganz sicher, dass sie Ärztin werden kann?
3. Warum weiss Johannes schon, was er wird?
4. Warum will er Kfz.-Mechaniker werden? Wie lange dauert die Ausbildung?
5. Was ist für den Johannes wichtig?
6. Was für eine Stelle sucht sich der Flori?
7. Auf was für einer Schule ist er jetzt? Was macht er nächstes Jahr?
8. Was muss der Flori aber wahrscheinlich nach der Schule zuerst tun?
9. Warum bleibt er vielleicht beim Bund?

B3 Übung • Bist du sicher?

1. Ist Sabine sicher, dass sie Ärtzin wird? — Was sagt sie?
2. Wird sie es schaffen, Ärztin zu werden? — Was sagt sie?
3. Ist Johannes sicher, was er einmal wird? — Was sagt er?
4. Glaubt Johannes, dass Kfz.-Mechaniker ein sicherer Beruf ist? — Was meint er?
5. Stimmt es, dass der Flori in einem Büro arbeiten will? — Was sagt er?
6. Ist er sicher, dass er zum Bund muss? — Was sagt er?

B4 WIE SAGT MAN DAS?

Expressing certainty, uncertainty, and probability

certainty	Es ist (ziemlich) sicher, dass sie Ärztin wird. Er weiss schon, dass er zum Bund muss. Sie möchte auf jeden Fall studieren.	*It is (fairly) certain that she is going to be a doctor.* *He knows that he has to do military duty.* *She would like to go to college in any case.*
uncertainty	Es ist nicht (ganz) sicher, dass sie Ärztin wird. Ich weiss noch nicht (genau), was ich werde. Vielleicht schaffe ich es nicht.	*It is not (absolutely) certain that she is going to become a doctor.* *I still don't know (for sure) what I'm going to be.* *Perhaps I won't make it.*
probability	Ich werde wahrscheinlich Kfz.-Mechaniker.	*I'm probably going to become an auto mechanic.*

B5 Übung • Hör gut zu!

Ist das sicher? Nicht ganz sicher? Wahrscheinlich?

	1	2	3	4	5	6	7	8	9	10
certainty										
uncertainty										
probability										

B6 Übung • Was möchtest du werden?

Du bist noch nicht ganz sicher, was du einmal wirst!

1. A: Was möchtest du werden?
   B: . . . — Und du?
   A: . . .

2. A: Ich möchte . . . werden.
   B: Bist du sicher?
   A: Ja, ziemlich. [oder] Nein, nicht ganz.

einige Berufe

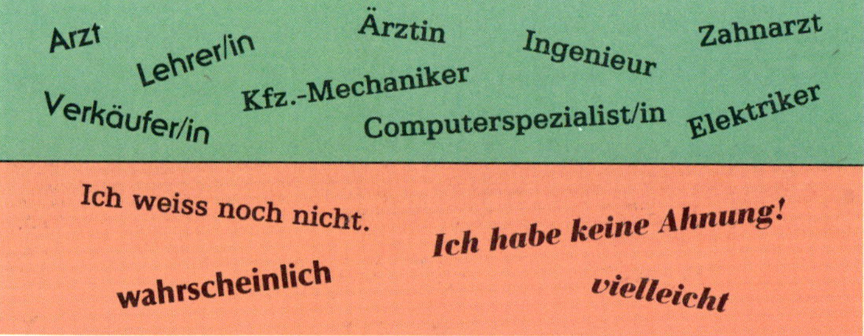

B7 ERKLÄRUNG
The Verb werden, *Present Tense*

The verb **werden,** *to become,* has the following forms in the present tense.

ich	**werde**	wir	**werden**
du	**wirst**	ihr	**werdet**
er, sie, es	**wird**	sie, Sie	**werden**

B8 Übung • Und du? Wie steht's mit dir?

Weisst du schon, was du wirst?

A: Und du? Was wirst du?
B: Ich werde wahrscheinlich (Ingenieur).
A: Du bist also noch nicht sicher?
B: Nein, ich bin nicht sicher, dass ich es schaffe.

B9 Übung • Weitersagen

Einer von euch sagt, was er/sie wird, und du sagst es weiter.

PETER Ich werde Lehrer.
MARY Der Peter wird Lehrer. Ich möchte Ärztin werden.
JOHN Die Mary . . .

B 10 Übung • Was ist sicher? Was nicht?

Wenn du an die Jahre nach der Schule denkst, bist du da sicher, was du machst? Oder bist du nicht sicher? Sag, was für dich stimmt!

DU Ich bin (noch nicht) sicher, dass ich den Schulabschluss schaffe.

1. Möchtest du aufs College gehen?
2. Kannst du studieren?
3. Hast du genug Geld zum Studieren?
4. Können dir deine Eltern helfen?
5. Bekommst du ein Stipendium?
6. Erlernst du einen Beruf?
7. Findest du eine Lehrstelle?
8. Bekommst du einen Arbeitsplatz?

B 11 WAS DIE JUGENDLICHEN WERDEN UND WARUM 

Die folgenden drei Tabellen zeigen euch die Berufswünsche der deutschen Jugendlichen und welche Ziele sie haben, wenn sie an ihre Zukunft denken.

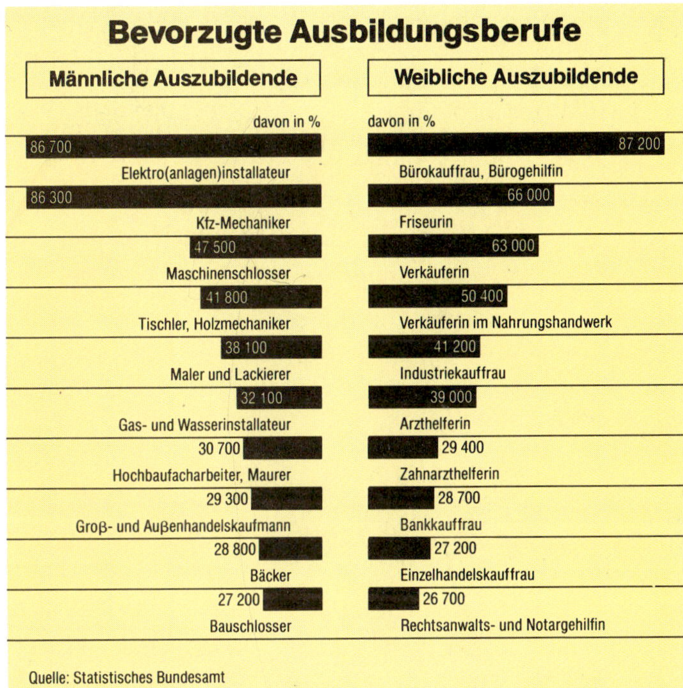

Bevorzugte Ausbildungsberufe

Männliche Auszubildende	davon in %	Weibliche Auszubildende	davon in %
Elektro(anlagen)installateur	86 700	Bürokauffrau, Bürogehilfin	87 200
Kfz-Mechaniker	86 300	Friseurin	66 000
Maschinenschlosser	47 500	Verkäuferin	63 000
Tischler, Holzmechaniker	41 800	Verkäuferin im Nahrungshandwerk	50 400
Maler und Lackierer	38 100	Industriekauffrau	41 200
Gas- und Wasserinstallateur	32 100	Arzthelferin	39 000
Hochbaufacharbeiter, Maurer	30 700	Zahnarzthelferin	29 400
Groß- und Außenhandelskaufmann	29 300	Bankkauffrau	28 700
Bäcker	28 800	Einzelhandelskauffrau	27 200
Bauschlosser	27 200	Rechtsanwalts- und Notargehilfin	26 700

Quelle: Statistisches Bundesamt

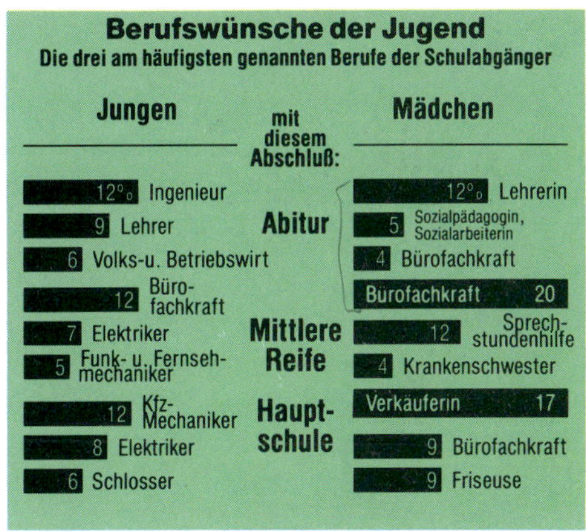

Berufswünsche der Jugend
Die drei am häufigsten genannten Berufe der Schulabgänger

Jungen	mit diesem Abschluß:	Mädchen
12 % Ingenieur	Abitur	12 % Lehrerin
9 Lehrer		5 Sozialpädagogin, Sozialarbeiterin
6 Volks-u. Betriebswirt		4 Bürofachkraft
12 Bürofachkraft	Mittlere Reife	Bürofachkraft 20
7 Elektriker		12 Sprechstundenhilfe
5 Funk- u. Fernsehmechaniker		4 Krankenschwester
12 Kfz-Mechaniker	Hauptschule	Verkäuferin 17
8 Elektriker		9 Bürofachkraft
6 Schlosser		9 Friseuse

Und du? Was für einen Beruf wählst du?

Zukunft „Wenn du an deine Zukunft denkst, welche Ziele hast du da?"

	Jugendliche insgesamt	Altersgruppen 12 Jahre	16 Jahre	Jungen	Mädchen
Einen sicheren Arbeitsplatz	70	61	81	73	67
Ein gutes Einkommen	64	54	77	67	60
Gesund leben	48	45	53	46	52
Liebe	42	29	53	34	51
Anderen Menschen helfen	40	39	41	32	49
Ein Haus haben	33	34	34	36	30
Politisch aktiv sein	6	4	8	7	5

B 12 Übung • Sprechen wir über diese Tabellen!

a. Berufswünsche der Jugend

1. Welche drei Schulabschlüsse gibt es?
2. Was ist der Schulabschluss für das Gymnasium? Für die Realschule? Für die Hauptschule?
3. Welches sind die Berufswünsche der Jugendlichen an einem Gymnasium?
4. Was möchten Jugendliche werden, die die Mittlere Reife machen?

b. Was Lehrlinge lernen

1. Welche Berufe lernen Lehrlinge?
2. Welche Berufe sind am beliebtesten?
3. Welche stehen unten auf der Liste?
4. Was meinst du? Welche Berufe haben ein gutes Einkommen?

c. Zukunft

1. Welche Ziele haben die Jugendlichen, wenn sie an ihre Zukunft denken?
2. Was steht ganz oben auf der Liste?
3. Was ist das zweitwichtigste Ziel?
4. Gesund leben steht an dritter Stelle. Was bedeutet das, „gesund leben"?
5. Wie zeigt es sich, dass die Jugendlichen auch altruistisch sind?
6. Können wir sagen, dass die Jugendlichen ziemlich materialistisch sind? Wenn ja, warum? Wenn nein, warum nicht?

B 13 Ein wenig Landeskunde

Eine Umfrage in der Bundesrepublik hat gezeigt, dass die Berufe Arzt, Pfarrer und Professor das meiste Prestige haben. — Wie sieht es damit in diesem Land aus? Was glaubst du? Welcher Beruf steht ganz oben auf der Liste, welcher ganz unten?

Umfrageergebnis

1. Arzt
2. Pfarrer
3. Professor
4. Rechtsanwalt
5. Physiker
6. Diplomat
7. Apotheker
8. Ingenieur
9. Lehrer
10. Politiker
11. Fabrikdirektor
12. Soldat

B 14 Übung • Deine Berufswünsche

Sag, warum du das werden möchtest!

A: Was möchtest du einmal werden?
B: . . .
A: Und warum möchtest du . . . werden?
B: . . .

Warum möchtest du das werden?

mein Vater / meine Mutter ist auch . . .   Menschen gern haben   der ideale Beruf
Kinder gern haben   ein Beruf mit Zukunft   der Verdienst ist gut   viel reisen
ich bin gut in . . .   ein sicherer Arbeitsplatz   ein gutes Einkommen
der Beruf gefällt mir   der Beruf macht mir Spass   anderen Menschen helfen wollen

B 15 Übung • Klassenprojekt

Mach eine Umfrage in deiner Klasse und schreib auf, was jeder Schüler und jede Schülerin werden möchte! Schreib auch auf, ob es sicher ist oder wahrscheinlich, dass deine Mitschüler das werden, was sie dir sagen!

B 16 Übung • Du sprichst mit deinen Freunden über deine Zukunft

Was sagen deine Freunde über deine Berufswahl?

A: Ich möchte Lehrer/Lehrerin werden.
B: Das ist ein (guter) Beruf.
A: Meinst du?
B: Natürlich!

gut   ideal   schwer   schlecht
langweilig   interessant   toll

B 17 Übung • Was meinen deine Eltern zu deiner Berufswahl?

Sag, was deine Eltern zu deiner Berufswahl sagen!

A: Was möchtest du mal werden?
B: . . .
A: Und was meinen deine Eltern dazu?
B: Sie . . .

Meinung der Eltern

finden das (nicht) gut   sind (nicht) froh
sie sagen, es dauert zu lange
es kostet zu viel Geld
es ist ein/kein guter Beruf
es ist ein/kein interessanter Beruf

B 18 Übung • Hör gut zu!

Schreib auf, welchen Beruf diese Leute erlernen möchten!

1. _____   2. _____   3. _____   4. _____   5. _____

B 19 Schreibübung

Schreib ein paar Sätze über dich! Was sind deine Berufspläne? Was willst du werden? Bist du sicher, oder weisst du es noch nicht? Warum willst du das werden? Was meinen deine Eltern dazu?

B 20 Schreibübung • Partnerarbeit

Such dir einen Partner! Sprecht über eure Berufswahl! Was wollt ihr werden? Was sind die Vorteile und die Nachteile von diesem Beruf? Was halten eure Eltern von eurer Berufswahl? Schreibt eure Diskussion in Dialogform auf!

B 21 Ein wenig Landeskunde

Für die deutschen Jungen und Mädchen gibt es im Alter von zehn Jahren eine grosse Entscheidung: gehen sie in die Hauptschule, oder können sie auf eine Realschule oder aufs Gymnasium gehen?

Hauptschüler erlernen nach der Schule Berufe wie Kfz.-Mechaniker, oder sie arbeiten später einmal in Geschäften als Verkäufer.

Realschüler erlernen Berufe wie Fernsehmechaniker, oder sie arbeiten später einmal in einem Büro.

Wer aufs Gymnasium geht, will das Abitur machen. Mit dem Abitur darf man an der Universität studieren und nach dem Studium einen Beruf ausüben wie zum Beispiel Arzt, Ingenieur oder Lehrer.

Die meisten Jungen müssen aber nach dem 18. Lebensjahr, wenn sie mit ihrer Ausbildung oder mit der Schule fertig sind, zum Militär, zur Bundeswehr. Der Dienst beim Bund dauert 18 Monate. Wer nicht zur Bundeswehr gehen will, muss Zivildienst leisten, das heisst Dienst in einem Krankenhaus oder beim Roten Kreuz. Dieser Dienst dauert aber dann zwei Jahre.

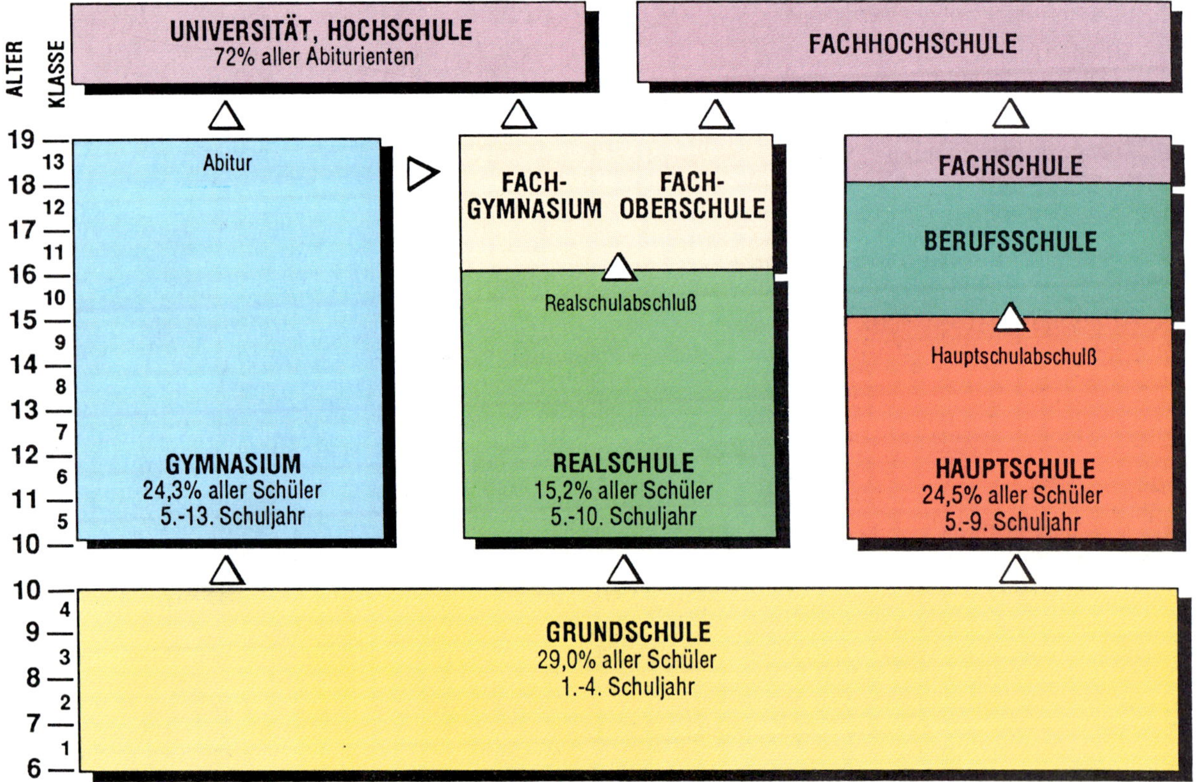

SECTION C talking about wishes and dreams for the future

Was wünschen sich junge Leute im Leben? Wovon träumen sie? Was für Vorbilder haben sie? — Was sind deine Träume, deine Wünsche, deine Vorbilder?

C1 Träume, Wünsche und Idole

Wir haben unsere Freunde auch nach ihren Zukunftsplänen, nach ihrer Wunschwelt und nach ihren Idolen gefragt.

Unsere Fragen:

1. *Was möchtest du machen, wenn du mit deiner Ausbildung fertig bist?*
2. *Was gäbe es in deiner idealen Welt? Was gäbe es nicht? Was wäre dir egal?*
3. *Gibt es Menschen, die du bewunderst? Wer sind sie?*

ANDREA
Ich möchte zuerst einmal reisen, mir die Welt ansehen. Dann möchte ich irgendwann einmal heiraten, Kinder haben und viele, viele Freunde. — In meiner idealen Welt gäbe es Geld für ein Haus, Reisen, Musik und Theater; Politik wäre mir egal. — *Und hast du ein Vorbild?* — Meine Mutter ist mein Vorbild. Sie ist lieb und tolerant, sie ist wie eine Freundin für mich.

FLORIAN
Ich möchte zuerst eine tolle Stelle finden, viel Geld verdienen und mir dann ein tolles Auto kaufen. Ich will weiter Sport machen und viel Musik hören. — In meiner idealen Welt stehen Rockmusik und Fernsehen ganz oben! Ja, auch Freunde, gute Freunde. — *Und was gäbe es nicht?* — Das weiss ich nicht. — *Und hast du ein Vorbild?* — Bruce Springsteen ist mein Vorbild. Ich liebe seine Musik.

MONIKA
Erst möchte ich Geld verdienen, nicht so viel, aber genug. Ich möchte einen Job haben, wo ich viel reisen kann. Später möchte ich einmal heiraten, Kinder haben. Auch Tiere möchte ich, einen Hund, zwei Katzen und so — ja, und auch Musik ist für mich wichtig. — *Und was gäbe es in deiner Wunschwelt?* — Viele gute Freunde, viel Musik, einen Garten mit vielen Blumen. Ich liebe Blumen! — *Und was gäbe es nicht?* — Keinen Hunger, keine Armut, keinen Krieg! — *Und wer ist dein Vorbild? Oder hast du keins?* — Doch! Ich bewundere Mutter Theresa, weil sie den armen Leuten hilft.

Und jetzt lest einmal, was über tausend deutsche Jungen und Mädchen in einer Umfrage zu diesen Themen gesagt haben. Was sagt ihr dazu?

Ehe „Möchtest du später mal heiraten?"

	Jugendliche insgesamt	Jungen	Mädchen	Dorf	Großstadt
Möchte ich	70	66	74	80	57
Möchte ich nicht	5	5	5	5	6
unentschieden	25	29	21	15	36

Traumleben
„Was sind deine Vorstellungen vom idealen Leben?"

	Jugendliche insgesamt	Jungen	Mädchen
Viele gute Freunde haben	74	70	78
Ein tolles Auto, Motorrad fahren	58	69	46
Große Weltreisen machen	53	54	52
Viel Musik hören	48	46	50
Viel Sport treiben	47	55	38
Tiere haben	47	38	55
Reich sein	46	51	42
Viel fernsehen	23	30	16
Viel arbeiten	5	7	4

Wunschwelt "Was gäbe es in deiner Idealen Welt, was nicht, und was wäre dir egal?"

	Das gäbe es			Das gäbe es nicht	Das wäre mir egal
	Jugendliche insgesamt	Jungen	Mädchen		
Blumen	89	84	95	1	7
Geld	78	79	78	9	10
Fernsehen	74	74	73	5	20
Rockmusik	73	72	74	6	18
Alte Leute	62	56	68	7	26
Theater	52	40	64	10	35
Bio-Läden	37	30	44	8	48
Frauenbewegung	36	22	51	13	42
Gesunde Umwelt	27	27	26	10	44

Vorbilder
Welche Männer und Frauen bewundert ihr besonders?

Lech Walesa	46%
Albert Schweizer	40%
Mutter Theresa	40%
Albert Einstein	38%
Reinhold Messner	30%
Elvis Presley	28%

C2 Übung • Was sagen diese drei jungen Leute?

Vergleiche die Information, die Andrea, Florian und Monika uns geben! Beantworte die folgenden Fragen in kurzen Sätzen oder Stichwörtern!

1. Was möchten die drei machen, wenn sie mit der Ausbildung fertig sind?
2. Wie sieht das ideale Leben für sie aus? Was gäbe es da?
3. Wer sind ihre Vorbilder?
4. Wer möchte heiraten? Wann?
5. Wer möchte einmal Kinder haben?
6. Was ist für alle drei Schüler wichtig im Leben?
7. Was gäbe es in Monikas idealer Welt nicht?

C3 Übung • Was für einen Job möchtest du?

Wenn du an deinen späteren Beruf denkst, was ist da wichtig für dich? Wie soll der ideale Job aussehen? Erzähle!

Ich möchte einen Job haben, wo ich viel verdiene.

1. viel Urlaub haben
2. alles kaufen können, was man will
3. Zeit für Hobbys haben
4. Zeit für Freunde und Familie haben
5. zur Arbeit zu Fuss gehen können
6. anderen Menschen helfen können
7. mit Tieren arbeiten können
8. mit Kindern zusammen sein können
9. nette Kollegen haben
10. Spass an der Arbeit haben

C4 Übung • Und du? Wie steht's mit dir?

1. Was ist für dich ein ideales Leben? Was ist für dich ganz wichtig? Was weniger?
2. Was gäbe es in deiner idealen Welt? Was gäbe es nicht? Was wäre dir egal?
3. Möchtest du einmal heiraten? Wenn ja, wann?
4. Wie soll der ideale Partner sein?
5. Wer ist dein Vorbild? Wen bewunderst du? Warum?

C5 Übung • Dein Traumleben

Was gäbe es in deinem Traumleben?

A: Ein ideales Leben für mich ist: viel arbeiten und reich sein.
B: Bist du sicher?
A: Ganz sicher. — Und wie ist das bei dir?
B: Ich möchte lieber reisen und . . .

reich/arm sein — viel/wenig arbeiten — viel/wenig Geld verdienen
viel reisen — Spass an der Arbeit haben — viele Freunde haben
eine nette Familie haben — ein eigenes Haus haben — viel Sport machen
viel Musik hören — viel lesen — viel/wenig fernsehen — viele Feten haben
gesund leben — nie krank sein — politisch aktiv sein — anderen Menschen helfen

C6 WIE SAGT MAN DAS?
Expressing wishes

Bei mir gäbe es viel Musik. Bei mir gäbe es kein Fernsehen. Rockmusik wäre mir egal.	*For me there would be lots of music.* *I wouldn't have TV.* *I wouldn't care if there were no rock music.*

Note: The verb forms **gäbe** and **wäre** are subjunctive forms. You will learn more about subjunctive forms later on.

C7 Übung • Was gäbe es bei dir?

Sag, was es in deiner idealen Welt gäbe!

A: Was gäbe es in deiner idealen Welt?
B: Bei mir gäbe es Musik, Theater, . . .
A: Und was gäbe es nicht bei dir?
B: Es gäbe kein- . . .

viel: Geld, Musik, Fernsehen, Sport
viele: Freunde, Reisen, Tiere, Blumen, Kinder
ein guter Job ein tolles Auto ein schönes Haus
eine grosse Familie gute Gesundheit
eine gesunde Umwelt

keinen	keine	kein	keine
Hunger Krieg Krach Konflikt	Politik Armut Krankheit	Fernsehen	Probleme Konflikte

C8 ERKLÄRUNG
Uses of **viel** *and* **wenig**

1. **Viel** means "a lot" and **wenig** means "little."

Er arbeitet **viel.**	*He works a lot.*
Er verdient **viel** Geld.	*He earns a lot of money.*
Sie verdient **wenig.**	*She earns little.*
Sie hat **wenig** Zeit.	*She has little time.*

2. With the ending **-e, viele** means *many* and **wenige** means *few.*

Er möchte **viele** Freunde haben.
Ich habe **wenige** Fragen.

C9 Übung • Und du? Wie ist es bei dir?

1. Hörst du viel Musik oder wenig?
2. Gehst du viel ins Kino?
3. Reist du viel?
4. Hast du viele oder wenige Vorbilder?
5. Wie steht's mit deinen Problemen?
6. Bekommst du viel oder wenig Taschengeld?

C10 ERKLÄRUNG
Quoting Someone

Quoting someone is repeating what someone else has said. Here are some examples. Can you point out the changes that are made when Andrea and Flori are quoted as shown?

Andrea sagt:	
Ich möchte mir die Welt ansehen.	Sie sagt, **sie möchte sich** die Welt ansehen.
In meiner Welt gäbe es ein Haus.	Sie sagt, **in ihrer Welt** gäbe es ein Haus.
Politik wäre mir egal.	Sie sagt, Politik wäre ihr egal.
Meine Mutter ist mein Vorbild.	Sie sagt, ihre Mutter ist ihr Vorbild.
Sie ist wie eine Freundin für mich.	Sie sagt, sie ist wie eine Freundin für sie.
Ich freue mich auf Reisen.	Sie sagt, sie freut sich auf Reisen.
Flori sagt:	
Musik ist für mich wichtig.	Er sagt, Musik ist für ihn wichtig.
In meiner Wunschwelt steht Fernsehen ganz oben.	Er sagt, in seiner Wunschwelt steht Fernsehen ganz oben.
Ich will mir ein tolles Auto kaufen.	Er sagt, er will sich ein tolles Auto kaufen.
Bruce Springsteen gefällt mir.	Er sagt, Bruce Springsteen gefällt ihm.
Ich freue mich auf eine Stelle beim Bund.	Er sagt, er freut sich auf eine Stelle beim Bund.

C11 Übung • Was sagen diese Schüler?

Sag, was Andrea, Flori und Natalie erzählen!

Andrea sagt:	Du sagst:
Ich habe wenig Probleme mit meinen Eltern.	Sie sagt, sie hat wenig Probleme mit ihren Eltern.

1. Nur wenn ich zu spät nach Hause komme, dann gibt's Krach.
2. Meine Eltern wollen immer wissen, wo ich bin.
3. Sie schimpfen über mich, wenn ich die Musik zu laut spiele.

Flori sagt:
1. Ich wohne jetzt bei meiner Mutter.
2. Sie verlangt viel von mir.
3. Meine Mutter mag meinen Haarschnitt nicht.
4. Der Haarschnitt gefällt mir aber sehr.

Natalie sagt:
1. Meine Eltern wollen wissen, was ich mit meinem Taschengeld mache.
2. Ich soll das Geld nicht für mich ausgeben.
3. Ich soll mir keine Kassetten kaufen.
4. Ich bekomme wenig Krach mit meinen Eltern.

C12 Übung • Weitererzählen

Jetzt sagst du etwas, und dein Nachbar erzählt es weiter! Zum Beispiel, du sagst vielleicht: Ich bin fünfzehn. Ich spiele gern Fussball. Meine Schwester heisst . . . Was sagt dein Nachbar?

C13 Leseübung

Lies, was Katrin sagt, und erzähle es weiter!

Ich möchte gern mal wieder meine Freunde einladen und eine Fete haben. Meine Freunde und ich wollen Musik hören und tanzen. Ich möchte meine Party im Hobbykeller machen — dort können wir laut sein, und wir stören die Nachbarn nicht. Ich freue mich auf die Party. Meine Freunde sind nett, und meine Eltern mögen meine Freunde auch gern.

C14 Übung • Hör gut zu!

Was meinen diese Schüler? Ist das für sie wichtig oder nicht?

	Schüler 1		Schüler 2		Schüler 3		Schüler 4		Schüler 5	
	ja	nein	ja	nein	ja	nein	ja	nein	ja	nein
Geld										
Sport										
Musik										
Fernsehen										
Politik										

C15 Übung • Ein kleiner Bericht

Erzähle etwas über deine Zukunft!

Wenn ich mit meiner Ausbildung fertig bin, möchte ich zuerst einmal . . .
Dann möchte ich irgendwann einmal . . .
Ich möchte viele . . .
In meiner idealen Welt gäbe es . . .
Es gäbe kein . . .
. . . wäre mir egal.
Vorbilder? Ja, . . . ist mein Vorbild, . . . !

C16 Schreibübung

Schreib einen kleinen Aufsatz über dich! Beantworte darin die Fragen, die du auf Seite 219, Übung C4 findest!

C17 Übung • Klassenprojekt

Mach in deiner Klasse eine ähnliche Umfrage wie auf Seite 218. Entwirf Formulare, die deine Klassenkameraden ausfüllen! Sprecht dann in eurer Klasse über eure eigenen Wünsche, Interessen und Idole! Welche Männer und Frauen bewundert ihr am meisten?

TRY YOUR SKILLS

using what you've learned

1

Leserbriefe

Die folgenden Artikel sind Leserbriefe aus dem KUMMERKASTEN einer Zeitschrift für Jungen und Mädchen.

Sprich Dich aus!

Seit drei Monaten habe ich einen Freund. Jörg (nicht sein richtiger Name) ist zwei Jahre älter als ich. Er lernt Kfz.-Mechaniker, und er ist in einem Jahr mit seiner Ausbildung fertig. Ich habe Jörg bei einem Fussballspiel kennengelernt, und wir verstehen uns ganz gut.

Jörg hat mehr Freizeit als ich, und er will, dass wir uns 3—4 Mal in der Woche sehen. Das kann ich nicht. Ich gehe aufs Gymnasium, und ich muss jeden Tag 3—4 Stunden Hausaufgaben machen. Zweimal in der Woche habe ich Nachhilfestunden in Mathe.

Vor zwei Wochen hat's zu Hause Krach gegeben. Meine Eltern haben herausgefunden, dass ich einen Freund habe, wer er ist, und was er tut. Meine Mutter meint, dass Jörg nicht der richtige Freund für mich ist. Sie sagt, es gäbe so viele nette Jungen in meiner Klasse. Warum gerade der Jörg? Mein Vater verlangt, dass ich mit dem Jörg nicht mehr ausgehe. Ich soll zu Hause bleiben, lernen, gute Noten bekommen, damit ich das Abitur schaffe und studieren kann. Was soll ich tun?

Martina, 16 Jahre

Ich bin 17 Jahre alt, und ich möchte mir für den Sommer einen Job suchen. Ich will mir Geld verdienen und nächstes Jahr ein Auto kaufen, wenn ich achtzehn bin.

Meine Eltern sind dagegen. Sie meinen, dass ich im Sommer lieber mit ihnen nach Frankreich fahren soll, dort kann ich mein Französisch verbessern. Sie sagen auch, dass ein Gymnasiast überhaupt kein Auto braucht. Sie meinen, dass ich dann zu viel Zeit mit dem Auto verbringe und mein Leben auf der Autobahn riskiere. Ich soll lieber zuerst das Abitur machen und das Geld für die Universität sparen. Was soll ich tun? Was meinen Sie?

Hermann, 17 Jahre

Im Mai mache ich das Abitur, und dann muss ich gleich zur Bundeswehr. Mein Problem ist, dass ich lieber den Zivildienst machen möchte. Mein Vater meint, ich bin blöd, dass ich nicht zum Bund will. Dort kann ich viel fürs Leben lernen, und ich werde nur 18 Monate weg sein. Was soll ich tun? Was meinen Sie?

Michael, 19 Jahre

2 **Leseübung**

Lies die drei Leserbriefe noch einmal, aber lies sie so, dass du erzählst, was Martina, Hermann und Michael schreiben! Fang so an:

> Die Martina hat seit drei Monaten einen Freund. Er heisst Jörg. Er ist zwei Jahre . . .

3 Übung • Beantworte die Fragen!

1. Was weisst du über den Jörg?
2. Was hast du über Martina gehört?
3. Was ist ihr Problem?
4. Was für Kummer hat der Hermann, und was meinen seine Eltern?
5. Was ist Michaels Problem?

4 Übung • Was meinst du dazu?

1. Was soll die Martina tun? Was ist deine Meinung?
2. Was soll der Hermann machen? Bist du dagegen oder dafür, dass er sich ein Auto kauft?
3. Was meinst du, soll der Michael zum Bund gehen oder den Zivildienst machen?

5 Schreibübung

Du bist der Redakteur, *editor,* oder die Redakteurin für Leserbriefe dieser Jugendzeitschrift, und du beantwortest die Leserbriefe. Schreib jetzt drei Antworten, eine an Martina, eine an Hermann und die dritte an Michael!

6 Übung • Rollenspiel

Such dir einen Partner! Einer von euch beiden übernimmt die Rolle von deinem Vater oder deiner Mutter. — Du hast viele Wünsche. Frag deine Eltern! Darfst du tun, was du willst oder nicht? Warum nicht?

DU Darf ich am Samstag in ein Rockkonzert gehen?
ELTERN Meinetwegen. [oder] Das geht nicht.
Am Samstag fahren wir alle nach Neuss.

Hier sind ein paar andere Ideen:

wann?	was?
im Februar ***heute*** ***heute abend*** ***am Wochenende*** ***übermorgen*** ***morgen abend*** ***im Sommer*** ***in den Ferien***	**eine Fete haben** **das Auto haben** **mit meinen Freunden weggehen** **noch etwas Taschengeld haben** **eine Reise machen** **nach München fahren**

7 Schreibübung • Die Schulordnung

Kennst du die Schulordnung? Was darfst du in der Schule nicht tun? Schreib so viele Sätze, wie du kannst!

Ich darf nicht zu spät kommen, sonst schimpft mein Lehrer.
Ich muss . . .

8 Übung • Klassenumfrage

1. Schreib deinen Vornamen auf ein Stück Papier und dann zwei Situationen, wann es bei dir dieses Jahr zu Hause Krach gegeben hat!

> DANIEL
> Es hat bei mir zu Hause Krach gegeben, weil ich zu spät nach Hause gekommen bin. Mein Bruder hat geschimpft, weil ich sein Deutschbuch verloren habe.

2. Jetzt tausch den Zettel mit deinem Partner aus und berichte der Klasse, was auf jedem Zettel steht!

   Beim Daniel hat es zu Hause Krach gegeben,
   weil er zu spät nach Hause gekommen ist.

9 Schreibübung • Unsere Klassentabelle

Schreibt jetzt das Resultat eurer Klassenumfrage auf ein grosses Stück Papier! Welche Konflikte stehen ganz oben auf der Liste? Welche stehen ganz unten?

10 Übung • Und du? Wie steht's mit dir?

Sag, was du über diese Personen weisst!

A: Was weisst du über die Nina Hagen?
B: Ich weiss, dass sie eine tolle Rocksängerin ist.

Albert Einstein
Physiker

Marlene Dietrich
Schauspielerin

Steffi Graf
Tennisspielerin

Arnold Schwarzenegger
Schauspieler

11 Übung • Deine Wunschwelt

1. Was gäbe es alles in deinem Traumhaus? In deinem Traumjob?
2. Du machst in der nächsten Zeit ein Restaurant auf. Was gäbe es alles bei dir? Was gäbe es nicht?

12 Übung • Hör gut zu!

Was sagen deine Eltern? Haben sie etwas dagegen oder nicht?

	1	2	3	4	5	6
etwas dagegen						
nichts dagegen						

13 Übung • Klassenumfrage: Was ist dir wichtig?

1. Stell eine Tabelle auf, wie die auf Seite 213! Füll diese Tabelle zusammen mit deinen Klassenkameraden aus! Sprich über das Ergebnis!

	Jungen	Mädchen	Zusammen
sicherer Arbeitsplatz			
gutes Einkommen			

2. Was sind die Berufswünsche deiner Klassenkameraden? Stell eine Liste auf! Wer will was werden? Wie viele von euch haben denselben Berufswunsch? Besprecht die Gründe für eure Berufswahl!

14 Übung • Klassenprojekt

Eure Schule hat vielleicht ein „Career Center". Dort findet ihr Information über die Ausbildung für alle Berufe. Jeder von euch wählt einen Beruf und sammelt darüber Information im „Career Center". Dann berichtet jeder der Klasse darüber — auf deutsch, natürlich! Ihr müsst Antworten auf Fragen haben, wie: Wie lange dauert die Ausbildung? Wie teuer ist sie? Welche Schulfächer braucht man für diesen Beruf? Hat dieser Beruf eine Zukunft? Wieviel kann man verdienen?

15 Schreibübung

Über welchen Beruf hast du in der Klasse berichtet? Schreib jetzt einen Aufsatz darüber!

AUSSPRACHEÜBUNGEN 

A. Sounds that are difficult to produce

Pronounce these words after your teacher or after the recording.

1. The sound /R/
   Frau, Frisur, Umfrage, Probleme, Elektriker, Krach, Krieg, Kraftfahrzeug, brav, grillen, stören, heiraten, worüber, anders, wäre, Büro, übrigens, verrückt, Arbeit, Ärztin

2. The **ich**-sound
   fertig, richtig, wichtig, ziemlich, sicher, selbstverständlich, wahrscheinlich, Durchschnitt, Mechaniker

3. The **ach-**sound
   Krach, besuchen

4. The sounds /ü/ and /ö/
   Büro, worüber, übrigens, verrückt; stören

5. The sound /l/
   Fall, faul, egal, Idol, Beispiel, Vorbild, Ausbildung, Problem, Plan, erlernen, Politik, ordentlich, laut, leiden, lieb

B. Letters that have a different sound value in German

Read these words, or read them after the recording.

1. The letters **-er** in final position sound like the final vowel sound in the word *sofa.*
   aber, Keller, lieber, oder, sauber, sicher, weiter, Elektriker, Mechaniker
   This sound also occurs in verbs with the ending **-ern,** as in:
   feiern, ändern, bewundern

2. The letters **b, d,** and **g** at the end of a word or a syllable are pronounced /p/, /t/, and /k/ respectively.
   Abschluss, lieb; Ordnung, Bund, Vorbild; wegbleiben, Krieg

3. The sequence **-ng** is pronounced like *ng* in the word *finger.*
   Ordnung, Ausbildung, verlangen

4. Final **v** is pronounced /f/.
   brav

5. The sequence **chs** is pronounced /ks/, as in *wax.*
   nächst, sechs

6. Foreign words in German
   Fete, tolerant

C. Words where interference from English is likely

The following words are cognates. Pay attention to how they are pronounced in German.

grillen, Konflikt, Problem, Büro, Elektriker, Medizin, Realschule, Idol, Politik, tolerant

WAS KANNST DU SCHON?

Let's review some important points that you have learned in this unit.

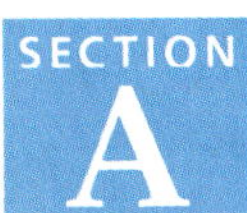

Can you give reasons for some family conflicts?
Mention three things you do that cause disagreement at home.

Mention three things you do that make your parents happy.

Can you say you are talking about someone or something?
Ask a friend who he or she is talking about.

Ask a friend what he or she is complaining about.

Say that you are talking about the following people and things:

1. your sister
2. your friends
3. your job
4. your grades

Can you ask for permission? Can you give permission and refuse to give permission?
You would like to have a party.

1. Give two ways of asking permission.
2. Give two ways in which your parents might refuse to give you permission.
3. Give two ways in which they might give you permission.

Can you say what happens when you don't do something you're supposed to do?
Tell something you have to do and tell what happens if you don't do it.

Can you talk about your future plans, expressing certainty, uncertainty, and probability?

1. Say you are definitely going to get good grades.
2. Say you're not sure what you're going to be.
3. Say you're probably going to college.

Can you use the forms of the verb *werden*?
Say you are probably going to become a teacher.
Ask the following people what they are going to be:

1. a friend
2. two friends
3. your teacher

Can you express wishes?
Mention some things there would be in your ideal world and some things there wouldn't be.

Can you quote what someone has said?
A student tells you the following things about himself. Repeat what he says to a friend.

> Ich möchte gern Sportlehrer werden. Mein Lieblingssport ist Fussball. Ich mache Fussballtraining mit Achtjährigen, und das macht mir viel Spass. Meine Eltern freuen sich darüber. Mein Vater sagt, das ist ein guter Beruf für mich.

WORTSCHATZ

SECTION A

s. **anschauen** (sep) *to look at*
aufräumen (sep) *to clean up*
das **Beispiel, -e** *example;* zum Beispiel *for example*
bis: bis um zehn *until ten*
brav *good, well-behaved*
dagegen: ich habe nichts dagegen *I don't mind*
dauern *to take (time)*
färben: s. die Haare färben *to dye one's hair*
faul *lazy*
feiern *to celebrate;* (eine Party) feiern *to have a party*
fernsehen (ie)(sep) *to watch television*
die **Fete, -n** *party*
die **Frisur, -en** *hairdo, hair style*
gehen: geht das? *is that all right? Can I?*
geschieden *divorced*
grillen *to barbecue*
der **Hobbykeller, -** *basement recreation room*
der **Konflikt, -e** *conflict*
der **Krach** *noise;* Krach geben *to have a scene, a quarrel*
der **Kram** *stuff, junk*
der **Kuss, ¨e** *kiss*
laut *loud*
leiden nicht leiden können *to not be able to stand, put up with*
lieb *nice, kind;* du bist lieb! *you're a dear!*
lieber: lieber nicht! *I'd rather you didn't*
mal *from time to time*
meinen *to mean*
meinetwegen *it's fine with me*
die **Mitternacht** *midnight*
ordentlich *neat*
die **Ordnung:** geht in Ordnung! *all right.*
das **Problem, -e** *problem*
richtig *real*
sauberhalten (ä)(sep) *to keep clean*
schimpfen *to scold, complain, get mad*
schon: ja schon *well yes, that's true, but . . .*
selbstverständlich *of course*
spät *late*
stören *to bother, disturb*
übrigens *by the way*
die **Unordnung** *mess, disorder*
verlangen *to demand, require*
verrückt *crazy*
vieles *much, a lot*
wegbleiben (sep) *to stay out*
weil *because*
worüber? *about what?*

SECTION B

das **Abitur** see p 216
der **Abschluss** *diploma*
anderes: etwas anderes *something else*
s. **ändern** *to change*
der **Arbeitsplatz, ¨e** *job, place of work*
die **Ärztin, -nen** *doctor* (f)
die **Ausbildung, -en** *training, education*
der **Auszubildende, -n** *trainee*
bei *at*
besuchen: eine Schule besuchen *to attend a school*
der **Bund** *army*
die **Bundeswehr** *army*
das **Büro, -s** *office*
denken an (acc) *to think of*
der **Durchschnitt, -e** *average*
das **Einkommen, -** *income*
einmal *someday*
der **Elektriker, -** *electrician*
erlernen: einen Beruf erlernen *to learn a trade*
der **Fall:** auf jeden Fall *in any case*
fertig *finished;* fertig machen *to finish*
genau *exactly, for sure*
die **Hauptschule, -n** see p 216
der **Kraftfahrzeug-Mechaniker, -** *auto mechanic*
die **Lehrstelle, -n** *apprenticeship*
die **Medizin** *medicine*
der **Mensch, -en** *person*
die **Mittlere Reife** see p 213
nächst- *next*
die **Realschule, -n** see p 216
der **Plan, ¨e** *plan*
schaffen *to accomplish, to make it*
sicher *sure; secure*
sogar *even*
die **Stelle, -n** *job, position*
studieren *to study for a degree at a university*
der **Unterschied, -e** *difference*
der **Verdienst, -e** *pay*
wählen *to choose*
wahrscheinlich *probably*
werden (i) *to be, become;* ich werde Ärztin *I'm going to be a doctor*
wichtig *important*
das **Ziel, -e** *goal*
ziemlich *rather, quite, fairly*
die **Zukunft** *future*

SECTION C

die **Armut** *poverty*
bewundern *to admire*
erst *first*
das **Fernsehen** *television*
fragen nach (dat) *to ask about*
die **Frau, -en** *woman*
gäbe: was gäbe es? *what would there be?*
heiraten *to marry*
das **Idol, -e** *idol*
irgendwann *at some time or another*
die **Katze, -n** *cat*
der **Krieg, -e** *war*
das **Leben** *life*
der **Mann, ¨er** *man*
oben: ganz oben steht bei mir *at the top of my list is*
die **Politik** *politics*
tolerant *tolerant*
die **Umfrage, -n** *poll*
die **Umwelt** *environment*
das **Vorbild, -er** *role model*
wäre *would be;* was wäre dir egal? *what wouldn't matter to you?*
weiter: ich will weiter Sport machen *I want to continue to do sports*
die **Welt, -en** *world*
der **Wunsch, ¨e** *wish*
die **Wunschwelt** *ideal world*
die **Zukunftspläne** (pl) *plans for the future*

ZUM LESEN

Stimmen der Jugend

Vor ein paar Jahren hat die Deutsche Shell AG ein grosses Preisausschreiben veranstaltet über das Thema „Jugend". Nach einem halben Jahr hatten 2 300 Leute etwas eingesandt — alles in allem 15 000 Arbeiten. Hier ist das Preisausschreiben.

JUGEND
Preisausschreiben

Wer kann sich beteiligen?

Alle Leute zwischen 12 und 24 Jahren, die in der Bundesrepublik leben.

Einsenden können Einzelne oder Gruppen gemeinsam. *(Schulklassen, Freunde, Jugendgruppen . . .)*

Was kann man einschicken?

Aufsätze - Zeichnungen - Collagen - Photos - Sammlung von Wandsprüchen oder passenden Witzen - Tagebücher - Reportagen - Gedichte - Karikaturen - Kassetten - Erzählungen - Satiren - Interviews - Briefe - Videobänder (VHS) - Phantasien - Träume - Science Fiction - Comics - Theaterszenen - Lieder . . .

oder was Dir/Ihnen sonst noch einfällt. (Es muß nicht alles neu sein. Man kann auch Arbeiten von früher aus der Schublade ziehen.)

Zu welchem **Thema?**

Alles, was nach Deiner/Ihrer Meinung mit dem Thema Jugend zu tun hat.

Unsere Vorschläge:

1. Eigene Erfahrungen mit dem Jungsein heute

Macht Jungsein heute Spaß, macht es Probleme?
Porträts: Selbstbild - Bild eines Jugendlichen, den ich kenne
Orte, die wichtig sind für mich (Diskothek - Schule - Zuhause - Sportplatz . . .)
Dinge, die wichtig sind für mich (Auto - Kleidung - Bücher - Schallplatten - Musik - Erinnerungen - Bilder . . .)
Meine Situation, meine Gefühle . . . als Mädchen/Junge . . . als Ausländer(in) . . . als Sportler(in) . . . als Behinderte(r) . . . als Klassenbeste(r) . . . als schwarzes Schaf . . .
Wie es sich als Jugendliche(r) bei mir am Ort (Dorf - Stadt - Stadtteil) leben läßt
Erfahrungen, Erlebnisse mit: Familie - Betrieb - Schule - Liebe - Sexualität - Freundesclique - Bundeswehr - Reisen - Verein - Arzt - Polizei . . .
Was ist gut, was ist nicht so gut an heutigen Jugendlichen?
Berichten Zeitungen, Fernsehen richtig und fair über Jugendliche?
Bericht von einem fremden Stern über Jugend auf der Erde

2. *Persönliche Ansichten über die Generation der Eltern (Erwachsene so zwischen 35 und 55)*

Gute und schlechte Noten für Erwachsene: Eltern - Lehrer - Chefs - Wirte - Ärzte - Polizisten - Politiker . . .
Erwachsene, die ich wirklich gut finde (die ich bewundere)
Meine Gefühle, wenn ich mit Erwachsenen zusammen bin
Schwierigkeiten zwischen Jüngeren und Älteren - gibt's die wirklich?
Haben die Älteren Vorurteile über Jugendliche - und umgekehrt?
Was können junge Leute von älteren Leuten lernen - was können die älteren Leute von den jungen Leuten lernen?

3. *Welche Zukunft haben Jugendliche heute?*

Wie ich mir mein weiteres Leben vorstelle (meine Wünsche - und wie es wirklich ablaufen wird)
Wie ich leben werde, wenn ich einmal so alt wie meine Eltern bin
Wie das Leben in unserer Gesellschaft nach meiner Meinung weitergehen wird
Können wir zuversichtlich in die Zukunft sehen oder haben wir Grund, die Zukunft düster zu sehen?
Können Jugendliche etwas für die Zukunft der Menschheit tun?
Wie es weitergehen soll; meine Forderungen an die Verantwortlichen zum "Jahr der Jugend 1985"

Die besten Arbeiten erschienen in dem Buch „Jugend vom Umtausch ausgeschlossen° — Eine Generation stellt sich vor°." Hier ist eine Auswahl°.

Jung sein heißt:
Du kaufst dir die neusten Platten
Lernst Diskussion, Aggression, Frustration
Kreml und Pentagon
Und gehst damit hausieren°.
Du zeigst den anderen
was in dir steckt
Und verbirgst° doch dein Innerstes.

Jung sein heißt:
Du bist Individuum
Und doch nur einer in der Masse
Du glaubst an° Gott, Mohammed oder Isis,
Es kommt ganz darauf an°
Was Freund, Freundin oder Kameraden sagen.
Dann ziehst du dir passende Klamotten° an
Hin und wieder° gehst du auf die Straße
Protestierst, debattierst und zeigst
daß du eine Meinung° hast

Markus Burgdorf, 18 Jahre

Ein Erwachsener ist wohl jemand, der fest° in seinem Beruf drinsteckt, eine Familie und eine Lebensversicherung° hat, im Sommer in Urlaub fährt. So stell' ich mir das vor°, wie Erwachsensein heute ist.

Linda Dillmann, 17 Jahre

Ich mache mir angestrengt Gedanken darüber°, wie mein Leben aussehen soll:
gross?
klein?
einfach?
luxuriös?
frei?
alltäglich?
Plötzlich° fällt mir auf°, daß die Gegenwart° unerkannt° an mir vorüberzieht°.

Albert J., 17 Jahre

---

vom Umtausch ausgeschlossen *not exchangeable* **s. vorstellen** *to introduce oneself* **die Auswahl** *selection* **mit etwas hausieren** *to sell, peddle something* **verbergen** *to hide* **glauben an** *to believe in* **es kommt ganz darauf an** *it all depends on* **passende Klamotten** (pl) *appropriate clothes* **hin und wieder** *now and then* **die Meinung** *opinion* **fest** *tight, secure* **die Lebensversicherung** *life insurance* **ich mache mir angestrengt Gedanken darüber** *I am intensely worried about* **plötzlich** *suddenly* **es fällt mir auf** *it occurs to me* **die Gegenwart** *the present* **unerkannt** *unnoticed, unappreciated* **vorüberziehen an** *to pass by*

Ihr wünscht,
daß wir bessere Menschen
werden,
aber . . .

Ihr fordert° von uns,
daß wir sauber schreiben,
aber eure Hieroglyphen
sind kaum zu entziffern°.

Ihr fordert,
daß wir zu Lehrern nett sein sollen,
aber ihr sprecht von eurem Chef°
wie von einem Buhmann°.

Ihr möchtet,
daß wir Bücher statt° Comics lesen,
aber ihr lest nur
Sportberichte und Illustrierte°.

Ihr wollt,
daß wir ordentlich sind,
aber ihr
findet eure Sachen auch nicht immer.

Ihr fordert,
wir sollten mehr nachdenken°,
aber ihr macht selber
vieles unüberlegt°.

Ihr habt es schwer mit uns,
aber wir . . .

(frei nach Klaus Konjetzky)
Klasse 8, Gerrasius-Realschule

fordern *to require* **sie sind kaum zu entziffern** *you can hardly decipher them* **der Chef** *boss* **der Buhmann** *monster* **statt** *instead of* **die Illustrierte** *illustrated magazine* **nachdenken** *to think, reflect* **unüberlegt** *rashly, without thinking*

Ich habe den Eindruck,° viele Jugendliche kümmern sich nicht um° Politik. Das ist jedenfalls der Eindruck aus meiner Umgebung. Die Demonstrationen für den Frieden° und gegen° Aufrüstung° zeigen doch, daß es den Jugendlichen nicht egal ist, was in der Welt geschieht°. Ich selber verfolge° die Politik am Fernsehen und durch die Zeitung, denn ich halte es für wichtig, informiert zu sein, um sich ein möglichst° objektives Bild machen zu können.

Cäcilia Kothe, 16 Jahre

Ich träume
Heute mehr als früher°
Ich träume von einer Welt:
Wo Gemeinschaft° das Alleinsein übersteigt
Wo Frieden den Krieg besiegt°
Wo Sonne die Schatten verjagt°
Wo Einigkeit° die Mauern° durchbricht
Wo das Brot für uns alle reicht
Wo Geld nicht die Welt regiert
Wo Macht° nebensächlich° wird
Wo ich meine Gefühle zeigen kann
Wo Leben° Liebe heißt

Angela Furkert, 20 Jahre

LESEHILFE

Recognizing Different Types of Writing

The contest you have read about in this section invited young people to express their thoughts and ideas in any form they chose, among them the **Bericht,** *report;* **Gedicht,** *poem;* **Brief,** *letter;* **Aufsatz,** *essay;* **Anekdote,** *anecdote;* **Interview,** *interview;* **Erzählung,** *story;* **Porträt,** *portrait;* and **Selbstbild,** *self-portrait.* What kinds of writing are represented in the selections reprinted here? Can you find examples of various kinds of writing in other sections of the textbook?

Contest participants chose a topic to write on and decided how to write about it. They could write about their **Erfahrungen und Erlebnisse,** *experiences;* **Ansichten,** *opinions;* **Gefühle,** *feelings;* **Erinnerungen,** *memories;* **Wünsche und Träume,** *wishes and dreams;* and **Forderungen,** *requests, demands.* As you read each piece, ask yourself what the writer is talking about.

Zum Nachdenken und Diskutieren

1. Read the contest rules together in class. Discuss the suggestions for topics. What can you say about each suggestion?
2. Read the pieces in this section and pick one that you would like to discuss.
3. Form small groups to discuss the pieces. Each group will take one piece, discuss what it means and prepare a presentation for the class. Discuss what the young person is writing about, what opinions are expressed and what you think of these opinions.
4. Which piece do you like the best? Why?

---

der Eindruck *impression* **s. kümmern um** *to bother about* **der Frieden** *peace* **gegen** *against* **die Aufrüstung** *arms build-up* **es ist den Jugendlichen nicht egal, was in der Welt geschieht** *young people are not indifferent to what happens in the world* **verfolgen** *to follow* **möglichst** *as much as possible* **früher** *earlier, before* **die Gemeinschaft** *community* **besiegen** *to conquer* **verjagen** *to chase away* **die Einigkeit** *unity* **die Mauer** *wall* **die Macht** *power* **nebensächlich** *irrelevant* **das Leben** *life, living*

KAPITEL 7

Nach der Schule, nach der Arbeit

What do young people do after school and after work? Many young people, whether high school students or apprentices, belong to clubs and organizations. Here they come together with people of all ages and backgrounds.

In this unit you will:

ERSTER KONTAKT	get acquainted with the topic
SECTION A	express agreement and disagreement; arrange a date
SECTION B	discuss interests; express anticipation; praise and criticize
SECTION C	state opinions; talk about the future time
TRY YOUR SKILLS	use what you've learned
ZUM LESEN	read for practice and pleasure

Klubs und Vereine 

Für die meisten Schüler ist der Schultag schon um 13 Uhr zu Ende, und viele Auszubildende kommen auch schon gegen 16 bis 17 Uhr von der Arbeit nach Hause. Was machen diese Jugendlichen dann? Faulenzen sie? — Kaum!

Die meisten Jugendlichen verbringen den Rest des Tages aktiv. Sie haben ihre Woche schon „verplant". Die meisten wissen auch heute schon, was sie nächste Woche zu einer bestimmten Zeit tun werden.

Die meisten jungen Leute gehören Klubs oder Vereinen an, wo sie ihre Hobbys ausüben können. Sie treffen sich ein-, zwei-, oder mehrmals in der Woche in ihrem Vereinshaus. Oft ist das nur ein gemieteter Raum in einem Restaurant oder in einem Schulhaus.

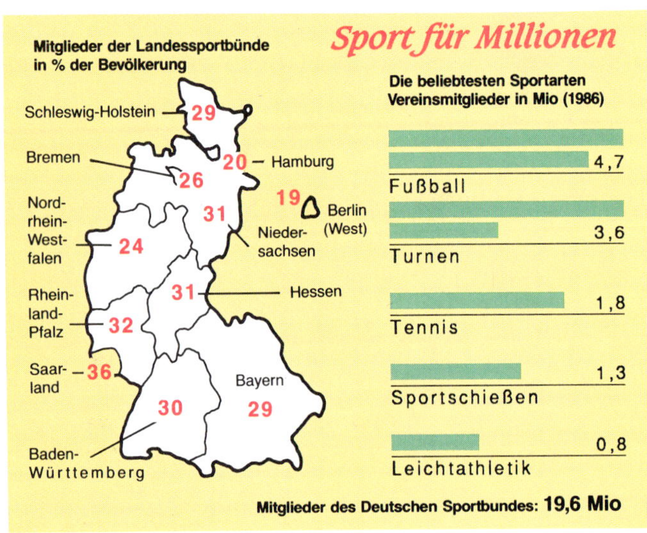

Der Deutsche Sportbund zählte 1986 rund 19,6 Millionen Mitglieder; das ist fast ein Drittel der deutschen Bevölkerung. Von den 7—bis 18jährigen Kindern und Jugendlichen ist inzwischen sogar jeder zweite in einem Sportklub aktiv.

Die meisten Vereine gibt es in Nordrhein-Westfalen. Die sportfreudigste Bevölkerung hat jedoch das Saarland, wo 36 von 100 Einwohnern in einem Sportverein organisiert sind. Die beliebteste Vereinssportart ist der Fussball mit 4,7 Millionen Mitgliedern.

Fragen

1. Welches sind die beliebtesten Sportarten in der Bundesrepublik?
2. Wieviel Millionen Menschen sind Mitglieder in Sportvereinen?
3. Wie viele Mitglieder sind in Tennisvereinen organisiert?
4. Wieviel Prozent der Bevölkerung gehören Vereinen an?

Mitglieder der Landessportbünde	Vereine	Mitglieder (in 1000)
Baden-Württemberg	9 100	2 745,7
Bayern	9 639	3 162,7
Berlin	1 356	357,7
Bremen	394	177,1
Hamburg	696	318,9
Hessen	6 831	1 721,9
Niedersachsen	7 757	2 232,0
Nordrhein-Westfalen	17 670	4 078,9
Rheinland-Pfalz	5 421	1 156,0
Saarland	1 797	379,8
Schleswig-Holstein	2 319	765,1
Insgesamt	**62 930**	**17 096,0**

Mitglieder der Spitzenverbände	Mitglieder (in 1000)	davon (in %) bis 21 Jahre	davon (in %) männlich
Fußball	4 732,9	27	90
Turnen	3 567,6	46	32
Tennis	1 813,7	31	57
Schützen	1 260,2	19	81
Leichtathletik	797,2	54	55
Handball	777,1	52	67
Tischtennis	686,5	49	74
Ski	666,7	39	58
Schwimmen	554,5	63	51
Sportfischen	523,5	21	97
Übrige Sportarten	3 767,5	—	—
Insgesamt	**19 147,4**	**37**	**66**

Von den deutschen Hausmusikern spielen:

Klavier	**25,7%**
Blockflöte	**24,4%**
Gitarre	**14,5%**
Akkordeon	**6,7%**
Violine	**6,6%**
Querflöte	**4,6%**
Klarinette	**3,1%**
Trompete	**2,8%**
Cello	**1,9%**
elektronische Orgel	**1,9%**

Quelle: Verband deutscher Musikschulen

Viele Leute haben nicht nur Zeit für Sport. Viele machen Hausmusik. Diese Tabelle zeigt, welche Instrumente die deutschen Hausmusiker spielen.

Fragen

1. In welchem Land gibt es die meisten Vereine?
2. In welchen Vereinen sind die meisten jungen Leute?
3. Welchen Vereinen gehören die meisten Mädchen an?
4. Welches sind die beliebtesten Instrumente der deutschen Hausmusiker?

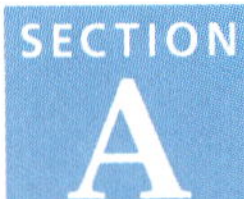

expressing agreement and disagreement; agreeing with reservations; arranging a date

Viele junge Leute verbringen ihre Freizeit aktiv. Klubs und Vereine geben ihnen eine Möglichkeit, ihre Interessen zu pflegen. — Welchen Klubs und Vereinen gehörst du an?

A1 Nach der Schule geht's richtig los!

Wie verbringen unsere Freunde die Zeit nach der Schule oder nach der Arbeit? Fragen wir sie mal!

Der Uwe geht aufs Markgräfler Gymnasium in Müllheim. Er ist in der zehnten Klasse, und er ist ein guter Schüler. Uwe hat uns seinen Stundenplan für die Nachmittage der Woche gezeigt. Wie ihr seht, ist der Uwe ein sehr beschäftigter Gymnasiast!

Uwe, 17 Jahre

MONTAG	DIENSTAG	MITTWOCH	DONNERSTAG	FREITAG
$18^{30}-22^{00}$ Volleyball	$13^{00}-15^{15}$ Latein $19^{30}-20^{00}$ Jugendkreis (Kirche)	$17^{00}-20^{00}$ Volleyball evt. $19^{00}-20^{00}$ Trompetenprobe	$14^{00}-14^{45}$ Trompetenstunde $15^{15}-17^{00}$ Volleyball 18^{30} od. 20^{00} evt. Volleyball	15^{00} ab und zu Schulkonz.-Probe-Besprechung $19^{00}-20^{00}$ Trompetenprobe $20^{00}-22^{00}$ Volleyball

Ein Interviewer spricht mit Uwe:

Ja, sag mal, Uwe, wenn ich mir deinen Stundenplan für den Nachmittag ansehe, dann muss ich sagen, dass du wirklich ein sehr beschäftigter junger Mann bist.—Ja, das stimmt!—*Du spielst die ganze Woche Volleyball, da kannst du doch kaum Zeit haben für deine Hausaufgaben!*—Nein, das stimmt nicht, das ist ganz anders.—*Kannst du mir das erklären?*—Gern. Erstens brauche ich nicht so viel Zeit für die Hausaufgaben wie viele Klassenkameraden — ich passe in der Klasse immer gut auf und lerne das meiste auch in der Klasse. Ja, und zweitens habe ich den ganzen Montag- und Mittwochnachmittag Zeit für Hausaufgaben, Vorbereitung für Tests und so.—*Hm, und das ist genug?*—Ja, und dann lerne ich auch abends eine Stunde oder so.—*Du hast mit deiner Schule und mit deinen Hobbys so viel zu tun, da bleibt dir keine Freizeit.*—Das stimmt, aber ich verbringe die Freizeit eben aktiv. Das macht mir grossen Spass.—*Und wie sieht's mit Latein aus?*—Ja, da bin ich echt schlecht. Aber die Nachhilfestunden am Dienstag helfen mir; ich hab' keine Vieren mehr, sondern nur noch Zweien und Dreien! —*Das ist ja prima!* —*Sag mal, was macht dir denn mehr Spass, Volleyballspielen oder Trompetespielen?*—Das kann ich schlecht sagen, ich brauche beides.

Beim Trompetespielen habe ich Kontakt mit anderen Menschen im Musikverein — viele Spieler sind älter als ich — und ich lerne eine ganze Menge über Musik. —*Da stimm' ich dir zu. Man lernt ja nicht nur in der Schule und für die Schule, man lernt für sein ganzes Leben.* —Ja, das sagt mein Vater auch immer. —*Kann ich mal zu einer Probe kommen?*—Selbstverständlich! —*Wie wär's mit morgen um 19 Uhr?*—Einverstanden!—*Also, bis morgen! Tschüs!*—Adieu!

Ich bin im Musikverein in Auggen — das ist gleich in der Nähe von Müllheim. Ich spiele Klarinette. — *Du verbringst viel Zeit damit?* — Ja, schon, aber es macht mir Spass. — *Wie oft übst du?* — Ich übe eigentlich jeden Tag ein bisschen, nach der Schule. Und zweimal in der Woche haben wir Probe, und am Wochenende spielen wir irgendwo. — *Ist das nicht langweilig?* — Im Gegenteil. Wir sind eine nette Gruppe, und wenn wir spielen, gibt es immer viel Spass.

Daniela, 16 Jahre

Ich gehe dreimal in der Woche reiten, so zwischen drei und fünf am Nachmittag. Ich reite die Pferde aus, und ich bin gerade dabei, springen zu lernen. — *Macht's Spass?* — Und wie! Pferde sind doch liebe Tiere. — *Und wie steht's mit deinen Hausaufgaben? Wann machst du die?* — Ein bisschen gleich nach der Schule und den Rest nach dem Reiten.

Tanja, 16 Jahre

Und Flori! Wie sieht's bei dir aus?

Ich komm' um halb zwei von der Schule nach Hause. Dann ess' ich schnell was zu Mittag, das heisst, ich wärme mir auf, was meine Mutter für mich am Abend in den Kühlschrank gestellt hat. Dann mach' ich schnell meine Hausaufgaben, so bis drei oder halb vier. Ja, und von vier Uhr an hab' ich immer was zu tun.

Zweimal in der Woche hab' ich Fussballtraining; ich gehör' einem Fussballverein an. Wir trainieren dienstags und donnerstags von halb fünf bis um sechs Uhr. Montags, mittwochs und freitags helf' ich meinem Vater im Geschäft; er hat einen Kiosk und verkauft Zeitungen, Zeitschriften, Getränke und belegte Brote und so. Ach ja, freitags geh' ich immer zuerst gleich nach der Schule zu meiner Oma. Sie hat dann ein warmes Mittagessen für mich, und ich geh' dann für sie einkaufen. Oder ich les' ihr auch ab und zu etwas vor — sie sieht nämlich sehr schlecht. Ja, das macht mir grossen Spass, denn ich hab' meine Oma furchtbar gern.

Und dann trainiere ich freitags die 8jährigen vom Fussballklub. Immer zwischen vier und sechs Uhr. In zwei Wochen fahr' ich mit dieser Mannschaft und mit einigen Eltern nach Deutz — das ist da bei Köln — dort übernachten wir bei den Eltern unserer Gegenspieler. Die Gegenmannschaft kommt uns dann vier Wochen später besuchen. Ja, ich bin eigentlich immer beschäftigt. Samstags gibt's dann die Pokalspiele, und dabei komm' ich ein wenig in der Gegend herum. Ich hab' also wenig Freizeit. Zum Fernsehen komme ich fast gar nicht. Ja, die grossen Fussballspiele, Bundesliga und so, die seh' ich mir schon an. Aber sonst seh' ich recht wenig fern.

A2 Übung • Was hast du dir gemerkt?

1. Der Uwe geht aufs
2. Er hat nachmittags immer
3. Er ist ein guter Schüler, nur
4. Die Daniela spielt
5. Sie ist gern im Musikverein, weil
6. Die Tanja geht
7. Der Flori gehört
8. Dreimal in der Woche
9. Freitags ist er bei der Oma; er
10. Er ist immer beschäftigt, und zum Fernsehen

a. das Spielen grossen Spass macht.
b. dreimal in der Woche reiten.
c. einem Fussballverein an.
d. geht für sie einkaufen.
e. hilft er seinem Vater.
f. in Latein ist er nicht gut.
g. Klarinette.
h. kommt er fast gar nicht.
i. Markgräfler Gymnasium.
j. viel zu tun.

A3 Lese- und Schreibübung

Lies die Interviews mit Uwe und Flori noch einmal! Dann mach eine Liste und schreib auf, was für Hobbys die beiden haben und was die Vorteile und Nachteile ihrer Hobbys sind!

A4 Übung • Hast du das verstanden?

1. Der Interviewer sagt zu Uwe: „Du bist ein sehr beschäftigter junger Mann." — Was antwortet Uwe?
2. Was antwortet Uwe, als der Interviewer sagt: „Du hast doch kaum noch Zeit für deine Hausaufgaben!"?
3. Uwe sagt, er hat genug Zeit für seine Hausaufgaben. Was antwortet der Interviewer darauf?
4. Uwe sagt, er lernt beim Trompetespielen eine ganze Menge über Musik. Glaubt der Interviewer, dass das stimmt? Was antwortet er darauf?
5. Der Interviewer möchte zu einer Trompetenprobe kommen, morgen abend um 19 Uhr. Was sagt Uwe dazu?

A5 WIE SAGT MAN DAS?
Expressing agreement and disagreement

expressing agreement	Einverstanden! Selbstverständlich! Da stimme ich dir zu.	*Agreed! Okay.* *Of course!* *I agree with you.*
agreeing with reservations	Das stimmt, aber . . . Ja schon, aber . . .	*That's right, but . . .* *Yes, that's true, but . . .*
disagreeing, contradicting	Im Gegenteil! Das stimmt nicht, das ist ganz anders.	*On the contrary!* *That's not so; you've got it all wrong.*

A6 Übung • Einverstanden? Oder nicht ganz? 

Du liest jetzt einige Sätze, und du sagst:

a. du bist einverstanden.
b. du bist nicht ganz einverstanden.
c. du hast eine andere Meinung.

1. Alle jungen Leute sollen Klubs angehören.
2. Nach der Schule soll man immer zuerst die Hausaufgaben machen.
3. Es ist nicht gut, in der Freizeit sehr aktiv zu sein.
4. Klubs sind langweilig.
5. Man kann seine Interessen am besten pflegen, wenn man einem Verein angehört.
6. Beim Trompetespielen kann man eine ganze Menge über Musik lernen.
7. Am besten kann man seine Freizeit vor dem Fernseher verbringen.
8. Zuviel Fernsehen ist nicht gut. Es ist besser, die Freizeit aktiv zu verbringen.
9. Es ist auch wichtig, anderen Menschen zu helfen.
10. Schule und Arbeit sind wichtig. Aber es ist auch wichtig, die Freizeit aktiv und interessant zu verbringen.

A7 Lese- und Schreibübung • Partnerarbeit

Such dir einen Partner! Jede Gruppe macht dann folgendes: lest die vier Interviews von A1 noch einmal! Sucht alle Dativformen heraus und schreibt diese auf ein Blatt Papier! Schreibt auch die englische Bedeutung auf! — Vergleicht dann in der Klasse, was ihr geschrieben habt! Sortiert die Formen in Gruppen!— Wer hat die meisten Dativformen gefunden?

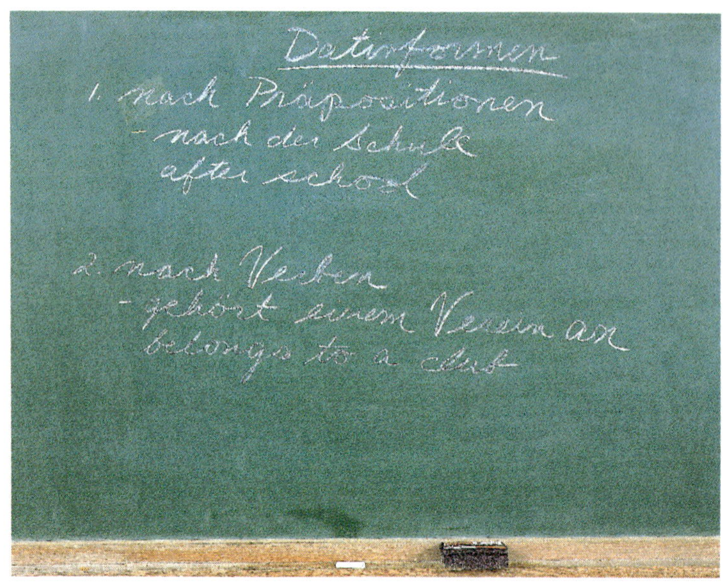

A8 Übung • Und du? Wie ist das bei dir?

1. Wann endet der Schultag bei dir? Wann kommst du nach Hause?
2. Wie verbringst du den Nachmittag? Den Abend?
3. Was für Klubs hat deine Schule?
4. Gehörst du einem Klub oder einem Verein an? Welchem?
5. Was macht ihr in diesem Klub? Wann? Wie oft?
6. Wann machst du deine Hausaufgaben?
7. Was machen deine Freunde? Gehören sie auch einem Klub an?

A9 Übung • Ich gehöre einem Klub an

Du spielst nicht nur Fussball, du gehörst sogar einem Fussballklub an!

A: Spielst du Fussball?
B: Na, klar! Ich gehöre sogar einem Fussballklub an.

1. Spielst du Schach?
2. Läufst du Schi?
3. Spielst du Volleyball?
4. Segelst du?
5. Wanderst du?
6. Kegelst du auch?

A10 Übung • Ich gehöre dem Musikverein von Müllheim an

Du machst nicht nur Musik, du gehörst sogar dem Musikverein von Müllheim an!

A: Machst du Musik?
B: Und wie! Ich gehöre sogar dem Musikverein von Müllheim an!

1. Turnst du gern?
2. Spielst du Volleyball?
3. Wanderst du gern in den Alpen?
4. Spielst du auch Fussball?
5. Schwimmst du regelmässig?
6. Tanzt du gern?

A 11 Übung • Der Flori hilft allen gern 

Der Flori hat diese Woche viel zu tun.
Wem hilft er diese Woche?

Am Montag hilft er seinem Vater.
Er arbeitet im Geschäft.

1. Am Dienstag hilft er . . .
2. Am . . .

6 MONTAG	Vater / arbeiten
7 DIENSTAG	Freunde / Garage aufräumen
8 MITTWOCH	Kusine / Rad reparieren
9 DONNERSTAG	Onkel Fritz / Auto waschen
10 FREITAG	Oma / einkaufen
11 SAMSTAG	Opa / Rasen mähen
12 SONNTAG	Tante Gerda / Baby

A 12 Übung • Frag den Flori! 

Frag den Flori, was er diese Woche macht!

A: Flori, was machst du denn am Montag?
B: Am Montag? Ja, da helf' ich meinem Vater. Ich arbeite im Geschäft.

1. Und was machst du am Dienstag?
2. Am Mittwoch? Am . . .

A 13 Schreibübung

Schreib, was Flori an jedem Tag gemacht hat! Was sagt er?

Am Montag hab' ich meinem Vater geholfen.
Am Dienstag . . .

gemäht gewaschen
gearbeitet repariert aufgeräumt ist einkaufen gegangen gemacht

A 14 Übung • Was macht dir Spass? 

Sag, was dir Spass macht! Dein Partner stimmt dir zu oder auch nicht.

A: Was macht dir Spass?
B: Fussballspielen macht mir Spass.
A: Da stimm' ich dir zu. Fussballspielen macht mir auch Spass. [oder] Da stimm' ich dir nicht zu. Fussballspielen macht mir keinen Spass.

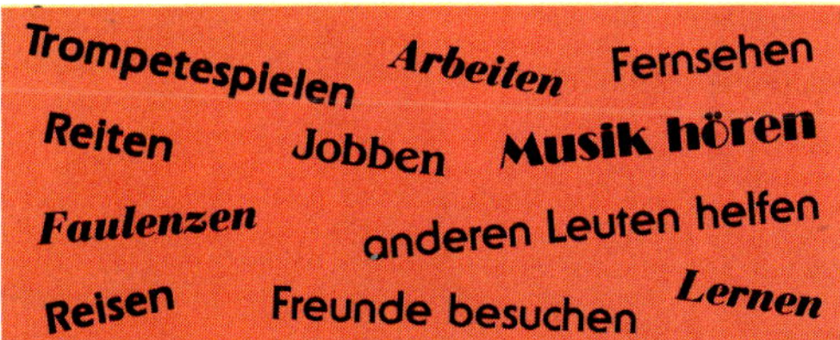

A 15 ERKLÄRUNG
Verbs with the Dative Case

1. In the dialogs of A1, three verbs that have an object in the dative case are used: **angehören,** *to belong to;* **helfen,** *to help someone;* **zustimmen,** *to agree with someone.*

   Florian gehört **einem Fussballverein** an.
   Er hilft **seinem Vater** im Geschäft.
   Ich stimme **dir** zu.

2. You have been using other verbs with an object in the dative case.

antworten	*to answer s.o.*	**glauben**	*to believe s.o.*
danken	*to thank s.o.*	**gratulieren**	*to congratulate s.o.*
gefallen	*to please s.o.*	**passen**	*to fit s.o.; to suit s.o.*
gehören	*to belong to s.o.*		

3. Certain verbs that express a personal opinion or express concern are used with the impersonal pronoun **es.** These verbs are also used with a dative case form.

   Es geht **meinem Bruder** gut. (Es) schmeckt **mir** nicht.
   (Es) steht **dir** gut. Es tut **uns** leid.
   (Es) macht **mir** Spass.

4. Some verbs indicating physical comfort or discomfort are also used with dative case forms.

   Mir ist schlecht. Der Hals tut **mir** weh.

A 16 Übung • Und du? 

Was ist deine Antwort?

1. A: Ich stimme (meiner Schwester) zu. Und du?
   B: Ich stimme (ihr) auch zu.
2. A: Der Flori hilft heute (seinem Vater). Und du?
   B: Ich helfe . . .
3. A: (Mein Vetter) hat morgen Geburtstag. Weisst du das?
   B: Ach, dann muss ich (ihm) ja gratulieren!
4. A: Hat (dein Bruder) das Geschenk bekommen?
   B: Ja, und es hat (ihm) gut gefallen.

ihm { Freund, Vater, Bruder, Vetter }

ihr { Freundin, Mutter, Schwester, Kusine }

ihnen { Freunden, Eltern, Geschwistern, Verwandten }

A 17 Übung • Was sagst du?

Sieh dir diese Bilder an! Was kannst du über die Leute auf diesen Bildern sagen?

A 18 Lese- und Schreibübung

Helga sitzt im Garten und schreibt ihrer Oma einen Brief. Da kommt ihr kleiner Bruder vorbei und spritzt sie mit Wasser nass. Der schöne Brief! Aber sie glaubt, dass die Oma ihn noch lesen kann. Und du kannst es bestimmt auch. Lies den Brief und schreibe ihn dann säuberlich auf ein Blatt Papier!

Liebe Oma!

Ich danke ___ für den schönen Pulli! Er passt ___ ausgezeichnet, und Mutti meint, die Farbe steht ___ gut.

Es tut ___ leid, dass es ___ nicht so gutgeht, und ich stimme ___ Eltern zu, dass Du zum Arzt gehen sollst!

In der Schule geht es ___ wieder besser. Die Nachhilfestunden in Mathe haben ___ sehr geholfen. Fotografieren ist noch immer mein Hobby; seit drei Wochen gehöre ich ___ Kameraklub an.

Ich muss heute noch ___ Freundin Antje schreiben und ___ zum Geburtstag gratulieren. Später helfe ich ___ Vati im Garten. Du siehst, ich bin sehr beschäftigt.

Viele Grüsse Helga

P.S. Vati hat ___ zum Geburtstag eine Eiskremtorte geschenkt. Sie hat ___ Freunden prima geschmeckt.

A 19 ZEITBEGRIFFE

The following time band shows how speakers of German divide up their day and what time expressions they use to refer to different parts of the day.

5.00	Morgen	heute morgen gestern morgen morgen früh	*this morning* *yesterday morning* *tomorrow morning*
9.00	Vormittag	heute vormittag gestern vormittag morgen vormittag	*this morning* *yesterday morning* *tomorrow morning*
11.30	Mittag	heute mittag gestern mittag morgen mittag	*at noon today* *yesterday at noon* *tomorrow at noon*
13.30	Nachmittag	heute nachmittag gestern nachmittag morgen nachmittag	*this afternoon* *yesterday afternoon* *tomorrow afternoon*
17.00	Abend	heute abend gestern abend morgen abend	*this evening, tonight* *last night, yesterday evening* *tomorrow evening*
23.00	Nacht	heute nacht gestern nacht morgen nacht	*tonight* *last night* *tomorrow night*

A 20 Übung • Aus Uwes Taschenkalender

Sag, was Uwe an diesen drei Tagen tut oder getan hat! (Heute ist der 2.)

Gestern vormittag hat er eine Deutscharbeit gehabt.

Mittwoch **1** Tz. 182-183 Zt. 181-179	Donnerstag **2** Tz. 183-182 Zt. 182-178	Freitag **3** Tz. 184-181 Zt. 183-177
$9^{45}-11^{15}$ Deutscharbeit	$9^{00}-10^{00}$ Vati helfen	$7^{00}-8^{00}$ Tennis
12^{00} Zahnarzt anrufen, Termin:	12^{00} Onkel Otto anrufen	$9^{00}-10^{00}$ Nachhilfe/Latein
	$15^{00}-17^{00}$ Trompetenprobe	$14-17^{00}$ Gartenparty/Kristin
$15^{00}-17^{00}$ Volleyball		
$19^{00}-21^{00}$ Kino	$19-21^{30}$ Volleyball	19^{00} Hausaufgaben

A 21 WIE SAGT MAN DAS?
Arranging a date

Kann ich morgen nach der Schule kommen?	*Can I come tomorrow after school?*
Wie wär's morgen nach der Arbeit?	*How about tomorrow after work?*
Wie wär's mit heute um 19 Uhr?	*How about tonight at 7 o'clock?*

A 22 Übung • Wann geht's? 

Wann könnt ihr beide euch treffen? Wann geht's?

A: Wann können wir zusammen ins Kino gehen?
B: Wie wär's (morgen nach der Schule)?
A: Einverstanden! Das passt prima. [oder] Morgen nach der Schule geht's nicht. Aber wie wär's mit morgen abend um 18 Uhr?

wann?

nach der Schule / nach der Arbeit
nach der Probe / nach dem Essen
heute um . . . Uhr
morgen um . . . Uhr
heute nachmittag / morgen abend
morgen nach der Schule
heute abend um . . . Uhr

Was ihr alles zusammen tun könnt:

1. die Hausaufgaben machen
2. für den Test lernen
3. Volleyball spielen
4. die neuen Musikkassetten hören
5. die Konzertkarten kaufen
6. der Oma helfen
7. einen Stadtbummel machen
8. schwimmen gehen

A 23 ERKLÄRUNG
The Dative Case after the Prepositions **aus, bei, mit, nach, von, zu,** *and* **seit**

1. The prepositions **aus, bei, mit, nach, von, zu,** and **seit** are always used with dative case forms. Read these sentences and pay particular attention to the meaning of the prepositional phrases.

		Dative Case
Ich komme um ein Uhr	**aus**	**der** Schule.
Die Schüler übernachten	**bei**	**den** Eltern.
Wir fahren	**mit**	**dieser** Mannschaft.
Was machst du	**nach**	**der** Trompetenprobe?
Um 5 Uhr kommen sie	**von**	**der** Arbeit nach Hause.
Ich gehe morgen abend	**zu**	**einer** Probe.
Uwe spielt schon	**seit**	**einem** Jahr Trompete.

2. The preposition **bei** often has the meaning of "at someone's house, where someone lives."

Wie ist es **bei dir**?	*What's it like at your place?*
Bei uns ist jetzt Winter.	*Where we live, it's winter now.*

A 24 Übung • Und du? Wie ist das bei dir?

Was machst du am Nachmittag?

1. Zu wem gehst/fährst du nach der Schule?
2. Wie kommst du zu deinen Freunden?
3. Mit wem gehst/fährst du in die Stadt?
4. Bei wem hast du dein Rad/Moped?

Freund	Freundin	**Freunde**
Vater	Mutter	**Eltern**
Opa	Oma	**Grosseltern**
Bruder	Schwester	**Geschwister**
Vetter	Kusine	**Verwandte**

A 25 Übung • Was sollen wir machen?

Hast du eine Idee?

A: Was sollen wir (morgen nachmittag) machen?

B: Wir können zu meinem Vetter fahren. Wir sind schon lange nicht bei ihm gewesen.

A: Prima Idee! Ich fahr' gern zu deinem Vetter. Er ist so lustig.

A 26 Übung • Hör gut zu! 

Was meinen diese Leute? Stimmen sie zu? Sind sie vielleicht nicht ganz sicher? Haben sie eine andere Meinung?

	1	2	3	4	5	6	7	8
agree								
agree with reservations								
disagree								

A 27 ERKLÄRUNG
Verbs Used as Nouns

In German a verb can often be used as a noun. When the verb is used as a noun, it must be capitalized. In this unit you have been using verbs as nouns in prepositional phrases with **nach.**

Verb	*Prepositional Phrase*	
essen	**nach dem Essen**	*after lunch/dinner*
schwimmen	**nach dem Schwimmen**	*after swimming*
reiten	**nach dem Reiten**	*after riding*

A 28 Übung • Was machst du heute noch? 

Nach dem Schwimmen fahre ich zu meiner Oma, und ich gehe mit ihr ins Kino.

1. Oma

2. Eltern

3. Bruder

4. Freunde

5. Kusine

6. Freund

7. Klassenkameraden

8. Freundin

 Ein wenig Landeskunde 

Die Schulen in Deutschland sind zum Lernen da. Es gibt zwar Sportunterricht und verschiedene Arbeitsgemeinschaften (freiwillig, meistens am Nachmittag), aber das ist nicht genug für Schüler, die ihre Interessen aktiv verfolgen wollen. Für solche Schüler sind die vielen Klubs und Vereine da, die es in jedem Dorf und in jeder Stadt gibt.

In den meisten Schulen gibt es zum Beispiel keine Tennisplätze. Wer richtig Tennis spielen will, der geht in einen Tennisklub. In grösseren Städten haben zum Beispiel viele Sportgeschäfte ihre eigenen Tennisplätze für ihre Klubmitglieder.

Klubs und Vereine bieten den Jugendlichen eine gute Möglichkeit, Menschen verschiedenen Alters und aus verschiedenen Bevölkerungsschichten kennenzulernen.

A 30 Schreibübung

Schreib diese Sätze ab und füll dabei die fehlenden Wörter ein!

1. Wann kommst du aus ____ Schule? Aus ____ Theater? Aus ____ Kino?
2. Wohnst du jetzt bei dein____ Vater? Bei dein____ Grosseltern?
3. Wie kommst du in die Schule? Mit ____ Bus? Mit ____ Strassenbahn? Mit ____ Rad? Mit ____ Auto?
4. Was machst du heute nach ____ Schule? Nach ____ Arbeit? Nach ____ Essen? Nach ____ Trompetenprobe?
5. Ich habe das Geschenk von ____ Mutter. Von ____ Freund. Von ____ Eltern. Von ____ Lehrerin.
6. Geht ihr jetzt zu ____ Probe? Zu ____ Party? Zu ____ Fussballspiel?
7. Wir lernen seit ____ Jahr Deutsch. Seit ____ Woche. Seit ____ Monat. Seit zwei Jahre____.

SECTION B

talking about interests and expressing anticipation; praising and criticizing

Viele junge Leute verbringen ihre Freizeit aktiv, viele sehen auch gern fern. Was für Sendungen sehen sie sich an? Was sagen sie darüber? — Siehst du viel fern? Was für Sendungen schaust du dir an?

B1 Seht ihr viel fern?

Anita Schrott hat die Hauptschule in Dornbirn, Österreich, besucht und ist jetzt im ersten Lehrjahr. Sie möchte Werkzeugmacherin werden — eigentlich ein typischer Männerberuf, aber ein Beruf, in dem man viel Geld verdienen kann.

Anita, 16 Jahre

Nun, Anita, was machst du, wenn du von der Arbeit nach Hause kommst? — Wenn ich heimkomme, bin ich ziemlich müde, und gewöhnlich schmutzig. Ich wasch' mich zuerst einmal, zieh' mich um und ruh' mich ein wenig aus, das heisst, ich mach' den Fernseher an. Ich schau mir an, was es gerade gibt. Zwischen fünf und sechs gibt es sowieso nichts Aufregendes; vielleicht eine Sendung über Tiere oder einen alten Film. — *Was für Sendungen siehst du denn am liebsten?* — Am liebsten seh' ich mir Sportsendungen an. Sport ist einfach Spitze! Besonders Tennis. Ich bin ein richtiger Tennisfan. — *Und was für Sendungen magst du noch?* — Ich seh' mir auch die Tagesschau an. Ich will ja auch wissen, was in der Welt alles passiert. —

Und wie steht's mit Quiz-Sendungen? — Ach, manche sind in Ordnung. Aber die meisten sind furchtbar schlecht, so langweilig, eine reine Zeitverschwendung! — *Wirklich?* — Ja, wirklich! —*Und wie ist es mit Fernsehserien wie* Dallas *oder* Der Denver Clan? — Diese Sendungen kommen zu spät für mich. Um Viertel vor zehn geh' ich schon schlafen, denn ich muss früh um halb sechs aufstehen. — *Wieviel Fernsehgeräte habt ihr in eurer Wohnung?* — Wir haben einen Farbfernseher, das ist alles. — *Und wer entscheidet bei euch, was ihr am Abend seht?* — Meistens mein Vater. Meine Mutter kommt erst um sieben von der Arbeit, und sie hat wenig Zeit zum Fernsehen.

Andreas Hofbauer, 17 Jahre alt, ist schon im zweiten Lehrjahr. Er arbeitet in einem grossen Disco-Markt und macht dort eine Lehre als Kaufmann. Andreas erzählt uns, was er gewöhnlich macht, wenn er von der Arbeit nach Hause kommt.

Ich komme erst um sieben von der Arbeit. Nur an Tagen, wenn ich Schule habe, bin ich schon um halb vier zu Hause. Ja, was ich dann mache? — Zweimal in der Woche treff' ich mich mit Freunden. Wir gehen mal ins Kino, oder wir setzen uns zusammen und sehen fern. — *Für welche Sendungen interessierst du dich denn am meisten?* — Am meisten für Sport. Die Sportschau seh' ich mir eigentlich immer an, besonders, wenn es ein tolles Fussballspiel gibt. — *Und wie steht's mit anderen Sendungen, Politik, zum Beispiel?* — Es kommt darauf an. Im allgemeinen interessiere ich mich nicht für Politik, aber ich seh' mir politische Sendungen an, wenn sie etwas mit der Jugend oder Jugendarbeit zu tun haben, denn ich bin in der Gewerkschaft. — *Und wie steht's mit Spielfilmen?* — Ja, einen guten Film seh' ich mir auch gern an. Aber die meisten Fernsehfilme sind so alt. Krimis seh' ich gern, *Der Alte, Miami Vice,* und ich freue mich immer auf *Magnum.* — *Was sagen deine Eltern dazu, dass du doch eigentlich ziemlich viel fernsiehst?* — Das stört sie nicht. Ich habe meinen eigenen Fernseher, und ich kann sehen, was ich will. Nur manchmal kommt der Vati zu mir ins Zimmer und ruft: „Nicht so laut!" Dann stell' ich den Fernseher eben leiser.

B2 Übung • Was hast du dir gemerkt?

1. Anita macht den Fernseher an, denn
2. Sie sieht sich die Tagesschau an, denn
3. Quiz-Sendungen sind für sie
4. *Dallas* kann sie nicht sehen, denn
5. Bei ihr entscheidet der Vater,
6. Andreas interessiert sich für Fussball, und
7. Er interessiert sich für politische Sendungen, wenn
8. Andreas sieht sich politische Sendungen an, denn
9. Krimis sieht er auch gern, und
10. Sein Fernsehen stört die Eltern nicht, denn

- **a.** diese Sendung kommt zu spät für sie.
- **b.** eine reine Zeitverschwendung.
- **c.** er freut sich immer auf *Magnum.*
- **d.** er hat seinen eigenen Fernseher.
- **e.** er ist in der Gewerkschaft.
- **f.** er sieht sich immer die Sportschau an.
- **g.** sie etwas mit der Jugend zu tun haben.
- **h.** sie möchte sich ein wenig ausruhen.
- **i.** sie will wissen, was in der Welt passiert.
- **j.** was sie am Abend sehen.

B3 Lese- und Schreibübung

Lies die Interviews mit Anita und Andreas noch einmal und schreib auf eine Liste, welche Sendungen sich die beiden ansehen und was sie über diese Sendungen sagen!

B4 Übung • Kannst du dich erinnern?

1. Was sagt Anita über Sportsendungen?
2. Was sagt sie über Quiz-Sendungen?
3. Warum sieht sie sich *Dallas* nicht an?
4. Warum sieht sich Andreas immer die Sportschau an?
5. Interessiert er sich für Politik?
6. Welche Krimis sieht er sich besonders gern an?
7. Was sagt Andreas' Vater, wenn ihn das Fernsehen stört?

B5 WIE SAGT MAN DAS?

Talking about interests; expressing anticipation

talking about interests	Für welche Sendungen interessierst du dich? Wofür interessierst du dich? Ich interessiere mich (am meisten) für Sport.	*What kind of programs are you interested in?* *What are you interested in?* *I'm interested (most of all) in sports.*
expressing anticipation	Auf welche Sendungen freust du dich? Worauf freust du dich? Ich freue mich auf die Krimis.	*What programs do you look forward to?* *What do you look forward to?* *I look forward to detective shows.*

B6 Übung • Wofür interessierst du dich?

Sieh dir die Tabelle an und sag, wofür du dich am meisten interessierst!

A: Für welche Sendung interessierst du dich am meisten?
B: Am meisten interessiere ich mich für Sport. — Und du?
A: Ich interessiere mich für Politik.

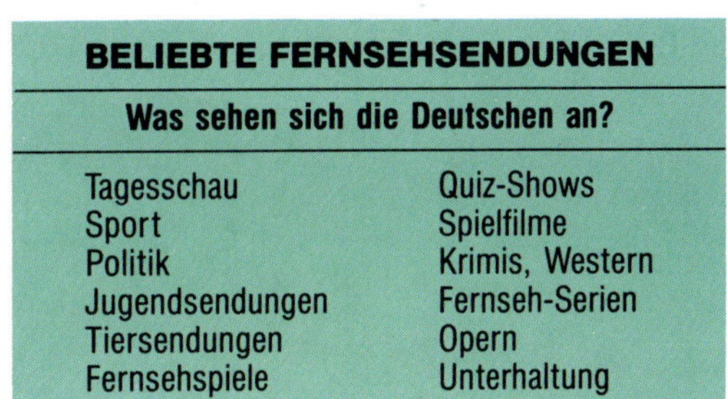

BELIEBTE FERNSEHSENDUNGEN	
Was sehen sich die Deutschen an?	
Tagesschau	Quiz-Shows
Sport	Spielfilme
Politik	Krimis, Western
Jugendsendungen	Fernseh-Serien
Tiersendungen	Opern
Fernsehspiele	Unterhaltung

B7 ERKLÄRUNG
Reflexive Verbs, Accusative Case

1. The reflexive verbs used in this section have only one object. It is in the accusative case. These verbs are like the reflexive verbs **sich (gut) fühlen** and **sich fithalten** that you learned in Unit 2.

s. ausruhen, *to rest*	Nach der Arbeit ruhe ich **mich** aus.
s. umziehen, *to change (clothes)*	Anita zieht **sich** um.
s. waschen, *to wash oneself*	Ich wasche **mich.**

2. Some reflexive verbs used in this section also require a prepositional phrase.

s. freuen auf	+ acc.	Ich freue **mich** auf den Film.
s. interessieren für	+ acc.	Ich interessiere **mich** für diese Sendung.
s. treffen mit	+ dat.	Ich treffe **mich** mit meinen Freunden.

B8 Übung • Mit wem triffst du dich? 

Sag, mit wem du dich heute nach der Schule triffst!

A: Mit wem triffst du dich heute nach der Schule?
B: Ich treffe mich mit meinen Freunden.
A: Und was macht ihr?
B: Wir . . .

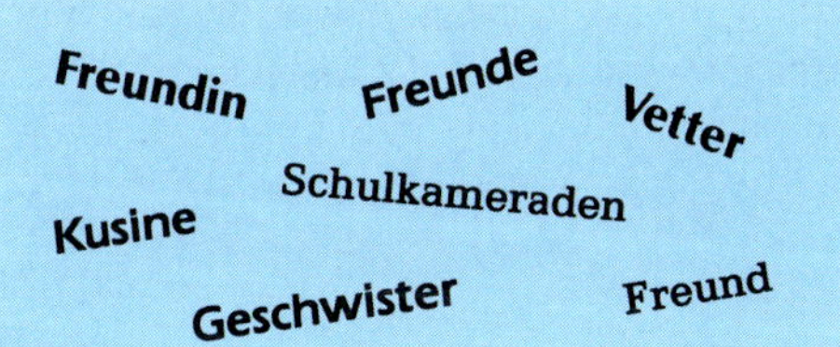

B9 Übung • Auf welche Sendung freust du dich?

Dein Freund und du, ihr seht euch das Fernsehprogramm an. Ihr freut euch schon auf gewisse Sendungen. Sag, auf welche Sendung du dich am meisten freust!

A: Auf welche Sendung freust du dich am meisten?
B: Ich freue mich am meisten auf die Tagesschau. Und du?
A: Ich freu' mich auf die Sportschau.

der	Film, Krimi
die	(Sport-)Sendung, Tagesschau, Quiz-Show, Sportschau, Fernsehserie
das	Fernsehspiel

B10 WIE SAGT MAN DAS?
Praising and criticizing

praising	Diese Sendung ist / finde ich gut. nicht schlecht. in Ordnung. einfach Spitze!	*This program is / I find this program* *good.* *not bad.* *all right.* *simply terrific!*
criticizing	nicht gut. schlecht. einfach furchtbar.	*not good.* *bad.* *simply awful.*

B11 Übung • Lob oder Kritik? 

Was ist deine Meinung?

A: Wie findest du die Tagesschau?
B: Die Tagesschau ist einfach Spitze! Stimmt's?
A: Ja, ich finde sie auch in Ordnung. [oder] Nein, die Tagesschau ist nicht gut.

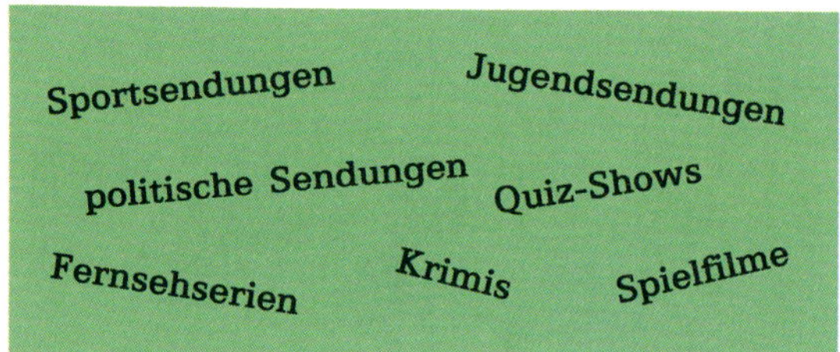

B12 ERKLÄRUNG
Reflexive Verbs, Dative Case

The verb **sich** etwas **ansehen (anschauen),** *to watch something,* is used with the reflexive pronoun in the dative case.

	Dative	*Accusative*	
Ich schaue	**mir**	die Tagesschau	an.
Siehst du	**dir**	den Krimi	an?

B13 Übung • Was sieht sich jeder an?

Wieviel Sätze kannst du machen?

Wir sehen uns morgen einen Krimi an.

Andreas die Kinder du ich wir ihr	sehe sehen seht siehst sieht	dir euch mir sich uns	heute heute abend morgen morgen abend	die Tagesschau *Dallas* einen Krimi eine Quiz-Show die Sportsendung einen Spielfilm	an

B14 WAS SEHT IHR EUCH AN? 

Pro und Contra ist sehr interessant. *Die Tagesschau* und politische Sendungen seh' ich mir am liebsten an.

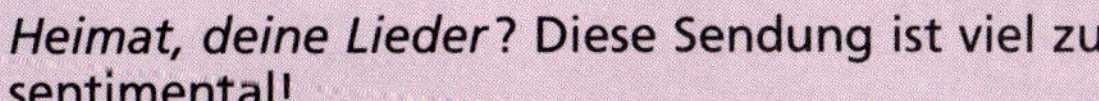

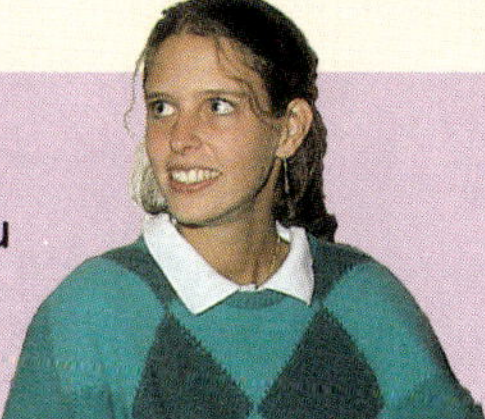

Heimat, deine Lieder? Diese Sendung ist viel zu sentimental!

Nova ist einfach Spitze! Sehr lehrreich.

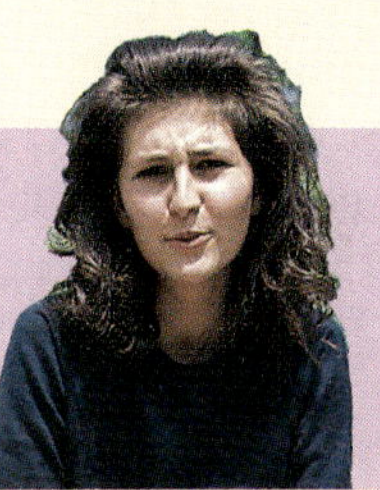

Kultursendungen sind in Ordnung. Aber oft sind sie furchtbar langweilig.

Dallas seh' ich mir jeden Dienstag abend an. Die Sendung ist unrealistisch, aber faszinierend!

Simon & Simon? Spannend. Ich freu' mich immer auf diese Sendung.

Miami Vice? Das ist zu brutal! Das dürfen sich meine Kinder nicht ansehen.

Wie können Sendungen sein?

spannend	langweilig	faszinierend
sentimental	interessant	lustig
kindisch	lehrreich	unterhaltend
phantasielos	realistisch	uninteressant

furchtbar ganz
zu
sehr ziemlich

B15 Übung • Welche Sendungen?

Sag, welche Sendungen du dir am liebsten ansiehst!

A: Welche Sendungen siehst du dir am liebsten an?
B: Ich seh' mir am liebsten politische Sendungen an.
A: Politische Sendungen? Warum?
B: Politische Sendungen finde ich interessant. Was meinst du?
A: Das stimmt! [oder] Ich find' sie . . .

B16 Übung • Interview mit einem Partner 

Such dir einen Partner! Du interviewst ihn.

1. Was machst du, wenn du nach der Schule nach Hause kommst?
2. Wann machst du den Fernseher an?
3. Was für Sendungen interessieren dich am meisten?
4. Welche Sendungen interessieren dich nicht?
5. Siehst du dir alles an, was es gerade im Fernsehen gibt?
6. Welche Sendungen findest du besonders gut oder schlecht? Warum?
7. Was ist deine Meinung über Quiz-Shows?
8. Und wie steht's mit alten Filmen?
9. Wieviel Fernsehgeräte habt ihr zu Hause?
10. Wer entscheidet bei euch, was ihr am Abend seht?
11. Darfst du so viel fernsehen, wie du willst?
12. Darfst du dir alles ansehen, was du willst?

B17 Ein wenig Landeskunde 

Das Deutsche Fernsehen hat zwei grosse Programme, die man in der ganzen Bundesrepublik sehen kann: das 1. Programm (ARD) und das 2. Programm (ZDF). Daneben gibt es auch Regionalprogramme, das sind die dritten Programme, wie Bayern 3, Hessen 3. In der Nähe der Grenzen ist es auch möglich, die Programme der Nachbarländer zu empfangen, wie Österreich 1, Österreich 2, Ost 1, Schweiz. Ausserdem gibt es auch Kabelsender mit Namen wie SAT 1, 3SAT, SKY CHANNEL, und so weiter.

Im allgemeinen kann man von 10 Uhr morgens bis kurz nach Mitternacht fernsehen. Was sehen sich die Deutschen an? Beliebt sind die *Tagesschau* (ARD), *heute* (ZDF), Sport, deutsche Detektivsendungen wie *Der Alte* und amerikanische Sendungen wie *Dallas, Der Denver Clan, Magnum, Kojak,* usw. In diesen amerikanischen Sendungen spricht man natürlich deutsch!

Das deutsche Fernsehen wird nicht durch Reklamesendungen grosser Firmen finanziert. Reklame gibt es daher im deutschen Fernsehen nur zweimal am Tag und jedes Mal nur für eine kurze Zeit. Dafür muss aber jeder, der einen Fernseher hat, eine vierteljährliche Fernsehgebühr von DM 57, 00 zahlen.

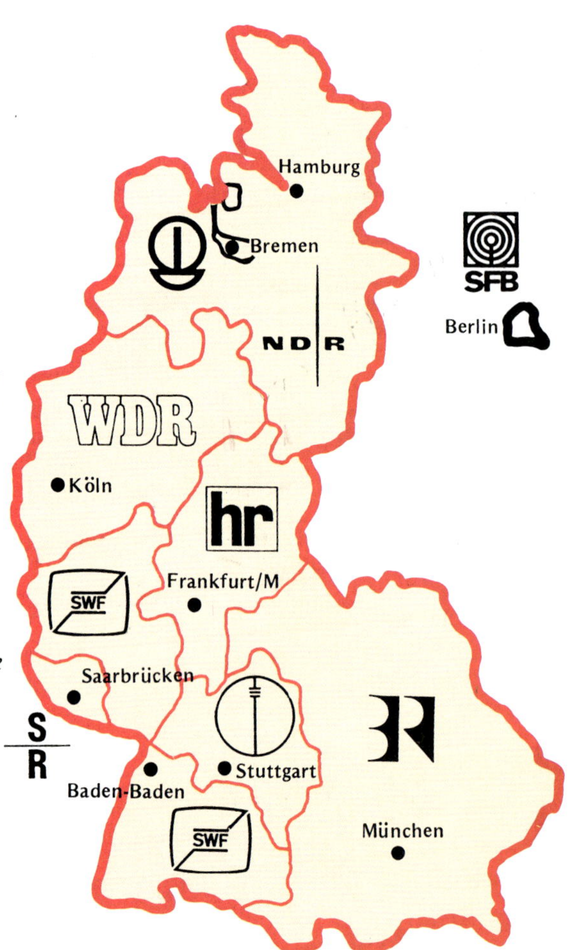

B18 Leseübung • Partnerarbeit

Such dir einen Partner! Seht euch das Fernsehprogramm vom Dienstag an und diskutiert, welche Sendung ihr euch zusammen ansehen wollt und warum! Ihr müsst euch auch entscheiden, in welcher Gegend Deutschlands ihr sein wollt, wenn ihr euch ein Regionalprogramm aussucht!

DIENSTAG

1. PROGRAMM / 2. PROGRAMM

9.00 **9.45** ZDF-Info Gesundheit **10.00** Tagesschau und Tagesthemen **10.23** Stürmische Höhen, Amerikanischer Spielfilm 1939 mit Laurence Olivier **12.05** Umschau **12.25** WISO **12.55** Presseschau **13.00** Tagesschau

1. PROGRAMM

14.00

14.55 Tagesschau

15.05 Frauengeschichten
Özay Yeyin - Putzfrau

15.50 Spaß am Dienstag
Mit Werner und Zini. Gezeigt werden u.a. Mickeymouse-Trickfilme

16.50 Berlin-Besuch der britischen Königin Elizabeth II.
Übertragung von der Ankunft in Berlin- Gatow

17.30 Berlin Tatto

17.45 Tagesschau

18.00 **Regionalprogramme**

Bayern 17.55 Bayernstudio **18.05** Yes Minister **18.30** Tagesthema **18.45** Christian Rother - Bankier für Preußen **19.50** Bayernstudio
Hessen 17.55 Vor 8 im Ersten **18.00** Tante Tilly **18.30** Hessen heute **18.40** Sandmännchen **18.50** Falcon Crest
Nord 17.55 Berichte vom Tage **18.05** Der Prinz muß her (1) **18.35** Das Sandmännchen **18.40** Der Prinz muß her (2) **19.15** Landesprogramme
Bremen 18.00 Buten & binnen **18.10** Flug in die Hölle **19.05** Autoreport **19.15** Buten & binnen
Berlin 17.55 5 vor 6 **18.13** Remington Steele **19.07** Wolff und Rüffel **19.22** Berliner Abendschau
Saar 17.55 Tele-Journal **18.20** Solo für 12 **18.45** Heute abend **18.50** Liebe **19.25** Aktueller Bericht
SDR/SWF 17.55 Tante Tilly **18.30** Landesschau **18.45** Der Eugen und...**19.00** Falcon Crest
West 17.55 Hier und Heute **18.25** Yes Minister **19.00** Christian Rother - Bankier für Preußen

20.00

20.00 Tagesschau

20.15 Was bin ich?
Heiteres Beruferaten mit Robert Lembke und seinem Rateteam mit Guido Baumann, Anette von Aretin, Hans Sachs und Ingrid Wendl

21.00 Report

21.45 Dallas
Bobbys Rückkehr
Mit Patrick Duffy, Larry Hagman, Victoria Principal

2. PROGRAMM

15.56 ZDF - Ihr Programm

16.00 heute

16.04 Das Zauberwölkchen
Die Welt des Märchens
Zeichentrickfilm

17.00 heute
Anschl. **Aus den Ländern**

17.15 Tele-Illustrierte

17.45 Teufels-Großmutter
Glücklich restauriert
Mit Brigitte Horney, Gerd Baltus, Loni von Friedl, Peter Pasetti, Matthias Hinze, Stefan Gossler

18.10 heute-Schlagzeilen

18.20 Wartesaal zum kleinen Glück
Vatertag
Mit Grif Boettcher, Gerd Baltus, Rijk de Gooyer.
Im Wartesaal ist der Teufel los. Per Brief wird eine „unangemeldete" Prüfung angekündigt. Es müssen also zahlreiche Beschwerden gegen das Lokal vorliegen. Alle Mitarbeiter machen sich Sorgen.

19.00 heute

19.30 Die Queen in Berlin
Live aus dem Schloß Charlottenburg
Auch die Queen erweist der 750-Jahr-Feier Berlins die Ehre. Sie kommt für zwei Tage in die Jubiläumsstadt. Dabei wird sie ein umfangreiches Programm absolvieren.

20.10 Die Schwarzwaldklinik
Die Heimkehr. Mit Sascha Hehn, Heidelinde Weis, Barbara Wussow, Karin Eckhold
Zur Einstimmung auf die 23 neuen Folgen im Oktober wiederholt das ZDF die bereits gesendeten Folgen. Dazu die Meinung von ZDF-Direktor Alois Schardt: „Die Schwarzwaldklinik ist ein Zeugnis für die künstlerischen Kapazitäten in der Bundesrepublik Deutschland. Sicherlich bietet die Schwarzwaldklinik Ansatzpunkte für die wissenschaftliche Forschung."

21.45 heute-journal

3. PROGRAMME

BAYERN 3

18.45 Rundschau **19.00** Jetzt red i **20.00** Byron **20.45** Die Sprechstunde: Diabetes **21.30** Rundschau **21.45** Der beste Mann. Amerikanischer Spielfilm 1948 mit Spencer Tracy, Katharine Hepburn. **23.40** Z.E.N. **23.45** Rundschau

HESSEN 3

18.00 Sesamstraße **18.33** Formel Eins. Präsentiert von Stefanie Tücking **19.20** Hessenschau **20.00** Exklusiv. US-Spielfilm 1937 mit Frances Farmer, Fred MacMurray, Fay Holden **21.15** Praktische Tips. Arbeit auf Zeit **21.30** Drei aktuell **21.45** Kultur-International **22.30** Das Leben ist nicht schwarz-weiß **23.00** Subway: Arnett Cobb and friends

NDR/RB/SFB 3

18.00 Sesamstraße **18.30** Studieren...und kein Land in Sicht? (2) Standbein und Tanzbein **19.00** Computer in der Dienstleistung **19.30** Landwirtschaft aktuell **20.00** Tagesschau **20.15** Schaufenster **21.00** Endkampf. Fernsehfilm mit Gustl Bayrhammer **22.15** Die Rache der Natur **23.30** Nachrichten

SÜDWEST 3

18.00 Sesamstraße **18.29** Schwarzes Theater **18.31** Ferdy. 21. Die mißglückte Skifahrt **19.00** Abendschau **19.26** Das Sandmännchen **19.30** Vierländereck. Thema: Aids **20.15** Musentempel für Zeitgenossen **21.15** Die Nervensäge. US-Spielfilm 1959 mit Glenn Ford **22.55** Jugendstil. 8. Eine Kunst ohne Grenzen **23.25** Nachrichten

WDR 3

18.30 Sesamstraße **19.00** Aktuelle Stunde **20.00** Tagesschau **20.15** Carl Weiss aus Berlin: Auf den Spuren der Habsburger **20.45** Vor 140 Jahren: Hapag gegründet **21.00** Formel Eins. Die ARD-Hitparade präsentiert von Stefanie Tücking **21.45** Menschen in NRW: Kunst-Flüge **22.15** Das Haus am Ende des Tunnels. Vom Umgang mit Aids **23.00** Wie uns die Nachbarn sehen **23.45** Nachrichten

B19 Übung • Heute, gestern, morgen

Hier ist ein Auszug von Abendprogrammen des deutschen Fernsehens.
Sieh dir nun diese Programme gut an und sag deinen Klassenkameraden:

a. was du dir heute abend ansiehst und warum
b. was du dir gestern abend angesehen hast und wie dir die Sendung gefallen hat
c. auf welche Sendung von morgen abend du dich schon freust und warum!

Dienstag 2. Programm		Mittwoch 3. Programm	
17.05 Unter der Sonne Kaliforniens Bericht aus Kalifornien **18.10 Essen in Deutschland** Meisterköche bitten zu Tisch **18.55 ZDF—Ihr Programm** Information zum Abendprogramm **19.00 heute** **19.30 Bilder aus Amerika**	**20.15 Grün ist die Heide** Deutscher Spielfilm, 1972 **21.45 heute-journal** **22.10 Aspekte** Kulturmagazin **23.30 Träumende Lippen** Amerik. Spielfilm, 1965 **0.50 heute** Sendeschluss etwa 0.55	**17.40 Lassies Abenteuer** **18.05 Abendschau-Journal** **18.45 Rundschau** Nachrichten — Wetter **19.00 Sag die Wahrheit** Komödie mit B. Stephan **19.25 Der Leih-Opa** „Babysitten" einmal anders	**20.15 Leo's** Magazin aus München **20.45 Zeitspiegel** Politik am Mittwoch **21.30 Rundschau** Nachrichten — Wetter **21.45 Dempsey and Makepeace** Engl. Serie in 10 Teilen

B20 Übung • Und wie ist es in den Vereinigten Staaten?

Beantworte ein paar Fragen über das amerikanische Fernsehen!

1. Wie viele Programme kannst du in deiner Stadt sehen? Welche?
2. Gibt es bei euch auch Kabelfernsehen?
3. Wie lange kann man bei euch fernsehen? Von wann bis wann?
4. Was sind wohl die beliebtesten Sendungen?
5. Wer finanziert das amerikanische Fernsehen?
6. In Deutschland muss man eine Fernsehgebühr zahlen. Wie findest du das?
7. Gibt es Fernsehstationen, die nicht durch Reklame finanziert sind? Wie heissen sie? Was für Sendungen bringen sie?

B21 Übung • Hör gut zu!

Aus welcher Fernsehsendung?

Krimi	Sport	Tiersendung	Politik	Jugendsendung	Tagesschau

B22 Schreibübung

Schreib auf, was du dir gestern abend im Fernsehen angesehen hast! Was wirst du dir heute abend anschauen? Und am Wochenende? — Schreib ganze Sätze!

stating opinions; talking about the future

Ein eigenes Auto haben und Auto fahren können sind Wünsche von vielen jungen Leuten. — Wie gross ist dein Interesse an Autos? Was ist dein Traumwagen?

C1 Was macht Stefan nach der Schule?

Der Stefan, 16, ist ganz vernarrt in Autos! Autos sind sein grosses Hobby. Er liest alle Fachzeitschriften über Autos, er sieht sich im Fernsehen jedes Autorennen an, kurz, er weiss alles über Autos. Er kennt die deutschen und die ausländischen Marken, ganz gleich, ob sie aus den USA, aus Japan oder aus Frankreich sind. Theoretisch kann er auch schon Auto fahren, nur praktisch darf er es noch nicht: Stefan ist erst sechzehn. Noch zwei Jahre muss er warten, bis er den Führerschein machen kann!

Warum interessiert sich Stefan so sehr für Autos? Stefan hat einen älteren Bruder, den Hans-Jörg. Er ist 21 Jahre alt, studiert, und ihm gehört ein Auto: nichts Grosses, nichts Schickes — er fährt einen ganz gewöhnlichen, älteren Golf. Hans-Jörg hat wenig Zeit für seinen Wagen, und der Stefan pflegt ihn für ihn. Jede freie Minute verbringt er mit dem Auto: er bastelt am Motor herum, er repariert die Bremsen, er säubert den Wagen, er wäscht ihn, wachst ihn, und er behandelt ihn so liebevoll, als wäre es sein eigenes Auto.

Hier ist ein Interview mit dem Stefan

Ich habe den Eindruck, dass du diesen Wagen fast zu liebevoll behandelst. Er gehört dir doch gar nicht. — Das stimmt! Aber es macht mir Spass, den Wagen zu reparieren und zu pflegen. Ich lerne viel dabei. Wenn ich selbst mal einen Wagen habe, dann will ich auch die meisten Reparaturen selber machen. — *Was für einen Wagen wirst du dir denn mal kaufen?* — Autos sind teuer. Ich werde mir zuerst mal einen Gebrauchtwagen kaufen, vielleicht auch einen VW; den kenne ich am

besten, und der braucht wenig Benzin. — *Was hältst du denn von dem neuen Audi?* — Ich finde den neuen Audi Spitze! Er hat eine bessere Strassenlage, er beschleunigt schneller, er ist ein zuverlässiges Modell, technisch super! Und ich meine, dass er preiswert ist. — *Und was hältst du von amerikanischen Autos? Haben die Amerikaner bessere Wagen als wir?* — Was heisst besser? Ich finde die amerikanischen Wagen bequemer, geräumiger. Aber für unsere Strassen zu gross, zu breit. Und für mich viel zu teuer. Vielleicht später einmal, wenn ich reich bin!

C2 Übung • Beantworte die Fragen!

1. Wie zeigt es sich, dass Stefan ganz vernarrt in Autos ist?
2. Woher weiss er so viel über Autos?
3. Warum darf er nicht selbst Auto fahren?
4. Was weisst du über Stefans Bruder?
5. Warum pflegt und repariert Stefan den Wagen so liebevoll?
6. Was für einen Wagen wird er sich selbst einmal kaufen?
7. Was hält Stefan von dem neuen Audi?
8. Und was hält er von amerikanischen Wagen?

C3 Lese- und Schreibübung

Lies die Beschreibung von Stefan und das Interview mit ihm noch einmal! Dann schreib auf ein Stück Papier alle Ausdrücke mit einem Adjektiv, wie zum Beispiel: sein grosses Hobby, die deutschen Marken, und so weiter!

C4 WIE SAGT MAN DAS?
Stating opinions

Ich habe den Eindruck, dass du den Wagen zu liebevoll behandelst.	*I have the impression that you treat this car too affectionately.*
Ich glaube, dass dieser Wagen schneller fährt.	*I think that this car goes faster.*
Ich finde den neuen Audi Spitze!	*I think the new Audi is terrific!*
Ich meine, der Wagen ist preiswert.	*I think the car is a good value.*
Ich halte amerikanische Wagen für bequemer.	*I consider American cars more comfortable.*

C5 Übung • Partnerarbeit

Such dir einen Partner! Entscheidet euch für zwei Autos und sagt, wie ihr jedes Auto findet! Benutzt die folgenden Ausdrücke in eurer Diskussion!

Ich habe den Eindruck, dass der Wagen . . . Ich meine, dass der Wagen . . . Ich glaube, dass der Wagen . . .	grösser und bequemer ist besser und zuverlässiger ist preiswerter ist eine bessere Strassenlage hat schneller beschleunigt die meisten Reparaturen hat viel/wenig Benzin braucht
Ich halte den Wagen für . . . Ich finde den Wagen . . .	grösser, bequemer, schneller, zuverlässiger, geräumiger, preiswerter, besser, schöner

C6 Übung • Was ist dein Eindruck?

Was hältst du von diesen drei Autos?

Was meinst du? Wie findest du . . . ? Was ist dein Eindruck? Was hältst du von . . . ? Was denkst du?

AUTO A	AUTO B	AUTO C
aus den Vereinigten Staaten	aus Japan	aus Deutschland
4 Türen	2 Türen	4 Türen
2 000 kg	1 200 kg	1 600 kg
100 km in 14 Sek.	100 km in 12 Sek.	100 km in 11 Sek.
DM 25 000,00	DM 21 000,00	DM 28 000,00
Garantie: 3/30 000 km	Garantie: 3/30 000 km	Garantie: 3/30 000 km

C7 ERKLÄRUNG
Comparatives Used before Nouns

When comparative forms of adjectives are used before nouns, they have the same endings that positive forms of adjectives have before nouns.

Wir haben einen alt**en** / Wir haben einen älter**en** — Wagen.

Das ist eine teur**e** / Das ist eine teurer**e** — Marke.

Das ist ein neu**es** / Das ist ein neuer**es** — Modell.

Hier stehen die gross**en** / Hier stehen die grösser**en** — Wagen.

Wir sind mit dem klein**en** / Wir sind mit dem kleiner**en** — Wagen zufrieden.

C8 Übung • Und du?

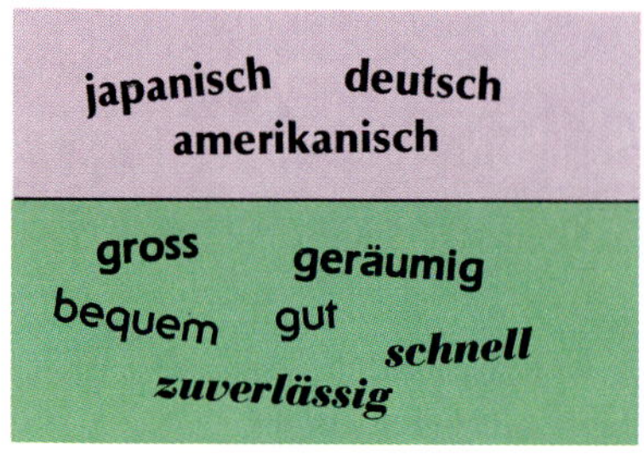

Der neue Wagen muss grösser, besser usw. sein!

A: Ich finde den (japanischen) Wagen (gross) genug.
B: Ja, aber ich möchte mir einen (grösseren) Wagen kaufen.
A: Was für eine Marke?
B: Ja, vielleicht einen . . .

C9 Übung • Und du?

Stefan hat einen älteren Bruder. Und du auch!

A: Mein (Bruder) ist (älter) als ich.
B: Ich habe auch (einen älteren Bruder).
A: Ich weiss.

C10 ERKLÄRUNG
The Verb **gehören**, *Present Tense*

The verb **gehören** is used with an object in the dative case, like the verbs listed on page 244.

Der Wagen gehört **meinem Bruder.**
Der Wagen gehört **ihm.**

C11 Übung • Wem gehört was?

Der Wagen gehört meinem Bruder.

1. Bruder
2. Schwester
3. Eltern
4. Vater
5. Mutter
6. Freund
7. Freundin
8. Opa
9. Geschwister
10. Tante

C12 Übung • Wem gehört das?

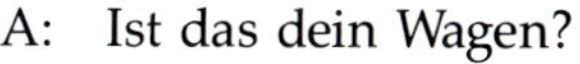

A: Ist das dein Wagen?
B: Nein, er gehört mir nicht.

1. Ist das Opas Wagen?
2. Ist das Omas Auto?
3. Ist das Peters Rad?
4. Ist das der Wagen von deinen Eltern?
5. Ist das der Fernseher von deiner Schwester?
6. Ist das deine Kamera?

C13 Übung • Meine Sachen sind älter

A: Ist das dein Wagen?
B: Nein, der gehört mir nicht. Ich hab' einen älteren Wagen.

1. Ist das deine Kamera?
2. Ist das dein Rucksack?
3. Ist das dein Taschenrechner?
4. Sind das deine Schuhe?
5. Ist das dein Auto?
6. Ist das deine Jacke?
7. Sind das deine Zeitschriften?
8. Ist das dein Mantel?

C14 ERKLÄRUNG
The Future Tense Using werden

1. Future time can be expressed by using the present tense, usually with a word indicating future time, such as **morgen.**

   Was **machst** du morgen?
   Ich **kaufe** mir einen neuen Wagen.

2. Future time can also be expressed by using the future tense: the present tense of **werden** with another infinitive.

   Was für einen Wagen **wirst** du dir einmal **kaufen?**

3. The following are the forms of **werden:**

Future			
ich	**werde**	den Wagen	**kaufen**
du	**wirst**		
er, sie, es, man	**wird**		
wir	**werden**		
ihr	**werdet**		
sie, Sie	**werden**		

4. In clauses beginning with **dass, wenn,** and **weil,** the inflected form of **werden** is in last position.

   Ich glaube, dass ich mir einen grösseren Wagen kaufen **werde.**

C15 Übung • Was wirst du dir mal kaufen?

A: Was für einen Wagen wirst du dir mal kaufen?
B: Ich werde mir mal einen grösseren Wagen kaufen.

1. Kamera / besser
2. Fernseher / grösser
3. Auto / schneller
4. Rad / bequemer
5. Wagen / geräumiger
6. Uhr / zuverlässiger

C16 Übung • Das ist gut genug

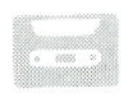

A: Dieser Wagen ist schnell genug für mich.
B: Ja, aber ich glaube, ich werde mir mal einen schnelleren Wagen kaufen.

1. Dieses Auto ist gross genug für mich.
2. Dieser Fernseher ist gut genug für mich.
3. Diese Kamera ist teuer genug für mich.
4. Dieser Wagen ist bequem genug für mich.
5. Diese Uhr ist gut genug für mich.
6. Dieser Mantel ist warm genug für mich.

C17 Übung • Was meinst du?

Ich meine, dass . . .   Ich glaube, dass . . .

A: Was für einen Wagen wirst du dir mal kaufen?
B: Ich glaube, dass ich mir mal einen deutschen Wagen kaufen werde.

amerikanisch, deutsch, englisch, französisch, japanisch	Auto, Wagen, Fernseher, Film, Kamera, Rad, Kassetten-Recorder, Moped

C18 Leseübung • Wie heissen einige Autoteile?

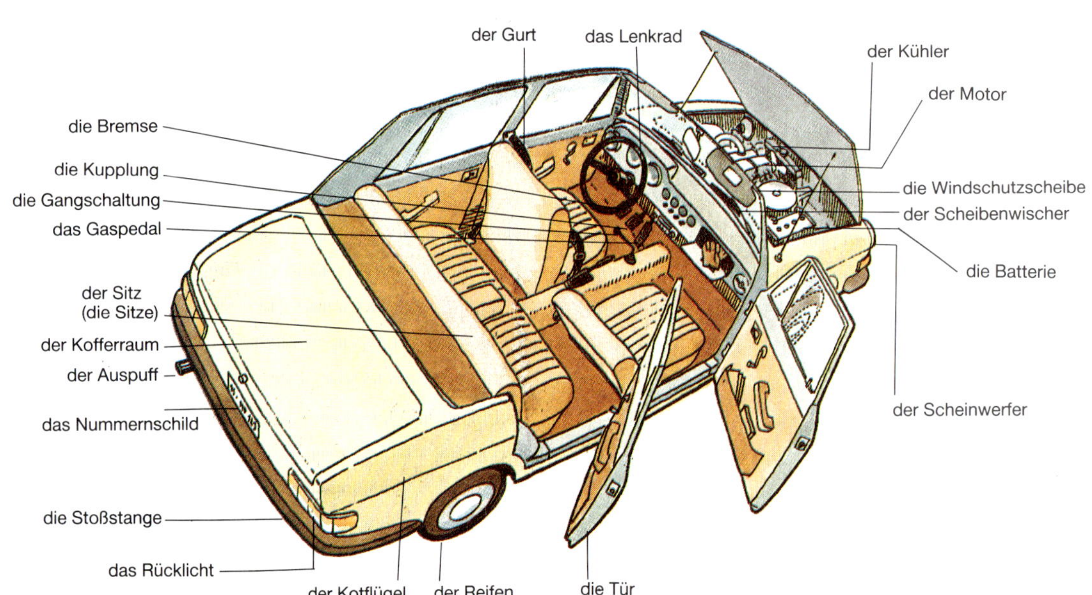

C19 Übung • Sprechen wir über diese Autoteile!

1. Welche Teile sind an eurem Auto manchmal kaputt?
2. Welche Teile braucht euer Wagen oft?
3. Welche Teile wäschst du und pflegst du? Welche wachst du?
4. Welche Teile kannst du selbst reparieren?

C20 Ein wenig Landeskunde 

Der grosse Traum von vielen Jungen und Mädchen ist, ein eigenes Auto zu haben. Wer aber Auto fahren will, braucht einen Führerschein — und den bekommt man erst mit 18 Jahren.

Um den Führerschein zu machen, muss man eine Fahrschule besuchen. In der Fahrschule muss man einen theoretischen Kurs mitmachen und eine Prüfung bestehen. Man muss Fahrstunden nehmen und eine Fahrprüfung bestehen. Ein typischer 18jähriger braucht 16—20 Fahrstunden. Fahrschüler müssen im Stadtverkehr fahren, auf Landstrassen — bei schönem Wetter, bei schlechtem Wetter und in der Nacht mit Licht. Und sie müssen auf der Autobahn fahren, auf einer Strasse, wo es zum Teil keine Geschwindigkeitsbegrenzung gibt!

So ein Fahrkurs kostet viel Geld, für einen 18jährigen um die tausend Mark und mehr. Und die Autos selbst sind auch nicht billig, auch nicht Gebrauchtwagen. Autos müssen „fahrtüchtig" sein, sie dürfen keinen Rost zeigen, und alles muss funktionieren, sonst werden sie nicht zugelassen.

C21 Übung • Hör gut zu! 

Wann ist das?

	1	2	3	4	5	6	7	8
gestern								
heute								
morgen								

C22 Schreibübungen

1. Stell dir vor, du bist auf Besuch bei Verwandten in Deutschland! Dein Vetter Andreas, neunzehn Jahre alt, hat sich gerade das erste Auto gekauft. Es ist ein älteres Modell, aber Andreas ist ganz vernarrt in seinen Wagen. Jede freie Minute verbringt er damit. Du erzählst deinen Eltern von Andreas' Faszination mit Autos. Schreib einen Brief!
2. Schreib einen Aufsatz mit dem Thema: „Meine Zukunft"! Beschreib darin, was du werden möchtest, was du alles machen wirst und was du einmal alles haben möchtest!

TRY YOUR SKILLS using what you've learned

1 Umfrage: Interessen / Fernsehen / Autos

20 Fragen an Günter Reichel

Name: Reichel
Vorname: Günter
Geburtsort: Münster
Haarfarbe: blond
Geburtsdatum: 7. 9.
Land: BRD
Augenfarbe: blau
Welchen Schulabschluss machst du? Abitur

1. *Wofür interessierst Du Dich?*
   Fussball, Tennis, Münzen
2. *Wieviel Zeit verbringst Du mit Deinen Interessen/Hobbys?*
   10 Stunden pro Woche
3. *Meinst Du, Du verbringst zu viel Zeit mit Deinen Interessen?*
   Im Gegenteil
4. *In welchem Verein bist Du?*
   Fussballklub
5. *Wie lange?*
   Vier Jahre
6. *Was sagst Du dazu: Sport hält mich fit.*
   Einverstanden!
7. *Spielst Du ein Instrument? Welches?*
   Gitarre
8. *Wie lange spielst Du schon?*
   Seit einem Jahr
9. *Was sagst Du dazu: Fernsehen ist langweilig.*
   Nicht wahr!
10. *Wie oft in der Woche siehst Du fern?*
    Jeden Tag
11. *Wie lange siehst Du fern?*
    1—2 Stunden
12. *Für welche Sendungen interessierst Du Dich am meisten?*
    Sport u. Politik
13. *Worauf freust Du Dich am Wochenende?*
    Auf einen guten Spielfilm
14. *Wie findest Du Quiz-Sendungen?*
    Blöd!
15. *Was hältst Du von „Dallas"?*
    Nicht schlecht!
16. *Interessierst Du Dich für Autos?*
    Natürlich!
17. *Was für einen Wagen wirst Du Dir mal kaufen?*
    Einen VW
18. *Was hältst Du von dem neuen Mercedes?*
    Ich finde ihn Spitze!
19. *Was sind Deine Gründe dafür?*
    Grösser u. bequemer
20. *Was ist Dein Traumauto?*
    Ein amerik. Wagen, ein Corvette

2 Übung • Partnerarbeit

Such dir einen Partner! Seht euch die Umfrage genau an! Dann stellt einer von euch die Fragen, und der andere gibt eine Antwort, wenn möglich in ganzen Sätzen. Fangt so an:

Wie heisst der Junge? — Er heisst . . .
Woher ist er? — . . .

3 Schreibübung • Günter Reichel, ein Profil

Schreib, was du alles über Günter Reichel erfahren hast!

Günter Reichel ist aus . . . Er ist in Münster geboren. . . .

4 Übung • Interview

Interview einen Klassenkameraden oder eine Klassenkameradin! Stell die gleichen Fragen wie in der Umfrage an Günter Reichel! Mach dir Notizen!

5 Schreibübung • Beschreibung eines Klassenkameraden

Schreib einen Aufsatz über den Klasskameraden, den du interviewt hast!

6 Übung • Klassenprojekt

Was hat die ganze Klasse zu den Themen Interessen, Fernsehen und Autos gesagt? — Setzt euch in drei Gruppen zusammen! Jede Gruppe arbeitet an einem Thema. Stellt eine Tabelle zusammen, die das Ergebnis eurer Umfrage zeigt!

Klassenumfrage — Ergebnis	
Interessen:	Tennis, 8 Schüler
	Fussball, 12 Schüler
Wieviel Zeit?:	1—2 Stunden pro Woche, 3 Schüler
	2—3 Stunden pro Woche

7 Übung • Deine Interessen

Frag deinen Freund, wofür er sich interessiert. Er sagt dir, er interessiert sich für einen bestimmten Sport, nicht für einen andern.

A: Wofür interessierst du dich und wofür nicht?
B: Ich interessiere mich für Tennis, nicht für Fussball.
A: Wirklich?
B: Tennis ist einfach Spitze! Fussball finde ich langweilig.

8 Übung • Deine Meinung, bitte!

Dein Freund und du, ihr steht vor einer Imbiss-Stube. Er fragt dich, was er sich kaufen soll, und du gibst deine Meinung dazu.

A: Was soll ich mir kaufen? Eine Bratwurst, vielleicht?
B: Na klar. Ich glaube, sie wird dir schmecken.
A: Na gut, dann kauf' ich mir eine Bratwurst.

9 Übung • Was ist dein Eindruck?

Sieh dir die folgenden Inserate genau an! Was für einen Eindruck hast du? Beantworte dann jede Frage, so wie im Beispiel.

A: Welches Rad möchtest du dir kaufen?
B: Das Rad für DM 289,00.
A: Warum?
B: Ich habe den Eindruck, dass dieses Rad besser ist.

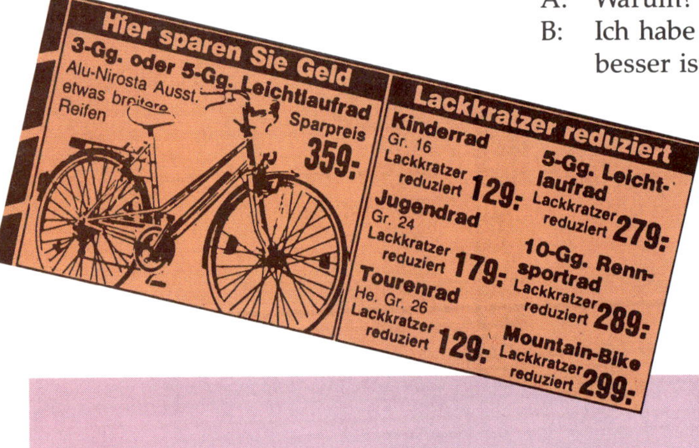

1. Wohin sollen wir fahren?

2. Welches Buch wirst du deinem Bruder kaufen?

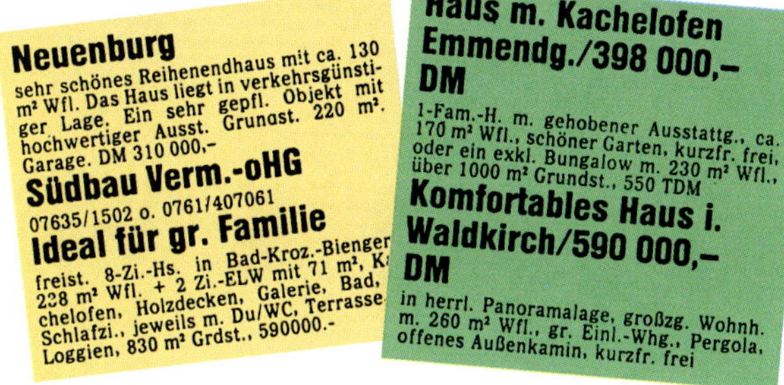
Neuenburg
sehr schönes Reihenendhaus mit ca. 130 m² Wfl. Das Haus liegt in verkehrsgünstiger Lage. Ein sehr gepfl. Objekt mit hochwertiger Ausst. Grunast. 220 m². Garage. DM 310 000,-
Südbau Verm.-oHG
07635/1502 o. 0761/407061

Ideal für gr. Familie
freist. 8-Zi.-Hs. in Bad-Kroz.-Bienger 228 m² Wfl. + 2 Zi.-ELW mit 71 m², Kachelofen, Holzdecken, Galerie, Bad, Schlafzi., jeweils m. Du/WC, Terrasse Loggien, 830 m² Grdst., 590000.-

Haus m. Kachelofen Emmendg./398 000,– DM
1-Fam.-H. m. gehobener Ausstattg., ca. 170 m² Wfl., schöner Garten, kurzfr. frei, oder ein exkl. Bungalow m. 230 m² Wfl., über 1000 m² Grundst., 550 TDM

Komfortables Haus i. Waldkirch/590 000,– DM
in herrl. Panoramalage, großzg. Wohnh. m. 260 m² Wfl., gr. Einl.-Whg., Pergola, offenes Außenkamin, kurzfr. frei

3. Welches Haus möchtest du lieber?

4. Was wirst du dir bestellen?

VEREINE—CLUBS

Allgemeiner Deutscher Fahrradclub
Club, der sich für Interessen der Radfahrer einsetzen will.
80, Steinstrasse 17,
Tel. 4 80 10 01

Club der Hobbyköche
Kochen Sie gern? Kommen Sie zu uns und kochen Sie mit!
80, Mauerkirchestrasse 3,
Tel. 98 12 53

Münchner Rock'n'Roll Club
Es ist der Münchner Club, aus dem schon Weltmeister des Rock'n'Roll hervorgegangen sind.
80, Rosenheimer Strasse 34, Tel. 4 80 16 30

Deutsch-Englische Gesellschaft
Begegnungen zwischen Deutschen und Engländern. Fordern Sie unseren Veranstaltungsplan an!
Postfach 328, 33,
Tel. 8 14 23 68

5. Welchem Klub möchtest du lieber angehören?

4 × Golf GL Cabrio
EZ 6.87, ab 17 000 km, Radio/CR, Servol., DM 23 900,-
Renault 5 TSE
EZ 1.86, 35 000 km, Radio/CR, ZV, Glasdach, 5-Gang, i. A. DM 10 900,-
BMW 316
EZ 5.80, 69 000 km, SSD, i. A. DM 6950,-
Austin Mini-Metro Turbo
EZ 5.84, 61 400 km, i. A. DM 6450,-
Caravelle C Turbo Dies.
EZ 3.87, 30 000 km, DM 25 900,-

Audi 90/2,3 E Kat.
EZ 10.87, 45 000 km, Radio/CR, Servol., SSD, ZV, DM 29 900,-
Audi 80 Diesel
EZ 6.86, 37 700 km, Radio, SSD, 5-Gang, DM 16 900,-
Passat GL Autom.
EZ 2.84, 79 400 km, AT-Motor 2000 km, Radio, i. A. DM 13 250,-
Jetta 16 Style Kat.
EZ 10.87, 20 000 km, Radio/CR, SSD, Servol., Aluräder, DM 25 900,-
Golf GTI 16 V
EZ 2.87, 10 400 km, Radio, SSD, i. A. DM 23 900,-

6. Welchen Wagen möchtest du dir lieber kaufen?

10 Übung • Was sagst du dazu?

Was ist deine Meinung? Sag, was du denkst!

1. Ein Audi fährt schneller als ein VW.
2. *Miami Vice* zeigt sechs Morde in einer Stunde.
3. Die meisten Kinder sehen zu viel fern.
4. Wenige Deutsche verbringen ihren Urlaub im Ausland.
5. Die meisten Deutschen fahren mit dem Zug in den Urlaub.

11 Übung • Und du?

Was sagst du in den folgenden Situationen?

1. Ein Freund hat Geburtstag. Was tust du?
2. Dein Bruder war im Kino. Du möchtest wissen, wie es war. Was fragst du?
3. Dein Onkel hat dir etwas Tolles zum Geburtstag geschenkt. Was musst du tun?
4. Dein Lehrer fragt dich etwas. Was musst du tun?
5. Du probierst eine Hose an. Sie ist viel zu gross. Was sagst du?
6. Jemand fragt dich, wie es dir geht. Was antwortest du?
7. Deine Schwester hat ein neues Kleid. Du findest, sie sieht gut darin aus. Was sagst du?
8. Du trägst ein neues Hemd. Du willst wissen, wie es deinem Lehrer gefällt. Was fragst du?
9. Deine Freundin hat sich das Bein gebrochen. Du schreibst ihr eine Karte. Was schreibst du?
10. Deine Mutter muss das Haus saubermachen, aber sie fühlt sich nicht wohl. Was tust du?

12 Übung • Was für eine Sendung ist das?

Du erklärst einem deutschen Schüler die amerikanischen Sendungen.

A: Was ist *Wide World of Sports*?
B: Eine . . .

1. *Dynasty*?
2. *Nova*?
3. *Die Cosby Show*?
4. *Monday Night Football*?
5. *Jeopardy*?
6. *L.A. Law?*

13 Übung • Was meinst du dazu? 

Was meinst du zu den folgenden Äusserungen?

Miami Vice
Krimi-Serie:
Sprengstoff
Samstag, 22.10 Uhr

Der Denver-Clan
Fernseh-Serie:
Die Verlobungsparty
Mittwoch, 21.00 Uhr

Flamingo Road
Amerikanischer Spielfilm
Dienstag, 21.45 Uhr

Flucht vom Planet der Affen
Amerikanischer Spielfilm
Mit Kim Hunter
Samstag, 20.15 Uhr

1. Ich finde *Miami Vice* langweilig.
   A: Da stimme ich dir zu.
   B: Im Gegenteil!
   C: Das stimmt, aber manchmal kann diese Sendung auch interessant sein.
2. Ich halte den *Denver-Clan* für blöd.
3. Die Sendung fängt zu spät an.
4. *Flamingo-Road* ist eine Tiersendung.
5. Ich habe den Eindruck, dass die Deutschen nur amerikanische Filme zeigen.
6. Sportsendungen sind interessant.

SPORT EXTRA
Eiskunstlauf-Weltmeisterschaften
Schaulaufen der Sieger
Sonntag, 15.00 Uhr

14 Übung • Partnerinterview

Du interviewst einen Partner und fragst ihn nach seinen Interessen nach der Schule.

15 Übung • Klassenprojekt

Bildet eine Arbeitsgruppe und bereitet eine Broschüre vor, die einem deutschen Besucher die verschiedenen Klubs an euerer Schule erklärt!

16 Übung • Klassendiskussion

Setzt euch in kleinen Gruppen zusammen und unterhaltet euch über das Fernsehen!

17 Schreibübung

Schreib einen Aufsatz über das Fernsehen!

AUSSPRACHEÜBUNGEN 

A. Sounds that are difficult to produce

Pronounce these words after your teacher or after the recording.

1. The **ich**-sound
   gleich, reich, lehrreich, recht, schlecht, manche, richtig, wenig, zuverlässig, geräumig, beschäftigt
2. The sound /ü/
   üben, müde, früh, übernachten, Kühlschrank, Führerschein; typisch, Gymnasiast
3. The sound /l/
   Leben, leise, Lied, Lehre, vorlesen, schnell, Modell, brutal, Gegenteil, sentimental, Kühlschrank, gleich, schlecht, Klarinette, stellen, allgemein, behandeln, politisch, realistisch, Film
4. The sound /R/
   recht, reiten, Rest, rein, rufen, reich, reparieren, früh, Getränk, brutal, Gebrauchtwagen, gerade, ausruhen, herumkommen, fahren

B. Letters that have a different sound value in German

Read these words aloud or read them after the recording.

1. The letters **-er** in final position sound like the final vowel sound in the word *sofa.*
   selber, Lieder, Maurer, Fernseher, Männerberuf
   They are also pronounced /ʌ/ in words like **anders** and **sondern.**
2. Final **d** is pronounced /t/, as in *bit.*
   Lied, Gegend, Pferd, spannend, faszinierend, unterhaltend
3. The letter **v** is most often pronounced /f/, as in *four.*
   Verein, verkaufen, vorlesen, Vorbereitung, liebevoll, einverstanden, Zeitverschwendung, aktiv
4. The letter **s** before **p** or **t** is pronounced /ʃ/, as in *shiver.*
   Spass, Spieler, stellen, Strasse
5. The letter **z** is pronounced /ts/, as in *hits.*
   Benzin, umziehen, zusammensetzen, Zeitverschwendung
6. Foreign words in German
   adieu, Gymnasiast

C. Words where interference from English is likely

The following words are cognates. Pay attention to how they are pronounced in German.

aktiv, Kiosk, Klarinette, Kontakt, Klub, brutal, politisch, realistisch, sentimental, amerikanisch, Modell, technisch, theoretisch

WAS KANNST DU SCHON?

Let's review some important points that you have learned in this unit.

Can you express agreement and disagreement?
Your friend won't join a club. He says clubs take up too much time.
1. Agree. **2.** Agree with reservation. **3.** Express an opposite opinion.

Can you use verbs with the dative case?
Use each of the following verbs in a sentence:
1. gefallen **2.** angehören **3.** leid tun **4.** weh tun

Do you know how the different parts of the day are referred to?
Name the different parts of the day.

Can you arrange a date?
You and a friend want to go the movies. Suggest when you could go.

Can you use the prepositions that require the dative case?
Supply an appropriate completion for each phrase:

1. bei _____ Eltern
2. aus _____ Geschäft
3. mit _____ Bus
4. zu _____ Party
5. nach _____ Probe
6. von _____ Vater
7. seit _____ Ferien

Can you use verbs as nouns with the preposition *nach?*
Complete the sentence with **nach** and the following verbs used as nouns:
Wir gehen nach: **1.** schwimmen **2.** essen **3.** segeln **4.** reiten

Can you talk about interests?
1. Ask a friend what he or she is interested in.
2. Tell what you are interested in.

Can you express anticipation?
Say you are looking forward to: **1.** der Spielfilm **2.** die Ferien

Can you express praise and critcism?
Mention two types of TV shows you like and two you don't like. Express praise and criticism, using appropriate adjectives to describe the shows.

Can you state an opinion?
Give your opinion on: **1.** Schulsport **2.** Fernsehen **3.** Autos **4.** Klubs

Can you use comparative forms of adjectives before nouns?
Complete the following sentences:
1. Mir gefällt (der) . . . schnell, Wagen / gut, Auto
2. Ich kaufe mir (ein) . . . gut, Uhr / gross, Auto

Do you know how to express future time?
Say the following people are going to buy a car. Use the future tense.
1. mein Bruder **2.** die Eltern **3.** ich **4.** ihr **5.** wir **6.** du

WORTSCHATZ

SECTION A

adieu! *goodbye!*
aktiv *active*
angehören (sep) (dat) *to belong to*
beschäftigt *busy*
dabei *at the same time;* ich bin gerade dabei *I'm just doing (that) now*
einverstanden *okay! agreed!*
erstens *first of all*
das **Fernsehen:** zum Fernsehen kommen *to get around to watching TV*
die **Gegend, -en** *area, region*
das **Gegenteil, -e** *opposite;* im Gegenteil *on the contrary*
gerade *just now, at the moment*
gleich *right, directly;* gleich in der Nähe von *right near*
der **Gymnasiast, -en** *Gymnasium student*
heissen *to mean;* das heisst *that is to say*
herumkommen (sep) *to get around*
kaum *hardly*
der **Kiosk, -e** *newsstand*
die **Klarinette, -n** *clarinet*
der **Klub, -s** *club*
der **Kontakt, -e** *contact*
das **meiste** *most (of it)*
die **Menge:** eine ganze Menge *quite a lot*
der **Mittag:** zu Mittag essen *to eat lunch*
das **Pferd, -e** *horse*
die **Probe** *rehearsal*
recht: recht wenig *very little*
reiten *to ride, go riding*
sondern *but, on the contrary*
der **Spass:** das macht mir grossen Spass *I enjoy that a lot*
der **Spieler, -** *player*
stellen *to put, place*
üben *to practice*
der **Verein, -e** *club*
vorlesen (ie)(sep) *to read aloud*
wäre: wie wär's mit morgen? *how about tomorrow?*
wenig: ein wenig *a little*
die **Zeitschrift, -en** *magazine*
zustimmen (sep)(dat) *to agree with*
zweitens *in the second place*

SECTION B

allgemein: im allgemeinen *in general*
anmachen (sep) *to turn on (an appliance)*
s. **ansehen** (sep.) *to watch*
aufstehen (sep) *to get up*
s. **ausruhen** (sep) *to rest, relax*
darauf: es kommt darauf an *it depends*
denn *because*
entscheiden *to decide*
der **Farbfernseher, -** *color TV set*
faszinierend *fascinating*
der **Fernseher, -** *TV set*
die **Fernsehserie, -n** *TV series*
s. **freuen auf** (acc) *to look forward to*
früh *early*
gerade: was es gerade gibt *whatever happens to be on*
die **Heimat** *home, homeland*
heimkommen (sep) *to come home*
s. **interessieren für** *to be interested in*
der **Kaufmann, ¨er** *retailer*
kindisch *childish*
der **Krimi, -s** *detective show*
die **Kultursendung, -en** *cultural program*
die **Lehre, -n** *apprenticeship*
lehrreich *educational, informative*
leise *quiet, soft*
manche *many*
die **Ordnung:** in Ordnung sein *to be okay*
passieren *to happen*
phantasielos *unimaginative*
politisch *political*
die **Quiz-Sendung, -en** *quiz show*
realistisch *realistic*
rein *simple, pure*
rufen *to call*
die **Sendung, -en** *program*
sentimental *sentimental*
sowieso *anyway*
der **Spielfilm, -e** *feature film*
die **Sportschau** *sports news*
die **Sportsendung, -en** *sports program*
die **Tagesschau** *news*
s. **treffen mit (i)** *to meet with*
typisch *typical*
s. **umziehen** (sep) *to change (clothes)*
unrealistisch *unrealistic*
unterhaltend *entertaining*
s. **waschen (ä)** *to wash oneself*
die **Werkzeugmacherin, -nen** *tool maker* (f.)
die **Zeitverschwendung** *waste of time*
s. **zusammensetzen** (sep) *to sit (around) together*

SECTION C

amerikanisch *American*
ausländisch *foreign*
behandeln *to treat*
das **Benzin** *gas*
breit *wide*
der **Eindruck, ¨e** *impression*
die **Fachzeitschrift, -en** *trade magazine*
fahren: Auto fahren (ä) *to drive a car*
frei *free*
der **Führerschein, -e** *driver's license;* den Führerschein machen *to get a driver's license*
ganz gleich *it doesn't matter*
der **Gebrauchtwagen, -** *used car*
geräumig *roomy*
halten von (ä) *to think of, have the opinion about*
herumbasteln an (sep)(dat) *to putter around with*
liebevoll *lovingly*
die **Marke, -n** *make (of a car)*
das **Modell, -e** *model*
pflegen *to take care of*
die **Reparatur:** Reparaturen machen *to do repairs*
reparieren *to repair*
säubern *to clean*
selber *myself (yourself, etc.)*
die **Strasse, -n** *street*
technisch *technically*
vernarrt sein in (acc) *to be crazy about*
wäre: als wäre *as if it were*
zuverlässig *dependable*

ZUM LESEN

Eine Schülerin erzählt

Heike Hornschuh, eine junge Realschülerin aus Hamburg, erzählt von ihren Eltern, von Freunden, vom Jobben für Taschengeld und von ihren Wünschen für die Zukunft.

Die Journalistin Simone Bergmann hat Heikes Bericht aufgeschrieben und in einem Buch veröffentlicht. Hier sind einige Auszüge aus Heikes Bericht.

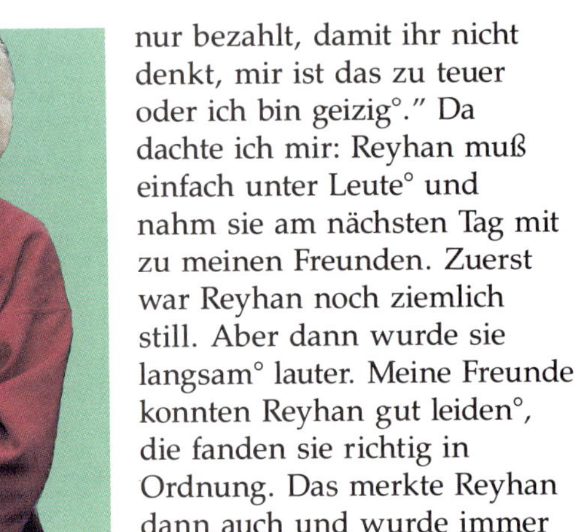

. . . Ich hab' ziemliches Glück gehabt mit meinen Eltern. Die machen eine Menge mit°. Vor allem° mein Vater ist nicht so streng wie andere Väter. Mittags, wenn ich aus der Schule komm', dann mach' ich mir was zu essen. Dann räum' ich auf, mach' die Betten — na ja, und was sonst so anliegt. Manchmal mach' ich auch mein Zimmer. Das dauert so eine Stunde. Danach hab' ich Freizeit bis acht Uhr, dann muß ich wieder zurück zum Abendessen. Und wenn ich ins Kino will, kann ich auch länger wegbleiben.

. . . Vor einem Jahr, als ich in der 7. Klasse war, kam eine Neue in unsere Klasse. Sie hieß Reyhan und war Türkin. Reyhan war meistens alleine, so schüchtern° und hielt sich immer zurück. Die sagte auch kaum einen Ton in der Klasse. Reyhan war so ein richtiger Einzelgänger° und Außenseiter. Einmal wollten wir ein Klassenfest machen. Jeder mußte 50 Pfennig bezahlen, so für die Unkosten. Eine Woche vorher° nahm mich unser Lehrer, Herr Kerst, beiseite und sagte: „Hör mal zu, Heike, Reyhan wohnt doch bei dir um die Ecke°. Nimm sie doch einfach mit auf das Klassenfest!" Ich ging also zu Reyhan hin und wollte das mit ihr abmachen°. Da sagte sie zu mir: „Ich will nicht mit. Ich hab' die 50 Pfennig nur bezahlt, damit ihr nicht denkt, mir ist das zu teuer oder ich bin geizig°." Da dachte ich mir: Reyhan muß einfach unter Leute° und nahm sie am nächsten Tag mit zu meinen Freunden. Zuerst war Reyhan noch ziemlich still. Aber dann wurde sie langsam° lauter. Meine Freunde konnten Reyhan gut leiden°, die fanden sie richtig in Ordnung. Das merkte Reyhan dann auch und wurde immer lebhafter°. Sie kam dann doch mit auf das Klassenfest, und seitdem sind wir zusammen. Reyhan ist heute meine beste Freundin. Mit Mädchen, finde ich, kann man viel mehr machen als mit Jungs. Die kann man mit nach Hause nehmen und alles. Wenn Reyhan meine Mutter sieht, dann macht sie immer einen Knicks°. Da strahlt meine Mutter aber! Das imponiert ihr mächtig°.

. . . So nachmittags nach der Schule mach' ich eigentlich gar nichts. Reyhan und ich laufen immer nur rum°. Wir trinken eine Cola im Imbiß oder wir gehen ins Kino. Besonders so Western- und James-Bond-Filme gucken wir uns an. Danach geht jeder wieder nach Hause. Am nächsten Tag fängt alles wieder von vorn an.

Früher sind wir alle zusammen schon mal ins Jugendheim° gegangen. Da ist aber nichts

---

mitmachen *to put up with* **vor allem** *especially* **schüchtern** *shy* **der Einzelgänger** *loner* **vorher** *before* **bei dir um die Ecke** *around the corner from you* **abmachen** *to arrange* **geizig** *stingy* **Reyhan muss einfach unter Leute** *Reyhan just has to be with people* **langsam** *slowly* **jemanden gut leiden können** *to like someone* **sie wurde immer lebhafter** *she got livelier all the time* **einen Knicks machen** *to curtsy* **das imponiert ihr mächtig** *that impresses her a lot* **rumlaufen** *to walk around* **das Jugendheim** *youth center*

Reyhan und Kemal

mehr los. Die spielen nur Tischtennis und hören Platten.

. . . Seit einigen Monaten bin ich mit einem Türken befreundet. Er heißt Kemal. Er ist sechzehn und lebt seit vier Jahren mit seiner Familie in Deutschland. Kemal war früher eigentlich so gar nicht mein Typ. Er hat zwar ein hübsches Gesicht, sieht aber sehr jung aus und ist nur ein bißchen größer als ich. Also genau das Gegenteil von so einem Muskelprotz°. Am Anfang störte mich das an ihm, aber dann merkte ich, daß so was keine Rolle spielt. Kemal ist ganz anders als andere Jungen. Mit ihm kann ich reden. Er hört zu. Er macht sich Gedanken und gibt mir Ratschläge, wenn zu Hause Krach ist. Er sagt dann: „Hau nicht von zu Hause ab!" oder „Red doch mit deinen Eltern darüber!"

. . . Neulich habe ich an drei Nachmittagen gejobbt. Die Besitzerin° vom Zeitungsladen bei uns an der Ecke hatte mich gefragt, ob ich nicht ein bißchen Geld verdienen wollte. Erstmal wußte ich sowieso° nicht, was ich sonst machen sollte, und zweitens kann ich Geld immer gebrauchen. Wenn man was machen will, braucht man doch Geld. Manchmal fahren wir sonntags an die Alster[1] zum Boot fahren. Da kostet schon alleine die Bahnfahrt vier Mark.

Also die Firma, wo ich gearbeitet habe, ist schräg gegenüber° von meiner Oma. Ich mußte Prospekte zusammenfalten°. Da waren vier Stapel°, und von jedem Stapel mußte ich je ein Blatt runternehmen und die dann alle zusammenheften, zum Schluß noch ein lüttes Heft° mit reinschieben. Drei Tage ging das. Die Stunde 5 Mark. Das machte zusammen 45 Mark.

. . . Mein Vater und meine Oma hämmern mir immer ein: „Kind, du mußt was lernen, damit du später nicht als Scheuerfrau° gehen mußt." Und da hab' ich gedacht, ich geh' zur Bank. Da lern' ich was Ordentliches°, und wenn ich ausgelernt° habe, kann ich überall ins Büro gehen . . . Aber dann dachte ich doch, daß mir der Beruf zu eintönig° wird und wollte in ein Reisebüro. Ich stell' mir vor°, daß ich da Reisen zusammenstellen, Briefe und Rechnungen°

---

der Protz *show-off* **die Besitzerin** *owner* **sowieso** *anyway* **schräg gegenüber von** *diagonally across from* **Prospekte zusammenfalten** *to fold brochures* **der Stapel** *pile* **ein lüttes Heft** *a tiny booklet* **die Scheuerfrau** *cleaning lady* **etwas Ordentliches** *something worthwhile* **auslernen** *to finish one's training* **eintönig** *monotonous* **s. vorstellen** *to imagine, picture* **die Rechnung** *bill*

---

[1]The **Alster** is a small tributary of the Elbe River. The river flows through the city of Hamburg, and there are popular recreation areas along its banks.

schreiben muß. Aber genau kann ich mir das auch nicht vorstellen. Und dann habe ich in „Bravo[2]" verschiedene Berufsvorschläge° gefunden. Die machen das öfter, da kann man sich einen aussuchen. Da wurde eine Boutiquen-Besitzerin beschrieben. Mir gefiel das ganz gut. Da würde ich immer neue Kleider tragen und so. Aber den ganzen Tag in einem Geschäft rumhocken°, dazu hab' ich auch keine Lust° . . . Ja, und dann dachte ich 14 Tage daran, Säuglingsschwester° zu werden, ich mag ja Kinder so gern. Aber inzwischen hab' ich keine Lust mehr dazu. Nach allem würde ich am liebsten Stewardeß werden. Das ist sicher Klasse. Aber ich weiß nicht, ob ich das schaffe. Da muß ich so viele Sprachen können°. Ich' stell' mir das toll vor, die ganze Zeit so herumreisen. Da würde ich fremde Länder sehen, da käme ich ordentlich was rum°.

Ein Jahr später:
. . . Vor einem Jahr wollte ich ja nun Stewardeß werden, eigentlich nur, weil ein Mädchen in meiner Klasse, die mir imponierte, das so toll fand. Inzwischen will ich doch wieder Säuglingsschwester werden. Da muß ich drei Jahre lernen und verdiene am Anfang 553 Mark; im letzten Jahr 720 Mark. Wenn ich ausgelernt habe, kriege ich 1 000 Mark und noch was. In diesem Beruf habe ich auch Aufstiegschancen°. Ich kann ja zum Beispiel später selber mal Schwestern ausbilden°. Und wenn ich mal Kinder haben sollte, kann ich die mitnehmen, weil es in den Krankenhäusern° meistens auch Kindergärten[3] gibt. Reyhan will das wahrscheinlich auch machen. Nee, ich glaube mit Stewardeß ist das wirklich nichts. In den Zeitungen steht ja immer nur, daß das ein Traumberuf ist, und die Mädchen auf den Fotos sehen so aus, als ob sie nur Ferien haben. So habe ich mir das auch vorgestellt. Aber das stimmt nicht. Mein Vater sagt: „Die sehen von der Welt nur die Flughäfen, und sonst müssen sie immer nur bedienen°." Nee, das ist nichts für mich . . . Nee, da werde ich doch lieber Säuglingsschwester.

verschiedene Berufsvorschläge *various career suggestions* **rumhocken** *to sit around* **dazu habe ich keine Lust** *I don't feel like doing that* **die Saüglingsschwester** *infant nurse* **Sprachen können** *to know languages* **da käme ich ordentlich was rum** *I'd really get around* **die Aufstiegschancen** *opportunities for advancement* **ausbilden** *to train* **das Krankenhaus** *hospital* **bedienen** *to wait on*

[2]**Bravo** is the title of a popular magazine for young people.

[3]In Germany some hospitals have day-care centers for the children of their employees.

LESEHILFE
Reading the Past Tense

The past tense is most often used to narrate events that happened in the past. You usually talk about events that refer to the past either in the first person or in the third person: *I said, we waited, he asked, they answered.*

It is not hard to recognize past-tense forms in a sentence. German verbs are divided into two groups: weak verbs and strong verbs. Weak verbs follow a regular pattern, like the English verb forms *play — played — (has) played.* Strong verbs have irregularities, like the English verb forms *run — ran — (has) run* or *go — went — (has) gone.*

1. In German, weak verbs have a past-tense marker, **-te,** and no further endings in the first- and third-person singular.

ich sage	ich sagte	*I said*
sie fragt	sie fragte	*she asked*
wir spielen	wir spielten	*we played*

2. Strong verbs usually have a vowel change and no further endings in the first- and third-person singular.

ich gebe	ich gab	*I gave*
er fliegt	er flog	*he flew*
sie werfen	sie warfen	*they threw*

3. Some verbs have consonant changes as well.

er bringt	er brachte	*he brought*
ich kenne	ich kannte	*I knew*

Make a list of all the past-tense forms in this reading selection. Do you know what these words mean? If a past-tense verb form doesn't seem familiar to you at first, the context in which it appears will help you determine if it is a verb you already know in its present-tense form.

Fragen zum Inhalt

1. Was sagt Heike über ihre Eltern?
2. Was muss Heike alles tun, wenn sie von der Schule nach Hause kommt?
3. Wer ist Reyhan? Wie hat Heike sie kennengelernt? Wie verbringen Heike und Reyhan ihre Freizeit?
4. Wer ist Kemal? Was sagt Heike über ihn?
5. Wie hat Heike einmal etwas Geld verdient?
6. In welcher Zeitschrift hat Heike etwas über Berufe gelesen? Für welche Berufe interessiert sie sich? Warum will sie doch nicht Stewardess werden? Was für einen Beruf will sie lernen? Warum?

Jetzt bist du dran

Schreib jetzt über dein eigenes Leben, so wie Heike über ihr Leben geschrieben hat! Du kannst zum Beispiel über deine Familie, Freunde, Schule, Freizeit, Jobs und Zukunftspläne berichten, oder über was du auch willst.

KAPITEL 8

Schule, Arbeit, Zukunft

Wiederholungskapitel

1 So schön hab' ich's auch nicht! 

„Grüss dich, Christian!"

„Hallo, Markus! Wie geht's dir?"

„Soso, danke! — Mensch, Christian, du kannst froh sein, dass du die Schule endlich hinter dir hast. Heute hatte ich 'ne Englischarbeit, morgen haben wir 'ne Mathearbeit . . . und du hast schon einen richtigen Job, du lernst etwas Praktisches, du verdienst Geld. Klasse!"

„Na, also, so schön hab' ich's auch wieder nicht. Ich muss jeden Tag schon um halb sechs aufstehen, um sieben Uhr stehe ich schon unter einem blöden Auto, mache einen Ölwechsel. Das ist vielleicht eine schmutzige Arbeit. Und dann schimpft der Meister[1], wenn ich mal etwas falsch mache!"

„Schmutzig, ja — aber du hast keine Probleme mehr mit der Schule. Ja, Christian, du hast es genau richtig gemacht, dass du von der Schule abgegangen bist."

„Das kannst du doch auch."

„Ich? — Nie! Meine Eltern wollen, dass ich das Abi[2] mache, studiere und Lehrer werde wie mein Vater."

„Na und? — Komm, hör auf! Die Berufsschule ist auch nicht gerade leicht! Wenn ich mal eine schlechte Note habe, gibt's Krach mit dem Meister. Aber jetzt Schluss mit dem Gerede über Schule! — Du, weisst du was?"

„Was?"

„Gehen wir ins Rolandseck! Ich kauf' dir 'ne Fanta."

„Da sag' ich nicht nein. Ich bin nämlich pleite, und Taschengeld gibt's erst am Wochenende. — Aber warum willst du gerade ins Rolandseck?"

„Du, Markus, ich träume noch von gestern abend, von einer Blonden im Rolandseck. So schön und so schick. Du glaubst es nicht."

„Und wie heisst deine Schöne?"

„Ich weiss so gut wie nichts über sie. Michaela heisst sie, und sie wohnt in der Belgradstrasse. Mehr weiss ich nicht."

„Michaela? Belgradstrasse? Da kenn' ich auch eine Michaela. Die wohnt neben uns. Sie lernt Verkäuferin. Ja, die ist wirklich hübsch. Liebt aber gute Musik. Keinen Rock."

„Trink aus, Markus! Ich bring' dich nach Hause. Ich habe mein Moped draussen."

„Mensch, prima! Ein Klasse Moped! Wann hast du dir das gekauft? War bestimmt nicht billig. Hast du denn so viel Moos[3]"?

„Als Azubi[4] verdiene ich doch Geld. — Ich brauch' jetzt nicht mehr mit dem Bus zur Arbeit zu fahren, und abends bin ich schnell zu Hause."

Zehn Minuten später biegen die beiden in die Belgradstrasse ein.

„Wenn meine Blonde deine Blonde ist, dann wohnt sie in diesem Haus dort drüben, im dritten Stock. — Du kannst ja hier auf sie warten. Ich geh' zu mir rauf und schau', was es im Fernsehen gibt. Tschüs, Christian!"

„Tschau, Markus! Und lern nicht zu viel!"

---

[1]Nur „Meister" dürfen junge Leute ausbilden. Ein Meister hat selbst eine lange Ausbildung mitgemacht und die Meisterprüfung bestanden.

[2]„Abi" ist die Kurzform für Abitur.

[3]„Moos" ist Schülerdeutsch für Geld.

[4]„Azubi" ist die Kurzform für Auszubildende(r); das ist jemand, der für einen bestimmten Beruf ausgebildet wird.

2 Übung • Fragen zum Überlegen

1. Markus ist sauer. Wie zeigt sich das?
2. Wie sieht es beim Christian aus? Hat er ein „leichtes" Leben?
3. Warum lädt Christian seinen früheren Klassenkameraden ins Rolandseck ein?
4. Wie reagiert Markus, als er von der Blonden hört?
5. Warum hat sich Christian ein Moped gekauft?
6. Was sagt Markus, bevor er seinen Freund allein lässt?

3 Schreibübung • Die beiden Freunde

Schreib eine Antwort auf jede Frage!

1. Markus glaubt, Christian hat es jetzt schön. Finde mindestens drei seiner Gründe heraus!
2. Christian antwortet, dass sein Leben auch nicht so leicht ist. Welche Gründe gibt er an?
3. Was weiss Christian alles über das Mädchen?
4. Was weiss Markus über sie?
5. Was möchte Christian wohl über das Mädchen wissen? — Mach eine Liste mit interessanten Fragen über Christians „Traum-Mädchen"!

4 Übung • Worüber sprechen die beiden?

Markus und Christian haben sich lange nicht gesehen. Worüber sprechen sie?

A: Worüber sprechen Markus und Christian?
B: Ich bin nicht sicher, aber ich glaube über die Schule.
A: Na ja, das kann schon sein!

1. Arbeit
2. Taschengeld
3. Berufsschule
4. Moped
5. Musik
6. Fernsehen

5 Übung • Über wen sprechen sie?

Die beiden sprechen bestimmt auch über viele gemeinsame Freunde und Bekannte.

A: Sag mal, wie geht's denn unserem Mathelehrer?
B: Ich glaube, prima!
A: Ich hab' ihn neulich in der Stadt gesehen. Ich hatte den Eindruck, dass er sehr alt aussieht.
B: Ja, das stimmt! [oder] Ja, das stimmt, aber er ist topfit.

(sehr . . .)

(nicht) gut phantastisch!
primal alt jung nett
hübsch krank sportlich
topfit schlank dick gestresst

1. Deutschlehrerin
2. Biologielehrer
3. die Barbara
4. der Peter
5. die Freundin von Peter
6. der Freund von Barbara

6 Übung • Um Erlaubnis bitten

Dein Taschengeld reicht nicht aus für eine kleine Ferienreise. Du möchtest dir daher zu Anfang der Ferien einen Job suchen, um etwas zu verdienen. Du fragst deine Eltern um Erlaubnis.

A: Du, Mutti, ich brauche mehr Geld für meine Reise. Ich möchte mir einen Job suchen. Geht das?
B: Na klar! Wofür interessierst du dich denn?
A: Ich interessiere mich für einen Job in einer Gärtnerei.
B: Nicht schlecht. Hoffentlich findest du was!

7 Übung • Ein Telefongespräch

Du hast dich für einen Job entschieden. Du rufst an und machst einen Termin aus. Such dir jetzt einen Job aus, rufe an und mach einen Termin aus!

A: Guten Tag! Mein Name ist Enders. Ich interessiere mich für den Job als Gärtner. Ist die Stelle noch frei?
B: Ja, der Job ist noch zu haben.
A: Prima! Kann ich mal zu Ihnen kommen?
B: Ja, das geht. Wann wollen Sie denn kommen?
A: Wir wär's mit morgen um 13 Uhr?
B: Geht in Ordnung!
A: Gut, auf Wiederhören!

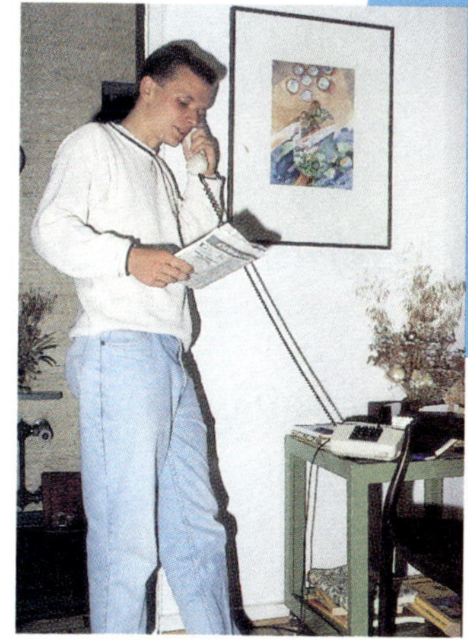

8 Schreibübung • Du bittest um Erlaubnis

Du hast selbst einen Job gefunden. Du bist aber nicht sicher, ob deine Eltern damit einverstanden sind. Du bittest deine Eltern um Erlaubnis. Schreib auf, was du ihnen sagen wirst, was sie vielleicht antworten und wie sie dir am Ende ihr Okay geben!

9 Übung • Rollenspiel

Such dir einen Partner! Einer von euch übernimmt die Rolle von Vater oder Mutter. Der andere hat viele Wünsche. — Darfst du tun, was du willst, oder nicht?

Deine Wünsche:

Du möchtest dir einen Job suchen.
Du möchtest dir etwas Geld verdienen.
Du möchtest in einer Imbiss-Stube arbeiten.
Du möchtest dir ein Moped kaufen.
Du möchtest deine Freunde einladen.
Du möchtest mit Freunden nach Italien fahren.
Du möchtest von der Schule abgehen.

Hast du was dagegen, dass . . . ?
(wenn) . . . ?
Darf ich (mir) . . . ?
Geht in Ordnung!
Das geht nicht!

DU: Vati, darf ich mir einen Job suchen? [oder] Vati, hast du was dagegen, wenn ich mir einen Job suche?

VATER: Geht in Ordnung! Ich finde es prima, dass du . . . [oder] Das geht nicht! Du musst zuerst . . .

10 Übung • Was ist los? 

Du hast dir mit deinem Taschengeld etwas gekauft, und deine Eltern sagen, es passt dir nicht. Dein Freund stimmt ihnen zu und rät dir, etwas anderes zu kaufen.

A: Du siehst aber sauer aus. Was ist denn nur los?
B: Ach, ich hab' mir eine Jacke gekauft, und meine Eltern glauben, sie passt mir nicht.
A: Du, das stimmt! Sie passt dir überhaupt nicht. Bring sie zurück und kauf dir eine andere Jacke!

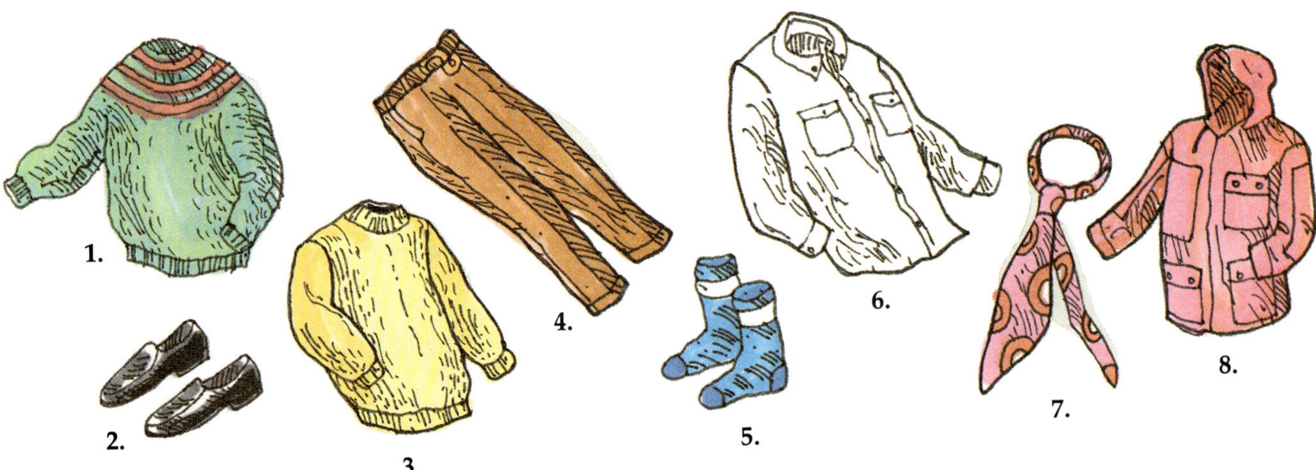

11 Übung • Was gibt's im Fernsehen?

Christian ist zum Markus gegangen — er möchte mit Markus fernsehen. Aber was? Was suchen sich die Jungen aus? Einen Film?

A: Was sehen wir uns an?
B: Wie wär's mit dem Film um 21.55 — *Der Mann aus Mallorca?*
A: Was ist das?
B: Ein Krimi.
A: Interessiert mich nicht. [oder] Geht in Ordnung! Wie lange dauert der Film?
B: Eine Stunde und 45 Minuten.
A: Das ist zu lange! Suchen wir uns lieber etwas anderes aus!

SA 26. März

20.15 **ZDF**
Flucht vom Planet der Affen USA '71. Science-fiction-Film. ▸ **94 Min.**

22.55 **ARD**
Die Körperfresser kommen USA 1977. Grusel-Thriller. ▸ **111 Min.**

23.10 **ZDF**
Das Geheimnis der Agatha Christie Engl. '78. Krimi mit Vanessa Redgrave. ▸ **87 Min.**

0.40 **ZDF**
Nackte Gewalt USA '52. Western ▸ **87 Min.**

3. PROGRAMME

22.15 **Nord/Berlin 3**
Der Blaufuchs Dtschl. '38. Komödie. ▸ **96 Min.**

20.00 **West 3**
Die Mündung vor Augen USA 1950. Gangsterfilm. ▸ **81 Min.**

20.00 **Hessen 3**
Der andere Blick Ungarn '82. Drama. ▸ **103 Min.**

20.15 **Bayern 3**
Céleste Deutschland 1981. Biographischer Film. ▸ **102 Min.**

22.00 **„DDR" 2**
Cousin und Cousine Frankr. 1975. Liebeskomödie. ▸ **95 Min.**

10.35 **Österreich 1**
Ein Frauenleben Frankr. '58. Drama. ▸ **85 Min.**

21.55 **Österreich 1**
Der Mann aus Mallorca Schweden 1984. Kriminalfilm. ▸ **105 Min.**

20.15 **Österreich 2**
Das Land des Regenbaumes USA 1957. Melodrama. ▸ **160 Min.**

20.05 **Schweiz**
Auch die Engel essen Bohnen Ital./Frankr./Spanien 1972. Krimi-Komödie. ▸ **119 Min.**

KABEL UND SATELLIT

10.00 **Tele 5**
Vier Halleluja für Dynamite-Joe Italien 1969. Western. ▸ **115 Min.**

11.05 **SAT 1**
Kampf um den Piratenschatz USA 1952. Abenteuerfilm. ▸ **115 Min.**

12 Übung • Diskussion übers Fernsehen

Such dir einen Partner! Seht euch das Film-Angebot für diesen Abend genauer an und diskutiert über die folgenden Fragen!

1. Welche Filme findest du gut, welche schlecht? Warum?
2. Welche Filme hältst du für lustig, welche für traurig?
3. Für welche Filme interessierst du dich? Warum?
4. Welche Filme gefallen dir überhaupt nicht? Gib Gründe an!

13 Schreibübung • Ein alter Freund

Stell dir vor, du triffst einen alten Freund oder eine alte Freundin! Ihr zwei wart früher Klassenkameraden; du bist noch in der Schule, dein Freund oder deine Freundin arbeitet schon. — Schreib einen längeren Dialog über das, was ihr euch vielleicht zu sagen habt!

14 Leseübung • Ein Brief an meine Eltern

Hallo Mama und Papa!

Ich schreibe Euch diesen Brief, damit Ihr endlich mal wißt, was mich in letzter Zeit bedrückt°! Eigentlich könnte ich ja mit Euch darüber reden, doch schriftlich kann ich mich besser ausdrücken°. Das größte Problem ist im Moment die Schule. Wißt Ihr, wenn ich wüßte°, für was ich lerne, dann wäre vieles schon leichter. Doch wenn ich die 10. Klasse beendet habe, was dann? Gerne würde ich das Abitur machen, doch ich weiß noch nicht einmal, was ich da für Leistungskurse° wählen° sollte. Deutsch und Reli oder Kunst wäre toll, aber leider geht das nicht. Englisch traue ich mir nicht zu°, Mathe, Latein usw. auch nicht; ganz zu schweigen von° den Naturwissenschaften°. Damit fällt eigentlich das Abi flach°. Ich würde gerne Säuglingsschwester° oder Krankenschwester° werden. Doch hier in Kassel bekomme ich eh keinen Arbeitsplatz. Also müßte ich in eine andere Stadt und dort ganz von vorne anfangen. Aber ich würde Euch alle so vermissen. Die ganze Schulzeit (nicht die Stunden, sondern das Zusammensein mit meinen Klassenkameraden), meinen lieben Freund und überhaupt Kassel. Anderseits° will ich so schnell wie möglich Geld verdienen, um nicht mehr abhängig von° Euch zu sein. Denn Papa wirft mir immer vor°, daß ich es im Leben zu nichts bringen und eines Tages auf der Straße landen würde. Außerdem bin ich zu nichts nütze°, wie er immer behauptet°. Ich möchte Euch endlich mal beweisen°, daß ich auch jemand bin! Aber das ist alles so schwer. Sonst komme ich eigentlich ganz gut mit Euch aus°. Doch nehmt mich endlich mal ernst°! Schließlich bin ich fast 17, bald volljährig°. Die kleineren Probleme sind nicht so wichtig. Trotzdem möchte ich sie eben noch mal ansprechen. Zum Beispiel das Abends-nach-Hause-Kommen. Mensch, fast 17, und ich darf nur einmal in der Woche abends weg. Dann, wenn Martin kommt, kann ich nicht mal ungestört mit ihm zusammen sein! Er arbeitet den ganzen Tag, und ich möchte ihn doch sehen, und zwar nicht nur für eine halbe Stunde am Tag, wie Ihr meint. Denn das reicht nicht aus! Zumindest wißt Ihr jetzt ein wenig, was mich bedrückt! Ich hoffe, wir können mal offen zusammen sprechen.

Eure Corinna

Corinna, 16 Jahre

---

bedrücken *to bother, depress* **s. ausdrücken** *to express oneself* **wenn ich wüßte** *if I knew* **der Leistungskurs** *major course you must take and pass for graduation* **wählen** *to choose* **Englisch traue ich mir nicht zu** *I don't think I can learn English* **ganz zu schweigen von** *not to mention* **die Naturwissenschaften** *the sciences* **damit fällt das Abi flach** *without that you can't take your Abitur* **die Säuglingsschwester** *infant nurse* **die Krankenschwester** *nurse* **anderseits** *on the other hand* **abhängig von** *to be dependent on* **einem etwas vorwerfen** *to reproach someone with* **ich bin zu nichts nütze** *I'm not good for anything* **behaupten** *to maintain, say* **beweisen** *to prove* **gut auskommen mit** *to get along well with* **ernst nehmen** *to take seriously* **volljährig** *of age*

Wien, Weltstadt mit Flair, Sitz vieler internationaler Behörden, bietet seinen Besuchern die besten Hotels und die beste Küche an

Stadtleben: Familie Breisky in Wien

Wien. — Woran denkt man, wenn man diesen Namen hört? An Musik? Politik? An die alte Kaisermonarchie? An Prater und Riesenrad? An Wein und gutes Essen? An Gemütlichkeit? — Wien ist eine Stadt, die die Träume eines jeden erfüllen kann.

Die Karlskirche

Die Wiener Staatsoper, eines der besten Häuser der Welt

Denkmäler überall erinnern an eine glorreiche Vergangenheit

Maria Theresia (1717–1780) Kaiserin (1740–1780) von Österreich und Königin von Böhmen und Ungarn

Häuser, mitten in die Weinreben hineingebaut

Die vier Breiskys: Vater Michael und Frau Louise, Tochter Alexandra (16) und Sohn Christoph (18)

Die Breiskys beim Kaffeetrinken auf ihrer Terrasse

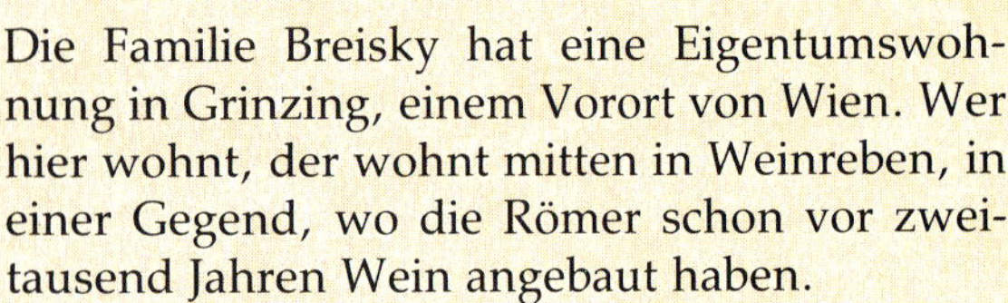

Die Familie Breisky hat eine Eigentumswohnung in Grinzing, einem Vorort von Wien. Wer hier wohnt, der wohnt mitten in Weinreben, in einer Gegend, wo die Römer schon vor zweitausend Jahren Wein angebaut haben.

Blick auf den schönen Vorgarten

Dr. Breiskys Büro befindet sich im Ballhaus, in dem 1815 der Wiener Kongress über die Neustrukturierung Europas und über das Schiksal Napoleons entschied

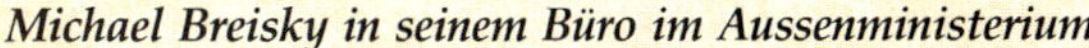

Michael Breisky in seinem Büro im Aussenministerium

Dr. Breisky vor seiner Arbeitsstätte

Dr. Breisky ist Gesandter im österreichischen Aussenministerium. Er hatte bisher Posten in Norwegen, Schweden und Kenia. Zuletzt war er Generalkonsul in Mailand. Dr. Breisky arbeitet zur Zeit im Aussenministerium in Wien. Nach dem Schulabschluss seiner Kinder wird Dr. Breisky wieder einen Auslandsposten annehmen.

In der luxuriös eingerichteten Wohnung der Breiskys findet man sich oft nach dem Dienst zusammen, denn Frau Breisky ist eine glänzende Gastgeberin

Vor einem Julius Meinl Geschäft, einem bekannten Kettenladen in Österreich

Ein Blick aufs Angebot der Woche

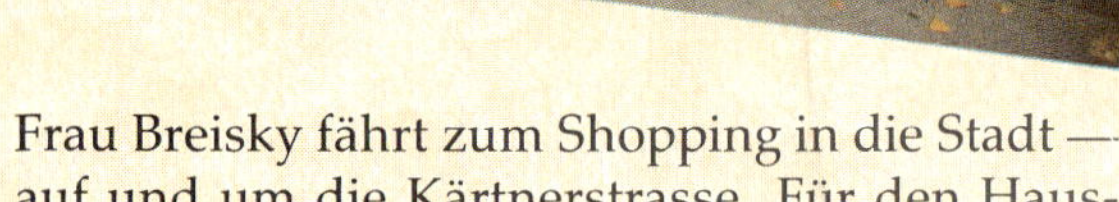

Frau Breisky fährt zum Shopping in die Stadt — auf und um die Kärtnerstrasse. Für den Haushalt kauft Frau Breisky in Grinzing ein.

Vor einem Trachtenladen in Grinzing

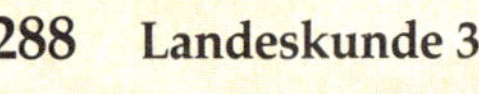

Vor ihrem Lieblingsrestaurant

Die Breiskys gehen oft zusammen zum Essen aus. Eines ihrer Lieblingsrestaurants ist das Restaurant *Zum weissen Rauchfangkehrer*.

In diesem gemütlichen Restaurant kann man sich gut unterhalten

Die Speisekarte ist ausgezeichnet

Wachteln in Rosmarinsauce

Kässpatzen

Im Volksgarten

Dr. Breisky hat einen vollen Terminplan und viele gesellschaftliche Verpflichtungen. Er freut sich jedoch immer auf einen freien Abend, an dem er mit seiner Familie einen Spaziergang durch einen der vielen Parks machen kann, die es in Wien gibt.

Dieser Park wird auch im Sommer schon um 22 Uhr geschlossen

Ein Denkmal an Kaiserin Elisabeth (1837–1898), Gemahlin von Kaiser Franz Joseph I.

Alexandra hilft ihrer Mutter im Haushalt

An ihrem Schreibtisch

Alexandra (16) geht auf das Bundesgymnasium Wien, im 19. Bezirk. Sie ist eine gute Schülerin und lernt fleissig. Was sie später einmal werden will, weiss sie noch nicht. Sie interessiert sich für das Theater und besucht viele Vorstellungen, was in der Theaterstadt Wien eigentlich ganz einfach ist.

Alexandra und ihr Bruder besuchen einen Bazaar an der **American School Vienna.** *Die meistgehandelte Ware ist Schiausrüstung*

Christoph (18) hat den ernsten und ruhigen Charakter seines Vaters geerbt. Christoph macht nächstes Jahr die Matura. Er will danach Maschinenbau studieren. Seine Lieblingsfächer in der Schule sind Geschichte, Geographie, Englisch und Latein. Seine Hobbys sind sein Computer, seine Münzensammlung, Kanufahren und die Stadt Wien.

Vor seinem Kleiderschrank

Mit der Strassenbahn zur Schule

Vor der Pinnwand mit seinen Trophäen

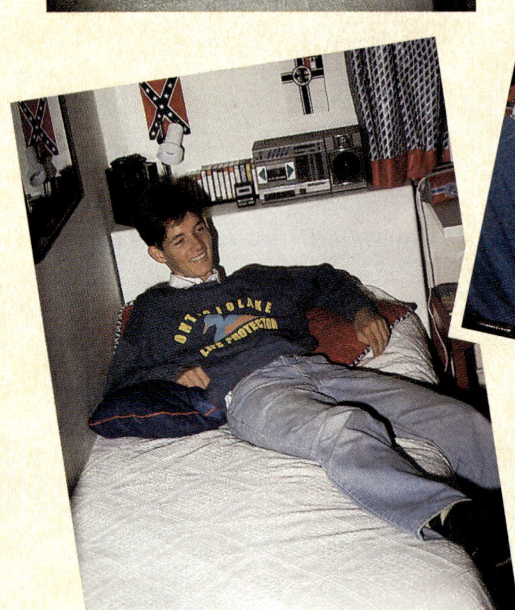

In seinem Zimmer

DRITTER TEIL

The students in 10b at the Realschule in Niebüll are planning their class trip. They discuss where to go and finally decide on Frankfurt. There is lots to do and lots to see in this historic city. They explore a little, do some shopping, and then have to find their way back to the meeting place.

The Neumann family is celebrating Oma Neumann's 80th birthday, a very special occasion. How do they celebrate? They decide to get tickets for an operetta and then go out to eat at a nice restaurant.

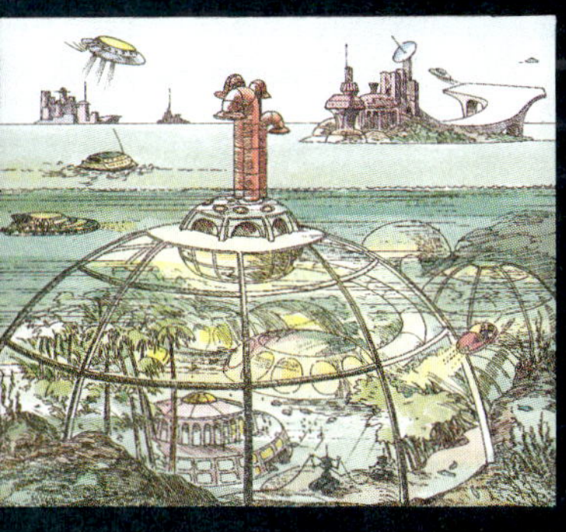

Computers are becoming more and more a part of our everyday life. Christian and Philipp imagine what it would be like if computers and robots could do everything for us. As members of a "Future Club," they exchange ideas with other young people about life in the future on earth and on other planets.

What's your opinion? Where would you like to go on your vacation? What's your favorite kind of restaurant? What are you most interested in? How do you picture the future? Fill out a questionnaire and find out about yourself!

KAPITEL 9

Eine Klassenfahrt nach Frankfurt

A class trip is an important and exciting experience for students. Where will they go? What will they do? Where will they stay? It takes a lot of planning and preparation.

In this unit you will:

ERSTER KONTAKT	get acquainted with the topic
SECTION A	make suggestions; express preference; apologize; repeat what you've said
SECTION B	express amazement, annoyance, and disappointment; say that something appears to be true
SECTION C	express confusion; ask for and give directions; reproach someone
TRY YOUR SKILLS	use what you've learned
ZUM LESEN	read for practice and pleasure

ERSTER KONTAKT getting acquainted with the topic

Wo übernachten die Jugendlichen, wenn sie eine Klassenfahrt machen? In Jugendherbergen, natürlich!

Die Jugendherbergen — Quartier für ganze Klassen

Der Volksschullehrer Richard Schirmann gründete 1909 das Deutsche Jugendherbergswerk. Schirmanns Ziel war es, jungen Menschen auf ihren Wanderungen durch Deutschland eine preiswerte Unterkunft zu bieten, wo sie sich kennen- und verstehenlernen können.

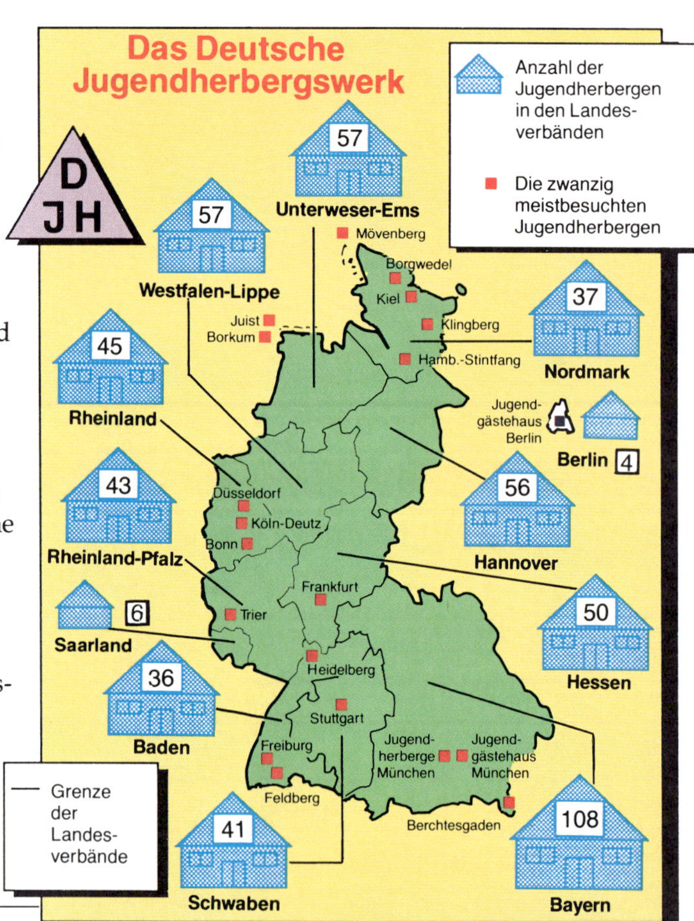

Nach dem Zweiten Weltkrieg, im Jahre 1949, wurde der Jugendherbergsverband neu gegründet. Sein Ziel ist Neutralität, Toleranz und Völkerverständigung. Er fördert das Jugendwandern, die Verbindung der Jugend zur Natur, zur Heimat und zur Umwelt und die Begegnung von jungen Leuten aus dem In- und Ausland.

Heute gibt es in der Bundesrepublik 557 Jugendherbergen, in denen jährlich fast neun Millionen Jugendliche und Erwachsene übernachten. Die Herbergen sind heute nicht nur Übernachtungsheime für Wanderer; sie bieten auch ein breites Programm von Sport, Erziehung und Unterhaltung an.

Das Deutsche Jugendherbergswerk (DJH) gehört der International Youth Hostel Federation an. Dieser Organisation gehören 50 internationale Verbände mit 5045 Jugendherbergen an.

Fragen

1. Seit wann gibt es das DJH?
2. Wer war der Gründer? — Was war sein Ziel?
3. Was ist das Ziel des heutigen Jugendherbergsverbandes?
4. Wie viele Herbergen gibt es in der BRD? Und weltweit?

Wer übernachtet in Jugendherbergen?

Einzelwanderer	907 092	oder	10%
Familien	510 900		6%
Wandergruppen	432 821		5%
Schulklassen	4 237 557		48%
Teilnehmer an Freizeitprogrammen	1 444 177		16%
Sonstige (Erwachsene, Teilnehmer an Lehrgängen und Tagungen)	1 271 297		15%
	8 803 844		**100%**

Land	Jugend-herbergen	Betten	Übernachtungen		
			männliche Gäste	weibliche Gäste	insgesamt
Schleswig-Holstein	43	6 337	438 198	395 646	833 844
Hamburg	2	612	67 988	45 501	113 489
Niedersachsen	117	13 429	797 077	707 453	1 504 530
Bremen	3	324	28 484	23 971	52 455
Nordrhein-Westfalen	98	13 250	868 595	708 612	1 577 207
Hessen	50	7 523	426 500	378 509	805 009
Rheinland-Pfalz	45	6 002	359 621	307 533	667 154
Baden-Württemberg	81	10 461	739 764	639 570	1 379 334
Bayern	108	12 359	857 758	703 751	1 561 509
Saarland	6	645	32 449	24 156	56 605
Berlin (West)	4	874	141 975	110 733	252 708
Bundesgebiet	**557**	**71 816**	**4 758 409**	**4 045 435**	**8 803 844**

Fragen

1. In welchem Land gibt es die meisten Betten in Jugendherbergen?
2. Wo haben die meisten Gäste übernachtet?
3. Wer übernachtet am meisten in Jugendherbergen?
4. Wieviel Prozent sind Einzelwanderer? Und Wandergruppen?

SECTION A

making suggestions; expressing preference; apologizing; asking someone to be quiet; repeating what you've said

Die Schüler der 10b in der Realschule Niebüll planen eine Klassenfahrt. Wohin sollen sie fahren? Was wollen sie sich ansehen? Alle machen Vorschläge. — Macht deine Klasse Klassenfahrten? Wohin fahrt ihr? Wie lange bleibt ihr? Was macht ihr alles?

A1 Wohin geht die Klassenfahrt?

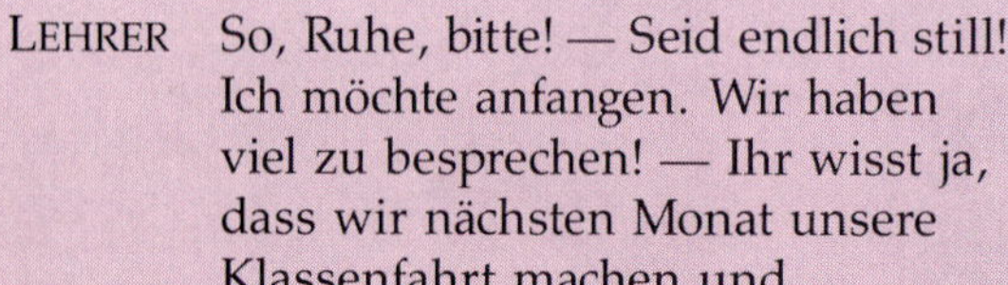

LEHRER So, Ruhe, bitte! — Seid endlich still! Ich möchte anfangen. Wir haben viel zu besprechen! — Ihr wisst ja, dass wir nächsten Monat unsere Klassenfahrt machen und . . .

SCHÜLER Prima! — Wohin fahren wir? — Toll! — Ich kann nicht, ich . . .

LEHRER Pst! Nicht alle durcheinander! Habt ihr euch überlegt, wohin ihr wollt, und habt ihr mit euern Eltern darüber gesprochen?

SCHÜLER An die Ostsee! — In die Alpen! — Nach München!

LEHRER He! Nicht so laut! — Christof, du möchtest also an die Ostsee. Erzähl uns mal, warum!

CHRISTOF Ist doch klar! Dort können wir an den Strand gehen, baden, Ball spielen, faulenzen, . . .

CLAUDIA Ich schlage vor, dass wir uns irgendeine Stadt ansehen, die noch keiner kennt.

JENS Mensch, wie langweilig! Stell dir vor, bei 30 Grad Hitze in der Stadt rumlaufen und schwitzen wie ein Affe! Nee, dann fahr' ich lieber irgendwohin, wo wir baden können, an einen See oder so. Der Christof hat schon ganz recht.

CLAUDIA Ihr beiden seid zwei richtige Kulturmuffel! Wenn ihr baden wollt, könnt ihr auch hier bei uns ins Schwimmbad gehen.

MARKUS Ja, stimmt! Ich schlage vor, jeder von uns nennt jetzt ein Ziel . . .

LEHRER Das klingt sehr vernünftig! — Oh, Verzeihung, dass ich dich unterbrochen habe!

MARKUS Schon gut! — Ich möchte nur noch sagen, dass wir uns am Ende auf ein Ziel einigen müssen.

LEHRER Stimmt! Und ich schreib' alle Ziele an die Tafel. So, wer fängt an?

JENS An die Ostsee.

CLAUDIA Dort ist das Wasser noch zu kalt. Ich bin für München.

RENATE München! Du spinnst wohl. Das kennt doch jeder. Wie wär's denn mit Frankfurt?

MARKUS Keine schlechte Idee! Ich bin auch dafür, dass wir nach Frankfurt fahren. Dort gibt's viel zu sehen!

SABINE Ich ziehe Berlin vor.

PETER Zu weit! Und zu teuer!

LEHRER Na, komm! Nach Berlin ist es doch nicht weiter als nach Frankfurt.

KRISTIN Verzeihung, Herr Sperling! Was haben Sie gesagt? Ich hab' nicht zugehört.

LEHRER Ich habe gesagt, dass es nach Berlin nicht weiter ist als nach Frankfurt.

KRISTIN Da haben Sie recht!

Kristin und Sabine

Hans

LEHRER Hans, was schlägst du vor? Du sagst ja gar nichts!

HANS Mir ist es auch lieber, dass wir uns eine Stadt ansehen; und Frankfurt wäre gar nicht schlecht.

LEHRER Na, gut! Wer möchte also nach Frankfurt? Hand hoch! — Elf nach Frankfurt! Und sieben wollen woandershin. Das nächste Mal! Diesmal ist es also Frankfurt! — Ich selbst werde heute noch die Jugendherberge anrufen und das Quartier für uns bestellen. Und wer von euch bestellt den Bus?

KRISTIN Das kann wieder der Markus machen. Der kennt sich aus.

MARKUS Warum immer ich?

LEHRER Komm, Markus, du kennst doch die Busfirma!

MARKUS Na, gut! Ich mach's wieder.

A2 Übung • Was passt zusammen?

1. Die Klasse macht nächsten Monat
2. Heute entscheiden die Schüler,
3. Einige Schüler möchten an die Ostsee,
4. Jens meint, eine Stadt ist zu heiss
5. Die Schüler nennen Reiseziele, und
6. Nach München wollen sie nicht, denn
7. Sie einigen sich auf Frankfurt, denn

a. bei dreissig Grad Hitze.
b. der Lehrer schreibt sie an die Tafel.
c. die meisten kennen die Stadt schon.
d. dort gibt's viel zu sehen.
e. eine Klassenfahrt.
f. weil sie dort baden können.
g. wohin sie fahren wollen.

A 3 Übung • Könnt ihr euch erinnern?

1. Was sagt der Lehrer alles, um die Klasse zur Ruhe zu bringen?
2. Welche Worte gebrauchen die Schüler, wenn sie ihre Reiseziele nennen?
3. Welche Worte benutzen sie, wenn sie sagen, dass sie lieber woandershin wollen?
4. Wie entschuldigt sich der Lehrer bei Markus, weil er ihn beim Sprechen unterbrochen hat?
5. Wie antwortet Markus?
6. Was kann man sagen, wenn man dem Sprecher nicht zugehört hat und er die Information wiederholen soll?
7. Was sagt man, wenn man etwas wiederholen muss, was man gesagt hat?

A 4 WIE SAGT MAN DAS?

Making suggestions; expressing preference

making suggestions	Ich schlage vor, dass wir nach München fahren. Wie wär's mit Frankfurt? Ich bin dafür, dass wir nach Berlin fahren.	*I suggest that we go to Munich.* *How about Frankfurt?* *I'm for going to Berlin.*
expressing preference	Ich möchte lieber an einen See. Ich ziehe Berlin vor. Mir ist es auch lieber, dass wir uns eine Stadt ansehen. Frankfurt wäre nicht schlecht.	*I'd rather go to a lake.* *I prefer Berlin.* *I would also prefer seeing a city.* *Frankfurt wouldn't be bad.*

A 5 Übung • Partnerarbeit 

Setzt euch in Gruppen zu viert zusammen! Stellt euch vor, dass ihr eine Klassenfahrt plant! Spielt den folgenden Dialog viermal und wechselt jedes Mal die Rollen!

A: Ja, wo möchtet ihr denn hin?
B: Ich schlage vor, dass wir . . . fahren.
C: Ich möchte lieber . . . !
D: Ich fahr' auch lieber . . . !
A: Also, gut! Dann fahren wir . . . !

Wohin?

an die Nordsee · an die Ostsee · an einen See · an den Bodensee · an den Rhein · ans Meer

in die Schweiz · in die DDR · in die USA · in die Berge · in die Alpen · in den Schwarzwald · in die Lüneburger Heide

nach Frankfurt · nach Bayern · nach Italien · nach Österreich

Bauernhaus in Tirol

Badenweiler im Schwarzwald

Mittenwald in Oberbayern

A 6 Übung • Wohin? Was tun?

Schlagt vor, wohin ihr fahren wollt!

A: Ich schlage vor, dass wir in den Schwarzwald fahren.
B: Keine schlechte Idee! Dort können wir schöne Ausflüge machen.
A: Stimmt!

Wohin?	Was tun?
in den Schwarzwald	**schöne Ausflüge machen**
an die Nordsee	**baden und faulenzen**
in die Alpen	**wandern**
an den Rhein	**eine tolle Bootsfahrt machen**
in die Schweiz	**auf die hohen Berge klettern**
nach München	**aufs Oktoberfest gehen**
nach Frankfurt	**die Stadt ansehen, ins Theater gehen**
nach Sylt	**baden, segeln und Volleyball spielen**

A 7 Übung • Diskussion über eine Klassenfahrt

Deine Klasse plant eine Klassenfahrt. Jeder hat einen Vorschlag. Wohin wollt ihr fahren? Diskutiert über eure Vorschläge! Wofür entscheidet ihr euch? — Macht euch Notizen!

A 8 Schreibübung

Bildet Arbeitsgruppen von je drei oder vier Schülern und schreibt zusammen eure Klassendiskussion in Dialogform auf!

A 9 ERKLÄRUNG
Expressing Direction: The Prepositions nach, an, *and* in

1. To express direction towards a place, German uses different prepositions depending on the noun phrase that follows. The prepositions **nach, an,** and **in** can convey the meaning of "to a place."
2. **Nach** is used with names of cities, states, countries, and islands that are not preceded by an article.

	nach	
Wohin fährst du?	Ich fahre **nach** Frankfurt.	*(city)*
	Ich fahre **nach** Bayern.	*(state)*
	Ich fahre **nach** Deutschland.	*(country)*
	Ich fahre **nach** Sylt.	*(island)*

3. **In** and **an** are called two-way prepositions, because they can be used in two different ways. In Unit 1 you learned their usage with dative case forms to express location: **Ich war an der Nordsee.** Now you see **in** and **an** used to express direction toward a place. They are followed by accusative case forms: **Ich fahre an die Nordsee.**

   a. The preposition **in** is used with names of countries or geographic areas that require an article.

	in + *Accusative Case*	
Wohin fährst du?	Ich fahre **in die Schweiz.** Ich fahre **in die DDR.** Ich fahre **in die Vereinigten Staaten.**	*(to countries)*
	Ich fahre **in die Berge, in die Alpen.** Ich fahre **in den Schwarzwald.** Ich fahre **in die Lüneburger Heide.**	*(to areas)*

   b. The preposition **an** is used when referring to bodies of water.

	an + *Accusative*	
Wohin fahrt ihr?	Wir fahren **ans Meer.** Wir fahren **an die Nordsee.** Wir fahren **an den Rhein.** Wir fahren **an den Bodensee.**	*(to bodies of water)*

4. The prepositions **an** and **in** form contractions with the article **das**.

an + das = ans
in + das = ins

Alpbach in Tirol

A10 Übung • Jeder will woandershin!

Sag, wohin du möchtest!

A: Ich möchte an die Nordsee!
B: Ich ziehe die Alpen vor.
C: Mir ist es auch lieber, dass wir in die Alpen fahren!
D: Na, gut! Dann fahren wir in die Alpen!

der	die	das	die
Bodensee Rhein Schwarzwald Strand	Nordsee Ostsee Schweiz DDR Lüneburger Heide	Meer Gebirge	Berge Alpen Vereinigten Staaten USA

Bayern Frankfurt England

NEW YORK
ab, bis FRA ab 890,-
LOS ANGELES
ab, bis FRA ab 1386,-
TORONTO
ab, bis MUC ab 1134,-
BALI
ab, bis FRA ab 2233,-
SINGAPORE
ab, bis FRA ab 1550,-
Weitere Sonderflüge und Flüge mit Pauschalreisearrangements a. Anfrage
BILLIG-FLÜGE WELTWEIT
AIRTOP-TOURS
Lindwurmstr. 118, 8000 München 2
TELEFON 089/ 77 8001

A 11 Übung • Und du? Wie ist das bei dir?

Sag, wohin du mit deinen Eltern fahren möchtest!

A: Wohin fährst du in den Ferien?
B: Ich fahre mit meinen Eltern . . .
A: Und warum fahrt ihr dorthin?
B: . . . ist so . . . [oder]
Wir wollen dort . . .

in den Yellowstone National Park
in die Rocky Mountains
in die Mojawe Wüste
an den Atlantik/Pazifik
an den Michigansee
an den Golf von Mexiko
nach New York
nach Texas
nach Kanada
nach Hawaii

A 12 Übung • Klassenwettkampf

Für dieses Wettspiel braucht ihr so viele Kärtchen, wie es Schüler in der Klasse gibt. Zwei Schüler schreiben geographische Namen auf die Kärtchen. Bitte keine Artikel! Dann teilt die Klasse in zwei Mannschaften ein! Jetzt beginnt das Spiel. Abwechselnd nimmt ein(e) Schüler(in) von jeder Mannschaft ein Kärtchen und sagt den Satz: „Ich fahre an/in/nach . . ." Jede richtige Antwort bekommt einen Punkt. Wenn die Antwort falsch ist, darf die andere Mannschaft einen halben Punkt gewinnen, wenn sie die richtige Antwort gibt.

A 13 Übung • Hör gut zu!

Wohin möchten diese Schüler fahren?

1. ____ 2. ____ 3. ____ 4. ____ 5. ____ 6. ____

A 14 Schreibübung • Im Reisebüro

Du arbeitest in einem Reisebüro. Du schlägst den Kunden Reiseziele vor. Schreib zehn Plakate mit verschiedenen Reisezielen!

A 15 WIE SAGT MAN DAS?
Apologizing and responding to an apology

apologizing	Verzeihung! Entschuldigung! Verzeihung, dass ich dich unterbrochen habe!	*I beg your pardon.* *Excuse me.* *Sorry I interrupted you.*
responding to an apology	Das macht nichts. Schon gut!	*That's all right.* *Forget it.*

A 16 Übung • Seid höflich!

Erzähl einigen Mitschülern deine Ferienpläne, wohin du fährst und was du dort machst! Jemand unterbricht dich und entschuldigt sich bei dir. Aber du bist nicht sauer. Was sagst du?

A 17 WIE SAGT MAN DAS?
Asking someone to be quiet

Ruhe, bitte!	*Quiet, please!*
Pst!	*Shh!*
Nicht alle durcheinander!	*One at a time!*
Nicht so laut!	*Not so loud!*
Sei(d) ruhig!	*Be quiet!*
Seid endlich still!	*Be quiet now.*

A 18 Übung • Ruhe, bitte!

Ihr sprecht weiter über eure Ferienziele. Aber diesmal sprechen viele durcheinander. Sag jetzt deinen Mitschülern, dass sie nicht so laut sein sollen!

A 19 WIE SAGT MAN DAS?
Repeating what you've said

making statements	Ich fahre mit meinen Grosseltern nach Kalifornien.
asking for information to be repeated	Wie bitte? Verzeihung, was hast du gesagt?
repeating what you've said	Ich habe gesagt, dass ich mit meinen Grosseltern nach Kalifornien fahre.

A20 Übung • Du wiederholst, was du gesagt hast 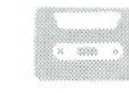

Dein Partner hat dir nicht zugehört und möchte wissen, was du gesagt hast. Du wiederholst es.

A: Ich möchte in den Ferien ans Meer fahren.
B: Verzeihung, was hast du gesagt?
A: Ich habe gesagt, dass ich in den Ferien ans Meer fahren möchte.

1. Wir machen nächsten Monat eine Klassenfahrt.
2. Der Jens möchte am liebsten an die Ostsee fahren.
3. Ich möchte mir lieber Frankfurt ansehen.
4. Jens and Christof sind zwei richtige Kulturmuffel.
5. Ich werde gleich die Jugendherberge anrufen.
6. Der Markus muss wieder den Bus bestellen.

A21 Schreibübung • Vorschläge für die Klassenfahrt

Eure Klasse will eine Klassenfahrt machen. Wohin soll die Klasse fahren? Überleg es dir und schreib drei Vorschläge auf! Gib auch Gründe an, warum die Klasse gerade dorthin fahren soll! Was könnt ihr dort alles machen?

A22 Übung • Klassendiskussion

Jetzt besprecht eure Klassenfahrt, so wie die Schüler in A1 ihre Klassenfahrt besprochen haben! Ein Schüler schreibt die Vorschläge an die Tafel. Seid höflich! Entschuldigt euch, wenn ihr einander unterbrecht.

A23 ZUM LESEN • Frankfurt am Main 

Der Markus hat den Bus bestellt, und Herr Sperling hat aus dem Reisebüro ein paar Prospekte von Frankfurt mitgebracht. Jetzt haben die Schüler Information, bevor sie nach Frankfurt fahren.

Wirtschaft und Verkehr

Frankfurt hat eine zentrale Lage und ist deshalb ein wichtiges Zentrum für Industrie, Handel und Verkehr in Europa. Frankfurt hat den grössten europäischen Bahnhof, und der Rhein-Main-Flughafen ist der drittgrösste des Kontinents. Die Stadt ist auch das Finanzzentrum der Bundesrepublik, mit über 300 internationalen Banken. Die Frankfurter Buchmesse und die Frankfurter Pelzmesse sind die grössten der Welt.

Der Römer (in der Mitte) ist das Wahrzeichen Frankfurts. Im ersten Stock ist der prunkvolle Kaisersaal, wo von 1556 an bis zuletzt die Krönungsfeierlichkeiten stattfanden. Die drei Häuser sind im gotischen Stil gebaut.

Die Hauptwache (Barock, 1730), im Herzen der Stadt, ist heute ein populäres Café.

Der Rhein-Main-Flughafen ist einer der bedeutendsten internationalen Flughäfen der Welt. Über 20 Millionen Menschen kommen jährlich durch diesen Flughafen, den 80 Fluggesellschaften und circa 200 Chartergesellschaften aus aller Welt anfliegen.

Der Dom, im 13. und 14. Jahrhundert errichtet, hat gotische Merkmale. Die Kirche war von 1356 bis 1792 die Wahlkapelle für die deutschen Könige und Kaiser; seit 1562 fanden hier auch die Krönungen statt.

Eine Dampferfahrt auf dem Main ist eine beliebte Touristenattraktion.

Die Paulskirche (1833) war in den Jahren 1848/49 Tagungsort der Nationalversammlung.

Das Goethehaus, das Geburtshaus des grossen Dichters Johann Wolfgang von Goethe (1749—1832), ist so eingerichtet, wie es früher war. Daneben ist das Goethemuseum mit über 100 000 Büchern und Manuskripten.

Die Zeil ist die längste Einkaufsstrasse Deutschlands. Diese Fussgängerstrasse ist ein beliebter Treffpunkt für jung und alt und ein ideales Einkaufsparadies.

Sachsenhausen, am südlichen Mainufer, ist ein beliebter Treffpunkt für Leute, die Frankfurt im alten Stil lieben. Die gemütlichen Lokale bieten hier viele Frankfurter Spezialitäten an, vor allem den „Ebbewoi", „Handkäs' mit Musik" und „Rippchen mit Kraut".

Der Frankfurter Zoo ist der modernste Deutschlands. Die meisten Tiere leben in Freigehegen und sind nur durch Wassergräben oder Trockengräben von den Besuchern getrennt.

A 24 Übung • Was hast du dir gemerkt?

Wähle drei Frankfurter Sehenswürdigkeiten aus und berichte darüber in deiner Klasse!

A 25 Übung • Gruppendiskussion

Besprecht in der Klasse, was ihr in Frankfurt zuerst ansehen oder tun wollt!

A: Ich schlage vor, dass wir uns zuerst den Dom ansehen.
B: Prima Idee!
C: Ich geh' lieber in den Römer.
D: Den Römer können wir uns später ansehen.

der Dom
nach Sachsenhausen gehen
der Römer
der Zoo
die Hauptwache
die Paulskirche
die Zeil
das Goethehaus
eine Dampferfahrt machen
der Flughafen

A 26 WIE SAGT MAN DAS?
Asking and saying when something took place

Aus welchem Jahrhundert ist der Dom?	Aus dem 13. Jahrhundert.
Wann fand die Nationalversammlung statt?	In den Jahren 1848 und 1849.
Wann ist Goethe geboren?	(Im Jahr) 1749.
Wann hat er gelebt?	Von 1749 bis 1832.
Wann ist er gestorben?	Er ist 1832 gestorben.

A 27 Leseübung 

a. Lies, wann diese berühmten Deutschen gelebt haben!

Goethe (1749—1832) Goethe hat von siebzehnhundertneunundvierzig bis achtzehnhundertzweiunddreissig gelebt.

1. Einstein (1879—1955)
2. Beethoven (1770—1827)
3. Bach (1685—1750)
4. Dürer (1471—1528)
5. Nietzsche (1844—1900)
6. Schiller (1759—1805)

b. Schau in einem Lexikon nach, warum diese Personen so berühmt sind!

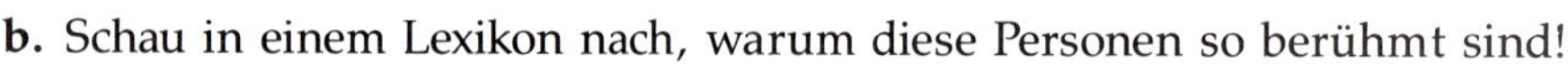

1. 2. 3.

4. 5. 6.

A 28 ERKLÄRUNG
Ordinal Numbers

1. To form ordinal numbers, **-t-** is added to the cardinal numbers 2 through 19, and **-st-** to the cardinal numbers from 20 on. Exceptions are: **eins, drei, sieben,** and **acht.** How do these cardinal numbers differ from their ordinal forms? What do you notice about the punctuation of ordinal numerals?

	1.	2.	3.	4.	5.	6.	7.	8.	9.	10.
der / die / das	**erste,**	**zweite,**	**dritte,**	**vierte,**	**fünfte,**	**sechste,**	**siebte,**	**achte,**	**neunte,**	**zehnte,**

	11.	12.	13.		21.		32.
der / die / das	**elfte,**	**zwölfte,**	**dreizehnte**	. . .	**einundzwanzigste**	. . .	**zweiunddreissigste**

2. Ordinal numbers can be used as adjectives; they take the usual adjective endings before nouns.
   Das ist mein zweit**er** Klassenausflug.
   Heute ist der dritt**e** Mai.
   Morgen haben wir den viert**en** Ferientag.
   Der Dom ist aus dem dreizehnt**en** Jahrhundert.

3. When you give a date in German, you give the day first, and then the month and the year.
   Am 8. 5. 1974 reads: **am achten Mai (am achten fünften), neunzehnhundertvierundsiebzig.**

A 29 Leseübungen 

Lies die folgenden Daten!

1. Der wievielte ist heute? — Heute ist der . . .
   a. 7. Juni **c.** 2. Januar **e.** 19. März
   b. 23. Mai **d.** 1. April **f.** 3. Oktober
2. Welches Datum haben wir heute? — Wir haben heute den . . .
   a. 3. 4. **c.** 1. 8. **e.** 4. 5.
   b. 11. 12. **d.** 7. 10. **f.** 9. 3.
3. Wann sind sie geboren? — Er ist am . . . Sie ist am . . .
   a. 19. 4. 1971 **c.** 7. 6. 1972 **e.** 3. 11. 1976
   b. 3. 9. 1975 **d.** 8. 3. 1974 **f.** 1. 1. 1978
4. Wann bist du geboren?

Clara Schumann (1819–1896)
Berühmte Pianistin und Frau des Komponisten Robert Schumann (1810–1836)

A 30 Übung • Aus welchem Jahrhundert? 

A: Du, sag mal, aus welchem Jahrhundert ist der Dom?
B: Ich glaube, aus dem 14. Jahrhundert.
A: Wirklich?
B: Ja, schau! Hier steht's: aus dem 14. Jahrhundert.

Dom (1374)
Hauptwache (1730)
Paulskirche (1833)
Römer (1405)
Zoo (1858)

A 31 ERKLÄRUNG
Using the Names of Cities as Adjectives

1. Names of cities are used as adjectives by adding the ending **-er.** There is no gender, number, or case distinction, and such adjectives are always capitalized.

Frankfurt	der Frankfurt**er** Zoo
	die Frankfurt**er** Buchmesse
	ein Frankfurt**er** Wahrzeichen
	viele Frankfurt**er** Spezialitäten

2. The names of the cities **Bremen** and **München** have slight spelling changes when used as adjectives.

Bremen: die **Bremer** Stadtmusikanten
München: das **Münchner** Oktoberfest

A 32 Übung • Was ist das? 

in Frankfurt:
1. Der Römer ist das ____ Wahrzeichen.
2. Der „Ebbewoi" ist eine ____ Spezialität.
3. Der ____ Flughafen ist der grösste in der BRD.

in München:

4. Das ____ Kindl ist das Wahrzeichen Münchens.
5. Die ____ Gemütlichkeit ist weltbekannt.
6. Der ____ Dom, die Frauenkirche, hat zwei Türme.

A 33 Ein wenig Landeskunde 

Klassenfahrten sind bei den Schülern sehr beliebt: man hat keine Schule, man ist mit seinen Klassenkameraden zusammen, es macht Spass.

Klassenfahrten können kurz sein — ein Tagesausflug mit dem Rad oder mit dem Bus — und sie können länger sein: eine Woche Schilaufen in den Bergen, oder ein Ausflug irgendwohin, um eine andere Stadt, eine andere Gegend, andere Menschen und andere Sitten kennenzulernen.

Klassenfahrten müssen von den Schulbehörden genehmigt werden. Die älteren Schüler organisieren ihre Klassenfahrten meistens selbst. Die Klassenlehrer helfen bei der Organisation, denn sie begleiten die Schüler und sind für die ganze Reise verantwortlich.

A 34 Schreibübung

Lies nochmal alles über Frankfurt und schreib einen Bericht darüber! Was gibt es alles zu sehen? Was möchtest du dir besonders gern ansehen? Was findest du in Frankfurt am interessantesten?

SECTION **B**

expressing amazement, annoyance, and disappointment; saying that something appears to be true

Die Schüler sind jetzt in Frankfurt und sehen sich die Stadt an. Zu Mittag wollen sie etwas essen und auch einkaufen gehen. — Welche Städte möchtest du dir gern ansehen? Was möchtest du dort sehen? Was möchtest du dort alles tun?

B1 Ein Stadtbummel durch Frankfurt

Nach einem guten Frühstück in der Jugendherberge macht sich die Klasse mit ihrem Klassenlehrer früh auf den Weg zu einem Stadtrundgang durch die Innenstadt. Sie haben vor, sich am ersten Tag die Sehenswürdigkeiten in Frankfurt anzusehen. Am zweiten Tag wollen sie den Zoo besuchen und vielleicht am Abend in ein Konzert oder ins Kino gehen. Für den dritten Tag haben sie eine Dampferfahrt auf dem Main geplant, und am vierten Tag wollen sie mit dem Bus in den Odenwald fahren. Am fünften Tag wollen sie noch einmal durch die Stadt bummeln, sich ansehen, was sie wollen und Einkäufe machen. Am sechsten Tag geht's dann wieder zurück nach Hause.

LEHRER Los, Kinder, beeilt euch doch! Was ist denn los mit dir, Christof?

CHRISTOF Ich hab' eine Blase am Fuss. Ich brauch' unbedingt ein Pflaster.

CLAUDIA Das ist doch zu dumm! Jetzt müssen alle warten, nur weil du ein Pflaster brauchst.

LEHRER Komm, Claudia, ärger dich nicht! Der Christof kauft sich irgendwo ein Pflaster, und wir gehen schon mal langsam voraus. Du, Christof, siehst du dort vorn die Ampel? Dort gehst du rechts um die Ecke, und du siehst dann schon den Römer. Wir sehen uns schon mal das Gebäude von aussen an und warten auf dich. Alles klar?

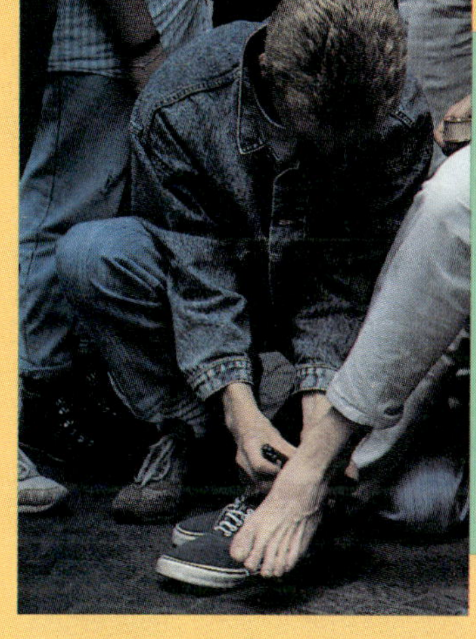

CHRISTOF Okay, ich komm' nach.

JENS Da hinten war eine Apotheke, Christof. Ich lauf' schnell mal zurück und kauf dir ein Heftpflaster, okay? — Bleib hier sitzen! Ich bin gleich wieder da.

LEHRER So, wie gefällt euch denn der Kaisersaal?

CLAUDIA Phantastisch! — Ich hätte nicht gedacht, dass der Saal so prunkvoll ist! All das Gold und die tollen Gemälde!

HANS Es scheint, dass die Kaiser viel Geld hatten.

CLAUDIA Hatten sie auch! Das haben wir doch im Geschichtsunterricht gehört.
MARKUS Es ist ja unglaublich, wie gross der Saal ist!
JENS Mir ist es gleich, wie gross er ist. Ich bin enttäuscht, dass ich nicht fotografieren darf.
CLAUDIA Fotografieren ist doch erlaubt.
JENS Schon. Aber nicht blitzen. Das ist verboten, hat der Aufseher gesagt. Mensch, das ärgert mich!

RENATE Ich muss mir jetzt unbedingt ein paar Ansichtskarten kaufen.
JENS Schau, dort drüben ist ein Kiosk! Dort kriegst du welche.

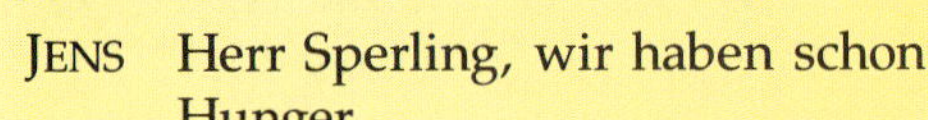

JENS Herr Sperling, wir haben schon Hunger.
CLAUDIA Ja, wohin gehen wir denn überhaupt zum Mittagessen?
MARKUS Zu McDonald!
CLAUDIA Spinnst du? Ich möchte etwas essen, was für Frankfurt typisch ist.
MARKUS Zwiebelkuchen!
CLAUDIA Aber doch nicht zu Mittag!
LEHRER Ich schlage vor, dass wir uns jetzt trennen. Dann kann jeder essen, wo er will. Und wir treffen uns hier pünktlich um 13 Uhr 30. Ja?
SCHÜLER Prima! Tolle Idee! In Ordnung!

Was machen die Schüler jetzt? Jeder hat etwas anderes vor.

JENS Ich kauf' mir jetzt drei Brötchen und ein viertel Pfund Schinken, setz' mich in den Stadtpark und mach' dort meine Mittagspause.
MARKUS Du, das mach' ich auch!

RENATE Ich geh' in die Fussgängerzone und setz' mich in ein Café. Kommst du mit?
SABINE Gut, aber zuerst muss ich in ein Optikergeschäft oder in eine Drogerie* gehen. Ich hab' die Flüssigkeit für meine Kontaktlinsen zu Hause vergessen.

Jens und Markus im Stadtpark

*A **Drogerie** is a store in which toiletries such as soap and toothpaste can be bought. Medicines, prescription and nonprescription, must be bought in an **Apotheke.**

Markus geht in einen Fotoladen und kauft sich einen neuen Film.

Jens muss zur Bank. Er hat 500 Schilling; die möchte er noch wechseln.

Renate muss zur Post. Sie braucht Briefmarken für ihre Ansichtskarten.

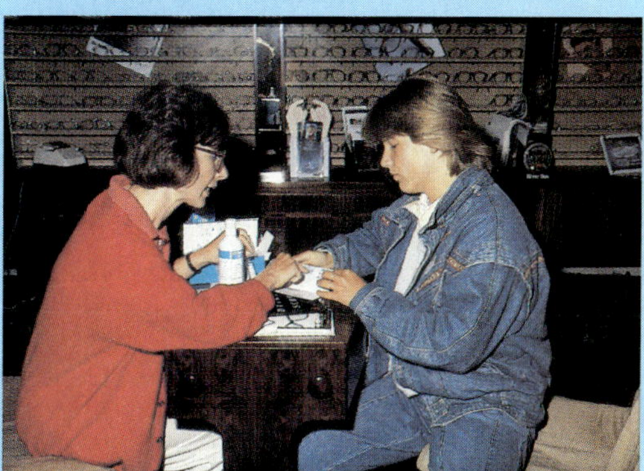

Sabine kauft sich Flüssigkeit für ihre Kontaktlinsen.

B 2 Übung • Was passt?

1. Christof ist so langsam,
2. Die Klasse will nicht warten,
3. Claudia hätte nicht gedacht,
4. Jens ärgert sich darüber,
5. Fotografieren ist erlaubt,
6. Die Schüler trennen sich zu Mittag,
7. Jens geht in den Stadtpark
8. Sabine geht in ein Optikergeschäft
9. Renate braucht Briefmarken

a. aber das Blitzen ist verboten.
b. dass der Kaisersaal so prunkvoll ist.
c. dass er nicht blitzen darf.
d. und geht zur Post.
e. und macht dort seine Mittagspause.
f. und jeder kann machen, was er will.
g. und kauft etwas für ihre Kontaktlinsen.
h. und die Schüler gehen langsam voraus.
i. weil er eine Blase am Fuss hat.

B 3 Schreibübung • Stadtbummel durch Frankfurt

Schreib jetzt eine Zusammenfassung von dem Stadtbummel durch Frankfurt!

B4 Übung • Kannst du dich erinnern?

1. Was kann man alles sagen, wenn jemand sehr langsam ist?
2. Was kannst du sagen, wenn du dich über etwas ärgerst? Du hast zum Beispiel deine Kamera vergessen.
3. Was kannst du sagen, wenn du über etwas erstaunt bist, wie zum Beispiel über eine alte Kirche?
4. In manchen Museen darf man nicht blitzen oder überhaupt nicht fotografieren. Was sagt dann der Museumsaufseher?

B5 WIE SAGT MAN DAS?
Expressing amazement

Es ist ja unglaublich, wie alt der Dom ist.	*It's unbelievable how old the cathedral is!*
Ich hätte nicht gedacht, dass der Saal so prunkvoll ist.	*I wouldn't have thought the hall was so magnificent.*

B6 Übung • Was sagst du über diese Sehenswürdigkeiten?

Du bist ganz erstaunt über diese Sehenswürdigkeiten. Wie drückst du dein Erstaunen aus?

Ich hätte nicht gedacht, dass . . . [oder]
Es ist ja unglaublich, wie . . .

1. 
Die Hauptwache ist mitten in der Stadt.

2. 
Der Dom ist über 600 Jahre alt.

3. 
Der Zoo ist heute der modernste in Europa.

4. 
Der Main ist heute wieder ein sauberer Fluss.

5. 
Die Paulskirche ist relativ jung, erst 1833 fertiggestellt.

6. 
Das Goethehaus ist einfach eingerichtet.

7. 
Die Zeil ist eine der schönsten Einkaufsstrassen Deutschlands.

8. 
Der Flughafen ist der drittgrösste Europas.

B7 ERKLÄRUNG
The Forms of hätte

1. The past-tense form **hatte** has what is called a subjunctive form, **hätte.** This form can be used with the past participle, **gedacht,** to express amazement.

Ich hätte nicht gedacht, dass . . .

2. Here are the forms of **hätte.** What other verb forms do they remind you of?

ich **hätte**	wir **hätten**
du **hättest**	ihr **hättet**
er, sie, es, man, wer **hätte**	sie, Sie **hätten**

B8 Übung • Das hätte ich nicht gedacht!

Du bist erstaunt. Du hättest das nicht gedacht. Was sagst du? Was sagt ihr?

A: Hättet ihr gedacht, dass Frankfurt so schön ist?
B: Nein, das hätten wir nicht gedacht.

Nein, das hätte ich nicht gedacht.

1. Hättest du gedacht, dass du diese Speisekarte lesen kannst?
2. Hättet ihr gedacht, dass der Main so breit ist?
3. Hättest du gedacht, dass es hier so viele Banken gibt?
4. Hättet ihr gedacht, dass die Zeil so lang ist?
5. Hättest du gedacht, dass die Jugendherberge so gross ist?
6. Hättet ihr gedacht, dass Zwiebelkuchen so gut schmeckt?

B9 WIE SAGT MAN DAS?
Expressing annoyance and disappointment

annoyance	Ich bin sauer, weil . . .	*I'm mad because . . .*
	Das ist (zu) dumm!	*How annoying!*
	Es ist zu dumm, dass . . .	*It's too bad that . . .*
	Ich ärgere mich, dass . . .	*I'm angry that . . .*
	Es ärgert mich, dass . . .	*It makes me mad that . . .*
disappointment	Es ist schade, dass . . .	*Too bad that . . .*
	Ich bin enttäuscht, dass . . .	*I'm disappointed that . . .*

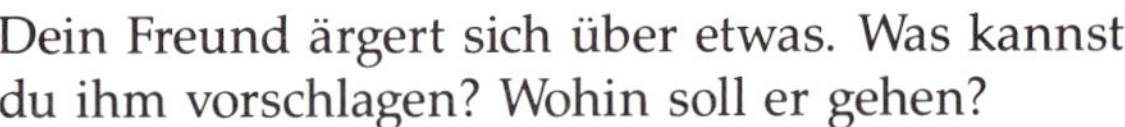

B10 Übung • Wohin?

Dein Freund ärgert sich über etwas. Was kannst du ihm vorschlagen? Wohin soll er gehen?

A: Zu dumm! Ich hab' keine Briefmarken mehr.
B: Dann geh doch zur Post und kauf dir Briefmarken!
A: Mach' ich!

1. Ich ärgere mich, dass ich keinen Film habe.
2. Es ärgert mich, dass ich am Fuss eine Blase habe.
3. Ich ärgere mich, dass ich die Flüssigkeit für meine Kontaktlinsen vergessen habe.
4. Ich bin sauer, dass die Inge meine Ansichtskarten genommen hat.
5. Es ist zu dumm, dass ich nur noch 500 Schilling habe und keine D-Mark.
6. Es ist unglaublich, dass ich schon drei Brötchen gegessen habe und noch immer Hunger habe.
7. Es ärgert mich, dass ich die Zahnpasta zu Hause vergessen habe.

zur Post

1. in einen Fotoladen

2. in eine Apotheke

3. in ein Optikergeschäft

4. zu einem Kiosk

5. zur Bank

6. in eine Bäckerei

7. in eine Drogerie

B11 Übung • Und du? Ärgerst du dich?

Wie reagierst du, wenn du dich über etwas ärgerst oder enttäuscht bist?

Du willst ans Meer, aber die andern wollen nach Frankfurt fahren. Du sagst:
Ich bin sauer, dass wir nicht ans Meer fahren. [oder]
Ich bin enttäuscht, dass wir nach Frankfurt fahren.

1. Du willst ins Schwimmbad gehen, aber die andern wollen Volleyball spielen.
2. Du willst mit dem Zug fahren, aber die andern wollen wieder mit dem Bus fahren.
3. Du willst heute in den Zoo gehen, aber die andern wollen sich die Stadt ansehen.
4. Du willst ins Konzert gehen, aber die andern wollen ins Kino gehen.
5. Du willst in ein Café gehen, aber die andern wollen in den Park gehen und dort essen.

B12 ERKLÄRUNG
More on Expressing Direction: The Prepositions in *and* zu

1. You have been using the two-way preposition **in** followed by accusative case forms to indicate going somewhere: Ich fahre **in die Lüneburger Heide.** Wir fahren **in die Berge.**

2. The preposition **in** followed by accusative case forms is also used when expressing the idea of going into a place or going to an event.

	in + *Accusative*	
Er geht	in eine Bäckerei. in den Fotoladen.	*(places)*
	ins Kino. in ein Konzert.	*(events)*

3. The preposition **zu** is always followed by dative case forms. It can be used to express the idea of going to places of business or going to see people. The preposition **zu** combines with the articles **dem** and **der** to form the contractions **zum** and **zur.**

	zu + *Dative*	
Christof geht	zum Bäcker. zur Post.	*(places)*
Wir fahren	zur Oma. zum Arzt. zu den Grosseltern.	*(people)*

B13 Übung • Wohin?

Dein Partner hat heute viel vor. Sag ihm, wohin er gehen muss!

A: Ich brauche eine neue Kamera.
B: Dann geh doch in einen Fotoladen!

1. Ich möchte gern einen guten Film sehen.
2. Ich brauche unbedingt Briefmarken.
3. Ich möchte mal wieder eine Gruppe „live" hören.
4. Ich brauche eine Fahrkarte nach Italien.
5. Ich möchte mir ein paar Brötchen kaufen.
6. Ich brauche ein Heftpflaster.
7. Ich brauche Ansichtskarten.

B14 ERKLÄRUNG

Expressing Direction and Location (Summary)

Direction	*Location*
Fahren wir **nach** Frankfurt!	Ich war schon **in** Frankfurt.
Fahren wir **in die** Schweiz!	Ich war schon **in der** Schweiz.
Gehen wir **in einen** Fotoladen!	Ich war schon **in einem** Fotoladen.
Gehen wir **ins** Kino!	Ich war schon **im** Kino.
Fahren wir **an die** Nordsee!*	Ich war schon **an der** Nordsee.
Fahren wir **an den** Bodensee!*	Ich war schon **am** Bodensee.
Gehen wir **zum** Bäcker!	Ich war schon **beim** Bäcker.
Gehen wir **zur** Oma!	Ich war schon **bei der** Oma.
Gehen wir **zum** Arzt!	Ich war schon **beim** Arzt.
Gehen wir **zur** Post!	Ich war schon **auf der** Post.
Gehen wir **zum** Bahnhof!	Ich war schon **auf dem** Bahnhof.

*Note: The word **See** has two meanings: **die See** means *sea;* and **der See** means *lake.*

B15 Übung • Zu dumm! Du warst schon da

Dein Freund fragt dich, ob du mitkommst. Aber du warst schon da.

A: Kommst du mit zur Apotheke?
B: Du, ich war gerade in der Apotheke.

1

2

3

4

5

6

7

8

B16 Übung • Schon gesehen!

Unsere Freunde treffen andere Schüler in der Stadt und erzählen, was sie schon gesehen haben.

A: Wir gehen jetzt in den Römer.
B: Wir waren heute vormittag im Römer.
A: Wie war's?
B: Prima!

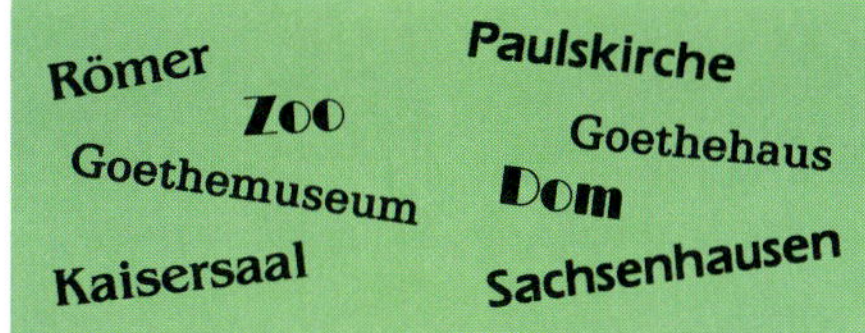

B17 KLEINE VERKAUFSGESPRÄCHE

JENS Ich kauf' mir jetzt einen Film.
MARKUS Ich komm' mit. Ich brauch' auch einen.
JENS Siehst du einen Fotoladen?
MARKUS Dort drüben an der Ecke ist einer.
JENS Der scheint geschlossen zu sein.
MARKUS Wirklich! „Wir machen Ferien!" — Schade!
JENS Hier scheint's aber viele Fotoläden zu geben. Dort drüben neben der Bäckerei ist einer; der scheint offen zu sein.

* * *

JENS Ich möchte einen Farbfilm, 35 Millimeter, 19 DIN.*
VERKÄUFERIN Wieviel Aufnahmen?
JENS Sechsunddreissig.
MARKUS Geben Sie mir bitte auch einen!
VERKÄUFERIN Das macht 14,95 für jeden.
JENS *(gibt ihr einen 20-Mark-Schein)*
VERKÄUFERIN Und fünf Mark fünf zurück. Besten Dank! Auf Wiedersehen!
JENS Auf Wiedersehen!

VERKÄUFERIN Was darf's sein?
CLAUDIA Einen Apfel, bitte!
VERKÄUFERIN Einen?
CLAUDIA Ja, nur einen. Oder willst du auch einen, Christof?
CHRISTOF Hm! Ja, gern. Und die Trauben scheinen lecker zu sein. Ich kauf' uns welche.

(continued)

*19 DIN is equivalent to 64 ISO. Products made or sold in Germany carry a DIN norm. DIN stands for Deutsche Industrie-Norm. On film wrappers, both DIN and ISO norms are listed.

RENATE Hast du Briefmarken, Claudia?
CLAUDIA Nein, ich hab' keine. Aber ich brauche welche.
RENATE Kommst du mit zur Post?
CLAUDIA Klar!

* * *

RENATE Fünf sechziger, bitte! Und was kostet eine Ansichtskarte in die USA?
BEAMTER Neunzig Pfennig.
RENATE Dann geben Sie mir bitte noch zwei neunziger!
BEAMTER Das macht jetzt vier achtzig.
RENATE *(gibt ihm ein 5-Mark-Stück)*
BEAMTER Und zwanzig zurück. Danke!

Neue Marken:

B18 Übung • Was passt?

1. Wenn du einen Film brauchst,
2. In Frankfurt scheint es
3. Ist dieser Laden offen? Nein,
4. Jens kauft einen Farbfilm,
5. Wenn man Briefmarken braucht,
6. Eine Ansichtskarte in die USA
7. Wenn die Trauben lecker sind,

a. er ist geschlossen.
b. gehst du in einen Fotoladen.
c. geht man zur Post.
d. kaufe ich mir welche.
e. kostet neunzig Pfennig.
f. viele Fotoläden zu geben.
g. 36 Aufnahmen, 19 DIN.

B19 Übung • Was hast du dir gemerkt?

1. Jens ist nicht sicher, ob der Fotoladen offen ist. Was sagt er?
2. Dann sieht er einen anderen Laden. Jens ist ziemlich sicher, dass er offen ist. Was sagt er?
3. Christof glaubt, dass die Trauben lecker sind. Was meint er?

B20 WIE SAGT MAN DAS?

Saying that something appears to be true

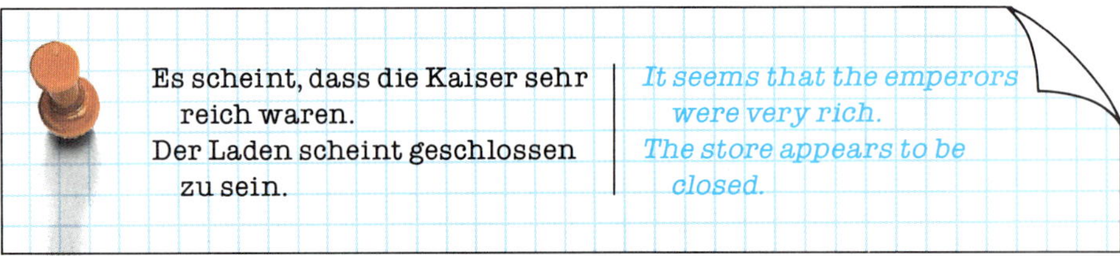

Es scheint, dass die Kaiser sehr reich waren.	*It seems that the emperors were very rich.*
Der Laden scheint geschlossen zu sein.	*The store appears to be closed.*

B21 Übung • Pech!

Zur Mittagszeit sind Spezialgeschäfte und Banken, besonders in kleineren Städten, oft zwischen 13 Uhr und 14 Uhr 30 geschlossen. Die Schüler aus Niebüll brauchen viel, aber . . .

A: Ich brauche ein Heftpflaster.
B: Gehen wir in die Drogerie dort drüben!
A: Die scheint geschlossen zu sein.
B: Schade! So ein Pech! [oder] Stimmt nicht! Die ist offen.

1. Jens braucht einen Film.
2. Renate braucht Ansichtskarten.
3. Claudia braucht Briefmarken.
4. Sabine braucht Flüssigkeit für ihre Linsen.
5. Jens muss Geld wechseln.
6. Jens möchte Brötchen kaufen.

B22 Übung • Offen oder geschlossen?

B23 ERKLÄRUNG
Uses of ein

1. **Ein** is an indefinite article, meaning *a, an.* As in English, there is no plural form of the indefinite article.

   Ich möchte einen Apfel. Ich möchte Äpfel.

2. **Ein** is also a numeral meaning *one;* its plural is **zwei, drei,** and so on.

   Ich esse nur einen Apfel, nicht zwei.

3. **Ein** can be used as a pronoun meaning *one.*

   Ich esse nur **einen.**

4. **Welche,** *some,* can be used as a plural pronoun.

   Haben Sie Äpfel? Ja, ich hab' **welche.**

5. As a pronoun, **ein** has the following forms. Compare these pronouns with the definite articles. What similarities do you see?

	Nominative	*Pronoun*	*Accusative*	*Pronoun*
Masculine	ein Apfel	**einer**	einen Apfel	**einen**
Feminine	eine Banane	**eine**	eine Banane	**eine**
Neuter	ein Brötchen	**eins**	ein Brötchen	**eins**
Plural	— Trauben	**welche**	— Trauben	**welche**

B24 Übung • Dort drüben ist eine 

Sag deinen Freunden, wo alles ist!

A: Siehst du einen Fotoladen?
B: Dort drüben an der Ecke ist einer.
A: Prima!

1. eine Bäckerei
2. ein Schuhgeschäft
3. eine Bank
4. ein Café
5. eine Apotheke
6. ein Zeitungskiosk
7. eine Drogerie
8. eine Post
9. ein Supermarkt

B25 Übung • Gib mir eins! 

Du hast viel eingekauft. Jetzt wollen alle Klassenkameraden etwas davon haben.

A: Ach, du hast Brötchen!
B: Hier, willst du eins?

1. Du hast Briefmarken.
2. Du hast Äpfel.
3. Du hast Trauben.
4. Du hast vier Hamburger.
5. Du hast zwei Fantas.
6. Du hast drei Filme.
7. Du hast Erdbeeren.
8. Du hast Ansichtskarten.

B26 Ein wenig Landeskunde 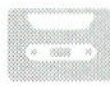

Von den 5000 Jugendherbergen, die es in der ganzen Welt gibt, sind 580 in der Bundesrepublik. Diese Herbergen, mit 9 Millionen Übernachtungen im Jahr, sind bei der Jugend aus aller Welt sehr beliebt. Das Quartier ist sauber und billig, das Essen ist gut und preiswert. Die meisten Herbergen liegen in der Nähe touristischer Zentren, und sie bieten den Besuchern ein grosses Urlaubs- und Ferienprogramm an.

Die grösste Jugendherberge Europas ist in Frankfurt-Sachsenhausen. In dieser Herberge am Deutschherrnufer gibt es 65 Schlafräume und 500 Betten, und jeder kann hier für 13 Mark übernachten. Die Hälfte der Besucher sind Ausländer. Sie bleiben oft nur zwei bis drei Tage. Frankfurt ist für die meisten Besucher der Start zu einer Reise durch Deutschland und Europa.

B27 Übung • Hör gut zu! 

Was meinen die Schüler? Sind sie erstaunt, enttäuscht oder sauer?

	1	2	3	4	5	6	7	8
amazement								
disappointment								
annoyance								

B28 Schreibübung

Schreib zwei Dialoge!

1. Du bist mit einem Freund oder mit einer Freundin in der Stadt. Du merkst, dass du eine Blase am Fuss hast.
2. Du bist im Kaisersaal und findest alles phantastisch. Du hast eine neue Kamera und willst gern fotografieren. Was sagt der Aufseher? Was sagst du?

SECTION C

expressing confusion; asking for and giving directions; reproaching someone

Wie finden sich die Schüler in Frankfurt zurecht? Man kann sich ja leicht verlaufen! — Was machst du, wenn du dich verläufst?

C1 Entschuldigung, wie kommen wir am besten . . . ?

Die achtzehn Schüler sind allein, zu zweit oder in kleinen Gruppen in die Innenstadt gegangen. Jetzt versuchen alle, so schnell wie möglich, zum Treffpunkt zurückzukommen. Aber das ist gar nicht so einfach!

MARKUS Jetzt weiss ich wirklich nicht mehr, wo wir sind.
JENS Das ist die Reineckstrasse.
MARKUS Das sagt mir nichts. — Du, wir müssen jemand fragen.
JENS Wen denn? Die andern Touristen? Komm, wir kaufen uns einen Stadtplan! Dort drüben ist ein Kiosk.

* * *

JENS Schau, Markus, wie einfach! Wir sind hier, genau an dieser Ecke. Wir gehen jetzt die Hasengasse hinunter und biegen rechts in die Braubachstrasse ein. Dann ist auf der linken Seite der Römer!
MARKUS Du bist doch ein Genie!

CLAUDIA Mensch, Renate, ich glaube, wir haben uns verlaufen!
RENATE Es scheint so. Ich meine, wir gehen in die falsche Richtung.
CLAUDIA Dort drüben an der Haltestelle steht ein Polizist. Den frag' ich mal.

* * *

CLAUDIA Entschuldigung, wie kommen wir am besten zum Römer?
POLIZIST Ja, Sie müssen in die andere Richtung gehen. Also, Sie gehen jetzt die Junghofstrasse hinunter, dann über den Goetheplatz, und dort fragen Sie am besten noch einmal!
CLAUDIA Vielen Dank!
POLIZIST Bitte schön! Gern geschehen!

SABINE Hallo, Kristin! Hans!

HANS Ja, wo kommst du denn her?

SABINE Mensch, warum habt ihr denn nicht auf mich gewartet, da an der Mainbrücke?

KRISTIN Wir sind über die Brücke gegangen und haben ein paar Fotos gemacht; und dann haben wir dich nicht mehr gesehen. Du hättest auf uns an der Brücke warten sollen!

SABINE Wir müssen uns beeilen, sonst kommen wir zu spät, und der Herr Sperling wird sauer.

HANS Immer mit der Ruhe! Der hat sich vielleicht auch verlaufen.

C2 Übung • Fragen

1. Warum müssen die Schüler zum Treffpunkt zurückkommen? — Wo ist der Treffpunkt?
2. Wie finden Markus und Jens zurück?
3. Was ist Claudia und Renate passiert?
4. Wie finden die Mädchen wieder zurück?
5. Warum haben Kristin und Hans nicht auf Sabine gewartet?

C3 Übung • Was hast du dir gemerkt?

1. Markus und Jens haben sich verlaufen. Was sagt Markus, als er das merkt?
2. Was meint Jens, als Markus jemand fragen will?
3. Wie fragt Claudia den Polizisten?
4. Sabine ist sauer, als sie ihre Freunde trifft. Was sagt sie?
5. Was für eine Entschuldigung gibt Kristin?
6. Was hätte Sabine tun sollen?

C4 WIE SAGT MAN DAS?

Expressing confusion

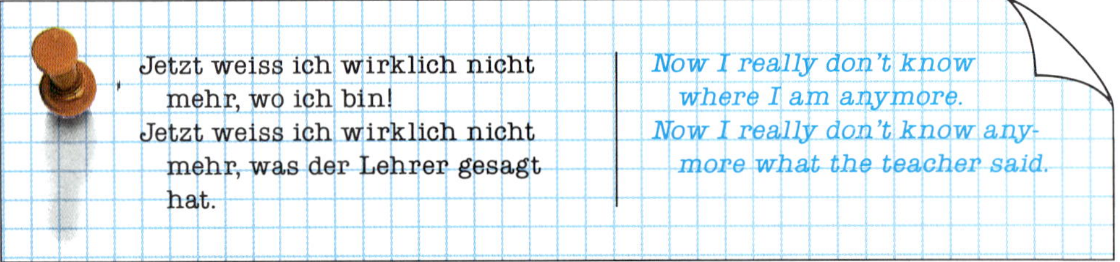

Jetzt weiss ich wirklich nicht mehr, wo ich bin!	*Now I really don't know where I am anymore.*
Jetzt weiss ich wirklich nicht mehr, was der Lehrer gesagt hat.	*Now I really don't know anymore what the teacher said.*

C5 Übung • In der Stadt

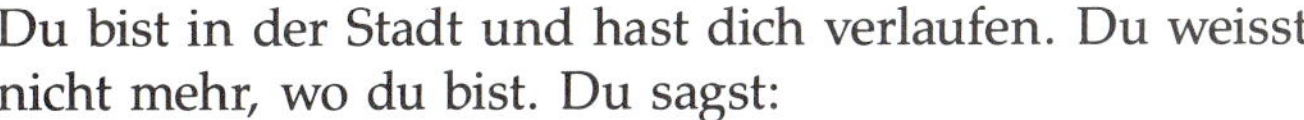

Du bist in der Stadt und hast dich verlaufen. Du weisst nicht mehr, wo du bist. Du sagst:

Jetzt weiss ich wirklich nicht mehr, wo ich bin.

1. Du weisst nicht mehr, was du tun sollst.
2. Du weisst nicht mehr, wen du fragen sollst.
3. Du weisst nicht mehr, wo der Treffpunkt ist.
4. Du weisst nicht mehr, wann du am Treffpunkt sein sollst.
5. Du weisst nicht mehr, wo die anderen Schüler sind.
6. Du weisst nicht mehr, was der Lehrer gesagt hat.

C6 WIE SAGT MAN DAS?
Asking for and giving directions

asking for directions	Entschuldigung, wie komme ich am besten zum Dom?	*Excuse me, what's the best way to get to the cathedral?*
giving directions	Sie gehen die . . . strasse hinunter.	*You go down . . . Street.*
	Sie gehen hier über den . . . platz.	*You cross . . . Square here.*
	Biegen Sie rechts in die . . . strasse ein!	*Turn right onto . . . Street.*

C7 Die Innenstadt von Frankfurt

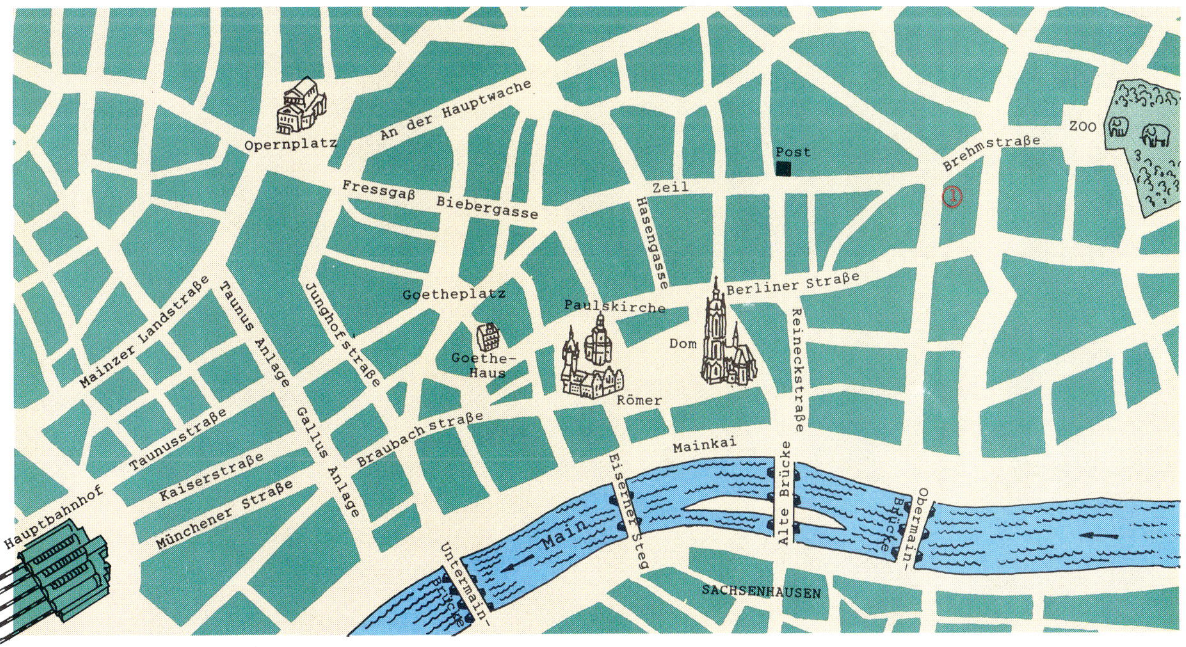

C8 Übung • Du bittest um Auskunft

Du weisst nicht, wo du bist, und du fragst. Schau auf die Karte in C7 und bitte jemand um Auskunft! Du bist auf Station 1 und möchtest zum Dom.

A: Entschuldigung, wie komme ich am besten zum Dom?
B: Sie gehen am besten dort über die Berliner Strasse, und dann gehen Sie die Domstrasse hinunter. Der Dom ist dann auf der linken Seite.
A: Vielen Dank!
B: Bitte sehr!

C9 Leseübung • In einer Kleinstadt

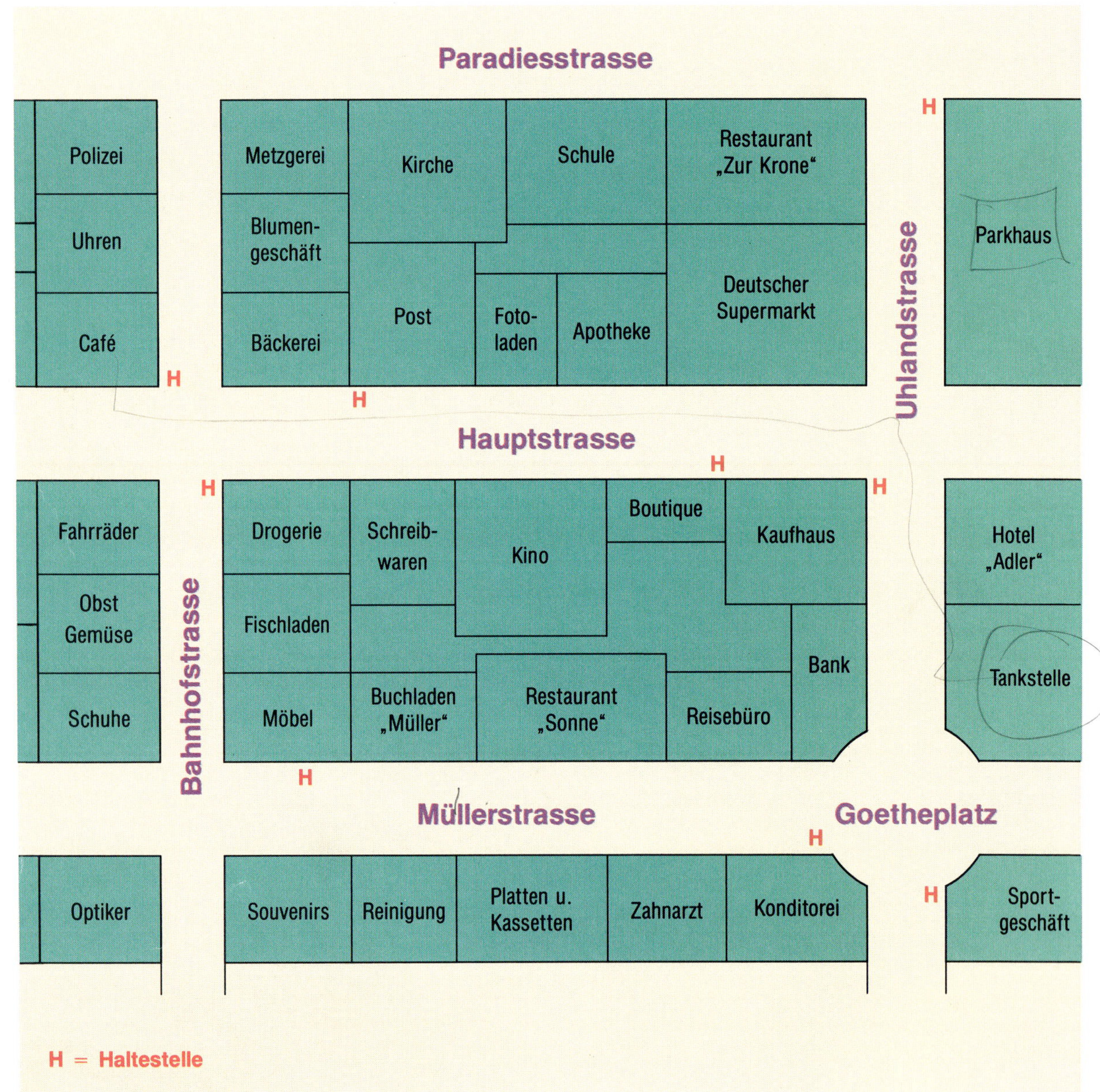

C10 Übung • Kennst du dich aus?

Schau auf den Stadtplan! Sag deinem Partner, wo die Sehenswürdigkeiten und die Geschäfte in dieser Stadt sind! Zum Beispiel: Der Fotoladen ist in der Hauptstrasse, zwischen der Post und der Apotheke.

C11 Übung • Wohin gehst du?

Du triffst deine Freundin oder deinen Freund in der Stadt, und du sagst ihr oder ihm, wohin du gehst und was du dort machst.

A: Hallo, Paul! Was machst du? Wohin gehst du?
B: In die Metzgerei in der Paradiesstrasse.
A: Ist da eine Metzgerei?
B: Ja, gleich neben der Kirche. Ich . . .
(Du sagst, was du dort kaufst oder machst.)

C12 Übung • Mehr über den Stadtplan

1. Du stehst auf dem Goetheplatz und schaust die Müllerstrasse hinunter. Was ist auf der rechten Strassenseite? Auf der linken Seite?
2. Wo ist die Bank?
3. Wo ist die Drogerie?
4. Wo hält der Bus überall?
5. Wo kannst du deinen Freund oder deine Freundin treffen?
6. Nenne fünf Dinge, die du in der Hauptstrasse kaufen kannst!
7. Wie kommst du vom Sportgeschäft zur Apotheke?
8. Was kannst du alles am Goetheplatz machen?

C13 WIE SAGT MAN DAS?
Reproaching someone

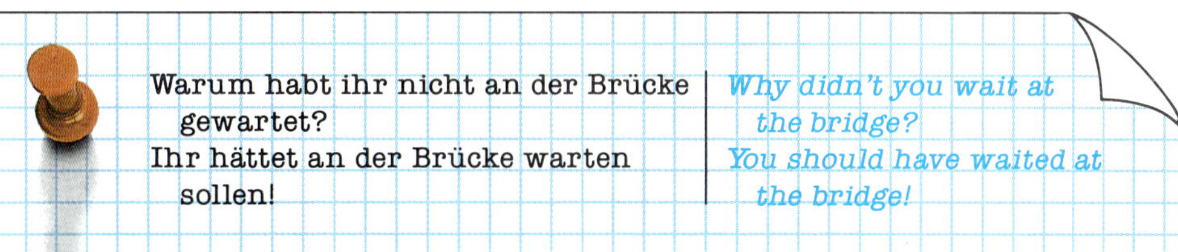

Warum habt ihr nicht an der Brücke gewartet?	*Why didn't you wait at the bridge?*
Ihr hättet an der Brücke warten sollen!	*You should have waited at the bridge!*

C14 Übung • Ich bin echt sauer

Du bist sauer, dass dein Freund oder deine Freundin nicht auf dich gewartet hat.

A: Du hättest auf mich warten sollen!
B: Wo denn?
A: Ich hab' dir doch gesagt vor der Post!
B: Du, das hab' ich ganz vergessen.
Tut mir leid, wirklich!

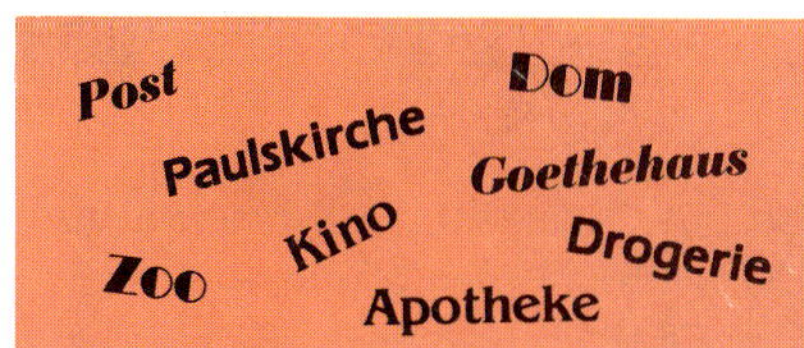

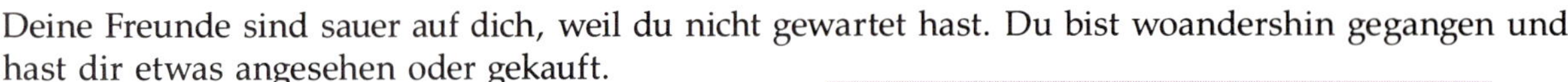

C15 Übung • Noch immer sauer!

Deine Freunde sind sauer auf dich, weil du nicht gewartet hast. Du bist woandershin gegangen und hast dir etwas angesehen oder gekauft.

A: Warum hast du nicht auf uns gewartet?
B: Ihr seid nicht gekommen.
A: Wir haben uns verlaufen. — Was hast du denn gemacht?
B: Ich bin in einen Plattenladen gegangen und hab' mir eine Musikkassette gekauft.

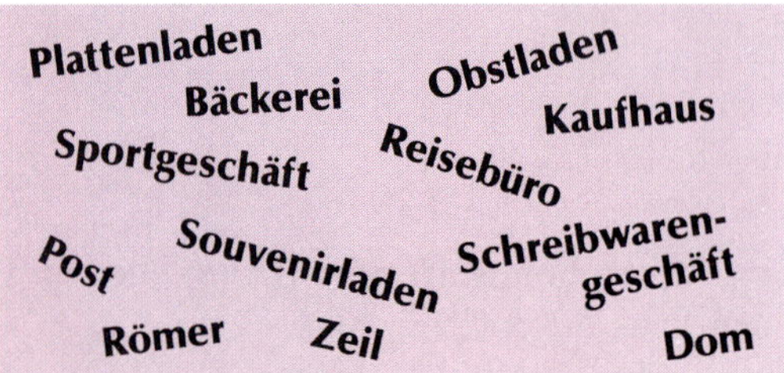

C16 Übung • Du gibst Auskunft

Schau auf den Plan in C9! Du stehst auf dem Goetheplatz. Einige Leute, die sich in dieser Stadt nicht auskennen, bitten dich um Auskunft. Du sagst ihnen, wie sie zu den folgenden Stellen hinkommen:

1. Restaurant „Zur Krone" **2.** Kino **3.** Polizei **4.** Kirche

C17 Übung • Klassenprojekt

Ihr habt gelesen, was Herr Sperlings Klasse alles in Frankfurt gesehen hat. Jetzt sollt ihr Information sammeln für Klassenfahrten in andere Städte in Deutschland, in Österreich oder in der Schweiz. Arbeitet mit einem Partner oder zu dritt oder zu viert! — Macht auch ein Plakat von „eurer" Stadt mit den wichtigsten Sehenswürdigkeiten! Sammelt so viel geschichtliche Information wie möglich! Macht auch einen Stadtplan!

C18 Ein wenig Landeskunde

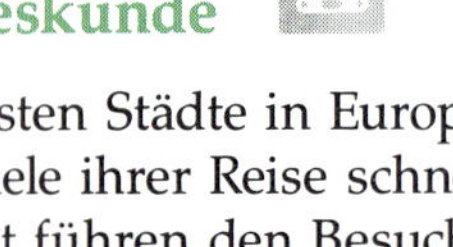

Deutsche Städte, wie die meisten Städte in Europa, machen es ihren Besuchern leicht, die Ziele ihrer Reise schnell zu finden. Hinweisschilder in einer Stadt führen den Besucher zu den Sehenswürdigkeiten. Informations- und Reisebüros helfen den Besuchern, Unterkunft zu finden. Kann man sich verlaufen? — Ja, das passiert. Aber da helfen die vielen öffentlichen Stadtpläne weiter oder Stadtpläne, die man sich an jedem Zeitungskiosk kaufen kann. In der Innenstadt steht auch die Polizei bereit, den Touristen mit ihren vielen Fragen weiterzuhelfen.

C19 Übung • Hör gut zu!

Wohin gehen diese Leute?

1. _____ **2.** _____ **3.** _____ **4.** _____ **5.** _____ **6.** _____

C20 Schreibübung • Vorbereitung für die Reise

Du machst bald eine Reise und hast heute viel zu tun. Das folgende steht auf deiner Liste: Prospekte im Reisebüro holen, Geld wechseln, Reiseführer und Stadtplan kaufen, Fahrkarten am Bahnhof kaufen, Obst kaufen. Schreib, wohin du gehst und was du dort machst!

TRY YOUR SKILLS — using what you've learned

 Die Klassenfahrt der 10b 

Herr Sperling, der Klassenlehrer, hatte mit seinen Schülern den folgenden Zeitplan aufgestellt, und jeder Schüler hatte eine Kopie bekommen.

Realschule Niebüll — **Klassenlehrer der 10b Herr Sperling**

Klassenfahrt nach Frankfurt, 21. 6. — 27. 6.

Sonntag 21. 6.	Montag 22. 6.	Dienstag 23. 6.	Mittwoch 24. 6.	Donnerstag 25. 6.	Freitag 26. 6.	Samstag 27. 6.
7.30 Schulhof 8.00 Abfahrt/Bus 18.00 Jugend-herberge/Fft.—Zimmer-verteilung 18.30 Abendessen 20.00—21.45 frei 22.30 Hausruhe	8.00 Frühstück 9.00 zu Fuss zum Stadtzentrum 10.00—11.00 Führung durch den Römer 12.00—13.30 frei Mittagessen, Einkaufen 14.00 Führung, Goethehaus und Goethe-museum 18.00 Abendessen 19.00—20.00 Diskussion Sehenswürdig-keiten—Frankfurt 20.00—21.00 Tischtennis	8.00 Frühstück 9.00—12.00 Stadtrund-fahrt 12.00—13.00 Mittagessen 14.00—17.00 Zoo 18.00 Abendessen 19.20 Abfahrt zum Theater 20.00 Goethes Faust	8.00 Frühstück 9.00 Dampferfahrt auf dem Main nach Wiesbaden 12.00—13.00 Mittagessen in Wiesbaden zurück 15.00 15.30 Besichtigung Universität 18.00 Abendessen frei	8.00 Frühstück 9.00 Busfahrt in den Odenwald 17.00 Jugend-herberge 18.00 Abendessen 19.30 Abfahrt/Kino	8.00 Frühstück 10.00—12.00 Besichtigung-Höchst 12.30—13.30 Mittagessen 13.30—17.00 Stadtbummel, Einkaufen 18.00 Abendessen 19.00—20.30 Diskussion Klassenfahrt 21.00—23.00 Disko/ Abschiedsfeier	8.00 Frühstück 9.30 Abfahrt/Niebüll 18.00 Ankunft in Niebüll

2 Übung • Der Zeitplan der 10b

1. Woher kommen diese Schüler? Auf welche Schule gehen sie? In welche Klasse? Wer ist ihr Klassenlehrer?
2. Wie lange sind die Schüler von zu Hause weg? Wie kommen sie nach Frankfurt? Wo übernachten sie?
3. Was möchten die Schüler der 10b an jedem Tag dieser Woche tun?
4. Die 10b hat sich an ihren Zeitplan gehalten. — Was haben die Schüler an jedem Tag dieser Woche gemacht?

3 Schreibübung • Partnerarbeit

Such dir einen Partner! Deine Klasse möchte auch Frankfurt besuchen. Ihr habt aber nur drei Tage Zeit. Dein Partner und du, ihr schreibt jetzt euren eigenen Zeitplan, und ihr beide berichtet dann der Klasse, was ihr an diesen drei Tagen alles tun und sehen möchtet.

4 Übung • Was schlägst du vor?

Du bist mit dem Zeitplan, den deine Klassenkameraden aufgestellt haben, nicht einverstanden. Schlag etwas anderes vor! Sag, was du vorziehst!

A: Ich schlage vor, dass . . . [oder]
Ich bin dafür, dass . . . [oder]
Wie wär's mit . . .

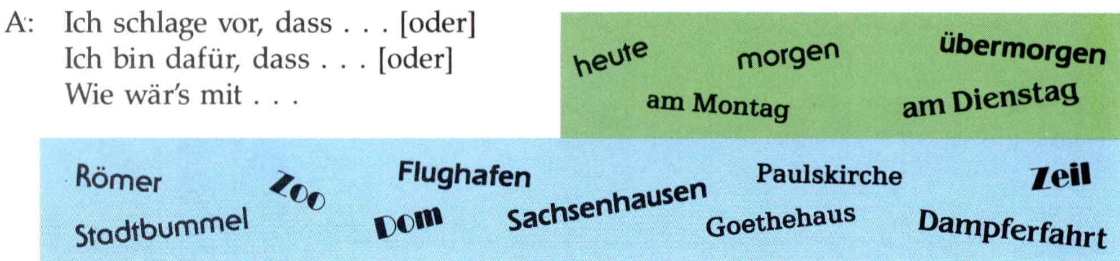

5 Schreibübung • Wohin geht's?

Die Familie Reinhold macht Ferienpläne. Welche Wörter fehlen? — Schreib den Dialog in dein Heft!

HERR REINHOLD	Ja, sagt mal, wohin wollt ihr denn fahren?
ROLAND	Wie ____ mit Frankreich? So in den Süden?
FRAU REINHOLD	Da ist es mir im August zu warm. Wir waren auch schon zweimal dort. Ich ____ vor, dass wir dieses Jahr in Deutschland bleiben.
HERR REINHOLD	Mir ist Deutschland auch ____ . Da kann ich wenigstens die Speisekarte lesen.
ROLAND	Wenn's Deutschland sein muss, dann ziehe ich die Nordsee ____ .
FRAU REINHOLD	Die Nordsee ____ nicht schlecht.
ROLAND	Dann bin ich ____ , dass wir nach Sylt gehen.
HERR REINHOLD	Keine schlechte Idee!

6 Schreibübung

Schreib kleine Dialoge für die folgenden Situationen!

a. ein junges Paar, das eben geheiratet hat/ Frage: Wo sollen wir wohnen?
A will ein Haus kaufen (in der Vorstadt). B will eine Wohnung mieten (im Stadtzentrum).

b. drei Freunde/ Frage: Was sollen wir heute abend machen?
A will ins Kino gehen. C will zu Hause bleiben und Kassetten anhören.
B möchte in ein Konzert gehen.

c. drei Freunde/ Frage: Wie sollen wir in den Urlaub fahren?
A möchte mit dem Auto fahren. C möchte mit dem Bus fahren.
B will mit dem Zug fahren.

d. Vater, Mutter und Sohn/ Frage: Was für einen Wagen sollen wir uns kaufen?
A möchte einen grossen Kombiwagen. C möchte einen schicken Sportwagen.
B möchte ein kleines Auto.

7 Übung • In einem Reisebüro 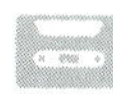

Stell dir vor, du arbeitest in einem Reisebüro in Deutschland! Viele Leute fragen dich, wo sie ihren Urlaub verbringen sollen. Schlag ihnen etwas vor!

KUNDE Ich möchte ins Ausland fahren, irgendwohin, wo die Sonne scheint, wo es warm ist.
DU Dann fahren Sie doch nach Italien!

1. Ich möchte auf einer Nordseeinsel Urlaub machen.
2. Wir wollen mit den Kindern in einem grossen Waldgebiet wandern.
3. Ich kenne Westberlin. Ich möchte das andere Berlin kennenlernen.
4. Ich möchte irgendwo an einen grossen See, wo ich segeln und surfen kann.
5. Ich möchte auf hohe Berge klettern.
6. Ich möchte einmal das Oktoberfest besuchen.
7. Ich habe gehört, dass es in Amerika Geiser gibt.
8. Ich möchte in den Vereinigten Staaten Schi laufen.
9. Ich möchte mal New York von oben sehen.

8 Übung • Was? So alt? 

Du bist erstaunt, als du diese Sehenswürdigkeiten siehst. Was sagst du?

1. 2. 3. 4.

9 Übung • Pech! Pech! Und nochmals Pech!

Peter hat den ganzen Tag Pech gehabt.

1. Bus verpassen/mit dem Rad zur Schule fahren	Peter ist sauer, dass . . .
2. Pausebrot vergessen	Es ist zu dumm, dass . . .
3. eine Fünf in Mathe bekommen	Er ist enttäuscht, dass . . .
4. Brieftasche verlieren	Er ärgert sich, dass . . .
5. kein Geld für Konzertkarten haben	Er ist sauer, dass . . .
6. Freundin ihn nicht anrufen	Er ist enttäuscht, dass . . .
7. abends nicht ausgehen dürfen	Er ist enttäuscht, dass . . .
8. viele Hausaufgaben haben	Es ist schade, dass . . .

10 Übung • Und du? Wie ist das bei dir?

Was ärgert dich? Was stört dich? — In der Schule? Zu Hause? An dem Job? An den Freunden?

11 Übung • Du gehst einkaufen

Deine Mutter hat dir eine Einkaufsliste gegeben. Lies diese Liste und beschreibe deine Einkaufsroute!

Zuerst gehe ich zur Bäckerei. Dort kaufe ich . . .

12 Übung • Du warst einkaufen

Sag, wo du alles gekauft hast, was auf der Einkaufsliste steht!

1 Bauernbrot
Briefmarken (10 Vierziger)
Film für Kamera
Heftpflaster nicht vergessen!
2 Kilo Äpfel
5 Ansichtskarten
200 DM in Schilling wechseln.

13 Übung • Rollenspiel

1. Setzt euch in Gruppen zu viert zusammen! Einer von euch ist der Polizist und hat einen Stadtplan von Frankfurt in der Hand. Ihr andern habt euch in der Stadt verlaufen. Fragt den Polizisten nach dem Weg!
2. Ihr habt euch in eurer eigenen Stadt verlaufen. Wohin wollt ihr gehen? Wie kommt ihr dorthin? Fragt den Polizisten!

14 Übung • Gruppenarbeit

Teilt die Klasse in vier Gruppen ein! Jede Gruppe macht jetzt einen Stadtplan von einem Stadtteil in eurer Stadt. Zeichnet ein, wo die einzelnen Sehenswürdigkeiten und die Geschäfte sind! Sprecht dann in der Klasse über euern Stadtplan! Erzählt, wo die Sehenswürdigkeiten und Geschäfte sind und was ihr dort alles sehen und kaufen könnt!

15 Übung • Rollenspiel

Stell dir vor, du bist ein Polizist in deiner Stadt und deutsche Touristen bitten dich um Auskunft!

AUSSPRACHEÜBUNGEN 

A. Sounds that are difficult to produce

Pronounce these words after your teacher or after the recording.

1. The **ich**-sound
   gleich, welche, Dichter, unterbrechen, Sechziger, Ansichtskarte, Geschichtsunterricht, pünktlich, unglaublich, durcheinander; Flüssigkeit
2. The **ach**-sound
   einfach, nachkommen, noch, nochmals
3. The sound /ü/, long and short
   über, darüber, dafür, überlegen; Brücke, pünktlich, zurückkommen, Flüssigkeit
4. The sound /l/
   Laden, lieber, überlegen, Mal, Tafel, diesmal, sollen, bestellen, vorstellen, prunkvoll
5. The sound /a/, long and short
   baden, Tafel, Grad, Blase, klar; an, Hand, falsch, Gasse, Schwimmbad
6. The sound /o:/ and /ɔ/
   /o:/ schon, Foto, geboren, verboten, Drogerie
   /ɔ/ Post, offen, geschlossen, besorgen, gestorben
7. The diphthong /ei/
   keiner, gleich, Bäckerei; Kaiser, Main

B. Letters that have a different sound value in German

Read these words aloud or read them after the recording.

1. The letter **s** before the letter **p** or **t** is pronounced /ʃ/, as in *she.*
   besprechen; bestellen, vorstellen, gestorben, Stadtpark
2. The letter **d** in final position is pronounced /t/, as in *hit.*
   Hand, Grad, jemand, Schwimmbad
3. The letter **g** in final position is pronounced /k/, as in *stick.*
   Vorschlag; er schlägt, but: ich schlage
4. The letter **v** is pronounced /f/, as in *fifty.*
   verboten, vergessen, vorhaben, vorausgehen, vorstellen, Vorschlag, vorziehen
5. The letter **z** is pronounced /ts/, as in *hits.*
   Ziel, Zoo, zweit, Polizist, Hitze, blitzen

C. Words where interference from English is likely

The following words are cognates. Pay attention to how they are pronounced in German.

Post, Apotheke, Genie, Tourist, Quartier, Kontaktlinse, Zoo

WAS KANNST DU SCHON?

Let's review some important points that you have learned in this unit.

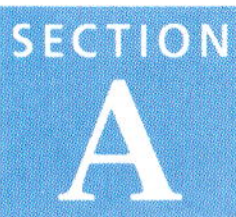

Can you make suggestions as to where to go on a class trip?
Suggest that your class go to the following places:
1. Nordsee **2.** Bodensee **3.** Rhein **4.** Schweiz **5.** Berge **6.** Italien

Can you express preferences as to where to go?
Say you prefer to go to the following places:
1. Meer **2.** Schwarzwald **3.** Alpen **4.** Bayern

Can you apologize and respond to an apology?
You interrupt a classmate. How do you apologize? What does your classmate say?

Can you ask someone to be quiet?
Give three ways of asking a classmate to be quiet.

Can you ask or say when something took place?
Ask a classmate when he or she was born and say when you were born.

Can you express amazement?
You are in Frankfurt and you are admiring the sights. Express amazement at the following things you see:
1. der Dom **2.** die Zeil **3.** der Flughafen **4.** der Kaisersaal

Can you express annoyance and disappointment?
First say you are annoyed and then say you are disappointed:
1. Du darfst nicht fotografieren. **2.** Die Klasse fährt nicht nach Berlin.

Can you say that something appears to be true?
1. Say that the bakery seems to be closed.
2. Say that it seems the emperors were very rich.

Can you say you are going someplace, then that you were at that place?
First say you are going to the following places and then say you were there:
1. Frankfurt **2.** Nordsee **3.** Kino **4.** Bäcker **5.** Post **6.** Grosseltern

Can you express confusion?
Say you are not sure about the following things:
1. was die Lehrerin gesagt hat **2.** wo du deine Freunde treffen sollst

Can you ask for and give directions?
You are sightseeing in Frankfurt. Ask directions to the following places:
1. Römer **3.** Bahnhof **5.** Apotheke
2. Paulskirche **4.** Goethehaus **6.** Sachsenhausen

Can you reproach someone?
Your friends didn't wait for you. What do you say?

WORTSCHATZ

SECTION A

an (acc) *to*
s. **auskennen** (sep) *to know about*
baden *to go swimming*
bei: bei 30 Grad Hitze *in 90-degree heat*
besprechen (i) *to discuss*
bestellen *to reserve*
dafür sein *to be for it*
darüber *about it*
diesmal *this time*
durcheinander: nicht alle durcheinander! *not all at the same time!*
s. **einigen auf** (acc) *to agree on*
gestorben: er ist 1832 gestorben *he died in 1832*
die **Hitze** *heat*
in (acc) *to*
irgendein *any*
irgendwohin *(to) anywhere*
das **Jahrhundert, -e** *century*
die **Jugendherberge, -n** *youth hostel*
keiner *no one*
die **Klassenfahrt, -en** *class trip*
lieber: mir ist lieber *I'd rather*
das **Mal:** das nächste Mal *next time*
nennen *to name*
pst! *shh!*
das **Quartier, -e** *lodging*
rumlaufen (äu) (sep) *to walk around*
schon: er hat schon ganz recht *he's really quite right;* schon gut! *that's all right*
das **Schwimmbad, ¨-er** *swimming pool*
stattfinden (sep) *to take place*
still *still, quiet*
s. **überlegen** *to think over, consider*
unterbrechen (i) *to interrupt*
der **Vorschlag, ¨-e** *suggestion*
vorschlagen (ä)(sep) *to suggest*
s. **vorstellen** (sep) *to imagine*
vorziehen (sep) *to prefer*
woandershin *(to) somewhere else*
das **Ziel, -e** *destination*
der **Zoo, -s** *zoo*

SECTION B

die **Ampel, -n** *traffic light*
die **Ansichtskarte, -n** *picture postcard*
die **Apotheke, -n** *pharmacy*
(s.) **ärgern** *to be annoyed, mad*
die **Aufnahme, -n** *picture, photo*
aussen: von aussen *from the outside*
die **Bäckerei, -en** *bakery*
die **Bank:** zur Bank gehen *to go to the bank*
s. **beeilen** *to hurry*
die **Blase, -n** *blister*
blitzen *to use a flash*
bummeln *to stroll*
die **Dampferfahrt, -en** *boat ride*
die **Drogerie, -n** *drug store*
der **Einkauf:** Einkäufe machen *to do shopping*
enttäuscht *disappointed*
erlaubt *allowed*
der **Farbfilm, -e** *color film*
die **Flüssigkeit, -en** *liquid*
fotografieren *to photograph*
der **Fotoladen, ¨** *camera store*
das **Gemälde, -** *painting*
der **Geschichtsunterricht** *history class*
geschlossen *closed*
gleich: ich bin gleich wieder da *I'll be right back*
hätte: ich hätte nicht gedacht *I wouldn't have thought*
das **Heftpflaster, -** *bandaid*
hinten: da hinten *back there*
der **Kaiser, -** *emperor*
der **Kaisersaal** *throne room*
klar: alles klar? *do you understand?*
die **Kontaktlinse, -n** *contact lens*
langsam *slowly*
los! *let's go! get going!*
der **Main** *Main River*
mitkommen (sep) *to come along*
die **Mittagspause, -n** *lunch break*
nachkommen (sep) *to follow, catch up with*
die **Neunziger, -** *90-Pf. stamp*
noch: noch zwei *two more*
offen *open*
das **Optikergeschäft, -e** *optician*
die **Post:** zur Post gehen *to go to the post office*
prunkvoll *magnificent*
pünktlich *punctual(ly)*
der **Saal, Säle** *large room, hall*
scheinen *to seem, appear*
der **Schilling, -** *shilling* (monetary unit of Austria)
s. **setzen** *to sit down*
sitzen bleiben *to remain seated*
der **Stadtpark, -s** *city park*
der **Stadtrundgang** *city tour*
s. **trennen** *to separate*
um (acc) *around*
unglaublich *unbelievable*
verboten *forbidden*
vergessen (i) *to forget*
vorausgehen (sep) *to go ahead*
vorhaben (sep) *to intend*
vorn: dort vorn *up ahead*
welche *some*
zurücklaufen (äu)(sep) *to run back*

SECTION C

besten: wie kommen wir am besten *what is the best way to get (to)*
die **Brücke, -n** *bridge*
einbiegen (sep) *to turn into*
einfach *easy, simple*
falsch *wrong*
das **Foto:** Fotos machen *to take pictures*
das **Genie, -s** *genius*
die **Haltestelle, -n** *bus or streetcar stop*
hätte: du hättest warten sollen *you should have waited*
herkommen (sep) *to come from*
hinuntergehen (sep) *to go down*
in (acc) *into, onto*
jemand *someone*
link- *left*
der **Platz, ¨-e** *plaza, square*
der **Polizist, -en** *policeman*
die **Richtung, -en** *direction*
die **Ruhe:** immer mit der Ruhe! *take it easy!*
der **Stadtplan, ¨-e** *city map*
der **Tourist, -en** *tourist*
über *over; across*
s. **verlaufen** (äu) *to get lost, to lose one's way*
zurückkommen (sep) *to come back, get back*

ZUM LESEN

Aus der deutschen Geschichte
Die Gründung° der Stadt Frankfurt

Die deutsche Geschichte fängt wohl mit den Germanen an. Die Germanen waren eine Vielzahl von Völkergruppen°. Aus diesen Völkergruppen sind die germanischen Völker — die Deutschen, die Niederländer, die Skandinavier und die Engländer — hervorgegangen. Die ersten schriftlichen° Berichte über die Germanen sind von griechischen und römischen Schriftstellern überliefert worden. Für die Römer waren die Germanen barbarische Völker, die das weite Land nördlich der Alpen bewohnten. Unter Kaiser Augustus (31 vor Chr. — 14 nach Chr.) waren die Grenzen des römischen Reiches° in Mitteleuropa an Donau° und Rhein. Und somit waren die Römer Nachbarn der Germanen. Sie trieben Handel° mit ihnen, aber sie führten auch oft Krieg°. Über drei Jahrhunderte hatten die Römer ihre Grenzen an Rhein und Donau. Heute sieht man noch Ruinen aus dieser Zeit, wie zum Beispiel die Porta Nigra in Trier. Aber als Rom Germania auch zur Provinz machen wollte, brachen die germanischen Stämme° in das Römerreich ein. Zu dieser Zeit wurden die Germanen aus ihren Ländereien im Osten von den Hunnen verjagt°, und deshalb suchten sie fruchtbares Land in Mittel- und Südeuropa. Das führte zu den großen Völkerwanderungen°: die Wanderzüge der germanischen Völker nach Süd- und Westeuropa im 2. — 8. Jahrhundert nach Christi. Die Völkerwanderungen führten schließlich° zum Untergang° des römischen Reiches.

Die Porta Nigra in Trier

Ruine eines römischen Bades

die Gründung *founding* **eine Vielzahl von Völkergruppen** *many different peoples* **schriftlich** *written* **die Grenzen des römischen Reiches** *the borders of the Roman Empire* **die Donau** *Danube River* **Handel treiben** *to trade* **Krieg führen** *to wage war* **die germanischen Stämme** *the Germanic tribes* **sie wurden verjagt** *they were chased, driven* **die Völkerwanderungen** *migrations* **schließlich** *finally* **der Untergang** *decline*

Die deutschen Stämme waren ein Teil der Germanen. Diese deutschen Stämme sind heute noch da, lebendig und sehr deutlich erkennbar°: Franken, Schwaben (früher Alemannen), Bayern, Thüringer, Sachsen und Friesen. In der römischen Provinz Gallien, dem heutigen Frankreich, Belgien und Oberitalien, bildeten die Franken das Fränkische Reich. Das Frankenreich wurde sehr mächtig°. Unter dem Frankenkönig Karl dem Großen, Charlemagne, umfaßte es die heutigen Gebiete der Bundesrepublik Deutschland, Frankreichs, Belgiens, der Niederlande und Oberitaliens. Durch

lange, schwere Kämpfe° vereinigte° Karl alle Stämme. Er gründete Schulen, förderte° die Wissenschaften° und die Kunst, und er verbreitete° das Christentum. An Weihnachten des Jahres 800 wurde er in Rom von Papst Leo III. als Kaiser des Heiligen Römischen Reiches gekrönt.

Es gibt viele Geschichten über Karl den Großen. Eine davon erzählt von der Gründung Frankfurts: Der Frankenkönig Karl führte blutige Kriege mit den Sachsen. Die Sachsen

Kaiserkrönung Karls des Großen im Jahre 800 in Rom von Papst Leo III.

waren ein wilder, kriegerischer Stamm im Norden des Reiches. Karl wollte sie unbedingt zum Christentum bekehren°. Die Sachsen waren aber harte, mutige Kämpfer°. Einmal hatten Karl und seine Soldaten eine Schlacht° verloren und mußten vor den Sachsen fliehen. Bei Nacht und Nebel° kamen sie an den Mainfluß. Dort fanden sie aber keine Brücken und keine Schiffe. Sie wußten nicht, wie sie zum anderen Ufer° kommen sollten. Auf einmal bemerkten sie, wie ein Hirsch° durch den Fluß watete°. Der Hirsch hatte eine besonders flache Stelle im Fluß, eine Furt, gefunden. Die Franken kamen glücklich ans andere Ufer. Die Sachsen aber konnten den Übergang nicht finden. Aus Dankbarkeit gründete Karl an dieser Stelle eine Stadt und nannte sie „der Franken Furt". Bei der Gründung Frankfurts soll Karl gesagt haben: „Diese Stätte soll von

---

erkennbar *recognizable* **mächtig** *powerful* **der Kampf** *battle* **vereinigen** *to unite* **fördern** *to promote* **die Wissenschaften** *the sciences* **verbreiten** *to spread* **bekehren** *to convert* **der Kämpfer** *warrior* **die Schlacht** *battle* **bei Nacht und Nebel** *in the dead of night* **das Ufer** *shore* **der Hirsch** *deer* **waten** *to wade* jetzt an der Franken Furt heißen; dort drüben aber sollen die Sachsen hausen!" Und deshalb gibt es heute noch Frankfurt auf der einen Seite des Mains und Sachsenhausen auf der anderen.

Allmählich entwickelte sich Frankfurt zu einer wichtigen Handelsstadt. Im 13. Jahrhundert wurde die erste feste Brücke über den Main gebaut. Damals waren Brücken noch selten. Es gab auch wenige direkte Handelswege° von Norddeutschland nach Süddeutschland. So kamen viele Reisende durch Frankfurt. Die Stadt wurde Treffpunkt° für Händler und Kaufleute. Schon im Jahre 1227 wurde von einer Frankfurter Messe° berichtet. Jede Neuigkeit auf dem europäischen Markt konnte man gleich in Frankfurt finden.

Auch politisch ist Frankfurt sehr wichtig geworden. Im 12. Jahrhundert bestand° das „Heilige Römische Reich Deutscher Nation" aus vielen Fürstentümern° und Grafschaften°. Es gab keine feste° Hauptstadt und auch keine Kaiserfamilie. Daher konnten der Titel und die Krone nicht automatisch auf den ältesten Sohn überliefert werden. Wenn ein regierender Kaiser starb, so kamen die Kurfürsten, die hohen Leute von den Fürstentümern und Grafschaften, zusammen und wählten einen neuen Kaiser. Im Jahre 1152 wurde Friedrich Barbarossa in Frankfurt zum Kaiser gewählt, und seitdem ist Frankfurt die Stadt der Kaiserwahl geblieben. Sechsunddreißig Kaiser des Deutschen Reiches wurden in Frankfurt gewählt und seit 1562 auch im Kaiserdom gekrönt. Frankfurt war damit Mittelpunkt des Reiches geworden.

Im Kaiseraal

---

die Handelswege *trade routes* **der Treffpunkt** *meeting place* **die Messe** *(trade) fair* **bestand aus** *was made up of*
das Fürstentum *principality* **die Grafschaft** *earldom* **fest** *permanent*

LESEHILFE
The Genitive Case

In this reading selection you will find a number of forms that indicate an *of*-relationship between two nouns: **die Grenzen des Reiches,** *the borders of the empire.* This relationship is signaled by the genitive case.

1. The genitive case and the *of*-relationship it signals may be marked by:
   —the determiner alone: die Gründung **der** Stadt
   —the determiner and the noun: die Grenzen **des** Reich**es**

2. The genitive case forms are:

Masculine	der Kaiser:	**des,** dies**es,** ein**es** Kaiser**s**
Feminine	die Stadt:	**der,** dies**er,** ein**er** Stadt
Neuter	das Reich:	**des,** dies**es,** ein**es** Reich**es**
Plural	die Soldaten:	**der,** dies**er** Soldaten

   What do you observe about the genitive determiners? What about the nouns? Which nouns have an ending? What are the endings? Why do you think they are different?

3. With proper nouns, the genitive case is indicated by an **-s** or **-es:**
   die Gründung Frankfurt**s**

Go through the reading selection and pick out all genitive noun phrases and make a list. Underline the genitive determiner and genitive **-s** or **-es.** Write the whole phrase: **die Grenzen des römischen Reiches.**

Fragen zum Inhalt

1. Wer hat zuerst von den Germanen berichtet?
2. Wo haben die Germanen gewohnt, und wer waren ihre westlichen und südlichen Nachbarn?
3. Haben sich die Römer und die Germanen gut verstanden?
4. Was hat zum Untergang des römischen Reiches geführt?
5. Wo bildeten die Franken ihr Reich, und wer war ihr König?
6. Warum wurde dieser Frankenkönig so berühmt?
7. Welche Stadt ist mit dem Namen Karls des Großen eng verbunden?
8. Welche Geschichte erzählt man sich von Karl dem Großen und den Sachsen?
9. Warum hat sich Frankfurt zu einer großen Handelsstadt entwickelt?
10. Welche politische Bedeutung hatte Frankfurt im „Heiligen Römischen Reich Deutscher Nation"?

Klassenprojekt

Such dir eines der folgenden drei Themen aus, sammle Information und berichte darüber in der Klasse!

1. Der Limes, die Grenze zwischen Römern und Germanen
2. Die Völkerwanderungen im 4. bis zum 8. Jahrhundert
3. Karl der Große, erster Kaiser des Heiligen Römischen Reiches Deutscher Nation

KAPITEL **10**

Ein besonderer Tag: Omas Geburtstag

Going to a play, a concert, or an opera or going to a nice restaurant is something special. This is especially true if it marks an occasion to celebrate—a birthday, an anniversary, or another important family event.

In this unit you will:

ERSTER KONTAKT	get acquainted with the topic
SECTION A	discuss how to celebrate a special occasion; express wishes
SECTION B	ask about someone's wishes
SECTION C	make choices, recommend dishes, and order in a restaurant; propose a toast
TRY YOUR SKILLS	use what you've learned
ZUM LESEN	read for practice and pleasure

ERSTER KONTAKT — getting acquainted with the topic

Welche kulturellen Veranstaltungen besuchen viele Jugendliche allein oder mit Freunden oder den Eltern? Welche Restaurants besuchen sie, wenn sie gut essen wollen?

Theater im Bürgerhaus

Wie kommt man zum Bürgerhaus Garching b. München?

— mit der U 6 bis Studentenstadt
— mit dem Bus 290, 691, 292, ab Studentenplatz bis Maibaumplatz (alle 20 Minuten)
— mit dem Bus 82 ab Kieferngarten (fährt nur stündlich)
— mit dem Bus 292 von Oberschleißheim
— mit dem Auto: A 9 + A 99 bis Ausfahrt Garching-Süd und auf der B 11

EINTRITTSPREISE:

Theater / Kammermusik:		Musiktheater:	
1. Platz	DM 18,—	1. Platz	DM 26,—
2. Platz	DM 12,—	2. Platz	DM 18,—
3. Platz	DM 9,50	3. Platz	DM 13,—

Schüler und Studenten: DM 8,50 auf allen Plätzen 10 Minuten vor Beginn der Veranstaltung.

Was kann man im Bürgerhaus sehen?

— Theaterveranstaltungen
— Musikveranstaltungen
— Literatur
— Bayerische Abende
— Jugendveranstaltungen
— Kindertheater
— Tanzabende und Tanzturniere
— Kunstausstellungen

THEATER- und MUSIKTHEATER
Programm 2. Halbjahr

Mittwoch, 21. September
Beginn: 20.00 Uhr – (DM 26,–, 18,–, 13,–)
Der Vogelhändler
Operette in 3 Akten von Karl Zeller
Benno Kusche, Städt, Sinfonieorchester Györ, Solotanzpaare der Staatsoper Constanza

Samstag, 1. Oktober
Beginn: 20.00 Uhr – (DM 18,–, 12,–, 9,50)
PREMIERE – Mein Freund Harvey
Boulevard-Komödie von Mary Chase
Regie: Harald Leipnitz mit Thomas Fritsch, Hannelore Cremer u.a.

Mittwoch, 12. Oktober
Beginn: 20.00 Uhr – (DM 18,–, 12,–, 9,50)
PREMIERE – Nächstes Jahr, gleiche Zeit
Komödie von Vernard Slade
Regie: Horst Sachtleben mit Klausjürgen Wussow, Liane Hielscher u.a.

Dienstag, 6. Dezember
Beginn: 20.00 Uhr – (DM 26,–, 18,–, 23,–)
Ein Maskenball
Oper in 3 Akten von Guiseppe Verdi
Musikalische Einstudierung: Jajos Vasady-Balogh, Inszenierung: Marta Lantieri

Fragen
1. Wo ist das Bürgerhaus? — Wie kommt man dorthin?
2. Was kann man dort alles sehen?
3. Was ist *Der Vogelhändler?*
4. Welche Verdi Oper wird gezeigt?
5. Wann fangen die Vorstellungen gewöhnlich an?
6. Wie teuer ist der Eintritt? — Was zahlen Schüler?

Restaurants — Deutsch

Bacchus' Ruh
gutb. Küche, gepfl. Getränke
Clubraum f. 40 Pers.
tägl. 10-23 Uhr (Di. Ruhetag)

California
Fisch- und Fleischspezialitäten,
Mittagstisch

Forsthaus »Rote Schleuse«
Inh. Esther u. Peter Schilde
Restaurant — Café
Ausflugslokal
Räume (30-100 Pers.) für Feiern.

Sudpfanne
Steaks — gutbürgerliche Küche
durchgehend. Tageskarte (u. 20
versch. Gerichte für 9,80 DM)

Zum Alten Brauhaus
Deftige deutsche Küche
Mittagstisch

Zum Fuchsbau
Gutbürgerliche Küche
16.00-1.00 Uhr
Mittwoch Ruhetag

Zum Grapengießer
Restaurant und Bowling
Inhaber: Gerd Simon

Zur Krone
Gaststätte
Gutbürgerliche Küche
Mo.-Sa. ab 16.00 Uhr,
So. auf Bestellung

Zum Pfannkuchen
Pfannkuchenspezialitäten und
herzhafte Bratkartoffelgerichte

Steakhäuser

Steakhouse Texas
Steaks und Salate
wie man sie original kennt.

Vegetarisch

Legumes
Die vegetarische Alternative

Restaurants — International

Chinesisch

Altenbrückertor
original chinesische Küche
fernöstliches Interieur

Dänisch

Det Danske Hus
Vom kleinen **Café** bis zum
H.C. Andersen-Restaurant

Italienisch

Vesuvio
Holzofenpizzeria
Heiligengeiststraße 42

Thailändisch

Ayuthaya
original thailändische Spezialitäten

Griechisch

Sirtaki
Cafe - Restaurant
Essen und Wein in der Atmosphäre
einer griechischen Insel

CHINA-RESTAURANT
und Hotel
klassische, original chinesische Küche
in fernöstlicher Atmosphäre

Fragen

1. Du möchtest am Mittwoch im Fuchsbau essen. Geht das?
2. Du hast Appetit auf einem Steak. In welches Restaurant gehst du?
3. Kann man in der Krone zu Mittag essen?
4. Wo kann man eine gute Pizza essen?
5. Was gibt es bei Sirtaki?
6. Du darfst kein Fleisch essen. In welches Restaurant gehst du dann?

Persönliche Fragen

1. In welches deutsche Lokal würdest du am liebsten gehen? Warum?
2. In welches internationale Restaurant würdest du gern gehen? Warum?

discussing how to celebrate a special occasion; expressing wishes

Die runden Geburtstage von Grosseltern sind Anlässe für besonders schöne Familienfeiern. Die ganze Familie kommt zusammen. Man führt die Jubilare aus: in die Oper oder in ein Konzert, und man reserviert einen Tisch in einem schönen Speiselokal. — Was macht deine Familie an besonderen Tagen?

A1 Was machen wir zu Omas Geburtstag? 

Familienrat bei den Neumanns. Oma Neumann, Herrn Neumanns Mutter, hat nächsten Samstag ihren 80. Geburtstag. Wie können die Neumanns Omas Geburtstag am besten feiern?

HERR N. Ja, wie sollen wir Omas grossen Geburtstag feiern? Habt ihr euch was überlegt?

MARTIN Ich würde gern mal zwei, drei Tage irgendwohin fahren — und ich glaube, die Oma auch.

EVA Das stimmt! Sie erzählt oft von den schönen Ausflügen mit dem Opa — zum Stocherkahnrennen[1] in Tübingen, zu irgendeinem Weinfest am Rhein . . .

FRAU N. Du, das ist jetzt zu anstrengend für die Oma. Sie fühlt sich zur Zeit nicht sehr wohl, sie hat's wieder mit dem Kreislauf.

MARTIN Ja, wir haben wieder Föhn[2]! — Und das Wetter soll zum Wochenende schlecht werden, in ganz Süddeutschland.

Martin und Eva sitzen beisammen und beraten, wie sie Omas 80. Geburtstag am besten feiern können

HERR N. Dann hat es keinen Sinn wegzufahren. — Ich bin dafür, dass wir hier etwas unternehmen, ins Theater gehen oder in ein Konzert.

FRAU N. Du hast recht. Und jetzt ist gerade so viel los.

EVA Ich habe gelesen, der Hermann Prey singt Lieder von Schumann und Strauss — und die Oma liebt doch den Prey!

---

[1]The **Stocherkahnrennen** is an annual event in the university town of Tübingen. Students compete in this boating race on the Neckar river.

[2]The **Föhn** is a warm, dry wind blowing across the Alps into southern Germany. Many people claim to be affected by this wind, complaining of headaches and other discomforts.

HERR N. Der Liederabend ist bestimmt schon ausverkauft. Aber wir können ja mal anrufen. Vielleicht gibt's noch Karten.

FRAU N. Die Oma möchte auch mal wieder eine Oper sehen oder in eine Operette gehen. Das hat sie mir erst vor kurzem gesagt.

MARTIN Ich schau' mal ins Programmheft. Vielleicht finden wir etwas, was uns allen gefällt.

FRAU N. Lass mich auch mal reinschauen, Martin!

HERR N. Ich schlage vor, dass wir uns am Freitag abend etwas anhören oder ansehen und dass wir am Samstag abend mit der Oma zum Essen gehen. Dann können wir am Sonntag ihre Freundinnen zum Geburtstagskaffee einladen.

FRAU N. Das klingt ganz vernünftig!

HERR N. Was gibt's denn am Freitag abend in der Oper?

MARTIN Wagner, *Die Meistersinger.*

FRAU N. Das ist nichts für eine alte Dame. Schön, ja, aber die Vorstellung dauert zu lange. Fünf Stunden sitzen, das ist zu viel.

MARTIN Im Gärtnertheater gibt's *Die Fledermaus*! Das ist doch was für die Oma.

EVA Das ist ihre Lieblingsoperette!

HERR N. Prima! Die schauen wir uns an. Ich hab' schon lange keine Operette mehr gesehen.

A2 Übung • Was passt zusammen?

1. Die Oma Neumann hat diese Woche
2. Die Neumanns überlegen sich,
3. Die Oma erzählt oft von Ausflügen,
4. Eine Reise ist jetzt zu anstrengend,
5. Die Oma hat's mit dem Kreislauf,
6. Die Neumanns wollen lieber
7. Der Liederabend mit Hermann Prey
8. Im Programmheft steht bestimmt etwas,
9. In der Oper gibt es
10. Aber im Gärtnertheater gibt es

a. denn die Oma fühlt sich nicht so wohl.
b. denn zur Zeit ist wieder Föhn.
c. die sie mit dem Opa gemacht hat.
d. eine Operette, *Die Fledermaus.*
e. etwas zu Hause unternehmen.
f. Freitag abend *Die Meistersinger.*
g. ihren achtzigsten Geburtstag.
h. ist sicher schon ausverkauft.
i. was die Neumanns sehen können.
j. wie sie diesen Tag feiern können.

A3 Übung • Hast du dir das gemerkt?

1. Der Martin möchte wegfahren. Wie sagt er das?
2. Herr Neumann meint, sie sollen zu Hause etwas unternehmen. Was sagt er?
3. Was hat die Oma der Frau Neumann erst vor kurzem gesagt?
4. Wie sagt Frau Neumann, dass die Oma sich nicht wohlfühlt?
5. Herr Neumann sagt dann, was sie mit der Oma am Wochenende machen sollen. Wie sagt er das? — Ist Frau Neumann einverstanden? Was sagt sie?

A4 Ein wenig Landeskunde 

Oper, Operette, Konzert, Mozart, Lehár, Wagner — das sind Begriffe und Namen, mit denen deutsche Kinder aufwachsen. Sie hören die Melodien dieser Komponisten im Radio und im Fernsehen, im Musikunterricht in der Schule und auf Platten und Kassetten zu Hause.

Es ist in Deutschland für Schüler auch leichter, kulturelle Veranstaltungen zu besuchen. Nicht nur Grossstädte, sondern auch kleinere Städte, haben Theater und Konzerthallen, und es gibt oft Schülervorstellungen, um jungen Leuten die kulturelle Welt näherzubringen. Ausserdem bieten alle Theater den Schülern und Studenten Karten zu verbilligten Preisen an, um ihnen Theaterbesuche zu ermöglichen.

A5 ZUM LESEN

Auszüge aus dem offiziellen Monatsprogramm

NATIONALTHEATER

(Bayerische Staatsoper) Max-Joseph-Platz
K 12-S-Bahn: Marienplatz; U-Bahn 3, 5 u. 6: Odeonspl.;
Tram: 19, 27, 29; Bus: 52, 55.
Vorverkauf: Maximilianstr. 11 Tel. 22 13 16.
Kasse: Mo — Fr 10–12.30 u. 15.30–17.30,
Sa: 10–12.30 Uhr, So u. Fei geschl.

Abendkasse jeweils 1 Std. vor Vorstellungsbeginn

Do. 14. 5.	**Der Rosenkavalier** von R. Strauss	18.00
Fr. 15. 5.	**Die Meistersinger von Nürnberg** v. R. Wagner	17.00
Sa. 16. 5.	**Don Giovanni** v. Mozart (in ital. Sprache)	19.00
So. 17. 5.	**Ballett-Matinee** **Der Nussknacker** von Tschaikowsky	14.00
So. 17. 5.	**Aïda** von G. Verdi	17.30

STAATSTHEATER AM GÄRTNERPLATZ

Gärtnerplatz 3, Telefon 2 01 67 67

U-Bahn 1, 8: Fraunhoferstr.; Tram: 18, 20; Bus: 52, 56

Mo mit Fr 10–12.30 u. 15.30–17.30, Sa 10–12.30 Uhr
So u. Fei geschlossen.
Vorverkauf: ab Sa für Folgewochen Mi — Di
Abendkasse jeweils 1 Std. vor Vorstellungsbeginn

Do. 14. 5.	**Der Zigeunerbaron** von J. Strauss	19.30
Fr. 15. 5.	**Die Fledermaus** von J. Strauss	19.30
Sa. 16. 5.	**Kiss Me, Kate** von C. Porter	19.00
So. 17. 5.	**Die lustige Witwe** von Lehár	19.30

SCHAUSPIELHAUS
erbaut 1900
von Max Littmann und
Richard Riemerschmid

MÜNCHNER KAMMERSPIELE-SCHAUSPIELHAUS

Maximilianstrasse 26

Tram: 19, 27, 29

Do. 14. 5.	**Die Heimkehr** von Harold Pinter	20.00
Fr. 15. 5.	**Don Karlos** von Schiller	19.30
Sa. 16. 5.	**Troilus und Cressida** von Shakespeare	18.00
So. 17. 5.	**Torquato Tasso** von Goethe	19.00

GASTEIG KULTURZENTRUM

Rosenheimerstr. 5, Tel. 41 81-0

S-Bahn: Rosenheimer Platz; Tram: 18; Bus: 51
Vorverkauf Mo — Fr 10.30–14 u. 15.30–18 Uhr
sowie jeweils 1 St. vor Vorstellungsbeginn

Do. 14. 5.	**Orchesterkonzert der Salzburger Musici** Mozart, Haydn, Bartók	19.30
Fr. 15. 5.	**Festkonzert: Missa da Requiem** v. Verdi	20.00
Sa. 16. 5.	**The Israel Baroque Players** Bach, Telemann, Vivaldi	19.30
So. 17. 5.	**Die Münchner Kammersolisten** Haydn, Schubert	19.30

A6 Übung • Was gibt's an diesem Wochenende?

Schau dir die Auszüge aus dem offiziellen Monatsprogramm an und beantworte diese Fragen!

1. Was gibt es dieses Wochenende im Nationaltheater?
2. Was zeigt das Staatstheater am Gärtnerplatz?
3. Was für Schauspiele kann man dieses Wochenende im Schauspielhaus sehen?
4. Was für Konzerte kann man im Gasteig Kulturzentrum hören?

A 7 Übung • Projekt

Jeder von euch sucht sich ein Thema (Oper, Operette, Schauspiel, Konzert) aus dem offiziellen Monatsprogramm auf Seite 346 und 347 aus und berichtet darüber in der Klasse.

A 8 WIE SAGT MAN DAS?
Expressing wishes

Ich möchte wirklich mal wieder wegfahren.	*I'd really like to take a trip again.*
Ich würde gern mal in die Oper gehen.	*I'd like to go to the opera sometime.*

A 9 Übung • Der Martin hat viel vor

Der Martin sagt dir, was er alles tun möchte.

MARTIN Ich möchte mal wieder wegfahren.
DU Eine prima Idee! Darf ich mitkommen?
MARTIN Na klar!

Was?

in die Oper/Operette gehen
zum Essen gehen
einen Ausflug machen
ein Schauspiel/Ballett sehen
an den Rhein fahren
wegfahren
in ein Konzert/ins Theater gehen
eine Tour machen

Stocherkahnrennen in Ulm

A 10 ERKLÄRUNG
The würde*-Forms*

1. The **würde**-forms together with the infinitive of another verb and an appropriate adverb can be used to express a wish.

Ich **würde** gern mal in die Oper **gehen.**
I'd like to go to the opera.

2. The **würde**-forms are as follows:

ich **würde**	wir **würden**
du **würdest**	ihr **würdet**
er, sie, es man **würde**	sie, Sie **würden**

A 11 Übung • Wohin?

Sag, was alle gern sehen möchten.

Die Oma würde gern mal *Die Fledermaus* sehen. Sie sieht Operetten gern, besonders Operetten von Strauss.

Die Fledermaus von Johann Strauss	**Die Meistersinger** von Richard Wagner	**Don Giovanni** von Wolfgang A. Mozart	**Don Karlos** von Friedrich v. Schiller
1. die Oma	2. die Neumanns	3. ich	4. Martin
Der Nussknacker von Tschaikowsky	**Die Heimkehr** von Harold Pinter		
5. wir	6. ich		
Die lustige Witwe von Franz v. Lehár	**Missa da Requiem** von Giuseppe Verdi		
7. wir	8. Frau Neumann		

A 12 Übung • Was würdest du gern tun?

Sag, welche Oper, Operette oder welches Schauspiel du gern mal sehen würdest!

A: Welche (Oper) würdest du gern mal sehen?
B: Ich würde gern mal den *Zigeunerbaron* sehen.
A: Toll! Ich ruf' mal an und bestelle Karten.
B: Gut, tu das!
A: Von wem ist *Der Zigeunerbaron?*
B: Von Johann Strauss.

die Oper	die Operette	das Schauspiel
	das Ballett	
den Rosenkavalier		die Fledermaus
Don Karlos	die Heimkehr	Don Giovanni
den Nussknacker		den Zigeunerbaron
J. Strauss	*Mozart*	*Schiller*
Pinter	*Tschaikowsky*	*R. Strauss*

A 13 Übung • Und du? Wie steht's mit dir?

1. Welche Oper würdest du gern mal sehen?
2. Und deine Eltern? Was glaubst du, welche Oper sie gern mal hören würden?
3. Welche Operette würdest du gern mal sehen?
4. Und deine Freunde? Welche Operette würden sie gern mal sehen?
5. Welches Schauspiel würdest du gern mal sehen?
6. Welches Konzert würdest du gern hören?
7. Welches Ballett würdest du gern sehen?

A 14 Übung • Eine ganz besondere Woche

An jedem Tag in dieser Woche hast du etwas anderes gesehen oder gehört. Schau in den Auszug des Monatsprogramms und sag, wo du am 14., 15., 16. und 17. Mai warst, was du gesehen oder gehört hast und wie dir die Vorstellung gefallen hat!

A 15 Übung • Vorschläge machen

Wieviel Sätze kannst du machen?

Ich schlage vor, dass . . . [oder] Wir sind dafür, dass . . .

du	uns	ein Schauspiel	ansehen
er	euch	den *Zigeunerbaron*	anseht
wir	dir	eine Oper	ansiehst
ihr	sich	eine Operette	ansieht
Sie		*Don Giovanni*	
		ein Ballett	

A 16 Übung • Was schlägst du vor? 

Sag, was du dieses Wochenende tun möchtest! Schau dabei in den Auszug des offiziellen Monatsprogramms oder in das Programm von eurer Stadtzeitung!

A: Was möchtest du dieses Wochenende tun?
B: Ich schlage vor, [oder: ich bin dafür,] dass wir in ein Konzert gehen.
A: Was möchtest du gern hören?
B: Das ist mir gleich. [oder] Ich würde gern mal die Münchner Kammersolisten hören.
A: Wie wär's mit . . . ? [oder] Prima! Ich auch. Also, gehen wir!

in ein Konzert gehen **in die Oper gehen**
s. eine Operette ansehen
s. ein Schauspiel ansehen
s. ein Ballett ansehen

Der Zigeunerbaron
Kiss Me, Kate *Don Karlos*
Der Rosenkavalier *Der Nussknacker*

A 17 Übung • Und du? Wie ist das mit dir?

Du würdest gern mal dieses Wochenende mit deinem Freund oder deiner Freundin ausgehen. Du schlägst etwas vor, und dein Freund oder deine Freundin stimmt dir zu oder würde lieber etwas anderes sehen oder hören.

A18 Schreibübung

Familiendiskussion bei den Müllers (Herr Müller, Frau Müller, Sohn Eric und Tochter Beate). Sie wollen dieses Wochenende ausgehen. Sie schauen ins Monatsprogramm und diskutieren darüber, was sie sich alles ansehen können. Jeder macht einen anderen Vorschlag, aber dann einigen sie sich. — Schreib jetzt, in Dialogform, was alle sagen und wie sie sich einigen!

A19 EVA KAUFT KARTEN

Der Liederabend mit Hermann Prey ist total ausverkauft. Die Neumanns haben beschlossen, mit der Oma in eine Operette zu gehen. Eva soll die Karten kaufen.

EVA Gibt's noch Karten für *Die Fledermaus* am Freitag abend?

KASSE Ja, es gibt noch ein paar Plätze. Wo möchten Sie denn sitzen? Im zweiten Rang in der Mitte hab' ich noch einige Karten.

EVA Was kosten die?

KASSE Vierunddreissig Mark.

EVA Hm, und im dritten Rang?

KASSE Da gibt's auch noch etwas, aber nur auf der Seite. Da können Sie aber nicht die ganze Bühne sehen. — Wieviel Karten brauchen Sie denn?

EVA Fünf.

KASSE Ich hab' auch noch Karten im Parkett. Die sind halt teurer. Zweiundfünfzig Mark die Karte.

EVA Ach, ich nehme dann lieber fünf im zweiten Rang, Mitte.

KASSE Das macht dann hundertsiebzig Mark.

EVA *(reicht ihr zwei Hundertmarkscheine)*

KASSE Und dreissig Mark zurück. Vielen Dank!

EVA Bitte!

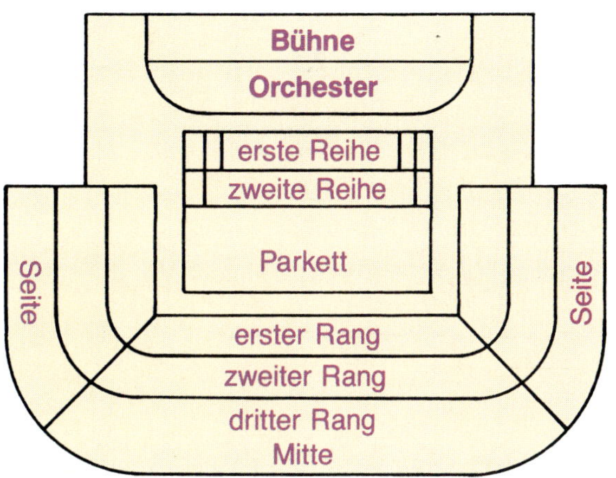

Preise für die Vorstellungen

Parkett	Reihe 1—16	DM 64,00
	Reihe 17—36	DM 52,00
1. Rang	Mitte 1—8	DM 54,00
	Seite 1—8	DM 42,00
2. Rang	Mitte 1—6	DM 34,00
	Seite 1—6	DM 22,00
3. Rang	Mitte 1—4	DM 22,00
	Seite 1—4	DM 18,00

A20 Übung • Und du? Wie ist das mit dir?

1. Wo sind die besten Plätze im Theater?
2. Wo sitzt du am liebsten, wenn du ins Theater, Konzert oder Kino gehst?
3. Warum sitzt du nicht im Parkett in der ersten Reihe?
4. Wo sind die billigsten Plätze im Theater?
5. Warum sitzt man nicht gern auf der Seite?

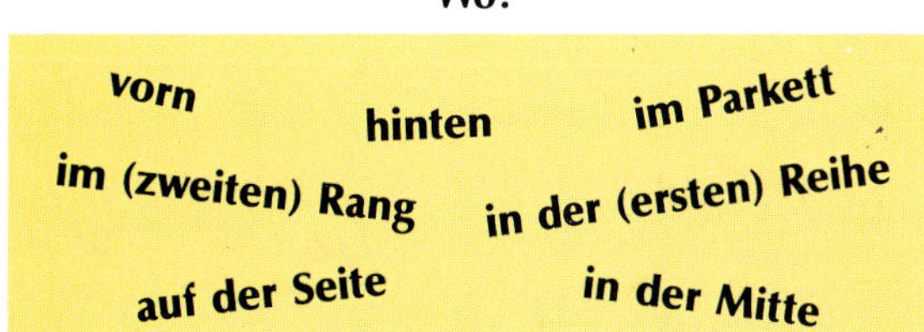

A 21 Übung • Wo würdest du gern mal sitzen? 

Du würdest gern mal im Parkett sitzen, aber die Karten sind zu teuer.

A: Ich würde gern mal im Parkett sitzen.
B: Ich auch. Aber die Plätze sind viel zu teuer für mich.
A: Was kostet denn eine Karte im Parkett?
B: Vierundsechzig Mark.
A: Du, dann sitz' ich lieber im zweiten Rang.

A 22 Übung • An der Theaterkasse 

Du bist an der Theaterkasse und kaufst Karten.

A: Haben Sie noch Karten für (den *Rosenkavalier*)?
B: Ja, wir haben noch einige Plätze.
A: Was kosten die Plätze (im zweiten Rang)?
B: Mitte oder Seite?
A: Auf der Seite.
B: Zweiter Rang, Seite: zweiundzwanzig Mark.
A: Gut! Dann nehme ich zwei Karten.

Vorstellungen

Der Rosenkavalier
Die Fledermaus
Don Giovanni
Der Zigeunerbaron
Kiss Me, Kate
Die Meistersinger
Der Nussknacker

A 23 Übung • Rollenspiel

Bildet kleine Gruppen! Einer von euch übernimmt die Rolle der Person an der Theaterkasse, die anderen zwei oder drei von euch sind die Theaterbesucher. Jeder Theaterbesucher sucht sich im Monatsprogramm etwas aus, was er gern sehen möchte, und kauft sich eine Karte.

A 24 Übung • Hör gut zu! 

Wohin gehen diese Leute?

	1	2	3	4	5	6	7	8	9	10
in die Oper										
in die Operette										
ins Theater										
ins Konzert										

A 25 Schreibübung • Mein Wochenende

Du warst letzte Woche kein Kulturmuffel: du hast dir eine Vorstellung angesehen, die du im Monatsprogramm (Seite 346 und 347) gefunden hast. Schreib einen Bericht darüber! Er soll folgende Punkte enthalten: **1.** Wann warst du weg? **2.** Was hast du dir angesehen? **3.** Wo war die Vorstellung? **4.** Mit wem bist du dorthin gegangen? **5.** Wie bist du dorthin gekommen? **6.** Wann hast du die Karten gekauft? **7.** Wie teuer waren die Karten? **8.** Wo hast du gesessen? **9.** Wie hat dir die Vorstellung gefallen? **10.** Wie waren die Schauspieler/Sänger?

SECTION
B asking about someone's wishes

Viele Leute gehen gern aus zum Essen. Sie haben oft ein bestimmtes Lokal, wo sie Freunde und Bekannte treffen. Gutes Essen ist wichtig, aber es ist auch wichtig, dass man gemütlich beisammensitzt und sich mit Freunden unterhalten kann.

B1 Der Martin lädt die Oma ein

Martin fragt seine Grossmutter, in welchem Restaurant sie am Samstag ihren Geburtstag feiern möchte.

MARTIN Du, Omi, ich soll dich fragen, in welches Lokal wir mit dir zu deinem Geburtstag gehen sollen.

OMA Ach, Martin, das ist mir egal. Das soll dein Papa oder deine Mama entscheiden.

MARTIN Omi, es soll doch was Besonderes sein. Es ist doch dein Achtzigster. Möchtest du vielleicht mal chinesisch essen?

OMA Ich? Chinesisch? Ich kann doch nicht mit Stäbchen essen. Das lern' ich nicht mehr.

MARTIN Brauchst du nicht! Die geben dir auch ein Besteck.

OMA Ich ess' lieber in einem bayrischen Lokal. Da weiss ich, was ich bekomme.

MARTIN Das tun wir ja öfters mit dir. Omi, wie wär's denn mit einem griechischen Lokal? Du isst doch griechischen Salat so gern!

OMA Ja, aber keine Oliven!

MARTIN Oder würdest du gern mal in ein französisches Restaurant gehen?

OMA Das ist viel zu fein für mich. Und zu teuer für die Eltern.

MARTIN Du, Omi, hier hab' ich einen Werbeprospekt von einigen Lokalen. Den schauen wir uns jetzt mal an. Und du suchst dir ein nettes Restaurant aus, wo wir feiern können.

OMA Warum habt ihr es denn so eilig? Mein Geburtstag ist doch erst am Samstag.

MARTIN Ja, aber wir müssen anrufen und einen Tisch bestellen.

OMA Ach so!

B 2 Übung • Martin und die Oma

Martin lädt seine Oma ein. Welche Vorschläge macht Martin, und welche Ausreden hat die Oma für jeden Vorschlag?

B 3 ZUM LESEN • Speiserestaurants in der Innenstadt 

China-Restaurant **MANDARIN** Warme Küche v. 11.30 — 15.00 u. 18 — 23.00 **Tel. 268173**	Steaks zart & saftig **LA CABAÑA** südamerikanische Spezialitäten **Tel 220001**
ILE DE FRANCE *Bistro-Restaurant* Geöffnet Mo u. Sa 18 — 1 Uhr, Di — Fr 12 — 14.30 u. 18.00 — 1 Uhr So Ruhetag **Tel 1346673**	**PATRAS** die feinste Küche, wie in Griechenland **Tel 659301**
Altmünchner Speiserestaurant **ZUM BÖGNER** tägl. ab 9 Uhr durchgehend warme Küche **Tel 226750**	**LA BUSSOLA** Italienisches Restaurant für Feinschmecker **Tel 253870**
Restaurant **CHESA-RÜEGG** International im Schweizer Stil geöffnet ausser Samstag, Sonn- und Feiertagen **Tel 297114**	**DATSCHA** Russisches Restaurant mit Garten Kein Ruhetag **Tel 357820**
PALENQUE Echt mexikanische Atmosphäre original mexikanische Küche **Tel 221274**	**VEGETARISCHES** *Restaurant* Mittagstisch tägl. ausser Sa 11.30 — 14.30; A la carte tägl. 18.00-23.00 **Tel 4487356**

B4 Übung • Und du? Wie steht's mit dir?

1. Du möchtest italienisch essen. Wohin gehst du in München?
2. Du möchtest mal in ein Schweizer Restaurant gehen. Wohin gehst du?
3. Wo kannst du immer warm essen?
4. Wo kannst du Samstag nicht essen?
5. In welchem Lokal kannst du schon ab 9 Uhr essen?
6. Was bietet die Palenque zum Essen an?
7. Was für Gerichte hat das La Cabaña?
8. Was für ein Restaurant ist Zum Bögner?

Wohin?

ins Mandarin, ins Ile de France, zum Bögner, ins Chesa-Rüegg, ins Patras, in die Palenque, ins Vegetarische Restaurant, ins La Bussola, ins La Cabaña, ins Datscha

B5 Übung • Wie sieht's bei dir aus?

1. Gibt es in deiner Stadt viele ausländische Restaurants? Wie heissen sie, und welche Küche haben sie?
2. Wo feierst du deinen Geburtstag am liebsten?
3. In welche Restaurants geht deine Familie ab und zu zum Essen?

B6 Übung • Was isst du am liebsten? 

Frag deinen Freund oder deine Freundin, was er/sie am liebsten isst!

A: Ich möchte mal mit dir zum Essen gehen. Was isst du denn am liebsten?
B: Am liebsten ess' ich (italienisch).
A: Na, gut. Dann gehen wir in ein (italienisches) Restaurant.
B: Prima! Ich freu' mich schon darauf.

wie?

chinesisch, französisch, deutsch, italienisch, schweizerisch/Schweizer, mexikanisch, bayrisch/Münchner, russisch, südamerikanisch, griechisch, vegetarisch

B7 Übung • Reservierung, bitte!

Ruf ein Münchner Speiserestaurant an und bestell einen Tisch für sechs Personen für Samstag mittag um 12 Uhr 30!

B8 Schreibübung • Werbesprüche

Schreib Werbesprüche wie diesen:

PALENQUE: echt mexikanische Atmosphäre — original mexikanische Küche!

1. Mandarin
2. La Cabaña
3. Ile de France
4. Patras
5. Zum Bögner
6. Chesa-Rüegg
7. Palenque
8. Datscha

B9 Übung • Was für Ausreden!

Du hast immer eine andere Ausrede. Welche passen am besten?

A: Möchtest du mal (chinesisch) essen?
B: Du, . . .

1. italienisch
2. französisch
3. griechisch
4. südamerikanisch
5. mexikanisch
6. vegetarisch
7. bayrisch
8. russisch

Ausreden

keine (Oliven) mögen   zu fein für mich sein   viel zu teuer sein
nicht mit Stäbchen essen können
(Knödel und Sauerkraut) hassen
(Gemüse) nicht gern essen
allergisch sein gegen . . .   . . . Küche nicht mögen

B10 Übung • Wie war das Essen?

Sag, wo du gegessen hast und dass die Küche ausgezeichnet war!

A: Ich hab' gestern (in der Palenque) gegessen.
B: Und wie war das Essen?
A: Einfach phantastisch!
B: Ja, die (mexikanische) Küche ist auch ausgezeichnet.

Wo?

im Mandarin
beim Bögner
im Vegetarischen Restaurant
im La Bussola
im Patras
im Chesa-Rüegg
im Datscha

B11 WIE SAGT MAN DAS?
Asking about someone's wishes

Möchtest du mal italienisch essen?	*Would you like to have Italian food for a change?*
Würdest du gern mal in ein griechisches Lokal gehen?	*Would you like to go to a Greek place?*
Wie wär's denn mit einem typisch Münchner Restaurant?	*How about a typical Munich restaurant?*

B12 Übung • Gehen wir mal italienisch essen!

Lade jemand zum Essen ein!

A: Möchtest du mal (italienisch) essen?
B: Ja, gern.
A: Du, dann gehen wir heute abend mal in ein (italienisches) Restaurant. — Kennst du eins?
B: Ja, gehen wir (ins La Bussola)!
A: Prima Idee!

wohin?

ins Patras	zum Bögner
ins Mandarin	ins Vegetarische Restaurant
in die Palenque	ins Ile de France
ins Datscha	ins La Bussola
ins La Cabaña	

B13 Übung • Was schlägst du vor?

Schlag ein Lokal vor!

A: Ich möchte mal wieder zum Essen gehen.
B: (Italienisch)?
A: Nein, nicht unbedingt.
B: Wie wär's denn mit einem (griechischen) Lokal?
A: Tolle Idee!
B: Dann gehen wir (ins Patras)!

B14 Ein wenig Landeskunde

Wenn man in Deutschland in ein Lokal geht, so geht man oft nicht nur um zu essen, sondern man trifft sich mit Freunden, man möchte nach dem Essen gemütlich zusammensitzen, diskutieren, sich amüsieren.

Viele Leute haben einen Stammtisch in ihrem Lieblingslokal, wo sie sich regelmässig mit Freunden treffen. Für Fremde ist es eine grosse Ehre, wenn sie zu einem Stammtisch eingeladen werden.

Heute gibt es in den deutschen Städten auch viele ausländische Lokale. Hier sitzen oft ausländische Touristen neben Gastarbeitern und Deutschen, denen das Essen im Ausland gut geschmeckt hat und die dasselbe Gericht jetzt in ihrer Heimatstadt versuchen wollen.

B15 Übung • Hör gut zu!

In was für ein Lokal gehen diese Leute wohl zum Essen?

1. ________ **2.** ________ **3.** ________ **4.** ________ **5.** ________ **6.** ________

B16 Lese- und Schreibübung

1. Onkel Rolf und Tante Ilse sind vor kurzem mit Martin in ein russisches Lokal zum Essen gegangen. Martin bedankt sich schriftlich.

Lieber Onkel Rolf, liebe Tante Ilse!
Vielen Dank für den schönen Abend in dem netten russischen Lokal! Jetzt weiss ich, dass die russische Küche hervorragend ist, besonders die „Zakuski". Aber ich glaube noch immer nicht, dass unser „russischer" Kellner ein echter Russe ist. Das macht aber nichts.
Viele Grüsse Martin

2. Bedank dich bei deinen Grosseltern oder bei anderen Verwandten für die Einladung in ein italienisches (französisches, bayrisches, Schweizer) Lokal!

making choices, recommending dishes, and ordering in a restaurant; proposing a toast

Wenn man im Ausland in ein Lokal geht, muss man sich an bestimmte Sitten halten. Wie bestellt man das Essen? Was sagt man, bevor man zu trinken und zu essen anfängt? — Wie ist es bei euch?

C1 Im Speiselokal

In einer gemütlichen Ecke ist ein schöner Tisch für die Familie Neumann reserviert.

KELLNER Grüss Gott, die Herrschaften! Die Speisekarten, bitte! — Möchten Sie zuerst etwas trinken?
FRAU N. Ich bekomme einen Weisswein.
HERR N. Und Mutter, du trinkst heute auch einen, ja?
OMA Na, gut!
HERR N. Für mich ein Helles.
EVA Ich nehme ein Mineralwasser, bitte.
KELLNER Und für Sie?
MARTIN Bringen Sie mir bitte einen Apfelsaft!

Der Kellner hat die Getränke gebracht

HERR N. So, Mutter, jetzt trinken wir erst mal auf dein Wohl!
FRAU N. Zum Wohl! Bleib uns noch lange gesund!
OMA Ja, zum Wohl, meine Lieben.
EVA Prost!
MARTIN Prost, Omi! Alles Gute!
OMA Prost, alle zusammen!
EVA Was soll ich essen? Was meinst du, Vati? Den Schweinsbraten?

HERR N. Der Schweinsbraten soll hier hervorragend sein. Die sollen den besten Schweinsbraten in München haben.
FRAU N. Das hab' ich auch schon mal gehört.
HERR N. Worauf hast du denn Appetit, Mutter? Auch auf den Schweinsbraten?
OMA Ich hab' mich noch nicht entschieden.
MARTIN Ich weiss nicht, ob ich die Spätzle oder den Reis bestellen soll.
OMA Ich würde die Spätzle nehmen, denn die sind hausgemacht. Das weiss ich.

Alle lesen die Speisekarte

HERR N. Herr Ober!

KELLNER Ja, komme gleich! — *(5 Minuten später)* Sie möchten bestellen?

HERR N. Ja, bitte! — So, Omi, was hättest du denn gern?

OMA Ach, bestellt ihr doch zuerst!

HERR N. Nein, das Geburtstagskind ist immer zuerst an der Reihe. Wofür hast du dich entschieden?

OMA Ich möchte gern die Forelle „blau".

KELLNER Eine Suppe oder eine Vorspeise?

OMA Die Tagessuppe, bitte.

KELLNER Eine Vorspeise?

OMA Nein, danke!

FRAU N. Ich nehme das Jägerschnitzel und die Zwiebelsuppe, bitte.

EVA Und für mich den Sauerbraten. Und eine Portion Pommes frites dazu, bitte.

KELLNER Keine Suppe?

EVA Doch, eine Tagessuppe.

MARTIN Bringen Sie mir bitte den Bismarckhering und dann den Schweinsbraten.

HERR N. Ich hätte auch gern den Schweinsbraten mit Knödel. Und noch ein Bier, bitte!

HERR N. So, Mutter, guten Appetit!

FRAU N. Mahlzeit!

ALLE Mahlzeit!

EVA Einen guten, Omi!

OMA Dir auch, meine Kleine.

HERR N. Wie schmeckt dir denn deine Forelle, Mutter?

OMA Prima! Ganz zart. — Und wie ist dein Schweinsbraten?

HERR N. Gut. Wirklich lecker. Weich und ganz saftig.

MARTIN Mein Salat ist ein bisschen bitter.

FRAU N. Wirklich? Mein Jägerschnitzel ist ganz schön scharf, aber ich mag es gut gewürzt.

Neumanns fangen an zu essen. Wie schmeckt es allen?

C2 Übung • Was past zusammen?

1. Der Kellner begrüsst die Neumanns mit
2. Die Neumanns bestellen zuerst
3. Dann trinken sie alle
4. Herr Neumann sagt, dass es hier
5. Der Martin weiss nicht, ob er
6. Die Oma würde die Spätzle nehmen,
7. Die Oma bestellt zuerst, denn sie
8. Der Oma schmeckt die Forelle,
9. Der Schweinsbraten ist lecker,
10. Das Jägerschnitzel ist gut, aber

a. auf Omas Wohl.
b. den besten Schweinsbraten gibt.
c. denn die sind hausgemacht.
d. denn sie ist ganz zart.
e. etwas zum Trinken.
f. ganz schön scharf.
g. „Grüss Gott, die Herrschaften!"
h. ist das Geburtstagskind.
i. Reis oder Spätzle bestellen soll.
j. weich und saftig.

C3 Übung • Was hast du dir gemerkt?

1. Wie begrüsst der Kellner die Neumanns?
2. Wie bestellen Neumanns die Getränke? Was sagen sie?
3. Die Neumanns trinken auf Omas Wohl. Was sagen sie?
4. Dann sprechen sie über die Gerichte. Was sagt Herr Neumann über den Schweinsbraten?
5. Glaubt Frau Neumann das auch?
6. Was weiss Martin nicht?
7. Was rät ihm seine Oma?
8. Jeder bestellt sein eigenes Gericht beim Kellner, aber jeder sagt etwas anderes. Was sagt jeder?
9. Was sagen die Neumanns, bevor sie mit dem Essen anfangen?
10. Ist jedes Gericht so, wie es sein soll?

C4 Ein wenig Landeskunde

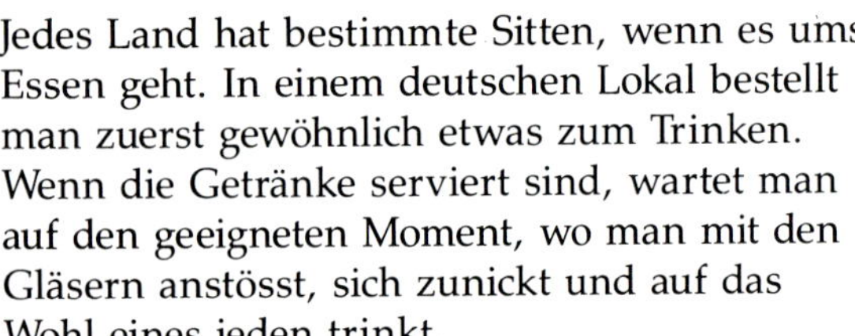

Jedes Land hat bestimmte Sitten, wenn es ums Essen geht. In einem deutschen Lokal bestellt man zuerst gewöhnlich etwas zum Trinken. Wenn die Getränke serviert sind, wartet man auf den geeigneten Moment, wo man mit den Gläsern anstösst, sich zunickt und auf das Wohl eines jeden trinkt.

In einfacheren Lokalen kommt es auch oft vor, dass die Gerichte nicht zur gleichen Zeit serviert werden. Wer sein Essen zuerst bekommt, der wartet gewöhnlich, bis ihm die anderen sagen, dass er doch anfangen soll, weil das Essen sonst kalt wird. Man lässt ihn aber nicht anfangen zu essen, bevor man ihm einen „guten Appetit" gewünscht hat.

SPEISEKARTE

SUPPEN

Tagessuppe	3,00
Nudelsuppe mit Fleisch	4,00
Allgäuer Zwiebelsuppe	4,50

VORSPEISEN

Helgoländer Krabben	9,50
Bismarckhering „Hausfrauen Art"	4,80
Italienischer Salat mit Toast	6,20

AUS EIGENER METZGEREI

Münchner Wurstsalat m. Zwiebel	6,90
2 Paar Schweinswürstl m. Kraut	7,60
Original Münchner Weisswurst: Stück	2,60

MEHL- u. EIERSPEISEN

Omelett mit Champignons	8,50
Kaiserschmarren	9,00

MENÜ 1 9,50

Suppe
2 Bratwürste mit Kraut
Fruchtsalat

MENÜ 2 12,40

Suppe
„Jägerbraten" m. Spätzle
Pudding

FLEISCHGERICHTE

Jägerschnitzel m. Spätzle u. Salat	16,80
Schweinsbraten m. Knödel u. Salat	16,20
Schnitzel „Wiener Art" m. Kartoffelsalat	17,50
Sauerbraten m. Semmelknödel u. Rotkraut	15,20
Zigeunerschnitzel m. Pommes frites	16,80
Rumpsteak m. Salatplatte	19,00

BEILAGEN

Portion Sauerkraut	3,00
Portion Pommes frites	3,50
Scheibe Brot	0,50

NACHSPEISEN

Frischer Apfelstrudel	5,30
Fruchtsalat „Hawaii"	4,50
Pfirsich „Melba"	3,80

GETRÄNKE

1 Tasse Kaffee	3,60
1 Kännchen Kaffee	5,80
1 Glas Tee	3,20

FISCHGERICHTE

Frische Forelle „blau"	16,90
Fischfilet gebacken	12,30

KINDER- u. SENIORENTELLER

Nudeln m. Bologneser Fleischsosse	9,80
1/4 Brathendl m. Pommes frites und Salat	10,50
Nürnberger Schweinswürstl vom Grill. Stck.	1,80

SALATE

Kartoffelsalat	4,00
Gemischter grüner Salat	4,50

ALKOHOLFREIE GETRÄNKE

Mineralwasser	1/2 l	3,50
Fruchtlimo	1/2 l	3,60
Apfelsaft	0, 2 l	2,50
Spezi	0, 4 l	3,60

ALKOHOLISCHE GETRÄNKE

Verlangen Sie bitte unsere Getränkekarte.

C6 Übung • Partnerarbeit

Such dir einen Partner! Stellt euch gegenseitig Fragen über die Speisekarte!

1. Was für ein Gericht ist (Kaiserschmarren)?
2. Was für Suppen und Vorspeisen gibt es?
3. Was für Fleisch- und Fischgerichte gibt es?
4. Was für Beilagen gibt es?
5. Was für Nachspeisen und Getränke gibt es?

C7 Übung • Gar nicht so teuer!

Du bemerkst, dass die Gerichte in diesem Lokal gar nicht so teuer sind.

A: Die Allgäuer Zwiebelsuppe ist gar nicht so teuer.
B: Nein. Nur vier Mark fünfzig.
A: Und die soll sehr gut sein!
B: Also, dann bestell' ich die.

der	die	das	die
Seniorenteller Sauerbraten Kaiserschmarren Apfelstrudel Salat Fisch	Vorspeise Forelle	Menü Fischgericht Fischfilet Schnitzel Steak Brathendl Omelett	Krabben Würstl Pommes frites

C8 Übung • Reicht das Geld?

Du lädst eine Freundin oder einen Freund zum Essen ein. Du hast aber nur 40 Mark in der Tasche. Schau auf die Speisekarte auf Seite 361! Was könnt ihr euch für 40 Mark bestellen?

C9 WIE SAGT MAN DAS?
Ordering a meal in a restaurant

Einen Apfelsaft, bitte!	*A glass of apple juice, please.*
Für mich eine Suppe, bitte.	*A bowl of soup for me, please.*
Ich möchte (gern) ein Mineralwasser.	*I'd like mineral water.*
Ich hätte gern ein Omelett.	*I'd like an omelette.*
Ich nehme eine Vorspeise.	*I'll have an appetizer.*
Kann ich das Steak haben?	*May I have the steak, please?*
Bringen Sie mir bitte den Fisch.	*You can bring me the fish, please.*
Ich bekomme einen Salat.	*I'll have a salad.*

C10 Übung • Was sagen wir?

Der Kellner nimmt die Bestellung auf. Sag, was du möchtest!

A: Was möchten Sie, bitte?
B: Eine Portion Eis.
A: Bitte sehr!
B: Danke!

ein Stück	ein Glas
eine Portion	ein Kännchen
eine Scheibe	eine Flasche

Kaffee, Kartoffelsalat, Apfelsaft, Pommes frites, Fleisch, Sauerkraut, Milch, Brot, Wurst, Tee, Salat, Käse, Wasser, Kuchen

C11 Übung • Was soll ich nehmen?

Du bist nicht sicher, was du essen möchtest. Dein Freund macht dir einen Vorschlag.

A: Ich weiss nicht, ob ich die Spätzle oder den Reis bestellen soll.
B: Ich würde die Spätzle nehmen. Die sind hier hervorragend.

Wie?

lecker	hervorragend
Klasse	saftig
gut gewürzt	ausgezeichnet
(der) beste in ganz München	

1. Nudelsuppe/Zwiebelsuppe
2. Wurstsalat/Weisswurst
3. Schweinsbraten/Jägerschnitzel
4. Sauerbraten/Rumpsteak
5. Sauerkraut/Rotkraut
6. Kartoffelsalat/grüner Salat
7. Apfelstrudel/Fruchtsalat
8. Pudding/Eis

C12 Übung • Jetzt weisst du's!

Du weisst jetzt, was du möchtest. Dein Freund sagt, dass du gut gewählt hast.

A: Ich nehme den Schweinsbraten.
B: Da hast du gut gewählt. Die haben hier den besten Schweinsbraten in ganz München!

[oder]

A: Der Schweinsbraten soll hier hervorragend sein.
B: Na, gut! Dann nehme ich den Schweinsbraten.
A: Er schmeckt dir bestimmt.

C13 Übung • Rollenspiel 

Bildet kleine Gruppen mit je vier oder fünf Schülern! Einer von euch ist der Kellner oder die Kellnerin. Die anderen sind die Gäste. Schaut jetzt auf die Speisekarte auf Seite 361! Jeder von euch Gästen bestellt sich ein Mittagessen. Achtet dabei auf die vielen Ausdrücke, die man gebrauchen kann, wenn man etwas in einem Lokal bestellt!

KELLNER/IN Was darf's sein, bitte?
SCHÜLER 1 Ich hätte gern das Schnitzel „Wiener Art".
KELLNER/IN Eine Vorspeise zuerst?
SCHÜLER 1 Nein, danke. Keine Vorspeise, aber ich nehme eine Suppe, die Tagessuppe.
SCHÜLER 2 Bringen Sie mir bitte . . .

C14 Übung • Das Essen wird serviert 

Der Kellner ist nicht sicher, wer was bestellt hat.

KELLNER Wer bekommt das Jägerschnitzel?
GAST 1 Das ist für mich. Danke!
KELLNER Und für wen ist der Schweinsbraten?
GAST 2 Den bekomme ich.
KELLNER Bitte sehr!
GAST 2 Danke!

Mineralwasser
Schnitzel „Wiener Art"
Omelett
Kinderteller
Pommes frites
Fruchtlimo
Sauerbraten
Kaiserschmarren
Tagessuppe
Würstl
Apfelstrudel
Krabben
Kaffee
Forelle „blau"
Nachspeise

C15 Übung • Wie schmeckt's? 

Frag, wie alles schmeckt!

A: Guten Appetit!
B: Danke, dir auch!
A: Wie schmeckt der Braten?
B: Ausgezeichnet! — Und wie ist dein Fisch?
A: Der Fisch? Ich finde ihn hervorragend!

der	die	das	die
Braten	Salatsosse	Sauerkraut	Nudeln
Reis	Sosse	Rotkraut	Knödel
Salat	Forelle	Schnitzel	Spätzle
Knödel	Suppe	Steak	
Pudding			

C16 Übung • Deine Meinung 

Frag, ob alles so gut schmeckt, wie es schmecken soll!

A: Wie schmeckt der grüne Salat?
B: Der Salat? Der schmeckt gut. Vielleicht ein bisschen zu bitter.
A: Zu bitter?
B: Ja, aber das macht nichts.

zart	(zu) süss
lecker	(zu) hart/weich
fein	(zu) fett/mager
saftig	(zu) bitter
frisch	(zu) scharf
gut	(zu) stark gewürzt

C17 ERKLÄRUNG
Words That Modify Adjectives

Here is a listing of some of the more common words used to modify adjectives.

Die Suppe ist	sehr	heiss.	*very hot*
	ganz		*quite hot*
	ganz schön		*nice and hot*
	ziemlich		*rather hot*
	zu		*too hot*
	ein bisschen (zu)		*a bit (too) hot*
	viel zu		*much too hot*

C18 Übung • Hat's geschmeckt?

Sag, wie das Essen war!

A: Wie war der Salat?
B: Der Salat? — Der war (ziemlich) bitter.

1. Schnitzel/scharf
2. Steak/fett
3. Schweinsbraten/saftig
4. Nudeln/weich
5. Sauerkraut/sauer
6. Kartoffelsalat/gewürzt
7. Pudding/süss
8. Brot/hart
9. Kaffee/bitter
10. Pommes frites/fett

ziemlich
zu
viel zu
sehr
ganz schön
ein bisschen zu

C19 WIE SAGT MAN DAS?
Proposing a toast

Auf dein (euer, Ihr) Wohl!	*To your health!*
Zum Wohl!	*To your health!*
Prost!	*Cheers!*

C20 Übung • Zum Wohl!

Die folgenden Leute haben Geburtstag. Trink auf ihr Wohl! Was sagst du zu jedem?

1. deine Mutter
2. dein Lehrer
3. dein Freund Peter
4. deine Deutschlehrerin
5. deine Kusine Katja
6. deine Klassenkameraden Eva und Peter

C21 Schreibübung

Ihr arbeitet in Gruppen zu dritt: zwei Freunde und ein Kellner. Schreibt einen Dialog! Hier ist die Situation: Ein Freund hat Geburtstag. Du lädst ihn in ein Restaurant ein. Ihr bestellt Getränke. Du gratulierst und trinkst auf sein Wohl. Ihr sprecht darüber, was ihr essen wollt. Dann bestellt ihr. Der Kellner serviert das Essen (er hat vergessen, wer was bekommt!). Ihr wünscht einander einen guten Appetit. Ihr sprecht über das Essen. Dein Freund dankt dir für die Einladung.

C22 Übung • Rollenspiel

Jetzt spielt jede Gruppe ihren Dialog der Klasse vor. Benützt dabei die Speisekarte auf Seite 361! Welche Gruppe hat den besten Dialog gespielt?

C23 Leseübung

Lies die folgende Reklame und beachte dabei die Endungen der Adjektive! Was bemerkst du?

C24 ERKLÄRUNG
Unpreceded Adjectives

1. When an adjective is used before a noun and is not preceded by a determiner (**der, dieser, ein, sein,** and so on), the adjective has the same ending that a **dieser**-word would have in its place.

Dies**er** Salat ist prima!
Italienisch**er** Salat ist lecker!

Ich mag dies**en** Salat nicht.
Ich mag gemischt**en** Salat nicht.

2. When there are two or more such adjectives, they both have the same ending.

Es gibt heute gemischt**en**, grün**en** Salat.

3. Here is a review of **dieser** and a summary of the unpreceded adjective endings.

	Masculine	*Feminine*	*Neuter*	*Plural*
Nom.	dies**er** Salat grün**er**	dies**e** Forelle frisch**e**	dies**es** Eis italienisch**es**	dies**e** Getränke alkoholfrei**e**
Acc.	dies**en** Salat grün**en**	dies**e** Forelle frisch**e**	dies**es** Eis italienisch**es**	dies**e** Getränke alkoholfrei**e**
Dat.	dies**em** Salat grün**em**	dies**er** Forelle frisch**er**	dies**em** Eis italienisch**em**	dies**en** Getränk**en** alkoholfrei**en**

C25 Übung • Was isst du gern?

Du isst alles gern. Was sagst du?

A: Isst du griechischen Salat gern?
B: Und wie! Griechischer Salat schmeckt ausgezeichnet.

1. holländisch/Käse
2. frisch/Brot
3. warm/Kuchen
4. italienisch/Eis
5. polnisch/Wurst
6. frisch/Obst
7. kalt/Suppe
8. weich/Eier
9. neu/Kartoffeln

C26 Übung • Alles sieht lecker aus

Magst du das? Was sagst du?

A: Auf dem Kuchen sind frische Erdbeeren!
B: Was, Kuchen mit frischen Erdbeeren? Lecker!

1. Im Salat ist griechischer Käse.
2. Auf der Torte ist frisches Obst.
3. Auf dem Steak sind frische Pilze.
4. Zum Schnitzel gibt es grünen Salat.
5. Zum Fisch gibt es neue Kartoffeln.

C27 Übung • Wie schmeckt's?

Dein Geschmack ist international!

A: Wie schmeckt dir der Salat?
B: Ist das griechischer Salat?
A: Ja.
B: Hab' ich mir gedacht. Der schmeckt prima.

1. Salat/griechisch
2. Butter/holländisch
3. Käse/französisch
4. Trauben/kalifornisch
5. Kartoffeln/amerikanisch
6. Brot/deutsch
7. Eis/italienisch
8. Senf/bayrisch
9. Tee/russisch

C28 Übung • Im Restaurant

Sag, was du nimmst!

A: Was nimmst du?
B: Den kalten Schweinsbraten.
A: Hm! Kalter Schweinsbraten schmeckt prima.

1. den bayrischen Wurstsalat
2. die holländischen Krabben
3. die frische Forelle
4. den griechischen Salat
5. das gebackene Fischfilet
6. den frischen Apfelstrudel

C29 Leseübung • In welcher Sprache?

Lies die folgenden Bekanntmachungen!

Do 15. 5.	*Die Meistersinger* (in deutsch. Sprache)	So 17. 6.	*Boris Godunow* (in russ. Sprache)
Sa 16. 5.	*Don Giovanni* (in ital. Sprache)	Mo 2. 9.	*Carmen* (in franz. Sprache)
Di 29. 12.	*Kiss Me, Kate* (in engl. Sprache)	Mi 18. 7.	*Aïda* (in deutsch. Sprache)

C30 Übung • Hör gut zu!

Was bestellen diese Leute?

	1	2	3	4	5	6	7	8	9	10
eine Vorspeise										
ein Fleischgericht										
eine Beilage										
eine Nachspeise										

C31 Schreibübung

Du hast einen Job in einem Restaurant als Plakatschreiber. Schreib Plakate wie diese!

Beispiel: Salat/griechisch
1. Spätzle/hausgemacht
2. Fischfilet/gebacken
3. Apfelstrudel/frisch
4. Eis/italienisch
5. Zwiebelsuppe/französisch
6. Leberkäs/heiss

Beispiel: Steak/frisch/Pilze
1. Omelett/hausgemacht/Honig
2. Jägerschnitzel/gemischt/Salat
3. Schokoladenpudding/heiss/Vanillesosse
4. Schweinswürstl/bayrisch/Sauerkraut
5. Rumpsteak/gross/Salatplatte
6. Sauerbraten/hausgemacht/Spätzle

C32 Übung • Rollenspiel

Such dir einen Partner! Einer von euch ist die Oma Neumann, der andere ein Freund oder eine Freundin von ihr. Bereitet einen Dialog vor, worin die Oma ihrem Freund oder ihrer Freundin erzählt, wie sie ihren Geburtstag mit ihrer Familie gefeiert hat! Führt euren Dialog der Klasse vor!

C33 Schreibübungen

1. Schreib den Dialog auf, den ihr der Klasse vorgeführt habt!
2. Die Oma Neumann schreibt ihrer Freundin, wie sie ihren achtzigsten Geburtstag gefeiert hat.
3. Schreib, was du an deinem Geburtstag gern machen würdest!

TRY YOUR SKILLS

using what you've learned

Peter, der junge New Yorker, schreibt endlich mal einen Brief an seine Eltern in New York.

1

Ein Brief nach Hause 

Liebe Eltern!

Es tut mir leid, dass ich Euch schon lange keinen Brief geschrieben habe. Wie Ihr wisst, war ich die letzten zwei Wochen unterwegs, und ich hoffe, dass Ihr meine Ansichtskarten aus Berlin und München bekommen habt.

Nun, ein kurzer Bericht über meine Reise. Mein erstes Ziel war Berlin. Dort habe ich bei den Grafs gewohnt. Sie waren sehr nett zu mir (ich hatte sie damals nur kurz kennengelernt, als ich in Neuss ankam), und ich habe viel in Berlin gesehen — und nicht nur Sehenswürdigkeiten! Einmal war ich im Schiller-Theater und habe Don Karlos gesehen. Tolle Schauspieler! Mir hat das Spiel gut gefallen. Und einmal haben mich die Grafs ins Konzert mitgenommen. Sie haben ein Konzert-Abonnement in der Philharmonie. Stellt Euch vor, ich habe Beethovens Neunte gehört, und der Karajan hat dirigiert! Was für ein Erlebnis! Ich hätte nicht gedacht, dass mir diese Symphonie so gefallen würde.

Und fast jeden Abend waren wir aus zum Essen. Ich habe japanisch gegessen (zum ersten Mal Suschi!), und ich war mit Ali und Julian bei Hardtkes, wo es original Berliner Gerichte gibt. Ich hatte Eisbein mit Sauerkraut. Lecker!

Von Berlin bin ich nach München geflogen. Dort haben die Nedels gute Bekannte, die Hofbauers. Bei den Hofbauers war ich eine ganze Woche. Ihr Sohn, der Alex, hat mir München gezeigt. Der Alex ist Student, und mit seinem Studentenausweis hat er billige Karten bekommen. Wir waren in der Operette (Eine Nacht in Venedig), und im Münchner Volkstheater habe ich eine echt bayrische Komödie gesehen, Oper auf bayrisch. Ich habe aber leider nicht alles verstanden, weil die Schauspieler bayrisch gesprochen haben. Schade, denn das Schauspiel war furchtbar lustig!

In München bin ich mit dem Alex viel herumgelaufen. Wir sind durch viele Lokale gegangen, Hofbräuhaus, Mathäser; mir haben aber die vielen kleinen Lokale am besten gefallen, wo es auch bayrische Spezialitäten gibt: Leberkäs, Weisswurst (die soll man nur vor 12 Uhr mittags essen!). Was mir am besten geschmeckt hat, ist ein knuspriger Schweinsbraten im Bratwurstglöckle und eine gegrillte Schweinshaxe beim Haxnbauer. Die war lecker und würde Euch auch schmecken. Bestimmt!

So, jetzt muss ich aufhören. Frau Nedel hat mich gerufen, wir fahren heute abend nach Düsseldorf zum Abendessen. Eine richtige Fresstour durch Deutschland!

Viele liebe Grüsse, auch von allen Nedels

Euer

Peter

NB: Ist mein Deutsch nicht hervorragend? — Aber ich bin ehrlich: die Wiebke hat meinen Brief verbessert und getippt!

2 Übung • Wettbewerb

Bildet zwei Gruppen, A und B! Die Gruppen stellen sich abwechselnd Fragen über Peters Brief nach Hause. Für jede richtige Antwort bekommt die Gruppe einen Punkt.

3 Übung • Fragen

1. Wer hat *Don Karlos* geschrieben?
2. Wie heisst eine Symphonie von Beethoven?
3. Wie heisst ein sehr berühmter Dirigent?
4. Was ist Hardtkes? Was für Spezialitäten gibt es dort?
5. Wie kann ein Student billige Karten bekommen?
6. Welches Schauspiel hat der Peter gesehen aber nicht richtig verstanden? Warum nicht?
7. Welche bayrischen Spezialitäten hat der Peter in München gegessen? Wo bekommt man diese?

4 Übung • Und du? Wie ist das bei euch?

1. Gibt es in eurer Stadt Theater und Konzerthallen? Wie heissen sie und wo sind sie?
2. Was hast du dort schon gehört oder gesehen?
3. Welche Schauspiele hast du schon in deiner Klasse gelesen?
4. Welche Schauspiele oder Musicals hat deine Schule schon aufgeführt?
5. Hast du oder haben deine Eltern Platten oder Kassetten von Opern, Operetten, Konzerten, Musicals? — Welche?
6. Was für Restaurants gibt es bei euch, und welche Spezialitäten kann man dort bestellen?

5 Schreibübung • Ein Brief

Schreib deinem Briefpartner in Deutschland einen Brief wie Peters! Schreib, welche Sehenswürdigkeiten es in deiner Stadt gibt, in welche Theater oder Konzerte man gehen kann, was für Restaurants es gibt und welche Spezialitäten man dort bestellen kann!

6 Übung • Wohin?

Wohin? Ins Theater? Zum Essen? Mach Vorschläge!

Wie wär's mit . . .?

Würdest du gern mal . . .?

Möchtest du mal wieder . . .?

Theater	Operette	Ballett
Oper	Schauspiel	Konzert

7 Übung • Partnerarbeit

Dein Partner und du, ihr möchtet zusammen ins Theater gehen. Aber wohin? In die Oper? In die Operette? — Unterhaltet euch darüber und einigt euch auf etwas! (Was seht ihr euch an? Wann geht ihr? Wieviel gebt ihr für die Karten aus? Wie kommt ihr zum Theater?)

Städtische Bühnen Frankfurt am Main

Oper Ballett Schauspiel im Juli

8	19.30–22.45 Uhr Mo	**Aïda** von Giuseppe Verdi (in italienischer Sprache) Ballettensemble
9	20.00–22.15 Uhr Di Sonderpreise ●	**Benefiz-Vorstellung** Menschen für Menschen Hungerhilfe für Äthiopien **La Bohème** von Giacomo Puccini (in italienischer Sprache)
10	19.30–22.30 Uhr Mi Abo C u. freier Verkauf	**Der Freischütz** von Carl Maria von Weber
11	19.30–22.30 Uhr Do	**Der Zigeunerbaron** von Johann Strauß
12	19.00–23.00 Uhr Fr Abo C u. freier Verkauf	**Hoffmanns Erzählungen** von Jacques Offenbach
13	19.00–23.15 Uhr Sa Abo C u. freier Verkauf	**Der Rosenkavalier** von Richard Strauss
14	19.30–22.30 Uhr So	**Der Zigeunerbaron** von Johann Strauß

Verkehrsverbindungen
U-Bahnen: U 1, U 2, U 3, U 4 Haltestelle Theaterplatz
Straßenbahnen: 13, 14, 15, 18, 21 Haltestelle Theaterplatz

Kartenpreise
Für Vorstellungen ohne Vermerk »Premiere« oder »Sonderpreise« gelten folgende Kartenpreise:
Oper: 6,–/10,–/15,–21,–/26,–/33,– und 40,– DM
Schauspiel: 5,–/10,–/15,–/20,–/25,– und 30,– DM
Kammerspiel: 7,–/13,– und 18,– DM

Kartenvorverkauf
(jeweils 11 Tage vor dem Aufführungstag)
Vorbestellte Karten müssen bis 30 Minuten vor Beginn der Vorstellung abgeholt werden, da ansonsten anderweitig darüber verfügt wird.
Der Vorverkauf für die jeweilige Abendvorstellung endet um 16 Uhr.

Vorverkaufskasse Oper
(Untermainanlage, gegenüber Märchenbrunnen)
montags–freitags 10.00–18.00 Uhr, samstags 10.00–14.00 Uhr. Tel. 25 62-335, telefonische Bestellungen ab 12.00 Uhr

Vorverkaufskasse Schauspiel/Kammerspiel
(Theaterplatz, Schauspiel)
montags–freitags 10.00–18.00 Uhr, samstags 10.00–14.00 Uhr. Tel. 25 62-435, telefonische Bestellungen ab 12.00 Uhr

8 Übung • Internationaler Geschmack

Wohin gehen wir?

A: Ich möchte mal wieder Enchiladas essen.
B: Dann gehen wir in ein mexikanisches Restaurant.

1. Spätzle
2. Quiche Lorraine
3. Chow Mein
4. Ravioli
5. Borschtsch
6. Käsefondue
7. Schweinsbraten
8. Tacos
9. Gemüseplatte

9 Übung • Klassenprojekte

Stellt euch vor, ihr macht ein Restaurant auf!

1. Schreibt einen Reklameprospekt für euer Restaurant! (Wie heisst es? Wie kommt man dorthin? Was für eine Küche hat es?)
2. Entwerft jetzt eine Speisekarte für euer Restaurant!

10 Übung • Rollenspiel

Bildet vier Gruppen! Jede Gruppe braucht einen Kellner. Die anderen sind die Gäste.

1. Benutzt eure Speisekarte (oder die Speisekarte auf Seite 361) und bestellt beim Kellner ein komplettes Essen! Der Kellner notiert sich die Bestellung und liest noch schnell einmal vor, was jeder bestellt hat.
2. Der Kellner bringt das Essen, weiss aber nicht mehr, wer welches Gericht bestellt hat. Die Gäste helfen ihm.
3. Ihr fragt einander, wie es schmeckt.

AUSSPRACHEÜBUNGEN 

A. Sounds that are difficult to produce

Pronounce these words after your teacher or after the recording.

1. The **ich**-sound
   echt, weich, reichen, Stäbchen, chinesisch, griechisch, Griechenland, eilig, saftig, der Achtzigste
2. The sound /ü/, long and short
   Bühne, grüss Gott; dürfen, gewürzt
3. The sound /ö/, long and short
   Knödel, angehören, französisch; öfters
4. The sound /l/
   los, Lied, lassen, Lokal, Olive, Forelle, Knödel, Wohl, hell, Kellner
5. The sound /t/ in the middle of words
   bitte, bitter, Mitte, Operette
6. The sound /R/
   anhören, beraten, Preis, prost, Programm, griechisch, Grossmutter, französisch, russisch, bayrisch, vegetarisch, Rang, Reihe, reinschauen

B. Letters that have a different sound value in German

Read these words aloud or read them after the recording.

1. The letter **z** is pronounced /ts/, as in *hits.*
   kurz, ganz, Platz, Zeit, Spezialität
2. The letter **d** in final position is pronounced /t/, as in *hit.*
   gesund, anstrengend, Liederabend, Griechenland
3. The letter combination **-ng** is pronounced /ŋ/, as in *singer.*
   Rang, Vorstellung, Bismarckhering
4. The letter **v** in the following three words of foreign origin is pronounced /v/, as in *vegetable.*
   vegetarisch, reserviert, Olive

C. Words where interference from English is likely

The following words are cognates. Pay attention to how they are pronounced in German.

Appetit, Atmosphäre, Dame, Operette, Olive, Parkett, Portion, total

WAS KANNST DU SCHON?

Let's review some important points that you have learned in this unit.

Can you express wishes?
Say you would like to do the following things again some time:

1. ins Theater gehen
2. eine Reise machen
3. zum Essen gehen
4. ein Ballett sehen

Can you express wishes using the *würde*-forms?
Say the following people would like to go to a concert:

1. ich
2. Martin
3. wir
4. ihr
5. die Eltern
6. du

Can you ask about someone's wishes?
Use different ways to ask a classmate if he or she would like to do the following things:

1. italienisch essen
2. in einem Münchner Restaurant essen
3. in eine Oper gehen
4. eine Symphonie hören

Can you recommend dishes in a restaurant?
You and a friend are dining out. Recommend three dishes to him or her.

Can you order a meal?
You are in a restaurant. Order the following things. Use different expressions when ordering.
Apfelsaft, Tagessuppe, Sauerbraten, Pommes frites, Apfelstrudel, Tee

Can you propose a toast?
It is your mother's birthday. Propose a toast.

Can you describe how your meal is?
You are eating the following foods. What do you say? Modify your description.

1. einen saftigen Schweinsbraten
2. ein gut gewürztes Schnitzel
3. eine zarte Forelle
4. einen bitteren Salat

Can you use unpreceded adjectives?
Write a shopping list. Include the following items. Have the adjective precede the noun.

1. Salat, grün
2. Käse, französisch
3. Kaffee, italienisch
4. Brot, weich
5. Butter, holländisch
6. Kartoffeln, neu

WORTSCHATZ

SECTION A

anstrengend *strenuous*
ausverkauft *sold out*
das **Ballett** *ballet*
beisammensitzen (sep) *to sit together*
beraten (ä) *to discuss*
beschliessen *to decide*
die **Bühne, -n** *stage*
die **Dame, -n** *lady*
das **Essen:** zum Essen gehen *to go out to eat*
die **Kasse, -n** *box office*
kurz: vor kurzem *recently*
lassen (ä) *to let*
das **Lied, -er** *song*
der **Liederabend, -e** *song recital*
los sein *to be going on*
die **Mitte** *middle*
die **Operette, -n** *operetta*
das **Parkett** *orchestra (seats)*
der **Platz, ⸚e** *seat*
das **Programmheft, -e** *schedule of events*
der **Rang, ⸚e** *balcony, circle*
reichen *to hand over, give*
die **Reihe, -n** *row*
reinschauen (sep): lass mich reinschauen *let me have a look*
das **Schauspiel, -e** *play*
schon: ich hab' schon lange keine Operette mehr gesehen *I haven't seen an operetta for a long time*
der **Sinn:** es hat keinen Sinn *it makes no sense; it's no use*
sitzen *to sit*
Süddeutschland *southern Germany*
total *totally, completely*
unternehmen *to do, undertake*
von (dat) *by*
die **Vorstellung, -en** *performance*
wegfahren (ä)(sep) *to take a trip or excursion*
würde *would*
die **Zeit:** zur Zeit *at the present time*

SECTION B

der **Achtzigste** *eightieth (birthday)*
die **Atmosphäre** *atmosphere*
ausser *except for*
s. **aussuchen** (sep) *to choose*
bayrisch *Bavarian*
Besonderes: was Besonderes *something special*
das **Besteck, -e** *knife, fork, and spoon*
chinesisch *Chinese*
egal: das ist mir egal *it doesn't make any difference to me*
eilig: es eilig haben *to be in a hurry*
der **Feiertag, -e** *holiday*
fein *refined, elegant*
französisch *French*
Griechenland *Greece*
griechisch *Greek*
die **Grossmutter, ⸚** *grandmother*
das **Lokal, -e** *restaurant*
mexikanisch *Mexican*
öfters *frequently*
die **Olive, -n** *olive*
russisch *Russian*
Schweizer *Swiss*
die **Spezialität, -en** *specialty*
die **Stäbchen** (pl) *chopsticks*
südamerikanisch *South American*
vegetarisch *vegetarian*

SECTION C

der **Appetit:** Appetit haben auf *to feel like having (to eat)*
bekommen: ich bekomme *I'll have*
das **Bier, -e** *beer*
der **Bismarckhering, -e** *pickled herring*
bitte! *if you please;* die Speisekarten, bitte! *here are the menus*
bitter *bitter*
s. **entscheiden für** *to decide on, make up one's mind about*
die **Forelle, -n** *trout*
ganz: ganz zart *very tender*
das **Getränk, -e** *beverage*
gewürzt *seasoned;* gut gewürzt *well seasoned*
Gott: grüss Gott! *hello!* (southern Germany and Austria)
hätte: was hättest du gern? *what would you like to have?*
hausgemacht *homemade*
hell: ein Helles *a glass of light (colored) beer*
die **Herrschaften** (pl) *ladies and gentlemen*
hervorragend *excellent, superb*
das **Jägerschnitzel, -** *cutlet (prepared in hunter's style)*
der **Kellner, -** *waiter*
der **Knödel, -** *dumpling*
der **Ober, -** *waiter;* Herr Ober! *waiter!*
die **Pommes frites** (pl) *French fries*
die **Portion, -en** *portion, serving*
prost! *to your health!, cheers!*
die **Reihe:** du bist zuerst an der Reihe *it's your turn first*
reserviert *reserved*
saftig *moist, juicy*
der **Sauerbraten** *sauerbraten*
scharf *sharp, spicy*
schön: ganz schön scharf *nice and spicy*
der **Schweinsbraten** *pork roast*
servieren *to serve*
die **Spätzle** *Swabian dumplings*
die **Speisekarte, -n** *menu*
das **Speiselokal, -e** *restaurant*
die **Tagessuppe, -n** *soup of the day*
die **Vorspeise, -n** *appetizer*
weich *tender*
der **Weisswein, -e** *white wine*
das **Wohl:** auf (dein) Wohl trinken *to toast, drink to (your) health;* zum Wohl! *to your health! here's to you!*
worauf: worauf hast du Appetit? *what do you feel like having?*
zart *tender*
die **Zwiebelsuppe, -n** *onion soup*

ZUM LESEN

Die Omi zieht aus° 

Unsere Oma hatte schon immer eine kleine Wohnung in der Stadt. Wir hatten dort eine etwas größere Wohnung nicht allzu weit von ihr entfernt. Seit Jahren sparten wir auf unser Traumhaus, und immer hörte ich meinen Vater sagen: „Warte nur, Mutter, bis wir unser eigenes Haus haben! Dann wirst du bei uns wohnen, dann wirst du es wirklich schön haben!" „Ich habe es schon schön", sagte sie immer.

Und das stimmte auch. Unsere Omi ist nämlich sehr fröhlich° und unternehmungslustig°. Sie hat viele Freunde und viele Interessen. Sie liebt zum Beispiel Musik: Oper, Operette, Sinfoniekonzerte und Kammermusik. Aber wie unsere Omi halt ist, interessiert sie sich auch für alle Musik. „Wer ist denn diese Nina Hagen?" fragt sie uns. „Habt ihr eine Platte oder eine Kassette von ihr? Wie gefällt euch ihre Musik?" Manchmal geht Omi sogar mit uns in ein Rockkonzert. „Man muß ja ab und zu mal was Neues hören", meint sie.

„Und zudem möchte ich auch mal erleben°, was euch gefällt und was ihr so großartig° findet!" „Aber muß es denn unbedingt die *Supertramps* sein?" fragt mein Vater kopfschüttelnd°, verständnislos°, verlegen°. „Was sagen bloß unsere Freunde, unsere Nachbarn?" „Ja, Hermann, das brauchst du ihnen gar nicht zu erzählen", sagt die Omi.

Jedes Jahr macht die Omi eine Studienreise in irgendein exotisches Land. Oft wissen wir gar nicht, wo das überhaupt liegt oder was für eine Sprache man dort spricht. Wir schlagen dann schnell im Reiseatlas nach° und bewundern die Omi, daß sie sich traut°, so „bis ans Ende der Welt" zu fahren. „Man muß auch mal etwas Neues sehen, eine andere Sprache hören, andere Menschen und Lebensarten° erleben", behauptet die Omi. „Aber muß es auch so weit entfernt sein, so ganz fremd°?" fragt jedes Jahr mein Vater—kopfschüttelnd, irgendwie verständnislos, besorgt°. „Ja,

---

ausziehen *to move out* **fröhlich** *happy* **unternehmungslustig** *always ready for action* **erleben** *to experience* **großartig** *terrific* **kopfschüttelnd** *shaking (his) head* **verständnislos** *uncomprehending* **verlegen** *embarrassed* **nachschlagen** *to look up* **s. trauen** *to dare* **die Lebensarten** (pl) *way of life* **fremd** *foreign* **besorgt** *worried*

Hermann, mach dir keine Sorgen°! Ich komme schon gut zurecht°." Vor der Reise liest sie viel über das Land. Sie macht einen Sprachkurs an der Abendschule mit, und sie belegt andere Kurse, die etwas mit ihrem Reiseziel zu tun haben. Dann—weg ist sie, und begeistert kommt sie zurück. Mit unseren Eltern haben wir in den vergangenen° Jahren keine großen Reisen gemacht. Unsere Ferien haben wir jedes Jahr bescheiden verbracht—ein Ausflug an den See, ein Wochenende bei meinem Onkel im Schwarzwald. Wir mußten ja auf unser Traumhaus sparen.

Und endlich war es so weit. Wir hatten genug gespart. Wir hatten unser Traumhaus gefunden. Wir zogen um, und die Omi kam mit. Unser neues Haus liegt außerhalb der Stadt in einem ruhigen Vorort. Der Bahnhof ist zwar nicht in der Nähe, aber wir haben ja einen Wagen, und wir Kinder kommen sowieso überall mit dem Fahrrad herum. Das Haus ist geräumig° und schön. Jeder hat ein eigenes Zimmer, die Omi natürlich auch. Die Küche ist sehr modern, wenn auch etwas klein—kompakt, könnte man sagen. Aber dafür haben wir eine nette Eßecke mit großen Fenstern, die auf den Garten gehen. Der Garten ist prachtvoll! Blumen, Bäume und Sträucher°, auch eine herrliche Wiese zum Fussballspielen—vielleicht auch mal zum Volleyball- oder Federballspielen°. Die Mutti freut sich riesig, daß sie endlich einen Garten hat und pflegt liebevoll ihre Blumen. Der Vati hat jetzt eine Garage und einen Keller für sein Werkzeug. Abends, wenn er von der Arbeit kommt, bastelt er stundenlang vergnügt° herum—repariert den Rasenmäher, baut ein Bücherregal, macht dies höher und das fester. Wir Kinder haben endlich mal Platz! Im Zimmer, im Fernsehraum, im Partykeller. Wir können unsere Freunde einladen, spielen, toben°, Krach machen—wir stören nicht!

mach dir keine Sorgen! *don't worry!* **zurechtkommen** *to manage, find one's way around* **vergangen** *past* **geräumig** *spacious* **der Strauch** *bush* **Federball** *badminton* **vergnügt** *happy, content* **toben** *to be boisterous, wild*

Jeder freute sich, und die Omi freute sich mit. Als wir in der Stadt wohnten, waren wir viel bei der Omi, und sie war auch viel bei uns. Jetzt war sie ganz bei uns, und das war halt schön. Ihr Zimmer war groß und hell und ganz gemütlich. Es hatte sogar Glastüren und einen kleinen Balkon mit Blumenkästchen, die die Mutti mit herzigen Blumen bepflanzt hatte.

Ja, wir freuten uns, daß die Omi endlich bei uns war. Jetzt würde sie es wirklich schön haben. Wenn sie in die Küche kam und helfen wollte, so hieß es: „Nein, Mutter, du hast schon genug gekocht und geschafft°. Ruh dich nur aus!" Wenn sie ins Fernsehzimmer kam, hieß es: „Kommt Kinder, die Omi möchte auch gern mal ihr Programm sehen, nicht, Mutter? Solche Krimis sind ja zu aufregend°. Schau mal, da kommt jetzt der Rudi Carrell—ja, das ist was für dich!" Wenn wir essen gehen wollten, so hieß es: „Na, Mutter, chinesisch ist ja nichts für dich. Wir gehen lieber ins Knödelhaus—du magst doch den Schweinebraten so gern!" Und wenn die Omi zum Bus laufen wollte, um zu ihrem Damenkreis° in die Stadt zu fahren, da sagte mein Vater: „Ja Mutter, das ist aber unmöglich, so weit zum Bus zu laufen! Ich fahr' dich in die Stadt—nur heute kann ich es ja nicht—aber morgen."

Unsere lebhafte° Omi wurde immer ruhiger. Eines Tages stand sie da. Sie hatte ihren Sonntagshut auf, eine Tasche in der Hand. „Hermann", sagte sie, „sei mir bitte nicht bös'°! Du hast es ja gut gemeint. Aber ich ziehe jetzt wieder in die Stadt. Der Möbelwagen kommt heute und holt meine Sachen."

Seitdem die Omi wieder in der Stadt ist, gehen wir oft zu ihr. Sie kocht für uns chinesisch, denn sie macht einen chinesischen Kochkurs an der Abendschule mit. Wenn wir bei ihr übernachten, sehen wir uns zusammen einen spannenden Krimi an, oder wir spielen Karten und *Mensch, ärgere dich nicht!*°, bis auf einmal jemand staunt: „Ja, so spät kann es aber wirklich nicht sein!" Seitdem gehen wir wieder mit der Omi ins Museum, zum Fußballspiel, in die Operette, ins Rockkonzert. Und seitdem haben wir unsere alte, fröhliche, unternehmungslustige Omi wieder.

schaffen *to work* **aufregend** *exciting, upsetting* **der Damenkreis** *ladies' circle* **lebhaft** *lively* **böse** *mad*
Mensch, ärgere dich nicht! *a popular board game similar to Parcheesi*

LESEHILFE
Particles

As you read German, you will often come across words such as **aber, denn, doch, ja, mal,** and **schon.** These words are called particles. They are used to expand, qualify, and sometimes emphasize the meaning of a sentence. It is hard to say exactly how particles are rendered in English because the meaning depends on the context of the sentence and may vary very subtly. Often you will find there is no exact equivalent in English or that the meaning of the particle is conveyed in English merely by the tone of voice. As you read and hear more German you will acquire a feeling for these shades of meaning. Here are a few examples:

- **Denn** may impart a tone of lively interest to a question—**Wer ist denn diese Nina Hagen?** —or a tone of mild impatience—**Muss es denn unbedingt** die *Supertramps* **sein?**
- **Schon** often conveys the idea of assurance in spite of possible reservations on the part of others—**Ich komme schon gut zurecht.**
- **Ja** can inject an element of surprise—**Ja, so spät kann es aber wirklich nicht sein!** It may also lend a note of assurance with mutual agreement expected—**Das ist ja nichts für dich. Ja** can also suggest "as you know"—**Wir haben ja einen Wagen.**
- In addition to contradicting negative statements, **doch** frequently suggests "after all"—**Du magst doch Schweinebraten.**
- **Mal** can mean "from time to time," "now and then"—**Man muss auch mal etwas Neues sehen.** It can also suggest the idea of "someday"—**Wir können vielleicht mal Volleyball spielen.**

Some other frequently used particles you will come across in this story are: **bloss, gar, halt, nämlich, überhaupt, zwar.** Sometimes one word in German will require quite a bit more context in English to get the meaning across: **Oft wissen wir gar nicht, wo das überhaupt liegt.**—*Often we don't have any idea at all where in the world this place is even located.*

Read through the story once more and find these and other examples of particles. Read each sentence you find a particle in *with* the particle and then again, *without* it. The particle can usually be omitted without changing the basic meaning of the sentence. See if you can sense what the particles add to the sentence in each case.

Fragen zum Inhalt

1. Beschreib die Omi! Wofür interessiert sie sich? Was macht sie alles gern?
2. Was hältst du von dem Vater? Was kannst du alles über ihn sagen?
3. Hat die Familie ihre Omi gern? Und die Omi—mag sie die Familie? Wie zeigt sich das?

Zum Nachdenken und Diskutieren

1. Warum zieht die Omi aus? Ist die Familie nicht nett zu ihr? Was meinst du?
2. Wie geht die Geschichte weiter? Meinst du, dass die Omi die Familie jetzt selten sehen wird?
3. Kennst du eine ältere Person wie die Omi? Erzähl über diese Person!
4. In Deutschland wohnen Grosseltern oft in der Nähe von oder zusammen mit ihren Kindern und Enkelkindern. Wie ist es bei dir? Hast du Grosseltern? Wohnen sie in der Nähe von euch? Seht ihr euch viel? Beschreib deine Grosseltern oder jemanden, der für dich wie eine Grossmutter oder ein Grossvater ist!

KAPITEL **11**

Ein Blick in die Zukunft

It is interesting for people to speculate about the future. What will life be like twenty, thirty, or forty years from now? What will our homes look like? What will we eat? Where will we live?

In this unit you will:

ERSTER KONTAKT	get acquainted with the topic
SECTION A	express unfulfillable wishes; say what's being done
SECTION B	criticize; say what has to be done
SECTION C	express probability, improbability, and conviction
TRY YOUR SKILLS	use what you've learned
ZUM LESEN	read for practice and pleasure

ERSTER KONTAKT — getting acquainted with the topic

Die Jugend und ihre Zukunft 

Eine Umfrage unter den Jugendlichen über ihre Interessen hat gezeigt, dass sich die Hälfte aller Gymnasiasten für Computer interessiert. Sogar 39% der Hauptschüler sind von Computern begeistert, obwohl es in den Hauptschulen wenige Computerkurse gibt.

Interessen

„Welche Hobby- oder Arbeitsgruppen würdest du gern besuchen?"

	Jugendliche insgesamt	Jungen	Mädchen	Schüler von Hauptschule	Schüler von Gymnasium
Umgang mit Computern	44	68	20	39	51
Kochkurs	32	15	49	35	29
Töpfern	23	10	36	21	25
Wirtschaft, Betriebe	20	28	12	13	27
Sozialhelfer, Alten- und Krankenpfleger	20	10	29	15	22
Entwicklungshelfer	18	14	21	8	30
Geschichte—die Nazi-Zeit	15	19	10	7	23
Marxismus, Kommunismus	5	6	3	2	9

Die meisten Gymnasien in den Bundesländern haben Computer und bieten ihren Schülern Computerkurse an.

Computer an Gymnasien in der Bundesrepublik Deutschland

Bundesland	
Baden-Württemberg	94%
Bayern	92%
Berlin/West	65%
Bremen	100%
Hamburg	93%
Hessen	90%
Niedersachsen	70%
Nordrhein Westfalen	85%
Rheinland-Pfalz	99%
Saarland	100%
Schleswig-Holstein	92%

Fragen

1. Wieviel Prozent aller Jugendlichen sind an Computern interessiert?
2. Wie sieht das bei den Gymnasiasten aus?
3. In welchem Bundesland gibt es an Gymnasien die meisten Computer?
4. Wofür zeigen Jugendliche wenig Interesse?
5. Welche Arbeitsgruppen würdest du besuchen? Warum?

Was halten die Jugendlichen von Computern? Glauben sie, dass die Computer die Menschen einmal total beherrschen werden? — Hier ist das Ergebnis einer Umfrage.

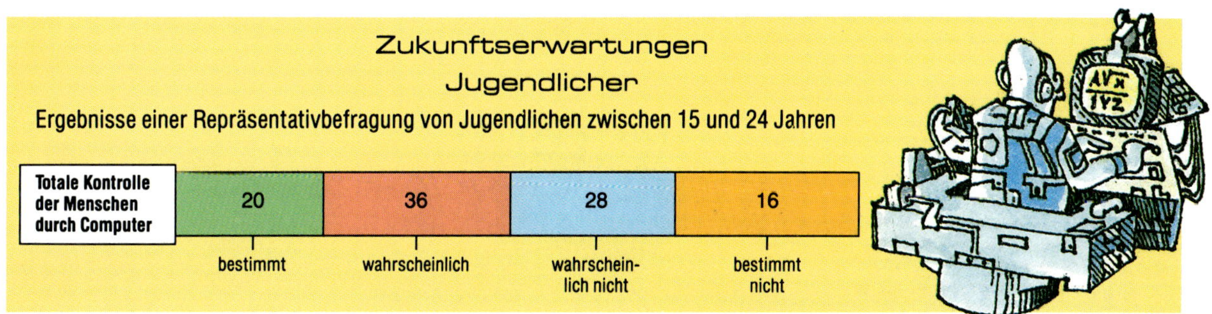

Die meisten computergesteuerten Roboter gibt es in der Industrie.

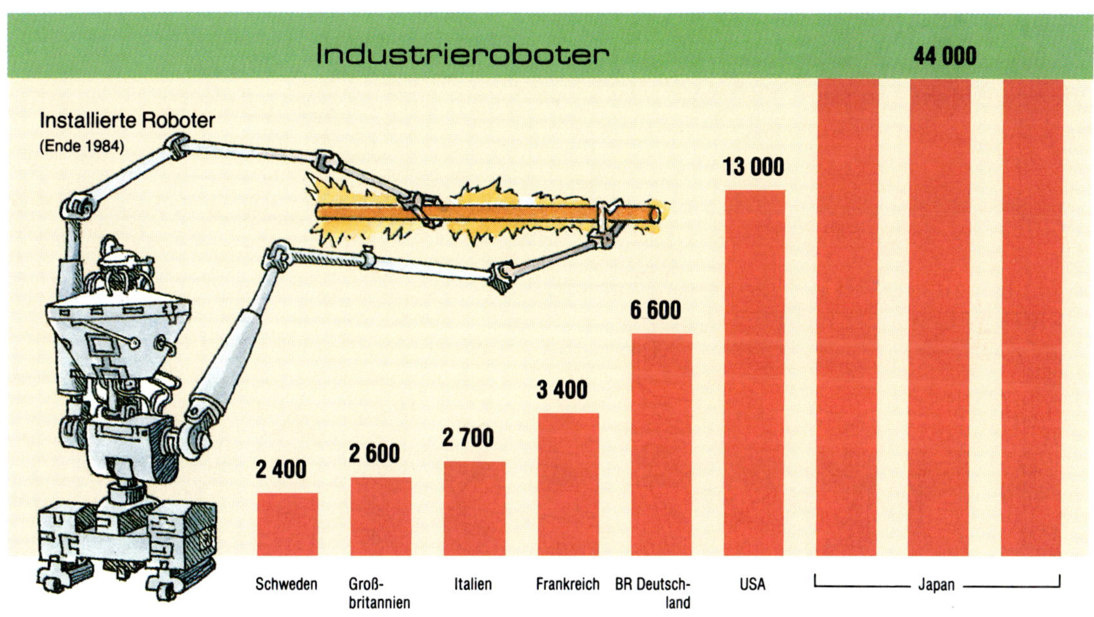

Fragen

1. Was halten die jungen Leute von Computern?
2. Was ist deine Meinung? — Werden die Computer uns einmal kontrollieren?
3. Welches Land hat die meisten Industrieroboter?
4. Welche Aufgaben können Roboter verrichten?

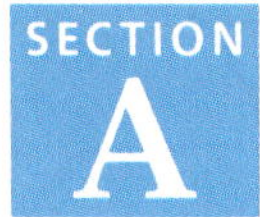

expressing unfulfillable wishes; saying what's being done

Viele junge Leute lieben technische Neuheiten, wie zum Beispiel Heimcomputer, und sie denken über die Zukunft nach. — Wie ist es bei dir? Besitzt du einen Computer? Machst du dir Gedanken über die Zukunft?

A1 Ein genialer Computer

Christian und Philipp sind Klassenkameraden. Sie gehen aufs Otto-Suhr-Gymnasium in Berlin und sind in der 10. Klasse. Die beiden Jungen sind nicht nur Klassenkameraden, sie sind auch gute Freunde: sie machen den gleichen Sport und haben die gleichen Interessen. Sie verstehen sich fabelhaft.

Die beiden Jungen machen gewöhnlich auch ihre Hausaufgaben zusammen. Christian geht meistens gleich nach dem Mittagessen zu Philipp, der keine zehn Minuten von ihm entfernt wohnt. Bei Philipp ist mehr Platz: er hat ein riesengrosses Zimmer. Seit sechs Wochen hat er auch einen Heimcomputer, ein Weihnachtsgeschenk von seinem Grossvater.

Die beiden kennen sich schon gut mit dem Computer aus, und sie benutzen ihn auch für bestimmte Hausaufgaben. Der Computer korrigiert zum Beispiel die Schreibfehler in ihren Aufsätzen. Das kann der Computer wirklich gut! Auf Philipps letzte Deutscharbeit hatte Herr Böhm, der Deutschlehrer, geschrieben:

Rechtschreibung: 1
Bearbeitung des Themas: 3-

Du bist zu viel von der Tagespresse beeinflusst. Denke selbst! (Das kann auch Dein Computer nicht für Dich tun!)

Note: 3+

PHILIPP Es ärgert mich schon, dass ich bloss eine Drei bekommen habe. Ich hätte dein Thema wählen sollen!

CHRISTIAN Hätte . . . hätte . . . für das „hätte" kannst du dir nichts kaufen.

PHILIPP Jetzt hab' ich schon so 'nen Computer und bekomm' noch immer eine Drei. — Wär's nicht schön, wenn der Computer auch für uns denken könnte?

CHRISTIAN Wenn er unsere Aufsätze schreiben könnte? Das wäre genial!

PHILIPP Würdest du nicht gern so einen Computer haben?

CHRISTIAN Na klar! — Stell dir vor, du kommst müde von der Schule heim! Du gehst ins Wohnzimmer, und der Wohnzimmercomputer begrüsst dich: „Hallo, lieber Philipp! Ich weiss, du bist müde. Ich weiss, du musst heute einen Aufsatz über das Baumsterben in der Bundesrepublik schreiben. Ich werde das für dich tun. Die Daten werden schon recherchiert, verarbeitet und gespeichert. Der Aufsatz, der garantiert eine 1+ bringt, wird fertig ausgedruckt, sobald du zu Mittag gegessen hast. Guten Appetit!"

PHILIPP Mach nur weiter, Christian!

CHRISTIAN Du kommst in die Küche. Da riecht es nach frisch gegrillten Hamburgern. Dir läuft schon das Wasser im Mund zusammen. Dein Freund, der Küchencomputer, sagt: „Tag, Philipp! Ich kann deine Gedanken lesen. Ich weiss, du hast heute Appetit auf Hamburger. Du möchtest sogar einen Doppelburger. Der Individual-Ess-Kalkulator hat dir deshalb eine grosse rote Pille auf den Teller gelegt. Diese Pille, die wie ein Hamburger riecht und schmeckt, hat den Nährwert von genau 375 g Hackfleisch."

PHILIPP Mensch, Christian, ich hätte nie gedacht, dass du so eine blühende Phantasie hast!

CHRISTIAN Hab' ich auch nicht. Gestern abend hab' ich im „Stern"* einen Artikel gelesen. Der spekuliert, wie das Leben im Jahr 2020

*__Stern__ *is the name of a widely read German magazine.*

aussehen wird. Tolle Ideen! Und da wird so ein Computer beschrieben, wie ich ihn dir eben vorgeführt habe. Der Computer hat keinen altmodischen Bildschirm mehr, und du tippst beim „Input" nicht mehr auf Tasten, sondern du sprichst einfach in den Raum hinein, wie in ein unsichtbares Mikrofon.

PHILIPP Und was kann der Computer alles für dich tun?

CHRISTIAN Ich glaube, alles. Alles wird automatisch gemacht. — Stell dir zum Beispiel das vor: Es ist Winter, 10 Grad Kälte, und du hast Lust, an irgendeinem Strand zu schwimmen und zu surfen. Du teilst dem Computer deine Wünsche mit. Der Computer antwortet: „In der Stadt gibt es eine Schülergruppe, die nächste Woche mit ihrem Lehrer nach Bonair fliegt. Willst du mit? Soll ich ein Ticket für dich buchen?"

PHILIPP Das klingt ja alles phantastisch! Aber etwas stört mich und gibt mir zu denken: wenn der Computer alles automatisch für uns arrangiert und sogar für uns denkt, was bleibt dann für uns zu tun?

A2 Übung • Beantworte die Fragen!

1. Wer sind Christian und Philipp, und warum sind sie gute Freunde?
2. Wer ist Herr Böhm? — Warum hat er „Denke selbst!" auf Philipps Aufsatz geschrieben?
3. Worüber ärgert sich Philipp?
4. Was für einen Wunsch haben die Jungen? Was wäre genial?
5. Erzähle, wie Christian dem Philipp zwei ideale Computer beschreibt!
6. Woher hat Christian diese Idee?
7. Wäre so ein Computer nicht schön? — Was meint Philipp dazu?

A3 Übung • Was hast du dir gemerkt?

1. Was ärgert den Philip? Was sagt er zu Christian?
2. Was meint Christian, wenn er sagt: „Für das ‚hätte' kannst du dir nichts kaufen"?
3. Wie drücken die Jungen ihre Wünsche aus?
4. Was wird vom Computer alles gemacht? — Was sagt Christian?

A4 WIE SAGT MAN DAS?
Expressing unfulfillable wishes

Wär's nicht schön, wenn der Computer für uns denken könnte?	*Wouldn't it be nice if the computer could think for us?*
Das wäre genial.	*That would be ingenious.*
Ich hätte dein Thema wählen sollen!	*I should have picked your topic!*

A5 Übung • Lieber Computer!

Sag, was der Computer alles für dich tun könnte!

A: Wär's nicht schön, wenn der Computer . . . ?
B: Das wäre . . . !

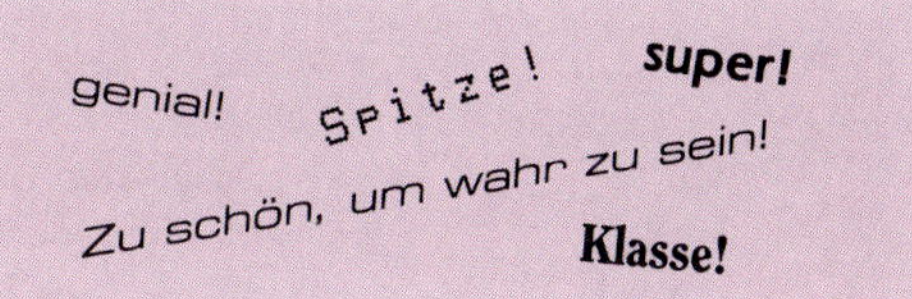

Vorschläge

die Hausaufgaben machen
die Fehler verbessern
eine Klassenarbeit schreiben
für mich denken
alles für mich tun
die Ferien planen
das Essen machen
einen Freund/eine Freundin finden

A6 Übung • Und du? Wie ist es bei dir?

Was könnte der Computer für dich tun?

A: Der Computer könnte für mich . . .
B: Ja, und für mich könnte er . . .

A7 Übung • Zu spät!

Sag, was du hättest tun sollen!

Ich hätte ein anderes Thema wählen sollen.
Ich hätte . . .

nach einer Klassenarbeit	nach einem Familienkrach	nach einer Party
besser aufpassen	nicht so viel faulenzen	weniger essen
mehr arbeiten	nicht so lange schlafen	den/die . . . nicht einladen
nicht so viele Fehler machen	meinen Eltern helfen	bessere Musik haben
den Computer benutzen	mein Zimmer aufräumen	nicht so laut sein
Nachhilfestunden nehmen	die Gartenarbeit machen	mehr Limonade kaufen

A 8 ERKLÄRUNG
The könnte-*forms*

1. To express a wish and speculate how things *might* be, you can use the phrase **Es wäre schön, . . .** followed by a **wenn**-clause with **könnte.**

   Es wäre schön, wenn der Computer für uns denken **könnte.**
   It would be nice if the computer could do our thinking for us.

   A sentence with **könnte** can also be used by itself.

   Der Computer **könnte** für uns arbeiten.
   The computer could do our work for us.

2. The **könnte**-forms are as follows:

ich	**könnte**	wir	**könnten**
du	**könntest**	ihr	**könntet**
er, sie, es, man	**könnte**	sie, Sie	**könnten**

3. Forms such as **könnte, wäre, hätte,** and **gäbe** are called subjunctive forms.

   Es **wäre** toll, wenn ich einen Computer **hätte.**

A 9 Übung • Was, du kannst das nicht?

Das kannst du nicht. Aber vielleicht lernst du es mal.

A: Kannst du schwimmen?
B: Nein, leider nicht. — Es wäre schön, wenn ich das könnte.
A: Vielleicht lernst du's noch.
B: Ich hoff's.

Es wäre . . .

toll!	super!
Klasse!	Spitze!

1. Auto fahren
2. fliegen
3. reiten
4. segeln
5. windsurfen
6. Golf spielen
7. Gitarre spielen
8. Japanisch sprechen

A 10 Übung • Viele Wünsche!

Sag, was für Wünsche alle haben! Können sie das? — Nein!
Es wäre toll, wenn ich Schi laufen könnte.

1. ich
2. wir
3. du
4. die Kinder

5. ihr 6. Christian 7. ich 8. die Jungen

A 11 Schreibübung

Schreib zehn Wünsche auf, die du hast! Beginn jeden Wunsch mit:

Es wäre (toll), wenn . . . !

A 12 Übung • Christian hat viele Wünsche 

Was möchte Christian alles haben? Frag ihn!

1. A: Würdest du nicht gern so einen Computer haben?
   B: Und wie! — So ein Computer wäre Spitze!
2. A: Hättest du nicht gern so einen Computer?
   B: Na klar! Aber leider hab' ich nicht genug Geld.

So viele Wünsche!

so ein Weihnachtsgeschenk
so ein Computerspiel
so einen Fernseher
so einen Individual-Ess-Kalkulator
so einen Kassetten-Recorder
so einen Taschenrechner
so ein Radio
so eine Kamera
so eine Armbanduhr
so ein Fahrrad
so ein Auto

A 13 Übung • Sag, was du gern tun würdest! 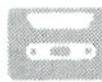

Ich würde mir gern so einen Computer kaufen, aber er kostet zu viel Geld.

Ich würde gern . . . ,	**aber . . .**
nach Deutschland fliegen	nicht genug Geld haben
ein tolles Auto kaufen	noch keinen Führerschein haben
auf die Uni gehen	die Noten zu schlecht (sein)
ein Computerspiel schreiben	keinen Computer haben
deine Gedanken lesen	es nicht können

A 14 Schreibübung

Was möchtest du gern haben oder gern tun? Schreib zehn Wünsche auf, die du hast! Beginn jeden Wunsch mit:

Ich würde so gern . . . !

A 15 WIE SAGT MAN DAS?
Saying what's being done

Die Daten werden recherchiert. Der Text wird geschrieben. Alles wird vom Computer automatisch gemacht.	*The data are being researched.* *The text is being written.* *Everything is done automatically by the computer.*

A 16 Leseübung

Lies die folgenden Satzpaare! Was fällt dir auf?

So . . .	oder so?
Der Computer liest unsere Gedanken.	Unsere Gedanken werden gelesen.
Der Computer recherchiert die Daten.	Die Daten werden recherchiert.
Der Computer verarbeitet die Daten.	Die Daten werden verarbeitet.
Der Computer speichert die Daten.	Die Daten werden gespeichert.
Der Computer druckt den Text aus.	Der Text wird ausgedruckt.
Der Computer korrigiert die Fehler.	Die Fehler werden korrigiert.

A 17 ERKLÄRUNG
The Passive Voice, Present Tense

1. When reporting that something is being done, German often uses a construction referred to as the passive voice.

   Der Text wird (jetzt) geschrieben.
   The text is being written (now).

2. The present tense of the passive voice is formed by using a present-tense form of **werden** with the past participle of another verb.

	werden	*Past Participle*
Der Aufsatz	wird	geschrieben.
Die Daten	werden	verarbeitet.

3. To mention the performer of the action, a phrase with **von** (followed by the dative case) can be used.

   Der Aufsatz wird von einem Computer geschrieben.
   The essay is being written by a computer.

4. In German, the passive voice is often used to make general statements.

   Der Film wird nur heute gezeigt.
   The film is being shown only today.

A 18 Übung • Was passt?

Wie viele Sätze kannst du machen?

der Aufsatz der Computer die Daten der Philipp das Thema das Ticket der Brief die Fehler	werden wird	ausgedruckt begrüsst beschrieben gebucht geschrieben gespeichert getippt gewählt korrigiert recherchiert verarbeitet vorgeführt

A 19 Übung • Was passiert hier? 

Sag, was hier passiert!

gefüttert
gemäht
repariert
ausgetragen
bestellt
geschrieben

1. Der Rasen wird . . .
2. . . .
3. . . .

4. . . .
5. . . .
6. . . .

A 20 Übung • Was bedeuten diese Symbole?

Was wird alles in diesem Ferienort gemacht?

1\. Hier wird Fussball gespielt.

2\.

3\.

4\.

5\.

6\.

7\.

8\.

9\.

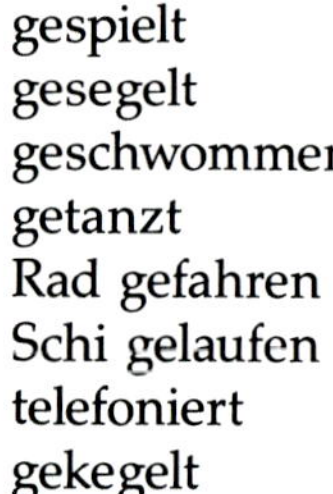

gespielt
gesegelt
geschwommen
getanzt
Rad gefahren
Schi gelaufen
telefoniert
gekegelt

A 21 Übung • Hör gut zu!

Sind das nur Wünsche oder ist das wirklich so?

	Ex.	1	2	3	4	5	6	7	8	9	10
Wunsch	✓										
Wirklichkeit											

A 22 Schreibübung • Dein Heimcomputer

Stell dir vor, du hast deinen eigenen Heimcomputer! — Schreib auf eine Liste, was dein Heimcomputer alles für dich tun könnte!

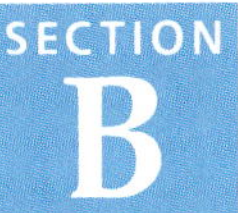

criticizing; saying what has to be done

Es macht Spass, an die Zukunft zu denken. Wie werden wir leben? Werden uns Roboter bei der Arbeit helfen? — Was meinst du?

B1 Die verrücktgewordenen Roboter

Christian und Philipp phantasieren weiter. Sie träumen von einem Haus, in dem alles von Robotern gemacht wird.

„Stell dir vor, Philipp! Du hättest einen Roboter für den Haushalt, einen ‚Hauro', einen Haushaltsroboter. Der Hauro macht dein Bett, er räumt dein Zimmer auf, und er macht deine Wäsche. Er putzt die Fenster, und er reinigt die Fussböden. Er staubt die Möbel ab, und er geht jeden Tag mit dem Staubsauger durch die Wohnung. Mensch, meine Schwester würde sich freuen! Wie oft hört die Claudia von meiner Mutter: ‚Wie dein Zimmer wieder aussieht! Wie du dein Bett machst, das gefällt mir gar nicht. Du machst das nicht richtig, Claudia!' — Arme Claudi!"

„Und mein Roboter würde auch unsere beiden Katzen füttern und den Hund, und er würde mit dem Lumpi auch spazierengehen. Das wäre prima für mich und meinen Vater."

„Ich hätte auch einen eigenen Küchenroboter", meint Christian. „Der würde das Essen vorbereiten. Er würde die Fertiggerichte aus der Tiefkühltruhe nehmen und in den Mikroherd stellen. Das Abendessen würde pünktlich um halb sieben auf dem Tisch stehen. Ja, er würde natürlich auch den Tisch decken und nach dem Essen das Geschirr abräumen und in die Spülmaschine stellen. Das wäre toll für uns! Keine Arbeit mehr nach dem Essen! Wir könnten uns ausruhen und fernsehen. Die Mutti könnte am Heimcomputer sitzen und Lebensmittel vom Supermarkt einkaufen."

„Mensch, bei mir gäbe es noch einen dritten Roboter. Den würde ich im Garten hin- und herjagen."

„Bei euerem grossen Garten — prima Idee!"

„Ich würde dem Robi sagen: ‚Robi, der Rasen muss gemäht werden. Aber schnell! Nein, nicht heute abend! Jetzt, sofort! Und die Blumen müssen gepflanzt werden. Nein, Robi, ich würde das anders machen: ich würde zuerst alle Blumen pflanzen und dann alle zusammen giessen! Hast du mich verstanden? — Ach, du Dummkopf! Wie kannst du so etwas bloss tun? Du hast ja die schönen Nelken rausgerissen! Warum? — Du, das Unkraut muss gejätet werden, nicht die Nelken!' "

„Ja, Philipp, wär' es nicht schön, wenn man so einen Roboter ein bisschen hin- und herjagen könnte? — Man könnte ihm Befehle geben: ‚Und jetzt muss der Wagen noch gewaschen werden. Die Garage muss auch noch aufgeräumt werden. So eine Unordnung!'"

Die beiden Freunde phantasieren immer weiter. Ihr Zukunftshaus ist fertig: drei Robotersklaven, und alles läuft bestens! Die beiden haben jetzt so viel Zeit. Sie können mit Philipps Heimcomputer spielen, solange sie wollen; alles läuft ganz perfekt, oder?

Eines Tages sitzen die beiden in der Schule, im Mathematikunterricht. Beide konzentrieren sich gerade auf eine Aufgabe, die Herr Wurzel an die Tafel geschrieben hat. Da geht auf einmal der Alarmpiepser los, der an Philipps Gürtel hängt. Drei kurz, drei lang, drei kurz: . . . - - - . . . SOS! Die Jungen entschuldigen sich beim Lehrer, rennen die Treppe hinunter, stürzen sich auf ihre Räder und rasen nach Hause. Was für ein Chaos!

- Der Küchenroboter hat alle Blumen gejätet und in den Mikroherd gelegt.
- Der Hausaltsroboter hat die Wäsche in die Spülmaschine gesteckt, und er fängt gerade an, die Fenster mit dem Staubsauger zu putzen.
- Der Gartenroboter hat das Unkraut gemäht, und er wäscht jetzt das Auto mit Pflanzendünger.

„Mensch, Christian! Wie das aussieht! Was ist bloss passiert?"

Die Jungen rennen durch den Garten zum Kontrollhäuschen, das ganz hinten im Garten steht. Auf den ersten Blick scheint alles in Ordnung zu sein. Aber da! Da piepst doch etwas?! Dort, ein fröhliches Zwitschern: na, so was! — Drei kleine Spatzen in einem Nest hinter dem Kontrollkasten! Das Zwitschern der Spatzen hat wohl die empfindlichen Kontrollgeräte ganz durcheinandergebracht. Die Jungen hatten an alles gedacht, aber nicht an Vögel!

Arme Roboter! Jetzt gibt es aber viel zu tun! Für wen? Für Philipp und Christian, natürlich!

B2 Schreibübung • Die drei Roboter

Schreib auf eine Liste, was die drei Roboter alles im Zukunftshaus von Christian und Philipp tun müssen!

Haushaltsroboter	Küchenroboter	Gartenroboter
. . .	Tisch decken	. . .

B3 Übung • Ein Gespräch mit dem Haushaltsroboter

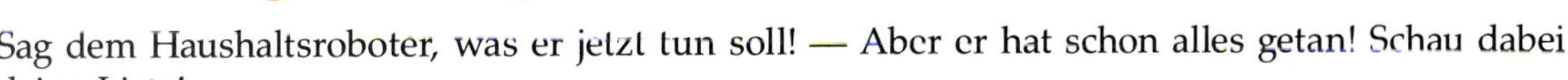

Sag dem Haushaltsroboter, was er jetzt tun soll! — Aber er hat schon alles getan! Schau dabei auf deine Liste!

DU Hauro, ich würde jetzt die Betten machen!
HAURO Aber ich habe die Betten schon gemacht.
DU Wirklich? Du bist ja toll!

abgestaubt	gereinigt
gefüttert	gewaschen
gemacht	Staub gesaugt
spazierengegangen	

B4 Übung • Der Küchenroboter war auch fleissig!

Sag dem Küchenroboter, was er tun soll! — Aber er hat auch schon alles getan!

DU Bereite jetzt das Essen vor!
KÜRO Aber schau, ich habe das Essen schon vorbereitet!
DU Na, dann deck . . . !

bereite vor	vorbereitet
deck	gedeckt
nimm	genommen
räume ab	abgeräumt
stell	gestellt
füttere	gefüttert

B5 Übung • Der Gartenroboter hat alles getan!

Der Gartenroboter war fleissig und hat alles schon gemacht!

DU Garo, du musst jetzt den Rasen mähen.
GARO Ich hab' ihn schon gestern gemäht!
DU Das ist ja prima, Garo!

aufgeräumt	gejätet
gegossen	gemäht
gepflanzt	

B6 Schreibübung

1. Die drei Roboter können natürlich auch lesen. Du hast heute viele Aufgaben für sie, und du schreibst jedem Roboter eine Liste.

2. Wenn du abends nach Hause kommst, fragst du deine Robis, ob sie alles gemacht haben. Schreib eine Liste von Fragen!

Hast du den Rasen gemäht?

B7 WIE SAGT MAN DAS?
Criticizing

Wie das aussieht!	*Look at this mess!*
Das gefällt mir gar nicht!	*I don't like that at all.*
Du machst das nicht richtig!	*You aren't doing that right.*
Ich würde das anders machen.	*I'd do that differently.*
Wie kannst du das bloss tun?	*How can you do such a thing?*

B8 Übung • Lob oder Kritik?

Lobe oder kritisiere die Roboter!

DU Was machst du jetzt, Küro?
KÜRO Ich (räume das Geschirr ab).
DU Gut, prima! [oder]
Das gefällt mir gar nicht, wie du das machst.

GARO Schau! Ich (mähe den Rasen).
DU Gute Idee! [oder]
Mensch, Caro, du machst das nicht richtig!

Aufgaben

Wäsche waschen
Katzen füttern
Garage aufräumen
Tisch decken
Unkraut jäten
Essen vorbereiten
Fertiggerichte in den Mikroherd stellen
Blumen pflanzen und giessen
Fenster putzen
Hausaufgaben machen

B9 Übung • Und dein Roboter?

Sag jetzt, was dein Roboter alles für dich tun würde!

Mein Roboter würde die Betten machen.
Mein Roboter würde . . .

B10 Schreibübung

Du besitzt einen Roboter ganz für dich allein. Du hast es eilig und schreibst ihm eine Liste mit den Aufgaben für den heutigen Tag. Fang so an!

Bitte, lieber Robi, mäh den Rasen!
Mach das Bett!

B11 WIE SAGT MAN DAS?
Saying what has to be done

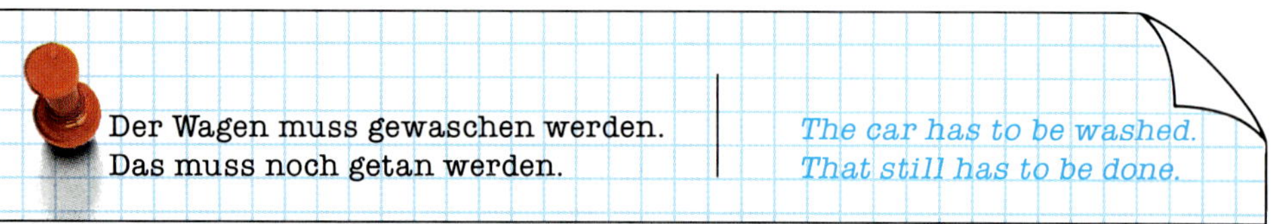

Der Wagen muss gewaschen werden.	*The car has to be washed.*
Das muss noch getan werden.	*That still has to be done.*

B12 Übung • Noch viel muss getan werden!

Sag deinem Roboter, was noch alles getan werden muss!

DU Robi, die Betten müssen noch gemacht werden!
ROBI Sofort!

muss / müssen noch	
gewaschen werden	gedeckt werden
geputzt werden	Staub gesaugt werden
gefüttert werden	gegossen werden
abgeräumt werden	gemäht werden

1. Die Blumen brauchen Wasser.
2. Die Fenster sind schmutzig.
3. Die Katzen haben Hunger.
4. Die Teppiche sind schmutzig.
5. Das Geschirr steht noch auf dem Tisch.
6. Der Tisch ist noch nicht gedeckt.
7. Das Gras ist viel zu hoch.
8. Die Wäsche ist schmutzig.

B13 ERKLÄRUNG
Müssen *and the Infinitive (Passive)*

1. To express what must be done, German uses the verb **müssen** and what is referred to as the infinitive of the passive voice.

Der Wagen **muss** (noch) **gewaschen werden.**

2. The infinitive of the passive voice consists of a past participle and **werden**.

mähen:	**gemäht werden**	abstauben:	**abgestaubt werden**
füttern:	**gefüttert werden**	vorbereiten:	**vorbereitet werden**
machen:	**gemacht werden**	pflanzen:	**gepflanzt werden**
giessen:	**gegossen werden**		
nehmen:	**genommen werden**		
waschen:	**gewaschen werden**		

B14 Übung • Viel muss noch gemacht werden!

Du bist in deinem Zukunftshaus. Deine Roboter sind beim Arbeiten. Aber viel muss noch gemacht werden. Du schaust dich um und rufst deine Befehle in den Raum hinein! Die Roboter hören auf deine Stimme.

(continued)

B15 Übung • Hör gut zu!

Was passt zu welcher Zeichnung in Übung B14?

1. ______	4. ______	7. ______
2. ______	5. ______	8. ______
3. ______	6. ______	9. ______

B16 Schreibübung

Du planst eine Party, und dein Roboter hilft dir dabei. Schreib auf eine Liste, was alles getan werden muss! Dann schreib auf, wie du deinem Roboter sagst, was er machen soll!

expressing probability, improbability, and conviction

Ein kurzer Blick in das Jahr 2020. Astronauten, Raketen, Weltraumstationen! — Was meinst du, wie unser Leben im Jahr 2020 aussehen wird?

C1

Das Jahr 2020 

Christian und Philipp gehören einem Computerklub an. Sie korrespondieren mit jungen Leuten, die Mitglieder sind in verschiedenen Computerklubs in der Bundesrepublik und in anderen Ländern. Philipp hat sogar eine Brieffreundin in der Schweiz. Neulich hat er von ihr einen Bericht bekommen, den sie aus einem Schweizer Computer-Hobby-Magazin ausgeschnitten hat. Hier ist ein Auszug davon.

Unsere Welt im Jahr 2020

Auf unserer Erde leben zur Zeit 3,6 Milliarden Menschen. Im Jahr 2000 werden es wahrscheinlich doppelt so viel sein und im Jahr 2020 voraussichtlich viermal so viel — 12, 13 oder sogar 14 Milliarden Menschen!

Wo werden wir wohl alle wohnen? Mitten auf dem Ozean, auf schwimmenden Wohninseln°? In grossen Wohnkugeln° unter Wasser? Oder in Weltraumstationen°, die um die Erde kreisen?

Es gibt heute schon Weltraumstationen, wo Astronauten monatelang leben und arbeiten können. Im Jahr 2000 wird es voraussichtlich viele grosse Weltraumstationen geben, wo Astronauten für längere Raumfahrten° zu anderen Planeten trainieren.

Aber es gibt heute immer noch viele Probleme mit solch grossen Raumstationen.

Der Mensch braucht Luft zum Atmen. Abgeschlossene° Räume mit erdähnlicher° Atmosphäre müssen deshalb konstruiert und mit speziellen Lastraketen von der Erde in den Weltraum transportiert werden.

Ein anderes Problem ist die Schwerelosigkeit° im Raum. Wie kann man arbeiten, wenn man in der Raumstation „herumschwebt"?

Grosse Unterwasserstationen haben andere Probleme. Hier fehlen Sonne, Licht und Atemluft°. Die müssen dann auf künstliche° Weise produziert werden.

Der Mond ist ein idealer Platz für Raumstationen. Hier könnte man Fabriken° bauen, Krankenhäuser, Laboratorien, Hotels — und ein regelmässiger Pendelverkehr° mit Raumfähren° könnte die Erde mit dem Mond verbinden.

die Wohninsel *living quarters on a man-made island* **die Wohnkugel** *living quarters in a capsule* **die Weltraumstation** *space station* **die Raumfahrt** *space voyage* **abgeschlossen** *sealed* **erdähnlich** *earthlike* **die Schwerelosigkeit** *weightlessness* **die Atemluft** *air to breathe* **künstlich** *artificial* **die Fabrik** *factory* **der Pendelverkehr** *commuter service* **die Raumfähre** *space shuttle*

C2 Übung • Beantworte die Fragen!

1. Was wird bald unser grösstes Problem sein?
2. Wo könnten viele Leute wohnen und arbeiten?
3. Was wird es voraussichtlich schon im Jahr 2000 geben?
4. Was sind die Hauptprobleme für die Menschen in Weltraumstationen und in Unterwasserstationen?

C3 Leseübung

Lies den Artikel „Unsere Welt im Jahr 2020" noch einmal! Teile jeden Satz in Wortgruppen, die zusammengehören.

C4 Schreibübung • Es geht auch so!

Wie kannst du diese Sätze auch anders schreiben? Fange jeden Satz mit einem andern Satzteil an!

1. Auf unserer Erde leben zur Zeit 3,6 Milliarden Menschen.
2. Es werden im Jahr 2000 wahrscheinlich doppelt so viel sein.
3. Viele Menschen werden im Jahr 2020 voraussichtlich in grossen Weltraumstationen wohnen.
4. Astronauten werden bald in Raumstationen für längere Raumfahrten trainieren.
5. Es gibt noch viele Probleme mit solch grossen Raumstationen.

C5 Übung • Im Jahr 2020

Sag, was im Jahr 2020 sein könnte!

heute	im Jahr 2020
Heute leben viele Menschen in grossen Städten.	Im Jahr 2020 könnten . . .
Heute trainieren Astronauten auf der Erde.	Im Jahr 2020 könnten . . .
Heute wohnen wir auf der Erde.	Im Jahr 2020 . . .
Heute haben wir einen Pendelverkehr zwischen Vororten und Städten.	. . .
Heute machen wir Ferien in Spanien oder auf Hawaii.	
Heute machen wir die Hausarbeit selbst.	
Heute essen wir Obst und Gemüse.	
Heute fahren wir mit Autos.	

C6 WIE SAGT MAN DAS?

Expressing probability

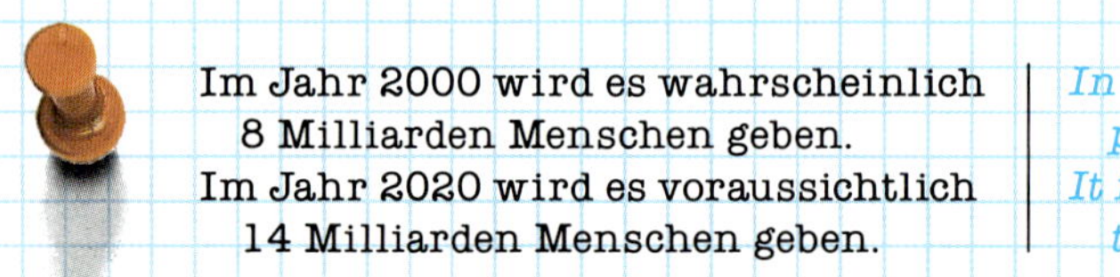

Im Jahr 2000 wird es wahrscheinlich 8 Milliarden Menschen geben.	*In the year 2000 there will probably be 8 billion people.*
Im Jahr 2020 wird es voraussichtlich 14 Milliarden Menschen geben.	*It is estimated that in the year 2020 there will be 14 billion people.*

C7 Übung • Was meinst du? 

Sag, wie es voraussichtlich im Jahr 2020 sein wird! Fang so an:

Im Jahr 2020 werden/wird voraussichtlich . . .

Computer entscheiden, was wir tun sollen — **jeder Haushalt einen Roboter**
Roboter bei der Arbeit helfen — **auf der Erde 14 Milliarden Menschen**
Schwerelosigkeit kein Problem — **Lastraketen zu Weltraumstationen**
Raumfähren von der Erde zum Mond — **viele Menschen in Weltraumstationen**
unser Leben einfacher — **Computer: Hausaufgaben machen**
die Ferien auf dem Mars verbringen

C8 WAS MEINT IHR? 

Wir haben vier jungen Leuten folgende Frage gestellt: Glaubst du, dass im Jahr 2020 schon Menschen in Weltraumstationen wohnen werden? — Hier sind ihre Antworten.

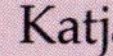

Martin — Wie es im Jahr 2020 aussieht? — Ja, darüber mach' ich mir keine Gedanken. Es ist unwahrscheinlich, dass meine Kinder in einer Weltraumstation wohnen werden. Es gibt noch so viel Platz auf unserer guten alten Erde.

Katja

Ich bin überzeugt, dass unser Leben im Jahr 2020 einfacher sein wird. Heimcomputer und Roboter werden unsere Arbeit machen. Wir werden mehr Zeit haben für Sport und Hobbys. Vielleicht werden wir sogar auf dem Mond Golf spielen und auf dem Mars Ferien machen.

Stefan — Wetten wir, dass wir im Jahr 2020 in einer Stunde nach Amerika fliegen können. Und ich bin auch überzeugt, dass wir unsere Ferien in Weltraumstationen verbringen werden, aber auf dem Mars, das glaube ich nicht.

Monika

Weltraumstationen im Jahr 2020? Ja, vielleicht für Astronauten, aber bestimmt nicht für Leute wie du und ich. Nein, bestimmt nicht!

C9 Lese- und Schreibübung

Lies noch einmal, was die vier jungen Leute zu dieser Frage gesagt haben!

1. Wer glaubt, dass Menschen in Weltraumstationen wohnen werden?
2. Wer glaubt das nicht?
3. Welche Worte gebrauchen diese vier Schüler, um ihre verschiedenen Meinungen auszudrücken?

Mach jetzt eine Liste! Schreib auf, wer was gesagt hat!

C10 WIE SAGT MAN DAS?
Expressing improbability and conviction

improbability	Weltraumstationen? Bestimmt nicht für Leute wie du und ich. Es ist unwahrscheinlich, dass Menschen in Weltraumstationen wohnen werden.	*Space stations? Certainly not for people like you and me.* *It's unlikely that people will be living in space stations.*
conviction	Ich bin überzeugt, dass unser Leben im Jahr 2020 einfacher sein wird. Wetten wir, dass wir in einer Stunde nach Amerika fliegen werden.	*I'm convinced that our lives in the year 2020 will be easier.* *I bet you that we'll be flying to America in one hour.*

C11 Übung • Wie wird es sein?

Sag, wie es sein wird!

A: Was meinst du? Werden wir zum Mond fliegen?
B: Ich bin überzeugt, dass wir zum Mond fliegen werden. [oder]
Es ist unwahrscheinlich, dass wir zum Mond fliegen werden.

1. Werden wir in Raumstationen wohnen?
2. Werden wir in Raketen nach Deutschland fliegen?
3. Werden wir nur noch Pillen essen?
4. Werden wir Roboter für unsere Arbeit haben?
5. Werden wir dann mehr Freizeit haben?
6. Werden wir auf dem Mars Ferien machen?
7. Werden wir zur Schule gehen?

C12 Übung • Hör gut zu! 

Meinungen über das Jahr 2020.

	Ex.	1	2	3	4	5	6	7	8	9	10
unwahrscheinlich											
ganz sicher	✓										

C13 Übung • Was ist deine Meinung?

Hältst du die folgenden Prognosen für wahrscheinlich oder für unwahrscheinlich? Sag, was du dazu meinst!

1. Auf der Erde werden 14 Milliarden Menschen leben.
2. Es wird schwimmende Wohninseln geben.
3. Menschen werden in Wohnkugeln unter Wasser leben.
4. Raumstationen werden um die Erde kreisen.
5. Astronauten werden zu anderen Planeten fliegen.
6. Wir werden unsere Ferien in Raumstationen verbringen.
7. Raumfähren werden zwischen der Erde und den Raumstationen hin- und herfliegen.
8. Die Schwerelosigkeit wird in Raumstationen kein Problem mehr sein.
9. Lebensmittel werden auf künstliche Weise produziert werden.
10. Wir werden nur noch Pillen essen.
11. In jedem Haus wird es mehrere Roboter geben.
12. Die Roboter werden alle Arbeiten für uns tun.
13. Wir werden überhaupt mehr Freizeit haben.
14. Computer werden für uns denken.

C14 Schreibübung • Meine Prognosen

Was hältst du für wahrscheinlich und was für unwahrscheinlich? Schreib deine eigenen Prognosen!

C15 Übung • Klassendiskussion

Was sagt ihr zu folgenden Überschriften?

TRY YOUR SKILLS

using what you've learned

Wir haben einige gute Freunde gefragt, wie sie das Jahr 2020 sehen. Hier sind ihre Antworten.

1

Technik und Zukunft

Philipp

Es ist unwahrscheinlich, dass im Jahr 2020 vierzehn Milliarden Menschen auf der Erde leben werden. Ich glaube, dass Krankheiten verhindern werden, dass es zu viele Menschen auf unserer Erde gibt.

Sabine

Unsere Welt wird von Computern gelenkt werden, und Robotersklaven werden alle schmutzigen Arbeiten für uns machen — Arbeiten im Haushalt, im Garten und so. Aber es wird nicht so sein, dass die Computer uns beherrschen. Nein, bestimmt nicht! Das wäre ganz schlimm!

Christian

Roboter werden unsere Arbeit machen, und Raketen werden uns in zehn Minuten von Deutschland nach Amerika bringen.

Margit

Wir werden morgens in einer Rakete zu einer Weltraumstation fliegen, dort ein paar Pillen zu Mittag essen, am Nachmittag Golf spielen und am Abend wieder zurück auf unserer Erde sein. — Ach, ja. Und dann für die Schule am nächsten Tag einen Aufsatz schreiben: Mein Nachmittagsausflug zur Raumstation UXB-3.

2 Schreibübung • Vier Meinungen

Schreib auf, was Philipp, Sabine, Christian und Margit gesagt haben!

Was wird es geben?	Was wird es nicht geben?

3 Übung • Was der Roboter tun könnte!

Versuche, deine Mutter zu überzeugen, was so ein Roboter alles für sie tun könnte!

DU Wär's nicht schön, wenn so ein Roboter die Fenster für dich putzen könnte?
MUTTER Ja, schon! Aber ich putze die Fenster lieber selber.

die Fenster putzen	den Tisch decken
die Wäsche waschen	das Geschirr abräumen
die Wohnung reinigen	den Rasen mähen
die Betten machen	die Blumen giessen
die Katzen füttern	

4 Übung • Ein schlechter Roboter!

Dein Roboter hat die Aufgaben, die du auf eine Liste geschrieben hast, furchtbar schlecht gemacht.

A: Schau mal, wie schlecht der Robi den Rasen gemäht hat!
B: Ja, wirklich! — Ich hätte den Rasen selber mähen sollen.

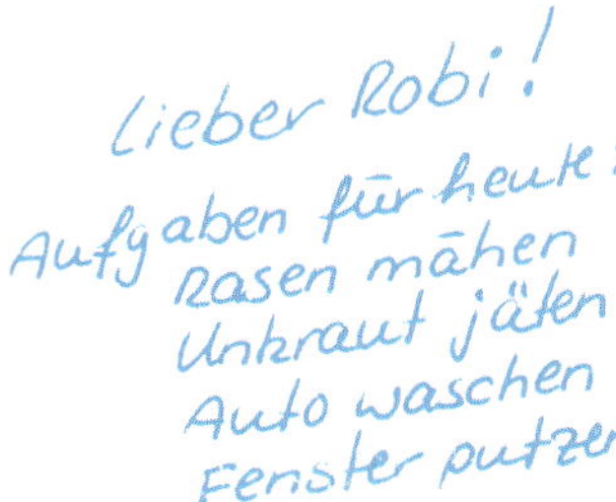

5 Übung • Wünsche! Wünsche!

Dein Freund und du, ihr bewundert die vielen schönen Sachen, die in einer Zeitschrift abgebildet sind. Aber leider kann sich keiner von euch leisten, was ihr seht.

A: Was für ein tolles Haus!
B: Ich hätte gern so ein Haus, aber ich habe nicht genug Geld.
A: Ich auch nicht.

6 Schreibübung • Du und deine Roboter

Schreib drei kurze Listen mit den Aufgaben, die von deinen Robotern gemacht werden müssen! Du hast einen Roboter für die Küche, einen für den Haushalt und einen für den Garten.

7 Übung • Vortrag vor der Klasse

Berichte deiner Klasse, welche Arbeiten von deinen Robotern gemacht werden! Gebrauche das Passiv!

8 Übung • Kritik an deinen Robotern

Deine Roboter haben gefaulenzt und schlechte Arbeit verrichtet. Du bist sauer und kritisierst sie.

was du siehst: **was du sagst:**

1. Das Bad ist nicht aufgeräumt.
2. Der Haushaltsroboter putzt die Fenster mit einem Hemd.
3. Der Garo mäht den Rasen viel zu hoch.
4. Er hat die Blumen mit dem Rasenmäher gemäht.
5. Der Hauro hat deine blauen Hosen zusammen mit den weissen Hemden gewaschen. Jetzt sind die Hemden hellblau!

9 Übung • Partnerarbeit

Such dir einen Partner! Ihr beiden wollt die Ferien zusammen verbringen. Wohin wollt ihr fahren? Was möchtet ihr sehen? Was wollt ihr alles tun? — Diskutiert dann, was möglich ist und was nicht!

wahrscheinlich	unwahrscheinlich	Ich bin überzeugt, dass . . .
voraussichtlich	bestimmt nicht	Wetten wir, das . . .

A: Ich würde gern mal an die Nordsee fahren.
B: Ich auch. — Aber wahrscheinlich ist es dort zu kalt.

[oder]

A: Die Jugendherberge in Frankfurt ist bestimmt voll.
B: Ach, ich bin überzeugt, dass wir noch ein Bett bekommen.

10 Übung • Fragen zum Nachdenken und Diskutieren

1. Wie stellst du dir das Leben im Jahr 2020 vor?
2. Siehst du Gefahren bei der Verwandlung unserer Gesellschaft in eine Computergesellschaft? Welche?

11 Schreibübung

Stell dir vor, du bist ein Schüler im Jahr 2020! Schreib einen Aufsatz über dein Leben — deine Wohnung, deine Schule, deine Freizeit und deine Interessen!

AUSSPRACHEÜBUNGEN 

A. Sounds that are difficult to produce

Pronounce these words after your teacher or after the recording.

1. The **ich**-sound
   gleich, Licht, Bericht, künstlich, voraussichtlich, speichern, Rechtschreibung, unsichtbar, Fertiggericht, durcheinanderbringen

2. The **ach**-sound
   buchen, weitermachen

3. The sound /ü/
   vorführen, Spülmaschine, Tiefkühltruhe, überzeugt

B. Letters that have a different sound value in German

Read these words, or read them after the recording.

1. The letter **l** is pronounced /l/, as in *lily.*
   alt, Artikel, Bild, fabelhaft, genial, gleich, legen, Lust, Pille, Fehler, sobald, Teller, wählen, Befehl, Haushalt, laufen, Lebensmittel, pflanzen, solange, kühl, stellen, Hotel, Licht, Milliarde, Planet, monatelang, Weltraum

2. The letter **z** is pronounced /ts/, as in *hits.*
   Aufsatz, benutzen, konzentrieren, pflanzen, spazierengehen, produzieren, überzeugt

3. The letter **s** before **t** or **p** at the beginning of a word or syllable is pronounced / ʃ /, as in *she.*
   abstauben, Staubsauger, stellen; speichern, spekulieren, spazierengehen, Spülmaschine

4. The letter **r** has a variety of sounds.
   Raum, Roboter, Rakete, reinigen, rausreissen, Frage, träumen, Treppe, transportieren, verbringen, Erde, Dünger, weiter, Computer, unsichtbar, speichern, werden

5. Foreign words in German
   recherchieren
   Note that in this word the letters **ch** are pronounced / ʃ /.

C. Words where interference from English is likely

The following words are cognates. Pay attention to how they are pronounced in German.

Artikel, automatisch, genial, Mikrofon, Phantasie, Thema, Mikro, Roboter, Astronaut, Hotel, Mars, Milliarde, Ozean, Planet, Computer

WAS KANNST DU SCHON?

Let's review some important points you have learned in this unit.

SECTION A

Can you express unfulfillable wishes?
Write three wishes you have. Use **wäre**.
Say you should have done the following things:

1. dein Zimmer aufräumen
2. ein besseres Thema wählen

Can you use the *könnte*-forms?
Say it would be nice if the following people could do the things mentioned. Use the **könnte**-forms.

1. ich / Schi fahren
2. wir / segeln
3. du / Auto fahren
4. die Eltern / Deutsch sprechen
5. ihr / eine Party haben
6. deine Schwester / eine Reise machen

Can you say what's being done?
Report that the following things are being done, using the passive voice.

1. Der Schüler wählt ein Thema.
2. Der Computer verarbeitet die Daten.
3. Der Computer druckt den Text aus.
4. Der Lehrer korrigiert den Aufsatz.

SECTION B

Can you criticize something?
Pretend you don't like the way your brother is doing something. Express your criticism in three different ways.

Can you say what has to be done?
Say what has to be done in the following situations.

1. Der Wagen ist schmutzig.
2. Du hast den Rasen seit zwei Wochen nicht gemäht.
3. Dein Zimmer sieht sehr unordentlich aus.

SECTION C

Can you express probability?
Say the following things will probably happen in the year 2020:

1. jeder Haushalt / Roboter haben
2. wir / mit einer Raumfähre / zum Mars fliegen

Can you express improbability and conviction?
Say the following things are improbable:

1. Wir werden auf dem Mond wohnen.
2. Roboter werden alles für uns machen.

Say you are convinced that the following things will happen in the future:

1. Wir werden mehr Freizeit haben.
2. Jeder Haushalt wird einen Computer haben.

WORTSCHATZ

SECTION A

altmodisch *old-fashioned*
der **Artikel, -** *article*
der **Aufsatz, ¨e** *composition*
ausdrucken (sep) *to print out*
automatisch *automatic*
beeinflusst sein von *to be influenced by*
benutzen *to use*
beschreiben *to describe*
betreten (i) *to enter*
der **Bildschirm, -e** *screen*
buchen *to book a trip*
die **Daten** (pl) *data*
die **Deutscharbeit, -en** *German paper*
fabelhaft *terrific*
der **Gedanke, -n** *thought*
genial *ingenious*
gleich *same*
der **Heimcomputer, -** *home computer*
könnte *could*
korrigieren *to correct*
legen *to place, put*
die **Lust:** Lust haben *to feel like*
das **Mikrofon, -e** *microphone*
mit *along;* willst du mit? *do you want to go along?*
mitteilen (dat)(sep) *to inform*
der **Nährwert** *nutritional value*
die **Phantasie, -n** *imagination*
die **Pille, -n** *pill*
der **Raum, ¨e** *room, space*
recherchieren *to research*
die **Rechtschreibung** *spelling*
riesengross *huge, gigantic*
der **Schreibfehler, -** *spelling mistake*
sobald *as soon as*
speichern *to store*
spekulieren *to speculate*
die **Taste, -n** *key*
der **Teller, -** *plate*
das **Thema, Themen** *topic*
das **Ticket, -s** *ticket*
tippen *to type*
unsichtbar *invisible*
verarbeiten *to process*
vorführen (sep) *to present, demonstrate*
wäre: wär's nicht schön, wenn . . . *wouldn't it be nice if . . .*
weitermachen (sep) *to continue*

SECTION B

abräumen (sep) *to clear*
abstauben (sep) *to dust*
der **Befehl, -e** *order*
decken: den Tisch decken *to set the table*
durcheinanderbringen (sep) *to confuse, mix up*
einmal: auf einmal *suddenly*
empfindlich *sensitive*
das **Fertiggericht, -e** *frozen dinner*
der **Fussboden, ¨** *floor*
füttern *to feed*
das **Geschirr** *dishes*
giessen *to water*
der **Haushalt** *household*
der **Haushaltsroboter, -** (kurz: Hauro) *household robot*
hin: hin und her *back and forth*
jäten: das Unkraut jäten *to pull out weeds*
s. **konzentrieren auf** (acc) *to concentrate on*
laufen (äu) *to run, walk*
die **Lebensmittel** (pl) *groceries*
der **Mikroherd, -e** *microwave oven*
pflanzen *to plant*
der **Pflanzendünger** *fertilizer*
putzen *to clean*
rausreissen (sep) *to tear out*
reinigen *to clean*
der **Roboter, -** *robot*
solange *as long as*
spazierengehen (sep) *to walk, take a walk*
die **Spülmaschine, -n** *dishwasher*
der **Staubsauger, -** *vacuum cleaner*
die **Tiefkühltruhe, -n** *deep freezer*
träumen von *to dream about*
die **Treppe, -n** *stair(s)*
der **Vogel, ¨** *bird*
vorbereiten (sep) *to prepare*
werden: der Rasen muss gemäht werden *the grass has to be cut*

SECTION C

die **Antwort, -en** *answer*
der **Astronaut, -en** *astronaut*
atmen *to breathe*
bauen *to build*
der **Bericht, -e** *report*
die **Erde** *earth*
die **Fabrik, -en** *factory*
die **Frage, -n** eine Frage stellen *to ask a question*
der **Gedanke:** darüber mach' ich mir keine Gedanken *I don't worry about that*
das **Hotel, -s** *hotel*
das **Krankenhaus, ¨er** *hospital*
kreisen *to circle*
künstlich *artificial*
die **Lastrakete, -n** *cargo rocket*
das **Licht** *light*
der **Mars** *Mars*
die **Milliarde, -n** *billion*
das **Mitglied, -er** *member*
monatelang *for months*
der **Mond** *moon*
der **Ozean, -e** *ocean*
der **Planet, -en** *planet*
produzieren *to produce*
transportieren *to transport*
überzeugt sein von *to be convinced of*
unwahrscheinlich *improbable*
verbinden *to connect*
voraussichtlich *probably*
die **Weise:** auf künstliche Weise *by artificial means*
der **Weltraum** *space*
wetten to bet; wetten wir *I'll bet*

ZUM LESEN

Das folgende Lesestück ist aus der Jugendscala entnommen. Es erzählt von einem jungen Münchner, der ein Computerspiel für seinen Mikrocomputer geschrieben hat.

Ich, der König von Xanadu 

Computer werden immer kleiner und billiger. Schon gibt es ein neues Hobby: Heimcomputer. Damit kann auch ein Anfänger die Computersprache lernen. Er kann dann Programme selber machen. Der Computer kann alle Probleme lösen, die man logisch beschreiben kann. So kann man zum Beispiel komplizierte Abenteuer-Spiele konstruieren und mit dem Computer in eine phantastische Welt reisen. Die Computer simulation am Bildschirm ist ein neuer Weg in das Reich der Phantasie. Computer-Spieler kämpfen mit Drachen und steuern Rennwagen. Sie fliegen durch den Weltraum und tauchen° auf den Grund des Meeres. Oder sie sind König in einem fremden Land:

Mein Land heißt Xanadu und liegt irgendwo am Mittelmeer. Ich bin der König. Ich entscheide, wieviel Korn meine Bauern säen° und wieviel Korn sie zu essen bekommen. Einmal im Jahr kommt Gallius. So heißt mein Verwalter°. Er berichtet über mein Land: wieviel Korn im Speicher° liegt und wieviel die Ratten gefressen haben, wie viele Leute starben° und wie viele neu ins Land kamen, wie groß mein Land ist und was neues Land kostet. Ich gebe Gallius meine Befehle, und das Leben in Xanadu geht weiter. Nach zehn Jahren gibt es eine demokratische Wahl: Die Leute von Xanadu entscheiden, ob ich weiter König sein darf—oder sie werfen mich ins Gefängnis°.

Nein, keine Angst. Ich bin ganz normal. Ich bin 15 Jahre alt, Schüler, und wohne in München. Ich habe einen kleinen Mikrocomputer zu Hause. Er war nicht teuer. Ich habe in den Ferien gearbeitet und habe mir von dem Geld den Computer gekauft. „Xanadu“ ist nur ein Programm auf einer kleinen Tonbandkassette. Ich verbinde den Kassettenrekorder mit dem Computer. So kann der Computer das Programm in seinen Speicher° aufnehmen, und dann beginnt das Spiel:

tauchen *to dive* **Korn säen** *to sow grain* **der Verwalter** *manager* **der Speicher** *silo* **starben** *died* **das Gefängnis** *prison* **der Speicher** *computer memory*

DU BIST DER KÖNIG VON XANADU.
DEIN VERWALTER GALLIUS GIBT DIR
JEDES JAHR DIE DATEN AUS DEINEM
LAND. DU MUSST ENTSCHEIDEN, WAS
ER TUN SOLL.
DU DARFST 10 JAHRE REGIEREN.

Der Bildschirm wird dunkel und wieder hell. „Gallius" berichtet:

IM JAHR 1 STARBEN 0 LEUTE.
5 KAMEN IN DAS LAND. DAS
LAND HAT NUN 100 EINWOHNER.
DAS LAND IST 1000 MORGEN[1]
GROSS. DIE ERNTE WAR 3
SCHEFFEL[2] KORN PRO MORGEN
ACKERLAND°.RATTEN FRASSEN
200 SCHEFFEL.DU HAST 2800
SCHEFFEL GELAGERT.LAND
KOSTET 18 SCHEFFEL PRO
MORGEN.WIEVIEL LAND SOLL
ICH KAUFEN?

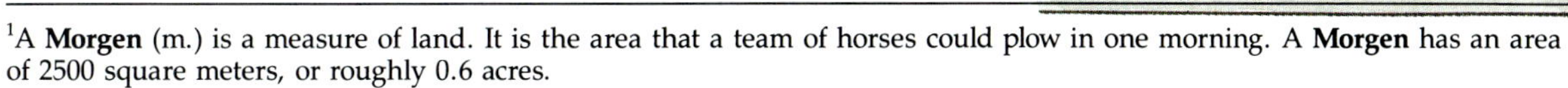

[1]A **Morgen** (m.) is a measure of land. It is the area that a team of horses could plow in one morning. A **Morgen** has an area of 2500 square meters, or roughly 0.6 acres.

[2]**Scheffel** (m.) is an old measure for grain that is no longer used.

das Ackerland *soil*

Jetzt bin ich an der Reihe. Ich will nicht noch mehr Land. 1000 Morgen für 100 Einwohner sind gerade richtig. Also tippe ich auf die Taste „0".

Jeder Einwohner von Xanadu braucht 20 Scheffel Korn im Jahr. Also befehle ich „2000".

AUF WIEVIEL MORGEN KORN SÄEN?

Auf allen! Die Ernte° soll groß werden. Halt! Habe ich noch genug Korn? Ich brauche einen halben Scheffel pro Morgen. Bei 1000 Morgen brauche ich also 500 Scheffel. Ich habe noch 800. Das ist genug. Also befehle ich: „1000". Gallius geht. Er tut, was ich ihm gesagt habe. Das Jahr ist vergangen. Gallius kommt wieder und berichtet:

IM JAHR 2 STARBEN 0 LEUTE.
13 KAMEN IN DAS LAND. DAS LAND
HAT NUN 113 EINWOHNER. DAS
LAND IST 1000 MORGEN GROSS.
DIE ERNTE WAR 2 SCHEFFEL KORN
PRO MORGEN ACKERLAND.
RATTEN FRASSEN 0 SCHEFFEL. DU
HAST 2300 SCHEFFEL GELAGERT.
LAND KOSTET 21 SCHEFFEL PRO
MORGEN.
WIEVIEL LAND SOLL ICH KAUFEN?

die Ernte *harvest*

Das sieht nicht gut aus. Die Ernte war klein. Dabei hatte ich noch Glück mit den Ratten. Sie haben nichts gefressen. Manchmal fressen sie viel. (Besonders wenn viel Korn im Speicher ist.) Ich muß rechnen: Wenn ich jedem Einwohner seine 20 Scheffel Korn gebe (113 x 20 = 2260) bleiben nur 40 Scheffel übrig (2300 − 2260). Damit kann ich nur auf 80 Morgen Land Korn säen. Im nächsten Jahr müssen dann alle verhungern. Wenn ich aber weniger Korn austeile, werden einige Leute schon in diesem Jahr verhungern. Ein Morgen Land kostet 21 Scheffel. Für 100 Morgen Land bekomme ich 2100 Scheffel Korn. Aber das Land ist dann kleiner. Und auch die Ernte wird kleiner. Die Einwohner werden immer mehr, und das Land wird immer weniger. Was soll ich tun?

Nein, ich lasse niemanden verhungern. Ich will ein guter König sein. Ich befehle Gallius, 100 Morgen Land zu verkaufen und auf 900 Morgen Korn zu säen. Gallius geht. Nach einem Jahr kommt er zurück:

```
IM JAHR 3 STARBEN 0 LEUTE. 12 KAMEN
IN DAS LAND. DAS LAND HAT NUN 125
EINWOHNER.
DAS LAND IST 900 MORGEN GROSS.
DIE ERNTE WAR 1 SCHEFFEL KORN
PRO MORGEN ACKERLAND.
RATTEN FRASSEN 800 SCHEFFEL. DU
HAST 1690 SCHEFFEL GELAGERT.
LAND KOSTET 18 SCHEFFEL PRO
MORGEN.
WIEVIEL LAND SOLL ICH KAUFEN?
```

Das ist eine Katastrophe! Für meine 125 Einwohner brauche ich 2500 Scheffel zum Essen. Ich habe aber nur 1690! Ich muß Land verkaufen. Aber der Preis ist auf 18 Scheffel gefallen. Ich muß also etwa 200 Morgen verkaufen! Xanadu wird immer kleiner! In ein paar Jahren müssen wir alle verhungern!

Meine Mutter ruft nach mir. Das Abendessen ist fertig. Jetzt essen? Und mein Volk verhungert? Ich bleibe hier. Mein Volk braucht mich. Xanadu, das Land auf einem Computerchip, gibt mir keine leichte Aufgabe. Ich trage eine schwere Verantwortung°. Ich muß das Problem lösen!

Ich könnte auch „Space Invaders" spielen. Da muß man Raumschiffe abschießen — langweilig! Xanadu ist mein eigenes Programm. Zusammen mit einem Freund habe ich es geschrieben.

---

die Verantwortung *responsibility*

In einer Computerzeitung haben wir den Anfang gefunden. Wir haben die Computersprache „BASIC“ gelernt. Das ist ganz einfach. Aber ein Programm zu schreiben ist schwer. „Xanadu“ zum Beispiel ist niemals fertig. Immer wieder müssen wir etwas ändern und verbessern. Wir haben zum Beispiel auch eine „Revolution“ möglich gemacht: In jedem Jahr von Xanadu rechnet der Computer aus, wieviel Prozent der Leute sterben und wieviel Land verkauft wird. Bei mehr als 10 Prozent Hungertoten und 25 Prozent Landverlust wird der König aus dem Land gejagt. Man muß also eine vorsichtige Politik machen.

Anders als ich zum Beispiel. Ich bin schon auf der Flucht. Ich habe zuviel Land verkauft, und dann war Xanadu viel zu klein. Die Ernte war zu wenig, und in einem Jahr starben 20 Leute: mehr als 10 Prozent. Gallius brachte mir im Jahr 6 die schreckliche Nachricht:

DEINE POLITIK ERINNERT AN NERO
UND IWAN DEN SCHRECKLICHEN.
DIE LEUTE, DIE NOCH LEBEN, HASSEN
DEINE SCHLIMME ART ZU HERRSCHEN.
FLIEHE! ODER SIE WERDEN DICH INS
GEFÄNGNIS WERFEN.

BIS ZUM NÄCHSTEN MAL . . .

KAPITEL 12

Umfrage an junge Leute

Wiederholungskapitel

In

Out

Wer trinkt singt

Sport + Fitness-Center Judokan

Body-Shaping Body-Building Aerobic

1

Hört mal zu, seid Ihr wirklich noch „in"?

Wisst Ihr, dass sonnengebräunte Haut, Wasserbetten und „Nouvelle Cuisine" völlig „out" sind? Und Ihr? Seid Ihr eigentlich noch „in"? Testet Euch mal, nur so aus Spass!

1. Du hast eine Reise gewonnen und darfst dir ein Land auswählen. Welches Land ziehst du vor?
a) die Schweiz **b)** Österreich **c)** die BRD

2. Welche Stadt würdest du gern mal sehen?
a) Frankfurt **b)** Salzburg **c)** Bern

3. Was interessiert dich am meisten in einer fremden Stadt?
a) Kunstmuseen
b) Geschäfte
c) alte Gebäude

4. In was für einem Restaurant würdest du gern mal wieder essen?
a) in einem Schweizer
b) in einem deutschen
c) in einem französischen

5. Welches Jahrhundert interessiert dich am meisten?
a) das neunzehnte
b) das zwanzigste
c) das einundzwanzigste

6. Wo werden wohl viele Leute in 100 Jahren wohnen?
a) auf Inseln im Meer
b) in Weltraumstationen
c) in Wohnkugeln unter Wasser

7. Welche Aufgaben würdest du deinem „Super-Computer" geben?
a Hausaufgaben machen
b Klassenarbeiten schreiben
c alles für dich planen

8. Welche Arbeit würdest du am liebsten einem Roboter überlassen?
a Rasen mähen
b Essen kochen
c Zimmer aufräumen

9. **Deine Freunde wissen nicht, wohin sie in den Ferien fahren sollen. Welches Reiseziel schlägst du ihnen vor?**
   a) das Meer
   b) die Berge
   c) eine Stadt

10. **Du bist mit deinen Freunden in einem deutschen Restaurant. Sie wissen nicht, was sie bestellen sollen. Was schlägst du vor?**
   a) Schweinebraten
   b) Erbsensuppe (mit Wurst)
   c) Forelle „blau"

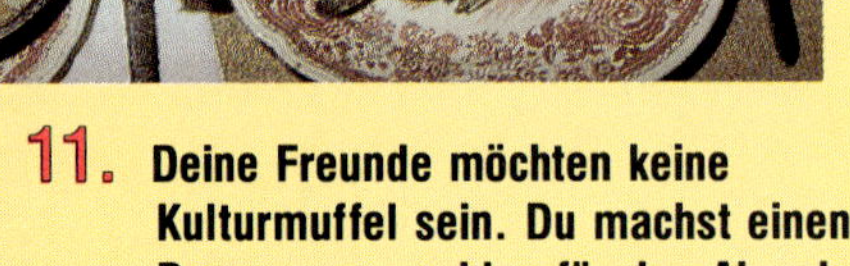

11. **Deine Freunde möchten keine Kulturmuffel sein. Du machst einen Programmvorschlag für den Abend.**
   a) in ein Konzert
   b) in die Operette
   c) ins Theater

12. **Deine Freunde wissen nicht, was sie als Souvenir kaufen sollen. Du führst sie zu**
   a) einem Buchladen
   b) einem Musikgeschäft
   c) einer Konditorei

2 Schreibübung • Auswertung

Schreib deine Auswahl auf einen Zettel (zum Beispiel: 1. b; 2. c)! Dann lies die Auswertung auf Seite 426 und addiere die Punkte zusammen! Dann lies, was für dich zutrifft! — Stimmt's?

3 Übung • Wohin?

Dein Freund und du, ihr möchtet gern mal wieder zum Essen ausgehen. Welches Restaurant schlägst du vor? Gib Gründe dafür an! — Am nächsten Tag macht dein Freund einen Vorschlag zum Restaurantbesuch. Du ziehst ein anderes Lokal vor und sagst, warum du nicht einverstanden bist.

4 Übung • Zu dumm!

Du warst in einem Restaurant. Du bist vom Restaurant und von der Küche dort enttäuscht, und du ärgerst dich, dass du überhaupt dorthin gegangen bist. Drücke deinen Ärger und deine Enttäuschung aus! Hier ist deine Beschwerdeliste.

Beschwerden:

- zu laut / zu voll
- kein Platz für Nichtraucher
- Service langsam
- nicht sauber
- Suppe kalt
- Fleisch zäh
- Sosse zu stark gewürzt
- Gemüse zu weich
- alles zu teuer
- Kellner(in) unfreundlich

5 Schreibübung • Ein Beschwerdebrief

Schreib jetzt einen Beschwerdebrief an den Besitzer dieses Restaurants! Zähle alles auf, was dir nicht gefallen hat! Fang so an:

An den Besitzer des Restaurants . . .
Sehr geehrter Herr . . .
Gestern abend habe ich in Ihrem Restaurant zu Abend gegessen. Ich hatte immer geglaubt, dass Ihr Restaurant eines der besten in der Stadt ist. Aber das stimmt nicht. Ihr Restaurant ist . . .
Ich hoffe, bald von Ihnen zu hören.
Mit freundlichem Gruss

6 Übung • Also los! Entscheidet euch!

Wie wär's mit . . . ?
Ich ziehe . . . vor.

Ich bin dafür, dass wir . . .
. . . wär' nicht schlecht.

Ich hätte gern . . .
Für mich . . .
Geben Sie mir bitte . . . !

1. Dein Freund und du, ihr müsst euch entscheiden.
   a. wohin ihr fahren wollt, wann ihr fahren wollt, welchen Zug ihr nehmen wollt
   b. welchen Film ihr sehen wollt
   c. was ihr essen wollt
2. Du bestellst dir etwas zu essen (zu trinken). Was kannst du alles sagen, wenn du etwas bestellst?

7 Übung • Rollenspiel

Such dir einen Partner! Einer von euch ist der Mann / die Frau an der Kasse, der andere ist der Kunde.

1. Kauf dir eine Fahrkarte nach . . . !
2. Kauf dir eine Kinokarte für den Film, den du gern sehen möchtest!

8 Lese- und Schreibübung • Alles ist durcheinander!

1. Schreib diesen Dialog in der richtigen Reihenfolge ab!

> Frankfurt? — Ach, nein. Wie wär's mit Zürich?
> Prima Idee! — Und ich bin davon überzeugt, dass uns Salzburg gefallen wird.
> Du, ich schlage vor, dass wir mal nach Frankfurt fahren.
> Zürich wäre auch nicht schlecht; aber es ist ein bisschen weit.
> Wohin möchtest du gern mal fahren?
> Dann bin ich dafür, dass wir uns Salzburg ansehen.

2. Dein Freund und du, ihr könnt euch nicht entscheiden, wohin ihr fahren wollt. Erfinde einen ähnlichen Dialog wie den, den du eben geschrieben hast!

9 Übung • Aus welchem Jahrhundert?

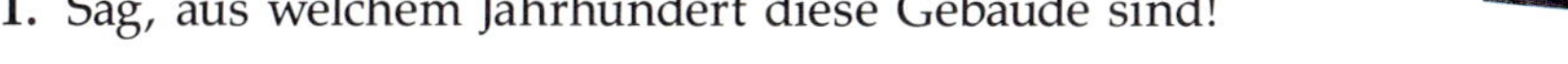

1. Sag, aus welchem Jahrhundert diese Gebäude sind!

2. Du hast nicht gewusst, dass die meisten Kirchen und Gebäude so alt sind. Drücke dein Erstaunen aus!

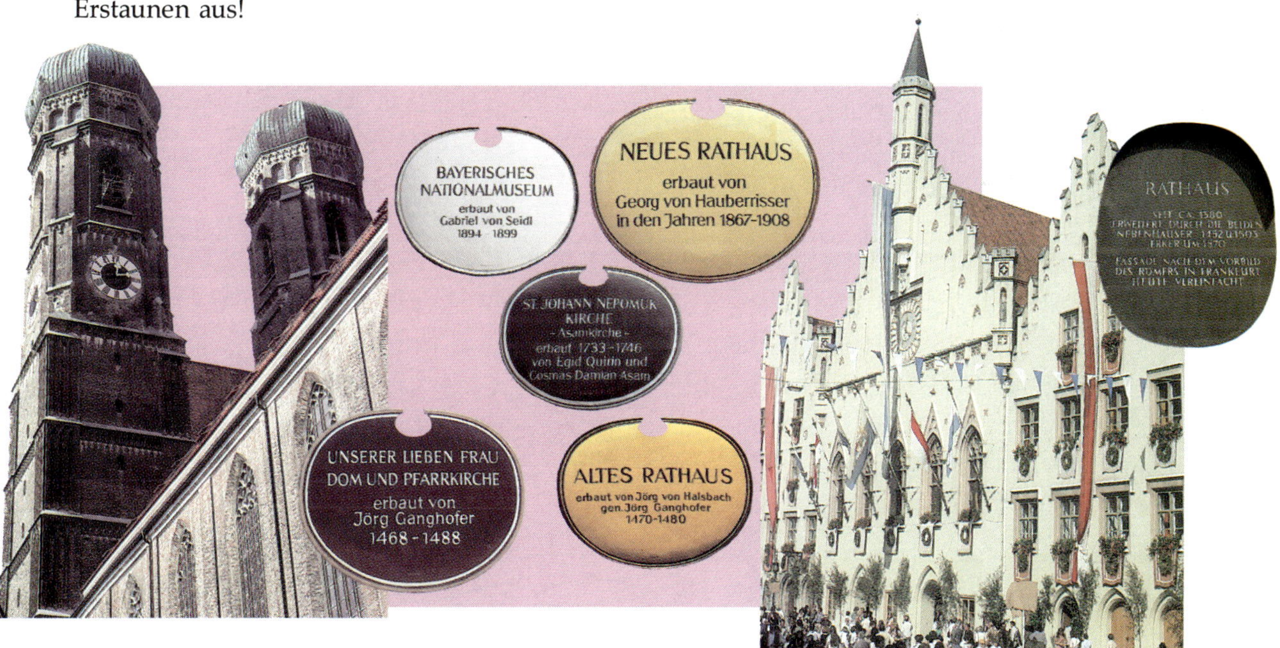

10 Übung • Bist du sicher?

Dein Freund ist nicht sicher, aber du weisst es genau und sagst es ihm.

A: Der Dom ist wahrscheinlich aus dem 19. Jahrhundert.
B: Das stimmt überhaupt nicht; er ist aus dem . . .
A: Oh, das habe ich nicht gewusst.

11 Übung • Wetten wir, dass . . . !

Du bist von einer Sache überzeugt. Deine Freunde sind erstaunt, dass du so viel weisst.

1. A: Wetten wir, dass Frankfurt den grössten Flughafen in der Bundesrepublik hat.
   B: Das stimmt! Du hast recht!
   A: Ja, ich habe mich vorher informiert.
2. . . . , dass die Theatinerkirche die älteste Kirche in München ist!
3. . . . , dass der Film *Carmen* auch heute abend gezeigt wird!
4. . . . (Jetzt macht ihr allein weiter.)

12 Übung • Mensch, ärgere dich nicht!

Drücke deinen Ärger aus!

1. Du kommst um 13 Uhr zur Bäckerei, um Brot zu kaufen, aber . . .
2. Du möchtest deinen Freund von einer Telefonzelle aus anrufen, aber . . .
3. Du möchtest dir den Film *Carmen* ansehen, aber heute ist Freitag und . . .
4. Du möchtest dir Jeans kaufen, aber du hast bloss 50 Mark in der Tasche.
5. Du würdest dir gern noch die Stadt Wien ansehen, aber es ist schon 15 Uhr.
6. Du würdest gern eine Bratwurst essen, aber . . .
7. Du würdest gern mit deinem Freund zum Fussballspiel gehen, aber du bist krank und liegst zu Hause im Bett.
8. Du hast in einem Geschäft ein Geschenk gekauft, und du merkst, dass du das Geld vergessen hast.

13 Übung • Partnerarbeit: Ärger und Erstaunen

Such dir einen Partner! Einer von euch ärgert sich über etwas, der andere ist erstaunt. Gebraucht die gleichen Situationen wie in Übung 12.

14 Übung • Szenen zum Spielen

Such dir einen Partner! Spielt die folgenden Szenen!

1

- Du möchtest nach Wien fahren.
- Dein Partner zieht Frankfurt vor und sagt dir warum.

2

- Du möchtest mit deinen Schulkameraden in ein Rockkonzert gehen.
- Deine Eltern sagen dir, was zuerst gemacht werden muss, bevor du gehen darfst.

3

- Du möchtest viel Geld haben und sagst, was du damit machen würdest.
- Dein Partner findet deine Ideen nicht gut.

4

- Du möchtest dir einen neuen Film ansehen.
- Dein Freund will nicht mitgehen. Er glaubt, der Film ist blöd und sowieso erst ab 18 Jahre. (Aber du weisst es besser!)

5

- Du sagst, was du heute im Haushalt getan hast.
- Dein Bruder kritisiert dich, wie du alles gemacht hast.

6

- Du bist in einer grossen Stadt. Du hast dich verlaufen und weisst nicht mehr, wo du bist. Du willst zur Jugendherberge.
- Jemand sagt dir, wie du zur Jugendherberge kommst.

7

- Du möchtest etwas ganz bestimmtes essen.
- Dein Partner hat immer andere Vorschläge.

8

- Du hast zwei Karten für ein Rockkonzert. Du lädst deinen Partner ein.
- Er hat viele Ausreden und will zuerst nicht mitgehen, aber du überzeugst ihn.

15 Schreibübung

Wähle zwei von den acht Szenen in Übung 14 aus und schreib die Dialoge auf, die du mit deinem Partner am besten gefunden hast!

Auswertung (siehe Seiten 419 und 420)

1. a = 1; b = 2; c = 3
2. a = 3; b = 2; c = 1
3. a = 1; b = 3; c = 2
4. a = 1; b = 3; c = 2
5. a = 2; b = 1; c = 3
6. a = 2; b = 1; c = 3
7. a = 2; b = 1; c = 3
8. a = 3; b = 2; c = 1
9. a = 1; b = 2; c = 3
10. a = 3; b = 2; c = 1
11. a = 2; b = 3; c = 1
12. a = 3; b = 2; c = 1

12 — 20 Punkte:
Einfach Spitze! Du weisst genau, was „in" ist.

21 — 28 Punkte:
Halt Augen und Ohren offen nach neuen Trends! Du musst mehr lesen, damit du weisst, was „in" ist.

29 — 36 Punkte:
Es ist dir egal, was „in" oder „out" ist. Und das ist auch nicht schlimm!

FOR REFERENCE

 Map of the Federal Republic of Germany

Rügen
ROSTOCK
NEUBRANDENBURG
SCHWERIN
Elbe
Havel
BUNDESREPUBLIK
DEUTSCHLAND
DEUTSCHE
DEMOKRATISCHE
REPUBLIK
REPUBLIK POLEN
Oder
BERLIN
FRANKFURT
(ODER)
Havel
POTSDAM
MAGDEBURG
Oder
COTTBUS
Elbe
Harz
Spree
Neisse
HALLE
LEIPZIG
Meissen
ERFURT
Weimar
DRESDEN
Eisenach
Jena
GERA
Thüringer Wald
Saale
CHEMNITZ
SUHL
Erzgebirge
TSCHECHISCHE UND SLOWAKISCHE
FÖDERALE REPUBLIK

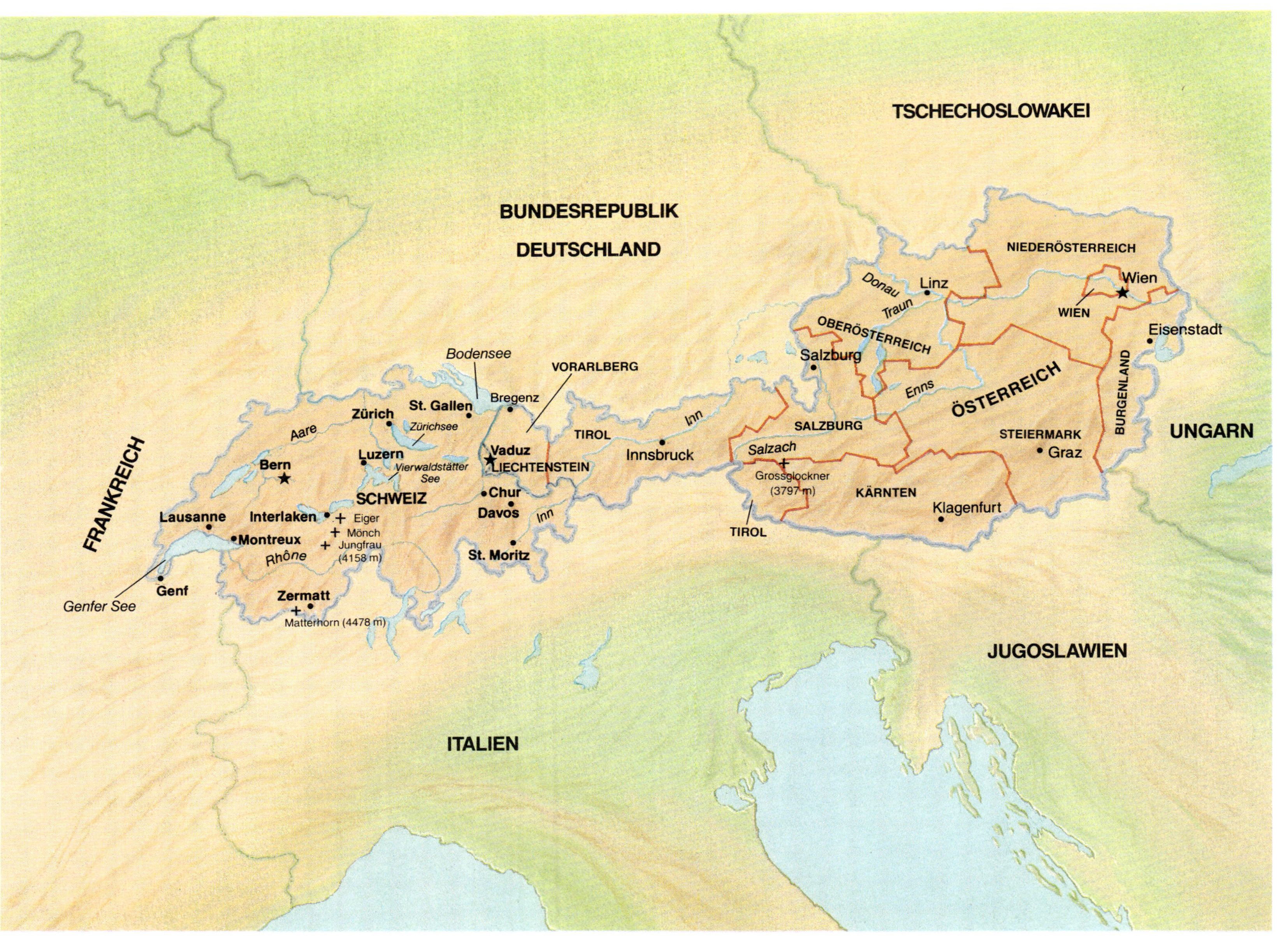
TSCHECHOSLOWAKEI
BUNDESREPUBLIK
DEUTSCHLAND
NIEDERÖSTERREICH
Donau
Linz
Wien
WIEN
Traun
OBERÖSTERREICH
Eisenstadt
Bodensee
VORARLBERG
Salzburg
Bregenz
St. Gallen
Zürich
Zürichsee
Aare
Enns
ÖSTERREICH
BURGENLAND
UNGARN
FRANKREICH
Bern
Luzern
Vierwaldstätter See
Vaduz
LIECHTENSTEIN
TIROL
Inn
Innsbruck
SALZBURG
Salzach
Grossglockner (3797 m)
STEIERMARK
Graz
SCHWEIZ
Chur
Davos
Inn
KÄRNTEN
Klagenfurt
Lausanne
Interlaken
Eiger
Mönch
Jungfrau (4158 m)
Montreux
Rhône
St. Moritz
TIROL
Genf
Genfer See
Zermatt
Matterhorn (4478 m)
JUGOSLAWIEN
ITALIEN

SUMMARY OF FUNCTIONS

The term *function* can be defined as what you do with language—what your purpose is in speaking. As you use this textbook, you will find yourself in a number of situations. How do you "function" in these situations? How do you ask how someone's vacation was, report news you heard, find out if someone is hurt, say how an outfit looks, or express amazement at sights in a new city? You need to know certain functional expressions.

Here is a list of functions from both **Neue Freunde** and **Wir, die Jugend,** accompanied by the expressions you have learned to communicate them. The level of the book is indicated by a Roman numeral I or II. The unit and section in which the expressions were introduced are also indicated.

You have learned to communicate in a variety of situations. Using these expressions, you will be able to communicate in many other situations as well.

SOCIALIZING

Saying hello

I	1 (A3)	Guten Morgen! Guten Tag! *short forms:* Morgen! Tag! *informal:* Hallo! *regional:* Grüss dich!
I	7 (A1)	Grüss Gott! Gruetzi!

Saying goodbye

I	1 (A3)	Auf Wiedersehen! *short form:* Wiedersehen! *informal:* Tschüs! Tschau! Bis dann!
I	5 (C6)	Bis gleich!
II	7 (A1)	Adieu!

Addressing people

I	1 (A1)	*first name*
I	1 (A7)	Herr + *last name* Frau + *last name* Fräulein + *last name*
I	3 (A19)	*with* du *with* Sie

Introducing someone

I	6 (A3)	(Peter), das ist + *name*

Introducing yourself

I	6 (A3)	Ich heisse . . . Ich bin der / die + *first name* Ich bin ein Freund von + *name*

Responding to an introduction

I	6 (A3)	Guten Tag, + *name* Hallo, + *first name* Grüss dich, + *first name*. Wie geht's?

Asking "how are you?"

I	10 (A9)	Wie geht's? Wie geht's denn?

Responding to "how are you?"

I	10 (A9)	Ach, prima! Danke, gut! Nicht schlecht. So lala. Schlecht. Miserabel.

Inquiring about someone's health

II	2 (C6)	Wie fühlst du dich? Wie geht's dir?

Saying how you feel

II	2 (C6)	Ich fühle mich wohl. Ich fühle mich nicht wohl. Mir ist schlecht.

Talking about pain

II	2 (C11)	Tut's weh? Hast du Schmerzen? Wo tut's denn weh? Wo hast du Schmerzen? Was tut dir weh? Mir tut (der Bauch) weh. Ich habe (Kopf)schmerzen.

Welcoming people

I	6 (A1)	Willkommen in . . . ! Schön, dass du da bist!

Getting someone's attention

I	2 (B25)	Du, (Jens), . . . Schau, (Jens)! Schau mal, (Jens)! Entschuldigung!
I	5 (B1)	Verzeihung!
I	11 (B6)	Fräulein!
II	10 (C1)	Herr Ober!

Greeting a customer in a store or restaurant

I	11 (B1)	Ja, bitte? Was darf es sein?
II	10 (C1)	Grüss Gott, die Herrschaften!

Ordering a meal in a restaurant

II	10 (C9)	Einen (Apfelsaft), bitte! Für mich (eine Suppe), bitte. Ich möchte (gern) (ein Mineralwasser). Ich hätte gern (ein Omelett). Ich nehme (eine Vorspeise). Kann ich (das Steak) haben? Bringen Sie mir bitte (den Fisch)! Ich bekomme (einen Weisswein).

Proposing a toast

II	10 (C19)	Auf dein (euer/Ihr) Wohl! Zum Wohl! Prost!

Saying "please"

I	2 (B8)	Bitte!

Saying "thank you"

I	2 (B8)	Danke!
I	6 (B16)	Tausend Dank! Vielen Dank!
II	5 (A14)	Danke dir!
II	9 (B17)	Besten Dank!

Responding to "thank you"

I	2 (B8)	Bitte!
I	5 (B1)	Gern geschehen!
I	5 (C13)	Bitte sehr!
I	6 (B16)	Bitte schön! Nichts zu danken.

Making a phone call:
answering the phone

I	5 (C11)	*last name* Hier + *last name*

person calling

I	5 (C11)	Hier + *last name* Hier ist + *last name*

ending a phone conversation

I	5 (C11)	Auf Wiederhören! Tschüs! Bis gleich!

Arranging a date

II	7 (A21)	Kann ich (morgen nach der Schule) kommen? Wie wär's (morgen nach der Arbeit)? Wie wär's mit (heute abend um 19 Uhr)?

Extending an invitation

I	9 (A1)	Ich möchte dich einladen. Kommst du?

Accepting an invitation

I	9 (A3)	Ja, gern! Ja, ich komme gern. Na, klar! Das passt prima!

Declining an invitation

I	9 (A3)	Es geht nicht. (Samstag) geht es nicht.

Expressing regrets

I	9 (A3)	Das ist schade! Es geht leider nicht.

Making excuses

I	9 (A3)	Ich habe schon was vor. Ich habe keine Zeit.

Offering something to eat or drink

I	7 (C16)	Möchtest du . . . ?
I	9 (C1)	Nimmst du . . . ? Essen Sie . . . ? (Ein Wurstbrot), vielleicht?

Accepting something to eat or drink

I	9 (C3)	Ja, bitte! Ja, gern!

Declining something to eat or drink

I	9 (C3)	Nein, danke. Keinen (Kaffee) für mich, danke!

Saying what you would like to eat or drink

I	9 (C1)	Ich möchte . . . Ich nehme . . . Für mich einen . . .

Offering more to eat or drink

I	7 (C14)	Möchtest du noch ein . . . ? Isst du noch ein . . . ?
I	9 (C1)	Nimmst du noch ein . . . ?
I	10 (A6)	Willst du noch ein . . . ?

Accepting an offer of more to eat or drink

I	7 (C16)	Danke, gern. Ja, bitte!

Saying you don't want more to eat or drink

I	7 (C16)	Nein, danke. Danke, ich bin satt. Nein, danke. Ich habe genug.

Asking for more to eat or drink

II	2 (B16)	Können Sie mir bitte noch etwas (Rotkohl) geben? Darf ich noch etwas (Reis) haben?

Saying there is no more to eat or drink

II	2 (B16)	(Der Reis) ist alle.

Complimenting

I	6 (B3)	Ich finde (dein Zimmer) toll! (Das Wohnzimmer) sieht gemütlich aus.
I	9 (D6)	Du siehst (gut) aus. Du tanzt wirklich (toll). Deine Eltern sind so (nett). Ihr (Kuchen) ist ausgezeichnet. (Die Suppe) schmeckt lecker. Ich finde Ihren (Kaffee) gut.
II	1 (A4)	Dein (Haarschnitt) ist sehr schick.

Responding to compliments

I	6 (B3)	Ja, wirklich? Findest du?
I	6 (C1)	Meinst du?
I	9 (D3)	Da bin ich aber froh. Das freut mich.

Affirming a compliment

II	1 (A4)	Nicht zu (kurz)?

Expressing doubt

II	1 (A4)	Ehrlich? Wirklich?

Reassuring, confirming

II	1 (A4)	Ehrlich! Ja, wirklich!

Expressing good wishes

I	2 (C10)	Viel Glück!
I	5 (B1)	Schöne Ferien!
I	5 (C13)	Guten Flug!
I	7 (C1)	Viel Spass!
I	9 (C1)	Guten Appetit!
II	2 (B27)	Mahlzeit!
II	2 (C6)	Gute Besserung!
I	11 (C12)	Herzliche Glückwünsche zum . . . ! Alles Gute zum . . . ! Gute Wünsche zum . . . ! Fröhliche Weihnachten!

Saying "the same to you"

II	2 (B27)	Danke, gleichfalls!

Asking someone to be quiet

II	9 (A17)	Ruhe, bitte! Pst! Nicht alle durcheinander! Nicht so laut! Sei(d) ruhig! Seid endlich still!

EXCHANGING INFORMATION

Asking someone his or her name

I	1 (B5)	Wie heisst du?
I	1 (D16)	Wie heissen Sie?

and giving yours

I	1 (B5)	Ich heisse . . .

Asking someone else's name

I	1 (B5)	Wie heisst er/sie?

and giving it

I	1 (B5)	Er/sie heisst . . .

Asking who someone is

I	1 (B9)	Wer ist das?

Identifying people and places

I	1 (B9)	Das ist . . .
I	7 (A10)	Das ist . . . / Hier ist . . .

Asking someone his or her age

I	1 (C7)	Wie alt bist du?

and giving yours

I	1 (C7)	Ich bin (15). Ich bin (15) Jahre alt.

telling someone else's age

I	1 (C7)	Er / sie ist (15) Jahre alt.

Asking someone where he or she is from

I	1 (D4)	Woher bist du?

and saying where you are from

I	1 (D4)	Ich bin aus . . .
II	3 (A16)	Ich bin (Amerikaner). Ich bin in (den Vereinigten Staaten) geboren.
II	3 (B24)	Ich bin Salzburgerin. Ich bin eine echte Salzburgerin.

where someone else is from

I	1 (D4)	Er / sie ist aus . . .

Asking about nationality

II	3 (A15)	Bist du (Deutscher)? Du bist (Amerikanerin), ja?

Telling someone's occupation

II	3 (A1)	Sie ist (Hausfrau). Meine Mutter ist (Lehrerin).
	(B1)	Er ist (Computerspezialist).

and telling your own

II	5 (A1)	Ich arbeite als . . .

Asking someone about his or her interests

I	3 (A7)	Was machst du? Machst du (Sport)? Spielst du (Fussball)? Hast du Hobbys?
II	7 (B5)	Für welche (Sendungen) interessierst du dich? Wofür interessierst du dich?

and telling your own

II	7 (B5)	Ich interessiere mich (am meisten) für (Sport).

Saying where you live

I	7 (A1)	Ich wohne in (Wien). Ich bin in (Wien) zu Hause.

Answering questions

I	1 (D8)	Ja, . . . Nein, . . .
I	3 (A1)	Na, klar!
I	9 (B4)	Natürlich!

Saying you don't understand

I	1 (D14)	Wie bitte? Wer? Ich? Der (Stefan)?
I	9 (A1)	Ich verstehe dich nicht.

Asking for information to be repeated

II	9 (A19)	Wie bitte? Verzeihung, was hast du gesagt?

Repeating what you've said

II	9 (A19)	Ich habe gesagt, dass ich . . .

Clarifying

II	3 (A1)	Übrigens . . .
II	7 (A1)	Das heisst . . .

Reporting hearsay

II	1 (A8)	Der Springer soll sehr streng sein. Die Brandt soll krank sein.
II	10 (A1)	Das Wetter soll zum Wochenende schlecht werden.
II	10 (C1)	Die sollen den besten Schweinsbraten in München haben.

Responding to hearsay

II	1 (A8)	Wirklich? Das habe ich nicht gehört. Ist sie (er) auch.
II	10 (C1)	Das hab' ich auch schon mal gehört.

Expressing length of time

II	1 (A1)	Wir waren zwei Wochen lang in Italien.
II	3 (A8)	Sie wohnen seit 25 Jahren in Deutschland.

Asking for directions

I	5 (B3)	Wo ist bitte . . . ? Wo ist . . . , bitte?
I	7 (A14)	Weisst du (vielleicht), wo . . . ist?
II	9 (C6)	Entschuldigung, wie komme ich am besten (zum Dom)?

Giving directions

I	5 (B3)	. . . ist hier / da / hier rechts / da links! Geradeaus! Da drüben! / Dort drüben! Dort drüben, rechts!
II	9 (B1)	Dort gehst du (rechts um die Ecke), und du siehst dann schon (den Römer).
II	9 (C6)	Sie gehen die . . . strasse hinunter. Sie gehen hier über den . . . platz. Biegen Sie (rechts) in die . . . strasse ein!

Inviting someone to guess

II	1 (B14)	Rate mal, wo ich war! Weisst du, wo ich war?

Saying you don't know

I	2 (B20)	Ich weiss nicht.
I	7 (A14)	Ich weiss es (leider) nicht. Keine Ahnung! Ich bin nicht von hier.
I	11 (B1)	Ich weiss noch nicht.

Asking for reasons

II	6 (A4)	Wann gibt's bei dir zu Hause Krach? Worüber schimpfen deine Eltern? Was können sie nicht leiden?

Giving reasons

II	6 (A4)	Es gibt Krach, wenn . . . Sie schimpfen, weil . . . Sie können es nicht leiden, wenn . . .
II	7 (B1)	Ich (geh früh schlafen), denn (ich muss um halb sechs aufstehen).

Eliciting agreement, affirmation

I	6 (C1)	Meinst du nicht?
I	9 (A1)	Ja?
I	11 (B9)	Nicht?
II	1 (A1)	Oder?

II	9 (B1)	Alles klar? O.K.?
II	3 (A14)	Du bist Türkin, ja? Du bist aus Italien, nicht?

Talking about someone

II	6 (A16)	Über wen sprichst du? Über wen schimpfst du?

Talking about something

II	6 (A16)	Über was/Worüber sprichst du? Über was/Worüber schimpfst du?

Asking about appearance

I	6 (C3)	Wie sieht . . . aus?

describing appearance

I	6 (C3)	. . . sieht (gut) aus. . . . ist (gross, schlank).

Making comparisons

II	3 (A10)	. . . ist so (alt) wie . . . . . . ist (älter) als . . .

Inquiring about prices

I	2 (B16)	Was kostet . . . ?
I	11 (B1)	Wie teuer ist . . . ?

Asking what there is (to eat)

I	9 (B3)	Was gibt's zu (essen)?
II	2 (B16)	Was gibt's denn heute (zum Mittagessen)?

and telling what there is

I	9 (B3)	Es gibt . . . Wir haben . . .

Asking what there is to go with it

II	2 (B16)	Was gibt es dazu?

Asking for information

II	2 (A19)	Kann ich dich etwas fragen? Isst du Fleisch? Wie steht's mit (Fisch)?
II	5 (A1)	Wie sieht's bei dir aus?
II	6 (A1)	Wie steht's denn bei euch zu Hause? Wie ist es denn bei dir?
II	7 (A1)	Wie sieht's mit (Latein) aus?

Responding with yes or no

II	2 (A19)	Ja, natürlich! Nein, überhaupt nicht! Eigentlich nicht.

Asking for specific information

I	10 (B13)	Welchen (Film) sehen wir?

Asking about categories of things

I	10 (B13)	Was für (Filme) siehst du gern?

Saying what appears to be true

II	9 (B20)	Es scheint, dass (die Kaiser sehr reich waren). Der Laden scheint geschlossen zu sein.

Saying that you don't do something in general or usually

I	3 (A11)	Ich (segle) nicht.
I	3 (B3)	Ich (spiele) nie (Fussball).
I	9 (C5)	Ich (esse) keine (Suppe).

Saying you are not going to do something specifically or at the present time

I	9 (C5)	Ich (esse)(die Suppe) nicht.

Talking about the past

I	10 (D3)	Was hast du gemacht? Gestern bin ich ins Kino gegangen.

Reporting past events

II	1 (A10)	Ich bin (in Italien) gewesen. Ich habe viel Tennis gespielt. Ich habe meinem Vater geholfen. Ich war (am Meer). Ich hatte (keine Zeit).

Asking when something took place

II	9 (A26)	Aus welchem Jahrhundert ist (der Dom)? Wann fand (die National-versammlung) statt? Wann ist (Goethe) geboren? Wann hat er gelebt? Wann ist er gestorben?

Saying when something took place

II	9 (A26)	Der Dom ist aus dem 13. Jahrhundert. In den Jahren 1848 und 1849 fand die National-versammlung statt. Goethe ist (im Jahr) 1749 geboren. Er hat von 1749 bis 1832 gelebt. Er ist 1832 gestorben.

Talking about future events

II	7 (C14)	Ich werde einen Gebraucht-wagen kaufen. Ich kaufe mir zuerst mal einen Gebrauchtwagen.

Saying what's being done

II	11 (A15)	Die Daten werden recherchiert. Der Text wird geschrieben. Alles wird vom Computer automatisch gemacht.

Saying what has to be done

II	11 (B11)	(Der Wagen) muss (gewaschen) werden. Das muss noch getan werden.

EXPRESSING ATTITUDES AND OPINIONS

Expressing agreement

I	2 (D1)	Ja, . . . Ja, das ist (blöd).
I	3 (C7)	Stimmt! Das finde ich auch.
I	6 (C9)	Du hast recht. Ich auch.
I	7 (B1)	Gut. O.K.
I	7 (C7)	Na, gut.
I	9 (A1)	Schön!
I	11 (B9)	Ich glaube, ja.
II	3 (C1)	Also, gut!
II	5 (A1)	Mir geht's genauso.
II	5 (A14)	Das kann man wohl sagen.
II	6 (A1)	Bei mir auch. Das ist aber bei mir auch so.
II	7 (A5)	Einverstanden! Selbstverständlich! Da stimme ich dir zu.
II	9 (B1)	In Ordnung!

Agreeing with reservations

II	6 (A1)	Ja schon, aber . . .
II	7 (A5)	Das stimmt, aber . . .

Expressing disagreement

I	3 (C7)	Stimmt nicht! Das finde ich nicht.
I	6 (C9)	Das ist Geschmackssache.

Making assumptions

II	1 (A6)	Du warst bestimmt wieder (im Ausland). Dann haben wir bestimmt den Springer.
II	2 (A23)	Du isst bestimmt keine (Spaghetti)! Dann isst du bestimmt kein (Obst)!
II	3 (A1)	Meine Vorfahren sind wohl aus Italien.
II	3 (B1)	Du weisst ja, . . .
II	3 (C1)	Die Mutti hat euch ja schon alles erzählt.
II	7 (A1)	Da kannst du doch kaum Zeit haben für deine Hausaufgaben!

Responding to assumptions

II	1 (A6)	Ja, das stimmt. Ja, du hast recht. Nein, stimmt nicht. Nein, überhaupt nicht.

Contradicting, correcting

I	2 (B20)	Unsinn! Das ist . . .
I	10 (B3)	Quatsch! Das ist kein . . .
II	2 (A23)	Doch! Doch, ich esse viel (Obst).
II	3 (A14)	Ach, wo! Nein, ich bin Türkin.
II	7 (A5)	Im Gegenteil! Nein, das stimmt nicht. Das ist ganz anders.

Asking for an opinion

I	3 (C3)	Wie findest du . . .?
I	11 (A12)	Was meinst du? Hast du eine Idee?
II	3 (A1)	Was sagst du dazu?
II	3 (B8)	Was sagst du zum (Bauernhaus)?

Stating opinions

I	3 (C3)	Ich finde . . . (toll).
II	3 (B11)	Das Haus ist zu (teuer). Ich finde es zu teuer. Es kostet zu viel.
II	3 (B8)	Das klingt (nicht schlecht).
II	7 (C4)	Ich habe den Eindruck, dass . . . Ich glaube, dass . . . Ich finde . . . Ich meine, (der Wagen ist preiswert). Ich halte (amerikanische Wagen) für (bequemer).

Wondering what to give

I	11 (A12)	Was schenke ich bloss meinem (Vater)? Was gebe ich nur meiner (Mutter)? Was soll ich kaufen?

Asking for advice

I	7 (C1)	Was sollen wir machen?
I	11 (A12)	Was meinst du? Hast du eine Idee?
II	5 (B1)	Was soll ich bloss tun? Was rätst du mir?

Giving advice

I	7 (C1)	Bleibt lieber zu Hause!
I	11 (C1)	Schenken Sie ihm ein . . . !

Reproaching someone

II	9 (C13)	Warum habt ihr nicht (an der Brücke gewartet)? Ihr hättet (an der Brücke warten) sollen!

Asking for suggestions

II	9 (A1)	Habt ihr euch (was) überlegt? Was schlägst du vor?

Responding to suggestions or advice

II	9 (A1)	Das klingt (vernünftig). Ich bin auch dafür. Gute Idee. Keine schlechte Idee. Du spinnst wohl! Na, komm! Mensch, wie (langweilig)!
II	10 (A1)	Dann hat es keinen Sinn (wegzufahren). Das ist nichts (für eine alte Dame).
II	5 (B1)	Eine gute Idee!
II	5 (B12)	Unmöglich! Geht nicht!

Asking about someone's wishes

I	9 (C1)	Was möchtest du? Was nimmst du?
I	10 (A11)	Willst du (ins Kino gehen)?
II	6 (C1)	Was gäbe es (in deiner idealen Welt)? Was gäbe es nicht? Was wäre dir egal?
II	10 (B11)	Möchtest du mal (italienisch essen)? Würdest du gern mal (in ein griechisches Lokal gehen)? Wie wär's mit (einem typisch Münchner Restaurant)?
II	10 (C1)	Was hättest du denn gern? Wofür hast du dich entschieden?

Expressing wishes

I	5 (B11)	Ich möchte (Briefmarken kaufen).
I	10 (A6)	Ich will (in die Stadt fahren).
II	3 (B1)	Ich wünsche mir . . .
II	1 (C1)	Hoffentlich geht das.
II	6 (C6)	Bei mir gäbe es (viel Musik). Bei mir gäbe es kein . . . (Rockmusik) wäre mir egal.
II	10 (A8)	Ich möchte wirklich mal wieder (wegfahren). Ich würde gern mal (in die Oper gehen).

Expressing definite need

II	3 (B4)	Sie will unbedingt (einen schönen Garten). Ich muss unbedingt (ein eigenes Zimmer) haben. Wir brauchen unbedingt (eine grosse Garage).
II	1 (C1)	Ich muss unbedingt (besser werden).
II	2 (B1)	Du musst unbedingt (zum Arzt gehen).

Expressing unfulfillable wishes

II	11 (A4)	Wär's nicht schön, wenn (der Computer für uns denken) könnte? Das wäre (genial)! Ich hätte (dein Thema wählen) sollen!

Expressing improbability

II	11 (C10)	(Weltraumstationen)? Bestimmt nicht für Leute wie du und ich. Es ist unwahrscheinlich, dass (Menschen in Weltraumstationen wohnen werden).

Expressing conviction

II	11 (C10)	Ich bin überzeugt, dass . . . Wetten wir, dass . . .

Expressing intention

I	5 (B11)	Ich möchte . . .
I	9 (C1)	Ich esse . . . / trinke . . . / nehme . . .
I	10 (A6)	Ich will . . .

Saying what you are and are not permitted to do

II	2 (A26)	Ich darf alles essen. Ich darf (keinen Pudding) essen. Ich darf nicht (joggen).

Expressing certainty

II	1 (C1)	Ich muss unbedingt besser werden.
II	5 (A14)	Ganz bestimmt!
II	6 (B4)	Es ist (ziemlich) sicher, dass . . . Er weiss schon, dass er . . . Sie möchte auf jeden Fall (studieren).
II	11 (A1)	Er bringt garantiert eine 1+.

Expressing uncertainty

II	6 (B4)	Es ist nicht (ganz) sicher, dass (sie Ärztin wird). Ich weiss noch nicht (genau), was ich werde. Vielleicht (schaffe ich es nicht).

Expressing probability

II	2 (C1)	Ich glaube, ich (hab' mir den Fuss gebrochen).

Das kann (eine Erkältung) sein.

II	3 (A1)	Meine Vorfahren sind wohl (aus Italien).
II	6 (B4)	Ich werde wahrscheinlich (Kfz.-Mechaniker).
II	11 (C6)	Im Jahr 2000 wird es wahrscheinlich 8 Milliarden Menschen geben. Im Jahr 2020 wird es voraussichtlich 14 Milliarden Menschen geben.

Asking how something tastes

I	7 (C12)	(Wie) schmeckt die . . . ?
I	9 (D5)	Wie ist die . . . ?
II	10 (C1)	Wie schmeckt dir denn die . . . ?

Telling how something tastes

I	7 (C12)	Danke, (sie) ist . . . Danke, (sie) schmeckt . . .
I	9 (D3)	Und wie!

Asking how something looks on someone

II	5 (C16)	Wie steht mir (dieser Pulli)?

Saying how something looks on someone

II	5 (C16)	(Der Pulli) steht dir gut! (Dieser Pulli) steht dir nicht.

Asking how something fits

II	5 (C16)	Wie passt mir (diese Jacke)?

Saying how something fits

II	5 (C16)	Sie passt dir ausgezeichnet. Sie passt dir nicht.

Making excuses for poor class performance

II	1 (C7)	Ich bin in (Mathe) eine absolute Niete. Ich kann machen, was ich will . . . Der Lehrer mag mich nicht. Ich verstehe überhaupt nichts. Der Lehrer erklärt alles schlecht.

Asking for permission

II	6 (A29)	Darf ich (eine Fete) haben? Darf ich? Geht das? Hast du was dagegen?

Refusing permission

II	6 (A29)	Das geht nicht. Das ist unmöglich. Lieber nicht!

Giving permission

II	6 (A29)	Ich habe nichts dagegen. Meinetwegen! Selbstverständlich! Geht in Ordnung!

EXPRESSING FEELINGS AND EMOTIONS

Expressing surprise, amazement

I	3 (C7)	Was?! Wirklich?
I	6 (C9)	Meinst du?
II	1 (B11)	Na, sowas! Das hab' ich nicht gewusst.
II	9 (B5)	Es ist ja unglaublich, (wie alt der Dom ist). Ich hätte nicht gedacht, dass (der Saal so prunkvoll ist).

Asking about likes

II	7 (B5)	Auf welche (Sendungen) freust du dich? Worauf freust du dich?

Expressing liking

I	3 (C11)	Ich (spiele Gitarre) gern.
I	10 (C3)	Ich mag . . . Ich mag . . . gern. Ich habe . . . gern.
II	5 (B1)	(Die Bluse) gefällt mir.
II	6 (C1)	In meiner idealen Welt stehen (Rockmusik und Fernsehen) ganz oben. Ich liebe . . .

Expressing disliking

I	3 (C11)	Ich (spiele Fussball) nicht gern.
I	10 (C3)	Ich habe . . . nicht gern. Ich mag . . . nicht. Ich mag . . . nicht gern.

Expressing strong disliking

I	10 (C3)	Ich hasse . . .

Expressing preference

I	3 (C11)	Ich (spiele) lieber . . .
I	10 (B10)	Ich (höre) . . . lieber. Ich (höre) . . . besonders gern.
II	3 (A5)	Ich möchte lieber (auf dem Land) als (in der Stadt wohnen).
II	9 (A4)	Ich möchte lieber (an einen See). Ich ziehe . . . vor. Mir ist es auch lieber, dass . . . (Frankfurt) wäre nicht schlecht.

Expressing strong preference

I	3 (C11)	Ich (spiele) am liebsten . . .
I	10 (B10)	Ich (sehe) . . . am liebsten. Das ist meine Lieblings- . . .

Expressing indifference

I	9 (B4)	Na und?!
I	10 (B10)	Das ist mir gleich.
II	6 (C6)	Das wäre mir egal.
II	10 (B1)	Das ist mir egal.

Expressing praise, approval

II	7 (B10)	Diese Sendung ist / finde ich gut / nicht schlecht / in Ordnung / einfach Spitze!

Expressing criticism, disapproval

II	7 (B10)	Diese Sendung ist / finde ich nicht gut / schlecht / einfach furchtbar.

Responding to good news

I	2 (D5)	Gut! Prima! Phantastisch! Toll!

Responding to bad news

I	2 (D5)	Blöd! Das ist nicht so gut. Das ist schlecht. Schade!

Asking how someone likes something

II	1 (B16)	Wie war's? Hat's dir gefallen? Wie hat es dir (in . . .) gefallen?
II	3 (C1)	Gefallen euch (die neuen Möbel)?

Expressing enthusiasm

I	2 (A1)	Toll!
I	3 (C1)	Ich finde . . . interessant! . . . ist Klasse / Spitze / super / prima / phantastisch / toll! . . . macht Spass!
I	6 (B11)	Mensch!
I	9 (A1)	Schön!
I	9 (D3)	Und wie!
II	1 (B16)	Einfach herrlich! Gut. Und wie! Es hat mir gut gefallen.

Expressing lack of enthusiasm

I	3 (C1)	Ich finde . . . blöd. . . . ist langweilig.
I	10 (B3)	Ich mag . . . nicht besonders.

Responding enthusiastically

II	1 (B16)	Das freut mich. Was für ein Glück! Da hast du Glück gehabt!

Responding sympathetically

II	1 (B16)	Schade! Was für ein Pech! Da hast du Pech gehabt!

Apologizing

II	9 (A15)	Verzeihung! Entschuldigung! Verzeihung, dass ich (dich unterbrochen habe)!

Responding to an apology

II	9 (A15)	Das macht nichts. Schon gut!

Expressing admiration

II	3 (B15)	Das ist ein schönes Haus! Was für ein schöner Garten!
II	6 (C1)	Ich bewundere . . . (Meine Mutter) ist mein Vorbild.
II	9 (C1)	Du bist doch ein Genie!

Expressing happiness about something

II	3 (C4)	Die Mutti ist glücklich, dass (sie einen Garten hat). Ich bin froh, dass . . . Vati freut sich, dass . . .

Expressing exasperation

II	5 (A14)	Mensch, . . . ! Sag bloss nicht, dass . . . Jetzt ist aber Schluss!
II	5 (B12)	Du bist aber (wählerisch)! Du spinnst wohl!

Expressing annoyance

I	7 (C4)	Das ist (zu) blöd / dumm! Ich bin sauer.
II	9 (B9)	Ich bin sauer, weil . . . Es ist zu dumm, dass . . . Ich ärgere mich, dass . . . Es ärgert mich, dass . . .

Expressing regret

I	9 (A3)	Das ist schade. Es geht leider nicht.
II	2 (B19)	Es tut mir leid, . . .
II	11 (C10)	Ich hätte (dein Thema wählen) sollen!

Responding to expressions of regret

II	2 (B19)	Macht nichts! Schade!

Expressing relief

I	5 (B1)	Gott sei Dank!
I	5 (C6)	Endlich!

Expressing disappointment

II	9 (B9)	Es ist schade, dass . . . Ich bin enttäuscht, dass . . .

Expressing confusion

II	9 (C4)	Jetzt weiss ich wirklich nicht mehr, wo ich bin! Jetzt weiss ich wirklich nicht mehr, was die Lehrerin gesagt hat!

Expressing indecision

II	10 (C1)	Ich hab' mich noch nicht entschieden. Ich weiss nicht, ob ich (die Spätzle) oder (den Reis) bestellen soll.

Expressing concern

II	11 (A1)	Es stört mich. Es gibt mir zu denken.

Complaining

II	9 (A1)	Warum immer ich?

PERSUADING: GETTING SOMEONE TO DO SOMETHING

Making requests

I	7 (B4)	Geh doch bitte mal (einkaufen)! Kauf bitte nicht alles beim . . . ! Hol doch (das Obst) beim . . . !

Giving commands

I	7 (B4)	Pass bitte auf! Verlier das Geld nicht!
II	11 (B1)	Aber schnell! Jetzt, sofort!

Making suggestions

I	7 (C7)	Probier doch mal den . . . !
I	10 (A11)	Möchtest du ins (Kino) gehen? Willst du ins (Kino) gehen? Gehen wir ins (Kino)!
I	11 (C1)	Kaufen Sie . . . ! Schenken Sie ihm . . . !
II	5 (A22)	Kaufen wir uns etwas zum Essen! Hört euch eine Kassette an! Sehen Sie sich diesen Film an!
II	9 (A4)	Ich schlage vor, dass . . . Wie wär's mit . . . ? Ich bin dafür, dass . . .

Expressing possibility

I	10 (A11)	Wir können (ins Kino gehen).

Offering advice

I	7 (C1)	Bleibt doch lieber zu Hause!
I	11 (C1)	Kaufen Sie . . . ! Schenken Sie ihm . . . !
II	2 (C11)	Du gehst am besten gleich zum Arzt! Du musst unbedingt zum Arzt gehen.
II	5 (B5)	Du musst sparen! Kannst du nicht irgendwo jobben?
II	10 (C1)	Ich würde (die Spätzle nehmen).

Asking a favor

II	5 (A14)	Kannst du mir bitte zwanzig Mark geben?

Urging someone to do something

II	5 (A14)	Komm, (Vati), sei nicht (knickrig)!
II	5 (B5)	Kauf dir doch die Bluse!
II	9 (B1)	Los, Kinder, beeilt euch doch!
II	11 (A1)	Mach nur weiter!

Asking for permission

II	6 (A29)	Darf ich (eine Fete) haben? Darf ich? Geht das? Hast du was dagegen?

Threatening with consequences

II	6 (A31)	Du (bekommst kein Taschengeld), wenn du (dein Zimmer nicht aufräumst)! Du (räumst jetzt dein Zimmer auf), sonst (kriegst du kein Taschengeld)!

GRAMMAR SUMMARY

DETERMINERS

In German, nouns can be grouped into three classes or genders: masculine, feminine, and neuter. There are words that tell you the gender of a noun. One of these is called the definite article. In English there is one definite article: *the.* In German there are three, one for each gender: **der, die,** and **das.**

Gender:	*Masculine*	*Feminine*	*Neuter*
Noun Phrase:	**der Junge** *the boy* **der Ball** *the ball*	**die Mutter** *the mother* **die Kassette** *the cassette*	**das Mädchen** *the girl* **das Haus** *the house*

Other words can be used with a noun instead of the definite article. Examples of these words in English are *a, this, that, my, every.* These words and the definite article are called determiners. They help to make clear, or determine, which person or thing you mean—for example, whether you are talking about this book, my book, or just any book. A determiner plus a noun is called a noun phrase.

THE DEFINITE ARTICLES

	Masculine	*Feminine*	*Neuter*	*Plural*
NOMINATIVE	der	die	das	die
ACCUSATIVE	den	die	das	die
DATIVE	dem	der	dem	den

DIESER-WORDS

The determiners **dieser, jeder, mancher, solcher, welcher,** and **alle** are called **dieser-**words because their endings are the same as those of **dieser.** Note that the endings of the **dieser-**words are very similar to the definite articles.

dieser	*this, that, these*	**mancher**	*many, many a*
jeder	*each, every*	**solcher**	*such, such a*
alle	*all*	**welcher**	*which, what*

	Masculine	*Feminine*	*Neuter*	*Plural*	*Masculine*	*Feminine*	*Neuter*	*Plural*
NOMINATIVE	dieser	diese	dieses	diese	jeder	jede	jedes	alle
ACCUSATIVE	diesen	diese	dieses	diese	jeden	jede	jedes	alle
DATIVE	diesem	dieser	diesem	diesen	jedem	jeder	jedem	allen

INDEFINITE ARTICLES

The determiner **ein,** *a, an,* is called an indefinite article. There is no plural form of **ein.** You must use words like **viele,** *many,* **einige,** *some,* **mehrere,** *several,* which you will learn later.

	Masculine	*Feminine*	*Neuter*	*Plural*
NOMINATIVE	ein	eine	ein	—
ACCUSATIVE	einen	eine	ein	—
DATIVE	einem	einer	einem	—

NEGATIVE DETERMINER *KEIN*

The negative determiner **kein,** *no, not, not any,* has the same endings as **ein.** Note that **kein** has a plural form.

	Masculine	*Feminine*	*Neuter*	*Plural*
NOMINATIVE	kein	keine	kein	keine
ACCUSATIVE	keinen	keine	kein	keine
DATIVE	keinem	keiner	keinem	keinen

POSSESSIVES

	Before Masculine Nouns			*Before Feminine Nouns*		*Before Neuter Nouns*		*Before Plural Nouns*	
	NOM	ACC	DAT	NOM & ACC	DAT	NOM & ACC	DAT	NOM & ACC	DAT
my	mein	meinen	meinem	meine	meiner	mein	meinem	meine	meinen
your	dein	deinen	deinem	deine	deiner	dein	deinem	deine	deinen
his	sein	seinen	seinem	seine	seiner	sein	seinem	seine	seinen
her	ihr	ihren	ihrem	ihre	ihrer	ihr	ihrem	ihre	ihren
our	unser	unseren	unserem	unsere	unserer	unser	unserem	unsere	unseren
your	euer	eueren	euerem	euere	euerer	euer	euerem	euere	eueren
their	ihr	ihren	ihrem	ihre	ihrer	ihr	ihrem	ihre	ihren
your	Ihr	Ihren	Ihrem	Ihre	Ihrer	Ihr	Ihrem	Ihre	Ihren

Commonly used short forms for unseren:	unsren *or* unsern	*for* unsere:	unsre
eueren:	euren *or* euern	euere:	eure
for unserem:	unsrem *or* unserm	*for* unsere:	unsrer
euerem:	eurem *or* euerm	euerer:	eurer

NOUN PLURALS

Noun gender and plural forms are not always predictable. Therefore, you must learn each noun together with its article (**der, die, das**) and with its plural form. As you learn more nouns, however, you will discover certain patterns. Although there are always exceptions to these patterns, you may find them helpful in remembering the plural forms of many nouns.

Most German nouns form their plurals in one of five ways. Some nouns add endings in the plural; some add endings and/or change the sound of the stem vowel in the plural, indicating the sound change with the umlaut (¨). Only the vowels **a, o, u** and the diphthong **au** can take the umlaut. If a noun has an umlaut in the singular, it keeps the umlaut in the plural. Most German nouns fit into one of the following plural groups:

Group:	I	II	III	IV	V
Ending:	–	–e	–er	–(e)n	–s
Umlaut:	*sometimes*	*sometimes*	*always*	*never*	*never*

PRONOUNS

PERSONAL PRONOUNS / REFLEXIVE PRONOUNS

		Personal: *Nominative*	Personal: *Accusative*	Personal: *Dative*	Reflexive: *Accusative*	Reflexive: *Dative*
Singular						
1st person		ich	mich	mir	mich	mir
2nd person		du	dich	dir	dich	dir
3rd person	*m.*	er	ihn	ihm	sich	sich
	f.	sie	sie	ihr		
	n.	es	es	ihm		
Plural						
1st person		wir	uns	uns	uns	uns
2nd person		ihr	euch	euch	euch	euch
3rd person		sie	sie	ihnen	sich	sich
Formal Address		Sie	Sie	Ihnen	sich	sich

DEFINITE ARTICLES AS DEMONSTRATIVE PRONOUNS

The definite articles can be used as demonstrative pronouns, giving more emphasis to the sentences than the personal pronouns **er, sie, es.** Note that the demonstrative pronouns have the same forms as the definite articles.

	Masculine	*Feminine*	*Neuter*	*Plural*
NOMINATIVE	der	die	das	die
ACCUSATIVE	den	die	das	die
DATIVE	dem	der	dem	denen

INTERROGATIVES

INTERROGATIVE PRONOUNS

NOMINATIVE	**wer?**	*who?*	**was?**	*what?*
ACCUSATIVE	**wen?**	*whom?*	**was?**	*what?*
DATIVE	**wem?**	*to, for whom?*		

SUMMARY OF INTERROGATIVES

wann?	*when?*	**wo?**	*where?*	**welche?**	*which? what?*
warum?	*why?*	**woher?**	*from where?*	**was für (ein)?**	*what kind of (a)?*
wie?	*how?*	**wohin?**	*to where?*		
wieviel?	*how much? how many?*				

WAS FÜR (EIN)?

	Nominative	*Accusative*
MASCULINE	**Was für ein** Lehrer ist er?	**Was für einen** Lehrer hast du?
FEMININE	**Was für eine** Platte ist das?	**Was für eine** Platte kaufst du?
NEUTER	**Was für ein** Radio ist das?	**Was für ein** Radio hast du?
PLURAL	**Was für** Instrumente sind hier?	**Was für** Instrumente spielt ihr?

WORD ORDER

The verb is in first position in	*questions that do not begin with an interrogative:* **Trinkst** du Kaffee? **Spielst** du Fussball? *suggestions using command forms:* **Geht** doch ins Kino!
The verb is in second position in	*statements:* Wir **spielen** Tennis. Am Wochenende **spiele** ich Fussball. *questions that begin with an interrogative:* Wohin **fahrt** ihr? Was **spielst** du gern? *sentences connected by* **und, oder, aber, denn:** Ich komme nicht, denn ich **habe** keine Zeit.
The verb is in last position in	*clauses introduced by* **dass, weil, wenn,** *and interrogatives* (**wo? wann? warum?** etc.): Ich weiss nicht, wo der Dom **ist.** Ich komme heute nicht, weil ich keine Zeit **habe.**

POSITION OF *NICHT* IN A SENTENCE

Er fragt seinen Vater		**nicht.**	*as near the end as possible to negate entire sentence*
Ich rufe ihn	**nicht**	an.	*before a separable prefix*
Er kommt	**nicht**	heute. (Er kommt morgen.)	*before any part of a sentence you want to negate, contrast, emphasize*
Ich wohne	**nicht**	in Berlin.	*before part of a sentence answering the question* **wo?**

PREPOSITIONS

ACCUSATIVE	durch, für, gegen, ohne, um
DATIVE	aus, bei, mit, nach, seit, von, zu
TWO-WAY: Dative–wo? Accusative–wohin?	an, auf, hinter, in, neben, über, unter, vor, zwischen

ADJECTIVES

ENDINGS OF ADJECTIVES AFTER *DER* AND *DIESER*-WORDS

	Masculine	*Feminine*	*Neuter*	*Plural*
NOMINATIVE	der **-e** Vorort	die **-e** Stadt	das **-e** Dorf	die **-en** Vororte
ACCUSATIVE	den **-en** Vorort	die **-e** Stadt	das **-e** Dorf	die **-en** Vororte
DATIVE	dem **-en** Vorort	der **-en** Stadt	dem **-en** Dorf	den **-en** Vororten

NOTE: Names of cities used as adjectives always have the ending **-er**—
der Frankfurt**er** Zoo, das Münchn**er** Oktoberfest

ENDINGS OF ADJECTIVES AFTER *EIN*

	Masculine	*Feminine*	*Neuter*	*Plural*
NOMINATIVE	ein **-er** Vorort	eine **-e** Stadt	ein **-es** Dorf	**-e** Vororte
ACCUSATIVE	einen **-en** Vorort	eine **-e** Stadt	ein **-es** Dorf	**-e** Vororte
DATIVE	einem **-en** Vorort	einer **-en** Stadt	einem **-en** Dorf	**-en** Vororten

ENDINGS OF ADJECTIVES AFTER *KEIN* AND THE POSSESSIVES

	Masculine	*Feminine*	*Neuter*	*Plural*
NOMINATIVE	ein **-er** Vorort	eine **-e** Stadt	ein **-en** Dorf	keine **-en** Vororte
ACCUSATIVE	einen **-en** Vorort	eine **-e** Stadt	ein **-en** Dorf	keine **-en** Vororte
DATIVE	einem **-en** Vorort	einer **-en** Stadt	einem **-en** Dorf	keinen **-en** Vororten

Possessives: mein, dein, sein, ihr, unser, euer, ihr, Ihr

ENDINGS OF UNPRECEDED ADJECTIVES

	Masculine	*Feminine*	*Neuter*	*Plural*
NOMINATIVE	**-er** Salat	**-e** Suppe	**-es** Eis	**-e** Getränke
ACCUSATIVE	**-en** Salat	**-e** Suppe	**-es** Eis	**-e** Getränke
DATIVE	**-em** Salat	**-er** Suppe	**-em** Eis	**-en** Getränken

MAKING COMPARISONS

	Positive	*Comparative*
1. *All comparative forms end in* **-er.**	schnell	schneller
2. *Most one-syllable forms have an umlaut.*	alt	älter
3. *Exceptions must be learned as they appear.*	dunkel gut	dunkler besser

Equal Comparisons:	Er spielt **so gut wie** ich (spiele). *He plays as well as I (do).*
Unequal Comparisons:	Sie spielt **besser als** ich (spiele). *She plays better than I (do).*
Comparative adjectives before nouns:	der **bessere** Wagen ein **schöneres** Auto

VERBS

PRESENT TENSE VERB FORMS

INFINITIVES:		spiel -en	mogel -n	find -en	heiss -en
PRONOUNS		stem + ending	stem + ending	stem + ending	stem + ending
I	ich	spiel **-e**	mogl **-e**	find **-e**	heiss **-e**
you	du	spiel **-st**	mogel **-st**	find **-est**	heiss **-t**
he, she	er, sie	spiel **-t**	mogel **-t**	find **-et**	heiss **-t**
we	wir	spiel **-en**	mogel **-n**	find **-en**	heiss **-en**
you	ihr	spiel **-t**	mogel **-t**	find **-et**	heiss **-t**
they	sie	spiel **-en**	mogel **-n**	find **-en**	heiss **-en**
you (formal)	Sie	spiel **-en**	mogel **-n**	find **-en**	heiss **-en**

Note the following exceptions in the preceding chart:

a. Verbs ending in **-eln (mogeln, segeln)** drop the "**e**" of the ending **-eln** in the **ich**-form: **ich mogle,** and add only **-n** in the **wir-, sie-,** and **Sie**-form. These forms are always identical with the infinitive: **mogeln, wir mogeln, sie mogeln, Sie mogeln.**

b. Verbs with a stem ending in **-d** or in **-t,** such as **finden,** add **-est** in the **du**-form and **-et** in the **er-** and **ihr**-forms: **du findest, er findet, ihr findet.**

c. All verbs with stems ending in an **"s"** sound **(heissen)** add only **-t** in the **du**-form: **du heisst.**

d. In speaking, the **ich**-form is often used without the ending **-e: ich spiel', ich frag'.** The omission of the **-e** is shown in writing by an apostrophe.

VERBS WITH A STEM VOWEL CHANGE

There are a number of verbs in German that change their stem vowel in the **du-** and **er/sie**-form. Some verbs, such as **nehmen,** have a consonant change as well. There is no way to predict these verbs, so you must learn each one individually. Refer to the verb list on pages 450–451.

	e → i			e → ie		a → ä		
	essen	**geben**	**nehmen**	**lesen**	**sehen**	**anfangen**	**einladen**	**fahren**
ich	esse	gebe	nehme	lese	sehe	fange an	lade ein	fahre
du	**isst**	**gibst**	**nimmst**	**liest**	**siehst**	**fängst** an	**lädst** ein	**fährst**
er, sie	**isst**	**gibt**	**nimmt**	**liest**	**sieht**	**fängt** an	**lädt** ein	**fährt**
wir	essen	geben	nehmen	lesen	sehen	fangen an	laden ein	fahren
ihr	esst	gebt	nehmt	lest	seht	fangt an	ladet ein	fahrt
sie, Sie	essen	geben	nehmen	lesen	sehen	fangen an	laden ein	fahren

THE VERBS *HABEN, SEIN, WERDEN,* AND *WISSEN*

	haben	**sein**	**werden**	**wissen**
ich	habe	bin	werde	weiss
du	hast	bist	wirst	weisst
er, sie, es	hat	ist	wird	weiss
wir	haben	sind	werden	wissen
ihr	habt	seid	werdet	wisst
sie, Sie	haben	sind	werden	wissen

VERBS FOLLOWED BY AN OBJECT IN THE DATIVE CASE

angehören, *to belong to* antworten, *to answer* danken, *to thank* gefallen, *to like* gehören, *to belong* glauben, *to believe*	gratulieren, *to congratulate* helfen, *to help* passen, *to fit* raten, *to advise* zustimmen, *to agree*
Es geht (mir) gut. Es schmeckt (mir) nicht. Es tut (mir) leid.	Es steht (mir) gut. Es macht (mir) Spass. Es tut (mir) weh.

SOME MODAL VERBS

The verbs **dürfen, können, mögen** (and the **möchte**-forms), **müssen, sollen,** and **wollen** are usually used with an infinitive that comes at the end of the sentence. If the meaning of that infinitive is clear, it can be left out.

	dürfen	**können**	**mögen**	**müssen**	**sollen**	**wollen**	**möchte**-forms
ich	darf	kann	mag	muss	soll	will	möchte
du	darfst	kannst	magst	musst	sollst	willst	möchtest
er, sie, es	darf	kann	mag	muss	soll	will	möchte
wir	dürfen	können	mögen	müssen	sollen	wollen	möchten
ihr	dürft	könnt	mögt	müsst	sollt	wollt	möchtet
sie, Sie	dürfen	können	mögen	müssen	sollen	wollen	möchten

VERBS WITH SEPARABLE PREFIXES

Some verbs have separable prefixes. A separable prefix is a short word at the beginning of the infinitive that is sometimes separated from it.

	INFINITIVE: **anfangen**
ich fange an	Ich **fange** jetzt **an.**
du fängst an	Wann **fängst** du **an?**
er, sie, es fängt an	**Fängt** er immer zuerst **an?**
wir fangen an	Wir **fangen** nicht zuerst **an.**
ihr fangt an	Warum **fangt** ihr nicht **an?**
sie fangen an	Sie **fangen** morgen nach der Schule wieder **an.**

COMMAND FORMS

	bleiben	**essen**	**anfangen**
Persons you address			
with **du** *(sing)*	bleib!	iss!	fang an!
with **ihr** *(pl)*	bleibt!	esst!	fangt an!
with **Sie** *(sing & pl)*	bleiben Sie!	essen Sie!	fangen Sie an!
"let's" form	bleiben wir!	essen wir!	fangen wir an!

Here are some other command forms you have learned:

anrufen	ausgehen	einladen	holen	schauen	versuchen
ruf an! ruft an! rufen Sie an! rufen wir an!	geh aus! geht aus! gehen Sie aus! gehen wir aus!	lad ein! ladet ein! laden Sie ein! laden wir ein!	hol! holt! holen Sie! holen wir!	schau! schaut! schauen Sie! schauen wir!	versuch! versucht! versuchen Sie! versuchen wir!

Some verbs with stem vowel changes:

geben	nehmen	sehen
gib! gebt! geben Sie! geben wir!	nimm! nehmt! nehmen Sie! nehmen wir!	sieh! seht! sehen Sie! sehen wir!

FUTURE TIME

The verb forms you have been using so far usually referred to present time. These verbs are said to be in the present tense. In German, there are three ways to express future time:

1. present tense verb forms	Ich **kaufe** ein Paar Jeans. Ich **finde** bestimmt etwas.	*I'm going to buy a pair of jeans.* *I will surely find something.*
2. present tense verb forms with words like **morgen, später**	Er kommt **morgen.** Elke ruft **später** an.	*He's coming tomorrow.* *Elke will call later.*
3. **werden,** *will,* plus infinitive	Ich **werde** ein Hemd **kaufen.** Er **wird** bald **gehen.**	*I'll buy a shirt.* *He'll go soon.*

THE IMPERFECT OF *HABEN* AND *SEIN*

	haben	sein
ich	hatte	war
du	hattest	warst
er, sie, es	hatte	war
wir	hatten	waren
ihr	hattet	wart
sie, Sie	hatten	waren

THE CONVERSATIONAL PAST

German verbs are divided into two groups: weak verbs and strong verbs. Weak verbs usually follow a regular pattern, such as the English verb forms *play—played—has played*. Strong verbs usually have irregularities, like the English verb forms *run—ran—has run* or *go—went—has gone*.

The conversational past tense of weak and strong verbs consists of the present tense of **haben** or **sein** and a form called the past participle, which is usually in last position in the clause or sentence.

Die Schüler Sabine	**haben** **ist**	ihre Hausaufgaben schon gestern zu Hause	**gemacht.** **geblieben.**

Formation of Past Participles				
Weak Verbs	spielen	(er) spielt	gespielt	Er hat gespielt.
with inseparable prefixes	besuchen	(er) besucht	besucht	Er hat ihn besucht.
with separable prefixes	aufräumen	(er) räumt auf	aufgeräumt	Er hat aufgeräumt.
Strong Verbs	kommen		gekommen	Er ist gekommen.
with inseparable prefixes	bekommen		bekommen	Er hat es bekommen.
with separable prefixes	mitkommen		mitgekommen	Er ist mitgekommen.

NOTE: For past participles of strong verbs and irregular verbs, see pages 450–51.

THE FORMS *HÄTTE, WÄRE, KÖNNTE,* AND *WÜRDE*

ich	hätte	wäre	könnte	würde
du	hättest	wärest	könntest	würdest
er, sie, es	hätte	wäre	könnte	würde
wir	hätten	wären	könnten	würden
ihr	hättet	wäret	könntet	würdet
sie, Sie	hätten	wären	könnten	würden

THE PASSIVE VOICE, PRESENT TENSE

		werden	*plus past participle*
To express what is being done:	Der Aufsatz Die Daten	wird werden	geschrieben. verarbeitet.
		müssen	*plus infinitive (passive)*
To express what must be done:	Der Aufsatz Die Daten	muss müssen	geschrieben werden. verarbeitet werden.

WEAK VERBS FORMING THE PAST PARTICIPLE WITH *SEIN*

bummeln, *to stroll*	ist gebummelt	surfen, *to surf*	ist gesurft
reisen, *to travel*	ist gereist	wandern, *to hike*	ist gewandert

PRINCIPAL PARTS OF VERBS

This list includes all strong verbs listed in the **Wortschatz** sections of **Neue Freunde** and **Wir, die Jugend.** Weak verbs with stem vowel changes or other irregularities are also listed. Past participles formed with **sein** are indicated. All other past participles on this list are formed with **haben.** Usually only one English meaning of the verb is given. Other meanings may be found in the German-English Vocabulary.

Infinitive	Present (*stem vowel change and/or separable prefix*)	Past Participle	Meaning
abheben	hebt ab	abgehoben	*to lift (the receiver)*
anfangen	fängt an	angefangen	*to start*
(s.) anziehen	zieht an	angezogen	*to dress*
aufstehen	steht auf	ist aufgestanden	*to get up*
ausgehen	geht aus	ist ausgegangen	*to go out*
s. auskennen	kennt sich aus	ausgekannt	*to know one's way around*
aussehen	sieht aus	ausgesehen	*to look, appear*
beginnen		begonnen	*to begin*
bekommen		bekommen	*to get, receive*
beraten	berät	beraten	*to advise*
beschliessen		beschlossen	*to decide*
beschreiben		beschrieben	*to describe*
besprechen	bespricht	besprochen	*to discuss*
betreten	betritt	betreten	*to enter*
bleiben		ist geblieben	*to stay*
(s.) brechen	bricht	gebrochen	*to break*
bringen		gebracht	*to bring*
denken		gedacht	*to think*
dürfen	darf	gedurft	*to be allowed to*
einbiegen	biegt ein	ist eingebogen	*to turn into, onto*
einladen	lädt ein	eingeladen	*to invite*
s. entscheiden		entschieden	*to decide*
essen	isst	gegessen	*to eat*
fahren	fährt	ist gefahren	*to drive, ride*
fernsehen	sieht fern	ferngesehen	*to watch television*
finden		gefunden	*to find, think*
s. fithalten	hält sich fit	fitgehalten	*to keep fit*
fliegen		ist geflogen	*to fly*
geben	gibt	gegeben	*to give*
gefallen	gefällt	gefallen	*to please, be pleasing*
gehen		ist gegangen	*to go*
gewinnen		gewonnen	*to win*
giessen		gegossen	*to water*
haben	hat	gehabt	*to have*
halten von	hält von	gehalten	*to have the opinion about*
hängen		gehangen	*to hang, be hanging*
heissen		geheissen	*to be called; mean*
helfen	hilft	geholfen	*to help*
kennen		gekannt	*to know*
klingen		geklungen	*to sound*

INFINITIVE	PRESENT (*stem vowel change and/or separable prefix*)	PAST PARTICIPLE	MEANING
kommen		ist gekommen	*to come*
können	kann	gekonnt	*to be able to*
lassen	lässt	gelassen	*to let*
laufen	läuft	ist gelaufen	*to walk, run*
leihen		geliehen	*to lend*
lesen	liest	gelesen	*to read*
liegen		gelegen	*to lie, be lying*
mögen	mag	gemocht	*to like*
müssen	muss	gemusst	*to have to*
nehmen	nimmt	genommen	*to take*
radfahren	fährt Rad	ist radgefahren	*to go bike riding*
raten	rät	geraten	*to guess; advise*
rausreissen		rausgerissen	*to tear out*
reiten		ist geritten	*to ride (a horse, etc.)*
rufen		gerufen	*to call*
riechen		gerochen	*to smell*
scheinen		geschienen	*to shine; seem, appear*
schlafen	schläft	geschlafen	*to sleep*
schreiben		geschrieben	*to write*
schwimmen		ist geschwommen	*to swim*
sehen	sieht	gesehen	*to see*
sein	ist	ist gewesen	*to be*
singen		gesungen	*to sing*
sitzen		gesessen	*to sit*
sprechen	spricht	gesprochen	*to speak*
stehen		gestanden	*to stand*
sterben	stirbt	ist gestorben	*to die*
tragen	trägt	getragen	*to wear, carry*
s. treffen	trifft	getroffen	*to meet*
trinken		getrunken	*to drink*
tun		getan	*to do*
(s.) umziehen	zieht sich um	umgezogen	*to change (clothes)*
umziehen	zieht um	ist umgezogen	*to move*
unterbrechen	unterbricht	unterbrochen	*to interrupt*
unternehmen	unternimmt	unternommen	*to undertake, do (s. th.)*
verbinden		verbunden	*to connect*
verbringen		verbracht	*to spend (time)*
vergessen	vergisst	vergessen	*to forget*
s. verlaufen	verläuft sich	verlaufen	*to get lost*
verlieren		verloren	*to lose*
verstehen		verstanden	*to understand*
vorhaben	hat vor	vorgehabt	*to plan to do*
vorschlagen	schlägt vor	vorgeschlagen	*to suggest*
vorziehen	zieht vor	vorgezogen	*to prefer*
(s.) waschen	wäscht	gewaschen	*to wash*
werden	wird	ist geworden	*to become*
wissen	weiss	gewusst	*to know*
wollen	will	gewollt	*to want*

PRONUNCIATION

Pronunciation and reading exercises are found in the Try Your Skills section of Units 1, 2, 3, 5, 6, 7, 9, 10, and 11.

Kapitel		Sound	Examples
Kapitel (p. 43)	1	The sound /l/	Luft, helfen, Insel
		The diphthongs /ai/, /au/, /ɔi/	meistens, auf, Gebäude
		The **ich**-sound (/ç/)	hoffentlich, Pech, richtig
		The sound /R/	raten, Tirol, Strand
Kapitel (p. 85)	2	The **ach**-sound (/x/)	doch, machen, Nachspeise
		The **ich**-sound (review)	eigentlich, riechen, Honig
		The sound /ü/	überhaupt, Frühstück, dürfen
		The sound /R/ (review)	reichen, Kartoffel, Arzt
		Final **-er** (/ʌ/)	Pfeffer, Finger, überhaupt
Kapitel (p. 127)	3	The **ich-** and **ach**-sounds (review)	gleich, schmutzig; Sache, doch
		The sound /ü/ (review)	Bücher, Reisebüro, wünschen
		The sound /ö/	gehören, Österreich, Möbel
		The sound /R/ (review)	preiswert, Schrank, Reisebüro
Kapitel (p. 187)	5	The sounds /ü/ and /ö/ (review)	dafür, zurück, Grösse
		The sounds /ç/ and /x/ (review)	leicht, knickrig, gesucht
		The sound /R/ (review)	Beruf, Rasen, zuhören
		The sound /ʌ/ (**r** after a long vowel)	wahr, mehr, Tier
Kapitel (p. 227)	6	The sound /R/ (review)	heiraten, anders, verrückt
		The **ich-** and **ach**-sounds (review)	wichtig, sicher; Krach, besuchen
		The sounds /ü/ and /ö/ (review)	worüber, verrückt, stören
		The sound /l/ (review)	Beispiel, Vorbild, ordentlich
Kapitel (p. 271)	7	The **ich**-sound (review)	reich, recht, beschäftigt
		The sound /ü/ (review)	müde, übernachten, typisch
		The sound /l/ (review)	leise, schnell, Film
		The sound /R/ (review)	reiten, früh, gerade
Kapitel (p. 333)	9	The **ich-** and **ach**-sounds (review)	welch, Flüssigkeit; einfach, nochmals
		Long and short /ü/ (review)	dafür, Brücke, pünktlich
		The sound /l/ (review)	laden, diesmal, sollen
		Long and short /a/	baden, klar, falsch
		Long and short /o/	schon, verboten, Post
		The diphthong /ei/ (review)	keiner, Bäckerei, Main
Kapitel (p. 375)	10	The **ich**-sound (review)	chinesisch, der Achtzigste
		Long and short /ü/ (review)	Bühne, gewürzt
		Long and short /ö/ (review)	Knödel, französisch, öfters
		The sound /l/ (review)	los, Forelle, Kellner
		Medial /t/	bitte, Mitte, Operette
		The sound /R/ (review)	prost, griechisch, Reihe
Kapitel (p. 409)	11	The **ich-** and **ach**-sounds (review)	Licht, speichern; buchen, weitermachen
		The sound /ü/ (review)	Spülmaschine, überzeugt

NUMBERS

Cardinal		Ordinal
0	null	——
1	eins	erst-
2	zwei	zweit-
3	drei	dritt-
4	vier	viert-
5	fünf	fünft-
6	sechs	sechst-
7	sieben	siebt-
8	acht	acht-
9	neun	neunt-
10	zehn	zehnt-
11	elf	elft-
12	zwölf	zwölft-
13	dreizehn	dreizehnt-
14	vierzehn	vierzehnt-
15	fünfzehn	fünfzehnt-
16	sechzehn	sechzehnt-
17	siebzehn	siebzehnt-
18	achtzehn	achtzehnt-
19	neunzehn	neunzehnt-
20	zwangzig	zwanzigst-
21	einundzwanzig	einundzwanzigst-
22	zweiundzwanzig	zweiundzwanzigst-
23	dreiundzwanzig	dreiundzwanzigst-
24	vierundzwanzig	vierundzwanzigst-
30	dreissig	dreissigst-
31	einunddreissig	(etc.)
40	vierzig	
50	fünfzig	
60	sechzig	
70	siebzig	
80	achtzig	
90	neunzig	
100	hundert	
101	hunderteins	
102	hundertzwei	
103	hundertdrei	
200	zweihundert	
201	zweihunderteins	
300	dreihundert	
400	vierhundert	
1000	tausend	

GERMAN-ENGLISH VOCABULARY

This vocabulary includes all active words in **Neue Freunde** and **Wir, die Jugend.** Active words and phrases are those introduced in basic material and listed in the **Wortschatz** sections of the units. You are expected to know and be able to use active vocabulary.

With some exceptions, the following are not included: most proper nouns, forms of verbs other than the infinitive, and forms of determiners other than the nominative.

Nouns are listed with definite article and plural form, when applicable. The numbers in the entries refer to the unit where the word or phrase first appears. A number in black, heavy type indicates that the word or phrase has been actively introduced in that unit. Other vocabulary is followed by numerals in light type. The Roman numeral I refers to **Neue Freunde;** the Roman numeral II refers to **Wir, die Jugend.**

The following abbreviations are used in this vocabulary: fn (footnote), pl (plural), sep (separable prefix), sing (singular), and s. th. (something).

A

ab *from, starting at,* **II, 5;** schon ab *starting as low as,* II, 5; ab und zu *now and then,* **I**
der **Abend, -e** *evening,* **II, 2**
das **Abendessen, -** *supper,* **II, 2**
abends *in the evening, evenings,* II, 2
das **Abenteuer, -** *adventure,* II, 7
der **Abenteuerfilm, -e** *adventure film,* **I**
aber *but,* **I;** deine Haare sind aber auch zu lang! *well, your hair is too long!* II, 6
die **Abfahrt, -en** *departure,* II, 9
abgebildet *pictured,* II, 3
abgehen: von der Schule abgehen (sep) *to leave school,* II, 8
abgeschlossen *sealed,* II, 11
abhängen von (sep) *to depend on,* II, 3
abheben (sep) *to lift,* **I**
das **Abitur** see p 216, **II, 6**
der **Abiturient, -en** *person who has gotten his or her Abitur,* II, 6
die **Abkürzung, -en** *abbreviation,* II, 3
das **Abonnement, -s** *subscription,* II, 10
abräumen (sep) *to clear,* **II, 11**
das **Abräumen** *cleaning up;* zum Abräumen *to clean up,* II, 5
der **Abschied:** Abschied nehmen *to say goodbye,* II, 5
die **Abschiedsfeier, -n** *farewell party,* II, 9
abschreiben (sep) *to copy,* II, 1
absolut: absolut nicht! *absolutely not!* II, 6
abstauben (sep) *to dust,* **II, 11**
abtrocknen (sep) *to dry the dishes,* **II, 5**
abwaschen (sep) *to wash the dishes,* **II, 5**
abwechselnd *alternately,* II, 9
ach: ach so! *oh, I see!* **I;** ach, Mutti! *oh, Mom!* **I;** ach wo! *oh, go on!* **II, 3**
acht *eight,* **I**
achten auf *to pay attention to,* II, 10
der **Achtjährige, -n** *eight-year-old,* II, 2
achtzehn *eighteen,* **I**
achtzig *eighty,* **I**
der **Achtzigste** *eightieth (birthday),* **II, 10**
der **Action-Film, -e** *action film,* **I**
adieu! *goodbye!* **II, 7**
das **Adressbuch, ¨er** *address book,* **I**
der **Affe, -n** *ape, II, 7; monkey,* II, 9
ähnlich *similar,* II, 6
die **Ahnung:** keine Ahnung! *I have no idea!* **I**
aktiv *active,* **II, 7**
aktuell *current, up-to-date,* II, 5
der **Alarmpiepser, -** *beeper,* II, 11
Algebra *algebra,* **I**
der **Alkohol** *alcohol,* **II, 2**
alkoholfrei *non-alcoholic,* II, 10
alkoholisch *alcoholic,* II, 10
alle *all,* **I;** *everyone,* **I;** alle zwei Wochen *every two weeks,* **II, 5;** alle sein *to be all gone,* **II, 2**
allein *alone,* **I**
die **Allergie, -n** *allergy,* **II, 2**
allergisch sein gegen *to be allergic to,* **II, 2**
alles *everything,* **I;** *all,* **I;** (casual) *everybody,* II, LK2; alles andere *everything else,* **I;** alles Gute zum . . . *all the best wishes on . . .,* **I;** das ist alles *that's all,* **I**
die **Allgäuer Alpen** (pl) *Allgäu region of the Bavarian Alps,* **II, 1**
allgemein: im allgemeinen *in general,* **II, 7**
die **Alm, -en** *alpine pasture,* II, LK2
als *as,* **II, 5;** *than,* **II, 3;** als Babysitter arbeiten *to work as a babysitter,* **II, 5**
also *then, so, therefore,* **II, 3;** *well then,* **I**
alt *old,* **I;** älter *older,* **II, 3**
das **Altenheim, -e** *nursing home,* II, LK1
altmodisch *old-fashioned,* **II, 11**
am: am Abend *in the evening* **II, 2;** am Bodensee *on Lake Constance,* **II, 1;** am ersten *on the first,* **I;** am ersten Mai *on May first,* **I;** am Freitag *on Friday,* **I;** am Tag *(times) a day,* **I;** am Wochenende *on the weekend,* **I**
Amerika *America,* II, 2
der **Amerikaner, -** *American* (person, m), **I;** er ist Amerikaner *he's an American,* **I**
amerikanisch *American,* **II, 7**
die **Ampel, -n** *traffic light,* **II, 9**
s. **amüsieren** *to have a good time, have fun,* II, 10
an: an der Isar *on the Isar (River),* **I;** an der Nordsee *on/at the North Sea,* **II, 1;** *on,* II, 7; *to,* **II, 9;** von vier Uhr an *from four o'clock on,* II, 7
anbieten (sep) *to offer,* II, 2
ander- *other,* **II, 3**
anderes: etwas anderes *something else,* **II, 6**
s. **ändern** *to change,* **II, 6**
anders *different,* **II, 1;** ganz anders *completely different,* II, 1

anderswo *somewhere else,* II, 1
der **Anfang, ⸚e** *beginning,* II, 2
anfangen (sep) *to start,* **I**
anfliegen (sep) *to fly to,* II, 9
das **Angebot, -e** *offer, for-sale ad,* II, 3; im Angebot *on sale,* **I**
angehen *to concern, affect,* II, LK1
angehören (sep) *to belong to,* **II, 7**
der **Angestellte, -n** *employee,* II, 2
(s.) **anhören** *to listen to,* **II, 5**
ankreuzen (sep) *to mark,* II, 3
ankündigen *to announce,* II, 7
die **Ankunft, ⸚e** *arrival,* II, 7
der **Anlass, ⸚e** *occasion,* II, 10
anmachen (sep) *to turn on,* **II, 7**
anprobieren (sep) *to try on,* **II, 5**
anrufen (sep) *to call up,* **I**
s. **anschauen** (sep) *to look at,* **II, 6**
s. **ansehen** (sep.) *to watch,* **II, 7**
die **Ansichtskarte, -n** *picture postcard,* **II, 9**
anstossen (sep) *to clink glasses,* II, 10
anstrengend *strenuous,* **II, 10**
die **Antwort, -en** *answer,* **II, 11**
antworten *to answer,* II, 1
die **Anzeige, -n** *ad,* **II, 3**
(s.) **anziehen** (sep) *to put on,* **II, 5;** etwas zum Anziehen *something to wear,* **II, 5**
der **Anzug, ⸚e** *suit,* II, 3
der **Apfel, ⸚** *apple,* **II, 2**
das **Apfelmus** *applesauce,* **II, 2**
der **Apfelsaft,** *apple juice,* **I**
der **Apfelstrudel, -** *apple strudel,* II, 10
die **Apotheke, -n** *pharmacy,* **II, 9**
der **Apotheker, -** *pharmacist,* II, 6
der **Apparat, -e** *phone,* **I**
der **Appetit:** Appetit haben auf *to feel like having (to eat),* **II, 10;** guten Appetit! *enjoy your meal!* **I**
der **April** *April,* **I**
die **Arbeit, -en** *work,* **II, 5**
arbeiten *to work,* **II, 1**
der **Arbeitende, -n** *working person, II, 2*
der **Arbeiter, -** *worker, II, 3*
die **Arbeitsgemeinschaft, -en** *study group,* II, 7
der **Arbeitsplatz, ⸚e** *job* (place of work), **II, 6**
der **Ärger** *anger, annoyance,* II, 12
(s.) **ärgern** *to be annoyed, mad,* **II, 9**
arm *poor,* II, 6; armer Peter! *poor Peter!* **I**
der **Arm, -e** *arm,* **II, 2**
das **Armband, ⸚er** *bracelet,* **I**
die **Armbanduhr, -en** *wristwatch,* **I**
die **Armut** *poverty,* **II, 6**
arrangieren *to arrange,* II, 11
arrogant *arrogant,* **I**
der **Artikel, -** *article,* **II, 11**
der **Arzt, ⸚e** *doctor (m),* **II, 2**
die **Ärztin, -nen** *doctor* (f), **II, 6**
der **Astronaut, -en** *astronaut,* **II, 11**
die **Atemluft** *air to breathe,* II, 11
Äthiopien *Ethiopia,* II, 10
atmen *to breathe,* **II, 11;** zum Atmen *for breathing,* II, 11
die **Atmosphäre** *atmosphere,* **II, 10**

attraktiv *attractive,* **I**
aua! *ouch,* **II, 2**
auch *also,* **I;** ich auch *me too,* **I;** auch wenn *even if,* II, 2; ist sie auch *that's true, she is,* II, 1
der **Audi, -s** *Audi* (a German-made car), **I**
auf *on,* **I;** auf der Insel Sylt *on the island of Sylt,* **II, 1;** auf nach . . . *off to . . .,* **I;** auf Wiederhören! *goodbye* (on the phone), **I;** auf Wiedersehen! *goodbye!* **I**
aufbewahren (sep) *to store,* II, 3
der **Aufenthalt, -e** *stay,* II, 1
auffallen: was fällt dir auf? *what do you notice?* II, 11
aufführen (sep) *to put on (a production),* II, 10
der **Aufführungstag, -e** *day of the production,* II, 10
die **Aufgabe, -n** *assignment,* II, 11
aufgeben (sep) *to assign,* II, 1; eine Anzeige aufgeben *to put an ad in the paper,* II, 5
s. **aufhalten** (sep) *to spend time,* II, 3
aufhören (sep) *to stop,* II, 8
die **Aufnahme, -n** *picture, photo,* **II, 9**
aufpassen (sep) *to pay attention,* **II, 1;** aufpassen auf *to watch out for, take care of,* **II, 5;** ich pass schon auf *I'll be careful,* **I;** pass bitte auf! *please be careful!* **I**
aufräumen (sep) *to clean up,* **II, 6**
aufregendes: nichts Aufregendes *nothing exciting,* II, 7
der **Aufsatz, ⸚e** *composition,* **II, 11**
der **Aufschnitt** *cold cuts,* **I**
aufschreiben (sep) *to write down,* II, 1
der **Aufseher, -** *guard,* II, 9
aufstehen (sep) *to get up,* **II, 7**
aufstellen (sep) *to set up,* II, 9
aufwachsen (sep) *to grow up,* II, 10
aufwärmen (sep) *to heat up,* II, 7
aufzählen (sep) *to list,* II, 12
das **Auge, -n** *eye,* II, 8
die **Augenfarbe, -n** *color of eyes,* II, 7
der **August** *August,* **I**
aus *from,* **I;** *out, over,* **I;** *out of,* **I;** *out of, made of,* **II, 5;** aus der Schweiz *from Switzerland,* **I;** die Schule ist aus *school's out/over,* **I**
die **Ausbildung, -en** *training, education,* **II, 6**
s. **ausdenken** (sep) *to figure out,* II, 11
der **Ausdruck, ⸚e** *expression,* II, 2
ausdrucken (sep) *to print out,* **II, 11**
ausdrücken (sep) *to express,* II, 11
der **Ausflug, ⸚e** *little trip,* **II, 1;** einen Ausflug machen *to take a trip,* **II, 1**
ausführen (sep) *to take out,* II, 10
ausfüllen (sep) *to fill out,* II, 6
der **Ausgang, ⸚e** *exit,* **I**
ausgeben (sep) *to spend (money),* **II, 5**

ausgehen (sep) *to go out,* **I**
ausgeschnitten *cut out,* II, 11
ausgestellt *displayed,* II, 5
ausgezeichnet *excellent,* **I**
s. **auskennen** (sep) *to know about,* **II, 9;** *to know one's way around,* II, 9
die **Auskunft, ⸚e** *information,* **I**
das **Ausland** *foreign country,* **II, 1;** im Ausland *abroad,* **II, 1**
der **Ausländer, -** *foreigner,* II, 3
ausländisch *foreign,* **II, 7**
auslösen (sep) *to give rise to,* II, 5
auspacken (sep) *to unpack,* **I**
die **Ausrede, -n** *excuse,* **II, 1**
ausreichen (sep) *to be enough,* II, 8
ausreiten: Pferde ausreiten (sep) *to exercise horses,* II, 7
s. **ausruhen** (sep) *to rest, relax,* **II, 7**
ausschneiden (sep) *to cut out,* II, 5
aussehen (sep) *to look (like), appear,* **I;** gut aussehen *to look good,* **I;** *to be handsome, pretty, attractive,* **I;** wie sieht's bei dir aus? *how about you?* II, 5
aussen: von aussen *from the outside,* **II, 9**
das **Aussenministerium** *office of foreign affairs,* II, LK3
ausser *except for,* **II, 10;** *in addition to, besides,* II, 2
äusser- *outer, out-lying,* II, 2
ausserdem *aside from that,* II, 7
ausserhalb *outside of,* II, 3
die **Äusserung, -en** *comment,* II, 7
die **Ausspracheübung, -en** *pronunciation exercise,* II, 1
s. **aussprechen** (sep) *to speak one's mind,* II, 5
s. **aussuchen** (sep) *to choose,* **II, 10**
austauschen (sep) *to exchange,* II, 6
austragen (sep): Zeitungen austragen *to deliver newspapers,* **II, 5**
austrinken (sep) *to finish one's drink,* II, 8
ausüben: einen Beruf ausüben *to practice a profession or trade,* II, 6
ausverkauft *sold out,* **II, 10**
die **Auswahl** *choices, selections,* II, 12
auswählen (sep) *to choose,* II, 9
die **Auswertung, -en** *analysis,* II, 12
der **Auszug, ⸚e** *excerpt,* II, 7
das **Auto, -s** car, **I;** mit dem Auto *by car,* **I**
die **Autobahn, -en** superhighway, II, 7
automatisch *automatic,* **II, 11**
das **Autorennen, -** *car race,* II, 7
die **Art** *manner,* II, 10; Wiener Art *in the Viennese style,* II, 10

B

der **Babysitter, -** *babysitter,* **II, 5**
der **Bäcker, -** *baker,* **I**
die **Bäckerei, -en** *bakery,* **II, 9**
das **Bad, ⸚er** *bathroom,* **I**

der **Badeanzug, ¨-e** *bathing suit,* **II, 5**
die **Badehose, -n** *bathing trunks,* **II, 5**
der **Bademeister, -** *lifeguard,* **II, 5**
baden *to go swimming,* **II, 9**
das **Badezimmer, -** *bathroom,* **II, 3**
die **Bahn:** mit der Bahn *by train,* **I**
der **Bahnhof, ¨-e** *train station,* **II, 3**
bald *soon,* **I;** bis bald *see you soon,* **II, 3**
der **Balkon, -e** *balcony,* **II, 3**
der **Ball, ¨-e** *ball,* II, 9
das **Ballett** *ballet,* **II, 10**
die **Banane, -n** *banana,* **II, 2**
die **Bank, ¨-e** *bench,* II, LK3
die **Bank, -en** *bank,* **I;** zur Bank gehen *to go to the bank,* **II, 9**
der **Bankangestellte, -n** *bank teller,* **I**
der **Bärenhunger:** ich habe einen Bärenhunger! *I'm as hungry as a bear!* **I**
Basel *Basel,* **I**
Basketball *basketball,* **I**
basteln *to build things, do crafts,* II, 4
der **Bauch, ¨-e** *stomach,* **II, 2**
bauen *to build,* **II, 11**
das **Bauernbrot, -e** *farmer-style bread,* II, 9
das **Bauernhaus, ¨-er** *farmhouse,* **II, 3**
der **Bauernhof, ¨-e** *farm,* **II, 3**
das **Baumsterben** *the dying out of trees,* II, 11
die **Baumwolle** *cotton,* **II, 5**
Bayern *Bavaria,* **I**
bayrisch *Bavarian,* **II, 10**
beachten *to notice, pay attention to,* II, 10
der **Beamte, -n** *official,* **I**
beantworten *to answer,* II, 1
die **Bearbeitung, -en** *treatment, handling, development,* II, 11; Bearbeitung des Themas *development of topic,* II, 11
bedacht: auf die Gesundheit ihrer Familie bedacht *concerned about the health of her family,* II, LK3
s. **bedanken** *to thank,* II, 10
bedeutendest- *most important,* II, 9
die **Bedeutung, -en** *meaning,* II, 7
die **Bedingung, -en** *stipulation,* II, 2
s. **beeilen** *to hurry,* **II, 9**
beeinflusst sein von *to be influenced by,* **II, 11**
der **Befehl, -e** *order,* **II, 11**
begeistert *enthusiastic, avid,* **II, 3**
beginnt *begins,* **I**
der **Begriff, -e** *concept,* II, 10
begrüssen *to greet,* II, 11
behandeln *to treat,* **II, 7**
die **Behörde, -n** *public authority, governing body,* II, LK3
bei *at,* **II, 6;** *near,* **II, 1;** bei den Nedels *at the Nedels',* **I;** bei euch *where you are,* **II, 1;** bei uns *where we are,* **II, 1;** wie bei uns zu Hause *just like we do at home,* **II, 2;** bei Grün *by the green* (symbol), **I;** bei gutem Wetter *when the weather is good,* **II, 5;** bei 30 Grad Hitze *in 90-degree heat,* **II, 9**
beide *both,* **II, 3;** *two,* **II, 3**
das **Beige** *the color beige,* **I**
die **Beilage, -n** *side dish,* II, 2; *garnish,* II, 2
beim = bei dem *at the,* **I**
das **Bein, -e** *leg,* **II, 2**
beisammen: alle beisammen *all of you together,* II, 10
beisammensitzen (sep) *to sit together,* **II, 10**
das **Beispiel, -e** *example,* **II, 6;** zum Beispiel *for example,* **II, 6**
bekannt *well-known,* II, LK1
der **Bekannte, -n** *acquaintance,* II, 8
die **Bekanntmachung, -en** *announcement,* II, 10
das **Bekleidungsgeschäft, -e** *clothing store,* II, 5
bekommen *to get, receive,* **I;** ich bekomme *I'll have,* **II, 10**
belegt: belegte Brote (pl) *open-faced sandwiches,* **II, 2**
beliebt *popular,* II, 1
bemerken *to notice, observe,* II, 5
die **Benefiz-Vorstellung, -en** *benefit performance,* II, 10
benutzen *to use,* **II, 11**
das **Benzin** *gas,* **II, 7**
bequem *comfortable,* **II, 5**
beraten *to discuss,* **II, 10**
bereitstehen (sep) *to be ready, prepared,* II, 2
der **Berg, -e** *mountain,* **II, 1**
der **Bericht, -e** *report,* **II, 11**
berichten über *to report about,* II, 1
der **Beruf, -e** *work, career,* **II, 5**
das **Beruferraten** *guessing the occupation,* II, 7
die **Berufsschule, -n** *trade school,* II, 6
berühmt *famous,* II, 3
beschäftigt *busy,* **II, 7**
bescheiden *modest,* **II, 3**
beschleunigen *to accelerate,* II, 7
beschliessen *to decide,* **II, 10**
beschreiben *to describe,* **II, 11**
die **Beschreibung** *description,* **II, 3**
die **Beschwerde, -n** *complaint,* II, 7
der **Beschwerdebrief, -e** *letter of complaint,* II, 12
die **Beschwerdeliste, -n** *list of complaints,* II, 12
s. **beschweren** *to complain,* II, 6
besetzt *occupied,* **I;** *busy* (a phone), **I**
die **Besichtigung, -en** *tour,* II, 9
besitzen *to own,* II, 11
der **Besitzer, -** *owner,* II, 12
besonder- *special,* II, 10
Besonderes: was Besonderes *something special,* **II, 10**
besonders *especially,* **I**
besprechen *to discuss,* **II, 9**
die **Besprechung, -en** *conference, meeting,* II, 7
besser *better,* **II, 1**
die **Besserung:** gute Besserung *I hope you feel better soon,* **II, 2**
best-: der beste Sport *the best sport,* II, 2
das **Besteck, -e** *knife, fork, and spoon,* **II, 10**
bestehen: eine Prüfung bestehen *to pass a test,* II, 7
besteigen *to climb,* II, 1
(s.) **bestellen** *to order,* **II, 5**
bestellen *to reserve,* **II, 9**
die **Bestellung, -en** *order, reservation,* II, 10
besten: am besten *best of all,* **II, 1;** du gehst am besten gleich zum Arzt *you'd better go right to the doctor,* **II, 2;** wie kommen wir am besten *what is the best way to get* (to), **II, 9**
bestens *very well, most satisfactorily,* II, 11
bestimmt *surely, definitely,* **II, 1;** ganz bestimmt *definitely, for sure,* **II, 5**
bestimmt- *certain,* II, 11
der **Besuch** *company,* **I;** zu Besuch sein *to be visiting,* II, 2
besuchen *to visit,* **I;** Freunde besuchen *to visit friends,* **I;** eine Schule besuchen *to attend a school,* **II, 6**
der **Besucher, -** *visitor,* **I**
betreten *to enter,* **II, 11**
der **Betrieb, -e** *business,* II, 2
der **Betriebswirt, -e** *person with a management degree,* II, 6
das **Bett, -en** *bed,* **II, 3**
die **Bettwäsche** *bed linen,* II, 3
die **Bevölkerungsschicht, -en** *class of the population,* II, 7
bevor *before,* II, 2
bevorzugt *preferred,* II, 6
bewaldet *wooded,* II, LK2
s. **bewegen** *to get exercise,* II, 5
die **Bewegung** *exercise,* **II, 2**
der **Bewerber, -** *applicant,* II, 5
bewölkt *cloudy, overcast,* **I**
bewundern *to admire,* **II, 6**
die **Bezahlung, -en** *pay,* **II, 5**
bezeichnet *marked, designated,* II, 5
die **Bezeichnung, -en** *marking, designation,* II, 5
s. **beziehen auf** *to refer to,* II, 2
der **Bezirk, -e** *district,* II, LK3
das **Bier, -e** *beer,* **II, 10**
bieten *to offer,* II, 7
das **Bild, -er** *picture,* **II, 3**
bilden *to form,* II, 10
der **Bildschirm, -e** *screen,* **II, 11**
billig *cheap, inexpensive,* **II, 3**
Bio *short for* Biologie, **I**
der **Bio-Laden, ¨-** *health food store,* II, 6
die **Biologie** *biology,* **I**
bis *until,* **II, 1;** bis um zehn *until ten,* **II, 6;** bis dann! *see you later,* **I;** bis gleich *see you soon,* **I;** von . . . bis from . . . *to,* **I**
der **Bismarckhering, -e** *pickled herring,* **II, 10**

bisschen: ein bisschen *a little,* **II, 5**
bist: du bist *you are* **I;** du bist's *it's you,* **I**
bitte *please,* **I;** *you're welcome,* **I;** bitte! *here you are!* **I;** bitte schön! *you're welcome,* **I;** bitte sehr! *you're welcome,* **I;** bitte! *if you please,* **II, 10;** die Speisekarten, bitte! *here are the menus,* **II, 10**
bitten (um) *to ask* (for), II, 2
bitter *bitter,* **II, 10**
die **Blase, -n** *blister,* **II, 9**
blass *pale,* **II, 2**
das **Blatt, ¨er** *piece (of paper),* II, 3
das **Blau** *the color blue,* **I;** in Blau *in blue,* **I**
der **Blaufuchs** *the blue fox,* II, 8
der **Blazer, -** *blazer,* **II, 5**
bleiben *to stay,* **I;** da bleibt dir keine Freizeit *you don't have any free time left,* II, 7
der **Bleistift, -e** *pencil,* **I**
der **Blick, -e** *view,* II, 3; mit Blick auf *with a view of,* II, 3; *look,* II, 11; auf den ersten Blick *at first sight,* II, 11
der **Blinddarm** *appendix,* **II, 2**
blitzen *to use a flash,* **II, 9**
die **Blitztour, -en** *whirlwind tour,* II, 1
blöd *stupid, dumb,* **I;** das ist blöd! *that's too bad!* **I**
blond *blond,* **I**
die **Blonde, -n** *blonde,* II, 8
bloss *only, just,* **II, 5;** sag bloss nicht *just don't tell me,* **II, 5;** was schenke ich bloss meinem Vater? *what on earth should I give my father?* **I**
blühend: eine blühende Phantasie *a vivid imagination,* II, 11
die **Blume, -n** *flower,* **I**
der **Blumengarten, ¨** *flower garden,* II, 3
das **Blumengeschäft, -e** *flower shop,* II, 9
der **Blumentopf, ¨e** *flower pot,* II, 3
die **Bluse, -n** *blouse,* **I**
BMW = Bayerische Motorenwerke *Bavarian Motor Works,* II, 6
der **Bodensee** *Lake Constance,* **II, 1**
die **Bohne, -n** *bean,* II, 2
Bootsfahrten *boat rides,* II, 1
das **Brathendl** *roast chicken,* II, 10
die **Bratwurst, ¨e** *fried sausage,* **I**
brauchen *to need,* **I**
das **Braun** *the color brown,* **I**
braun *tan,* **II, 1**
braungebrannt *tanned,* **II, 1**
brav *good, well-behaved,* **II, 6**
s. **brechen** *to break (a bone),* **II, 2**
breit *wide,* **II, 7**
die **Bremse, -n** *brakes,* II, 7
der **Brief, -e** *letter,* **II, 3**
die **Brieffreundin, -nen** *pen-pal* (f), II, 11
die **Briefmarke, -n** *stamp,* **I**
die **Brieftasche, -n** *passport case,* **I**
die **Brille, -n** *glasses,* **I**
bringen *to bring,* **I;** *to get,* II, 11
die **Broschüre, -n** *brochure,* II, 7
das **Brot, -e** *bread,* **I**
das **Brötchen, -** *roll,* **II, 2**
die **Brücke, -n** *bridge,* **II, 9**
der **Bruder, ¨** *brother,* **I**
brünett *brunette,* **I**
brutal *brutal,* **I**
das **Buch, ¨er** *book,* **I**
buchen *to book a trip,* **II, 11**
das **Bücherregal, -e** *bookcase,* **II, 3**
der **Buchladen, ¨** *book store,* II, 9
die **Buchmesse, -n** *book fair,* II, 9
die **Bühne, -n** *stage,* **II, 10**
bummeln *to stroll,* **II, 9**
der **Bund** *army,* **II, 6**
die **Bundesliga** *national league,* II, 7
die **Bundesrepublik** *Federal Republic,* I, 1
die **Bundeswehr** *army,* **II, 6**
bunt *colorful,* **II, 5;** eine Pizza, ganz bunt *a pizza with everything on it,* II, 2
das **Büro, -s** *office,* **II, 6**
die **Bürofachkraft, ¨e** *trained office worker,* II, 6
der **Bus, -se** *bus,* II, 9; mit dem Bus *by bus,* **I**
die **Busfirma, -firmen** *bus company,* II, 9
die **Butter** *butter,* **I**

C

ca. = circa *approximately,* II, 5
das **Café, -s** *café,* **I;** in ein Café gehen *to go to a café,* **I**
die **Champignons** (pl) *mushrooms,* II, 10
das **Chaos** *chaos,* II, 11
die **Chemiefaser, -n** *synthetic material,* II, 5
chinesisch *Chinese,* **II, 10**
der **Chinesische Turm** *name of a well-known sight in Munich,* **I**
die **Clique, -n** *clique,* **I**
die **Cola, -s** *cola,* **I**
die **Comics** (pl) *comics,* **I**
der **Computer, -** *computer,* **II, 3**
der **Computerspezialist, -en** *computer specialist,* II, 3
Cord *corduroy,* II, 5

D

die **D-Mark = Deutsche Mark** *German monetary unit,* **I**
da *there,* **I;** *here,* **I;** da drüben *over there,* **I;** da kommt *here comes,* **I;** wir sind da *we'll be there,* **I;** *we're here,* **I**
dabei *at the same time,* **II, 7;** ich bin gerade dabei *I'm just doing (that) now,* **II, 7**
dafür *for that,* **II, 5;** *instead, on the other hand,* II, 2; dafür sein *to be for it,* **II, 9**
dagegen *against it,* II, 5; ich habe nichts dagegen *I don't mind,* **II, 6**
daher *therefore,* II, 7
damals *at that time,* II, 2
die **Dame, -n** *lady,* **II, 10**
damit *with it,* **II, 5**
die **Dampferfahrt, -en** *boat ride,* **II, 9**
die **dänische Dogge** *Great Dane,* II, LK2
Dank: tausend Dank! *thanks a million!* **I;** vielen Dank! *thanks a lot!* **I**
danke! *thanks! thank you!* **I**
danken *to thank,* **I;** nichts zu danken *don't mention it,* **I**
dann *then,* **I**
darauf: was antwortet er darauf? *what does he say to that?* II, 7; es kommt darauf an *it depends,* **II, 7**
darf: was darf es sein? *may I help you?* **I**
der **Darsteller, -** *actor,* II, LK1
darüber *about it, II, 6;* **II, 9**
das *the,* **I;** *that,* **I;** das ist *that is,* **I;** das sind *that makes, that comes to,* **I;** *these are,* **I**
dass *that,* **I**
dasselbe *the same,* II, 10
die **Daten** (pl) *data,* **II, 11**
das **Datum, Daten** *date,* II, 9
dauern *to take (time), last,* **II, 6**
dauernd *constantly, all the time,* I, 5
der **Daumen, -** *thumb,* **II, 2**
davon *from it, from that,* **II, 5**
dazu: was gibt es dazu? *what are we having with it?* **II, 2;** was sagst du dazu? *what do you say about it?* **II, 3;** ich kann sie nicht dazu bringen *I can't get them to,* II, 5
DDR = Deutsche Demokratische Republik *German Democratic Republic,* **I**
decken: den Tisch decken *to set the table,* **II, 11**
dein, deine *your* (sing), **I**
denken (an) (acc.) *to think (of);* denke selbst! *think for yourself!* II, 11; es gibt mir zu denken *it makes me stop and think,* II, 11
das **Denkmal, ¨er** *monument,* II, LK3
der **Denkmalschutz** *preservation of monuments,* II, LK2
denn (particle), **I;** *because,* **II, 7**
der *the,* **I**
deshalb *therefore, that's why,* **II, 1**
desto: je (weiter), desto (interessanter) *the (farther), the (more interesting),* II, 1
das **Deutsch** *German (language),* **I**
deutsch-: das deutsche Geld *German money,* **I**
die **Deutscharbeit, -en** *German paper,* **II, 11**
der **Deutsche, -n** *German (person),* **I**
der **Deutschkurs, -e** *German course,* II, 6
Deutschland *Germany,* **I**
der **Deutschlehrer, -** *German teacher* (m), **I**
die **Deutschlehrerin, -nen** *German teacher* (f), **I**
deutschsprachig *German-speaking,* II, 2

der **Dezember** *December,* **I**
die **Diät:** eine Diät machen *to be on, go on a diet,* **II, 2**
dich *you* (sing), **I**
dicht *densely,* II, LK2
der **Dichter, -** *poet,* II, 9
dick *fat,* **II, 2;** *thick,* II, 3; dick machen *to be fattening,* **II, 2;** dick werden *to get fat,* II, 6
die *the,* **I**
die **Diele, -n** *entrance hall,* **II, 3**
der **Dienst** *(military) service,* II, 6
der **Dienstag, -e** *Tuesday,* **I**
dies- *this, these,* **I**
diesmal *this time,* **II, 9**
das **Ding, -e** *thing,* II, 2
der **Dirigent, -en** *conductor,* II, 10
dirigieren *to conduct,* II, 10
der **Disco-Markt, ⸚e** *discount chain store,* II, 7
die **Disko, -s** *disco,* **I;** in eine Disko gehen *to go to a disco,* **I**
die **Diskussion, -en** *discussion,* II, 1
diskutieren *to discuss,* **I**
DM *abbreviation for Deutsche Mark,* **I**
doch! *yes! on the contrary!* **II, 2;** ihr könnt doch noch fahren *you can still go after all,* II, 3
der **Dollar, -** *dollar,* **I**
der **Dom, -e** *cathedral,* **I**
der **Donnerstag, -e** *Thursday,* **I**
der **Doppelburger, -** *double burger,* II, 11
doppelt *double,* II, 11
das **Dorf, -̈er** *village,* **I**
dort *there,* **I;** dort drüben *over there,* **I**
dorthin (to) *there,* II, 1
dran: jetzt bist du dran! *now it's your turn,* II, 2
draufhaben (sep): was willst du draufhaben? *what do you want on it?* **II, 2**
draussen *outside,* II, 8
das **Drehrestaurant, -s** *revolving restaurant,* II, 12
drei *three,* **I**
dreimal *three times,* **I**
dreissig *thirty,* **I**
dreizehn *thirteen,* **I**
drin *in it,* II, 1
drinnen *inside, in there,* II, 3
dritt- *third,* **II, 3**
drittgrösst- *third largest,* II, 9
die **Drogerie, -n** *drug store,* **II, 9**
drüben: da drüben *over there,* **I;** dort drüben *over there,* **I**
du *you* (sing), **I;** du, . . . *hey, . . .,* **I**
dumm *dumb, stupid,* **I**
der **Dummkopf, ⸚e** *dummy,* II, 11
dunkel *dark,* **I**
dunkelblond *dark blond,* **I**
durch *through,* **I**
durcheinander: nicht alle durcheinander! *not all at the same time!* **II, 9**
durcheinanderbringen (sep) *to confuse, mix up,* **II, 11**
durcheinanderkommen (sep) *to get confused,* II, 2
durchgehend *continuous,* II, 10
der **Durchschnitt, -e** *average,* **II, 6**
dürfen *to be permitted, allowed to,* **II, 2;** darf's zuerst etwas zum Trinken sein? *may I bring you something to drink first?,* II, 10
der **Durst:** Durst haben *to be thirsty,* **I**

E

Ebbewoi see p 307, II, 9
eben *just,* **II, 1**
echt *real, authentic,* **II, 3;** *really,* II, 9
die **Eckbank, ⸚e** *corner bench,* II, 3
die **Ecke, -n** *corner,* **II, 3**
das **Eckzimmer, -** *corner room,* **II, 3**
egal: das ist mir egal *it doesn't make any difference to me,* **II, 10**
die **Ehe, -n** *marriage,* II, 6
die **Ehre, -n** *honor,* II, 7
ehrlich *really, honestly,* **II, 1**
das **Ei, -er** *egg,* **I**
eigen *own,* **II, 3**
eigentlich *actually,* **II, 2**
die **Eigentumswohnung** *condominium,* II, LK3
eilig: es eilig haben *to be in a hurry,* **II, 10**
ein, eine *a, an,* **I**
einander *each other,* II, 9
einbiegen (sep) *to turn into,* **II, 9**
der **Eindruck, ⸚e** *impression,* **II, 7**
einfach *easy, simple,* **II, 9;** *simple, simply,* **II, 1;** einfach Spitze! *simply terrific,* **II, 1**
das **Einfamilienhaus, ⸚er** *single-family home,* **II, 3**
eingerichtet sein *to be fixed up, furnished,* **II, 3**
einige *several,* **II, 3**
s. **einigen auf** *to agree on,* **II, 9**
der **Einkauf:** Einkäufe machen *to do shopping,* **II, 9**
einkaufen gehen *to go shopping,* **I**
der **Einkaufsbummel, -** *window shopping, browsing,* II, 5
das **Einkaufsparadies** *shopping paradise,* II, 9
die **Einkaufsstrasse, -n** *shopping street,* II, 9
der **Einkaufszettel, -** *shopping list,* **I**
das **Einkommen, -** *income,* **II, 6**
einladen (sep) *to invite,* **I**
einmal *once,* **I;** *someday,* **II, 6;** zuerst einmal *first of all,* II, 2; auf einmal *suddenly,* **II, 11;** wir wollen einmal hören *now we want to hear,* II, 6
einrichten (sep) *to fix up, arrange,* II, 4
eins *one,* **I;** eine Eins *a grade of one,* **I**
einsetzen (sep) *to fill in,* II, 2
einst *at one time,* II, 9
einteilen in (sep) *to divide into,* II, 9
einüben (sep) *to practice, rehearse,* II, 2
einverstanden *in agreement,* II, 5; *okay! agreed!* **II, 7**
einwandern *to immigrate,* II, 3
der **Einwohner, -** *inhabitant,* **I**
einzeichnen (sep) *to draw in,* II, 9
das **Eis** *ice cream,* **I**
das **Eisbein** *pig's knuckles,* II, 10
die **Eisdiele, -n** *ice cream parlor,* **II, 5**
das **Eishockey** *ice hockey,* **I**
die **Eiskunstlauf-Weltmeisterschaft, -en** *figure skating world championship,* II, 7
elegant *elegant,* **II, 5**
der **Elektriker, -** *electrician,* **II, 6**
elf *eleven,* **I**
die **Eltern** (pl) *parents,* **I**
das **Elternhaus** *home (of one's parents),* II, LK1
empfangen *to receive,* II, 7
empfindlich *sensitive,* **II, 11**
das **Ende, -n** *end,* II, 9; am Ende *at the end,* II, 9; letzten Endes *ultimately,* II, 9
der **Endkampf** *final bout,* II, 7
endlich *finally,* **I**
eng *tight, small,* **II, 5**
der **Engel, -** *angel,* II, 8
der **Engländer, -** *Englishman,* II, 3
Englisch *English* (language), **I**
der **Englische Garten** *well-known public park in Munich,* **I**
das **Engtanzen** *slow dancing,* II, 5
entfernt von *away from,* **II, 3**
enthalten *to contain,* II, 2
entlang *along the length of,* II, LK2
entscheiden *to decide,* **II, 7;** s. entscheiden für *to decide on, make up one's mind about,* **II, 10**
die **Entscheidung, -en** *decision,* II, 6
s. **entschuldigen** *to excuse oneself,* II, 11
die **Entschuldigung, -en** *excuse,* II, 9; Entschuldigung! *excuse me,* **I**
entsprechend *suitable,* II, 12
enttäuscht *disappointed,* **II, 9**
die **Enttäuschung, -en** *disappointment,* II, 12
entweder: entweder . . . oder *either . . . or,* II, 5
entwerfen *to design,* II, 3
er *he,* **I;** *it,* **I**
erbeten *requested,* II, 12
die **Erbse, -n** *pea,* II, 2
erdähnlich *earthlike,* II, 11
die **Erdbeerbowle** *strawberry punch,* **I**
die **Erde** *earth,* **II, 11**
erfahren *to learn, find out,* II, 7
erfinden *to make up, invent,* II, 6
erfüllen *to fulfill,* II, LK3
ergänzen *to complete,* II, 2
das **Ergebnis, -se** *result,* II, 3
s. **erholen** *to rest, relax,* II, 1
erholsam *refreshing,* II, LK1
der **Erholungssuchende, -** *recreation seeker,* II, LK2
das **Erholungszentrum, -zentren** *recreation center,* II, 1

s. **erinnern** *to remember,* II, 7
die **Erkältung, -en** *cold,* **II, 2**
erkennen *to recognize,* II, 3
erklären *to explain,* **II, 1**
die **Erklärung, -en** *explanation,* II, 1
das **Erlaubnis, -se** *permission,* II, 6
erlaubt *allowed,* **II, 9**
das **Erlebnis, -se** *experience,* II, 10
erlernen: einen Beruf erlernen *to learn a trade,* **II, 6**
ermöglichen *to make possible,* II, 10
die **Ernährung** *food, nutrition,* **II, 2**
ernst *serious,* II, 8
ernsthaft *serious, deep,* II, LK1
erraten *to guess,* II, 1
erreichen *to achieve,* II, 3; *to reach,* II, 5
errichtet *built, constructed,* II, 9
erst *first,* **II, 6;** *only, just,* **II, 3;** erst mal *first of all,* II, 9
das **Erstaunen** *amazement,* II, 9
erstaunt *amazed,* II, 9
ersten: am ersten *on the first,* **I;** am ersten Mai *on May first,* **I**
erstens *first of all,* **II, 7**
erwähnen *to mention,* II, 2
erwarten *to expect,* II, 5
erzählen *to tell,* **I**
die **Erzählung, -en** *tale, story,* II, 10; Hoffmanns Erzählungen *Tales of Hoffmann,* II, 10
es *she,* **I;** it, **I;** es gibt *there is, there are,* **I**
die **Essecke, -n** *breakfast nook,* **II, 3**
essen *to eat,* **I;** zum Essen gehen *to go out to eat,* **II, 10**
das **Essen, -** *meal, food,* **II, 2**
das **Esszimmer, -** *dining room,* **I**
etwas *something,* **I;** etwas später *a little later,* I
euer, eure *your* (pl), I
Europa *Europe,* **II, 9**
europäisch *European,* **II, 9**
evt. = eventuell *possibly,* **II, 7**

F

fabelhaft *terrific,* **II, 11**
die **Fabrik, -en** *factory,* **II, 11**
der **Fabrikdirektor, -en** *factory manager,* II, 6
das **Fach, ¨er** *subject,* **I**
das **Fachgymnasium, -gymnasien** *school combining benefits of a high school and a trade school,* II, 6
die **Fachhochschule, -n** *technical college,* II, 6
die **Fachoberschule, -n** see Fachgymnasium, II, 6
die **Fachschule, -n** *technical trade school,* II, 6
die **Fachzeitschrift, -en** *trade magazine,* **II, 7**
fahren *to go, drive, ride,* **I;** in die Stadt fahren *to go into town,* **I;** Auto fahren *to drive a car,* **II, 7**
die **Fahrkarte, -n** *ticket,* II, 9
die **Fahrschule, -n** *driving school,* II, 7
die **Fahrstunde, -n** *driving lesson,* II, 7
die **Fahrt, -en** *trip, ride,* II, 1; eine Fahrt machen *to take a trip, a ride,* II, 1
fahrtüchtig *in good driving condition,* II, 7
der **Fall:** auf jeden Fall *in any case,* **II, 6**
falsch *wrong,* **II, 9**
die **Familie, -n** *family,* **I;** die Familie Nedel *the Nedel family,* **I**
die **Familienfeier, -n** *family party, celebration,* II, 10
der **Familienrat** *family council,* II, 10
die **Fanta** *orange-flavored soda,* **I**
das **Fantasy-Buch, ¨er** *fantasy book,* **I**
die **Farbe, -n** *color,* **I;** in vielen Farben *in many colors,* **I**
färben: s. die Haare färben *to dye one's hair,* **II, 6**
das **Farbenspiel, -e** *color game,* **I**
der **Farbfernseher, -** *color TV set,* **II, 7**
der **Farbfilm, -e,** *color film,* **II, 9**
fast *almost,* **II, 5**
faszinierend *fascinating,* **II, 7**
faul *lazy,* **II, 6**
faulenzen *to lie around, be lazy,* **I**
der **Februar** *February,* **I**
das **Federbett, -en** *feather bed,* II, 3
fehlen *to be missing,* **I**
fehlend- *missing,* II, 2
der **Fehler, -** *mistake,* II, 4
feiern *to celebrate,* **II, 6;** eine Party feiern *to have a party,* **II, 6;** die Eltern feiern mit *the parents join the party,* II, 6
der **Feiertag, -e** *holiday,* **II, 10**
fein *refined, elegant,* **II, 10**
der **Feinschmecker, -** *gourmet,* II, 10
das **Fenster, -** *window,* **II, 3**
das **Fensterbrett, -er** *window sill,* II, 3
die **Ferien** (pl) *vacation,* **I;** Ferien machen *to go on vacation,* **I;** in den Ferien *on (your) vacation,* **II, 1;** schöne Ferien! *have a nice vacation!* **I**
das **Ferienlager, -** *camp,* **II, 1**
der **Ferienort, -e** *vacation spot,* II, 11
das **Fernsehen** *television,* **II, 6;** zum Fernsehen kommen *to get around to watching TV,* **II, 7**
fernsehen (sep) *to watch television,* **II, 6**
der **Fernseher, -** *TV set,* **II, 7**
der **Fernsehfilm, -e** *film on TV,* II, 7
das **Fernsehgebühr, -en** *TV fee,* II, 7
das **Fernsehgerät, -e** *TV set,* II, 7
das **Fernsehprogramm, -e** *TV schedule,* II, 7
die **Fernsehserie, -n** *TV series,* **II, 7**
das **Fernsehspiel, -e** *play on TV,* II, 7
fertig *finished,* **II, 6;** fertig machen *to finish,* **II, 6**
das **Fertiggericht, -e** *frozen dinner,* **II, 11**
fertiggestellt *completed,* II, 9
fesch *stylish, smart,* **II, 5**
das **Festkonzert, -e** *festival concert,* II, 10
die **Fete, -n** *party,* **II, 6**
fett *fatty, greasy,* II, 10
das **Fett, -e** *fat, grease,* II, 2
der **Film, -e** *(camera) film,* **I;** *film (movie),* **I**
finanzieren *to finance,* II, 7
das **Finanzzentrum, -zentren** *financial center,* II, 9
finden *to find, think, have the opinion about s.th.,* **I;** das finde ich nicht *I don't think so,* **I;** findest du? *do you think so?* **I;** wie findest du . . .? *how do you like . . .? what do you think of . . .?* **I**
der **Finger, -** *finger,* **II, 2**
die **Firma, Firmen** *company,* II, 7
der **Fisch, -e** *fish,* **II, 2**
das **Fischbrot, -e** *fish sandwich,* **I**
das **Fischfilet, -s** *fish filet,* II, 10
s. **fithalten** (sep) *to keep fit,* **II, 2**
die **Flasche, -n** *bottle,* **I;** eine Flasche Mineralwasser *a bottle of mineral water,* **I**
die **Fledermaus, ¨e** *bat,* II, 10
das **Fleisch** *meat,* **I**
das **Fleischgericht, -e** *meat dish,* II, 10
die **Fleischsosse, -n** *meat sauce,* II, 10
fleissig *industrious, hard-working,* II, 11
fliegen *to fly,* **I**
flott *smart, sharp, chic,* **II, 5**
die **Flucht, -en** *escape,* II, 7
der **Flug, ¨e** *flight,* **I;** guten Flug! *have a good flight!* **I**
die **Fluggesellschaft, -en** *airline,* II, 9
der **Flughafen, ¨** *airport,* **I**
das **Flugticket, -s** *airplane ticket,* **I**
das **Flugzeug, -e** *airplane,* **I**
der **Fluss, ¨e** *river,* II, 3
die **Flüssigkeit, -en** *liquid,* **II, 9**
der **Föhn** see fn p 344, II, 10
die **Folge, -n** *result, consequence,* II, 6
folgend- *following,* II, 1
die **Forelle, -n** *trout,* **II, 10**
fort *away,* **II, 3**
das **Foto, -s** *picture,* **II, 3;** Fotos machen *to take pictures,* **II, 9**
das **Fotografieren** *taking pictures,* II, 9
fotografieren *to photograph,* **II, 9**
der **Fotoladen, ¨** *camera store,* **II, 9**
die **Frage, -n** *question,* **II, 11;** eine Frage stellen *to ask a question,* **II, 11**
der **Fragebogen, -** *questionnaire,* II, 3
fragen *to ask,* **I;** fragen wir mal *let's ask,* **I;** ich frag' mal . . . *I'll just ask . . .,* **I;** fragen nach *to ask about,* **II, 6**
Frankreich *France,* II, 3
der **Franzose, -n** *Frenchman,* II, 3
die **Französin, -nen** *French woman,* II, 3
französisch *French,* **II, 10**
die **Frau, -en** *Mrs.,* **I;** *wife,* **II, 3;** *woman,* **II, 6**
die **Frauenbewegung** *women's movement,* II, 6
Frauengeschichten *stories of women,* II, 7
das **Fräulein, -** *Miss,* **I**

fresch *fresh*, II, 1
frei *free*, **II, 7;** *available*, II, 8; *off*, **I;** er hat frei *he has off, he has no school*, **I**
das **Freigehege, -n** *open-air zoo*, II, 9
die **Freiheitsstatue, -n** *Statue of Liberty*, II, 1
der **Freitag, -e** *Friday*, **I**
freiwillig *voluntary*, II, 7
die **Freizeit** *free time, leisure time*, **I;** in deiner Freizeit *in your free time*, **I**
der **Freizeitmuffel, -** *person who doesn't know what to do with free time*, **I**
fremd *foreign*, II, 1; *unfamiliar, strange*, II, 12
der **Fremde, -n** *stranger; foreigner*, II, 10
die **Fremdsprache, -n** *foreign language*, II, 6
der **Fremdsprachenunterricht** *foreign language class*, II, 1
die **Fresstour, -en** *a glutton's tour*, II, 10
die **Freude** *joy, pleasure*, II, LK1
freuen: das freut mich *I'm glad*, **I**
s. **freuen** *to be happy*, **II, 3**
s. **freuen auf** (acc) *to look forward to*, **II, 7**
der **Freund, -e** *boyfriend*, **I**
die **Freundin, -nen** *girl friend*, **I**
freundlich *friendly*, **I**
frisch *fresh*, **I**
die **Friseuse, -n** *hairdresser*, II, 6
die **Frisur, -en** *hairdo, hair style* **II, 6**
Frl. = Fräulein *Miss*, **I**
froh *happy, glad*, **I;** da bin ich aber froh! *I'm glad to hear that!* **I**
fröhlich: fröhliche Weihnachten! *Merry Christmas!* **I**
die **Fruchtlimo, -s** *carbonated soda in fruit flavors*, II, 10
der **Fruchtsalat, -e** *fruit salad*, II, 10
früh *early*, **II, 7**
früher *before, earlier*, **II, 3;** *former*, II, 8
das **Frühjahr:** im Frühjahr *in the spring*, **I**
der **Frühling, -e** *spring*, **II, 5**
das **Frühstück** *breakfast*, **II, 2**
frühstücken *to eat breakfast*, **II, 2**
die **Frühstücksflocken** (pl) *cereal*, **II, 2**
führen *to lead, direct*, II, 9
der **Führerschein, -e** *driver's license;* den Führerschein machen *to get a driver's license*, **II, 7**
die **Führung, -en** *tour*, II, 9
der **Funk- und Fernsehmechaniker, -** *radio and TV repairman*, II, 6
funktionieren *to function*, II, 7
für *for*, **I**
furchtbar *terrible, awful*, **I**
fürs = für das *for the*, **II, 1**
die **Furt, -en** *ford*, II, 9
der **Fuss, ¨e** *foot*, **II, 2;** ich komme zu Fuss in die Schule *I walk to school*, **I;** zu Fuss *on foot*, **I**
Fussball *soccer*, **I**
der **Fussballklub, -s** *soccer club*, II, 7
der **Fussballplatz, ¨e** *soccer field*, II, 1
das **Fussballspiel, -e** *soccer game*, II, 7
das **Fussballspielen:** zum Fussballspielen *for playing soccer*, II, 3
das **Fussballtraining:** Fussballtraining machen *to coach soccer*, II, 2
der **Fussballverein, -e** *soccer club*, II, 7
der **Fussboden, ¨** *floor*, **II, 11**
der **Fussgänger, -** *pedestrian*, **I**
die **Fussgängerzone, -n** *pedestrian mall*, **I**
füttern *to feed*, **II, 11**

G

g = Gramm *gram*, **I**
gäbe: was gäbe es? *what would there be?* **II, 6**
ganz *completely*, **II, 1;** *whole, entire, all*, **II, 1;** *quite, rather*, **II, 1;** den ganzen Tag *all day long*, **II, 1;** ganz zart *very tender*, **II, 10;** ganz weit weg *really far away*, **II, 1;** ganz prima! *really great!* **I;** ganz gleich *it doesn't matter*, **II, 7;** ganz bestimmt *definitely*, II, 3
gar: gar nicht *not at all*, **II, 3**
die **Garage, -n** *garage*, **I**
garantiert *guaranteed*, II, 11
die **Gardinen** (pl) *curtains, drapes*, II, 3
der **Garten, ¨** *garden*, **I**
die **Gartenarbeit** *garden work*, II, 5
der **Gartenroboter, -** *garden robot*, II, 11
der **Gärtner, -** *gardener*, II, 5
die **Gärtnerei, -en** *nursery*, **II, 5**
die **Gasse, -n** *small street*, II, 9
der **Gast, ¨e** *guest*, II, 10
der **Gastarbeiter, -** *foreign worker*, II, 3
das **Gästezimmer, -** *guest room*, **I**
die **Gastgeberin** *hostess*, II, LK3
gebacken *baked*, II, 10
das **Gebäude, -** *building*, **II, 1**
gebaut: stärker gebaut *having a heavier build*, II, 5
geben *to give*, **I;** es gibt *there is, there are*, **I;** da gibt's Ferienlager? *they have camps there?* II, 1
das **Gebiet, -e** *area*, II, 2
das **Gebirge** *mountains*, **II, 1**
geboren sein *to be born*, **II, 3**
gebrauchen *to use*, **II, 3;** ich kann das Geld gut gebrauchen *I can really use the money*, II, 3
der **Gebrauchtwagen, -** *used car*, **II, 7**
das **Geburtshaus, ¨er** *house of birth*, II, 9
der **Geburtsort, -e** *place of birth*, II, 7
der **Geburtstag, -e** *birthday*, **I;** er hat Geburtstag *it's his birthday*, **I;** ich habe im Mai Geburtstag *my birthday is in May*, **I;** herzliche Glückwünsche zum Geburtstag! *happy birthday!* **I;** zum Geburtstag *for (your) birthday*, **I**
der **Geburtstagskaffee** *coffee in honor of one's birthday*, II, 10
das **Geburtstagskind** *birthday boy/girl*, II, 10
der **Gedanke, -n** *thought*, **II, 11;** darüber mach ich mir keine Gedanken *I don't worry about that*, **II, 11**
geduldig *patient*, II, **5**
geeignet *suitable, appropriate*, II, 10
geerbt *inherited*, II, LK3
die **Gefahr, -en** *danger*, II, 11
gefallen *to like*, **II, 5;** es hat mir gefallen *I liked it*, **II, 1;** wie hat's dir gefallen? *how did you like it?* **II, 1**
gefüttert *lined*, **II, 5**
gegen *against*, II, 2
die **Gegend, -en** *area, region*, **II, 7**
die **Gegenmannschaft, -en** *opposing team*, II, 7
gegenseitig: euch gegenseitig antworten *to answer each other*, II, 1
der **Gegenspieler, -** *opponent*, II, 7
das **Gegenteil, -e** *opposite*, **II, 7;** im Gegenteil *on the contrary*, **II, 7**
gegenüber *across from*, II, 10
gegrillt *grilled*, II, 11
das **Geheimnis, -se** *secret*, II, 8
gehen *to go*, **I;** wie geht's? *how are you?* **I;** wie geht es dir? *how are you? how are you feeling?* **II, 2;** es geht *it's okay*, **II, 3;** geht das? *is that all right? can I?* **II, 6;** es geht nicht *I can't*, **I;** hoffentlich geht das *I hope it's possible*, **II, 1;** wenn es geht *if possible*, II, 3; sie gehen in die achte Klasse *they're in the eighth grade*, **I;** der Apparat geht nicht *the phone is out of order*, **I**
gehören *to belong to*, **II, 3**
der **Geist** *spirit, mind*, II, LK1
gekleidet *dressed*, II, 5
das **Gelb** *the color yellow*, **I**
das **Geld** *money*, **I;** das deutsche Geld *German money*, **I**
gelten *to be in effect*, II, 10
die **Gemahlin** *wife (formal)*, II, LK3
das **Gemälde, -** *painting*, **II, 9**
gemeinsam *(done) together*, II, 2; ein gemeinsames Mittagessen *lunch with all family members*, II, 2; *mutual*, II, 8
gemischt *mixed*, II, 10
das **Gemüse** *vegetable*, **I**
der **Gemüsehändler, -** *greengrocer*, **I**
gemustert *patterned*, II, 3
gemütlich *cozy, comfortable*, **I**
die **Gemütlichkeit** *coziness, ambiance*, II, 9
genau *exactly, for sure*, **II, 6**
genauer *more closely*, II, 5
genauso: mir geht's genauso *it's the same with me*, **II, 5**
genehmigen *to approve*, II, 9
der **Generalkonsul** *consul-general*, II, LK3
genial *ingenious*, **II, 11**
das **Genie, -s** *genius*, **II, 9**
geniessen *to enjoy*, II, LK2
genug *enough*, **I**
genügen *to be enough*, II, 2
genügend *enough*, II, 3

die **Geographie** *geography,* **I**
geordnet *regulated,* II, 1
das **Gepäck** *baggage,* **I**
gepolstert: gut gepolstert *well-stuffed,* II, 3
gerade *just now, at the moment,* **II, 7;** was es gerade gibt *whatever happens to be on,* **II, 7;** nicht gerade leicht *not exactly easy,* II, 8; warum willst du gerade ins Rolandseck? *why do you want to go to the Rolandseck especially?* II, 8
geradeaus *straight ahead,* **I**
geräumig *roomy,* **II, 7**
das **Gerede** *talk,* II, 8
das **Gericht, -e** *dish,* **II, 2**
gern: gern haben *to like,* **I;** gern (machen) *to like (to do),* **I;** ja, gern *yes, I'd like to,* **I;** gern geschehen! *my pleasure!* **I**
der **Geruch, ⸚e** *smell,* **II, 5**
der **Gesandte, -n** *ambassador,* II, LK3
das **Geschäft, -e** *store,* **II, 3;** *business,* **II, 1;** im Geschäft *in (his) place of business, at work,* **II, 1**
das **Geschenk, -e** *present,* **I**
die **Geschenkidee, -n** *gift idea,* **I**
der **Geschenkladen, ⸚** *gift shop,* **I**
die **Geschenkliste, -n** *gift list,* **I**
die **Geschichte, -n** *history,* **I**
geschichtlich *historical,* II, 9
der **Geschichtsunterricht** *history class,* **II, 9**
geschieden *divorced,* **II, 6**
das **Geschirr** *dishes,* **II, 11**
geschlossen *closed,* **II, 9**
der **Geschmack** *taste,* II, 3
die **Geschmackssache** *a matter of taste,* **I**
die **Geschwindigkeitsbegrenzung, -en** *speed limit,* II, 7
die **Geschwister** (pl) *brothers and sisters,* **I**
die **Gesellschaft, -en** *society,* II, 11
das **Gespräch, -e** *conversation,* II, 1
gestern abend *last night,* **I**
gestorben: er ist 1832 gestorben *he died in 1832,* **II, 9**
gestresst *stressed out,* II, 8
gesucht *wanted,* II, 3
gesund *healthy,* **II, 2;** bleib uns noch lange gesund! *may you have a long and healthy life!* II, 10
die **Gesundheit** *health,* **II, 2**
der **Gesundheitsdienst** *health center,* II, 4
der **Gesundheitsmuffel** *someone who doesn't know (do) anything about good health,* II, 2
das **Getränk, -e** *beverage,* **II, 10**
die **Getränkekarte, -n** *wine list,* II, 10
die **Gewalt, -en** *power, force,* II, 8
die **Gewerkschaft, -en** *union,* II, 7
das **Gewichtheben** *weightlifting,* II, LK2
gewinnen *to win,* **I**
gewiss *certain,* II, 7
gewöhnlich *usually,* **I**
gewürzt *seasoned,* **II, 10;** gut gewürzt *well seasoned,* **II, 10**

gibt: es gibt *there is, there are,* **I;** was gibt's? *what's up?* **I**
giessen *to water,* **II, 11**
die **Gitarre, -n** *guitar,* **I**
glänzend *radiant,* II, LK3
das **Glas, ⸚er** *glass,* II, 10
glauben *to think, believe,* **I;** ich glaube, ja *I think so,* **I**
gleich *same,* **II, 11;** *at the same time,* **II, 3;** *right, directly,* **II, 7;** *right away,* **I;** gleich in der Nähe von *right near,* **II, 7;** ich bin gleich wieder da *I'll be right back,* **II, 9;** es ist mir gleich *it's all the same to me,* **I;** ganz gleich *no matter,* II, 1
gleichfalls *the same to you,* **II, 2**
das **Glockenspiel, -e** *set of bells and mechanical figures often put in clock towers to play when the hour strikes,* **I**
glorreich *glorious,* II, LK3
das **Glück** *luck,* **II, 1;** Glück haben *to be lucky, to be in luck,* **II, 1;** viel Glück *good luck!* **I**
glücklich *happy,* **II, 3**
die **Glückwünsche** (pl) *best wishes,* **I;** herzliche Glückwünsche zum . . . *best wishes on (your) . . ., happy . . .,* **I**
das **Goethehaus** see p 307, II, 9
das **Gold** *gold,* II, 9
der **Golf** *car model made by Volkswagen,* II, 7
gotisch *Gothic,* II, 9
der **Gott:** Gott sei Dank! *thank God!* **I;** grüss Gott! *hello!* (southern Germany and Austria), **II, 10**
Gr. = Grösse *size,* II, 5
der **Grad** *degree (of heat),* II, 9
das **Gramm** *gram,* **I;** 200 g Aufschnitt *200 grams of cold cuts,* **I**
gratulieren *to congratulate,* II, 5
das **Grau** *the color grey,* **I**
grausam *cruel,* **I**
die **Grenze, -n** *border,* II, 7
Griechenland *Greece,* **II, 10**
griechisch *Greek,* **II, 10**
grillen *to barbecue,* **II, 6**
gross *big; tall,* **I;** gross (grösser) *great, large,* **II, 3**
die **Grösse, -n** *size,* **II, 5**
die **Grosseltern** (pl) *grandparents,* **I**
Grosses: nichts Grosses *nothing big,* II, 7
die **Grossmutter, ⸚** *grandmother,* **II, 10**
die **Grossstadt, ⸚e** *big city,* **I**
Gruetzi! *hello!* (Swiss), **I**
das **Grün** *the color green,* **I**
der **Grund, ⸚e** *reason,* II, 2
die **Grundschule, -n** *elementary school,* II, 6
das **Grundstück, -e** *property,* **II, 3**
Grüne: ins Grüne *into the open air,* II, LK2
die **Gruppe, -n** *group,* **I**
der **Grusel-Thriller** *hair-raising thriller,* II, 8
grüss dich! *hi!* **I**
der **Gruss, ⸚e** *greeting,* II, 3; viele liebe Grüsse *love* (as a closing on a letter), II, 3; viele Grüsse *best regards,* II, 1
die **Gulaschsuppe, -n** *goulash soup,* **I**
die **Gurke, -n** *cucumber,* **I;** *pickle,* **II, 2**
der **Gürtel, -** *belt,* II, 11
gut *good,* **I;** *okay,* **I;** *okay, fine,* **I;** *well,* **I;** gut, danke *fine, thanks,* **I;** guten Appetit! *enjoy your meal!* **I;** guten Flug! *have a good flight!* **I;** guten Morgen! *good morning!* **I;** guten Tag! *hello!* **I**
gute: alles Gute zum . . . *all the best wishes for . . .,* **I**
gutgehen (sep) *to be well,* II, 3
der **Gymnasiast, -en** *Gymnasium student,* **II, 7**
das **Gymnasium, Gymnasien** *academic secondary school, high school,* II, 2
die **Gymnastik:** Gymnastik machen *to do gymnastics,* **I**

H

das **Haar, -e** *hair,* **II, 1**
die **Haarfarbe, -n** *color of hair,* II, 7
der **Haarschnitt, -e** *haircut,* **II, 1**
haben *to have,* **I;** ich hab's! *I have it!* **I**
das **Hackfleisch** *chopped meat,* **I**
das **Hähnchen, -** *chicken,* **I**
halb: ein halbes Pfund Butter *a half a pound of butter,* **I;** halb zehn *nine-thirty,* **I**
die **Hälfte, -n** *half,* II, 3
hallo! *hi!* **I**
der **Hals, ⸚e** *throat,* **II, 2**
die **Halskette, -n** *necklace,* **I**
das **Halstuch, ⸚er** *scarf,* **I**
halt *you know,* II, 6
(s.) **halten** *to hold (to),* II, 2
halten von *to think of, have the opinion about,* **II, 7**
die **Haltestelle, -n** *bus or streetcar stop,* **II, 9**
der **Hamburger, -** *hamburger,* **I**
die **Hand, ⸚e** *hand,* **II, 2;** Hand hoch! *raise your hand!* II, 9
der **Handel** *trade,* II, 9
der **Handkäs** see p 307, II, 9
die **Handschrift, -en** *handwriting,* II, 1
das **Handtuch, ⸚er** *handkerchief,* II, 3
hängen *to be hanging,* **II, 3**
hart *hard,* II, 10
hassen *to hate,* **I**
hässlich *ugly,* II, 5
hätte: du hättest warten sollen *you should have waited,* **II, 9;** ich hätte nicht gedacht *I wouldn't have thought,* **II, 9;** was hättest du gern? *what would you like to have?* **II, 10**
Haubarg *Frisian farmhouse,* II, LK2
häufig: am häufigsten *the most frequent,* II, 6
Haupt- *main,* II, 2
das **Hauptproblem, -e** *main problem,* II, 11
die **Hauptschule, -n** see p 216 **II, 6**
der **Hauptschüler, -** see p 216, II, 1

die **Hauptstadt, ¨-e** *capital city,* **I**
die **Hauptwache** see p 306, II, 9
der **Hauro = Haushaltsroboter** *household robot,* II, 11
das **Haus, ¨-er** *house,* **I;** nach Hause kommen *to come home,* **I;** zu Hause *(at) home,* **II, 2**
die **Hausarbeit, -en** *housework,* II, 11
die **Hausaufgaben** (pl) *homework,* **I;** er macht Hausaufgaben *he's doing homework,* **I**
das **Häuschen, -** *little house,* II, 3
der **Häusermakler, -** *real estate agent,* II, 4
die **Hausfrau, -en** *housewife,* **II, 3**
hausgemacht *home-made,* **II, 10**
der **Haushalt** *household,* **II, 11;** im Haushalt helfen *to help with the housework,* **II, 5**
der **Haushaltsroboter, -** (kurz: **Hauro**) *household robot,* **II, 11**
die **Hauspflanze, -n** *house plant,* II, 4
die **Hausruhe** *lights out,* II, 9
die **Haut, ¨-e** *skin,* II, 12
he! *hey!* II, 9
das **Heft, -e** *notebook,* **I**
heftig *strong, vehement,* II, 5
das **Heftpflaster, -** *Band-Aid,* **II, 9**
die **Heide:** in der Lüneburger Heide *on the heath of Lüneburg,* **II, 1**
die **Heimat** *home, homeland,* **II, 7**
die **Heimatstadt, ¨-e** *hometown,* II, 10
der **Heimcomputer, -** *home computer,* **II, 11**
die **Heimkehr** *homecoming,* II, 7
heimkommen (sep) *to come home,* **II, 7**
heimlich: die heimliche Hauptstadt Deutschlands *the secret capital of Germany,* **I**
heiraten *to marry,* **II, 6**
heiss *hot,* **I**
heissen *to be called,* **I;** *to mean,* **II, 7;** er heisst Jens *his name is Jens,* **I;** ich heisse *my name is,* **I;** wie heisst du? *what's your name?* **I;** wie heisst er denn? *what's it called again?* **I;** das heisst *that is to say,* **II, 7**
heiter *merry, cheerful,* II, 7; *fair* (weather), **I**
helfen *to help,* **II, 1**
hell *light,* **I;** ein Helles *a glass of light (colored) beer,* **II, 10**
das **Hellblau** *the color light blue,* **I**
das **Hemd, -en** *shirt,* **I**
her: das ist schon lange her *that was a long time ago,* **II, 5**
herausfinden (sep) *to find out,* II, 3
der **Herbst:** im Herbst *in the fall,* **I**
herkommen (sep) *to come from,* **II, 9**
Herr *Mr.,* **I**
herrlich *beautiful, wonderful,* **II, 1**
die **Herrschaften** (pl) *ladies and gentlemen,* **II, 10**
herumbasteln an (sep) *to putter around with,* **II, 7**
herumkommen (sep) *to get around,* **II, 7**
herumlaufen (sep) *to walk around,* II, 10
herumschweben (sep) *to float around,* II, 11
herumsitzen (sep) *to sit around,* **II, 2**
herumstehen (sep) *to stand around,* II, 1
hervorragend *excellent, superb,* **II, 10**
Herzen: im Herzen *in the heart of,* II, 9
herzlich: herzliche Glückwünsche zum (Geburtstag) *best wishes on your (birthday), happy (birthday),* **I**
herzlichst *love, warmest regards* (closing on a card or letter), II, 1
heute *today,* **I**
heutig *present, today's,* II, 2; für den heutigen Tag *for today,* II, 11
hier *here,* **I;** hier Nedel *Nedel speaking,* **I**
die **Hilfskraft, ¨-e** *helper,* **II, 5**
himmlisch *heavenly,* II, LK2
hin: hin und her *back and forth,* **II, 11**
hinbringen (sep) *to bring somewhere,* **II, 2**
hineinsprechen (sep) *to speak into,* II, 11
hinfallen (sep) *to fall down,* II, 2
s. **hinsetzen** (sep) *to sit down,* II, 5
hinten: da hinten *back there,* **II, 9**
hinter *behind,* **II, 3**
hinuntergehen (sep) *to go down,* **II, 9**
hinunterrennen: die Treppe hinunterrennen *to run down the stairs,* II, 11
das **Hinweisschild, -er** *direction sign,* II, 9
das **Hirn** *brains,* II, 2
die **Hitze** *heat,* **II, 9**
das **Hobby, -s** *hobby,* **I**
der **Hobbykeller, -** *basement recreation room,* **II, 6**
der **Hobbyraum, ¨-e** *hobby room,* **II, 3**
hoch *tall; high,* II, 1
das **Hochhaus, ¨-er** *high-rise,* **II, 3**
die **Hochschule, -n** *college or university,* II, 6
die **Hochzeit, -en** *wedding,* **I;** goldene Hochzeit *golden wedding anniversary,* **I**
der **Hochzeitstag, -e** *wedding anniversary,* **I;** zum Hochzeitstag *for (your) anniversary,* **I**
Hockey *hockey,* **I**
hoffen *to hope,* II, 1
hoffentlich *I hope, let's hope,* **II, 1**
die **Hoffnung, -en** *hope, expectation,* II, 1
höflich *polite,* II, 2
hoh- *high,* II, 9
holen *to fetch, pick up,* **I;** *to get,* **I**
das **Holz** *wood,* II, 3
der **Holzmechaniker, -** *carpenter,* II, 6
hören *to listen,* **I;** hör zu! *listen!* **I;** hören auf *to listen to, obey,* II, 11; hören von *to hear about,* II, 8
der **Hörer, -** *telephone receiver,* **I**
der **Horrorfilm, -e** *horror film,* **I**
die **Hose, -n** *pants,* **I**
die **Hosenträger** (pl) *suspenders,* II, 5
das **Hotel, -s** *hotel,* **II, 11**
hübsch *pretty,* **I**
das **Huhn, ¨-er** *chicken,* **II, 2**
der **Hund, -e** *dog,* **I**
hundert *hundred,* **I**
hunderteins *a hundred one,* **I**
der **Hundesitter, -** *dogsitter,* **II, 5**
der **Hunger:** Hunger haben *to be hungry,* **I**
die **Hungerhilfe** *hunger aid,* II, 10

I

ich *I,* **I;** ich? *me?* **I**
ideal *ideal,* **II, 5**
die **Idee, -n** *idea,* **I**
identifizieren *to identify,* **I**
das **Idol, -e** *idol,* **II, 6**
ihr *you* (pl), **I**
ihr, Ihre *your* (formal), **I**
ihr, ihre *her,* **I;** *their,* **I**
im = in dem *in the,* **I;** im Schwarzwald *in the Black Forest,* **II, 1**
die **Imbiss-Stube, -n** *snack bar,* **I**
immer *always,* **I**
die **Immobilien** (pl) *real estate,* II, 3
der **Immobilienteil** *real estate section,* II, 3
in *in,* **I;** *into,* **I;** *into, onto,* **II, 9;** *to,* **II, 9;** in der Prinzregentenstrasse *on Prinzregenten Street,* **I**
der **Individual-Ess-Kalkulator** *individual meal calculator,* II, 11
die **Industrie, -n** *industry,* II, 9
der **Ingenieur, -e** *engineer,* **II, 3**
die **Innenstadt, ¨-e** *center of the city,* **I**
die **Innereien** (pl) *innards,* II, 2
die **Insel, -n** *island,* **II, 1**
das **Inserat, -e** *advertisement,* II, 7
insgesamt *all together,* II, 6
das **Instrument, -e** *instrument,* **I**
interessant *interesting,* **I**
das **Interesse, -n** *interest,* **I**
interessieren *to interest,* II, 1
s. **interessieren für** *to be interested in,* **II, 7**
das **Interview, -s** *interview,* II, 2
der **Interviewer, -** *interviewer,* **I**
irgendein *any,* **II, 9**
irgendwann *at some time or another,* **II, 6**
irgendwo *somewhere,* **II, 1**
irgendwohin *(to) anywhere,* **II, 9**
Irland *Ireland,* II, 3
ist *is,* **I**
Italien *Italy,* **II, 1**
der **Italiener, -** *person from Italy (m),* II, 3
italienisch *Italian,* **II, 3**

J

ja *yes,* **I;** ja? *okay?* **I;** *aren't you? right?* II, 3; ja, bitte? *yes, may I help you?* **I;** da kommt er ja! *here he comes!* **II, 1;** du weisst ja *as you know,* II, 3; Sie wissen ja *as you know,* II, 5
die **Jacke, -n** *jacket,* **II, 5**
jagen *to chase,* II, 11
das **Jägerschnitzel, -** *cutlet prepared in hunter's style,* **II, 10**
das **Jahr, -e** *year,* **I;** im Jahr *(times) a year,* **I**
das **Jahrhundert, -e** *century,* **II, 9**
jährlich *every year,* II, 9
der **Januar** *January,* **I;** im Januar *in January,* **I**
jäten: das Unkraut jäten *to pull out weeds,* **II, 11**
die **Jazzgymnastik** *gymnastics done to jazz,* II, 2
je: je (weiter), desto (interessanter) *the (farther), the (more interesting),* II, 1; je zwei Schüler *every two students,* II, 1
die **Jeans** (pl) *jeans,* **II, 5**
jed- *each, every,* **I**
jeder *everyone,* II, 9
jedesmal *each time,* II, 6
jemand *someone,* **II, 9**
jetzt *now,* **I**
jeweils *in each case,* II, 10
der **Job, -s** *job,* **II, 5**
jobben *to do odd jobs, work,* **II, 5**
joggen *to jog,* **II, 2**
der **Jogging-Anzug, ¨e** *sweat suit,* **II, 5**
der **Joghurt, -** *yogurt,* **I**
der **Jubilar, -e** *person celebrating a special birthday or anniversary,* II, 10
die **Jugend** *youth, young people,* **I**
die **Jugendarbeit** *youth social work,* II, 7
die **Jugendherberge, -n** *youth hostel,* **II, 9**
der **Jugendkreis, -e** *youth group,* II, 7
die **Jugendlichen** (pl) *young people,* **I**
Jugoslawien *Yugoslavia,* II, 3
der **Juli** *July,* **I**
jung *young,* **II, 2**
jünger *younger,* **II, 3**
der **Junge, -n** *boy,* **I**
der **Juni** *June,* **I**

K

der **Kabelsender, -** *cable station,* II, 7
der **Kaffee** *coffee,* **I**
die **Kaffeepause, -n** *coffee break,* II, 2
der **Kaiser, -** *emperor,* **II, 9**
der **Kaisersaal** *throne room,* **II, 9**
das **Kaiserschmarren** *fluffy egg pancake,* II, 10
der **Kakao** *cocoa,* **II, 2**
der **Kalender, -** *calendar,* **I**
Kalifornien *California,* **I**
die **Kalorie, -n** *calorie,* **II, 2**
kalorienreich *high-calorie,* II, 2
kalt *cold,* **I**
die **Kälte** *cold,* II, 11
die **Kamera, -s** *camera,* **I**
die **Kammersolisten** (pl) *chamber music soloists,* II, 10
das **Kammerspiel, -e** *intimate, small theater,* II, 10
der **Kampf, ¨e** *battle,* II, 8
das **Kännchen, -** *little pot,* II, 10
die **Kantine, -n** *cafeteria,* II, 2
das **Kanufahren** *canoeing,* II, LK3
kaputt *broken, in disrepair,* **II, 3**
die **Karibik** *the Caribbean,* II, 1
das **Kärtchen, -** *little card,* II, 1
die **Karte, -n** *card,* **I;** *ticket,* **II, 5;** Karten spielen *to play cards,* **I**
das **Kartenspielen** *playing cards,* **I**
die **Kartoffel, -n** *potato,* **II, 2**
der **Kartoffelsalat, -e** *potato salad,* **I**
der **Käse** *cheese,* **I**
das **Käsebrot, -e** *cheese sandwich,* **I**
die **Kasse, -n** *check-out counter,* II, 5; *box office,* **II, 10;** *funds,* II, LK1
die **Kassette, -n** *cassette,* **I**
der **Kassetten-Recorder, -** *cassette recorder,* **I**
die **Kässpatzen** (pl) *Spätzle with cheese sauce and onions,* II, LK3
die **Katze, -n** *cat,* **II, 6**
der **Kauf, ¨e** *purchase,* II, 5
kaufen *to buy,* **I**
das **Kaufhaus, ¨er** *department store,* **I;** im Kaufhaus *in the department store,* **I**
der **Kaufhof, ¨e** *department store,* II, 9
der **Kaufmann, ¨er** *retailer,* **II, 7**
kaum *hardly,* **II, 7**
kegeln *to bowl,* **I**
kein, keine *no, not any,* **I;** keine Sorge *don't worry,* **I**
keiner *no one,* **II, 9**
keins *none,* II, 6
der **Keks, -e** *cookie,* II, 2
der **Keller, -** *basement, cellar,* **I**
der **Kellner, -** *waiter,* **II, 10**
Kenia *Kenya,* II, 1
kennen *to know,* **I;** *to know, be familiar with a place,* **I**
kennenlernen (sep) *to meet, get to know,* **I;** du lernst viele Leute kennen *you're going to meet a lot of people,* **I**
die **Kenntnis, -se** *knowledge,* II, 4
der **Kettenladen** *chain store,* II, LK3
kg = Kilogramm *kilogram,* **I**
das **Kilo** *short for Kilogramm,* **I;** 1 kg Tomaten *1 kilogram of tomatoes,* **I**
das **Kilogramm, -** *kilogramm,* **I**
der **Kilometer, -** *kilometer,* **I**
das **Kind, -er** *child,* **II, 1**
kinderlieb *fond of children,* **II, 5**
der **Kinderteller, -** *children's portion,* II, 10
kindisch *childish,* **II, 7**
das **Kino, -s** *movies,* **I**
der **Kiosk, -e** *newsstand,* **II, 7**
die **Kirche, -n** *church,* **I**
die **Kirsche, -n** *cherry,* **I**
klar *clear,* II, 9; ist doch klar! *well, it's clear to see,* II, 9; alles klar? *do you understand?* **II, 9;** na klar! *well, of course!* **I**
die **Klarinette, -n** *clarinet,* **II, 7**
die **Klasse, -n** *class; grade,* **I;** Klasse! *great!* **I**
die **Klassenarbeit, -en** *test,* **I**
die **Klassenfahrt, -en** *class trip,* **II, 9**
der **Klassenkamerad, -en** *classmate (m),* **I**
die **Klassenkameradin, -nen** *classmate* (f), **I**
die **Klassenlehrerin, -nen** *homeroom teacher (f),* **II, 1**
die **Klassensprecherin, -nen** *class spokesperson, representative* (f), II, LK1
die **Klassenstufe, -n** *grade level,* II, 5
der **Klassenwettkampf, ¨e** *class contest,* II, 9
das **Klavier, -e** *piano,* II, 7
kleben *to paste,* II, 5
das **Kleid, -er** *dress,* **II, 5**
der **Kleiderschrank, ¨e** *wardrobe,* **II, 3**
die **Kleidung** *clothing,* II, 5
das **Kleidungsstück, -e** *item of clothing,* II, 5
klein *small; short,* **I**
die **Kleine, -n** *little one,* II, 10
die **Kleinstadt, ¨e** *town,* **II, 3**
klettern *to climb,* II, 9
klingeln: es klingelt *the phone rings,* **I**
klingen *to sound,* **II, 3**
das **Kloster** *monastery, convent,* II, LK2
der **Klub, -s** *club,* **II, 7**
knickrig *stingy,* **II, 5**
das **Knie, -** *knee,* **II, 2**
der **Knoblauch** *garlic,* II, 2
der **Knödel, -** *dumpling,* **II, 10**
knusprig *crisp, crunchy,* II, 10
kochen *to cook,* II, 2
der **Kohl** *cabbage,* II, 2
der **Kollege, -n** *colleague,* II, 5
Köln *Cologne,* **I**
kombinieren *to combine,* II, 2
der **Kombiwagen, -** *station wagon,* II, 4
kommen *to come,* **I;** komm! *come on!* **I;** kommen nach *to get to,* **I**
der **Kommentar, -e** *commentary,* II, 5
die **Kommode, -n** *dresser,* **II, 3**
die **Komödie, -n** *comedy,* **I**
komplett *complete,* II, 10
der **Komponist, -en** *composer,* II, 10
das **Kompott** *stewed fruit,* **II, 2**
die **Konditorei, -en** *cafe and pastry shop,* II, 9
der **Konflikt, -e** *conflict,* **II, 6**
der **König, -e** *king,* II, 9
können *can, be able to,* **I**
könnte *could,* **II, 11**
konstruieren *to construct,* II, 11
der **Kontakt, -e** *contact,* **II, 7**
die **Kontaktlinse, -n** *contact lens,* **II, 9**
der **Kontinent, -e** *continent,* II, 9
das **Kontrollgerät, -e** *controls,* II, 11
das **Kontrollhäuschen, -** *control house,* II, 11
der **Kontrollkasten, -** *control box,* II, 11
s. **konzentrieren auf** *to concentrate on,* **II, 11**

das **Konzert, -e** *concert,* ins Konzert gehen *to go to a concert,* **I**
die **Konzerthalle, -n** *concert hall,* II, 10
der **Kopf, ¨-e** *head,* **II, 2;** ein Kopf Salat *a head of lettuce,* **I**
der **Körper, -** *body,* II, 2
der **Körperfresser, -** *body snatcher,* II, 8
körperlich *physically,* II, 2
korrespondieren mit *to correspond with,* II, 11
korrigieren *to correct,* **II, 11**
die **Kost** *food, meals,* II, 4
kosten: was kosten? *how much are?* **I;** was kostet? *how much is?* **I**
das **Kostüm, -e** *woman's suit,* II, 5
die **Krabbe, -n** *crab,* II, 10; *shrimp,* II, 10; Helgoländer Krabben *tiny shrimp,* II, 10
der **Krach** *noise,* **II, 6;** Krach geben *to make/have a scene, a quarrel,* **II, 6**
der **Kraftfahrzeug-Mechaniker, -** *auto mechanic,* **II, 6**
kräftig *strong,* **II, 5**
der **Kragen, -** *collar,* II, 5
der **Kram** *stuff, junk,* **II, 6**
krank *sick,* **II, 1**
das **Krankenhaus, ¨-er** *hospital,* **II, 11**
die **Krankenschwester, -n** *nurse,* II, 6
die **Krankheit, -en** *sickness,* II, 2
das **Kraut** *cabbage, sauerkraut,* II, 9
die **Krawatte, -n** *tie,* **I**
der **Kreis:** im Kreis der Familie *within the family circle,* II, LK1
kreisen *to circle,* **II, 11**
der **Kreislauf** *(blood) circulation,* II, 10
der **Krieg, -e** *war,* **II, 6**
kriegen *to get,* **II, 1**
der **Kriegsfilm, -e** *war film,* **I**
der **Krimi, -s** *detective show,* **II, 7**
die **Kritik** *criticism,* II, 5
kritisieren *to criticize,* II, 5
krönen *to crown,* II, 9
die **Krönung, -en** *coronation,* II, 9
die **Krönungsfeierlichkeiten** *coronation festivities,* II, 9
die **Küche, -n** *kitchen,* **I;** *food, cooking, type of food* (in a restaurant), II, 10
der **Kuchen, -** *cake,* **I**
der **Küchencomputer, -** *kitchen computer,* II, 11
kühl *cool,* **I**
der **Kühlschrank, ¨-e** *refrigerator,* II, 7
der **Kuli, -s** *ballpoint pen,* **I**
kulturell *cultural,* II, 10
der **Kulturmuffel, -** *person who doesn't care about culture,* II, 9
die **Kultursendung, -en** *cultural program,* **II, 7**
der **Kummer** *trouble, problems,* II, 6
der **Kummerkasten** *advice column,* II, 6
der **Kunde, -n** *customer,* II, 2
künstlich *artificial,* **II, 11**
das **Kunstmuseum, -museen** *art museum,* II, 12
der **Kurs, -e** *rate of exchange,* **I**
kurz *short,* **II, 1;** *in short,* II, 7; vor kurzem *recently,* **II, 10**
die **Kusine, -n** *cousin* (f), **I**
der **Kuss, ¨-e** *kiss,* **II, 6**
die **Küstennähe:** in Küstennähe *near the coast,* II, LK2
die **Kutsche, -n** *coach,* II, 12

L

l = Liter *liter,* **I**
der **Lackierer, -** *varnisher,* II, 6
die **Lage, -n** *location,* II, 9
die **Laienspielgruppe** *amateur theater group,* II, LK1
das **Lamm** *lamb,* II, 2
das **Land, ¨-er** *state,* **I;** *country, nation,* **II, 3;** auf dem Land *in the country,* **II, 3**
landen *to land,* **I**
die **Landeskunde** *culture,* II, 1
die **Landkarte, -n** *map,* II, 1
die **Landshuter Hochzeit** *folk celebration commemorating a famous royal wedding,* II, LK1
die **Landstrasse, -n** *highway,* II, 7
die **Landwirtschaft:** in der Landwirtschaft helfen *to help on the farm,* **II, 5**
lang *long,* **II, 1;** zwei Wochen lang *for two weeks,* **II, 1**
lange: so lange *as long as (it takes),* **II, 1**
länger-: auf längere Zeit *for a longer period of time,* II, 5
langsam *slowly,* **II, 9**
langweilig *boring,* **I**
der **Lärm** *noise,* **II, 3**
lassen *to let,* **II, 10**
lässig *casual,* **II, 5**
die **Lastrakete, -n** *cargo rocket,* **II, 11**
Latein *Latin,* **I**
der **Lauf:** im Laufe des Vormittags *at some time during the morning,* II, 2
laufen *to run, walk,* **II, 11**
laut *loud,* **II, 6**
das **Leben** *life,* **II, 6**
leben *to live,* **II, 2**
die **Lebensmittel** (pl) *groceries,* **II, 11**
der **Lebensstil** *life style,* II, 2
die **Leber** *liver,* II, 2
der **Leberkäs** *a popular meat product,* **I**
lecker *delicious,* **I**
legen *to place, put,* **II, 11**
die **Lehre, -n** *apprenticeship,* **II, 7**
der **Lehrer, -** *teacher* (m), **I**
die **Lehrerin, -nen** *teacher* (f), **I**
das **Lehrjahr, -e** *year of apprenticeship,* II, 7
lehrreich *educational, informative,* **II, 7**
die **Lehrstelle, -n** *apprenticeship,* **II, 6**
leicht *easy,* **I;** *light,* **II, 5**
leid: es tut mir leid *I'm sorry,* **II, 2**
leiden: nicht leiden können *to not be able to stand, put up with,* **II, 6**
leider *unfortunately,* **I;** ich weiss es leider nicht *I'm sorry, I don't know,* **I**
leihen *to lend,* **II, 5**
das **Leinen** *linen,* II, 5
leise *quiet, soft,* **II, 7**
leisten *to carry out, perform,* II, 6
s. **leisten** *to afford,* II, 11
der **Leistungssport** *competitive sports,* II, LK1
die **Lektion, -en** *unit, lesson, chapter,* II, 2
lenken *to steer, direct,* II, 11
lernen *to learn; to study* **II, 1**
lesen *to read,* **I**
der **Leserbrief, -e** *letter from a reader,* II, 5
letzt-: letztes Jahr *last year,* **II, 1**
die **Leute** (pl) *people,* **I**
das **Lexikon, Lexika** *dictionary,* II, 9
das **Licht** *light,* **II, 11**
lieb *nice, kind,* **II, 6;** du bist lieb! *you're a dear,* **II, 6**
die **Liebe, -n** *love,* II, 7
liebe, lieber *dear* (salutation in a letter), II, 3
lieben *to love,* **II, 5**
die **Lieben** (pl) *loved-ones,* II, 10; meine Lieben *my dear ones,* II, 10
lieber (machen) *to prefer* (to do), **I;** ich spiele lieber Fussball *I'd rather play soccer,* **I;** lieber nicht! *I'd rather you didn't,* **II, 6;** mir ist lieber *I'd rather,* **II, 9**
liebevoll *lovingly,* II, 7
Lieblings- (pref) *favorite,* **I**
die **Lieblingsfarbe, -n** *favorite color,* **I**
die **Lieblingsgruppe, -n** *favorite group,* **I**
der **Lieblingsstar, -s** *favorite star,* **I**
liebsten: am liebsten (machen) *to like (to do) most of all,* **I**
das **Lied, -er** *song,* **II, 10**
der **Liederabend, -e** *song recital,* **II, 10**
liegen *to be located,* II, 1; *to lie,* **II, 3**
die **Limo = Limonade** *lemon soda,* **I**
link- left, **II, 9**
links *left, on the left,* I
die **Liste, -n** *list,* II, 3; auf eine Liste schreiben *to write on a list,* II, 3
der **Liter, -** *liter,* **I;** ein Liter Milch *a liter of milk,* **I**
der **Lob** *praise,* II, 11
loben *to praise,* II, 11
logisch *logical,* II, 2
das **Lokal, -e** *restaurant,* **II, 10**
los: los sein *to be going on,* **II, 10;** los! *let's go! get going!* **II, 9;** wann geht's endlich los? *when are we finally going to get going?* **I;** was ist los? *what's the matter?* **I**
die **Lösung, -en** *solution,* II, LK1
die **Luft** *air,* **II, 1**
der **Luftkurort** *fresh air resort,* II, LK2
die **Lunge, -n** *lung,* II, 2
die **Lust:** Lust haben *to feel like,* **II, 11**
lustig *merry, funny,* **I**
der **Luxus** *luxury,* **II, 3**

M

machen *to do,* **I;** was machst du? *what are you doing? what do you do?* **I;** er macht Mathe *he's doing math,* **I;** ich kann machen, was ich will *no matter what I do,* **II, 1;** macht nichts *it doesn't matter,* **II, 2**
das **Mädchen, -** *girl,* **I**
das **Magazin, -e** *magazine,* II, 11
mager *lean,* **II, 2**
mähen *to mow,* **II, 5**
die **Mahlzeit, -en** *meal,* **II, 2;** Mahlzeit! *enjoy your meal,* **II, 2**
der **Mai** *May,* **I**
Mailand *Milan,* II, LK3
der **Main** *Main River,* **II, 9**
die **Mainbrücke** *bridge over the Main River,* II, 9
das **Mainufer, -** *shore of the Main,* II, 9
mal *from time to time,* **II, 6;** (particle); ich frag' mal den Vati *I'll just ask Dad,* **I**
das **Mal:** das nächste Mal *next time,* **II, 9**
der **Maler, -** *painter,* II, 6
man *one, you* (in general), *people,* **I**
manch- *many, many a,* **II, 7**
manchmal *sometimes,* **I**
der **Mann, ¨er** *man,* **II, 6**
der **Männerberuf, -e** *male occupation,* II, 7
männlich *male,* II, 6
die **Mannschaft, -en** *team,* **II, 2**
der **Mantel, ¨** *coat,* **I**
das **Märchen, -** *fairy tale,* II, 7
die **Margarine** *margarine,* **II, 2**
der **Marienplatz** *square in front of the city hall in Munich,* **I**
die **Mark, -** *mark* (German monetary unit), **I;** eine Mark *one mark,* **I;** eine Mark zehn *one mark and 10 pennies,* **I**
die **Marke, -n** *make* (of a car), **II, 7**
die **Marmelade, -n** *jam,* **II, 2**
der **Mars** *Mars,* **II, 11**
der **März** *March,* **I**
die **Maschine, -n** *plane,* **I**
der **Maschinenbau** *mechanical engineering,* II, LK3
massiv *solid,* II, 3
die **Mathe** *math,* **I**
der **Mathematikunterricht** *math class,* II, 11
der **Mathematiklehrer, -** *math teacher,* **I**
die **Matura** *Austrian school-leaving examination,* II, LK3
Mau-Mau *card game similar to crazy eights,* **I**
der **Maurer, -** *bricklayer,* II, 6
die **Medizin** *medicine,* **II, 6**
das **Meer, -e** *ocean, sea,* **II, 1;** am Meer *at/on the ocean,* **II, 1**
das **Mehl** *flour,* II, 10
mehr *more,* **I;** kein . . . mehr *not any more, not another,* **II, 5;** was will ich mehr? *what more could I ask?* II, 3
mehrere *several,* II, 2
die **Meile, -n** *mile,* **I**
mein, meine *my,* **I**
meinen *to mean,* **II, 6;** *to think, be of the opinion,* **I;** meinst du? *do you think so?* **I;** meinst du nicht? *don't you think so?* **I**
meinetwegen *it's fine with me,* **II, 6**
die **Meinung, -en** *opinion,* II, 1
meist *usually,* II, 3
das **meiste** *most (of it),* **II, 7**
meisten: am meisten *mostly, most of all,* **II, 1**
meistens *mostly,* **I**
der **Meisterkoch, ¨e** *master chef,* II, 7
die **Menge:** eine ganze Menge *a whole lot,* **II, 7**
der **Mensch, -en** *person,* **II, 6;** Mensch! *boy! wow!* **I**
das **Menü, -s** *daily meal special,* II, 10
s. **merken** *to take note of,* II, 9
das **Merkmal, -e** *feature,* II, 9
der **Metzger, -** *butcher,* **I**
die **Metzgerei, -en** *butcher shop,* II, 9
mexikanisch *Mexican,* **II, 10**
mieten *to rent,* **II, 1**
das **Mietshaus, ¨er** *apartment house,* **II, 3**
das **Mikrofon, -e** *microphone,* **II, 11**
der **Mikroherd, -e** *microwave oven,* **II, 11**
die **Milch** *milk,* **I**
das **Militär** *the military,* II, 6
die **Milliarde, -n** *billion,* **II, 11**
die **Million, -en** *million,* **I**
mindestens *at least,* II, 1
das **Mineralwasser** *mineral water,* **I**
minus *minus,* **II, 1**
die **Minute, -n** *minute,* **II, 3**
miserabel *miserable,* **I**
missglückt *unsuccessful,* II, 7
mit *with,* **I;** *along,* **II, 11;** mit dem Auto *by car,* **I;** willst du mit? *do you want to go along?* **II, 11**
das **Mitglied, -er** *member,* **II, 11**
mitkommen (sep) *to come along,* **II, 9;** *to follow* (in class), II, 1
mitmachen (sep) *to participate in,* II, 2; *to go along with, agree to,* II, 9
der **Mitschüler, -** *classmate, fellow student,* II, 1
der **Mittag:** zu Mittag *for lunch,* II, 2; zu Mittag essen *to eat lunch,* **II, 7**
das **Mittagessen, -** *lunch,* **II, 2**
die **Mittagspause, -n** *lunch break,* **II, 9**
der **Mittagstisch** *lunch,* II, 10
die **Mittagszeit** *noontime, lunchtime,* II, 9
die **Mitte** *middle,* **II, 10**
mitteilen (sep) *to inform,* **II, 11**
mitten in *in the middle of,* **II, 3**
die **Mitternacht** *midnight,* **II, 6**
mittler- *middle, mid,* II, 4
die **Mittlere Reife** see p 213, **II, 6**
der **Mittwoch** *Wednesday,* **I**
die **Möbel** (pl) *furniture,* **II, 3**
möchten *would like to,* **I**
die **Mode, -n** *style, fashion,* **II, 5**
das **Modell, -e** *model,* **II, 7**
modern *modern,* **I**
modisch *stylish, fashionable,* **II, 5**
mogeln *to cheat,* **I**
mögen *to like,* **I;** gern mögen *to like a lot,* **I**
möglich *possible,* II, 5; alle möglichen *all kinds of,* II, 10
die **Möglichkeit, -en** *possibility, opportunity,* II, 4
der **Moment:** Moment mal! *wait a minute!* **I**
der **Monat:** im Monat, *(times) a month,* **I**
monatelang *for months,* **II, 11**
das **Monatsprogramm, -e** *monthly schedule of events,* II, 10
der **Mond** *moon,* **II, 11**
der **Montag** *Monday,* **I**
das **Moped:** mit dem Moped *on (his) moped,* **I**
der **Mord, -e** *murder,* II, 7
morgen *tomorrow,* **I**
der **Morgen, -** *morning,* **II, 2;** Morgen! *morning!* **I**
morgens *in the morning,* **II, 2**
das **Motorrad, ¨er** *motorcycle,* II, 6
müde *tired,* **II, 5;** keine müde Mark! *not a lousy penny!* **II, 5**
München *Munich,* **I**
das **Münchner Kindl** *official emblem of Munich,* **I**
der **Mund, ¨er** *mouth,* II, 11
die **Mündung, -en** *muzzle* (of a gun), II, 8
die **Münze, -n** *coin,* **I**
das **Museum, Museen** *museum,* **I**
die **Musik** *music,* **I**
der **Musiker, -** *musician,* II, 4
die **Musikkassette, -n** *music cassette,* **I;** Musikkassetten hören *to listen to music cassettes,* **I**
der **Musikunterricht** *music class,* II, 10
der **Musikverein, -e** *music club,* II, 7
der **Muskelkater** *sore muscles,* **II, 2**
das **Müsli** *Swiss cereal,* **II, 2**
müssen *must, to have to,* **II, 1**
die **Mutter, ¨** *mother,* **I**
die **Muttersprache, -n** *native language,* II, 3
der **Muttertag** *Mother's Day,* **I;** zum Muttertag *for Mother's Day,* **I**
die **Mutti, -s** *mom,* **I**
die **Mütze, -n** *cap,* **I**

N

na *well,* **I;** na, dann *well then,* **I;** na gut *well, okay,* **I;** na ja *oh well,* **I;** na klar! *of course!* **I;** na und?! *so what?* **I;** na, sowas! *well, well,* **II, 1**
nach *after, past,* **I;** *to,* **I;** *according to,* **II, 12;** kommen nach *to get to,* **I;** nach dem Dienst *after work,* II, LK3
der **Nachbar, -n** *neighbor,* **II, 5**
das **Nachbarland, ¨er** *neighboring country,* II, 7

nachdenken über (sep) *to think about,* II, 11
nachgeben (sep) *to give in,* II, 5
der **Nachhilfelehrer, -** *tutor,* II, 5
die **Nachhilfestunde, -n** *tutoring,* **II, 5;** Nachhilfestunden geben *to tutor,* **II, 5**
nachkommen (sep) *to follow, catch up with,* **II, 9**
der **Nachmittag, -e** *afternoon,* **II, 2**
nachmittags *in the afternoon, afternoons,* II, 2
der **Nachname, -n** *last name,* II, 3
die **Nachrichten** (pl) *news,* II, 7
nachschauen (sep) *to check,* **I;** *to look up,* II, 9
die **Nachspeise, -n** *dessert,* **II, 2**
nächst- *next,* **II, 6**
der **Nachteil, -e** *disadvantage,* **II, 3**
der **Nachttisch, -e** *night table,* **II, 3**
die **Nachttischlampe, -n** *night-table lamp,* **II, 3**
nackt *bare,* II, 8
nagelneu *brand-new,* **II, 3**
die **Nähe:** in der Nähe *close by,* **II, 3**
näher: nähere Beschreibung *more detailed description,* II, 3
näherbringen (sep) *to bring closer,* II, 10
der **Nährstoff, -e** *nutrient,* II, 2
die **Nahrungsmittel** (pl) *food,* II, 2
der **Nährwert** *nutritional value,* **II, 11**
der **Name, -n** *name,* **I**
der **Namenstag, -e** *name day,* **I;** zum Namenstag *for (your) name day,* **I**
nämlich *by the way, I should mention,* **II, 3**
die **Nase, -n** *nose,* **II, 2**
nass *wet,* II, 1
die **Nationalität, -en** *nationality,* II, 3
das **Nationaltheater** *National Theater,* **I**
die **Nationalversammlung** *National Assembly,* II, 9
die **Natur** *nature,* **II, 3**
der **Naturfilm, -e** *nature film,* **I**
natürlich *of course,* **I**
neben *next to,* **II, 3;** *besides,* II, LK1
nebenbei *on the side,* **II, 5**
nee = nein *no* (casual), II, 9
nehmen *to take,* **I**
nein *no,* **I**
die **Nelke, -n** *carnation,* II, 11
nennen *to name,* **II, 9**
das **Nest, -er** *nest,* II, 11
nett *nice,* **I**
neu *new,* **II, 1**
neugierig *curious,* II, 4
die **Neuheit, -en** *novelty,* II, 11
neulich *recently,* II, 8
neun *nine,* **I**
neunzehn *nineteen,* **I**
neunzig *ninety,* **I**
die **Neunziger, -** *90-cent stamp,* **II, 9**
nicht *not,* **I;** nicht? *don't you think so?* **I**
der **Nichtraucher, -** *non-smoker,* II, 12
nichts *nothing,* **I**
nie *never,* **I**
die **Niere, -n** *kidney,* II, 2
die **Niete** *nothing, zero,* **II, 1;** ich bin in Mathe eine absolute Niete *I'm no good at math,* **II, 1**
nö = nein *no* (casual), **I**
noch *still,* **I;** noch ein *another,* **I;** noch zwei *two more,* **II, 9;** noch einmal *again, once more,* **I;** noch nicht *not yet,* **I;** noch etwas *something else,* **II, 2;** noch etwas Rotkohl *some more red cabbage,* **II, 2;** noch immer *still,* II, 9; was brauchst du noch? *what else do you need?* **I;** wen lädst du noch ein? *who else are you inviting?* **I**
nochmals *again,* II, 9
die **Nonne** *nun,* II, LK2
Nordamerika *North America,* II, 1
der **Norden** *north,* II, 1
Nordrhein-Westfalen *state in Germany,* **I**
die **Nordsee** *the North Sea,* **II, 1**
Norwegen *Norway,* II, LK3
die **Note, -n** *grade, mark,* **I**
die **Notiz, -en** *note,* II, 3
der **November** *November,* **I**
die **Nudel, -n** *noodle,* **II, 2**
null *zero,* **I**
die **Nummer, -n** *number,* **I**
nun *well, well then,* **II, 1;** nun ja *well, yes,* **I**
nur *only,* **I;** was soll ich nur schenken? *what on earth should I give?* **I**
der **Nussknacker** *nutcracker,* II, 10

O

O. K. *okay,* **I**
ob *if, whether,* II, 10
oben *upstairs,* **I;** dort oben *up there,* **I;** ganz oben steht bei mir *at the top of my list is,* **II, 6**
obenerwähnt *mentioned above,* II, 9
der **Ober, -** *waiter,* **II, 10;** Herr Ober! *waiter!* **II, 10**
Oberbayern *Upper Bavaria,* **II, 1**
die **Oberschule, -n** *high school,* **I;** er geht auf die Oberschule *he goes to high school,* **I**
obig- *above,* II, 5
das **Obst** *fruit,* **I**
der **Odenwald** *Oden Forest,* II, 9
oder *or,* **I;** oder? *isn't that so?* **II, 1**
offen *open,* **II, 9**
öffentlich *public,* II, 9
die **Öffentlichkeit:** in der Öffentlichkeit *publically,* II, LK1
offiziell *official,* II, 2
oft *often,* **I**
öfters *frequently,* **II, 10**
ohne *without,* **II, 2**
das **Ohr, -en** *ear,* **II, 2**
der **Oktober** *October,* **I**
die **Olive, -n** *olive,* **II, 10**
der **Ölwechsel** *oil change,* II, 8
die **Oma, -s** *grandma,* **I**
das **Omelett, -e** *omelet,* II, 10
der **Onkel, -** *uncle,* **I**
der **Opa, -s** *grandpa,* **I**
die **Oper, -n** *opera* **I;** in die Oper gehen *to go to the opera,* **I**
die **Operette, -n** *operetta,* **II, 10**
das **Optikergeschäft, -e** *optician,* **II, 9**
die **Orange, -n** *orange,* II, 2
der **Orangensaft** *orange juice,* **II, 2**
das **Orchester, -** *orchestra,* II, 10
ordentlich *neat,* **II, 6**
die **Ordnung:** in Ordnung sein *to be okay,* **II, 7;** geht in Ordnung! *all right,* **II, 6**
organisieren *to organize,* II, 9
der **Ort, -e** *place, spot,* II, 1
Österreich *Austria,* **I**
der **Österreicher, -** *Austrian* (person, m), II, 1
die **Österreicherin, -nen** *Austrian* (person, f), **II, 3**
die **Ostsee** *Baltic Sea,* II, 1
der **Ozean, -e** *ocean,* **II, 11**

P

paar: ein paar *a few,* **II, 5**
der **Paprika, -s** *green pepper,* II, 2
die **Parallelklasse, -n** *class of the same grade,* **I**
das **Parfüm, -s** *perfume,* **I**
der **Parka, -s** *parka,* **II, 5**
das **Parkett** *orchestra (seats),* **II, 10**
das **Parkhaus, ¨er** *parking garage,* II, 9
die **Party, -s** *party,* **I**
der **Partykeller, -** *basement room for parties,* II, 3
der **Pass, ¨e** *passport,* **I**
passen *to fit,* **II, 5;** das passt prima! *that suits me fine!* **I**
passend *fitting, appropriate,* II, 1
passieren *to happen,* **II, 7**
die **Passkontrolle** *passport control,* **I**
die **Paulskirche** see p 307, II, 9
die **Pause, -n** *break, recess,* **I**
das **Pausebrot, -e** *sandwich eaten during recess in school,* II, 9
das **Pech** *bad luck,* **II, 1;** Pech haben *to be unlucky,* **II, 1**
die **Pelzmesse, -n** *fur market, fair,* II, 9
der **Pendelverkehr** *commuter service,* II, 11
perfekt *perfect,* II, 11
die **Perlenkette, -n** *pearl necklace,* II, 5
die **Person, -en** *person,* II, 3
persönlich *personal,* II, 5
die **Peterskirche** *famous church in Munich,* **I**
der **Pfarrer, -** *minister,* II, 6
Pfd. = Pfund *pound,* **I**
der **Pfeffer** *pepper,* **II, 2**
der **Pfennig, -e** *penny,* **I**
das **Pferd, -e** *horse,* **II, 7**
der **Pfirsich, -e** *peach,* II, 10
pflanzen *to plant,* **II, 11**
der **Pflanzendünger** *fertilizer,* **II, 11**
das **Pflaster, -** *Band-Aid,* II, 9
pflegen *to take care of,* **II, 7**
das **Pfund** *pound,* **I;** zwei Pfund Zucker *two pounds of sugar,* **I**
die **Phantasie, -n** *imagination,* **II, 11**

phantasielos *unimaginative,* **II, 7**
phantasievoll *imaginative,* **I**
phantastisch *fantastic, great,* **I**
die **Philharmonie, -n** *philharmonic,* II, 10
Physik *physics,* **I**
der **Physiker, -** *physicist,* II, 6
der **Physiklehrer, -** *physics teacher,* **II, 1**
piepsen *to peep,* II, 11
die **Pille, -n** *pill,* **II, 11**
der **Pilz, -e** *mushroom,* II, 2
die **Pinakothek:** Alte Pinakothek *name of a famous art museum in Munich,* **I**
die **Pinnwand** *bulletin board,* II, LK3
die **Pizza, -s** *pizza,* **I**
das **Plakat, -e** *poster,* II, 9
der **Plan, ⸚e** *plan,* **II, 6**
planen *to plan,* **I**
der **Planet, -en** *planet,* **II, 11**
die **Platte, -n** *record,* **I**
der **Plattenspieler, -** *record player,* **I**
der **Platz** *space, room,* **II, 3**
der **Platz, ⸚e** *plaza, square,* **II, 9;** *seat,* **II, 10**
pleite sein *to be broke,* **II, 5**
das **Pokalspiel, -e** *tournament,* II, 7
die **Politik** *politics,* **II, 6**
der **Politiker, -** *politician,* II, 6
politisch *political,* **II, 7**
der **Polizist, -en** *policeman,* **II, 9**
die **Pommes frites** (pl) *French fries,* **II, 10**
populär *popular,* II, 9
das **Portemonnaie, -s** *wallet,* **I**
die **Portion, -en** *portion, serving,* **II, 10**
die **Post** *mail,* II, 4; zur Post gehen *to go to the post office,* **II, 9**
das **Postamt, ⸚er** *post office,* **I**
das **Poster, -** *poster,* **I**
das **Postfach, ⸚er** *post office box,* II, 3
die **Postleitzahl, -en** *zip code,* II, 9
praktisch *practical,* **II, 3;** *in practice,* II, 7
die **Praline, -n** *fancy chocolates,* **I;** eine Schachtel Pralinen *a box of fancy chocolates,* **I**
die **Praxis** *medical practice,* II, LK2
der **Preis, -e** *price,* **II, 3**
preiswert *reasonable,* **II, 3**
prima! *great!* **I**
pro *per,* II, 4
die **Probe, -n** *rehearsal,* **II, 7**
probieren *to try,* **I;** probier doch mal den . . . *why don't you try the . . . ,* **I**
das **Problem, -e** *problem,* **II, 6**
produzieren *to produce,* **II, 11**
die **Prognose, -n** *prognosis,* II, 11
das **Programm, -e** *channel, station,* II, 7
das **Programmheft, -e** *schedule of events,* **II, 10**
der **Prospekt, -e** *travel folder,* II, 9
prost! *to your health! cheers!* **II, 10**
die **Provision, -en** *fee,* II, 4
das **Prozent, -e** *percent,* II, 3
prunkvoll *magnificent,* **II, 9**
pst! *shh!* **II, 9**
der **Pudding** *pudding,* **II, 2**
der **Pulli, -s** *sweater* (pullover), **I**
der **Punkt, -e** *point,* II, 2
pünktlich *on time, punctual,* **I;** *punctual(ly),* **II, 9**
putzen *to clean,* **II, 11**
die **Putzfrau, -en** *cleaning woman,* II, 7

Q

der **Quark** *type of soft cheese,* **II, 2**
das **Quartier, -e** *lodging,* **II, 9**
die **Quarzuhr, -en** *quartz clock,* **I**
Quatsch! *nonsense!* **I**
quer *across,* II, 1
die **Quiz-Sendung, -en** *quiz show,* **II, 7**

R

die **Rache** *revenge,* II, 7
das **Rad, ⸚er** *bicycle,* **II, 3;** mit dem Rad *by bike,* **I;** wir fahren Rad *we go bike riding,* **I**
das **Radio, -s** *radio,* **I**
die **Rakete, -n** *rocket,* II, 11
der **Rang, ⸚e** *balcony, circle,* **II, 10**
rasen *to race, rush,* II, 11
der **Rasen, -** *lawn,* **II, 5**
der **Rasenmäher, -** *lawn mower,* II, 5
der **Rat** *advice,* II, 4
raten *to guess,* **II, 1;** *to advise,* **II, 5**
das **Ratespiel, -e** *guessing game,* **I**
das **Rathaus:** das Neue Rathaus *New City Hall,* **I**
der **Rattenfänger von Hameln** *the Pied Piper of Hamelin,* II, LK1
rauchen *to smoke,* **II, 2**
der **Rauchfangkehrer** *chimney sweep,* II, LK3
raufgehen (sep) *to go upstairs,* II, 8
der **Raum** *space,* **II, 11**
der **Raum, ⸚e** *room,* **II, 11**
die **Raumfähre, -n** *space shuttle,* II, 11
die **Raumfahrt, -en** *space voyage,* II, 11
rausreissen (sep) *to tear out,* **II, 11**
reagieren *to react,* II, 2
realistisch *realistic,* **II, 7**
die **Realschule, -n** see p 216, **II, 6**
der **Realschüler, -** see p 216, II, 1
recherchieren *to research,* **II, 11**
rechnen: damit hatten sie nicht gerechnet *they didn't figure on that,* II, 11
recht: recht haben *to be right,* **I;** recht wenig *very little,* **II, 7**
rechts *right, on the right,* **I**
der **Rechtsanwalt, ⸚e** *lawyer,* II, 6
die **Rechtsanwaltsgehilfin, -nen** *legal secretary* (f), II, 6
die **Rechtschreibung** *spelling,* **II, 11**
der **Redakteur, -e** *editor,* II, 6
das **Reformhaus, ⸚er** *health-food store,* II, 2
regelmässig *regular,* **II, 2**
der **Regen** *rain,* **I**
Regenbaum: Das Land des Regenbaumes *Raintree County,* II, 8
der **Regenmantel, ⸚** *raincoat,* **I**
der **Regenschirm, -e** *umbrella,* **I**
regnen: es regnet *it's raining,* **I**
reichen *to hand over, give,* **II, 10;** das reicht *that's enough,* **II, 2**
die **Reihe, -n** *row,* **II, 10;** du bist zuerst an der Reihe *it's your turn first,* **II, 10**
die **Reihenfolge** *order, sequence,* II, 12
das **Reihenhaus, ⸚er** *row house,* **II, 3**
rein *simple, pure,* **II, 7**
reinigen *to clean,* **II, 11**
die **Reinigung, -en** *dry cleaner,* II, 9
reinschauen (sep): lass mich reinschauen *let me have a look,* **II, 10**
der **Reis** *rice,* **II, 2**
die **Reise, -n** *trip,* **I;** eine Reise machen *to take a trip,* II, 1
das **Reisebuch, ⸚er** *travel book,* **I**
das **Reisebüro, -s** *travel bureau,* **II, 3**
der **Reiseführer, -** *travel guide,* **I**
reisen *to travel,* **II, 1**
der **Reisende, -n** *traveler,* **I**
der **Reisescheck, -s** *traveler's check,* **I**
die **Reisetasche, -n** *travel bag,* **I**
reiten *to go horseback riding,* **II, 7**
die **Reklame, -n** *ad,* **I**
die **Reklamesendung, -en** *commercial,* II, 7
relativ *relatively,* II, 9
die **Religion** *religion,* **I**
die **Reparatur:** Reparaturen machen *to do repairs,* **II, 7**
reparieren *to repair,* **II, 7**
reservieren *to reserve,* II, 10
reserviert *reserved,* **II, 10**
die **Reservierung, -en** *reservation,* II, 10
der **Rest** *rest, remainder,* II, 7
das **Restaurant, -s** *restaurant,* **I**
das **Resultat, -e** *result,* II, 2
der **Rettungswagen, -** *ambulance,* II, 2
der **Rhein** *Rhine River,* **II, 1**
die **Rheinfahrt** *trip on the Rhine,* **II, 1**
richtig *right, correct,* **II, 1;** *real,* **II, 6;** *proper,* II, 7
die **Richtung, -en** *direction,* **II, 9**
riechen *to smell,* **II, 2**
die **Riesenbrille, -n** *over-sized glasses,* II, 5
riesengross *huge, gigantic,* **II, 11**
das **Riesenrad** *giant Ferris wheel,* II, LK3
das **Rippchen, -** *smoked pork chop,* II, 9
der **Roboter, -** *robot,* **II, 11**
der **Robotersklave, -n** *robot slave,* II, 11
der **Rock, ⸚e** *skirt,* **II, 5**
das **Rockkonzert, -e** *rock concert,* **I**
die **Rolle, -n** *role,* II, 1
das **Rollenspiel, -e** *role-playing,* II, 1
der **Roman, -e** *novel,* **I**
der **Römer** see p 306, II, 9
der **Rost** *rust,* II, 7
das **Rot** *the color red,* **I;** in Rot *in red,* **I**
das **Rote Kreuz** *Red Cross,* II, 6
der **Rotkohl** *red cabbage,* **II, 2**
das **Rotkraut** *red cabbage,* II, 10
die **Roulade, -n** see fn p 68, **II, 2**
die **Rückkehr** *return,* II, 7
der **Rucksack, ⸚e** *knapsack, backpack,* **I**
das **Rudern** *rowing,* II, LK1
rufen *to call,* **II, 7**

die **Ruhe:** Ruhe! *quiet!* **I;** immer mit der Ruhe! *take it easy!* **II, 9**
der **Ruhetag, -e** *day of the week a restaurant is closed,* II, 10
ruhig *quiet,* **II, 3**
rumlaufen (sep) *to walk around,* **II, 9**
rund *around, approximately,* II, 3; *round,* II, 10
der **Russe, -n** *Russian,* II, 5
russisch *Russian,* **II, 10**

S

die **S-Bahn = Stadtbahn** *rapid transit,* II, 3
der **Saal, Säle** *large room, hall,* **II, 9**
die **Sache, -n** *thing,* **II, 3**
der **Saft, ¨e** *juice,* **II, 2**
saftig *moist, juicy,* **II, 10**
sagen *to say,* **I;** sag, . . . *say, . . . ,* **I;** sagt mal *tell me,* **II, 3**
die **Sahne** *cream,* **II, 2**
der **Salat, -e** *lettuce,* **I;** *salad,* **II, 2**
das **Salz** *salt,* **II, 2**
das **Sammeln** *collecting,* **I**
sammeln *to collect,* **I**
der **Samstag** *Saturday,* **I**
der **Sänger, -** *singer,* **I**
satt: ich bin satt *I'm full,* **I**
der **Satz, ¨e** *sentence,* II, 1
das **Satzpaar, -e** *pair of sentences,* II, 11
sauber *clean,* **II, 3**
sauberhalten (sep) *to keep clean,* **II, 6**
säuberlich *neatly,* II, 7
saubermachen (sep) *to clean,* II, 7
säubern *to clean,* **II, 7**
sauer *sore, annoyed,* **I;** *sour, tart,* II, 2
der **Sauerbraten** *sauerbraten,* **II, 10**
das **Sauerkraut** *sauerkraut,* II, 10
die **Sauna, -s** *sauna,* **II, 3**
Schach *chess,* **I**
die **Schachtel, -n** *box;* eine Schachtel Pralinen *a box of fancy chocolates,* **I**
schade! *too bad!* **I**
schädlich *harmful,* **II, 2**
schaffen *to accomplish, to make it,* **II, 6**
scharf *sharp, spicy,* **II, 10**
schauen *to look,* **I;** in die Zeitung schauen *to look in the newspaper,* **I;** schauen auf *to look at,* II, 1; Peter schaut nach *Peter checks,* **I;** schau! *look!* **I;** schau mal! *look! take a look!* **I**
das **Schaufenster, -** *display window,* II, 5
das **Schaulaufen** *exhibition skating,* II, 7
das **Schauspiel, -e** *play,* **II, 10**
der **Schauspieler, -** *actor,* **I**
die **Scheibe, -n** *slice,* **II, 2;** eine Scheibe Brot *a slice of bread,* **II, 2**
der **Schein, -e** *bill,* **I;** ein 10-Mark-Schein *a ten-mark bill,* **I**
scheinen *to shine,* **I;** *to seem, appear,* **II, 9**
schenken *to give* (as a gift), **I**
Schi: ich laufe Schi *I go skiing,* **I**

die **Schiausrüstung** *ski equipment,* II, LK3
schick *chic,* **I**
schicken *to send,* **II, 3**
Schickes: nichts Schickes *nothing fancy,* II, 7
das **Schicksal** *destiny,* II, LK3
das **Schilaufen** *skiing,* II, 3; zum Schilaufen *in order to go skiing,* II, 3
die **Schiläuferin, -nen** *skier* (f), **II, 3**
der **Schilling, -** *shilling* (monetary unit of Austria), **II, 9**
schimpfen *to scold, complain, get mad,* **II, 6**
der **Schinken** *ham,* **II, 2**
schlafen *to sleep,* **II, 2**
der **Schlafraum, ¨e** *bedroom,* II, 9
das **Schlafzimmer, -** *bedroom,* **I**
die **Schlagzeile, -n** *headline,* II, 7
schlank *slim,* **I**
schlecht *bad,* **I;** mir ist schlecht *I feel sick,* **II, 2;** das kann ich schlecht sagen *that's hard to say,* II, 7
Schleswig-Holstein *state in Northern Germany,* **I**
schliessen *to close,* II, 2
das **Schliessfach, ¨er** *locker,* **I**
schlimm *bad,* **I**
das **Schloss, ¨er** *castle,* **I;** Schloss Nymphenburg *Nymphenburg Castle,* **I**
der **Schlosser, -** *locksmith, machine fitter,* II, 6
der **Schluss:** jetzt ist aber Schluss! *now I've had enough!* **II, 5**
schmalzig *schmaltzy,* **I**
schmecken *to taste,* **I;** wie schmeckt's? *how does it taste?* **I**
der **Schmerz, -en** *pain,* **II, 2**
die **Schmerztablette, -n** *pain reliever,* **II, 2**
der **Schmuck** *jewelry,* II, 5
schmutzig *dirty,* **II, 3**
schnell *fast, quick,* **I**
das **Schnitzel, -** *cutlet,* II, 10
die **Schokolade** *chocolate,* **II, 2**
der **Schokoladenpudding** *chocolate pudding,* II, 2
schon *already,* **I;** eigentlich schon *well, actually, yes,* II, 3; ich möchte schon *I would indeed like to,* II, 3; ja schon *well, yes, that's true, but . . . ,* **I, 6;** schon mal *already,* II, 9; ich hab' schon lange keine Operette mehr gesehen *I haven't seen an operetta for a long time,* **II, 10;** er hat schon ganz recht *he's really quite right;* schon gut! *that's all right,* **II, 9**
schön *nice,* **I;** *pretty, beautiful,* **I;** *pleasant,* II, 2; schön! *good! great!* **I;** schön, dass du da bist *nice that you're here,* **I;** schöne Ferien! *have a nice vacation!* **I;** ganz schön scharf *nice and spicy,* **II, 10;** schön braun *nice and tan,* **II, 1**
die **Schöne, -n** *pretty one, beauty,* II, 8
schreiben *to write,* II, 1; schreiben an *to write to,* II, 3

der **Schreibfehler, -** *spelling mistake,* **II, 11**
der **Schreibtisch, -e** *desk,* **II, 3**
die **Schreibübung, -en** *writing exercise,* II, 1
die **Schreibwaren** (pl) *stationery supplies,* II, 9
schriftlich *in writing,* II, 10
der **Schuh, -e** *shoe,* **I**
das **Schuhgeschäft, -e** *shoe store,* II, 9
der **Schulabgänger, -** *person leaving school,* II, 6
der **Schulabschluss** *graduation,* II, 6
das **Schulabschlusszeugnis, -se** *diploma,* II, 1
die **Schulbehörden** (pl) *school authorities,* II, 9
die **Schule, -n** *school,* **I;** in der Schule *in school,* **II, 1**
der **Schüler, -** *student, pupil,* **I**
die **Schülergruppe, -n** *student group,* II, 11
die **Schülervorstellung, -en** *student performance,* II, 10
die **Schulfreundin, -nen** *friend from school* (f), **I**
der **Schulhof, ¨e** *schoolyard,* II, 9
das **Schuljahr, -e** *school year,* **II, 1**
der **Schulkamerad, -en** *school friend,* II, 3
die **Schulkrankenschwester, -n** *school nurse,* II, 2
die **Schulordnung, -en** *school rules,* II, 6
die **Schulregel, -n** *school rule,* II, 2
die **Schulsachen** (pl) *school supplies,* **I**
die **Schultasche, -n** *school bag,* **I**
die **Schulter, -n** *shoulder,* **II, 2**
der **Schulweg** *walk, ride to school,* II, 3
schwach *weak,* **II, 1**
das **Schwarz** *the color black,* **I**
der **Schwarzwald** *the Black Forest,* **II, 1**
Schwarzwälder: Schwarzwälder Schinken *Black Forest ham*
der **Schweinsbraten** *pork roast,* **II, 10**
die **Schweinshaxe, -n** *pork hock, leg of pork,* II, 10
das **Schweinswürstl** *little pork sausage,* II, 10
die **Schweiz** *Switzerland,* **I;** in der Schweiz *in Switzerland,* **I**
Schweizer *Swiss,* **II, 10**
der **Schweizer, -** *Swiss* (person), II, 1
schwer *difficult,* **I**
die **Schwerelosigkeit** *weightlessness,* II, 11
die **Schwester, -n** *sister,* **I**
das **Schwimmbad, ¨er** *swimming pool,* **II, 9**
schwimmen *to swim,* **I**
schwimmend- *floating,* II, 11
schwitzen *to sweat, perspire,* II, 9
der **Science-fiction-Film, -e** *science-fiction film,* **I**
der **See, -n** *lake,* **II, 1**
das **Segeln** *sailing,* **I**
segeln *to sail,* **I**
sehen *to see,* **I**
die **Sehenswürdigkeit, -en** *place of interest, sight,* **I**

sehr *very,* **I**
sei: sei nicht knickrig! *don't be stingy!* **II, 5**
die **Seide** *silk,* II, 5
sein, seine *his; its,* **I**
seit *since,* **II, 3;** sie sind seit 25 Jahren hier *they have been here for 25 years,* **II, 3**
die **Seite, -n** *side,* **II, 3**
selber *myself (yourself, etc.),* **II, 7**
selbst *oneself (myself, yourself, etc.),* **II, 5**
selbstverständlich *of course,* **II, 6**
selten *seldom,* **I**
die **Semmel, -n** *roll,* **I**
der **Sendeschluss** *sign-off,* II, 7
die **Sendung, -en** *program,* **II, 7**
der **Senf** *mustard,* **I**
der **Seniorenteller, -** *senior citizens' platter,* II, 10
sensationell *sensational,* **I**
sentimental *sentimental,* **II, 7**
der **September** *September,* **I**
servieren *to serve,* **II, 10**
der **Sessel, -** *easy chair,* **II, 3**
s. **setzen** *to sit down,* **II, 9**
sich: sie haben sich lange nicht gesehen *they haven't seen each other for a long time,* II, 8
sicher *sure; secure,* **II, 6**
sie *she, it,* **I;** *they,* **I**
Sie *you* (formal), **I**
die **Siedlung, -en** *housing development,* **II, 3**
der **Sieger, -** *winner, champion,* II, 7
singen *to sing,* **I**
der **Sinn:** es hat keinen Sinn *it makes no sense, it's no use,* **II, 10**
die **Sitte, -n** *custom,* II, 5
der **Sitz, -e** *seat, headquarters,* II, LK3
sitzen *to sit,* **II, 10**
sitzenbleiben (sep) *to be held back* (in school), **II, 1;** sitzen bleiben *to remain seated,* **II, 9**
die **Skizze, -n** *sketch,* II, 3
so *so,* **I;** *well then,* **I;** so la la *so-so,* **I;** so um halb sechs *around 5:30,* **I;** so ein Haus *a house like that,* **II, 3;** so (alt) wie *as (old) as,* II, 3; und so *and so on,* **II, 1;** was isst du denn so alles? *what kinds of things do you eat?* II, 2
sobald *as soon as,* **II, 11**
die **Socken** (pl) *socks,* **II, 5**
das **Sofa, -s** *sofa,* **II, 3**
sofort *right away,* **II, 2**
sogar *even,* **II, 6**
der **Sohn, ¨e** *son,* **II, 3**
solange *as long as,* **II, 11**
solche *such,* **II, 5**
der **Soldat, -en** *soldier,* II, 6
sollen *should, to be supposed to,* **I**
der **Sommer:** im Sommer *in the summer,* **I**
sondern *but on the contrary,* **II, 7;** *but rather,* II, 3; sondern auch *but also,* II, 5
der **Sonderpreis, -e** *special price,* II, 10
der **Sonnabend** *Saturday,* **I**
sonnabends *Saturdays, on Saturdays,* **I**
die **Sonne** *sun,* **I**
sonnengebräunt *tanned,* II, 12
sonnig *sunny,* **I**
der **Sonntag** *Sunday,* **I**
sonst *otherwise,* **II, 1**
sonstiges *miscellaneous,* II, 3
die **Sorge:** keine Sorge *don't worry,* **I**
soso *well, well,* **II, 5**
die **Sosse, -n** *sauce, gravy,* **II, 2**
sowieso *anyway,* **II, 7**
die **Spaghetti** (pl) *spaghetti,* **II, 2**
die **Spange:** eine Spange tragen *to have braces,* **II, 2**
Spanien *Spain,* II, 3
der **Spanier, -** *Spaniard,* II, 3
spannend *exciting,* **I**
sparen auf *to save for,* **II, 3**
der **Spargel** *asparagus,* II, 2
der **Spass:** Gymnastik macht Spass *gymnastics is fun,* **I;** viel Spass! *have fun!* **I;** aus Spass *for fun,* II, 12; das macht mir grossen Spass *I enjoy it a lot,* **II, 7;** Spass an der Arbeit haben *to enjoy (one's) work,* II, 6
spät *late,* **II, 6;** später *later,* **I;** wie spät ist es? *what time is it?* **I**
der **Spatz, -en** *sparrow,* II, 11
die **Spätzle** (pl) *Swabian dumplings,* **II, 10**
spazierengehen (sep) *to walk, take a walk,* **II, 11**
speichern *to store,* **II, 11**
die **Speise, -n** *dish, food,* II, 2
die **Speisekarte, -n** *menu,* **II, 10**
das **Speiselokal, -e** *restaurant,* **II, 10**
spekulieren *to speculate,* **II, 11**
das **Spezi, -s** *combination of cola and lemon soda,* II, 10
die **Spezialität, -en** *specialty,* **II, 10**
speziell *special,* II, 11
der **Spiegel, -** *mirror,* **II, 3**
das **Spiel, -e** *game,* **I**
spielen *to play,* **I**
der **Spieler, -** *player,* **II, 7**
der **Spielfilm, -e** *feature film,* **II, 7**
die **Spielkarten** (pl) *playing cards,* **I**
der **Spinat** *spinach,* II, 2
spinnen: du spinnst! *you're crazy!* **I;** ihr spinnt wohl alle! *you must all be crazy!* II, 3
Spitze! *terrific!* **I**
der **Sport** *sport, sports,* II, 2; *gym,* **I;** Sport machen *to participate in a sport, to do sports,* **I**
das **Sportbuch, ¨er** *book about sports,* **I**
das **Sportgeschäft, -e** *sporting goods store,* II, 7
der **Sportler, -** *athlete,* II, 4
sportlich *sporty,* **II, 5**
die **Sportschau** *sports news,* **II, 7**
die **Sportsendung, -en** *sports program,* **II, 7**
die **Sportveranstaltung, -en** *sports event,* I
die Sprache, -n *language,* II, 2
der **Sprachkurs, -e** *language course,* II, 5
sprechen *to speak, talk,* II, 1; die Karin möchte dich sprechen *Karin would like to talk to you,* **I**
die **Sprechstundenhilfe, -n** *receptionist in a doctor's or dentist's office,* II, 6
der **Sprengstoff** *dynamite,* II, 7
springen *to jump,* II, 7
spritzen *to spray,* II, 7
die **Spülmaschine, -n** *dishwasher,* **II, 11**
die **Spur, -en** *trace, trail,* II, 7
Squash *squash,* **I**
die **Stäbchen** (pl) *chopsticks,* **II, 10**
die **Stadt, ¨e** *city; town,* **I**
der **Stadtbummel, -** *stroll through the city,* **I;** einen Stadtbummel machen *to take a stroll through the city,* **I**
der **Stadtpark, -s** *city park,* **II, 9**
der **Stadtplan, ¨e** *city map,* **II, 9**
der **Stadtrand** *edge of the city,* **II, 3**
die **Stadtrundfahrt, -en** *city tour,* II, 9
der **Stadtrundgang** *tour of the city,* **II, 9**
der **Stadtteil, -e** *section of a city,* II, 2
stammen aus *to date from,* II, LK2
der **Stammtisch, -e** *table for "regulars" in a pub or restaurant,* II, 10
stark (stärker) *heavy,* **II, 3**
stattfinden (sep) *to take place,* **II, 9**
die **Statue, -n** *statue,* **II, 1;** auf der Freiheitsstatue *on the Statue of Liberty,* **II, 1**
staubsaugen *to vacuum,* **II, 5**
der **Staubsauger, -** *vacuum cleaner,* **II, 11**
stecken *to stick, put,* **I**
stehen *to stand,* **II, 3;** da steht noch mehr auf Peters Zettel *there's still more on Peter's list,* **I;** hier steht's *it says here,* II, 9; es steht dir gut *it looks good on you,* **II, 5;** wie steht's mit . . .? *how about . . .?* **II, 2**
die **Stehlampe, -n** *floor lamp,* **II, 3**
die **Stelle, -n** *job, position,* **II, 6**
stellen *to put, place,* **II, 7;** Fragen stellen *to ask questions,* II, 1; den Fernseher leiser stellen *to turn down the TV,* II, 7
das **Stellenangebot, -e** *want-ad,* **II, 5**
das **Stellengesuch, -e** *position-wanted ad,* II, 5
die **Stereoanlage, -n** *stereo set,* II, 5
das **Stichwort, ¨er** *key word,* II, 6
der **Stil, -e** *style,* II, 9
still *still, quiet,* **II, 9**
stimmen *to be right, agree with,* II, 3; stimmt! *that's right! true!* **I;** stimmt nicht! *that's not so! not true!* **I**
stinklangweilig *really boring,* **II, 1**
das **Stipendium, -ien** *scholarship,* II, 4
der **Stock, Stockwerke** *floor, story,* **II, 3;** im achten Stock *on the ninth floor,* **II, 3**
das **Stocherkahnrennen** *famous boat race in the university town of Tübingen,* II, 10
der **Stoff, -e** *substance,* II, 2

stören *to bother, disturb,* **II, 6**
die **Stores** (pl) *curtains,* II, 3
der **Strand, ¨-e** *beach,* **II, 1;** am Strand *at the beach,* **II, 1**
Strandlaufen: zum Strandlaufen *for walking on the beach,* II, 5
die **Strasse, -n** *street,* **II, 7**
die **Strassenbahn:** mit der Strassenbahn *by streetcar,* **I**
die **Strassenlage:** es hat eine bessere Strassenlage *it holds the road better,* II, 7
der **Strauss, ¨-e** *bouquet;* ein Strauss Blumen *a bouquet of flowers,* **I**
streng *strict,* **II, 1**
der **Strom, ¨-e** *large river,* II, 1
das **Stück, -e** *piece,* II, 3; ein Fünf-Mark-Stück *a five-mark piece,* **I**
der **Studentenausweis, -e** *student I.D.,* II, 10
studieren *to study for a degree at a university,* **II, 6**
das **Studium** *study at a college or university,* II, 1
der **Stuhl, ¨-e** *chair,* **II, 3**
die **Stunde, -n** *hour,* **II, 2;** 8 Mark die Stunde *8 marks an hour,* **II, 5**
der **Stundenplan, ¨-e** *class schedule,* **I**
stürmisch: Stürmische Höhen *Wuthering Heights,* II, 7
s. **stürzen auf** *to throw oneself onto,* II, 11
suchen *to look for,* **I**
Südamerika *South America,* II, 1
südamerikanisch *South American,* **II, 10**
Süddeutschland *southern Germany,* **II, 10**
der **Süden** *south,* II, 1; der geht nach Süden *it faces south,* II, 3
südlich *southern,* II, 9
super! *super! terrific!* **I**
der **Supermarkt, ¨-e** *supermarket,* **I;** im Supermarkt *in, at the supermarket,* **I**
die **Suppe, -n** *soup,* **I**
surfen *to surf,* **II, 1**
Suschi *sushi,* II, 10
süss *sweet,* II, 2
die **Süssigkeiten** (pl) *sweets,* **II, 2**
der **Swimmingpool, -s** *swimming pool,* **II, 3**
sympathisch *likeable, nice,* **I**
die **Symphonie, -n** *symphony,* II, 10
das **Synthetik** *synthetics,* II, 5

T

das **T-Shirt, -s** *T-shirt,* **I**
die **Tabelle, -n** *chart,* II, 2
die **Tafel, -n** *chalkboard,* II, 9; eine Tafel Schokolade *a chocolate bar,* II, 2
der **Tag, -e** *day,* **II, 1;** am Tag *(times) a day,* **I;** guten Tag! *hello!* **I;** Tag! *hello! hi!* **I**
das **Tagebuch, ¨-er** *diary, journal,* II, 2
der **Tagesausflug, ¨-e** *day trip,* II, 1
die **Tagespresse** *daily press,* II, 11
die **Tagesschau** *news,* **II, 7**
die **Tagessuppe, -n** *soup of the day,* **II, 10**
täglich *daily,* II, 3
der **Tagungsort, -e** *meeting place,* II, 9
die **Tankstelle, -n** *filling station,* II, 9
die **Tante, -n** *aunt,* **I**
tanzen *to dance,* **I**
das **Tanzen** *dancing,* **II, 2**
der **Tanzkurs, -e:** einen Tanzkurs mitmachen *to take dancing lessons,* **II, 2**
der **Tanzpartner, -** *dance partner,* **I**
die **Tasche, -n** *pocket,* II, 5; *bag,* II, 5; in der Tasche *in my pocket, bag,* II, 5
das **Taschengeld** *allowance,* **II, 5**
der **Taschenkalender, -** *pocket calendar, date book,* II, 1
der **Taschenrechner, -** *pocket calculator,* **I**
die **Tasse, -n** *cup,* II, 10
die **Taste, -n** *key,* **II, 11**
tauchen *to dive, go diving,* II, 1
tausend *thousand,* **I;** tausend Dank! *thanks a million!* **I**
die **Technik** *technology,* II, 11
technisch *technically,* **II, 7**
der **Tee** *tea,* **II, 2**
der **Teil, -e** *section, part,* II, 3
teilen *to divide,* II, 11; teilen mit *to share with,* **II, 3**
teilweise *partly, to some extent,* **II, 5**
die **Tele-Illustrierte** *TV magazine,* II, 7
das **Telefon, -e** *telephone,* **I;** am Telefon *on the phone,* II, 3
telefonieren *to make a phone call,* **I**
das **Telefonieren** *telephoning,* **I**
die **Telefonzelle, -n** *telephone booth,* **I**
der **Teller, -** *plate,* **II, 11**
das **Tennis** *tennis,* **I**
der **Tennisfan, -s** *tennis fan,* II, 7
der **Tennisplatz, ¨-e** *tennis court,* II, 7
der **Tennisschläger, -** *tennis racquet,* **II, 5**
der **Teppich, -e** *rug,* **II, 3**
der **Termin, -e:** einen Termin ausmachen (sep) *to make an appointment,* **II, 2**
die **Terrasse, -n** *terrace,* **II, 3**
der **Test, -s** *test,* II, 7
teuer *expensive,* **I;** wie teuer ist es? *how much is it?* **I**
der **Teufel, -** *devil,* II, 7
das **Theater, -** *theater,* **I;** ins Theater gehen *to go to the theater,* **I**
der **Theaterbesuch, -e** *theater visit,* II, 10
der **Theaterbesucher, -** *theatergoer,* II, 10
das **Thema, Themen** *topic,* **II, 11;** zu dem Thema *on that subject,* II, 6
theoretisch *theoretically,* II, 7
das **Ticket, -s** *ticket,* **II, 11**
die **Tiefkühltruhe,-n** *deep freezer,* **II, 11**
das **Tier, -e** *animal,* **II, 5**
die **Tierärztin** *veterinarian* (f), II, LK2
tierlieb *fond of animals,* **II, 5**
tippen *to type,* **II, 11**
Tirol *Tyrol,* **II, 1**
der **Tisch, -e** *table,* **II, 3**
der **Tischler, -** *carpenter,* II, 6
Tischtennis *ping pong,* II, 3
tja *hm,* **I**
das **Toastbrot, -e** *toast,* **II, 2**
die **Tochter, ¨-** *daughter,* **I**
tödlich *fatal,* II, 7
todschick *very chic,* II, 5
die **Toilette, -n** *toilet, bathroom, restroom,* **I**
tolerant *tolerant,* **II, 6**
toll! *great!* **I;** etwas Tolles *something great,* II, 5
die **Tomate, -n** *tomato,* **I**
die **Tomatensosse** *tomato sauce,* II, 2
topfit *in great shape,* II, 8
das **Tor, -e** *gate,* **I**
die **Torte, -n** *torte; large, fancy cake,* II, 2
total *totally, completely,* **II, 10**
der **Tourist, -en** *tourist,* **II, 9**
die **Touristenattraktion, -en** *tourist attraction,* II, 9
tragen *to wear,* **II, 5**
der **Trainer, -** *coach,* II, 2
trainieren *to practice, train,* **II, 2**
die **Trainingsschuhe** (pl) *sneakers,* **II, 5**
transportieren *to transport,* **II, 11**
die **Traube, -n** *grape,* **II, 2**
der **Traum, ¨-e** *dream,* **II, 3**
träumen von *to dream about,* **II, 11**
das **Traumleben** *ideal world,* II, 6
traurig *sad,* **I**
s. **treffen mit** *to meet with,* **II, 7**
der **Treffpunkt, ¨-e** *meeting place,* II, 9
treiben: Sport treiben *to do sports,* II, 6
der **Trenchcoat, -s** *trench coat,* **II, 5**
s. **trennen** *to separate,* **II, 9**
die **Treppe, -n** *stair(s),* **II, 11**
der **Trickfilm, -e** *cartoon,* II, 7
trinken *to drink,* **I**
der **Trockengraben, ¨-** *trench,* II, 9
die **Trompetenprobe, -n** *trumpet lesson,* II, 7
die **Trompetenstunde, -n** *trumpet lesson,* II, 7
das **Trompetespielen** *playing the trumpet,* II, 7
trotzdem *anyway, in spite of,* **I**
tschau! *bye! so long!* **I**
tschüs! *bye! so long!* **I**
tun *to do,* **I**
die **Tür, -en** *door,* **II, 3**
der **Türke, -n** *Turk* (m), II, 3
die **Türkei** *Turkey,* **II, 3**
die **Türkin, -nen** *Turkish person* (f), **II, 3**
türkisch *Turkish,* **II, 3**
der **Turm, ¨-e** *tower,* **I**
turnen *to do gymnastics,* **II, 2**
die **Turnhose, -n** *gym shorts,* **II, 5**
der **Turnverein, -e** *sport club,* II, 2
die **Tüte, -n** *bag,* II, 2
der **Typ, -en** *type,* II, 5
typisch *typical,* **II, 7**

U

die **U-Bahn (Untergrundbahn)** *subway,* II, 3
üben *to practice,* **II, 7**
über *over,* **II, 3;** *about,* **II, 5;** *across,* **II, 9**
überall *everywhere, all over,* II, 1
überhaupt *in any case,* **I;** was gibt es überhaupt? *what are we having, anyway?* **I;** überhaupt nicht *not at all,* **II, 1;** überhaupt nichts *not a thing,* **II, 1**
s. **überlegen** *to think over, consider,* **II, 9**
übermorgen *the day after tomorrow,* II, 9
übernachten *to stay overnight,* II, 7
die **Übernachtung, -en** *occupancy rate,* II, 9
übernehmen *to take (on, over),* II, 1
überrascht *surprised,* II, 5
überreden *to convince, persuade,* II, 5
die **Übertragung, -en** *broadcast,* II, 7
überzeugen *to convince,* II, 11; überzeugt sein von *to be convinced of,* **II, 11**
übrigens *by the way,* **II, 6**
die **Übung, -en** *exercise,* II, 1; Übung macht den Meister *practice makes perfect,* II, LK1
die **Uhr, -en** *clock,* **I;** watch, **I;** neun Uhr zehn *nine-ten,* **I;** um wieviel Uhr? *at what time?* **I**
um *at,* **I;** *around,* **II, 9;** um acht Uhr *at eight o'clock,* **I;** um eins *at one,* **I;** um . . . zu *in order to,* II, 8; um Erlaubnis bitten *to ask for permission,* II, 8; wenn es ums Essen geht *when it comes to eating,* II, 10
umfangreich *extensive,* II, 7
die **Umfrage, -n** *poll*
die **Umgebung** *surroundings,* **II, 3**
s. **umschauen** (sep) *to look around,* II, 11
die **Umwelt** *environment,* **II, 6**
umziehen (sep) *to move,* **II, 3**
s. **umziehen** (sep) *to change (clothes),* **II, 7**
der **Umzug, ¨e** *move,* **II, 3**
unangemeldet *unannounced,* II, 7
unbedingt *absolutely, by all means,* **II, 1;** nicht unbedingt *not especially,* II, 3; *not necessarily,* II, LK1
und *and,* **I;** und wie! *and how!* **I**
unentschieden *undecided,* II, 6
Ungarn *Hungary,* II, 8
ungefähr *about, approximately,* **I**
ungesund *unhealthy,* **II, 2**
unglaublich *unbelievable,* **II, 9**
die **Uni, -s** short for Universität, II, 11
die **Universität, -en** *university,* II, 5
das **Unkraut** *weeds,* II, 11
unmöglich *impossible,* **II, 5**
die **Unordnung** *mess, disorder,* **II, 6**
unrealistisch *unrealistic,* **II, 7**
unser, unsere *our,* **I**
unsichtbar *invisible,* **II, 11**
der **Unsinn:** Unsinn! *nonsense!* **I**
unsympathisch *unpleasant, not nice,* **I**
unten *downstairs,* **I**
unter *under,* **II, 3**
unterbrechen *to interrupt,* **II, 9**
s. **unterhalten über** *to have a conversation about,* II, 7
unterhaltend *entertaining,* **II, 7**
die **Unterhaltung** *entertainment,* II, 4; *variety show,* II, 7
die **Unterkunft, ¨e** *lodging,* II, 4
unternehmen *to do, undertake,* **II, 10**
der **Unterricht** *class, instruction,* II, 1; im Unterricht *in class,* II, 1
der **Unterschied, -e** *difference,* **II, 6**
die **Unterwasserstation, -en** *underwater station,* II, 11
unterwegs *going around, on the go,* **II, 1**
unwahrscheinlich *improbable,* **II, 11**
der **Urlaub** *vacation,* **II, 5**
der **Urlauber, -** *vacationer,* II, 1

V

die **Vanilliesauce** *vanilla sauce,* II, 2
die **Vase, -n** *vase,* **I**
der **Vater, ¨** *father,* **I**
der **Vatertag** *Father's Day,* **I;** zum Vatertag *for Father's Day,* **I**
der **Vati, -s** *dad,* **I**
vegetarisch *vegetarian,* **II, 10**
Venedig *Venice,* II, 10
verabredet: wie verabredet *as planned,* **I**
die **Veranstaltung, -en** *performance, event,* II, 10
verantwortlich *responsible,* II, 9
verarbeiten *to process,* **II, 11**
verbessern *to improve,* **II, 1**
verbilligt *reduced,* II, 10
verbinden *to connect,* **II, 11**
verboten *forbidden,* **II, 9**
verbringen *to spend* (time), **I**
verdienen *to earn,* **II, 3**
der **Verdienst, -e** *pay,* **II, 6**
der **Verein, -e** *club,* **II, 7**
die **Vereinigten Staaten** (pl) *the United States,* **II, 1**
die **Vereinten Nationen** (pl) *the United Nations,* **II, 1**
verfolgen *to follow, pursue,* II, 7
die **Vergangenheit** *past,* II, LK3
vergessen *to forget,* **II, 9**
vergleichen *to compare,* II, 2
das **Vergnügen** *enjoyment,* II, LK1
verhindern *to prevent,* II, 11
der **Verkauf** *sale,* II, 10; freier Verkauf *open performance,* II, 10
verkaufen *to sell,* **II, 3**
der **Verkäufer, -** *salesperson* (m), II, 5
die **Verkäuferin, -nen** *salesperson* (f), **I**
das **Verkaufsgespräch, -e** *conversation with a salesperson,* II, 9
der **Verkehr** *traffic,* **II, 3;** *trade, commerce,* II, 9
die **Verkehrsverbindungen** (pl) *transportation connections,* II, 10
verlangen *to demand, require,* **II, 6**
verlassen *to leave,* II, 5
s. **verlaufen** *to get lost, to lose one's way,* **II, 9**
verlieren *to lose,* **I**
die **Verlobungsparty, -s** *engagement party,* II, 7
der **Vermerk, -e** *notation,* II, 10
vernarrt sein in *to be crazy about,* **II, 7**
vernünftig *sensible,* **II, 2**
verpassen *to miss,* II, 9
die **Verpflichtung, -en** *obligations, responsibilities,* II, LK1
verreisen *to travel, leave on a trip,* II, 1
verrichten: eine Arbeit verrichten *to do a job,* II, 11
verrückt *crazy,* **II, 6**
verrücktgeworden: die verrücktgewordenen Roboter *the robots who went crazy,* II, 11
verschieden *various, different,* II, 1
s. **verstauchen** *to sprain,* **II, 2**
verstehen *to understand,* **I**
s. **verstehen (mit)** *to get along (with),* II, 11
versuchen *to try,* **I**
s. **vertragen mit** *to get along with,* II, 3
die **Verwandlung, -en** *transformation,* II, 11
der **Verwandte, -n** *relative,* **I**
verwenden *to use,* II, 4
Verzeihung! *excuse me!* **I**
verzollen *to declare at customs,* **I**
der **Vetter, -n** *cousin* (m), **I**
der **Video-Recorder, -** *video recorder,* **I**
viel *much, a lot,* **I;** viel Glück! *good luck!* **I**
viele *many,* **I**
vieles *much, a lot,* **II, 6**
vielleicht *maybe,* **I**
die **Vielzahl** *variety, many,* II, 2
vier *four,* **I**
viermal *four times,* **I**
viert- *fourth,* **II, 3**
das **Viertel:** Viertel nach neun *a quarter after nine,* **I**
vierteljährlich *quarterly,* II, 7
der **Vogel, ¨** *bird,* **II, 11**
der **Volkswirt, -e** *economist,* II, 6
voll *full,* **I;** voll besetzt *completely occupied,* **I**
völlig *completely,* II, 12
vollschlank *heavyset,* **I**
das **Vollwert-Restaurant** *health-food restaurant,* II, 12
von *from,* **I;** *of,* **I;** *by,* **II, 10;** ein Freund von Wiebke *a friend of Wiebke's,* **I;** von . . . bis *from . . . to,* **I;** von dort *from there,* **I;** von . . . aus *from . . . ,* **II, 1**
vor *before, of,* **I;** *in front of,* **II, 3;** vor der Schule *before school,* **II, 1**
die **Voralpen** (pl) *Lower Alps,* II, LK2

vorausgehen (sep) *to go ahead,* **II, 9**
voraussichtlich *probably,* **II, 11**
vorbei *past,* II, 1
vorbeigehen an (sep) *to go past,* **II, 5**
vorbereiten (sep) *to prepare,* **II, 11**
die **Vorbereitung, -en** *preparation,* II, 7
vorbestellt *reserved in advance,* II, 10
das **Vorbild, -er** *role model,* **II, 6**
der **Vorfahre, -n** *ancestor,* **II, 3**
vorführen (sep) *to present, demonstrate,* **II, 11**
vorgestern *day before yesterday,* **II, 5**
vorhaben (sep) *to have plans,* **I;** *to intend,* **II, 9**
vorher *before,* II, 1
vorkommen (sep) *to happen,* II, 10
vorlesen (sep) *to read aloud,* II, 7; ich lese ihr etwas vor *I read something to her,* II, 7
der **Vormittag** *morning,* II, 2
vorn: dort vorn *up ahead,* **II, 9**
der **Vorname, -n** *first name,* II, 3
der **Vorort, -e** *suburb,* **I**
der **Vorsatz, ¨-e** *resolution,* **II, 1**
der **Vorschlag, ¨-e** *suggestion,* **II, 9**
vorschlagen (sep) *to suggest,* **II, 9**
die **Vorspeise, -n** *appetizer,* **II, 10**
s. **vorstellen** (sep) *to imagine,* **II, 9**
die **Vorstellung, -en** *notion, concept,* II, 6; *performance,* **II, 10**
der **Vorteil, -e** *advantage,* **II, 3**
der **Vortrag, ¨-e** *lecture,* II, 11
der **Vorverkauf** *advance sale box office,* II, 10
die **Vorwahl, -en** *area code,* II, 9
vorziehen (sep) *to prefer,* **II, 9**

W

wachsen *to wax,* II, 7
die **Wachtel, -n** *quail,* II, LK3
der **Wagen, -** *car,* **II, 5**
die **Wahl, -en** *choice,* II, 4
wählen *to choose,* **II, 6;** *to dial,* **I**
wählerisch *choosy,* **II, 5**
die **Wahlkapelle, -n** *chapel where elections are held,* II, 9
wahr *true,* **II, 5;** das darf nicht wahr sein! *it can't be true!* **II, 5;** zu schön, um wahr zu sein *too good to be true,* II, 11
während *during,* II, 2
die **Wahrheit, -en** *truth,* II, 7
wahrscheinlich *probably,* **II, 6**
das **Wahrzeichen, -** *landmark,* **I**
das **Waldgebiet, -e** *wooded area, forest area,* II, 9
der **Walkman** *Walkman,* **I**
die **Wand, ¨-e** *wall,* **II, 3**
wandern *to hike,* **II, 1**
der **Wanderweg, -e** *hiking trail,* II, 4
wann? *when?* **I**
das **Wappen, -** *coat of arms, emblem,* **I**
war: war's schön? *was it nice? did you have a nice time?* **II, 1;** wie war's? *how was it?* **II, 1**
wäre *would be,* **II, 6;** als wäre *as if it were,* **II, 7;** was wäre dir egal? *what wouldn't matter to you?* **II, 6;** wie wär's mit morgen? *how about tomorrow?* **II, 7;** wär's nicht schön, wenn . . . *wouldn't it be nice if . . .,* **II, 11**
warm *warm,* **I**
die **Wartehalle, -n** *waiting room,* **I**
warten *to wait,* **II, 2;** warten auf *to wait for,* **II, 3**
warum? *why?* **I**
was? *what?* **I;** was?! *what?!* **I;** was darf es sein? *may I help you?* **I;** was für? *what kind of (a)?* **I;** was gibt's? *what's up?* **I;** was gibt es alles? *what's there to eat and drink?* **I;** was kosten? *how much are?* **I;** was kostet? *how much is?* **I;** was machst du? *what are you doing? what do you do?* **I;** toll, was?! *great, isn't it?!* **II, 3**
die **Wäsche:** die Wäsche machen *to do the wash,* II, 11
waschen *to wash,* **II, 5**
s. **waschen** *to wash oneself,* **II, 7**
das **Wasser** *water,* **II, 1**
das **Wasser = Mineralwasser** *mineral water,* **I**
das **Wasserbett, -en** *water bed,* II, 12
der **Wassergraben, ¨-** *moat,* II, 9
das **WC** *toilet,* II, 3
wechseln *to change, exchange,* **I;** Geld wechseln *to exchange money from one currency to another,* **I**
weg *away,* **II, 1;** *gone,* **I**
der **Weg, -e** *way, path,* II, 9; s. auf den Weg machen *to get going,* II, 9
wegbleiben (sep) *to stay out,* **II, 6**
wegfahren (sep) *to take a trip or excursion,* **II, 10**
weggehen (sep) *to leave, go away,* II, 5
s. **wehtun** (sep) *to hurt o.s.,* **II, 2;** tut's weh? *does it hurt?* **II, 2**
weiblich *female,* II, 6
weich *soft,* **II, 3;** *tender,* **II, 10**
s. **weigern** *to resist,* II, 5
das **Weihnachten** *Christmas,* **I;** fröhliche Weihnachten *Merry Christmas,* **I;** zu Weihnachten *for Christmas,* **I**
das **Weihnachtsgeschenk, -e** *Christmas present,* II, 11
das **Weinfest, -e** *wine festival,* II, 10
die **Weinreben** (pl) *grapevines,* II, LK3
die **Weise:** auf künstliche Weise *by artificial means,* **II, 11**
das **Weiss** *the color white,* **I**
der **Weisswein, -e** *white wine,* **II, 10**
die **Weisswurst, ¨-e** *type of sausage,* **I**
weit *far,* **I;** *wide, big,* **II, 5**
weiter *further, on,* **I;** ich will weiter Sport machen *I want to continue to do sports,* **II, 6;** ich fliege weiter nach *I'm flying on to,* **I;** und so weiter *and so forth,* II, 5
weiterentwickeln *to further develop,* II, LK1
weitererzählen (sep) *to tell to someone else,* II, 6
weiterhelfen (sep) *to help out, along,* II, 9
weiterkommen *to get on with,* II, 1
weitermachen (sep) *to continue,* **II, 11**
weiterphantasieren (sep) *to continue to phantasize,* II, 11
weitersagen (sep) *to tell, repeat (what you have heard),* II, 6
welch- *which,* **I**
welche *which, what,* **I;** *some,* **II, 9**
die **Welt, -en** *world,* **II, 6;** aus aller Welt *from all over the world,* II, 9
weltbekannt *known throughout the world,* II, 9
der **Weltkrieg, -e** *world war,* II, 2
der **Weltraum** *space,* **II, 11**
die **Weltraumstation, -en** *space station,* II, 11
die **Weltstadt** *metropolis,* II, LK3
wen? *whom?* **I**
wenig *little, few,* **II, 2;** ein wenig *a little,* **II, 7**
wenigsten: am wenigsten *least of all,* II, 2
wenigstens *at least,* **II, 5**
wenn *when, if,* **I**
wer? *who?* **I;** wer von euch? *which one of you?* **II, 1**
der **Werbeprospekt, ¨-e** *advertising brochure,* II, 10
der **Werbespruch, ¨-e** *advertising slogan,* II, 10
werden *to be, become,* **II, 6;** ich muss besser werden *I have to get better,* **II, 1;** ich werde Arztin *I'm going to be a doctor* (f), **II, 6;** der Rasen muss gemäht werden *the grass has to be cut,* **II, 11**
die **Werkzeugmacherin, -nen** *tool maker* (f), **II, 7**
der **Western, -** *western,* **I**
westlich *west of,* II, 3
der **Wettbewerb, ¨-e** *contest,* II, 10
wetten *to bet,* **II, 11;** wetten wir *I'll bet,* **II, 11**
das **Wetter** *weather,* **I**
der **Wetterbericht, -e** *weather report,* **I**
der **Wettkampf, ¨-e** *competition, contest,* II, 9
das **Wettspiel, -e** *contest, game,* II, 9
wichtig *important,* **II, 6**
das **Wichtigste** *the most important thing,* II, 5
wie *as, like,* **I;** wie? *how?* **I;** wie bitte? *I beg your pardon?* **I;** wie geht's? *how are you?* **I;** wie heisst du? *what's your name?* **I;** wie immer *as always,* **I;** wie kommst du in die Schule? *how do you get to school?* **I;** wie lange? *how long?* **I;** wie oft? *how often?* **I;** wie spät ist es? *what time is it?* **I;** und wie! *and how!* **I**
wieder *again,* **I;** wir sind um 9 wieder da *we'll be back at 9,* **I;** schon wieder *again so soon,* **II, 5**
wiederhaben (sep) *to have back,* **II, 5**

wiederholen *to repeat,* II, 9
das **Wiederholungskapitel** *review unit,* II, 4
das **Wiedersehen:** auf Wiedersehen! *goodbye!* **I;** Wiedersehen! *bye!* **I**
Wien *Vienna,* **I**
die **Wiese, -n** *lawn,* II, 3
wieviel? *how much?* **I;** *how many?* **I**
Willkommen: Willkommen in Neuss! *welcome to Neuss!* **I**
der **Winter:** im Winter *in the winter,* **I**
wir *we,* **I**
wirklich *really,* **I;** wirklich? *really?* **I**
die **Wirklichkeit** *reality,* II, 11
die **Wirtschaft** *economy,* II, 9
die **Wirtschafts-Realschule, -n** *business high school,* II, 6
wissen *to know* (a fact, information), **I**
die **Witwe:** Die lustige Witwe *The Merry Widow,* II, 10
der **Witz, -e** *joke,* **I**
wo? *where?* **I**
woanders *somewhere else,* **II, 3**
woandershin *(to) somewhere else,* **II, 9**
die **Woche, -n** *week,* **I;** in der Woche *(times) a week,* **I**
woher? *from where?* **I;** woher bist du? *where are you from?* **I**
wohin? *to where?* **I**
wohl *probably,* **II, 3;** das kann man wohl sagen *you can say that again,* **II, 5;** du glaubst wohl *you must think,* **II, 5;** du spinnst wohl! *you must be crazy!* II, 5; was kann das wohl sein? *what could it be?* II, 2
das **Wohl:** auf (dein) Wohl trinken *to toast, drink to (your health),* **II, 10;** zum Wohl! *to your health! here's to you!* **II, 10**
s. **wohlfühlen** (sep) *to feel well,* **II, 2;** *to feel comfortable,* II, 5
wohnen *to live,* **I**
die **Wohninsel, -n** *living quarters on a man-made island,* II, 11
die **Wohnkugel, -n** *living quarters in a capsule,* II, 11
der **Wohnort, -e** *place where one lives,* II, 3
die **Wohnung, -en** *apartment,* **I**
das **Wohnzimmer, -** *living room,* **I**
der **Wohnzimmercomputer, -** *living room computer,* II, 11
die **Wolle** *wool;* **II, 5**
wollen *to want to,* **I**
die **Wollmischung, -en** *wool blend,* II, 5
worauf: worauf hast du Appetit? *what do you feel like having?* **II, 10**
das **Wort, ¨er** *word,* II, 1
das **Wörterbuch, ¨er** *dictionary,* **I**
der **Wortschatz** *vocabulary,* II, 1
worüber? *about what?* **II, 6**
wunderschön *beautiful,* **II, 3**
der **Wunsch:** gute Wünsche zum *best wishes on,* **I**
s. **wünschen** *to wish for,* **II, 3**
die **Wunschwelt** *ideal world,* **II, 6**
würde *would,* **II, 10**
die **Wurst, ¨e** *sausage; cold cuts,* **I**
das **Wurstbrot, -e** *sandwich made with cold cuts,* **I**
das **Würstchen, -** *hot dog, sausage,* **II, 5**
der **Wurstsalat, -e** *salad made with strips of cold cuts and a vinegar and oil dressing,* II, 10
die **Wüste** *desert,* II, 9

Z

zäh *tough,* II, 12
die **Zahl, -en** *number,* **I**
zahlen *to pay,* **II, 5**
zählen *to count,* **II, 2**
der **Zahn, ¨e** *tooth,* **II, 2**
der **Zahnarzt, ¨e** *dentist,* **II, 2**
die **Zahnpasta** *toothpaste,* II, 9
die **Zahnschmerzen** (pl) *toothache,* **II, 2**
zart *tender,* **II, 10**
das **Zauberwölkchen** *magic cloud,* II, 7
zehn *ten,* **I**
der **Zeichentrickfilm, -e** *cartoon,* II, 7
zeichnen *to draw,* II, 4
die **Zeichnung, -en** *drawing,* II, 11
zeigen *to show,* **I;** ich zeig es dir *I'll show it to you,* **I**
die **Zeil** see p 307, II, 9
die **Zeit** *time,* **I;** zur Zeit *at the present time,* **II, 10**
der **Zeitbegriff, -e** *time expression,* II, 7
der **Zeitgenosse, -n** *contemporary,* II, 7
der **Zeitplan, ¨e** *time schedule,* II, 9
die **Zeitschrift, -en** *magazine,* **II, 7**
die **Zeitung, -en** *newspaper,* **I**
die **Zeitverschwendung** *waste of time,* **II, 7**
zentral *central,* II, 9
das **Zentrum, Zentren** *center,* II, 9
der **Zettel, -** *list, slip of paper,* **I**
das **Zeug** *things, stuff,* II, 3
das **Zeugnis, -se** *report card,* II, 1
das **Ziel, -e** *goal,* **II, 6;** *destination,* **II, 9**
ziemlich *rather, quite, fairly,* **II, 6**
der **Zigeunerbaron** *Gypsy Baron,* II, 10
das **Zigeunerschnitzel, -** *cutlet prepared in "gypsy" style with paprika, onions, and green pepper,* II, 10
das **Zimmer, -** *room,* **I**
die **Zimmerpflanze, -n** *house plant,* II, 3
die **Zimmerverteilung** *assigning of rooms,* II, 9
die **Zitrone, -n** *lemon,* **II, 2**
der **Zivildienst** *civil service,* II, 6
der **Zoll** *customs,* **I**
der **Zoo, -s** *zoo,* **II, 9**
zu *to,* **I;** *too,* **I;** *for,* **I;** zu Fuss *on foot,* **I;** zu Hause *at home,* **I;** bleibt lieber zu Hause *you'd better stay home,* **I;** ich bin in Wien zu Hause *I live in Vienna,* **I;** zu Weihnachten *for Christmas,* **I**
zubereiten (sep) *to prepare, fix* (meals), II, 4
der **Zucker** *sugar,* **I**
zuerst *(at) first, first of all,* **II, 1**
zufrieden *satisfied,* **II, 2**
der **Zug, ¨e** *train,* II, 1
zuhören (sep) *to listen,* **II, 5**
die Zukunft *future,* **II, 6**
das Zukunftshaus, ¨er *house of the future,* II, 11
die **Zukunftspläne** (pl) *plans for the future,* **II, 6**
zulassen: sie werden nicht zugelassen *they won't pass inspection and get registration,* II, 7
zuletzt *to the end,* II, 9
zum = zu dem *to the,* II, 2; zum Abendessen *for supper,* **II, 2;** zum Geburtstag *for (someone's) birthday,* **I;** alles Gute zum Geburtstag! *best wishes on (your) birthday!* **I;** herzliche Glückwünsche zum Geburtstag! *happy birthday!* **I**
s. **zunicken** (sep) *to nod to each other,* II, 10
s. **zurechtfinden** (sep) *to find one's way around,* II, 9
zurück *back,* **I**
zurückgeben (sep) *to give back,* **II, 5**
zurückkommen (sep) *to come back, get back,* **II, 9**
zurücklaufen (sep) *to run back,* **II, 9**
zusammen *together,* **I**
zusammenaddieren (sep) *to add up,* II, 12
die **Zusammenfassung, -en** *summary,* II, 9
zusammengehören (sep) *to belong together,* II, 11
zusammenlaufen: dir läuft schon das Wasser im Mund zusammen *your mouth is already watering,* II, 11
s. **zusammensetzen** (sep) *to get together,* **II, 7**
der **Zuschauer, -** *spectator,* II, 2
zustimmen (sep) *to agree with,* **II, 7**
zutreffen: lies, was für dich zutrifft *read what applies to you,* II, 12
zuverlässig *dependable,* **II, 7**
zwar *indeed,* II, 7
zweimal *twice,* **I**
zweit: zu zweit *in pairs,* II, 9
zweit- *second,* **II, 3**
zweitens *in the second place,* **II, 7**
die **Zwiebel, -n** *onion,* II, 10
der **Zwiebelkuchen** *onion cake,* II, 9
die **Zwiebelsuppe, -n** *onion soup,* **II, 10**
zwischen *between,* **II, 3**
die **Zwischengrösse, -n** *half size,* II, 5
das **Zwitschern** *twittering,* II, 11

ENGLISH-GERMAN VOCABULARY

This vocabulary includes all the words, with the exception of most proper nouns, in the **Wortschatz** sections of the units in **Wir, die Jugend** as well as in **Neue Freunde.** These words are considered active—you are expected to know them.

Idioms are listed under the English word you would be most likely to look up. German nouns are listed with definite article and plural ending, when applicable. The number after each German word or phrase refers to the place it is first introduced. The Roman numeral I refers to words introduced in **Neue Freunde;** the Roman numeral II refers to those introduced in **Wir, die Jugend.** The number following the Roman numeral II tells you in which unit the word or phrase is first introduced. To be sure of using the German words and phrases in correct context, refer to the units in which they appear.

A

a *ein*, I
able: to be able to *können*, I
about *ungefähr*, I; *über*, II, 5; about it *darüber*, II, 9; what do you say about it? *was sagst du dazu?* II, 3
abroad *im Ausland*, II, 1
absolutely *unbedingt*, II, 1
accomplish *schaffen*, II, 6
across *über*, II, 9
action film *der Action-Film, -e*, I
active *aktiv*, II, 7
actor *der Schauspieler, -*, I
actually *eigentlich*, II, 2
ad *die Anzeige, -n*, II, 3
address book *das Adressbuch, ¨er*, I
admire *bewundern*, II, 6
advantage *der Vorteil, -e*, II, 3
adventure film *der Abenteuerfilm, -e*, I
advise *raten*, II, 5
after *nach*, I
afternoon *der Nachmittag, -e*, II, 2; this afternoon *heute nachmittag*, II, 7; yesterday afternoon *gestern nachmittag*, II, 7; tomorrow afternoon *morgen nachmittag*, II, 7
again *wieder*, I; *noch einmal*, I; again so soon *schon wieder*, II, 5; what's it called again? *wie heisst er denn?* I
ago *her*, II, 5; that was a long time ago *das ist schon lange her*, II,5
agree: agree with *zustimmen* (sep), II, 7; agree on *'s. einigen auf*, II, 9; as agreed on *wie verabredet*, I; agreed! *einverstanden*, II, 7
agriculture *die Landwirtschaft*, II, 5; help on the farm *in der Landwirtschaft helfen*, II, 5
ahead: straight ahead *geradeaus*, I
air *die Luft*, II, 1
airplane *das Flugzeug, -e*, I
airport *der Flughafen, ¨*, I
alcohol *der Alkohol*, II, 2
algebra *Algebra*, I
all *alle; alles*, I; all day long *den ganzen Tag*, II, 1; to be all gone *alle sein*, II, 2; is that all right? *geht das?* II, 2; all right! *geht in Ordnung!* II, 6; that's all right *schon gut*! II, 9
allergic: to be allergic to (something) *allergisch sein gegen*, II, 2
allergy *die Allergie, -n*, II, 2
Allgäu region of the Bavarian Alps *die Allgäuer Alpen* (pl), II, 1
allowance *das Taschengeld*, II, 5
allowed *erlaubt*, II, 9; to be allowed to *dürfen*, II, 2
almost *fast*, II, 5
alone *allein*, I
along: do you want to go along? *willst du mit?* II, 11
already *schon*, I
also *auch*, I
always *immer*, I; as always *wie immer*, I
am: I am *ich bin*, I
American *amerikanisch*, II, 7; (person) *der Amerikaner, -*, I; he's an American *er ist Amerikaner*, I
an *ein, eine*, I
ancestor *der Vorfahre, -n*, II, 3
and *und*, I; and so on *und so*, II, 1
animal *das Tier, -e*, II, 5
anniversary (wedding) *der Hochzeitstag, -e*, I; golden wedding anniversary *goldene Hochzeit*, I
annoyed (to be) *(s.) ärgern*, II, 9
another *noch ein*, I
answer *die Antwort, -en*, II, 11
any *irgendein*, II, 9
anyway *trotzdem*, I; *sowieso*, II, 7; what are we having, anyway? *was gibt es überhaupt?* I
anywhere (to) *irgendwohin*, II, 9
apartment *die Wohnung, -en*, I
apartment house *das Mietshaus, ¨er*, II, 3
appear *aussehen*, I
appendix *der Blinddarm*, II, 2
appetite *der Appetit*, II, 10; to feel like having (to eat) *Appetit haben auf*, II, 10; what do you feel like having *worauf hast du Appetit?* II, 10
appetizer *die Vorspeise, -n*, II, 10
apple *der Apfel, ¨*, II,2
apple juice *der Apfelsaft*, I
applesauce *das Apfelmus*, II, 2
appointment *der Termin, -e*; to make an appointment *einen Termin ausmachen* (sep), II, 2
apprentice *der Auszubildende, -n*, II, 6
apprenticeship *die Lehre, -n*, II, 7; *die Lehrstelle, -n*, II, 6
approximately *ungefähr*, I
April *der April*, I
are: you are *du bist*, I; they are *sie sind*, I
area *die Gegend, -en*, II, 7
arm *der Arm, ¨e*, II, 2
army *der Bund*, II, 6; *die Bundeswehr*, II, 6
around *um*, II, 9; around 8:30 *so um halb neun*, I
arrogant *arrogant*, I
art *die Kunst*, I
article *der Artikel, -*, II, 11
artificial *künstlich*, II, 11
as *wie*, I; *als*, II, 5; to work as a babysitter *als Babysitter arbeiten*, II, 5; as long as *solange*, II, 11; as soon as *sobald*, II, 11

ask *fragen*, I; ask about *fragen nach*, II, 6
astronaut *der Astronaut, -en*, II, 11
at *um*, I; (on) *am*, II, 1; *bei*, II, 6; at eight o'clock *um acht Uhr*, I; at one *um eins*, I; at what time? *um wieviel Uhr?* I; at (on) the North Sea *an der Nordsee*, II, 1; at the baker's *beim Bäcker*, I; at least *wenigstens*, II, 5; at some time or another *irgendwann*, II, 6
atmosphere *die Atmosphäre*, II, 10
attend: to attend a school *eine Schule besuchen*, II, 6
attractive *attraktiv*, I
Audi (German car) *der Audi*, -s, I
August *der August*, I
aunt *die Tante, -n*, I
Austria *Österreich*, I
Austrian (person, f) *die Österreicherin, -nen*, II, 3
auto mechanic *der Kraftfahrzeug-Mechaniker, -*, II, 6
automatic *automatisch*, II, 11
average *der Durchschnitt, -e*, II,6
away *weg*, II, 1; *fort*, II, 3; away from *entfernt von*, II, 3
awful *furchtbar*, I

B

babysitter *der Babysitter, -*, II, 5
back *zurück*, I; we'll be back at 9 *wir sind um 9 wieder da*, I; back and forth *hin und her*, II, 11; back there *da hinten*, II, 9
backpack *der Rucksack, ¨e*, I
bad *schlecht*, I; *schlimm*, I; too bad! *schade!* I; *blöd!* I; bad luck *das Pech*, II, 1; to be unlucky *Pech haben*, II, 1
bag: travel bag *die Reisetasche, -n*, I
baggage *das Gepäck*, I
baker *der Bäcker, -*, I; at the baker's *beim Bäcker*, I
bakery *die Bäckerei, -en*, II, 9
balcony *der Balkon, -e*, II, 3; (theater) *der Rang, ¨e*, II, 10
ballet *das Ballett*, II, 10
banana *die Banane, -n*, II, 2
bandaid *das Heftpflaster, -*, II, 9
bank *die Bank, -en*, I; to go to the bank *zur Bank gehen*, II, 9
bank teller *der Bankangestellte, -n*, I
barbecue *grillen*, II, 6
basement *der Keller, -*, I
basement recreation room *der Hobbykeller, -*, II, 6
basketball *Basketball*, I
bathing suit *der Badeanzug, ¨e*, II, 5
bathing trunks *die Badehose, -n*, II, 5
bathroom *das Bad, ¨er*, I; *das Badezimmer, -*, II, 3; *die Toilette, -n*, I
Bavaria *Bayern*, I
Bavarian *bayrisch*, II, 10
be: don't be stingy! *sei nicht knickrig!*, II, 5; to be for it *dafür sein*, II, 9
beach *der Strand, ¨e*, II, 1; at the beach *am Strand*, II, 1
beautiful *schön*, I; *herrlich*, II, 1; wunderschön, II, 3
because *weil*, II, 6; *denn*, II, 7
become *werden*, II, 6; I have to get better *ich muss besser werden*, II, 1; I'm going to be a doctor *ich werde Ärztin*, II, 6
bed *das Bett, -en*, II, 3
bedroom *das Schlafzimmer, -*, I
beer *das Bier, -e*, II, 10
before *vor*, I; before school *vor der Schule*, II, 1
begin *beginnen*, I
behind *hinter*, II, 3
beige *beige*, I; the color beige *das Beige*, I
believe *glauben*, I
belong to *angehören* (sep) II, 7; *gehören*, II, 3
best *best-*, II,1; best of all *am besten*, II, 1; what is the best way to get (to) *wie kommen wir am besten*, II, 9; best wishes *alles Gute*, I; best wishes on . . . *gute Wünsche zum . . .*, I; all the best wishes on . . . *alles Gute zum . . .*, I
bet *wetten*, II, 11; I'll bet *wetten wir*, II, 11
better *besser*, II, 1; you'd better go right to the doctor *du gehst am besten gleich zum Arzt*, II, 2; you'd better stay home *bleibt lieber zu Hause! I*
between *zwischen*, II, 3
beverage *das Getränk, -e*, II, 10
bicycle *das Rad, ¨er*, II, 3; by bicycle *mit dem Rad*, I; to go bicycle riding *radfahren* (sep), I
big *gross*, I
bill *der Schein, -e*, I; a 10-mark bill *ein 10-Mark-Schein*, I
billion *die Milliarde, -n*, II, 11
biology *Biologie (Bio)*, I
bird *der Vogel, ¨*, II, 11
birthday *der Geburtstag, -e*, I; happy birthday! *herzliche Glückwünsche zum Geburtstag!* I; my birthday is in May *ich habe im Mai Geburtstag*, I; it's his birthday *er hat Geburtstag*, I
bitter *bitter*, II, 10
black *schwarz*, I; the color black *das Schwarz*, I
Black Forest *der Schwarzwald*, II, 1
blazer *der Blazer, -*, II, 5
blister *die Blase, -n*, II, 9
blond *blond*, I; dark blond *dunkelblond*, I
blouse *die Bluse, -n*, I
blue *blau*, I; the color blue *das Blau*, I; in blue *in Blau*, I; dark blue *dunkelblau*, I; light blue *hellblau*, I
boat ride *die Dampferfahrt, -en*, II, 9
book *das Buch, ¨er*, I; address book *das Adressbuch, ¨er*, I; book about sports *das Sportbuch, ¨er*, I; to book a trip *buchen*, II, 11
bookcase *das Bücherregal, -e*, II, 3
booth: phone booth *die Telefonzelle, -n*, I
boring *langweilig*, I; really boring *stinklangweilig*, II, 1
born *geboren sein*, II, 3
both *beide*, II, 3
bother *stören*, II, 6
bottle *die Flasche*, -n; a bottle of mineral water *eine Flasche Mineralwasser*, I
bouquet *der Strauss, ¨e*, I; a bouquet of flowers *ein Strauss Blumen*, I
bowl *kegeln*, I
box *die Schachtel, -n*, I; a box of fancy chocolates *eine Schachtel Pralinen*, I
box office *die Kasse, -n*, II, 10
boy *der Junge, -n*, I; boy! *Mensch!* I
boyfriend *der Freund, -e*, I
bracelet *das Armband, ¨er*, I
brand-new *nagelneu*, II, 3
bread *das Brot, -e*, I
break (a bone) *s. brechen*, II, 2
breakfast *das Frühstück*, II, 2; to eat breakfast *frühstücken*, II, 2
breakfast nook *die Essecke, -n*, II, 3
breathe *atmen*, II, 11
bridge *die Brücke, -n*, II, 9
bring *bringen*, I; bring somewhere *hinbringen* (sep), II, 2
broke (to be) *pleite sein*, II, 5
broken *kaputt*, II, 3
brother *der Bruder, ¨*, I; brothers and sisters *die Geschwister* (pl), I
brown *braun*, I; the color brown *das Braun*, I
brunette *brünett*, I
brutal *brutal*, I
build *bauen*, II, 11
building *das Gebäude, -*, II, 1
bus *der Bus, -se*, I; by bus *mit dem Bus*, I
bus or steetcar stop *die Haltestelle, -n*, II, 9
business *das Geschäft, -e*, II, 1
busy *beschäftigt*, II, 7; (a phone) *besetzt*, I
but *aber*, I; *sondern*, II, 7
butcher *der Metzger, -*, I
butter *die Butter*, I
buy *kaufen*, I
by *von*, II, 10; by bicycle *mit dem Rad*, I
by the way *nämlich*, II, 3; *übrigens*, II, 6
bye! *tschau!* I; *tschüs!* I; *Wiedersehen! I*

C

café *das Café, -s*, I; to go to a café *in ein Café gehen*, I
cake *der Kuchen, -*, I
calculator: pocket calculator *der Taschenrechner, -*, I

calendar *der Kalender, -,* I
California *Kalifornien,* I
call *rufen,* II, 7; call up *anrufen,* I
called: what's it called again? *wie heisst er denn?* I
calorie *die Kalorie, -n,* II, 2
camera *die Kamera, -s,* I
camera store *der Fotoladen, ⸚,* II, 9
camp *das Ferienlager, -,* II, 1
can *können,* I; I can't *es geht nicht,* I
cap *die Mütze, -n,* I
capital city *die Hauptstadt, ⸚e,* I
car *das Auto, -s,* I; *der Wagen, -,* II, 5; by car *mit dem Auto,* I
cards *die Karten* (pl), I; playing cards *die Spielkarten* (pl), I
careful: I'll be careful *ich pass' schon auf,* I; please be careful! *pass bitte auf!* I
career *der Beruf, -e,* II, 5
case *der Fall;* in any case *auf jeden Fall,* II, 6; *überhaupt,* I
cassette *die Kassette, -n,* I; music cassette *die Musikkassette, -n,* I
cassette recorder *der Kassetten-Recorder, -,* I
castle *das Schloss, ⸚er,* I
casual *lässig,* II, 5
cat *die Katze, -n,* II, 6
catch: catch up with *nachkommen* (sep), II, 9
cathedral *der Dom, -e,* I
celebrate *feiern,* II, 6; to have a party *eine Party feiern,* II, 6
center (of the city) *die Innenstadt, ⸚e,* I
century *das Jahrhundert, -e,* II, 9
cereal *die Frühstücksflocken* (pl), II, 2; Swiss cereal *das Müsli,* II, 2
certainly *wohl,* II, 5
chair *der Stuhl, ⸚e,* II, 3; easy chair *der Sessel, -,* II, 3
change *s. ändern,* II, 6; wechseln, I; (clothes) *s. umziehen* (sep), II, 7
cheat *mogeln,* I
check *nachschauen* (sep), I
cheers! *prost!* II, 10
cheese *der Käse,* I; soft cheese *der Quark,* II, 2; cheese sandwich *das Käsebrot, -e,* I
cherry *die Kirsche, -n,* I
chess *Schach,* I
chic *schick,* I; *flott,* II, 5
chicken *das Hähnchen, -,* I; *das Huhn, ⸚er,* II, 2
child *das Kind, -er,* II, 1
childish *kindisch,* II, 7
Chinese *chinesisch,* II, 10
chocolate *die Schokolade,* II, 2; fancy chocolate candy *die Praline, -n,* I; a box of fancy chocolates *eine Schachtel Pralinen,* I
choose *s. aussuchen* (sep), II, 10; *wählen,* II, 6
choosy *wählerisch,* II, 5
chopped meat *das Hackfleisch,* I
chopsticks *die Stäbchen* (pl), II, 10
Christmas *Weihnachten,* I; for Christmas *zu Weihnachten,* I; Merry Christmas! *fröhliche Weihnachten!* I
church *die Kirche, -n,* I
circle *kreisen,* II, 11
city *die Stadt, ⸚e,* I; big city *die Grossstadt, ⸚e,* I; capital city *die Hauptstadt, ⸚e,* I; center of the city *die Innenstadt, ⸚e,* I; city's edge *der Stadtrand,* II, 3
city map *der Stadtplan, -ë,* II, 9
city park *der Stadtpark, -s,* II, 9
city tour *der Stadtrundgang,* II, 9
clarinet *die Klarinette, -n,* II, 7
class *die Klasse, -n,* I; class of the same grade *die Parallelklasse, -n,* I
classmate (f) *die Klassenkameradin, -nen,* I; (m) *der Klassenkamerad, -en,* I
class trip *die Klassenfahrt, -en,* II, 9
clean *sauber,* II, 3; *säubern,* II, 7; *putzen,* II, 11; *reinigen,* II, 11; clean up *aufräumen* (sep), II, 6
clear *abräumen* (sep), II, 11; *klar,* II, 9; do you understand *alles klar?* II, 9
clique *die Clique, -n,* I
clock *die Uhr, -en,* I
close by *in der Nähe,* II, 3
closed *geschlossen,* II, 9
cloudy *bewölkt,* I
club *der Klub, -s,* II, 7; *der Verein, -e,* II, 7
coat *der Mantel, ⸚,* I
coat of arms *das Wappen, -,* I
cocoa *der Kakao,* II, 2
coffee *der Kaffee,* I
coin *die Münze, -n,* I
cola *die (das) Cola, -s,* I
cold *kalt,* I; *die Erkältung, -en,* II, 2
cold cuts *der Aufschnitt,* I; *die Wurst, ⸚e,* I; sandwich made with cold cuts *das Wurstbrot, -e,* I
collect *sammeln,* I
collecting *Sammeln,* I
Cologne *Köln,* I
color *die Farbe, -n,* I; *färben,* II, 6; in many colors *in vielen Farben,* I
color film *der Farbfilm, -e,* II, 9
color TV set *der Farbfernseher, -,* II, 7
colorful *bunt,* II, 5
come *kommen,* I; come on! *komm!,* I; come along *mitkommen* (sep), II, 9; come back *zurückkommen* (sep), II, 9; come from *herkommen* (sep), II, 9; come home *heimkommen* (sep), II, 7; that comes to *das sind,* I
comedy *die Komödie, -n,* I
comfortable *bequem,* II, 5
comics *Comics* (pl) I
company *der Besuch,* I
completely *ganz,* II, 1
computer *der Computer, -,* II, 3
concentrate on *s. konzentrieren auf,* II, 11
concert *das Konzert, -e,* I; to go to a concert *ins Konzert gehen,* I
conclusion *der Schluss,* II, 5
conflict *der Konflikt, -e,* II, 6
confuse *durcheinanderbringen* (sep), II, 11; in confusion *durcheinander,* II, 9
connect *verbinden,* II, 11
consider *s. überlegen,* II, 9
contact *der Kontakt,* II, 7
contact lens *die Kontaktlinse, -n,* II, 9
continue *weitermachen* (sep) II, 11; I want to continue to do sports *ich will weiter Sport machen,* II, 6
contrary: on the contrary *sondern,* II, 7; *im Gegenteil,* II, 7
convinced (to be) *überzeugt sein von,* II, 11
cool *kühl,* I
corner *die Ecke, -n,* II, 3
corner room *das Eckzimmer, -,* II, 3
correct *richtig,* II, 1; *korrigieren,* II, 11
cost *kosten,* I
cotton *die Baumwolle,* II, 5
could *könnte,* II, 11
count *zählen,* II, 2
country *das Land, ⸚er,* II, 3; in the country *auf dem Land,* II, 3
cousin (f) *die Kusine, -n,* I; (m) *der Vetter, -n,* I
cozy *gemütlich,* I
crazy *verrückt,* II, 6; you're crazy! *du spinnst!* I; to be crazy about *vernarrt sein in,* II, 7
cream *die Sahne,* II, 2
cruel *grausam,* I
cucumber *die Gurke, -n,* I
cultural program *die Kultursendung, -en,* II, 7
customs *der Zoll,* I; to declare at customs *verzollen,* I
cutlet (prepared hunter's style) *das Jägerschnitzel, -,* II, 10

D

dad *der Vati, -s,* I
dance *tanzen,* I
dance lessons *der Tanzkurs, -e,* II, 2; to take dancing lessons *einen Tanzkurs mitmachen,* II, 2
dancing *das Tanzen,* II, 2
dancing partner *der Tanzpartner, -,* I
dark *dunkel;* dark blond *dunkelblond,* I
data *die Daten* (pl), II, 11
daughter *die Tochter, ⸚,* I
day *der Tag, -e,* II, 1; (times) a day *am Tag,* I
day before yesterday *vorgestern,* II, 5
dear: you're a dear *du bist lieb!* II, 6
December *der Dezember,* I
decide *entscheiden,* II, 7; *beschliessen,* II, 10; decide on *s. entscheiden für,* II, 10
declare (at customs) *verzollen,* I
deep freezer *die Tiefkühltruhe, -n,* II, 11
definitely *ganz bestimmt,* II, 5

delicious *lecker*, I
deliver *austragen* (sep), II, 5
demand *verlangen*, II, 6
dentist *der Zahnarzt, ¨e*, II, 2
department store *das Kaufhaus, ¨er*, I
depend: it depends *es kommt darauf an*, II, 7
dependable *zuverlässig*, II, 7
describe *beschreiben*, II, 11
description *die Beschreibung*, II, 3
desk *der Schreibtisch, -e*, II, 3
dessert *die Nachspeise, -n*, II, 2
destination *das Ziel, -e*, II, 9
detective show *der Krimi, -s*, II, 7
dial *wählen*, I
dictionary *das Wörterbuch, ¨er*, I
died *gestorben*, II, 9; he died in 1832 *er ist 1832 gestorben*, II, 9
diet *die Diät*, II, 2; to be on, go on a diet *eine Diät machen*, II, 2
difference *der Unterschied, -e*, II, 6; it doesn't make any difference to me *das ist mir egal*, II, 10
different *anders*, II, 1
difficult *schwer*, I
dining room *das Esszimmer, -*, I
diploma *der Abschluss, ¨e*, II, 6; diploma from Realschule *die Mittlere Reife*, II, 6
direction *die Richtung, -en*, II, 9
dirty *schmutzig*, II, 3
disadvantage *der Nachteil, -e*, II, 3
disappointed *enttäuscht*, II, 9
disco *die Disko, -s*, I; to go to a disco *in eine Disko gehen*, I
discuss *diskutieren*, I; *besprechen*, II, 9; *beraten*, II, 10
dish (food) *das Gericht, -e*, II, 2
dishes *das Geschirr*, II, 11
dishwasher *die Spülmaschine, -n*, II, 11
disorder *die Unordnung*, II, 6
disturb *stören*, II, 6
divorced *geschieden*, II, 6
do *machen*, I; *tun*, I; *unternehmen*, II, 10; he's doing math *er macht Mathe*, I; what are you doing? *was machst du?* I; what do you do? *was machst du?* I
doctor (m) *der Arzt, ¨e*, II, 2; (f) *die Ärztin, -nen*, II, 6
dog *der Hund, -e*, I
dogsitter *der Hundesitter, -*, II, 5
dollar *der Dollar, -*, I
don't: I don't know *ich weiss nicht*, I
door *die Tür, -en*, II, 3
downstairs *unten*, I
dream *der Traum, ¨e*, II, 3; dream about *träumen von*, II, 11
dress *das Kleid, -er*, II, 5
dresser *die Kommode, -n*, II, 3
drink *trinken*, I
drive *fahren*, I; to drive a car *Auto fahren*, II, 7
driver's license *der Führerschein, -e*, II, 7; to get a driver's license *den Führerschein machen*, II, 7
drug store *die Drogerie, -n*, II, 9
dry the dishes *abtrocknen* (sep), II, 5
dumb *blöd*, I; dumm, I
dumpling *der Knödel, -*, II, 10; Swabian dumplings *die Spätzle*, II, 10
dust *abstauben* (sep), II, 11
dye: to dye one's hair *s. die Haare färben*, II, 6

E

each *jed-*, I
ear *das Ohr, -en*, II, 2
early *früh*, II, 7; earlier *früher*, II, 3
earn *verdienen*, II, 3
earth *die Erde*, II, 11
easy *leicht*, I; *einfach*, II, 9; take it easy *immer mit der Ruhe!* II, 9
easy chair *der Sessel, -*, II, 3
eat *essen*, I; eat lunch *zu Mittag essen*, II, 7; to go out to eat *zum Essen gehen*, II, 10
education *die Ausbildung, -en*, II, 6
educational *lehrreich*, II, 7
egg *das Ei, -er*, I
eightieth (birthday) *der Achtzigste*, II, 10
electrician *der Elektriker, -*, II, 6
elegant *elegant*, II, 5; *fein*, II, 10
else: who else are you inviting? *wen lädst du noch ein?* I; something else *etwas anderes*, II, 6
emblem *das Wappen, -*, I
emperor *der Kaiser, -*, II, 9
endure *leiden*, II, 6; to not be able to stand *nicht leiden können*, II, 6
engineer *der Ingenieur, -e*, II, 3
English *Englisch*, I
enjoy: enjoy your meal! *guten Appetit!* I; I enjoy it a lot *das macht mir grossen Spass*, II, 7
enough *genug*, I; now I've had enough! *jetzt ist aber Schluss!* II, 5; that's enough *das reicht*, II, 2
enter *betreten*, II, 11
entertaining *unterhaltend*, II, 7
enthusiastic *begeistert*, II, 3
entire *ganz*, I
entrance hall *die Diele, -n*, II, 3
environment *die Umwelt*, II, 6
especially *besonders*, I
even *sogar*, II, 6
evening *der Abend, -e*, II, 2; in the evening *am Abend*, II, 2
every *jed-*, I; *alle*, II, 5; every two weeks *alle zwei Wochen*, II, 5
everything *alles*, I; everything else *alles andere*, I
exactly *genau*, II, 6
example *das Beispiel, -e*, II, 6; for example *zum Beispiel*, II, 6
excellent *ausgezeichnet*, I; *hervorragend*, II, 10
except for *ausser*, II, 10
exchange *wechseln*, I
exciting *spannend*, I
excuse *die Ausrede, -n*, II, 1; excuse me! *Entschuldigung!* I; *Verzeihung!* I
exercise *die Bewegung*, II, 2
exit *der Ausgang, ¨e*, I
expensive *teuer*, I
explain *erklären*, II, 1

F

factory *die Fabrik, -en*, II, 11
fair (weather) *heiter*, I
fall *der Herbst*, I; in the fall *im Herbst*, I
familiar: to be familiar with a place *kennen*, I
family *die Familie, -n*, I; the Nedel family *die Familie Nedel*, I
fantastic *phantastisch*, I
fantasy book *das Fantasy-Buch, ¨er*, I
farm *der Bauernhof, ¨e*, II, 3; help on the farm *in der Landwirtschaft helfen*, II, 5
farmhouse *das Bauernhaus, ¨er*, II, 3
fascinating *faszinierend*, II, 7
fashion *die Mode, -n*, II, 5
fashionable *modisch*, II, 5
fast *schnell*, I
fat *dick*, II,2; to be fattening *dick machen*, II, 2
father *der Vater, ¨*, I
Father's Day *der Vatertag*, I
favorite *Lieblings -*, I; favorite color *die Lieblingsfarbe, -n*, I
feature film *der Spielfilm, -e*, II, 7
February *der Februar*, I
feed (an animal) *füttern*, II, 11
feel well *s. wohlfühlen* (sep), II, 2; I feel sick *mir ist schlecht*, II, 2; to feel like having (to eat) *Appetit haben auf*, II, 10; to feel like (doing) *Lust haben*, II, 11
fertilizer *der Pflanzendünger*, II, 11
fetch *holen*, I
few *wenig*, II, 2; a few *ein paar*, II, 5
film *der Film, -e*, I
finally *endlich*, I
find *finden*, I
fine *gut*, I; fine, thanks *gut, danke*, I; fine with me *meinetwegen*, II, 6
finger *der Finger, -*, II, 2
finished *fertig*, II, 6; finish *fertig machen*, II, 6
first *erst*, II, 6; (at) first, first of all *zuerst*, II, 1; *erstens*, II, 7; on the first *am ersten*, I; on May 1st *am ersten Mai*, I
fish *der Fisch, -e*, II, 2
fish sandwich *das Fischbrot, -e*, I
fit *passen*, II, 5
flash: use a flash *blitzen*, II, 9
flight *der Flug, ¨e*, I; have a good flight! *guten Flug!* I
floor *der Fussboden, ¨*, II, 11; (of a building) *der Stock, Stockwerke*, II, 3; on the ninth floor *im achten Stock*, II, 3
flower *die Blume, -n*, I
fly *fliegen*, I
follow *nachkommen* (sep), II, 9

fond (of animals) *tierlieb*, II, 5; (of children) *kinderlieb*, II, 5
food *Essen*, II, 10; *die Ernährung*, II, 2
foot *der Fuss, ¨e*, II, 2; on foot *zu Fuss*, I
for *für*, I; for that *dafür*, II, 5; for two weeks *zwei Wochen lang*, II, 1; for months *monatelang*, II, 11; they have been here for 25 years *sie sind seit 25 Jahren hier*, II, 3; for (your) anniversary *zum Hochzeitstag*, I; for supper *zum Abendessen*, II, 2; be for it *dafür sein*, II, 9
forbidden *verboten*, II, 9
foreign *ausländisch*, II, 7
foreign country *das Ausland*, II, 1
forget *vergessen*, II, 9
fourth *viert-*, II, 3
free *frei*, II, 7
free time *die Freizeit*, I; person who does not know what to do with free time *der Freizeitmuffel*, -, I
French *französisch*, II, 10
French fries *die Pommes frites* (pl), II, 10
frequently *öfters*, II, 10
fresh *frisch*, I
Friday *der Freitag*, I; on Friday *am Freitag*, I
friend *der Freund, -e*, I; girlfriend *die Freundin, -nen*, I; girlfriend from school *die Schulfreundin, -nen*, I
friendly *freundlich*, I
from *aus, von*, I; from . . . *von . . . aus*, II, 1; *ab*, II, 5; from it, from that *davon*, II, 5
front: in front of *vor*, II, 6
frozen dinner *der Fertiggericht, -e*, II, 11
fruit *das Obst*, I
full *voll*, I; I'm full *ich bin satt*, I
fun: gymnastics is fun *Gymnastik macht Spass*, I; have fun! *viel Spass!* I
funny *lustig*, I
furnished *eingerichtet sein*, II, 3
furniture *die Möbel* (pl), II, 3
further *weiter*, I
future *der Zukunft*, II, 6

G

game *das Spiel, -e*, I
garage *die Garage, -n*, I
garden *der Garten, ¨*, I
gas *das Benzin*, II, 7
general: in general *im allgemeinen* II, 7
genius *das Genie, -s*, II, 9
geography *Geographie*, I
German (language) *Deutsch*, I; (person) *der Deutsche, -n*, I
German Democratic Republic *Deutsche Demokratische Republik (DDR)*, I
German paper *die Deutscharbeit, -en*, II, 11
Germany *Deutschland*, I
get *bekommen*, I; *kriegen*, II, 1; *holen*, I; get to (a place) *kommen nach*, I; how do you get to school? *wie kommst du in die Schule?* I
get around *herumkommen* (sep), II, 7
get lost *s. verlaufen*, II, 9
get up *aufstehen* (sep), II, 7
gift *das Geschenk, -e*, I
gift shop *der Geschenkladen, ¨*, I
girl *das Mädchen, -*, I
girlfriend *die Freundin, -nen*, I
give *geben*, I; *reichen*, II, 10; (as a gift) *schenken*, I; give back *zurückgeben* (sep), II, 5; what should I give? *was soll ich nur schenken?* I
glad *froh*, I; I'm glad *das freut mich*, I; I'm glad to hear that *da bin ich aber froh*, I
glasses *die Brille, -n*, I
go *gehen*, I; *fahren*, I; to go out *ausgehen*, I; to go into the city *in die Stadt fahren*, I; when are we going to get going? *wann geht's los?* I
go ahead *vorausgehen* (sep), II, 9
go down *hinuntergehen* (sep), II, 9
go past *vorbeigehen an* (sep), II, 5
go swimming *baden*, II, 9
goal *das Ziel, -e*, II, 6
going on (to be) *los sein*, II, 10
gone *weg*, I; to be all gone *alle sein*, II, 2
good *gut*, I; (well-behaved) *brav*, II, 6; good! *schön!* I; good luck! *viel Glück!* I; good morning! *Guten Morgen!* I; goodbye! *auf Wiedersehen!* I; *adieu!* II, 7; (on the phone) *auf Wiederhören!* I
goulasch soup *die Gulaschsuppe, -n*, I
grade *die Note, -n*, I; *die Klasse, -n*, I
gram *das Gramm*, I; 200 grams of cold cuts *200 Gramm Aufschnitt*, I
grandma *die Oma, -s*, I
grandmother *die Grossmutter, ¨*, II, 10
grandpa *der Opa, -s*, I
grandparents *die Grosseltern* (pl), I
grape *die Traube, -n*, II, 2
gravy *die Sosse, -n*, II, 2
great! *prima!* I; *toll!* I; *Klasse!* I; *schön!* I; great, isn't it?! *toll, was?!* II, 3
Greece *Griechenland*, II, 10
Greek *griechisch*, II, 10
green *grün*, I; the color green *das Grün*, I; by the green symbol *bei Grün*, I
greengrocer *der Gemüsehändler, -*, I
grey *grau*, I; the color grey *das Grau*, I
groceries *die Lebensmittel* (pl), II, 11
group *die Gruppe, -n*, I
guess *raten*, II, 1
guessing game *das Ratespiel, -e*, I
guest room *das Gästezimmer, -*, I
guitar *die Gitarre, -n*, I
gym shorts *die Turnhose, -n*, II, 5
Gymnasium student *der Gymnasiast, -en*, II, 7
gymnastics *Gymnastik*, I; to do gymnastics *Gymnastik machen*, I; *turnen*, II, 2

H

hair *das Haar, -e*, II, 1
haircut *der Haarschnitt, -e*, II, 1
hair style *die Frisur, -en*, II, 6
half *halb*, I; half a pound of butter *ein halbes Pfund Butter*, I
hall *der Saal, Säle*, II, 9
ham *der Schinken*, II, 2
hamburger *der Hamburger, -*, I
hand *die Hand, ¨e*, II, 2
handsome (to be) *gut aussehen* (sep), I
hang *hängen*, II, 3
happen *passieren*, II, 7
happy *froh*, I; *glücklich*, II, 3; to be happy *s. freuen*, II, 3; happy . . . *herzliche Glückwünsche zum . . .*, I
hardly *kaum*, II, 7
harmful *schädlich*, II, 2
hate *hassen*, I
have *haben*, I; I have it! *ich hab's!* I; what do you have? *was gibt es alles?* I; I'll have *ich bekomme*, II, 10
have back *wiederhaben* (sep), II, 5
have to *müssen*, I; the grass has to be cut *der Rasen muss gemäht werden*, II, 11
he *er*, I
head *der Kopf, ¨e*, II, 2; a head of lettuce *ein Kopf Salat*, I
health *die Gesundheit*, II, 2; to your health! *zum Wohl!* II, 10
healthy *gesund*, II, 2
heat *die Hitze*, II, 9
heath *die Heide*, II,1; on the heath of Lüneburg *in der Lüneburger Heide*, II, 1
heavy *stark (stärker)*, II, 3
heavyset *vollschlank*, I
held: to be held back in school *sitzenbleiben* (sep), II, 1
hello! *hallo!*, I; *Tag!*, I; *guten Tag!*, I; *Gruetzi!* (Swiss), I; *grüss Gott!* (southern Germany and Austria), II, 10
help *helfen*, II, 1; may I help you? *was darf es sein?* I; yes, may I help you? *ja, bitte?* I
helper *die Hilfskraft, ¨e*, II, 5
her *ihr, ihre*, I
here *hier*, I; here comes *da kommt*, I; here he comes! *da kommt er ja!* II, 1; we're here *wir sind da*, I; here you are! *bitte!* I; here are the menus *die Speisekarten, bitte!* II, 10
hey, . . . *du, . . .*, I
hi! *grüss dich!*, I; *hallo!*, I; *Tag!*, I

high school *das Gymnasium, Gymnasien,* II, 2; he goes to high school *er geht aufs Gymnasium,* **II, 2**
high-rise *das Hochhaus, ¨er,* II, 3
hike *wandern,* II, 1
his *sein, seine,* I
history *Geschichte,* I
history class *der Geschichtsunterricht,* II, 9
hm *tja,* I
hobby *das Hobby, -s,* I
hobby room *der Hobbyraum, ¨e,* II, 3
hockey *Hockey,* I
holiday *der Feiertag, -e,* II, 10
home: at home *zu Hause,* II, 2; to come home *nach Hause kommen,* I
home computer *der Heimcomputer, -,* II, 11
homeland *die Heimat,* II, 7
homemade *hausgemacht,* II, 10
homeroom teacher *die Klassenlehrerin, -nen,* II, 1
homework *die Hausaufgaben* (pl); he's doing homework *er macht Hausaufgaben,* I
honey *der Honig,* II, 2
hope: I hope, let's hope *hoffentlich,* II, 1
horror film *der Horrorfilm, -e,* I
horse *das Pferd, -e,* II, 7
hospital *das Krankenhaus, ¨er,* II, 11
hot *heiss,* I
hot dog *das Würstchen, -,* II, 5
hotel *das Hotel, -s,* II, 11
hour *die Stunde,* II, 2; 8 Marks an hour *8 Mark die Stunde,* II, 5
house *das Haus, ¨er,* I
household *der Haushalt,* II, 11
household robot *der Haushaltsroboter, - (kurz: Hauro),* II, 11
housewife *die Hausfrau, -en,* II, 3
housework: to help with the housework *im Haushalt helfen,* II, 5
housing development *die Siedlung, -en,* II, 3
how *wie,* I; and how! *und wie!* II, 1; how long? *wie lange?* I; how many? *wieviel?* I; how much? *wieviel?* I; how much are . . . ? *was kosten . . . ?* I; how often? *wie oft?* I; how old are you? *wie alt bist du?* I; how are you? *wie geht es dir?* II, 2; how about . . . ? *wie steht's mit . . . ?* II, 2; how about tomorrow *wie wär's mit morgen?* II, 7; how was it? *wie war's?* II, 1
huge *reisengross,* II, 11
hungry: to be hungry *Hunger haben,* I; I'm hungry as a bear! *ich habe einen Bärenhunger!* I
hurry *s. beeilen,* II, 9
hurt o.s. *s. wehtun* (sep), II, 2; does it hurt? *tut's weh?* II, 2

I

ice cream *das Eis,* I
ice cream parlor *die Eisdiele, -n,* II, 5
ice hockey *Eishockey,* I
idea *die Idee, -n,* I; I have no idea *keine Ahnung!* I; idea for a gift *die Geschenkidee, -n,* I
ideal *ideal,* II, 5
ideal world *die Wunschwelt,* II, 6
idol *das Idol, -e,* II, 6
if *ob,* I; *wenn,* I
imagination *die Phantasie, -n,* II, 11
imaginative *phantasievoll,* I
imagine *s. vorstellen* (sep), II, 9
immediately *sofort,* II, 2
important *wichtig,* II, 6
impossible *unmöglich,* II, 5
impression *der Eindruck, ¨e,* II, 7
improbable *unwahrscheinlich,* II, 11
improve *verbessern,* II, 1
in *in,* I; they're in the ninth grade *sie gehen in die neunte Klasse,* I
income *das Einkommen, -,* II, 6
inexpensive *billig,* II, 3
influenced by (to be) *beeinflusst sein von,* II, 11
inform *mitteilen* (sep), II, 11
information *die Auskunft,* I
ingenious *genial,* II, 11
inhabitant *der Einwohner, -,* I
instrument *das Instrument, -e,* I
intend *vorhaben* (sep), II, 9
interest *das Interesse, -n,* I
interested in (to be) *s. interessieren für,* II, 7
interesting *interessant,* I
interrupt *unterbrechen,* II, 9
interviewer *der Interviewer, -,* I
into *in,* I
invisible *unsichtbar,* II, 11
invite *einladen,* I
is: he is *er ist,* I; she is *sie ist,* I
island *die Insel, -n,* II, 1
isn't that so? *oder?* II, 1
it *er, sie, es,* I
Italian *italienisch,* II, 3
Italy *Italien,* II, 1
its *sein, seine,* I

J

jacket *die Jacke, -n,* II, 5
jam *die Marmelade, -n,* II, 2
January *der Januar,* I; in January *im Januar,* I
jeans *die Jeans* (pl), II, 5
job *der Job, -s,* II, 5; (place of work) *die Arbeitsplatz, ¨e,* II, 6; (position) *die Stelle, -n,* II, 6
jog *joggen,* II, 2
joke *der Witz, -e,* I
juice *der Saft, ¨e,* II, 2
juicy *saftig,* II, 10
July *der Juli,* I
June *der Juni,* I
just *eben,* II, 1; *erst,* II, 3; *bloss,* II, 5; just now *gerade,* II, 7; I'll just ask . . . *ich frag' mal . . . ,* I; just don't tell me *sag bloss nicht,* II, 5

K

keep: keep clean *sauberhalten* (sep), II, 6; keep fit *s. fithalten* (sep), II, 2
key *die Taste, -n,* II, 11
kilogram *das Kilogramm (Kilo),* I; 1 kilogram of tomatoes *1 kg Tomaten,* I
kilometer *der Kilometer, -,* I
kind *lieb,* II, 6; what kind of (a) *was für (ein),* I
kiss *der Kuss, ¨e,* II, 6
kitchen *die Küche, -n,* I
knapsack *der Rucksack, ¨e,* I
knee *das Knie, -,* II, 2
knife, fork, and spoon *das Besteck, -e,* II, 10
know *kennen,* I; *wissen,* I
know about *s. auskennen* (sep), II, 9

L

ladies and gentlemen *die Herrschaften* (pl), II, 10
lady *die Dame, -n,* II, 10
lake *der See, -n,* II, 1
Lake Constance *der Bodensee,* II, 1
lamp: floor lamp *die Stehlampe, -n,* II, 3; night-table lamp *die Nachttischlampe, -n,* II, 3
land *landen,* I
landmark *das Wahrzeichen, -,* I
large *gross (grösser),* II, 3
last: last year *letztes Jahr,* II, 1; last night *gestern abend,* I
late *spät,* II, 6; later *später,* I
Latin *Latein,* I
lawn *der Rasen, -,* II, 5
lazy *faul,* II, 6; to lie around, be lazy *faulenzen,* I
lean *mager,* II, 2
learn (study) *lernen,* II, 1; to learn a trade *einen Beruf erlernen,* II, 6
left *links,* I; *link-,* II, 9; on the left *links,* I
leg *das Bein, -e,* II, 2
lemon *die Zitrone, -n,* II, 2
lemon soda *die Limonade, -n,* I; *die Limo, -s,* I
lend *leihen,* II, 5
let *lassen,* II, 10
let's: let's ask *fragen wir mal!* I; let's go! *los!* II, 9
letter *der Brief, -e,* II, 3
lettuce *der Salat, -e,* I; a head of lettuce *ein Kopf Salat,* I
lie *liegen,* II, 3
life *das Leben,* II, 6
lifeguard *der Bademeister, -,* II, 5
lift *abheben* (sep), I
light *das Licht,* II, 11; *hell,* I; *leicht,* II, 5; a glass of light beer *ein Helles,* II, 10
like *wie,* I; *gefallen,* II, 5; *(gern) mögen,* I; *gern haben,* I; to like (to do) *gern (machen),* I; would like to *möchten,* I; how do you like . . .? *wie findest du . . .?* I; yes, I'd like that *ja, gern,* I; just like we do at home *wie bei uns zu Hause,* II, 2; a house like that *so ein Haus,* II, 3
likeable *sympathisch,* I
lined *gefüttert,* II, 5

liquid *die Flüssigkeit, -en*, II, 9
list *der Zettel, -*, I
listen *zuhören* (sep), II, 5; listen (to) *hören*, I; *(s.) anhören*, II, 5
liter *der Liter*, I; a liter of milk *ein Liter Milch*, I
little *wenig*, II, 2; a little *ein bisschen*, II, 5; *ein wenig* II, 7; a little later *etwas später*, I
live *leben*, II, 2; *wohnen*, I; I live in Vienna *ich bin in Wien zu Hause*, I
living room *das Wohnzimmer, -*, I
locker *das Schliessfach, ¨er*, I
lodging *das Quartier, -e*, II, 9
long *lang*, II, 1; as long as (it takes) *so lange*, II, 1; I haven't seen an operetta for a long time *ich hab' schon lange keine Operette mehr gesehen*, II, 10
look *schauen*, I; to look in the newspaper *in die Zeitung schauen*, I; look! *schau (mal)!* I; to look (like) *aussehen*, I; look at *s. anschauen* (sep), II, 6; let me have a look *lass mich reinschauen!* II, 10; it looks good on you *es steht dir gut*, II, 5
look for *suchen*, I
look forward to *s. freuen auf*, II, 7
lose *verlieren*, I
lot: a lot *viel*, I; *vieles*, II, 6; a whole lot *eine ganze Menge*, II, 7
loud *laut*, II, 6
love *lieben*, II, 5
love story *der Liebesfilm, -e*, I
lovingly *liebevoll*, II, 7
luck *das Glück*, I; to be lucky *Glück haben*, II, 1; to be unlucky *Pech haben*, II, 1; good luck! *viel Glück!* I
lunch *das Mittagessen, -*, II, 2
lunch break *die Mittagspause, -n*, II, 9
luxury *der Luxus*, II, 3

M

mad (to be) *s. ärgern*, II, 9
made of *aus*, II, 5
magazine *dei Zeitschrift, -en*, II, 7
magnificent *prunkvoll*, II, 9
Main River *der Main*, II, 9
make *machen*, I; (of a car) *die Marke, -n*, II, 7
man *der Mann, ¨er*, II, 6
many *viele*, I; many, many a *manch-*, II, 7
map: city map *der Stadtplan, ¨e*, II, 9
March *der März*, I
margarine *die Margarine*, II, 2
mark *die Note, -n*, I; (German currency) *Deutsche Mark (die D-Mark)*, I
marry *heiraten*, II, 6
Mars *der Mars*, II, 11
math *Mathe*, I
math teacher *der Mathematiklehrer, -*, I
matter: what's the matter? *was ist los?* I; no matter what I do *ich kann machen, was ich will*, II, 1; it doesn't matter *macht nichts*, II, 2
May *der Mai*, I
maybe *vielleicht*, I
me? *ich?* I; me too *ich auch*, I
meal *die Mahlzeit, -en*, II, 2; *das Essen, -*, II, 2; enjoy your meal! *Mahlzeit!* II, 2
mean *heissen*, II, 7; *meinen*, II, 6
means *die Weise*, II, 11; by artificial means *auf künstliche Weise*, II, 11
meat *das Fleisch*, I
medicine *die Medizin*, II, 6
meet *kennenlernen* (sep), I; meet with *s. treffen mit*, II, 7
member *das Mitglied, -er*, II, 11
mention: don't mention it *nichts zu danken*, I
menu *die Speisekarte, -n*, II, 10
merry *lustig*, I; Merry Christmas *fröhliche Weihnachten*, I
mess *die Unordnung*, II, 6
Mexican *mexikanisch*, II, 10
microphone *das Mikrofon, -e*, II, 11
microwave oven *der Mikroherd, -e*, II, 11
middle *die Mitte*, II, 10; in the middle of *mitten in*, II, 3
midnight *die Mitternacht*, II, 6
mile *die Meile, -n*, I
milk *die Milch*, I
million *die Million, -en*, I; thanks a million! *tausend Dank!* I
mind: I don't mind *ich habe nichts dagegen*, II, 6
mineral water *das Mineralwasser*, I
minus *minus*, II, 1
minute *die Minute, -n*, II, 3; wait a minute! *Moment mal!* I
mirror *der Spiegel, -*, II, 3
miserable *miserabel*, I
Miss *Fräulein*, I
missing (to be) *fehlen*, I
mix up *durcheinanderbringen* (sep), II, 11
model *das Modell, -e*, II, 7
modern *modern*, I
modest *bescheiden*, II, 3
mom *die Mutti, -s*, I
Monday *der Montag, -e*, I; on Monday *am Montag*, I
money *das Geld*, I; German money *das deutsche Geld*, I
monitor *der Monitor*, I
month *der Monat, -e*, I; (times) a month *im Monat*, I
moon *der Mond*, II, 11
moped *das Moped, -s*, I; by moped *mit dem Moped*, I
more *mehr*, I; not any more *kein . . . mehr*, II, 5; once more *noch einmal*, I; two more *noch zwei*, II, 9; still more *noch mehr*, I; some more red cabbage *noch etwas Rotkohl*, II, 2
morning *der Morgen, -*, II, 2; in the morning *morgens*, II, 2; this morning *heute morgen (vormittag)*, II, 7; yesterday morning *gestern morgen (vormittag)*, II, 7; tomorrow morning *morgen früh, morgen vormittag*, II, 7
most: most of all *am meisten*, II, 1; most (of it) *das meiste*, II, 7; to like (to do) most of all *am liebsten (machen)*, I
mostly *meistens*, I
mother *die Mutter, ¨*, I
Mother's Day *der Muttertag*, I
mountain *der Berg, -e*, II, 1
mountains *das Gebirge*, II, 1
move *der Umzug, ¨e*, II, 3; *umziehen* (sep), II, 3
movie *der Film, -e*, I
movies *das Kino, -s*, I; go to the movies *ins Kino gehen*, I
mow *mähen*, II, 5
Mr. *Herr*, I
Mrs. *Frau*, I
much *viel*, I; *vieles*, II, 6
Munich *München*, I
museum *das Museum, Museen*, I
music *die Musik*, I
music cassette *die Musikkassette, -n*, I
must *müssen*, II, 1; you must think *du glaubst wohl*, II, 5
mustard *der Senf*, I
my *mein, meine*, I
myself (yourself, etc.) *selbst*, II 5; *selber*, II, 7

N

name *der Name, -n*, I; *nennen*, II, 9; his name is *er heisst*, I; what's . . . name? *wie heisst . . .?* I
name day *der Namenstag, -e*, I
nature *die Natur*, II, 3
nature film *der Naturfilm, -e*, I
near *bei*, II, 1; right near *in der Nähe von*, II, 7
neat *ordentlich*, II, 6
need *brauchen*, I
neighbor *der Nachbar, -n*, II, 5
never *nie*, I
new *neu*, II, 1
news *die Tagesschau*, II, 7
newspaper *die Zeitung, -en*, I
newsstand *der Kiosk, -e*, II, 7
next *nächst-*, II, 6
next to *neben*, II, 3
nice *nett*, I; *sympathisch*, I; *lieb*, II, 6; *schön*, I; nice that you're here *schön, dass du da bist*, I; not nice *unsympathisch*, I; nice and spicy *ganz schön scharf*, II, 10; nice and tan *schön braun*, II, 1
night: last night *gestern abend*, I; *gestern nacht*, II, 7; tomorrow night *morgen abend, morgen nacht*, II, 7
night table *der Nachttisch, -e*, II, 3
nine-thirty *halb zehn*, I
ninth grade *die neunte Klasse*, I

ninty cent stamp *die Neunziger, -,* II, 9
no *nein,* I; *kein, keine,* I; I'm no good at math *ich bin in Mathe eine absolute Niete,* II, 1
no one *keiner,* II, 9
noise *der Lärm,* II, 3; *der Krach,* II, 6
nonsense! *Unsinn!* I
noodle *die Nudel, -n,* II, 2
noon: at noon today *heute mittag,* II, 7; yesterday at noon *gestern mittag,* II, 7; tomorrow at noon *morgen mittag,* II, 7
North Sea *die Nordsee,* II, 1
nose *die Nase, -n,* II, 2
not *nicht,* I; not any *kein, keine,* I; not at all *gar nicht,* II, 3; not a lousy penny! *keine müde Mark!* II, 5
notebook *das Heft, -e,* I
nothing *nichts,* I, 5; nothing at all *überhaupt nichts,* II, 1
novel *der Roman, -e,* I, 3
November *der November,* I, 11
now *jetzt,* I; now and then *ab und zu,* I; I'm doing (that) now *ich bin gerade dabei,* II, 7
number *die Zahl, -en,* I; the numbers from zero to twenty *die Zahlen von null bis zwanzig,* I
nursery *die Gärtnerei, -en,* II, 5
nutrition *die Ernährung,* II, 2
nutritional value *der Nährwert,* II, 11

O

occupied *besetzt,* I
ocean *das Meer, -e,* II, 1; *der Ozean, -e,* II, 11; at (on) the ocean *am Meer,* II, 1
October *der Oktober,* I
of *von,* I; a quarter of nine *Viertel vor neun,* I; a bottle of mineral water *eine Flasche Mineralwasser,* I
of course! *na klar!* I; *natürlich!* I; *selbstverständlich,* II, 6
off: he has off *er hat frei,* I; off to *auf nach,* I
office *das Büro, -s,* II, 6
official *der Beamte, -n,* I
often *oft,* I; how often? *wie oft?* I
oh: oh, well *na ja,* I; oh, go on! *ach wo!* II, 3
okay *O.K.,* I; *gut,* I; *einverstanden,* II, 7; okay? *ja?* I; it's okay *es geht,* II, 2
old *alt,* I; older *älter,* II, 3
old-fashioned *altmodisch,* II, 11
olive *die Olive, -n,* II, 10
on *auf,* I; *weiter,* I; on it *d(a)rauf,* II, 2; what do you want on it? *was willst du draufhaben?* II, 2; on what *worauf,* II, 10; on the island of Sylt *auf der Insel Sylt,* II, 1; on the side *nebenbei,* II, 5
once *einmal,* I
one *man,* I; (the grade of) one *eine Eins,* I
oneself (myself, yourself, etc.) *selbst,* II, 5
onion soup *die Zwiebelsuppe, -n,* II, 10
only *nur,* I
open *offen,* II, 9
open-faced sandwiches *belegte Brote* (pl), II, 2
opera *die Oper, -n,* I; to go to the opera *in die Oper gehen,* I
operetta *die Operette, -n,* II, 10
opinion: to have the opinion about *finden,* I; *meinen,* I
opposite *das Gegenteil, -e,* II, 7
optician *das Optikergeschäft, -e,* II, 9
or *oder,* I
orange juice *der Orangensaft,* II, 2
order *die Ordnung,* II, 6; *der Befehl, -e,* II, 11; *(s.) bestellen,* II, 5; out of order *geht nicht,* I
other *ander-,* II, 3
otherwise *sonst,* II, 1
ouch! *aua!* II, 2
our *unser, unsere,* I
out *aus,* I; school is out *die Schule ist aus,* I; (the phone is) out of order *(der Apparat) geht nicht,* I
outside: from the outside *von aussen,* II, 9
over *aus,* I; *über,* II, 3; school is over *die Schule ist aus,* I; over there *da drüben,* I
overcast *bewölkt,* I
own *eigen,* II, 3

P

pain *der Schmerz, -en,* II, 2
pain reliever *die Schmerztablette, -n,* II, 2
painting *das Gemälde, -,* II, 9
pale *blass,* II, 2
pants *die Hose, -n,* I
paper: German paper *die Deutscharbeit, -en,* II, 11
pardon: I beg your pardon? *wie bitte?* I
park: city park *der Stadtpark, -s,* II, 9
parka *der Parka, -s,* II, 5
partly *teilweise,* II, 5
party *die Party, -s,* I; *die Fete, -n,* II, 6; to have a party *eine Party feiern,* II, 6
passport *der Pass, ⸚e,* I; passport control *die Passkontrolle,* I
passport case *die Brieftasche, -n,* I
past: five past nine *fünf nach neun,* I
patient *geduldig,* II, 5
pay *der Verdienst, -e,* II, 6; *die Bezahlung, -en,* II, 5; *zahlen,* II, 5
pay attention *aufpassen* (sep),II, 1
pedestrian *der Fussgänger, -,* I
pedestrian mall *die Fussgängerzone, -n,* I
pen (ballpoint) *der Kuli, -s,* I
pencil *der Bleistift, -e,* I
penny *der Pfennig, -e,* I
people *die Leute* (pl), I; (in general) *man,* I
pepper *der Pfeffer,* II, 2
performance *die Vorstellung, -en,* II, 10
perfume *das Parfüm, -s,* I
person *der Mensch, -en,* II, 6
pharmacy *die Apotheke, -n,* II, 9
phone *der Apparat, -e,* I
phone booth *die Telefonzelle, -n,* I
photo *das Foto, -s,* II, 3; *die Aufnahme, -n,* II, 9
photograph *fotografieren,* II, 9
physics *Physik,* I
pick up *holen,* I
pickle *die Gurke, -n,* II, 2
pickled herring *der Bismarckhering,* II, 10
picture *das Bild, -er,* II, 3
picture postcard *die Ansichtskarte, -n,* II, 9
piece: a five-mark piece *ein Fünf-Mark-Stück,* I
pill *die Pille, -n,* II, 11
pizza *die Pizza, -s,* I
plan *die Plan, ⸚e,* II, 6; *planen,* I; plans for the future *die Zukunftspläne* (pl) II, 6; to have plans *etwas vorhaben,* I
plane *die Maschine, -n,* I
planet *der Planet, -en,* II, 11
plant *pflanzen,* II, 11
plate *der Teller, -,* II, 11
play *das Schauspiel, -e,* II, 10; *spielen,* I
player *der Spieler, -,* II, 7
playing cards *die Spielkarten* (pl), I; *Kartenspielen,* I
please *bitte,* I
pleasure: my pleasure! *gern geschehen!* I
policeman *der Polizist, -en,* II, 9
political *politisch,* II, 7
politics *die Politik,* II, 6
poll *die Umfrage, -n,* II, 6
poor: poor Peter! *armer Peter!* I
pork roast *der Schweinsbraten,* II, 10
possible: I hope it's possible *hoffentlich geht das,* II, 1
post office *die Post,* I; to go to the post office *zur Post gehen,* II, 9
poster *das Poster,* I
potato *die Kartoffel, -n,* II, 2
potato salad *der Kartoffelsalat, -e,* I
pound *das Pfund,* I; two pounds of sugar *zwei Pfund Zucker,* I
poverty *die Armut,* II, 6
practical *praktisch,* II, 3
practice *üben,* II, 7; *trainieren,* II, 2
prefer *vorziehen* (sep) II, 9; to prefer (to do) *lieber (machen),* I
prepare *vorbereiten* (sep), II, 11
present *das Geschenk, -e,* I; *vorführen* (sep), II, 11
pretty *hübsch,* I; *schön,* I; she is pretty *sie sieht gut aus,* I
price *der Preis, -e,* II, 3
print out *ausdrucken* (sep) II, 11
probably *wohl,* II, 3; *wahrscheinlich,* II, 6; *voraussichtlich,* II, 11
problem *das Problem, -e,* II, 6

process *verarbeiten*, II, 11
produce *produzieren*, II, 11
program *die Sendung, -en*, II, 7
property *das Grundstück, -e*, II, 3
pudding *der Pudding*, II, 2
pull: pull out weeds *das Unkraut jäten*, II, 11
punctual *pünktlich*, I
punctually *pünktlich*, II, 9
pupil *der Schüler, -*, I
purchase *der Einkauf, ¨e*, II, 9
pure *rein*, II, 7
put *stecken*, I; *stellen*, II, 7; *legen*, II, 11
put on *s. anziehen* (sep), II, 5
putter around with *herumbasteln an* (sep), II, 7

Q

quantity *die Menge*, II, 7
quarrel: to have a quarrel *Krach geben*, II, 6
quarter: a quarter after nine *Viertel nach neun*, I
quartz watch *die Quarzuhr, -en*, I
question *die Frage, -n*, I; to ask a question *eine Frage stellen*, II, 11
quick *schnell*, I
quiet *ruhig*, II, 3; *leise*, II, 7; *still*, II, 9; quiet! *Ruhe!* I
quiz show *die Quizsendung, -en*, II, 7

R

radio *das Radio, -s*, I
rain *der Regen*, I; it's raining *es regnet*, I
raincoat *der Regenmantel, ¨*, I
rather *ziemlich*, II, 6; I'd rather you didn't! *lieber nicht!* II, 6; I'd rather *mir ist lieber*, II, 6; I'd rather play soccer *ich spiele lieber Fussball*, I
read *lesen*, I; (aloud) *vorlesen*, II, 7
real *echt*, II, 3; *richtig*, II, 6
realistic *realistisch*, II, 7
really *wirklich*, I; *ehrlich*, II, 1; really great! *ganz prima!* I; really far away *ganz weit weg*, II, 1; he's really quite right *er hat schon ganz recht*, II, 9
reasonable *preiswert*, II, 3
receive *bekommen*, I
receiver (phone) *der Hörer, -*, I
recently *vor kurzem*, II, 10
recess *die Pause, -n*, I
record *die Platte, -n*, I
record player *der Plattenspieler, -*, I
recovery *die Besserung*, II, 2; I hope you feel better soon *gute Besserung*, II, 2
recreation: basement recreation room *der Hobbykeller, -*, II, 6
red *rot*, I; the color red *das Rot*, I; in red *in Rot*, I
red cabbage *der Rotkohl*, II, 2
region *die Gegend, -en*, II, 7
regular *regelmässig*, II, 2
rehearsal *die Probe*, II, 7
relative *der Verwandte, -n*, I
relax *s. ausruhen* (sep), II, 7
religion *Religion*, I
remain seated *sitzenbleiben* (sep), II, 9
rent *mieten*, II, 1
repair *reparieren*, II, 7; to do repairs *Reparaturen machen*, II, 7
report *der Bericht, -e*, II, 11
reporter *der Reporter, -* (m); *die Reporterin, -nen* (f), I
repose *die Ruhe*, II, 9
require *verlangen*, II, 6
research *recherchieren*, II, 11
reserve *bestellen*, II, 9
reserved *reserviert*, II, 10
resolution *der Vorsatz, ¨e*, II, 1
restaurant *das Restaurant, -s*, I; *das Lokal, -e*, II, 10; *das Speiselokal, -e*, II, 10
restroom *die Toilette, -n*, I
retailer *der Kaufmann, ¨er*, II, 7
Rhine River *der Rhein*, II, 1; trip on the Rhine *die Rheinfahrt*, II, 1
rice *der Reis*, II, 2
rich *reich*, II, 6
ride *fahren*, I; *reiten*, II, 7
right *rechts*, I; on the right *rechts*, I; to be right *recht haben*, I; that's right! *stimmt!* I; right away *gleich*, I; *sofort*, II, 2; I'll be right back *ich bin gleich wieder da*, II, 9
ring *klingeln*, I; the phone rings *es klingelt*, I
river *der Fluss, ¨e*, II, 1
robot *der Roboter, -*, II, 11
rock concert *das Rockkonzert, -e*, I
rocket: cargo rocket *die Lastrakete, -n*, II, 11
role model *das Vorbild, -er*, II, 6
roll *die Semmel, -n*, I; *das Brötchen, -*, II, 2
rolled beef *die Roulade, -n*, II, 2
room *das Zimmer, -*, I; *der Raum, ¨e*, II, 11
roomy *geräumig*, II, 7
row *die Reihe, -n*, II, 10
row house *das Reihenhaus, ¨er*, II, 3
rug *der Teppich, -e*, II, 3
run *laufen*, II, 11; run back *zurücklaufen* (sep), II, 9
Russian *russisch*, II, 10

S

sad *traurig*, I
sail *segeln*, I
sailing *Segeln*, I
salad *der Salat, -e*, II, 2
sale: on sale *im Angebot*, I
salesperson *die Verkäuferin, -nen* (f), I
salt *das Salz*, II, 2
same *egal*, II, 10; *gleich*, II, 11; at the same time *gleich*, II, 3; not all at the same time! *nicht alle durcheinander!* II, 9; same to you *gleichfalls*, II, 2; it's all the same to me *das ist mir gleich*, I; it's the same with me *mir geht's genauso*, II, 5
sandwich: cheese sandwich *das Käsebrot, -e*, I; sandwich made with cold cuts *das Wurstbr[illegible]e*, I
satisfied *zufrieden*, II, 2
Saturday *der Samstag, -e*, I; *der Sonnabend, -e*, I; on Saturday *am Sonnabend*, I; (on) Saturdays *sonnabends*, I
sauce *die Sosse, -n*, II, 2
sauerbraten *der Sauerbraten*, II, 10
sauna *die Sauna, -s*, II, 3
sausage *die Wurst, ¨e*, I; fried sausage *die Bratwurst, ¨e*, I
save for *sparen auf*, II, 3
say *sagen*, I; say, . . . *sag, . . .* I; you can say that again *das kann man wohl sagen*, II, 5
scarf *das Halstuch, ¨er*, I
schedule: class schedule *der Stundenplan, ¨e*, I; schedule of events *das Programmheft*, II, 10
schmaltzy *schmalzig*, I
school *die Schule, -n*, I; high school *see p 216*
school supplies *die Schulsachen* (pl), I
school year *das Schuljahr, -e*, II, 1
science-fiction film *der Science-fiction-Film, -e*, I
scold *schimpfen*, II, 6
screen *der Bildschirm, -e*, II, 11
seat *der Platz, ¨e*, II, 10
second *zweit-*, II, 3; in the second place *zweitens*, II, 7
secure *sicher*, II, 6
see *sehen*, I; oh, I see! *ach so!* I; see you later! *bis dann!* I; see you soon! *bis gleich!* I
seem *scheinen*, II, 9
seldom *selten*, I
sell *verkaufen*, II, 3
send *schicken*, II, 3
sensational *sensationell*, I
sense *der Sinn*, II, 10; it makes no sense *es hat keinen Sinn*, II, 10
sensible *vernünftig*, II, 2
sensitive *empfindlich*, II, 11
sentimental *sentimental*, II, 7
separate *s. trennen*, II, 9
September *der September*, I
serve *servieren*, II, 10
serving *die Portion, -en*, II, 10
set: set the table *den Tisch decken*, II, 11
several *einige*, II, 3
share with *teilen mit*, II, 3
she *sie*, I; *es*, I
shh! *pst!* II, 9
shilling *der Schilling, -*, II, 9
shine *scheinen*, I
shirt *das Hemd, -en*, I
shoe *der Shuh, -e*, I
shopping: to go shopping *einkaufen gehen*, I; to do shopping *Einkäufe machen*, II, 9
shopping list *der Einkaufszettel, -*, I
short *klein*, I; *kurz*, II, 1
should *sollen*, I; what on earth should I give my father? *was schenke ich bloss meinem Vater?*

I; you should have waited *du hättest warten sollen*, II, 9
shoulder *die Schulter, -n*, II, 2
show *zeigen*, I; I'll show it to you *ich zeig' es dir*, I
sick *krank*, II, 1; I feel sick *mir ist schlecht*, II, 2
side *die Seite, -n*, II, 3
sight *die Sehenswürdigkeit, -en*, I
simple *einfach*, II, 1; simply terrific *einfach Spitze!* II, 1
since *seit*, II, 3
sing *singen*, I
singer *der Sänger, -*, I
single-family home *das Einfamilienhaus, ⸚er*, II, 3
sister *die Schwester, -n*, I; brothers and sisters *die Geschwister* (pl), I
sit *sitzen*, II, 10; sit down *s. setzen*, II, 9; sit around *herumsitzen* (sep), II, 2; sit (around) together *s. zusammensetzen* (sep), II, 7; sit together *beisammensitzen* (sep), II, 10
size *die Grösse, -n*, II, 5
ski: I go skiing *ich laufe Schi*, I
skier (f) *die Schiläuferin, -nen*, II, 3
skirt *der Rock, ⸚e*, II, 5
sleep *schlafen*, II, 2
slice *die Scheibe, -n*, II, 2; a slice of bread *eine Scheibe Brot*, II, 2
slim *schlank*, I
slip (of paper) *der Zettel, -*, I
slowly *langsam*, II, 9
small *klein*, I
smell *der Geruch, ⸚e*, II, 5; *riechen*, II, 2
smoke *rauchen*, II, 2
snack bar *die Imbiss-Stube, -n*, I
sneakers *die Trainingsschuhe* (pl), II, 5
so *so*, I; *also*, II, 3; so long! *tschüs!* I, *tschau!* I; so what?! *na und?* I
so-so *so lala*, I
soccer *Fussball*, I
socks *die Socken* (pl), II, 5
sofa *das Sofa, -s*, II, 3
soft *weich*, II, 3
sold out *ausverkauft*, II, 10
some *welche*, II, 9
someday *einmal*, II, 6
someone *jemand*, II, 9
something *etwas*, I; something else *noch etwas*, II, 2
sometimes *manchmal*, I
somewhere *irgendwo*, II, 1; somewhere else *woanders*, II, 3; to somewhere else *woandershin*, II, 9
son *der Sohn, ⸚e*, II, 3
song *das Lied, -er*, II, 10
song recital *der Liederabend, -e*, II, 10
soon *bald*, I; see you soon *bis bald*, II, 3; *bis gleich!* I; I hope you feel better soon *gute Besserung*, II, 2
sore *sauer*, I
sore muscles *der Muskelkater*, II, 2
sorry I'm sorry *es tut mir leid*, II, 2
sound *klingen*, II, 3
soup *die Suppe, -n*, I; soup of the day *die Tagessuppe, -n*, II, 10
South American *südamerikanisch*, II, 10
southern Germany *Süddeutschland*, II, 10
space *der Platz*, II, 3; *der Raum*, II, 11; *der Weltraum*, II, 11
spaghetti *die Spaghetti* (pl), II, 2
speak: (Nedel) speaking *hier (Nedel)*, I
special: something special *etwas Besonderes*, II, 10
specialty *die Spezialität, -en*, II, 10
speculate *spekulieren*, II, 11
spelling *die Rechtschreibung*, II, 11
spelling mistake *der Schreibfehler, -*, II, 11
spend *ausgeben* (sep), II, 5
spend (time) *verbringen*, I
spicy *scharf*, II, 10
spite: in spite of *trotzdem*, I
sport *der Sport*, I; sports *der Sport*, I; to participate in a sport, to do sports *Sport machen*, I
sports event *die Sportveranstaltung, -en*, I
sports news *die Sportschau*, II, 7
sports program *die Sportsendung, -en*, II, 7
sporty *sportlich*, II, 5
sprain *s. verstauchen*, II, 2
spring *das Frühjahr*, I; *der Frühling, -e*, II, 5
square *der Platz, ⸚e*, II, 9
squash *Squash*, I
stage *die Bühne, -n*, II, 10
stair(s) *die Treppe, -n*, II, 11
stamp *die Briefmarke, -n*, I
stand *stehen*, II, 3; to not be able to stand *nicht leiden können*, II, 6
start *anfangen*, I
starting at *ab*, II, 5
statue *die Statue, -n*, II, 1; on the Statue of Liberty *auf der Freiheitsstatue*, II, 1
stay *bleiben*, I; stay out *wegbleiben* (sep) II, 6
stewed fruit *das Kompott*, II, 2
stick *stecken*, I
still *noch*, I; still more *noch mehr*, I
stingy *knickrig*, II, 5
stomach *der Bauch, ⸚e*, II, 2
store *das Geschäft, -e*, II, 3; department store *das Kaufhaus, ⸚er*, I; *speichern*, II, 11
straight: straight ahead *geradeaus*, I
strawberry punch *die Erdbeerbowle, -n*, I
street *die Strasse, -n*, II, 7; on Prinzregenten Street *in der Prinzregentenstrasse*, I
streetcar: by streetcar *mit der Strassenbahn*, I
strenuous *anstrengend*, II, 10
strict *streng*, II, 1
stroll *bummeln*, II, 9; stroll through the city *der Stadtbummel, -*; to take a stroll through the city *einen Stadtbummel machen*, I
strong *kräftig*, II, 5
student *der Schüler, -*, I
study *lernen*, II, 1; to study for a degree at a university *studieren*, II, 6
stuff *der Kram*, II, 6
stupid *blöd*, I; *dumm*, I
stylish *fesch*, II, 5
subject *das Fach, ⸚er*, I;
suburb *der Vorort, -e*, I
such *solche*, II, 5
suddenly *auf einmal*, II, 11
sugar *der Zucker*, I
suggest *vorschlagen* (sep), II, 9
suggestion *der Vorschlag, ⸚e*, II, 9
suit: that suits me fine *das passt prima*, I
summer *der Sommer, -*, I; in the summer *im Sommer*, I
sun *die Sonne*, I
Sunday *der Sonntag, -e*, I; on Sunday *am Sonntag*, I
sunny *sonnig*, I
super! *super!* I
supermarket *der Supermarkt, ⸚e*, I
supper *das Abendessen, -*, II, 2
supposed to *sollen*, I
sure *sicher*, II, 6; for sure *ganz bestimmt*, II, 5
surf *surfen*, II, 1
surroundings *die Umgebung*, II, 3
sweatsuit *der Jogging-Anzug, ⸚e*, II, 5
sweater *der Pulli, -s*, I
sweets *die Süssigkeiten* (pl), II, 2
swim *schwimmen*, I
swimming pool *das Schwimmbad, ⸚er*, II, 9; *der Swimmingpool, -s*, II, 3
Swiss *Schweizer*, II, 10
Switzerland *die Schweiz*, I; from Switzerland *aus der Schweiz*, I; in Switzerland *in der Schweiz*, I

T

T-shirt *das T-Shirt, -s*, I
table *der Tisch, -e*, II, 3
take *nehmen*, I
take care of *pflegen*, II, 7
take pictures *Fotos machen*, II, 9
take place *stattfinden* (sep), II, 9
talk *sprechen*, I; Karin would like to talk to you *die Karin möchte dich sprechen*, I
tall *gross*, I
tan *braun*, II, 1; tanned *braungebrannt*, II, 1
taste *schmecken*, I; how does it taste? *wie schmeckt's?* I; that's a matter of taste *das ist Geschmackssache*, I
tea *der Tee*, II, 2
teacher *der Lehrer, -* (m); *die Lehrerin, -nen* (f); German teacher *der Deutschlehrer, -*, I
team *die Mannschaft, -en*, II, 2
tear out *rausreissen* (sep), II, 11

telephone *das Telefon, -e,* I; to telephone, make a phone call *telefonieren,* I
telephone receiver *der Hörer, -,* I
telephoning *Telefonieren,* I
television *das Fernsehen,* II, 6
tell *erzählen,* I; tell me *sagt mal,* II, 3
teller *der Bankangestellte, -n,* I
tender *weich,* II, 10; *zart,* II, 10
tennis *Tennis,* I
tennis racquet *der Tennisschläger, -,* II, 5
terrace *die Terrasse, -n,* II, 3
terrible *furchtbar,* I
terrific *fabelhaft,* II, 11; terrific! *Spitze!* I
test *die Klassenarbeit, -en,* I
than *als,* II, 3
thank *danken,* I; thank goodness! *Gott sei Dank!* I; thank you *danke,* I; fine, thanks *gut, danke,* I; thanks a lot! *vielen Dank!* I; thanks a million! *tausend Dank!* I
that *das,* I; *dass,* I; that comes to *das sind,* I; that is to say *das heisst,* II, 7
the *der, die, das,* I
theater *das Theater, -,* I; to go to the theater *ins Theater gehen,* I
their *ihr, ihre,* I
then *dann,* I; now and then *ab und zu,* I
there *da,* I; *dort,* I; over there *da drüben,* I; *dort drüben,* I; up there *dort oben,* I; there is (are) *es gibt,* I; we'll be there *wir sind da,* I
therefore *deshalb,* II, 1
these *dies-,* I; these are *das sind,* I
they *sie,* I
thing *die Sache, -n,* II, 3
think *finden,* I; *meinen,* I; *glauben,* I; *halten von,* II, 7; don't you think so? *meinst du nicht?* I; I don't think so *das finde ich nicht,* I; I think so *ich glaube,* ja, I; what do you think? *was meinst du?* I; what do you think about . . . ? *wie findest du . . . ?* I
think about *denken an,* II, 6
think over *s. überlegen,* II, 9
third *dritt-,* II, 3
thirst: to be thirsty *Durst haben,* I
thirty: nine thirty *halb zehn,* I
this *dies-,* I
this time *diesmal,* II, 9
thought *der Gedanke, -n,* II, 11
thousand *tausend,* I
throat *der Hals, ¨e,* II, 2
throne room *der Kaisersaal,* II, 9
through *durch,* I
thumb *der Daumen, -,* II, 2
Thursday *der Donnerstag,* I; on Thursday *am Donnerstag,* I
ticket *das Ticket, -s,* II, 11; *die Karte, -n,* II, 5; (plane) *das Flugticket, -s,* I
tie *die Krawatte, -n,* I
tight *eng,* II, 5
time *die Zeit, -en,* I; at what time? *um wieviel Uhr?* I; what time is it? *wie spät ist es?* I; free time *die Freizeit,* I; on time *pünktlich,* I; at the present time *zur Zeit,* II, 10; next time *das nächste Mal,* II, 9; from time to time *mal,* II, 6; to take (time) *dauern,* II, 6
times: three times *dreimal,* I
tired *müde,* II, 5
to *nach,* I; *zu,* I; *an,* II, 9; *in,* II, 9
toast *das Toastbrot, -e,* II, 2; to toast, drink to (your health) *auf (dein) Wohl trinken,* II, 10
today *heute,* I
together *zusammen,* I
toilet *die Toilette, -n,* I
tolerant *tolerant,* II, 6
tomato *die Tomate, -n,* I
tomorrow *morgen,* I
tonight *heute abend, heute nacht,* II, 7
too *zu,* I; me too *ich auch,* I
toolmaker (f) *die Werkzeugmacherin, -nen,* II, 7
tooth *der Zahn, ¨e,* II, 2
toothache *die Zahnschmerzen* (pl), II, 2
top: at the top of my list is *ganz oben steht bei mir,* II, 6
topic *das Thema, Themen,* II, 11
totally *total,* II, 10
tour: city tour *der Stadtrundgang, ¨e,* II, 9
tourist *der Tourist, -en,* II, 9
tower *der Turm, ¨e,* I
town *die Kleinstadt, ¨e,* II, 3
trade magazine *die Fachzeitschrift, -en,* II, 7
traffic *der Verkehr,* II, 3
traffic light *die Ampel, -n,* II, 9
train *die Bahn,* I; by train *mit der Bahn,* I
train station *der Bahnhof, ¨e,* II, 3
training *die Ausbildung, -en,* II, 6
transport *transportieren,* II, 11
travel *reisen,* II, 1
travel bag *die Reisetasche, -n,* I
travel book *das Reisebuch, ¨er,* I
travel bureau *das Reisebüro, -s,* II, 3
travel guide *der Reiseführer, -,* I
traveler *der Reisende, -n,* I
traveler's check *der Reisescheck, -s,* I
treat *behandeln,* II, 7
trench coat *der Trenchcoat, -s,* II, 5
trip *die Reise, -n,* I; little trip *der Ausflug, ¨e,* II, 1; to take a trip *einen Ausflug machen,* II, 1; *wegfahren* (sep), II, 10
trout *die Forelle, -n,* II, 10
true *wahr,* II, 5; (not) true! *stimmt (nicht)!* I; true? *oder?* I; it can't be true! *das darf nicht wahr sein!* II, 5
try *versuchen,* I; *probieren,* I; why don't you try? . . . *probier doch mal . . . !* I
try on *anprobieren* (sep), II, 5
Tuesday *der Dienstag,* I; on Tuesday *am Dienstag,* I
Turkey *die Türkei,* II, 3
Turkish *türkisch,* II, 3; (person, f) *die Türkin, -nen,* II, 3
turn: it's your turn first *du bist zuerst an der Reihe,* II, 10
turn into *einbiegen* (sep), II, 9
turn on *anmachen* (sep), II, 7
tutoring *die Nachhilfestunde, -n,* I; to tutor *Nachhilfestunden geben,* II, 5
TV *das Fernsehen,* II, 7; to get around to watching TV *zum Fernsehen kommen,* II, 7
TV series *die Fernsehserie, -n,* II, 7
TV set *der Fernseher, -,* II, 7
twice *zweimal,* I
type *tippen,* II, 11
typical *typisch,* II, 7
Tyrol *Tirol,* II, 1

U

umbrella *der Regenschirm, -e,* I
unbelievable *unglaublich,* II, 9
uncle *der Onkel, -,* I
under *unter,* II, 3
understand *verstehen,* I; do you understand? *alles klar?* II, 9
undertake *unternehmen,* II, 10
underway *unterwegs,* II, 1
unfortunately *leider,* I; I'm sorry, I don't know *ich weiss es leider nicht,* I
unhealthy *ungesund,* II, 2
unimaginative *phantasielos,* II, 7
United Nations *die Vereinten Nationen* (pl) II, 1
United States *die Vereinigten Staaten* (pl) II, 1
unlucky (to be) *Pech haben,* II, 1
unpack *auspacken* (sep), I
unrealistic *unrealistisch,* II, 7
until *bis,* II, 6; until ten *bis um zehn,* II, 6
up: up ahead *dort vorn,* II, 9; up there *dort oben,* I; what's up? *was gibt's?* I
Upper Bavaria *Oberbayern,* II, 1
upstairs *oben,* I
use *benutzen,* II, 11; *gebrauchen,* II, 3
used car *der Gebrauchtwagen, -,* II, 7
usually *gewöhnlich,* I

V

vacation *der Urlaub,* II, 5; *die Ferien* (pl), I; have a nice vacation! *schöne Ferien!* I; to go on vacation *Ferien machen,* I; on vacation *in den Ferien,* II, 1
vacuum *staubsaugen,* II, 5
vacuum cleaner *der Staubsauger, -,* II, 11
vase *die Vase, -n,* I
vegetable *das Gemüse,* I
vegetarian *vegetarisch,* II, 10
very *sehr,* I; *ganz,* II, 10; very tender *ganz zart,* II, 10; very little *recht wenig,* II, 7

vicinity *die Nähe,* II, 3; close by *in der Nähe,* II, 3
video recorder *der Video-Recorder, -,* I
Vienna *Wien,* I
village *das Dorf, ¨er,* I
visit *besuchen,* I
visitor *der Besucher, -,* I

W

wait *warten,* II, 2; wait for *warten auf,* II, 3; wait a minute! *Moment mal!* I
waiter *der Kellner, -,* II, 10; *der Ober, -,* II, 10; waiter! *Herr Ober!* II, 10
waiting room *die Wartehalle, -n,* I
walk *laufen,* II, 11; walk around *rumlaufen* (sep), II, 9; take a walk *spazierengehen* (sep), II, 11
Walkman *der Walkman,* I
wall *die Wand, ¨e,* II, 3
wallet *das Portemonnaie, -s,* I
want *wollen,* I
war *der Krieg, -e,* II, 6
war film *der Kriegsfilm, -e,* I
wardrobe *der Kleiderschrank, ¨e,* II, 3
warm *warm,* I
wash *waschen,* II, 5
wash oneself *s. waschen,* II, 7
wash the dishes *abwaschen* (sep), II, 5
waste of time *die Zeitverschwendung,* II, 7
watch *die Uhr, -en,* I; wristwatch *die Armbanduhr, -en,* I
watch out for *aufpassen auf* (sep), II, 5
watch television *fernsehen* (sep), II, 6
water *das Wasser,* II, 1; *giessen,* II, 11
we *wir,* I
weak *schwach,* II, 1
wear *tragen,* II, 5; something to wear *etwas zum Anziehen,* II, 5
weather *das Wetter,* I
weather report *der Wetterbericht, -e,* I
Wednesday *der Mittwoch,* I; on Wednesday *am Mittwoch,* I
weeds *das Unkraut,* II, 11
week *die Woche, -n,* I; (times) a week *in der Woche,* I
weekend *das Wochenende, -n,* I; on the weekend *am Wochenende,* I
welcome: welcome to . . . ! *Willkommen in . . . !* I; you're welcome *bitte,* I; *bitte sehr,* I; *bitte schön,* I
well *na,* I; *gut,* I; *nun,* II, 1; well, okay *na gut,* I; well then *so,* I; *na, dann,* I; *also,* I; well, yes *nun ja,* I; well, well *soso,* II, 5; *na, sowas!* II, 1; well yes, that's true, but . . . *ja schon,* II, 6
well-being *das Wohl,* II, 10
were: as if it were *als wäre,* II, 7
western *der Western, -,* I
what? *was?* I; *welche?* I; what?! *was?!* I
when *wann,* I; *wenn,* I; when the weather is good *bei gutem Wetter,* II, 5
where? *wo?* I; from where? *woher?* I; to where? *wohin?* I; where are you from? *woher bist du?* I; where you are *bei euch,* II, 1; where we are *bei uns,* II, 1
whether *ob,* I
which *welch-,* I
white *weiss,* I; the color white *das Weiss,* I
white wine *der Weisswein, -e,* II, 10
who *wer,* I; which one of you? *wer von euch?* II, 1
whom? *wen?* I
why? *warum?* I
wide *breit,* II, 7; *weit,* II, 5
wife *die Frau, -en,* II, 3
win *gewinnen,* I
window *das Fenster, -,* II, 3
winter *der Winter, -,* I; in the winter *im Winter,* I
wish *der Wunsch, ¨e,* II, 6; wish for *s. wünschen,* II, 3
with *mit,* I; with it *damit,* II, 5; what are we having with it? *was gibt es dazu?* II, 2
without *ohne,* II, 2
woman *die Frau, -en,* II, 6
wool *die Wolle,* II, 5
work *die Arbeit, -en,* II, 5; *arbeiten,* II, 1; *jobben,* II, 5; at work *im Geschäft,* II, 1
world *die Welt, -en,* II, 6
worry: don't worry *keine Sorge,* I; I don't worry about that *darüber mach' ich mir keine Gedanken,* II, 11
would *würde,* II, 10; would be *wäre,* II, 6; would have *hätte,* II, 10; what would there be? *was gäbe es?* II, 6; wouldn't it be nice if . . . *wär's nicht schön, wenn,* II, 11; what wouldn't matter to you? *was wäre dir egal?* II, 6; what would you like to have *was hättest du gern?* II, 10; I wouldn't have thought *ich hätte nicht gedacht,* II, 9
wow! *Mensch!* I
wrong *falsch,* II, 9

Y

year *das Jahr, -e,* I; thirteen years old *dreizehn Jahre alt,* I; (times) a year *im Jahr,* I
yellow *gelb,* I; the color yellow *das Gelb,* I
yes *ja,* I; yes!, on the contrary! *doch!* II, 2
yesterday: day before yesterday *vorgestern,* II, 5
yet: not yet *noch nicht,* I
yogurt *der Joghurt,* I
you *du,* I; *Sie* (formal), I; *ihr,* I; (in general) *man,* I; it's you! *du bist's!* I
young *jung,* II, 2; younger *jünger,* II, 3
young people *die Jugend,* I; *die Jugendlichen* (pl), I
your *dein, deine* (sing), I; *euer, eure* (pl), I; *Ihr, Ihre* (formal), I
youth hostel *die Jugendherberge, -n,* II, 9

Z

zero *die Niete,* II, 1
zoo *der Zoo, -s,* II, 9

GRAMMAR INDEX

This grammar index includes grammar topics introduced in **Neue Freunde** and **Wir, die Jugend.** The Roman numeral I after the page number(s) indicates **Neue Freunde;** the Roman numeral II indicates **Wir, die Jugend.**

ABBREVIATIONS

acc	*accusative*	infin	*infinitive*
adj	*adjective(s)*	interr	*interrogative*
art	*article*	nom	*nominative*
comm	*command*	pers	*person*
conv past	*conversational past*	plur	*plural*
dat	*dative*	prep	*preposition(s)*
def	*definition*	pres	*present*
def art	*definite article*	pron	*pronoun(s)*
dir obj	*direct object*	ques	*question(s)*
f	*and following page*	reflex	*reflexive*
foll	*following*	sep pref	*separable prefix*
foll by	*followed by*	sing	*singular*
indef art	*indefinite article*	subj	*subject*
indir obj	*indirect object*